Gerhard Kapitzke

Das Pferd von A–Z

blv

Gerhard Kapitzke

Das PFERD von A-Z

Rassen | Zucht | Verhalten | Reiten | Fahren

**Bibliografische Information
Der Deutschen Bibliothek**
Die Deutsche Bibliothek verzeichnet
diese Publikation in der Deutschen
Nationalbibliografie; detaillierte bi-
bliografische Daten sind im Internet
über http://dnb.ddb.de abrufbar.

Bildnachweis

Alle Fotos und Zeichnungen vom Autor
außer:
H. M. Czerny: S. 52 o.li., 53 u., 304, 316 (2), 335, 408
W. Ernst: S. 2/3, 13, 21, 59 li., 100, 101, 175, 185, 246, 313, 320 o., 323, 343, 366 (2), 379 li., 382
K.-L. Fabris: S. 340
Fohlenhof Ebbs (Archiv): S. 170
K.-H. Frieler: S. 379 re.
Haupt- und Landgestüt Marbach: S. 342
L. Lenz: S. 56
H. u. W. Menzendorf: S. 362
F. Nolting: S. 363
Ch. Salata: S. 119 u.
VG Bild-Kunst Bonn 1999: S. 255 re.
E. Weiland: S. 119 o.

Einbandgestaltung: Anja Masuch, Puchheim
Titelmotiv: Lothar Lenz; Rückseite: G. Kapitzke
Karten: Computerkartographie Huber, München

Lektorat: Edith Ch. Kiel, Annette Rose

DTP: Satz+Layout Peter Fruth GmbH, München

6., durchgesehene Auflage

BLV Verlagsgesellschaft mbH
München Wien Zürich
80797 München

Printed in Germany • ISBN 3-405-16689-6

Vorwort

Das Wildpferd war ein flüchtiges Lauftier, das sich an der Weite des Horizontes orientierte. Wachsamkeit und Vorsicht, Herdentrieb und Flucht waren Waffen, die in der Wildnis das Überleben sicherten und die Art erhielten. Das Wildpferd war ständig auf Nahrungssuche unterwegs, Bewegung war Inhalt seines Lebensgefühls. Schritt war gemächliche Grundgangart für die Nahrungsaufnahme. Im Trab, der Dauergangart für lange Strecken, ging es auf weiträumige Wanderschaft, um in jahreszeitlichem Rhythmus fruchtbare Weidegründe zu finden. Galopp war Fluchtgangart bei drohender Gefahr. Natürlichen (langsamen) Passgang nutzte das Wildpferd als Schongangart bei Ermüdung und Erschöpfung, bei gesundheitlichen Schäden und in fortgeschrittenem Alter. Tölt war eine spezielle Gangart in Sumpfregionen, die das Wildpferd vor dem Versinken im Morast bewahrte.

In der Domestikation änderten sich die Lebensumstände des Pferdes. Der Mensch begrenzte Freiheit und Bewegung, schrieb Stallhaltung und Nahrungsaufnahme vor, um Kraft und Schnelligkeit des Tieres für seine Zwecke zu nutzen. Im Dienst des Menschen musste das Pferd seine Bedürfnisse notgedrungen den vorgegebenen Lebensbedingungen anpassen. Zu seinem angeborenen Verhalten gesellten sich erworbene Verhaltensweisen, die auf guten oder schlechten Erfahrungen im Umgang mit seinem Bezwinger beruhten.

Gleichwohl reichten 5000 Jahre Domestikation nicht aus, das Erbgedächtnis des Pferdes zu löschen, das Erfahrungen und Instinkthandlungen des Wildlebens in vielen Jahrtausenden gespeichert hat.

Noch immer verlangt der Herdentrieb nach engen Kontakten mit Artgenossen, in deren Gemeinschaft das Herdentier sich geborgen fühlt. Noch immer sind Fluchtinstinkte der Urangst gegenwärtig, die in der Wildnis das Leben retteten und in menschlicher Umwelt mitunter zu falschen Reaktionen führen. Noch immer verlangt das Pferdenaturell nach ständiger Bewegung und kontinuierlicher Nahrungsaufnahme, die durch menschliches Eingreifen oftmals eingeschränkt und gestört werden, so dass gesundheitliche Schäden auftreten. Menschliche Eingriffe in die Lebensbedürfnisse des Pferdes verpflichten deshalb zu artgerechter und verhaltensgerechter Behandlung, um das physische und psychische Wohlbefinden zu erhalten.

In unserer nördlichen Klimazone ist der Stall eine Ersatzlösung für jene Pferde, deren Vorfahren in trockenen Warmklimazonen des Südens heimisch waren (z. B. vollblütige Pferde). Das Dach über dem Kopf gewährt Schutz vor Nässe gepaart mit Kälte, die bei ganzjährigem Aufenthalt im Freien das Überleben in Frage stellen würden. Für nordische Pferde (z. B. Islandpferde) kann der Stall ebenso problematisch sein, wenn Schwitzen im Winterfell oder schweißnasse Unterkühlung zu Erkrankungen der Atemwege führt. Wenngleich das Pferd sich dem Lebensraum Stall allmählich anzupassen vermochte, wirft Stallhaltung erhebliche Probleme auf, die nur durch Sachverstand und ständigen Einsatz des Menschen bewältigt werden können.

Das höchste Glück der Erde liegt auf dem Rücken der Pferde, verkündet eine Redewendung aus der Sicht des Reiters, die Befindlichkeit des Pferdes unter der Reiterlast jedoch bleibt unerwähnt. Obwohl er zum Aufsitzen wie geschaffen erscheint, wurde der Pferderücken von der Natur für eine Belastung nicht vorgesehen. Mit seiner Beschlagnahme durch den Reiter wurden Stabilisierungshilfen für Rückenmuskulatur und Wirbelsäule notwendig, die in dem Begriff »reiterliche Hilfen« ihren treffenden Ausdruck finden. Diese kräftigen nicht nur den Tragapparat des Pferdes, sondern verhelfen dem Reiter auch zu einer souveränen Beherrschung des physisch überlegenen Tieres, ohne ihm nennenswerten Zwang antun zu müssen.

Ein weiterer Aspekt ist das Ausmaß der an das Pferd gestellten Leistungsforderungen. Nur ein gründlich und systematisch gymnastiziertes und trainiertes Pferd wird angemessene Leistungen ohne nachteilige Folgen für seine Gesundheit bewältigen können. Mangelhafte körperliche Aufbauarbeit und ständige Beanspruchung im Übermaß führen zu organischen Dauerschäden und frühem Verschleiß. Nur eine faire, den Fähigkeiten und dem Vermögen des Tieres angemessene Beanspruchung, die sowohl das körperliche als auch das seelische Wohlbefinden des Pferdes berücksichtigt, trägt zu einer vertrauensvollen Partnerschaft bei, die rückwirkend auch dem Menschen von Nutzen ist.

In diesem Sinn möchte die vorliegende Veröffentlichung vermehrtes Verständnis für die Wesenheit des Pferdes wecken und alle Pferdefreunde zum Nachdenken anregen, um das Dasein der auf die Obhut des Menschen angewiesenen Kreatur zur erleichtern und zu verbessern. Nur ein psychisch und physisch gesundes Pferd ist ein williger und langlebiger Gefährte des Menschen, und nur eine solide Vertrauensbasis zwischen beiden Partnern kann das Unfallrisiko in verkehrsreicher Umwelt und im Freizeitsport mindern.

Der bescheidene Rahmen dieses Kompendiums kann nicht den Anspruch auf Vollständigkeit erheben und muss sich meist auf kurzgefasste Hinweise beschränken. Eine vollständige Enzyklopädie über das Pferd müsste zwangsläufig auch wesentliche Epochen der Menschheitsgeschichte enthalten. In seiner auf wesentliche Aspekte begrenzten Auswahl der Stichwörter und Fachbegriffe sei das Buch Anfängern und Fortgeschrittenen an und auf dem Pferd als kleiner Ratgeber für praktische Nutzanwendung an die Hand gegeben; es möchte besonders auch jenen von Nutzen sein, die sich in täglicher Arbeit praktisch mit dem Pferd befassen. Ein Verzeichnis empfehlenswerter Literatur zur Vertiefung grundlegenden Wissens um das Pferd am Schluss des Buches möge den interessierten Pferdefreund auf speziellere Pfade führen.

Gerhard Kapitzke

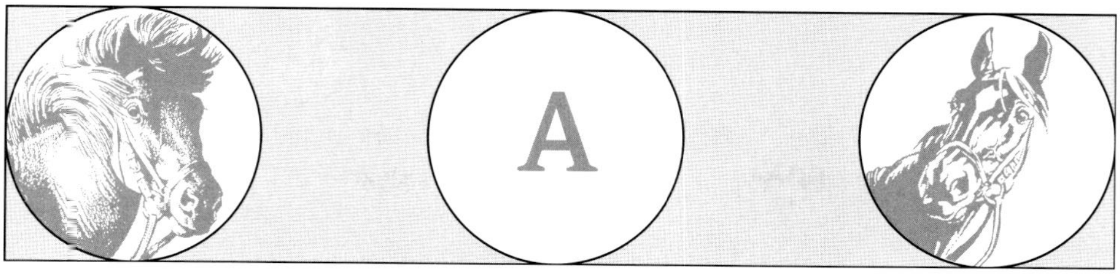

A

Aalstrich →*Abzeichen.*

Abdeichseln →*Fahren mit Gespannpferden.*

Abfohlbox Ruhig und abseits gelegene, von den übrigen Pferden getrennte, störungsfreie, leicht sauber zu haltende Box im Stallgebäude von mindestens 5 x 5 m Grundfläche, in der die →*Geburt* des Fohlens ohne Raumnot erfolgen kann.

Abfohlen →*Geburt.*

Abkauen Lebhafte, spielerische Kautätigkeit (mit dem Mundstück der Zäumung) des in →*Anlehnung* befindlichen Pferdemaules mit Schaumbildung in der Maulspalte. Reiterliche Gymnastizierung hat das Pferd von hinten nach vorn versammelt, das in Genick und Ganaschen bei leicht seitwärtiger Einstellung nachgegeben hat (der Mähnenkamm kippt zur Seite der Einstellung hin), es steht durchlässig am Zügel. Das angeregte Kauen veranlasst die Ohrspeicheldrüse, vermehrt Speichel abzusondern, der im Maul schaumig wird. Das Abkauen erfüllt nur dann seinen Zweck, wenn das Pferd unter dem Reiter aus dessen vortreibenden Hilfen heraus die →*Beizäumung* anbietet, sich freiwillig und selbsttragend aufrichtet und angeregt durch verlockende, feinfühlige Zügelhilfen die spielerische Zwiesprache mit der zwanglosen Reiterhand sucht. Das zwangsweise Abkauen unter dem Reiter durch →*Riegeln* und mit →*Hilfszügeln,* um →*Versammlung* vorzutäuschen, oder zu kurzes Ausbinden beim Stehen im Stall oder beim →*Longieren* kann nicht zu echter →*Losgelassenheit* und →*Durchlässigkeit* des Pferdes führen.

Zur Prüfung der naturgegebenen Nachgiebigkeit von Pferdemaul, Genick und Ganaschen steht man frontal vor dem Pferdekopf und spannt das Trensenmundstück straff mit beiden Händen zu einer geraden Linie. Dann dreht man die Trense in gestrafftem Zustand langsam und abwechselnd hin und her und schiebt sie ein wenig zur Pferdebrust hin, so dass sie auf einer Seite leicht auf den Unterkiefer (→*Laden*) und auf der anderen Seite gegen den Oberkiefer drückt. Wenn sich der Pferdekopf – der jeweiligen Drehung folgend – nachgiebig zurückweichend um seine Längsachse hin und her wendet und Pferdemaul und Zunge mit Kautätigkeit reagieren, wird deutlich, dass die elastisch nachgebende Kopf-Hals-Partie der Durchlässigkeit kaum anatomisch bedingte Widerstände entgegensetzen wird. Bei jungen Pferden kann der Druck- und Kautest in wiederholter Weise auch als sanfte Gewöhnung an die späteren Zügelhilfen genutzt werden, indem bei Zügeldruck auf eine Seite der Laden gleichzeitig das Nachgeben auf der anderen Seite verdeutlicht wird.

Absatzfohlen Bezeichnung für das von der säugenden Mutter getrennte →*Saugfohlen,* sobald es sich pflanzlich ernähren kann (frühestens nach dem 6. Monat der Säugeperiode). Der Trennungsschmerz wird am schnellsten überwunden, wenn die Trennung abrupt erfolgt, Stute und Fohlen so weit voneinander entfernt sind, dass sie sich nicht sehen, hören oder wittern können und das Fohlen weiterhin mit gleichaltrigen Artgenossen zusammenleben kann. Der Entzug der Muttermilch bewirkt vorübergehend eine Konditionsschwäche. Im Wildleben schlägt die Stute das Fohlen erst vor der Geburt des nächsten ab.

Absitzen →*Aufsitzen.*

Abstammung des Pferdes →*Evolution.*

Abstammungspapier (Pedigree). Jedes Pferd oder Pony in der Bundesrepublik Deutschland, das einer amtlich anerkannten Zucht entstammt oder in einen Verband aufgenommen wurde, besitzt einen Abstammungsnachweis, in den die letzten Generationen, Geburtsdatum, Farbe, Geschlecht, Abzeichen, Züchter, Besitzer und Besitzerwechsel eingetragen sind. Stuten und Fohlen werden vornehmlich in drei Wertstufen im Zuchtbuch klassifiziert: Hauptstammbuch, Stammbuch und Vorbuch. Einige Verbände bevorzugen die Bezeichnung Stutbuch statt Stammbuch. Zusätzlich sind die Pferde der meisten Zuchten noch mit einem oder mehreren →*Brandzeichen* versehen. →*Englisches Vollblut,* →*Arabisches Vollblut,* →*Trakehner* und →*Traber* sind in →*Zuchtverbänden* für die gesamte Bundesrepublik zusammengefasst, fast alle anderen Rassen und Zuchten werden von den zuständigen Landesverbänden betreut.

Abteilungsreiten Rationelle Ausbildung mehrerer Reitanfänger zugleich auf ausgebildeten Unterrichtspferden, die in der Reitbahn hintereinander auf dem Hufschlag laufen. Ein bereits fortgeschrittener Reiter übernimmt den Anfang (Tête), um Gangart und ausgeprägte Hufschlagfiguren vorzugeben und Tempi und Abstände der Pferde ausgleichend zu regulieren. Einzel-

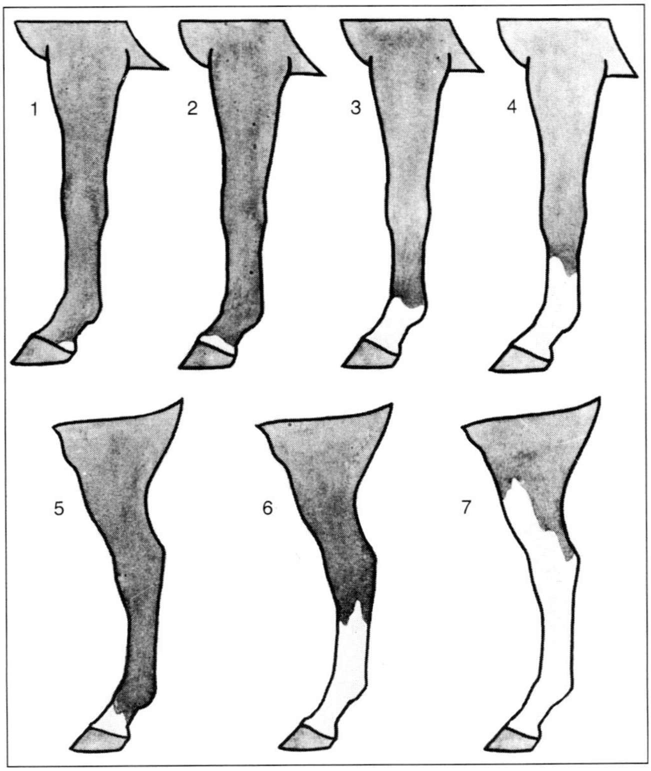

Links: Albinitische Abzeichen an den Gliedmaßen:
1 Vorderballen weiß
2 Vorderkrone weiß
3 Vorderfessel weiß
4 Vorderfuß unregelmäßig halbweiß
5 Hinterfessel unregelmäßig weiß
6 Hinterfuß unregelmäßig halbweiß
7 Hinterbein unregelmäßig weiß

Rechts: Albinitische Abzeichen am Kopf:
1 Stirnhaare
2 Flocke
3 Stern
4 Unterbrochener Längsstern
5 Halbmondförmiger, links geöffneter Stern
6 Keilstern
7 Strich
8 Schnurblesse
9 Oben unterbrochene, schmale Blesse
10 Unten geschnürte Blesse
11 Durchgehende Blesse
12 Unregelmäßige, breite Blesse
13 Schnippe
14 Milchmaul
15 Laterne und Glasauge
→*Abzeichen*

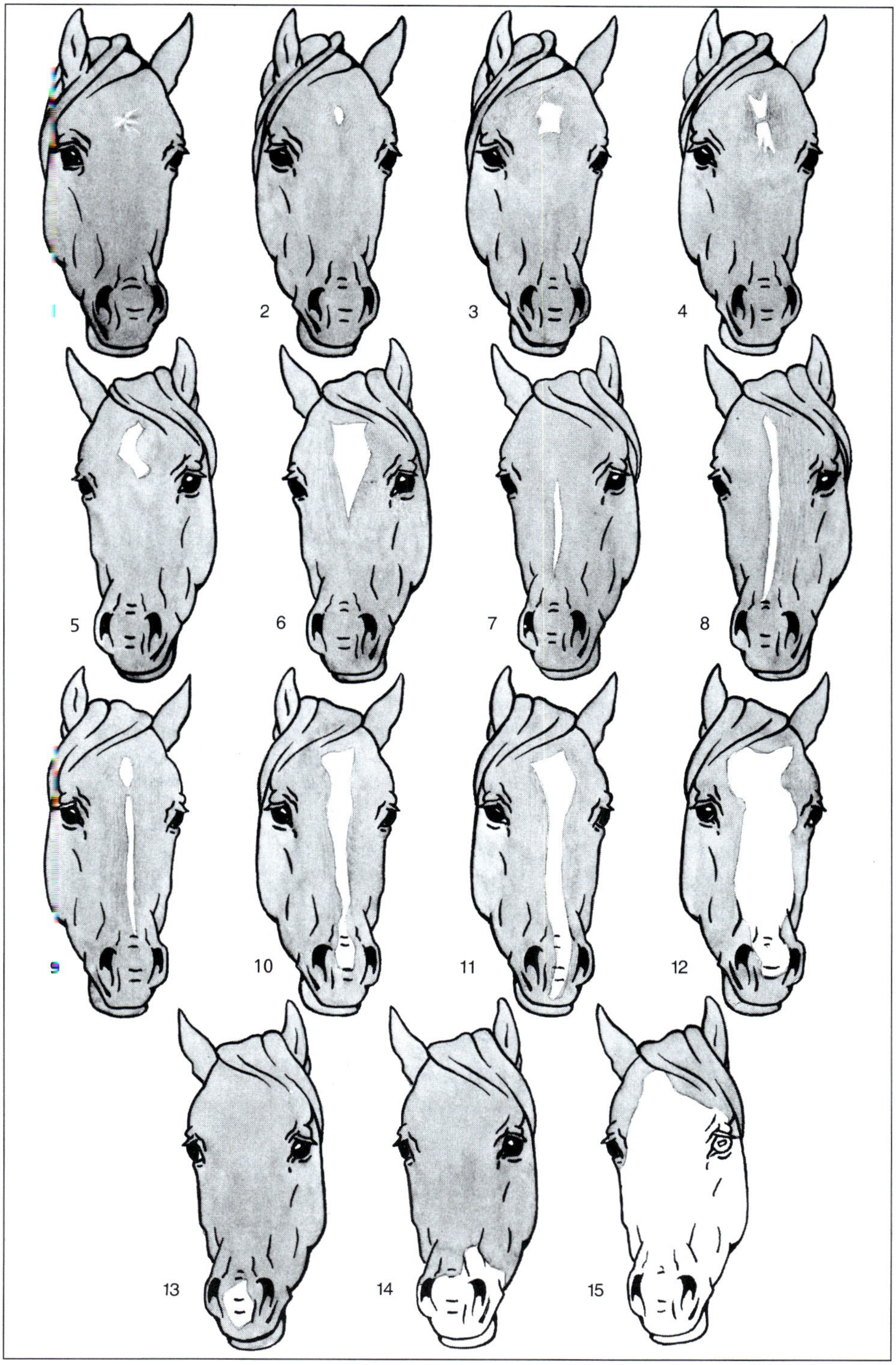
1
2
3
4
5
6
7
8
9
10
11
12
13
14
15

unterricht ist stets wirksamer, weil der Reiter zu intensiverer Hilfengebung veranlasst ist und das Pferd sich stärker auf diesen konzentriert.

Abzeichen Angeborene, unveränderliche Merkmale im Haarkleid, die zur Identifizierung eines Pferdes dienen können. Melanitische (dunkle) Abzeichen, überkommene Relikte der Tarnstreifung von Wildpferdahnen, die in Savannen und Auewäldern lebten, sind generell noch beim letzten echten Wildpferd, dem →*Przewalskipferd,* und dem Esel vorhanden. Oftmals zeigen auch primitive Hauspferdrassen, die noch ein gewisses Wildpferderbe bewahrt haben, mehr oder minder ausgeprägte Tarnstreifen. Häufigstes Überbleibsel ist der Aalstrich, ein über die Länge des Rückens vom Widerrist bis zum Schweifansatz verlaufender, dunkler unregelmäßiger Streifen. Seltener ist das Schulterkreuz zu beobachten, ein Querstreifen über dem Widerrist, der beiderseits auf den Schultern spitz ausläuft. Dieser ist der letzte von einstmals zahlreichen Querstreifen, die in gleicher Anordnung den gesamten Rumpf bedeckten. Nicht selten auch haben sich zebroide Streifen an den Außenseiten der Vorder- und Hintergliedmaßen erhalten. Diese Wildpferdmerkmale sind teilweise oder vollständig beim Fjordpferd, Konik, Dülmenerpferd, Islandpferd, Sorraiapferd und ähnlichen Rassen zu beobachten. Das Zebra ist ein rezentes Wildpferdbeispiel vollkommener Tarnstreifung auf weißem Grund, der bei den Wildpferden bräunlichgelblich gefärbt war.

Albinitische Abzeichen sind weiße Fleckungen auf rosafarbener, pigmentloser Haut im farbigen Fell, die durch züchterische Vermischungen in der →*Domestikation* entstanden sind. Diese Degenerationsmerkmale erscheinen vorzugsweise an Kopf und Gliedmaßen, seltener am Rumpf (gescheckte und gefleckte Pferde). Erworbene Abzeichen sind →*Brandzeichen,* →*Druckstellen* und bleibende Narben, die ebenfalls zur Kennzeichnung eines bestimmten Pferdes herangezogen werden können. (Abb. siehe S. 8–9.)

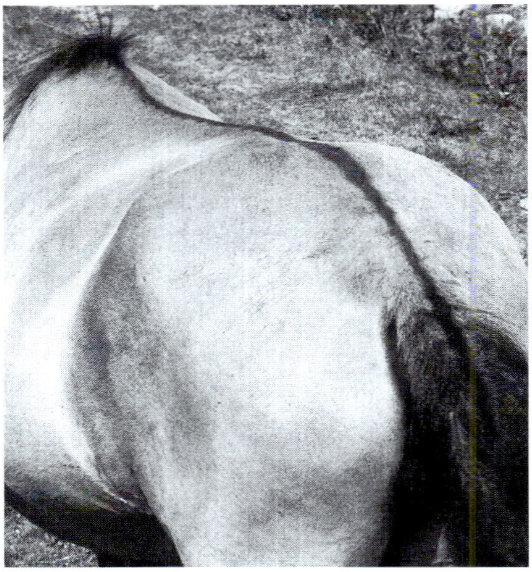

Aalstrich.

Achal-Tekkiner Gewissermaßen die russische, wesentlich ältere Variante zum →*Englischen Vollblut.* Heimat: Trockensteppen von Turkmenistan und umliegende Gebiete (Kasachische, Kirgisische und Usbekische Republik). Gestüte Alma-Ata, Tersk und Lugowsk. Abstammung: Nachfahr der »blutschwitzenden Pferde« von Ferghana. Sehr alte, ziemlich rein gezüchtete Rasse, die bereits zur Zeit Alexanders des Großen berühmt war. Erscheinungsbild: Stockmaß 152–155 cm. Sehr edles, graziles Reitpferd im Typ des Vollblutrennpferdes. Langer, schlanker Kopf, zuweilen etwas ramsköpfig gebogen; große, ausdrucksvolle Augen, langer, schlanker hochaufgesetzter Hals (häufig Hirschhals); schlanker, oftmals hochgeschürzter Rumpf und lange, trockene Gliedmaßen mit breiten Hufen. Sehr dünnes, glattes Fell, geringer Wuchs des Langhaares, manchmal fehlen Mähne und Schopf. Ungewöhnlich schöne Farben wie Kupfer- und Goldrot, Falb, Isabell und Weiß, seltener mit dunklen Flecken und zebroiden Querstreifen an den Beinen. Eigenschaften: überaus harter, ausdauernder und schneller Steppenrenner mit eleganten, langen und gleitenden Gangbewegungen.

Turkmenische Hengste waren Mitbegründer der englischen Vollblutzucht (»Byerley's Turk«) und der Trakehner Zucht (»Turc Main Atty«).

Achal-Tekkiner (Hengst).

Achenbach Benno von, 1871–1936. Begründer des deutschen Fahrsystems mit Gespannpferden in Anlehnung an die englische Fahrweise, die in Anspannungslehre und Wagenbau tonangebend ist. Schüler des englischen Fahrmeisters Edwin Howlett. Achenbach veröffentlichte seine »Anspannungsgrundsätze« im Jahre 1899 und wurde 1906 als Fahrlehrer an den Marstall Wilhelms II. berufen. Erfinder der Achenbach-Kreuzleine für die Führung der Pferde im Zweier- und Vierergespann. Das Achenbach-System übernimmt auch gewisse Elemente der Zügelführung aus der Schulreiterei, z. B. Gymnastizierung der Kopf-Hals-Partie des Gespannpferdes, um bessere Beizäumung, Durchlässigkeit und Versammlung zu erreichen. Die Fahrlehre ist in Deutschland seit 1923 im zivilen Bereich üblich und als Turnierordnung verbindlich vorgeschrieben sowie von zahlreichen Ländern übernommen worden und international anerkannt. →*Fahren mit Gespannpferden.*

Achenbach-Fahrsystem →*Fahren mit Gespannpferden.*

Achenbach-Kreuzleine →*Fahren mit Gespannpferden.*

Aktion Hoher Raumgriff der Gliedmaßen mit zwangsläufig geringem Bodengewinn, der in der Bewegung der Vorderbeine besonders deutlich wird. Die Tritthöhe der Vordergliedmaße ergibt sich aus dem Verhältnis kurzer Unterarm – langes Röhrbein, die Trittweite hingegen ist von der Ausprägung der Schulterpartie abhängig. Eine lange, schräge Schulter, gepaart mit ebenso gelagertem Oberarm, erlaubt raumgreifenden Vortritt, eine kurze, steile Schulter verkürzt den Raumgriff. Angeborenen erhabenen Gang zeigen Andalusier, Lusitano, Lipizzaner, Friese, Hack-

Aktion, →*Andalusier* in der Passage.

ney u. a. Eine Vordergliedmaße mit langem Unterarm und kurzem Röhrbein befähigt zu flachem, weitem Raumgriff, dessen Ausmaß wiederum von Lagerung und Länge der Schulter und des Oberarmes bestimmt wird. Für warmblütige Sportpferde ist flache, weiträumige Gangbewegung erwünscht.

Aktionstraber Pferde mit ganz besonders hervorstechender Gangmechanik im Trab, die vornehmlich auf den jährlichen Pferdeschauen der Landgestüte als Schaunummer an der Hand geführt werden.

Albinismus Pigmentlosigkeit, krankhafte Ausnahmeerscheinung, die bei allen Rassen und auch im Wildleben auftreten kann. Wenig widerstandsfähig und oft unfruchtbar. Erscheinungsbild: rote Augen, rosafarbene Haut, helle Hufe und reinweiße Behaarung. Nicht zu verwechseln mit Weißisabellen, deren Augen stets blau, ockerig oder braun gefärbt sind und deren Haarkleid leicht cremefarben schimmert. Echte Albinos werden auch Atlasschimmel genannt.

Albino Keine Pferderasse von traditioneller Herkunft, sondern eine Zucht ausschließlich nach der Fellfarbe, zur Gruppe der Western-Horses zählend. Auch ist die Bezeichnung »Albino« nicht zutreffend. Albinos sind krankhafte, wenig widerstandsfähige Ausnahmeerscheinungen, immer an den roten Augen zu erkennen. Weißgeborene Albino-Western-Horses hingegen sind in Wirklichkeit Weißisabellen, die hellste Farbvariante der Isabellen. Heimat: USA, hauptsächlich im Westen. Abstammung: Die gesamte Zucht geht auf einen weißgeborenen Hengst, »Old King«, geb. 1906, zurück, der vermutlich von einem Araberhengst und einer Morganstute abstammte. Der 1937 gegründete »American Albino Horse Club« führt eine strenge Selektion hinsichtlich der Farbe durch. Erscheinungsbild: Stockmaß 145–162 cm. Sehr hübsch proportioniert mit manchmal etwas langem Kopf, im Exterieur aber sehr unterschiedlich. Weißcremefarbenes Fell, rosafarbene Haut, blaue, ockerfarbene oder braune Augen und helle Hufe. Eigenschaften: vorzügliche Eignung als Reitpferd auch für schwierige Lektionen. Wird verwendet als Paradepferd, Zirkuspferd, Cutting Horse, Western Show Horse und zum Wanderreiten. Weißisabellen sind heute in fast allen Zuchten der Welt weitgehend unerwünscht. →*Farben des Haarkleides.*

Altersbestimmung Primitive Robustpferdrassen und sehr alte mehr oder weniger vollblütige, rein gezogene Pferderassen, die von Fremdbluteinmischungen weitgehend verschont wurden, zeichnen sich meist durch Spätreife, hohe Lebenserwartung und robuste Gesundheit aus. Beispielsweise Islandpferde und Vollblutaraber sind mit 8 Jahren ausgewachsen und können ein Höchstalter von 40 und mehr Jahren erreichen. Ihre volle Leistungsfähigkeit währt mitunter bis weit in die zwanziger Lebensjahre hinein. Kaltblütige Zuchtrassen hingegen sind bereits mit 3 bis 4 Jahren ausgewachsen und werden in der Regel nur 16 bis 18 Jahre alt. Vermischte Warmblutrassen sind mit 5 Jahren ausgereift und sehen im Alter von etwa 20 Jahren ihrem Ende entgegen. Ihre Hauptleistungszeit liegt zwischen dem 6. und 14. Lebensjahr. Voraussetzung für die angegebenen Lebensalter sind sachgerechte Haltung und Pflege, angemessene Arbeitsbedingungen und Gesundheit.

Im Zuchtgeschehen ist das Geburtsdatum eines Pferdes in den Abstammungspapieren vermerkt. In der Landespferdezucht werden alle in der Zeit zwischen dem 1. Januar und 31. Oktober geborenen Fohlen dem laufenden Kalenderjahr zugerechnet, die im letzten Vierteljahr geborenen werden für das nächstfolgende Jahr registriert. Als Stichtag für das Geburtsjahr eines Pferdes gilt immer der 1. Januar innerhalb der Zeitspanne von November bis Oktober. In der Vollblutzucht ist das Geburtsjahr stets mit dem laufenden vollständigen Kalenderjahr identisch.

Zwei Springchampions im verdienten Ruhestand. Links Paul Schockemöhles ehemals erfolgreichstes Springpferd, der Hannoveraner »Deister«, der zusammen mit Franke Sloothaks Erfolgspferd »Walzerkönig« (rechts) seit mehreren Jahren gemeinsam das Gnadenbrot erhält.

Das äußere Erscheinungsbild verrät nur ungefähr das Alter eines Pferdes. Alterserscheinungen machen sich zunächst am Kopf bemerkbar. In der Jugend sind die Kopflinien weicher und unausgeprägter. Mit zunehmendem Alter werden sie härter und markanter, die Knochenkonturen des Schädels treten deutlicher hervor, der Kopf wirkt schmaler, länger und edler, er ist →*trocken*. Etwa nach dem 14. Lebensjahr verschärfen sich die Konturen, die Augengruben sinken tiefer ein, die Augen werden glanzloser, die Unterlippe schließt nicht mehr und hängt herunter, über den Augenbögen bildet sich weißes Stichelhaar, das sich bisweilen über den ganzen Körper ausdehnt, die Kehlkopfgegend höhlt sich aus, die Wirbelsäule hängt durch bis zum Senkrücken, Zahnabnutzung und Zahnverlust erschweren das Kauen und verursachen mangelhaften Futterzustand und die Gliedmaßen werden steif, so dass Niederlegen und Aufstehen kaum noch gelingen wollen. Sehr alte Pferde pflegen sich nicht mehr hinzulegen, in der Furcht, nicht mehr auf die Beine zu kommen. Sie schlafen im Stehen, wobei eine Einrast-Mechanik ihrer Gliedmaßengelenke sie vor dem Umfallen bewahrt.

Die Altersbestimmung nach Durchbruch, Wechsel, Abnutzung, Stellung und Form der Zähne lässt genauere Schlüsse zu. Das Alter eines Pferdes kann aufgrund des Zahnwachstums bis zum 11. Lebensjahr ziemlich treffsicher gedeutet, in den folgenden Jahren bis zum Lebensende jedoch nur noch annähernd geschätzt werden. Als Bewertungsgrundlage dient die allgemeine Zahnentwicklung des Warmblutpferdes, also die von künstlich geschaffenen Zuchtrassen. Die Vertreter primitiver, urtümlicher oder sehr alter bodenständiger Rassen sind meist spätreifer und langlebiger als jüngere, stark vermischte Zuchtrassen. Dementsprechend können die Merkmale der Zahnentwicklung bei reinen alten Rassen etwa ein Jahr später auftreten, so dass die Tiere jünger wirken, als sie tatsächlich sind. Die Zahnentwicklung ist durch drei wesentliche Abschnitte gekennzeichnet:

1. Periode der Milchzähne des Fohlens bis zum 2. Lebensjahr.
2. Zahnwechsel des jugendlichen Pferdes bis zum 5. Lebensjahr.
3. Zahnabnutzung und Zahnveränderungen (Altersstreckung der Kiefer und des Schneidezahngebisses) beim erwachsenen Pferd bis zum Lebensende.

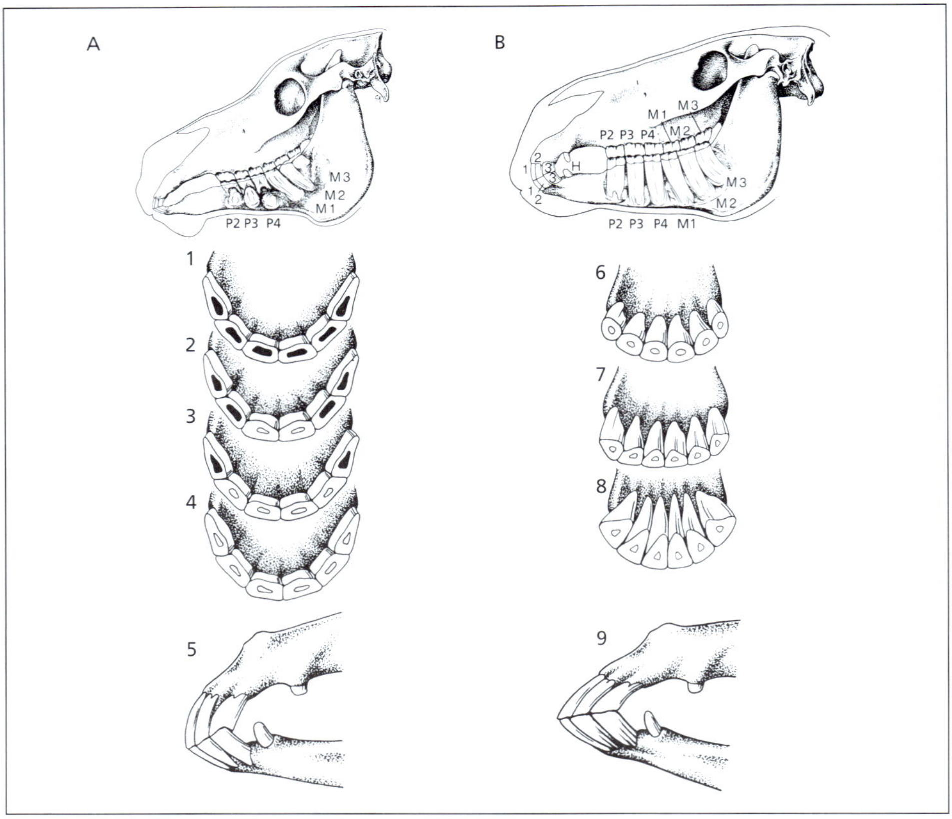

A Zahnwechsel der Backenzähne, Alter 22 Monate.
P2, P3, P4 (Prämolaren): Die vorderen Milchbackenzähne werden von den im Kiefer nachwachsenden Ersatzbackenzähnen allmählich herausgestoßen.
M1, M2, M3 (Molaren): Den hinteren Backenzähnen gehen keine Milchzähne voraus, sie wachsen unmittelbar mit der Streckung des Kiefers.

B Endgültiges Ersatzzahngebiss im Alter von 5 bis 6 Jahren. Die Schneidezähne stehen nahezu senkrecht aufeinander. Mit fortschreitendem Alter und langjähriger Druckbeanspruchung beim Kauen, durch zunehmende Abnutzung und nachlassende Elastizität strecken sich die vorderen Partien von Ober- und Unterkiefer, die Schneidezähne verändern ihre Stellung zum spitzen Winkel nach vorn. Die tiefwurzelnden Zähne schieben sich entsprechend ihrer Abnutzung aus dem Kiefer heraus, bis sie im hohen Alter dann als kurze Stummel ausfallen.
1 Zangen. 2 Mittelzähne. 3 Eckzähne (Schneidezähne). P2, P3, P4 = Prämolaren (vordere Backenzähne). M1, M2, M3 = Molaren (hintere Backenzähne). H = Hakenzähne.

Periode der Kundenabnutzung in Unter- und Oberkieferschneidezähnen vom 6. bis 11. Lebensjahr. Die Kauflächen sind queroval geformt.

1 = 5 Jahre alt: Alle Kunden in den Unterkieferschneidezähnen vorhanden.
2 = 6 Jahre alt: Zangen des Unterkiefers ohne Kunden.
3 = 7 Jahre alt: Zangen und Mittelzähne des Unterkiefers ohne Kunden.
4 = 8 Jahre alt: Alle Schneidezähne des Unterkiefers ohne Kunden. Der gleiche Ablauf wiederholt sich vom 9. bis 11. Lebensjahr in den Schneidezähnen des Oberkiefers.
5 = 8 bis 9 Jahre alt: Einbiss in den Eckzähnen des Oberkiefers, entstanden durch langsameres Streckwachstum des Oberkiefers. Wenn dieser aufgeholt hat, schleift sich die Kerbe wieder glatt. Mitunter wiederholt sich dieser Vorgang zwischen dem 14. und 18. Lebensjahr. Vom 12. Lebensjahr bis Lebensende sind nur mehr Schätzungen nach Form und Stellung der Schneidezähne möglich.
6 = 12 bis 15 Jahre alt: Runde Form der Kauflächen.
7 = 15 bis 18 Jahre alt: Dreieckige Form der Kauflächen.
8 = 18 Jahre und älter: Längsovale Form der Kauflächen.
9 = etwa ab 16 bis 18 Jahren: Starke Altersstreckung der Schneidezähne im spitzen Winkel nach vorn.

→*Anatomie* (Zähne).

Periode der Milchzähne: Beim neugeborenen Fohlen sind die beiden inneren Schneidezähne (Zangen) in Ober- und Unterkiefer entweder bereits sichtbar, oder sie erscheinen nach spätestens zwei Wochen. Die Mittelzähne folgen in der 2. bis 8. Lebenswoche, und im 5. bis 9. Monat sind auch die Eckzähne und damit das vollständige Milchschneidezahngebiss vorhanden. Das Gebiss der Milchmahlzähne besteht nur erst aus den Prämolaren, also den jeweils vorderen drei Backenzähnen auf jeder Seite in Ober- und Unterkiefer. Spätestens nach einem Jahr sind alle Milchzähne vorhanden. Die Milchschneidezähne zeigen (ebenso wie die späteren endgültigen Schneidezähne) auf den Kauflächen dunkle Vertiefungen, die mit zunehmender Abnutzung allmählich abgeschliffen werden. Diese sog. Kunden sind auf den Milchschneidezähnen nach zwei Jahren verschwunden.
Periode des Zahnwechsels: Im Lebensalter von 2 bis 5 Jahren wachsen die endgültigen Zähne (Ersatzzähne) unterhalb der Milchzähne heran und schieben diese allmählich aus den Kiefern heraus. Eine Ausnahme bilden die hinteren Backenzähne (Molaren M 1, M 2 und M 3), die direkt ohne vorhergehende Milchzähne erscheinen und durch ihre drängende Ausdehnung die Streckung der Kiefer nach vorn unterstützen. Die Zangen der endgültigen Schneidezähne brechen mit etwa 2 ½ Jahren, die Mittelzähne mit 3 ½ Jahren und die Eckzähne mit 4 ½ Jahren durch. Auf ihren Kauflächen sind die Kunden, die eine genaue Altersbestimmung zulassen, deutlich ausgeprägt. Von den vorderen Backenzähnen (Prämolaren), denen Milchzähne vorangehen, erscheinen mit 2 ½ Jahren der erste und zweite und mit etwa 4 Jahren der dritte endgültige Ersatzbackenzahn. Im gleichen Zeitraum wachsen auch die hinteren Ersatzbackenzähne (Molaren) heran, denen keine Milchzähne vorangehen. Zwischen 4 und 5 Jahren brechen als letzte die Hakenzähne des männlichen Pferdes durch, damit ist das endgültige Gebiss vollständig vorhanden.

Alterserscheinungen des Pferdes, die in höherem Alter im äußeren Erscheinungsbild erkennbar sind: hart hervortretende Knochenlinien; weiße Stichelhaare am Kopf; stark eingefallene Augengruben; tieferstehende Ohren; flache, nicht mehr schließende Unterlippe, so dass die unteren Schneidezähne zu sehen sind; Senkrücken. →*Altersbestimmung*.

Amazonen (griech., »die Brustlosen«) Legendäres kriegerisches, nur aus Frauen bestehendes Reitervolk aus der Sagenwelt der griechischen Antike. Die Amazonen sollen sich die rechte Brust amputiert haben, um ungehindert den Bogen bedienen zu können. Die streitbaren Reiterinnen galten als unüberwindbar, bis ihre Königin Penthesilea sich schließlich in Achill verliebte und alsbald von ihm besiegt wurde. Als Amazonen bezeichnet man heute Reiterinnen, die an turnier- und rennsportlichen Wettbewerben teilnehmen.

American Saddlebred Horse Heimat: Ursprünglich Virginia und Kentucky, heute über die gesamten USA, Kanada und Mittelamerika verbreitet. Zahlreiche Gestüte im Osten der USA. Abstammung: Die frühen Besiedler Amerikas führten europäische Pferde verschiedener Herkunft mit sich, die sie zur Überwindung der großen Entfernungen in diesem riesigen Lande benötigten. Als bequeme Reitpferde über lange Wegstrecken bevorzugte man Passgänger und Tölter (→*Zelter*). Verschiedene Rassen wie der →*Hackney* und die passgehenden Narragansetts, vor allem aber das →*Englische Vollblut*, bildeten die Grundlage der sich allmählich stabilisierenden Zucht. Als Stammhengst und offizieller Begründer wird »Denmark xx«, geb. 1839, angesehen. Erscheinungsbild: Stockmaß 152–162 cm. Sehr elegantes, edles Reitpferd mit Hauptmerkmalen des Englischen Vollblüters, nach amerikanischem Geschmack präsentiert. Auffällig der hoch aufgesetzte Schwanenhals und die besonders hohe Schweifhaltung, erzielt durch operati-

ven Eingriff an der Schweifwurzel und Anlegen einer Schweifstütze. Eigenschaften: Das Saddlebred Horse zeigt besonders hohe, schwungvolle Aktionen in allen Gangarten.
Saddlebred Horses werden in zahlreichen Disziplinen eingesetzt, in Dressur, im Springen, im Gelände und vor der Kutsche. Man unterscheidet »Threegaited« Horses (Dreigänger), ausgebildet in den Grundgangarten Schritt, Trab, Galopp, und »Fivegaited« Horses, die einen langsamen Tölt (Slow gait) mit Dreibeinstütze und Zweibeinstütze, sowie den schnellen Viertakt-Tölt (Rack) mit Einbeinstütze und Zweibeinstütze beherrschen. →*Gangarten* (Tölt), →*Gangpferde.*

American Standard Bred (Traber und Passgänger). Heimat USA, viele große Gestüte. Ein ausschließlich auf Renntrab oder Rennpassgang gezüchtetes Pferd für Trab- oder Passgangrennen vor dem →*Sulky.* Die Zucht entwickelte sich ursprünglich aus Wagenpferden verschiedener Herkunft. Nach Einkreuzung des Vollbluthengstes »Messenger«, geb. 1780, und seines Urenkels »Hambletonian«, die als Stammväter der Rasse gelten, dominierte der Einfluss des →*Englischen Vollbluts.* Seit 1871 existiert ein Zuchtregister mit strenger Selektion. Heute ist die Rasse aufgrund ihrer hervorragenden Rennleistungen über die ganze Welt verbreitet. Widerristhöhe 152–165 cm Stockmaß. Das Erscheinungsbild ähnelt dem des Vollbluts, jedoch mit einigen, durch die Trabfunktion bedingten speziellen Abweichungen im Exterieur, wie überbaute Kruppe und steile Hinterhand und Fesselung. Flacher, weit ausgreifender Trab bzw. Passgang mit langer Schwebephase in hoher Geschwindigkeit, die nahezu Galopptempo erreicht. Die Standardgeschwindigkeit über eine Meile (1609 m) beträgt zwischen 2,25 und 2,30 Minuten. Aufgrund ihrer lateralen Gangveranlagung werden besonders befähigte Tiere zuweilen im Freizeitbereich unter dem Sattel in Töltvarianten und im Passgang bzw. Rennpass ausgebildet und geritten. →*Gangarten* (Tölt, Passgang).

Amerikanische Anspannung Basiert ursprünglich auf der Englischen Anspannung. Wesentliches Merkmal dieses Fahrstils mit Wagenpferden sind die besonders leichten und einfachen Geschirre und Wagen (Buggy), die meist vom amerikanischen Trabersport beeinflusst sind, eine veränderte Leinenführung (2 Leinen) und der Gebrauch der Fahrgerte statt der Fahrpeitsche. Man verwendet keine Aufhalter, sondern das sog. Jocke-Joch, ein Querholz am Deichselkopf für Zweispänner, dessen Enden durch je einen Riemen mit Kumt oder Brustblatt der Pferde verbunden sind. Besondere Erwähnung verdienen die hervorragenden amerikanischen Wagenpferdzuchten. →*Anspannung des Wagenpferdes.*

Amerikanische Reitweise Als die Spanier in der ersten Hälfte des 16. Jh. Mexiko kolonisierten, wurden auch Pferde und Rinder aus Spanien in das pferde- und rinderfreie Land importiert. Spanische Fachleute förderten die Viehzucht in großem Stil und bildeten Eingeborene als Viehhirten aus. Diese Vaqueros, die Vorläufer der nordamerikanischen Cowboys und südamerikanischer Gauchos, entwickelten mit der Zeit aus dem spanischen Reitstil eine Reitweise, die rein zweckbedingt dem Viehtrieb angepasst war. Auch Sattel und Zaumzeug, ursprünglich von arabisch-spanischer Herkunft, wurden derart verändert, dass sie dem Zweck entsprachen. Die Reitweise war darauf abgestimmt, Gesundheit und Kräfte des Pferdes weitgehend zu schonen, denn das Leben des Reiters konnte vom Wohlergehen seines Pferdes abhängen. Auch heute noch ist die Amerikanische Reitweise eine echte Gebrauchsreiterei, die in Nord- und Südamerika professionell ausgeübt wird.

Besonders kennzeichnend ist die Sorgfalt, mit der echte Cowboys auf die Individualität ihrer Pferde eingehen, ob das nun Sattlung und Zäumung, Erziehung oder Reitstil betrifft. Mit großer Geduld werden verschiedene Zäumungen getestet, bis eine gefunden ist, mit der das Pferd sich am wohlsten fühlt. Reins-man und Charro sind erstklassige Reiter, die den Vergleich mit europäischen Dressurreitern nicht zu scheuen brauchen, sie reiten nur anders. Besonders kennzeichnend sind der leichte Sitz zur Schonung des Pferdes und die stets lose Zügelführung. Derartig gerittene Pferde zeigen nicht die in der europäischen Reiterei geforderte →*Versammlung,* sondern gehen zwanglos in Losgelassenheit und Gleichgewicht und reagieren dennoch auf feinste Hilfengebung.

Die amerikanische Methode unterscheidet sich grundlegend von der europäischen. Während nach der klassischen Reitweise das Pferd durch Gewichts- und Kreuzeinwirkung, durch Anwendung von Schenkel- und Zügelhilfen ständig gefordert wird und durch Nachlassen der Hilfen eine Art Belohnung stattfindet, beruht die amerikanische Reitweise vor allem auf der Einwirkung von Gewichtshilfen, während die übrigen reiterlichen Hilfen eher aus angedeuteten Signalen bestehen, die über den Nervenreflex die gewünschte Reaktion herbeiführen. Eine Beizäumung wird nicht gezielt angestrebt. Die Zwanglosigkeit dieser Reitmethode setzt eine einfühlsame, verhaltensgerechte und folgerichtige Erziehung voraus, die in der Ausbildung einen sehr breiten Raum einnimmt.

In den USA und Mexiko unterscheidet man zwei Reitstile, den auf der klassischen spanischen Reitweise basierenden, anspruchsvolleren California style, der dressurmäßige Elemente enthält und vorwiegend westlich der Rocky Mountains gepflegt wird, und den Texas style östlich der Gebirge, der von der alten englischen, eher bäuerlichen Reitweise beeinflusst wurde und einfachere Merkmale zeigt. Die Ausbildung im California style beginnt auf Trense (Snaffle bit) und wird mit einem kappzaumähnlichen Nasenbügel (Bosal) fortgesetzt. Dem ausgebildeten Pferd wird eine schwere blanke Kandare mit Zungenlöffel (Spade bit) oder Kupferröllchen (Half breed bit) zur Anregung von Kautätigkeit und Speichelfluss und zur Regulierung annähernd senkrechter Kopfhaltung (durch das Kandarengewicht) aufgelegt. Die Ausbildung im Texas style beginnt in gleicher Weise, während man später auf blanke Kandare mit einfacher Mundstange (Grazer bit) und Kinnriemen übergeht. Beide Methoden beruhen auf einhändiger Zügelführung, um die rechte Hand für die Arbeit frei zu halten.

Der Reiter sitzt gerade und entspannt mit fast gestreckten Beinen im Sattel. Die Unterschenkel liegen nicht am Pferdeleib, sondern sind locker im natürlichen Hang für größere Bequemlichkeit

Oben: Losgelassener, schwerpunktrichtiger Sitz und lockere Zügelführung der amerikanischen Reitweise. Das →*Quarter-Horse* ist im Gegensatz zur klassischen Reitweise nicht versammelt.

Links: Der Reiter verlegt sein Gewicht zur Wendung schwerpunktrichtig nach innen, der äußere Zügel liegt dem Pferdehals an (Neck-reining, wörtlich »Halszügeln«), das Pferd biegt sich in die Wendung hinein.

auf längeren Ritten leicht nach vorn verschoben. Das Western Horse lernt grundsätzlich, dem Schenkel zu weichen. In der Wendung verlegt der Reiter sein Gewicht nach innen, tritt vollgewichtig in den inneren Steigbügel und legt den äußeren Schenkel zurück an den Pferdeleib. Die Zügelhand schwenkt leicht nach innen, so dass der äußere Zügel an der Außenseite des Pferdehalses anliegt (Neck-reining). Die Hilfe zum Angaloppieren erfolgt signalisierend durch vermehrtes Belasten des inneren Steigbügels und Anlegen des äußeren Schenkels an den Pferdeleib. Diese Grundlagen der Hilfengebung erfahren in speziellen Lektionen die erforderlichen Verfeinerungen und Erweiterungen. Gut ausgebildete Western Horses gehorchen als Folge sachkundiger Erziehung aufs Wort, reagieren blitzschnell auf angedeutete reiterliche Hilfen und führen aufgrund angeborener Veranlagung (Cow-sense) bestimmte Manöver und Lektionen aus freiem Antrieb aus. Das Rodeo-Reiten hat mit dieser leichten Reitmethode nichts zu tun, wie auch das früher übliche Einbrechen junger Pferde mit Brachialgewalt weitgehend der Vergangenheit angehört.

→*Western Horses*, →*Zäumung*, →*Sattlung*.

Neben dem echten Cowboy-Beruf hat sich aus diesem heute in Amerika eine Freizeitreiterei von enormer Breitenwirkung mit verschiedenartigen Wettbewerben entwickelt, die ihren Ursprung aus bestimmten Lektionen der Arbeit in der Herde herleiten. Nachfolgend einige der bekanntesten Wettbewerbe:

Barrel Racing: Rennen um 3 Fässer herum nach Zeit, in dem Wendigkeit und Schnellspurt des Pferdes bewertet werden.

Cutting: Aussondern und Abgetrennthalten eines einzelnen Rindes aus der Herde. Wichtig ist der »Cow-sense« des Pferdes, der Spürsinn, dem Ausbrechen des Rindes von vornherein zu begegnen und das Entweichen zu verhindern.

Halter: Pferdeschau ohne Reiter, auf der die besten Zuchtergebnisse herausgestellt und bewertet werden.

Trail Horse: Geschicklichkeitsreiten um und über Hindernisse, die im Gelände auftreten können, z. B. bewegliche Bohlenbretter, schmale Brücken, Gatter usw.

Western-Pleasure: Vorführen des Pferdes unter dem Reiter in den drei Grundgangarten am losen Zügel in vollendeter Losgelassenheit, im Gleichgewicht, in korrekter Haltung und Disziplin.

Roping: Einfangen eines Pferdes oder jungen Rindes (Calf roping) mit dem Lasso (Rope). Das Einfangen eines kräftigen Stieres (Steer roping) erfordert zwei Reiter (Team roping), die ihre Lassos um Hörner oder Hals und Hinterbeine werfen.

Bridle Path Hack: Materialprüfung des Pferdes.

Western Riding: Geschicklichkeitsreiten um Hindernisse, bei dem Wendigkeit und Manövrierfähigkeit des Pferdes bewertet werden.

Pole Bending: Schlangenlinienrennen nach Zeit um Pfähle, die in einer geraden Linie aufgestellt sind. Etwa dem Slalom vergleichbar.

Reining: Grunddressur aller Cowboypferde mit besonderer Betonung und Wertschätzung von fliegendem Galoppwechsel, Durchparieren aus vollem Galopp zum Stand (Sliding stop) durch Gleiten auf der Hinterhand, schnelle Pirouetten (Spin) und Rückwärtsrichten mindestens 5 m mit Übergang zum Rückwärts-Trab.

Working Cow Horse: Treiben einer einzelnen Kuh nach bestimmten Wendungen und Figuren.

Rodeo: Ursprünglich Volksfest der Cowboys nach dem alljährlichen Zusammentreiben der frei lebenden Herden (Round up). Heute professionelles, sportliches Spektakel für zahlende Zuschauer. Die Reiter müssen sich für bestimmte Zeit auf bockenden Pferden oder Stieren halten, fangen Stiere mit dem Lasso ein u. a. m.

Round up: Alljährliches Zusammentreiben frei lebender Viehherden in Amerika zum Zweck der tierärztlichen Versorgung, zur Markierung durch Brandzeichen und zum Verkauf.

Amerikanischer Traber →*American Standard Bred*.

Anatomie des Pferdes

Exterieur oder Gebäude

Der Bau des Knochengerüstes ist die Grundlage für die Ausformung der äußeren Körperpartien des Pferdes. An bestimmten Körperstellen zeichnen sich unter der Haut und dünnen Muskelschichten markante Knochenpunkte ab, die eine grobe Beurteilung der Knochenproportionen zulassen. Da kein Pferd fehlerfrei gebaut ist, kann erst das relativierende Abwägen günstig und ungünstig geformter Körperteile im Verhältnis zueinander das abschließende Gesamturteil ausmachen. Gebäudefehler können durch günstig ausgeprägte Körperpartien an anderer Stelle durchaus wieder aufgewogen werden. Der Gesamteindruck wird zunächst durch den Rahmen (mehr oder weniger großzügig ausgelegte Körperpartien) bestimmt, das Pferd soll lange Linien zeigen und über viel Boden stehen. Die Beurteilung der →*Vorhand* (dies sind alle Körperpartien, die sich vor der Zügelhand des im Sattel sitzenden Reiters befinden) und der →*Hinterhand* (alle Körperpartien, die sich hinter der Zügelhand befinden) geben Aufschluss über das mögliche Gangvermögen. Die Grenze zwischen Vor- und Hinterhand ist die Senkrechte unmittelbar hinter dem Ellbogen des Pferdes. Die Bezeichnung »Mittelhand« für die Rumpfpartie ist unsinnig, weil sie in reiterlichem Sinn den funktionellen Zusammenhang des Tragapparates trennt. Die Körperformen des Hengstes sind ganz allgemein muskulös, kompakt und gedrungen, seine Ausstrahlung vermittelt deutlich männlichen und herrischen Charakter. Die der Stute wirken schlanker und feingliedriger, ihr Ausdruck ist weiblich und sanfter. Die Rumpfpartie ist vergleichsweise gestreckter, um der Entwicklung des Fohlens im Mutterleib genügend Raum zu geben. Der in jeder Zucht speziell angestrebte Idealtyp des Reitpferdes wird meist nur annähernd, kaum jemals vollkommen erreicht. Nachfolgend die wesentlichen allgemein gültigen Merkmale für das äußere Erscheinungsbild des modernen Reitpferdes, die erfahrungsgemäß die beste Eignung für den geforderten Zweck versprechen.

Kopf: Rasse- und geschlechtstypisch ausgeprägt; trocken und markant geformt; nicht zu lang und grob; großes Auge mit furchtlosem, gutmütigem und klarem Ausdruck; optisch unschöne Schlappohren sind in keiner Weise nachteilig (häufiges Merkmal in der Trakehner Rappenherde der Vorkriegszeit, die überdurchschnittlich leistungsfähige Reitpferde hervorbrachte).

Hals: Möglichst lang und hoch aufgesetzt; obere Partie kräftig bemuskelt, untere Partie schwächer ausgebildet und deutlich ausgekehlt; ausgeprägtes, bewegliches Genick und breit auseinander stehende Ganaschen zur Erleichterung der →*Beizäumung;* ein kurzer, tief aufgesetzter Hals ist ungeeignet für dressurmäßiges Reiten.

Widerrist: Möglichst breit und hoch und muskulös gepolstert; lang in den Rücken verlaufend.

Rumpf: Brustkorb und Lendenpartie möglichst voluminös ausgebildet mit viel Raum für die inneren Organe und deren Funktion (Herz, Atmung, Verdauung); Lende breit, mittellang und kräftig bemuskelt, nicht zu lang und zu schmal (guter Schluss); lange und schräge Schulter; mittellanger, breiter Rücken.

Kruppe: Dominierender Krafthebelansatz für die Fortbewegung; möglichst lang, breit und kräftig bemuskelt; leicht abfallende Schräge günstig für raumgreifenden Gang.

Schweif: In leichtem Bogen frei, ruhig und gerade getragen.

Vorhand: Schulter und Oberarm möglichst lang und im rechten Winkel zueinander gelagert; Unterarm lang, Röhrbein vergleichsweise kurz; Ellbogen im leichten Abstand vom Brustkorb für freie Aktion der Gliedmaße; Vorderfußwurzelgelenk tief liegend, lang und breit ausgeformt, ohne Einschnürung am Röhrbein; ausgeprägtes Fesselgelenk, Fesselstellung ca. 45°.

Hinterhand: Motor der Vorwärtsbewegung; Becken und Oberschenkel möglichst lang und im rechten Winkel zueinander gelagert; Unterschenkel lang, Röhrbein vergleichsweise kurz;

Sprunggelenk tief liegend, lang und breit ausgeformt, ohne Einschnürung am Röhrbein; ausgeprägtes Fesselgelenk, Fesselstellung hinten geringfügig steiler als vorn.
→*Körperformen des Pferdes.*

<u>Muskulatur</u>

Das Pferd besitzt etwa 520 verschiedenartige, willkürlich und unwillkürlich funktionierende Muskeln, die im Vergleich zu denen anderer Säugetiere besonders stark von sehnigen Struk-

1 Maulspalte
2 Unterlippe mit Kinn
3 Oberlippe
4 Nüster
5 Nasenrücken
6 Stirn
7 Auge
8 Ohr
9 Stirnschopf
10 Genick
11 Unterkieferrand
12 Backe
13 Ganasche
14 Ohrspeicheldrüse
15 Mähnenkamm
16 Hals
17 Kehlrinne
18 Schulter
19 Bug
20 Brust
21 Oberarm
22 Ellbogen
23 Unterarm
24 Vorderfußwurzelgelenk
25 Vordermittelfuß
26 Fesselkopf
27 Fessel
28 Huf
29 Kronrand
30 Ballen
31 Kastanien
32 Beugesehnen
33 Widerrist
34 Rücken (Sattellage)
35 Rippenpartie
36 Unterbrust
37 Bauch
38 Flanke
39 Lende
40 Kruppe
41 Hüfthöcker
42 Oberschenkel
43 Knie
44 Hinterbacke
45 Unterschenkel
46 Sprunggelenk
47 Hintermittelfuß
48 Schweifrübe
49 Schweif
50 Schlauch (bei Stute Euter)

Exterieur oder Gebäude

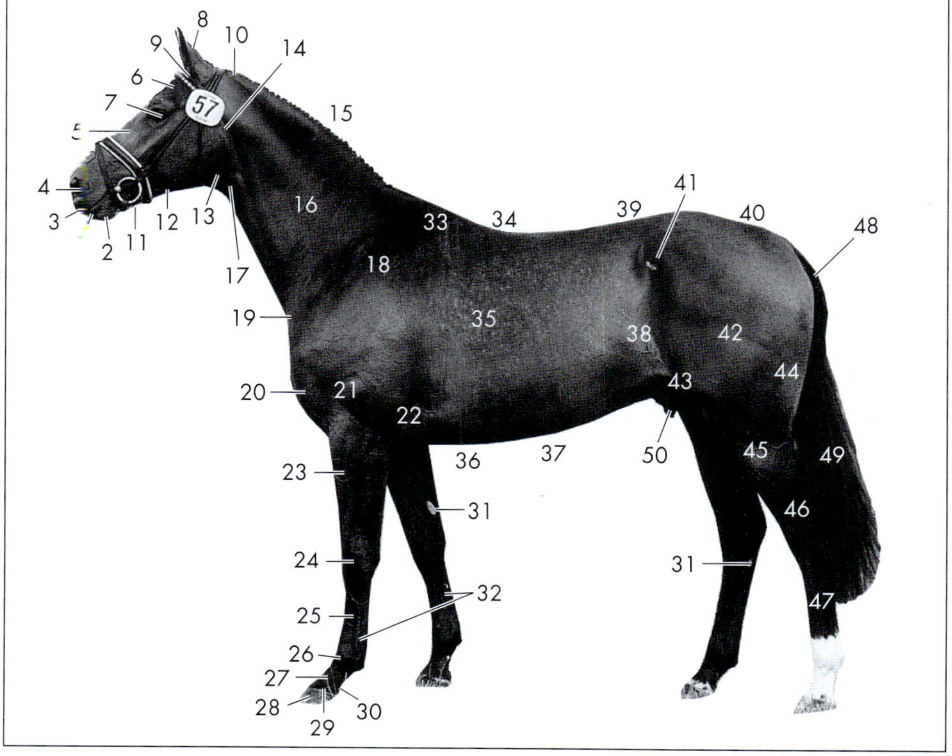

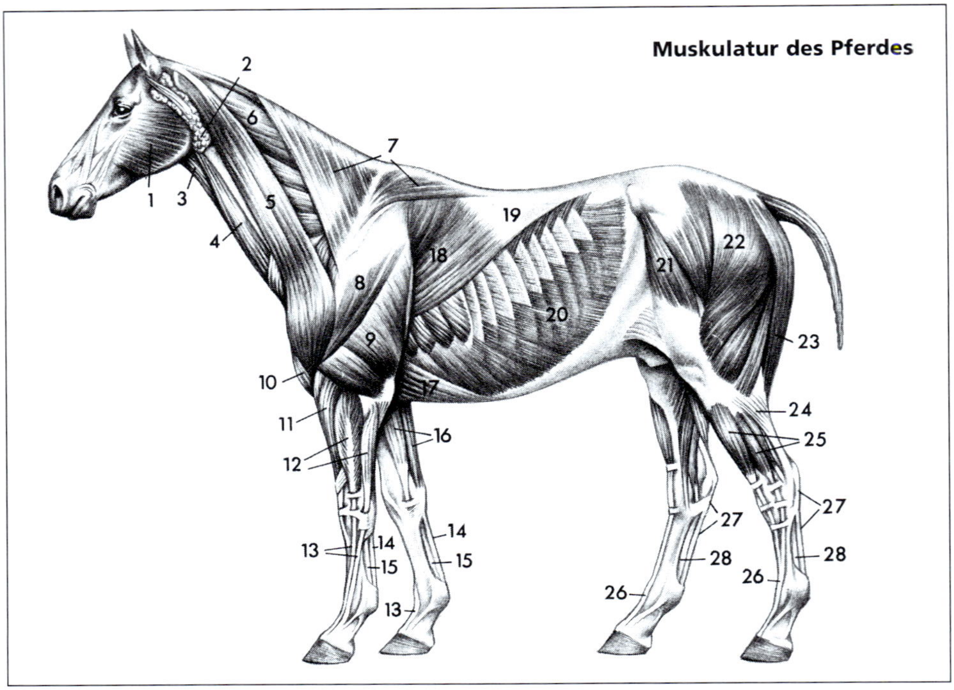

Übersicht der oberflächlichen Muskulatur:

1 Kaumuskel
2 Ohrspeicheldrüse
3 Brust-Zungenbeinmuskel
4 Brust-Kiefermuskel
5 Oberarm-Kopfmuskel
6 Milzförmiger Muskel
7 Kappenmuskel
8 Grätenmuskel
9 Strecker des Vorarmes
10 Oberflächlicher Brustmuskel
11 Strecker des Vordermittelfußes
12 Zehenstrecker
13 Sehnen der Zehenstrecker
14 Oberflächliche Beugesehne
15 Tiefe Beugesehne
16 Beuger der Vorderfußwurzel
17 Tiefer Brustmuskel
18 Breiter Rückenmuskel
19 Rückenlendenbinde
20 Großer schräger Bauchmuskel
21 Kruppenmuskel
22 Auswärtszieher des Hinterschenkels
23 Einwärtszieher
24 Achillessehne
25 Zehenstrecker
26 Sehnen der Zehenstrecker
27 Oberflächliche Beugesehne
28 Tiefe Beugesehne

turen durchsetzt sind und über Sehnen und Bänder an den Knochen ansetzen. Die reiterliche Gymnastizierung gilt in erster Linie den Kaumuskeln, den oberen Halsmuskeln, der Rückenmuskulatur und den Muskelgruppen der Hinterhand, die gemeinsam ineinander greifend im Tragapparat den Spannungsbogen bilden, der über die untersetzenden Hintergliedmaßen vermehrt das Reitergewicht aufnimmt und die schwächere Vorhand entlastet.

Der Reiter muss bedacht sein, die besonders kräftig entwickelte Kaumuskulatur des Pferdes in steter lockerer Tätigkeit zu halten, damit das Pferdemaul stets elastisch und losgelassen auf die Zügelführung reagiert. Schaumbildung im Maul ist ein äußeres Zeichen für rege Kautätigkeit als Folge weicher, lockender und nachgiebiger Zügelhilfen. Sobald das Pferd die Zähne zusammenbeißt und die Kaumuskeln verkrampft, entzieht es sich der Zügelführung.

Die teilweise auf die Schulter übergreifenden Halsmuskeln bewirken die Bewegungen des wendigsten Abschnittes der Wirbelsäule nach oben, nach unten und beidseitig nach rückwärts.

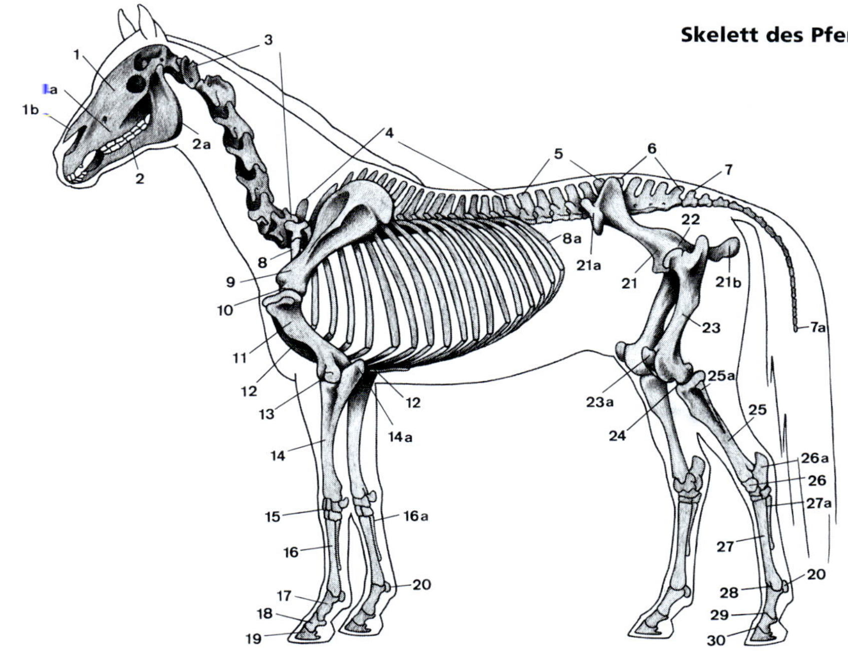

Skelett des Pferdes

- 1 Gesichtsschädel
- 1 a Oberkieferbein
- 1 b Nasenbein
- 2 Unterkieferbein
- 2 a Ganaschen (beide Unterkieferäste)
- 3 Sieben Halswirbel
- 4 Achtzehn Brustwirbel
- 5 Fünf oder sechs Lendenwirbel
- 6 Kreuzbein (fünf zusammengewachsene Kreuzwirbel)
- 7–7 a Etwa 18 Schwanzwirbel
- 8–8 a 18 Rippenpaare
- 9 Schulterblatt
- 10 Schultergelenk
- 11 Oberarmbein
- 12 Brustbein
- 13 Ellbogengelenk
- 14 Unterarmbein
- 14 a Ellbogenhöcker
- 15 Vorderfußwurzelgelenk
- 16 Vorderes Röhrbein
- 16 a Zwei Griffelbeine
- 17 Fesselbein
- 18 Kronbein
- 19 Hufbein
- 20 Zwei Gleichbeine
- 21 Becken
- 21 a Hüfthöcker
- 21 b Sitzbeinhöcker
- 22 Hüftgelenk
- 23 Oberschenkelbein
- 23 a Kniescheibe
- 24 Kniegelenk
- 25 Unterschenkelbein
- 25 a Wadenbein
- 26 Sprunggelenk
- 26 a Fersenhöcker
- 27 Hinteres Röhrbein
- 27 a Zwei Griffelbeine
- 28 Fesselgelenk
- 29 Krongelenk
- 30 Hufgelenk

Die Aufrichtung des Reitpferdhalses in schön geschwungenem Bogen mit höchstem Punkt im Genick strebt der Reiter weniger aus optischen Gründen, sondern vor allem für eine wirksame Zügelführung zur Stabilisierung des Tragapparates an. Bei einem gut und richtig gymnastizierten Reitpferd kräftigen sich im Verlauf der Ausbildung die Muskeln der oberen Halspartie. Sie gewinnen deutlich an Volumen, während die Muskeln der Halsunterseite bis zur Kehle hin schwächer erscheinen. Eine derartige Halsausformung kommt zwangloser →*Beizäumung* und selbsttragender →*Aufrichtung* entgegen. Einfühlsame, behutsame Zügelhilfen verlocken die Halsmuskeln, sich nach vorn in die Zügelführung hineinzudehnen. Zwingende Zügelführung hingegen kann sich auf das Muskelspiel höchst verderblich auswirken. Das Verwerfen im

Genick, ein seitlich leicht schräges Abweichen von der senkrechten Kopfhaltung und das Kriechen hinter den Zügel, das Zurücknehmen des Kopfes hinter die Senkrechte zur Brust, um der Zügeleinwirkung auszuweichen, sind ein- oder beidseitige Muskelverkrampfungen als häufigste Folgen zu harter und falscher Zügelführung. Die sog. natürliche Schiefe, eine angeborene einseitige →*Längsbiegung* durch die gesamte Wirbelsäule, deren Ausschaltung durch geduldige Gymnastizierung eines der Hauptanliegen dressurmäßigen Reitens ist, kann sich ebenfalls bis in die Halsmuskulatur erstrecken. Ihre Korrektur bedarf geübter Zügelhand.

Das Nackenrückenband, das sich vom Kopf über die gesamte Wirbelsäule bis zum Kreuzbein hinzieht, und der Rückenmuskel, der den Rücken bis zur Schulter überspannt, sind wesentliche Elemente des Spannungsbogens, der durch reiterliche Einwirkung erzielt werden soll. Die Halsmuskeln ziehen sich verbindend über den Widerrist bis an die breitflächige Rückenmuskulatur heran, die an Brust- und Lendenwirbeln ansetzt und auch mit der Muskulatur der Hinterhand in Verbindung tritt.

Der Reiter beeinflusst das Zusammenspiel dieser Muskelgruppen. Der jeweilige Grad ihrer Elastizität bewirkt, ob der Pferderücken entweder losgelassen durchschwingt oder aber sich versteift und festgehalten wird.

Da sich die Rückenmuskulatur bis in die seitlichen Schwanzmuskeln fortsetzt, verrät die ruhige, gerade und leicht aufwärts gebogene Schweifhaltung den entspannt durchschwingenden, oder aber nervöses Schweifschlagen oder ein schief geklemmter Schweif den verkrampften, festgehaltenen Rücken. Ebenso werden Biegung, Lockerheit und Verspannung der Wirbelsäule, Schulterfreiheit in der Gangbewegung und Atemfreiheit des Brustkorbes von der Rückenmuskulatur beeinflusst. Ein losgelassenes Pferd atmet langsam und ruhig und zeigt durch häufiges Abschnauben sein Wohlbefinden an. Letztendlich bietet eine durchtrainierte, starke Rückenmuskulatur eine stabile Sattellage. Da das Reitergewicht direkt auf den Pferderücken einwirkt, kann es die Tätigkeit der Rückenmuskeln entscheidend in positivem Sinn fördern oder auch bis zu starker Schmerzempfindlichkeit gravierend stören.

Die Muskulatur der Vorhand bewegt die Vordergliedmaßen vorwiegend vor- und rückwärts, in geringem Umfang auch seitwärts und sorgt für deren Streckung und Krümmung. Der Bewegungsspielraum ist relativ begrenzt. Da das Hauptgewicht des Pferdekörpers (Rumpf- und Halspartie) im Stand vornehmlich auf der Vorhand lastet und diese auch im Bewegungsablauf eine nur auffangende, abstützende und abrollende Funktion übernimmt, ist ihre Muskelkonstruktion mehr auf statische Tragkraft ausgerichtet. Die zusätzliche Belastung des Schwerpunktes durch das Reitergewicht ist von der Natur nicht vorgesehen. Deshalb müssen ausgleichende Entlastung der Vorhand und kräftigendes Training der Muskulatur erste Zielsetzungen reiterlichen Bemühens sein, um den Tragapparat vor Verschleiß und Dauerschäden zu schützen.

Die beträchtlich stärkere Muskulatur der Hinterhand befähigt die gewaltigen Hebel der Hintergliedmaßen zu kraftvollem Vorwärtsschub und verleiht ihnen einen größeren Bewegungsradius. Reiterliche Hilfengebung kann die Hintergliedmaßen veranlassen, sich vermehrt nach vorn unter den Rumpf zu schieben und damit einen Teil des auf der Vorhand lastenden Rumpf- und Reitergewichtes zu übernehmen.

Skelett

Das Skelettsystem ist in drei Bereiche gegliedert: Skelett des Kopfes, Skelett des Stammes und Skelett der Gliedmaßen. Das Knochengerüst setzt sich aus teils beweglich und teils unbeweglich miteinander verbundenen Knochen zusammen. An den jeweiligen Berührungspunkten sorgen knorpelige Pufferzonen für reibungsloses Gleiten oder elastische Verbindung.

Das Kopfskelett besteht aus Oberkiefer mit Gesichtsschädel und Unterkiefer. Die Schädelpartien sind durch gezackte Knochennähte, die das Dehnungswachstum des Schädels ermöglichen, miteinander verzahnt. Im Kiefergelenk besteht eine bewegliche Verbindung von Oberschädel und Unterkiefer, die im Bereich des Gesichtsschädels miteinander die Maulhöhle bilden, die beidseitig von den Reihen der Backenzähne flankiert und vorn durch die Schneidezähne begrenzt wird. Im Gehirnschädelbereich befindet sich der Raum für das Gehirn. Die Proportionen des Pferdeschädels zeichnen sich durch einen extrem langen, fast rüsselansatzartigen Gesichtsteil aus.

Das Skelett des Stammes besteht aus der Wirbelsäule und dem Brustkorb mit Brustbein. Die Wirbelsäule setzt sich aus mehreren Wirbelgruppen mit unterschiedlich geformten Wirbelknochen zusammen, an deren Fortsätzen Muskeln, Sehnen und Bänder ansetzen. Zwischen die Wirbelknochen sind jeweils Knorpelscheiben eingelagert, die der Wirbelsäule Elastizität verleihen. Durch den Hohlraum der gereihten Wirbelknochen verläuft, geschützt gegen äußere Einflüsse, der Hauptnervenstrang, das Rückenmark. Die verschiedenen Abschnitte der Wirbelsäule bestehen aus: 7 Halswirbeln, 18 Brustwirbeln, 5 oder 6 Lendenwirbeln, 5 Kreuzwirbeln und 18–21 Schwanzwirbeln.

Die Halswirbelsäule ist nach oben, unten und zur Seite stark beweglich. An der eher starren Brustwirbelsäule hängt der Brustkorb, der beiderseits aus jeweils 18 gebogenen Rippen gebildet wird. Die jeweils 8 vorderen Tragrippen sind über Knorpelfortsätze mit dem Brustbein direkt verbunden, die 10 hinteren »falschen« oder Atmungsrippen bilden mit ihren aneinander gelegten Knorpelenden den elastischen Rippenbogen, der an das Brustbeinende anschließt. Im Gegensatz zur biegsamen Lendenwirbelsäule sind die Kreuzwirbel zu einer festen Knochenbrücke verwachsen, an der die Beckenschaufeln ansetzen.

Das Skelett der Vordergliedmaße, die dem menschlichen Arm entspricht, setzt sich aus Schulterblatt, Oberarmbein, Unterarmbein, Vorderfußwurzelgelenk, Röhrbein, Fesselbein, Kron- und Hufbein zusammen. Schulterblatt und Oberarmbein sind nicht, wie beim Menschen, gelenkig mit dem Brustkorb verbunden, deshalb fehlt dem Pferd das Schlüsselbein. Die Streckbewegung der Vordergliedmaße erfolgt deshalb vorwiegend nach vorn und hinten, die Seitenbewegung aller Gliedmaßen nach rechts und links ist stark begrenzt, wie der Seitengang Traversale beweist. Da das Pferd als Geradeausläufer kaum Drehbewegungen mit der Gliedmaße ausführt, sind Elle und Speiche, die Drehbewegungen des menschlichen Armes ermöglichen, beim Pferd fest miteinander verwachsen.

Das Vorderfußwurzelgelenk, bisweilen fälschlich Vorderknie genannt und mit dem menschlichen Handwurzelgelenk vergleichbar, setzt sich aus zahlreichen kleinen miteinander korrespondierenden Knochen zusammen.

Das Röhrbein mit seinen beiden rückseitig verwachsenen Griffelbeinen entspricht den menschlichen Mittelhandknochen, und zwar denen des Mittel-, Zeige- und Ringfingers. Fesselbein, Kronbein und Hufbein sind mit dem Mittelfinger identisch.

Das Skelett der Hintergliedmaße besteht aus dem starren Becken, das fest mit dem Kreuzbein verwachsen ist, dem Oberschenkelbein mit Kniescheibe, dem Unterschenkelbein (Schienbein und Wadenbein), dem Sprunggelenk, das der menschlichen Ferse entspricht, und der Zehengliedmaße, die dem zentralen Mittelfußknochen und der Mittelzehe des Menschen gleichkommt und im Huf (Fingernagel) endet.

Zähne

Gesunde Zähne sind für das Pferd ein grundlegender Existenzfaktor. Sind sie abnorm verbildet, bestehen gravierende Ernährungsschwierigkeiten, sind sie nicht mehr vorhanden, muss es bei bester Gesundheit und reichstem Nahrungsvor-

Vollständiges Gebiss des erwachsenen männlichen Pferdes

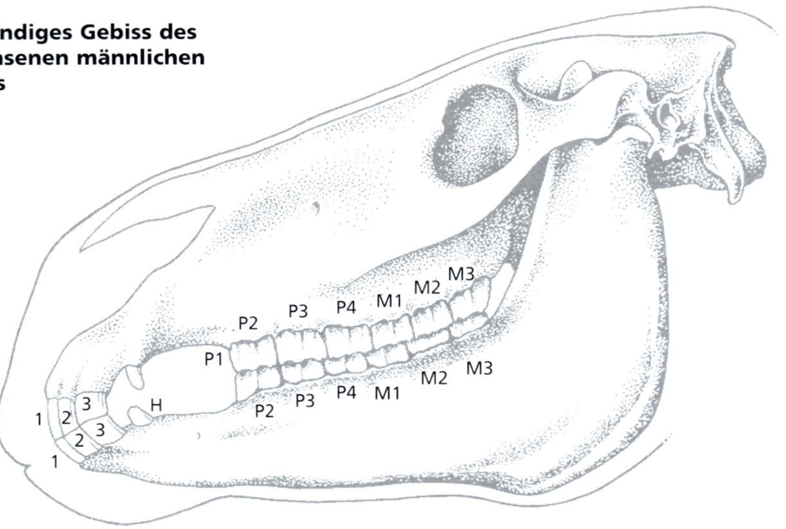

Schneidezähne:	1 Zangen, 2 Mittelzähne, 3 Eckzähne
Vordere Backenzähne (Prämolaren):	P 1 Wolfszahn (kommt selten vor, nicht abgebildet), P 2, P 3, P 4
Hintere Backenzähne (Molaren):	M 1, M 2, M 3
Hakenzähne:	H

kommen verhungern. Im Alter von einem Jahr sind alle Milchzähne vorhanden, das endgültige Ersatzzahngebiss ist mit fünf Jahren vollständig ausgewachsen. Den Molaren (hintere Backenzähne) gehen keine Milchzähne voraus. Schneidezähne besitzen eine, Backenzähne zwei Wurzeln. Das endgültige Gebiss des erwachsenen Pferdes besteht aus 12 Schneidezähnen (je 6 in Ober- und Unterkiefer) und 24 Mahl- oder Backenzähnen (je 12 in Ober- und Unterkiefer). Männliche Tiere besitzen zusätzlich 4 raubtierähnliche Hakenzähne (je 2 in Ober- und Unterkiefer), die mitunter auch bei Stuten auftreten können. Manchmal wächst unmittelbar vor den vorderen Backenzähnen noch der funktionslose sog. Wolfszahn, vermutlich ein Relikt aus ferner Zeit. Den Freiraum zwischen Schneide- und Backenzähnen nennt man →*Laden.* →*Altersbestimmung.*

Huf

Die einstmals mittlere Zehe voreiszeitlicher mehrzehiger Urpferde blieb bei rezenten Pferden in erheblich stärker entwickelter Form als einzige von einem Hornschuh umkleidete Laufzehe an jeder Gliedmaße erhalten. Schwache Relikte ehemals gleichrangiger äußerer Laufzehen haben sich während der Entwicklung des Pferdes zum schnellen Lauftier auf zwei Griffelbeine an der hinteren Seite des Röhrbeins zurückgebildet. Die Vordergliedmaßen üben im Ablauf der Gangmechanik eine mehr stützende und abrollende, die kräftigeren Hintergliedmaßen eine stärker abdrückende und schuberzeugende Funktion aus, was sich in unterschiedlicher Hufform bemerkbar macht. So sind die Vorderhufe rund (von der Lauffläche gesehen), die Hinterhufe hingegen längsoval geformt. Das Hornwachstum erfolgt vom Kronsaum nach unten. Das Hufskelett

Huf von der Außenseite

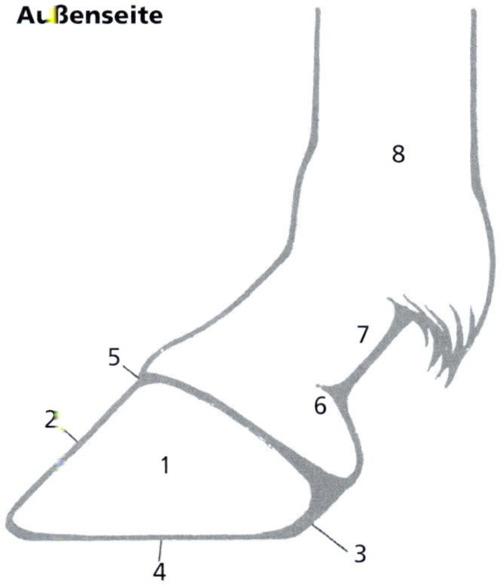

Links:
1 Seitenwand
2 Zehenwand
3 Trachtenwand
4 Tragrand
5 Kronsaum
6 Ballen
7 Fessel
8 Fesselgelenk

Unten rechts:
1 Hornstrahl
2 Strahlschenkel
3 Mittlere Strahlfurche
4 Seitliche Strahlfurchen
5 Strahlspitze
6 Tragrand
7 Weiße Linie
8 Zehenspitze
9 Eckstreben
10 Sohlenwinkel
11 Hufsohle

Längsschnitt durch den Huf

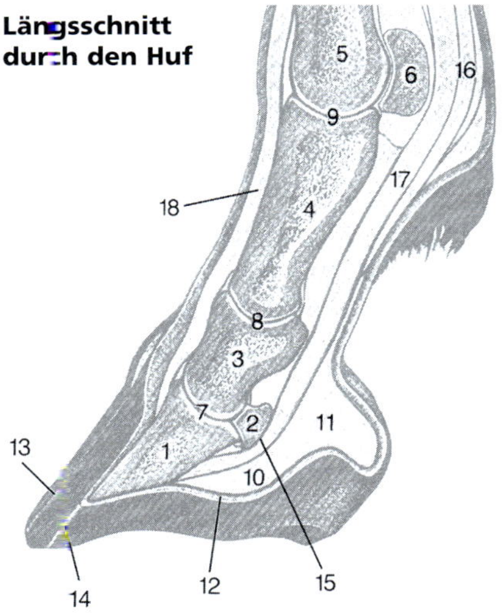

1 Hufbein
2 Strahlbein
3 Kronbein
4 Fesselbein
5 Röhrbein
6 Gleichbein
7 Hufgelenk
8 Krongelenk
9 Fesselgelenk
10 Hufbeinkissen (Strahlpolster)
11 Hufknorpel
12 Hufledерhaut
13 Hornschuh
14 Weiße Linie
15 Hufrolle
16 Oberflächliche Beugesehne
17 Tiefe Beugesehne
18 Gemeinsame Strecksehne

Lauffläche des Hufes

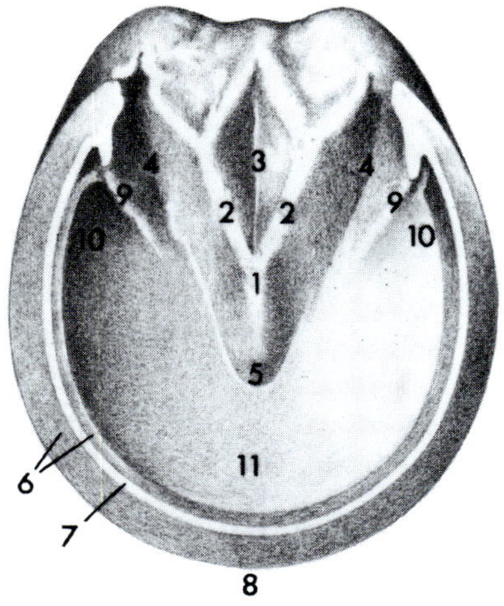

besteht aus Hufbein mit Strahlbein und Kronbein, das im Krongelenk an das Fesselbein anschließt. Beiderseits am Hufbein wölben sich die Hufbeinknorpel in den Ballen aus. Die Übergangszone vom Hufbein zur Hufsohle bildet die von Blutgefäßen und Nerven durchzogene, sehr empfindliche Huflederhaut. Sowohl diese als auch das Strahlbein, auf dessen Außenseite die

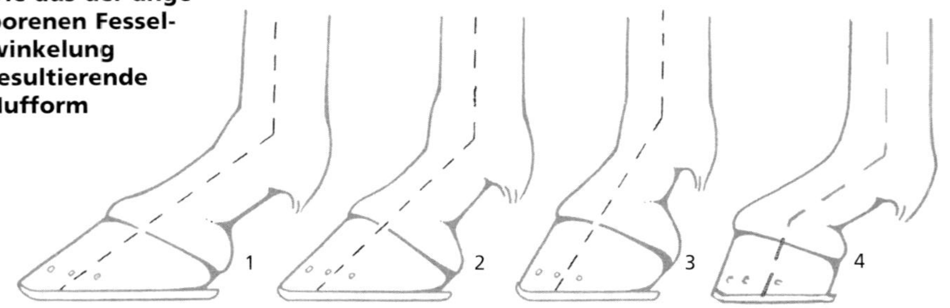

1 Spitzgewinkelter Huf, Flachhuf
2 Normaler, regelmäßig gewinkelter Huf
3 Stumpfgewinkelter Huf, oft auch enger Huf (Zwanghuf)
4 Bockhuf (bärentatzig)

Tiefe Beugesehne entlanggleitet (→*Hufrollenentzündung*), zeigen sich häufig anfällig für Huferkrankungen. Die Hufsohle soll sowohl im Zehen- wie im Trachtenbereich (hinten) deutlich aufgewölbt sein, damit der Huf auf Tragrand, Ballen und Strahl gleichmäßig aufsetzt. Der keilförmige, doppelschenklige Strahl muss kräftig und markant ausgeprägt sein, da er zusammen mit den Hufknorpeln für die Elastizität des Hornschuhes zu sorgen hat. Beim Aufsetzen spreizt sich der elastische Hornschuh im hinteren Bereich auseinander, beim Abheben zieht er sich wieder zusammen, gehalten und verstärkt durch die ebenfalls elastischen Strahlschenkel und Hufknorpel. Die Bewegungsmechanik besorgt wie eine Pumpe die Durchblutung, fördert das Hornwachstum und dämpft die Härte des Aufsetzens. Ein Pferd ist so viel wert wie seine Hufe, deshalb ist sorgfältiges Augenmerk auf deren Zustand und Pflege zu richten. Die Hufe der Wildpferde liefen seit vielen Generationen auf der gleichen Bodenstruktur und waren einem harmonischen Ausgleich von Wachstum und Abnutzung unterworfen, der keiner Korrektur bedurfte. Sie standen immer korrekt, nicht in optischem Sinn, sondern ihrem Laufverhalten entsprechend, das der Bodenformation ihres Lebensraumes angepasst war. Erst im Dienst des Menschen wurden durch andersartige und stärkere Beanspruchung der Hufe (Reitergewicht, Zugdienst, Stallhaltung, Steinboden) Schutz- und Korrekturmaßnahmen erforderlich (→*Hufbeschlag*, →*Hufbeschnitt*). Ein ungleich gewachsener und abgenutzter Huf verändert die Winkelung der Gelenke und kann zu deren Verschleiß führen.

Die Hufform wird oft von der angeborenen Fesselwinkelung bestimmt. Regelmäßiger, normal ausgebildeter Huf: Die Achse Fessel – Huf verläuft durchgehend gerade und steht zum Röhrbein in einem Winkel von etwa 45°, die Achse der Hinterfesseln ist etwas steiler. Spitzgewinkelter Huf: Der Winkel ist größer als 45°, die Fessel steht schräger und ist länger, der Huf ist flacher (muss nicht fehlerhaft sein). Stumpfgewinkelter Huf: Der Winkel ist kleiner, die Fessel steht steiler und ist oft kürzer, der Huf ist meist enger und höher geformt (kann fehlerhaft sein). Wenn die Achse Fessel – Huf nicht gerade, sondern geknickt verläuft (bärentatzig), ist das Pferd für den Reitdienst untauglich, da die Beugesehnen übermäßiger Beanspruchung ausgesetzt sind. Fehlerhafte Hufstellung ist nicht nur angeboren, sie wird auch durch falschen Beschlag oder Beschnitt oder Erkrankungen hervorgerufen und verlangt deshalb fachmännische Korrektur. →*Hufmechanismus.*

Anbindeknoten →*Panikhaken.*

Andalusischer Hengst.

Andalusier Hauptzuchtgebiete im Südwesten Spaniens, Regionen um Jerez de la Frontera, Sevilla und Cordoba. Als Wildpferdvorfahr gilt das →*Sorraiapferd,* das seit Urzeiten auf der iberischen Halbinsel bodenständig sein soll. Eine wild lebende Restpopulation dieser Primitivrasse mit Wildpferdmerkmalen (→*Abzeichen,* melanitisch) überlebte bis heute in Portugal. Der Körperbau des Wildpferdvorfahren zeichnete sich durch ein natürliches »Reitpferdmodell« mit langen Linien aus, das unter dem Reiter das Untersetzen der Hinterhand und Beizäumung zuließ, mithin eine gewisse Versammlung erlaubte. Das Reitervolk der Keltiberer machte sich die Rittigkeit zunutze und »erfand« in Angleichung an den Körperbau des Pferdes die versammelnde Reitweise, die eine souveräne Beherrschung des Pferdes im Kampf erlaubte. Die schnelle Reaktionsfähigkeit und Wendigkeit dieser Reitmethode machte die Keltiberer allen anderen Reitervölkern überlegen und lehrte die Römer das Fürchten. So wurde der bodenständige Pferdetyp Iberiens aufgrund seines natürlichen Körperbaues der Anlass für eine Reitweise, die wir heute klassisch nennen. Während und nach der Maurenzeit (Einflüsse von Araber- und Berberblut) gewann die iberische Rasse ständig an Bedeutung und erreichte in Renaissance und Barock eine Hochblüte. In ganz Europa dominierten spanische Pferde wegen ihrer überragenden Reiteigenschaften und ihrer Schönheit. Viele Fürstenhäuser begründeten oder veredelten ihre Zuchten mit spanischem Blut. Noch heute verraten →*Lipizzaner,* →*Kladruber* und →*Friesen* ihr spanisches Erbe. Andere Rassen, wie →*Holsteiner,* →*Frederiksborger,* →*Hannoveraner,* →*Oldenburger* und ähnliche verloren ihre spanischen Merkmale durch geänderte Zuchtziele. Die von den spanischen Eroberern im 16. Jh. nach Amerika exportierten andalusischen Pferde hinterließen ihr Erbe in lateinamerikanischen Rassen, im →*Mustang* und den →*Western Horses.* Gegen Ende des 18. Jh. setzte der Siegeszug des →*Englischen Vollbluts* ein. Der Einfluss spanischen Blutes in den Zuchten Europas wurde fast völlig verdrängt. Das Leistungsprinzip in Militär- und Rennwesen gewann zunehmend an Bedeutung. Im Freizeitbereich der Gegenwart ist das barocke iberische Pferd wieder gefragt, von Reitern mit höchstem Dressuranspruch bis zur Hohen Schule und Liebhabern der klassischen Reitkunst.

»Pura raza española« (Spanische reine Rasse) ist heute die offizielle Bezeichnung für den Andalusier, dessen elegantes Erscheinungsbild starke orientalische Blutanteile verrät. Die einst von Kartäuser-Mönchen begründete Cartujano-Stammlinie gilt als die historisch reinblütigste. Der Körperbau nähert sich dem Quadratformat, die Widerristhöhe schwankt zwischen 155 und 162 cm Stockmaß. Der Kopf ist edel und trocken geformt, meist mit geradem Profil. Tiere mit Rammskopf sind meist etwas länger im Rücken und kräftiger im Knochenbau. Der kräftige Hals ist hoch aufgesetzt und tief ausgekehlt. Der lang gezogene Widerrist geht in einen stabilen Rücken über, die kraftvolle, geschlossene Lendenpartie endet in einer barock geformten Kruppe mit tiefem Schweifansatz. Eine lange, schräge Schulter und der hohe Aufsatz des muskulösen Halses vermitteln den Eindruck eines tiefen Sitzes im Pferd und lassen es größer erscheinen, als es wirklich ist. Das →*Fundament* der Gliedmaßen ist eher zierlich ausgebildet, ein Kötenbehang fehlt. Der relativ kurze Unterarm und ein langes Röhrbein bewirken hohe, aber weniger raumgreifende →*Aktion.* Augenfällig ist das üppige, gewellte Langhaar und der metallische Glanz des Haarkleides. Die orientalische Schimmelfarbe, die erst relativ spät weiß ausfärbt, dominiert heute mit gut 50%. Deshalb erfreuen sich die selteneren Dunkelbraunen und Rappen großer Beliebtheit. Isabellen, Falben und Schecken, die früher überwogen, sind kaum noch zu sehen. Fuchsfarbe und weiße →*Abzeichen* sind unerwünscht, da sie auf Fremdbluteinmischungen hinweisen.

Hervorragende Rittigkeit und stolze Aktion, Versammlungsfähigkeit und Aufrichtung aus natürlicher Veranlagung, Intelligenz und Gutartigkeit, →*Cow-sense* und tänzerische Wendigkeit sind angeborene Eigenschaften des Andalusiers. Sie verleihen ihm Dressurfähigkeit für höchste Ansprüche im Sinne der klassischen Reitkunst, instinktsichere Einschätzung des Stierverhaltens als Dienstpferd des Stierhirten und als Dressurpferd für den Stierkämpfer zu Pferd im Rejoneo und sind ebenso die besten Voraussetzungen als Reitpferd für den fortgeschrittenen, dressurmäßig anspruchsvollen Freizeitreiter.

An die Hilfen stellen →*Versammlung.*

An die Zügel stellen →*Versammlung.*

Anfahren mit gut ausgebildeten Gespannpferden erfolgt korrekterweise durch leichtes Annehmen der Fahrleinen, um sanfte Verbindung mit den Pferdemäulern aufzunehmen und diese zu eifrigem Kauen zu veranlassen. Nach dem Lösen der Bremse geben die Leinen für den Antritt der Pferde nach. Gelingt dies nicht, so deutet der Fahrer in Dressurhaltung eine Wendung an und gibt im Augenblick des Antretens die Leinen nach. Bei sehr unaufmerksamen Pferden legt man bei nachgebender Leine die Peitsche leicht am Widerrist an. Der im Umgang mit Pferden äußerst nützliche Gebrauch der Stimme ist auch im Mehrgespann für individuell und sachgerecht erzogene Pferde gezielt zu empfehlen, um Leinen- und Peitschenhilfen mit Hilfe des Wortes zu ergänzen und ausgleichend auf verschiedene Temperamente einzuwirken. Das Anfahren soll keinesfalls durch Rucken oder Reißen im Pferdemaul eingeleitet werden. Ängstliche Pferde, die aus Furcht vor Schmerzen im Maul überstürzt antreten und auch sonst kein Vertrauen zu ihrem Fahrer haben, bilden eine

Gefahr im Straßenverkehr, weil sie in schwierigen Situationen leicht in Panik geraten können.

Angaloppieren Reiterliche Hilfen in fortgeschrittenem Ausbildungsstadium für den Linksgalopp: Die Kopf-Hals-Partie des Pferdes ist bei anstehendem rechtem Zügel leicht nach links gestellt, der linke Schenkel des Reiters liegt treibend am Sattelgurt, der rechte verwahrend etwas weiter rückwärts. Mit vermehrter Gewichtsverlagerung nach links, verstärktem Druck des linken Gesäßknochens nach vorn und ansaugendem linkem Schenkel schiebt der Reiter das Pferd in den Galopp hinein. Für den Rechtsgalopp erfolgen die Hilfen sinngemäß umgekehrt. Angaloppieren aus der Bewegung ist für das Pferd weniger schwierig, deshalb wird das junge, unausgebildete Pferd anfangs aus dem Trab angaloppiert. Ausgebildete Pferde hingegen, die ihr Gleichgewicht wieder gefunden haben, springen aus dem Schritt und dem Stand an. Die Vollendung ist das korrekte Anspringen durch unsichtbare Gewichtseinwirkung oder leisen Zuruf.

Anglo-Araber Nicht bodenständig gewachsene, sondern künstlich geschaffene Zuchtrasse, die aus der Verschmelzung von Arabischem und Englischem Vollblut hervorgegangen ist. Systematische Zuchtversuche begannen Anfang des 19. Jh. in Südwestfrankreich, Staatsgestüt Pompadour, um ein temperamentvolles, großwüchsiges Kavalleriepferd zu schaffen und die Vorzüge beider Rassen zu vereinen. Zuchtgrundlage bildete die direkte Verkreuzung arabischer Muniqi-Hengste mit englischen Vollblutstuten, um möglichst das Größenwachstum des Englischen Vollbluts zu erreichen. Die Paarung von Vollbluthengsten mit Araberstuten ergab ein zu geringes Stockmaß. Mit Festigung der Zucht wurden auch gemischtrassige Nachkommen gepaart. Regelmäßig importierte Original-Araberhengste dienten der Blutauffrischung. Das Hauptzuchtgebiet erstreckt sich heute über die westliche

Französischer Anglo-Araber (Reitpferdtyp).

Hälfte Südfrankreichs, Zuchtschwerpunkte bilden die Nationalgestüte Pompadour, Pau, Tarbes, Villeneuve-sur-Lot, Rodez, Saintes und Aurillac. Der französische Anglo-Araber führt mindestens 25% Araberblut, die übrigen 75% sind Vollblut. In der Höhe des arabischen Blutanteils wird folgende Unterscheidung getroffen: 1. Kategorie = 50% und mehr Araberblut, 2. Kategorie = 25–49% Araberblut. Man unterscheidet den Rennpferdtyp für die in Westfrankreich beliebten, lokalen Flachrennen, und den Sportpferdtyp, der sich mitunter durch erstaunliches Springvermögen oder hohe Dressurveranlagung auszeichnet. Mittlerweile ist die Zucht so weit gefestigt, dass überwiegend Anglo-Araber miteinander und nur noch etwa 10% Araberhengste mit Vollblutstuten gepaart werden. Die Widerristhöhe schwankt zwischen 156 und 162 cm. Der französische Anglo-Araber ist ein elegantes und temperamentvolles, feingliedriges und leistungsstarkes Sport- und Rennpferd von hohem Adel mit flachen, raumgreifenden Gangbewegungen, das sich nach Typ und Veranlagung hervorragend für den Dressur-, Spring- oder Rennsport eignet. Häufigste Fellfarben: Schimmel, Füchse, Braune.

Die polnische Anglo-Araberzucht gründet auf bodenständigen Landrassen (vermutlich Konik sowie ähnlichen Typen) und starken Einkreuzungen von Arabischem und Englischem Vollblut. Die Zucht systematisierte sich im 19. Jh. und liegt heute in staatlicher und privater Hand vor allem in der südlichen Hälfte Polens. Zuchteinflüsse durch »Furioso Northstar«, »Gidran« und den französischen Anglo-Araber. Die Widerristhöhe bewegt sich um 160 cm, braune Fellfarbe überwiegt. Edles Sportpferd mit raumgreifendem Gangvermögen, Springveranlagung, hart und leistungsfähig. Das äußere Erscheinungsbild zeigt ausgewogene Proportionen, wirkt jedoch etwas derber und bodenständiger als der grazilere französische Anglo-Araber.

Der spanische Anglo-Araber entwickelte sich aus der Verkreuzung andalusischer Stuten mit starkem arabischem Blutanteil und englischen Vollbluthengsten für den Bedarf der Kavallerie im 19. Jh. Nach Festigung der Zucht Paarungen von Anglo-Arabern untereinander und immer wieder Einmischungen von Vollblut und Arabern. Dem Vollblut ähnlicher als dem Araber. Widerristhöhe 160–165 cm, vorherrschend braune Fellfarbe. Hochbeiniges, elegantes Sportpferd (dem Quadratpferd nahe) mit flachen Gangbewegungen und beträchtlichem Springtalent.

Das nicht selten sensible Temperament des Anglo-Arabers verlangt sachkundige Behandlung und fortgeschrittene reiterliche Fähigkeiten. Im Abstammungsnachweis ist der Anglo-Araber hinter seinem Namen mit x gekennzeichnet.

Anglo-Normänner Warmblut →*Französisches Reitpferd.*

Anlehnung ist die ständige, elastische Zwiesprache zwischen Zügelhand und Pferdemaul. Die Zügel sollen weder zeitweise durchhängen noch eine Zugwirkung nach hinten ausüben, sondern gerade anstehen wie »Stangen«, ohne jedoch starr und unelastisch zu sein. Anlehnung wird erreicht durch die energisch vortreibenden Gesäß- und Schenkelhilfen des Reiters, als deren Folge das Pferd Hals und Kopf vorwärts-abwärts dehnt und selbsttätig eine spielerisch kauende Verbindung mit dem Mundstück der Zäumung sucht. Die Zügelhand bleibt passiv und verlockt das Pferdemaul durch ganz leichtes, federndes Gegenhalten, sich am Gebiss abzustoßen. Die Zügel dürfen den Pferdekopf keinesfalls in die →*Beizäumung* zurückziehen wollen, so dass das Pferd in Genick und Ganaschen fest wird, sich verkrampft und den Kopf in das Gebiss hineinhängt. Der Hals muss sich aus eigenem Bedürfnis lang und entspannt in die Beizäumung hineindehnen und darf sich nicht zusammenschieben und verkürzen. Voraussetzung für elastische Anlehnung sind der losgelassene, von der Zügelhand unabhängige Sitz des Reiters und wirksam vorwärts treibende Hilfen.

Ansatz Übergang vom Kopf zum Hals. Für das Reitpferd ist ein weiter Abstand der Unterkieferäste (→*Anatomie,* Skelett), die Ganaschenfreiheit, von Bedeutung. Sind die Ganaschen zu eng gestellt, entsteht während der →*Beizäumung* ein für das Pferd unangenehmer Druck auf Ohrspeicheldrüsen und Kehlgang, der sog. Ganaschenzwang. Ebenfalls der leichteren Beizäumung wegen soll der erste Halswirbel (Atlas) möglichst hoch liegen.

Anspannung des Wagenpferdes In Europa sind überwiegend der englische und der ungarische Anspannungsstil verbreitet, die sich wiederum durch die prächtigere Stadt- oder Parkanspannung und die schlichtere Landanspannung unterscheiden. Die russische Art der Anspannung bleibt vornehmlich auf den Osten beschränkt, während der amerikanische Stil, der mit Abweichungen vom englischen ausgeht, gelegentlich auch hier gepflegt wird. Unter Anspannungsstil versteht man eine bestimmte Kombination von Pferdetyp, Beschirrung und Wagenkonstruktion. Die wesentlichen Merkmale des repräsentativen englischen Stils sind elegante, doch kalibrige Karossiers, dem früheren Anglo-Normänner oder Oldenburger vergleichbar, mit viel →*Aufsatz* und →*Aktion* und

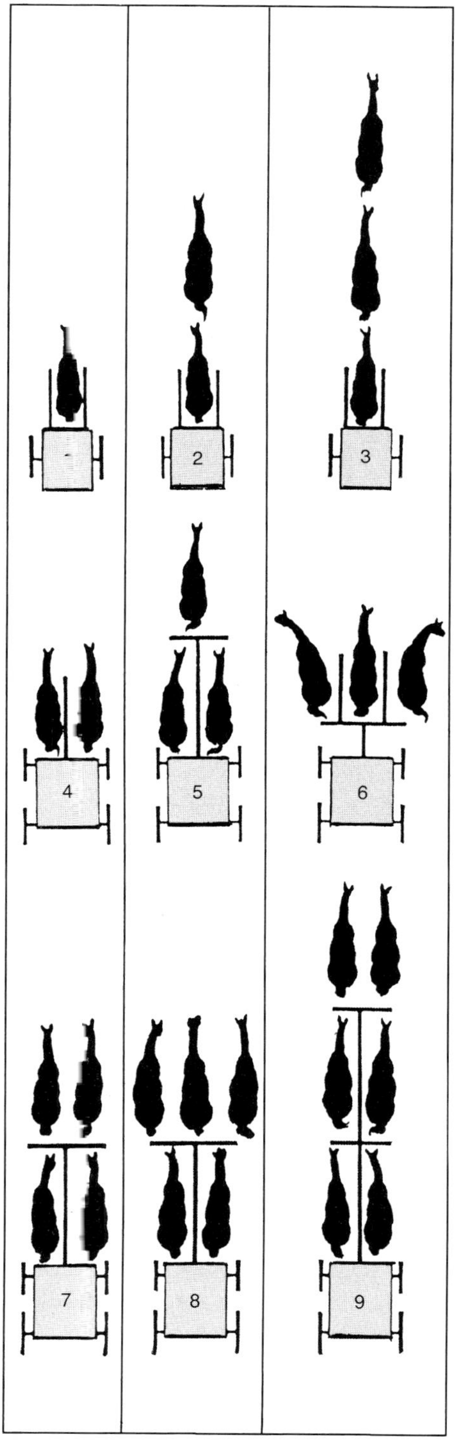

möglichst gleich in Körperbau und Farbe; schwarzes Kumtgeschirr mit Fahrkandare und Kettenaufhaltern mit polierten, ovalen Gliedern; englische Kreuzleine (hier liegt das Schnallstück kurz vor der Hand des Fahrers), Bogenpeitsche und hohe, schwere englische Wagentypen in dunklen Farben. Die vorschriftsmäßige ungarische Anspannung besteht aus temperamentvollen Pferden im Juckertyp (Araberrasse oder Lipizzaner), die in den Fellfarben unterschiedlich sein können; aus Doppelringtrense mit schwarzem Brustblatt- oder Sielengeschirr mit ledernen Aufhaltern, das zu repräsentativen Anlässen mit Schalanken (geflochtene Lederschmuckfransen) verziert ist; aus der zusammengeschnallten ungarischen Fahrleine mit »Wiener Fröschen« (Schnallen am Griffende der Leinen) und Stockpeitsche sowie meist leichten, niedrigen Wagentypen, offen oder mit Halbverdeck. Stadt- und Landanspannung beider Anspannungsarten unterscheiden sich einerseits durch poliertes, reich beschlagenes und kostbares Geschirr und noble Kutschen, andererseits durch einfache, schmucklose Zweckbeschirrung und schlichte, teils naturholzfarbene Wagen. In Deutschland wird zu allen Anspannungen die Achenbach-Kreuzleine bevorzugt. Die Kleidung von Fahrer und Beifahrer ist dem jeweiligen Stil in traditioneller Weise angepasst. Der »englische« Fahrer trägt schwarzen Anzug mit schwarzer Melone oder grauen Anzug mit grauem Zylinder, der Beifahrer Livree. Der »ungarische« Fahrer fährt im Sportanzug mit Hut, der Beifahrer in Ungarn in Nationaltracht. Zu

Schema der häufigsten Anspannungsarten:
1 Einergespann
2 Tandem
3 Random
4 Zweiergespann
5 Einhorn
6 Russische Troika
7 Vierergespann
8 Fünfergespann, ungarischer Juckerzug
9 Sechsergespann

jedem Stil ist aber auch der normale Reitdress (ohne Sporen) angemessen.

In beiden Stilen sind bestimmte Wagentypen mit entsprechenden Gespannen kombiniert: <u>Zweirädrige Wagen:</u> Ein Pferd vor Dogcart oder Gig; zwei Pferde hintereinander (Tandem) vor Tandem-Cart oder hohem Dogcart; drei Pferde hintereinander (Random) vor hohem Tandem-Cart.

<u>Vierrädrige Wagen:</u> Ein Pferd vor Buggy, Spider- und Damen-Phaeton; zwei Pferde vor Land- und Jagdwagen, Vierrad-Dogcart, Wagonette, leichte Break- und Phaetontypen. Für Zweier- und Vie-

1 Einergespann, junges Pferd im Sielengeschirr vor dem Traberkarren zum Anlernen.
2 Zweiergespann im Kumtgeschirr vor dem Einfahrwagen mit hohem Bock (Break).
3 Tandem im Kumtgeschirr vor Tandem-Cart.
4 Random im Kumtgeschirr vor Tandem-Cart.
5 Vierergespann im Sielengeschirr vor Wagonette.
6 Quadriga im Sielengeschirr vor Römerwagen.

rergespanne werden ungarische Landwagen, schwere Jagdwagen, Wagonette, Break, Vierrad-Dogcart und Mail-Phaeton bevorzugt. Ab Vierergespann sind Park-Coach, Drag und Char-à-bancs vorgesehen, die sich aufgrund ihrer schweren Bauweise auch für Sechsergespanne eignen. Mehr als sechs Pferde vor schwerem Wagen sind ohne Nutzeffekt, sie haben nurmehr reinen Showcharakter.

Die Zahl der angespannten Pferde erfordert unterschiedliche Anordnungen:

Einergespann: Ein Pferd in der starren Schere oder Gabel vor zweirädrigem Wagen oder in den beweglichen Scherbäumen des vierrädrigen Wagens.

Zweiergespanne: 1. Zwei Pferde nebeneinander beiderseits der Deichsel vor vierrädrigem Wagen. 2. Tandem, zwei Pferde voreinander vor zweirädrigem Wagen, das Vorderpferd geht frei, das hintere in der starren Gabel. Die Zugvorrichtung des Vorderpferdes ist am Geschirr des Gabelpferdes befestigt.

Dreiergespanne: 1. Random, drei Pferde voreinander vor zweirädrigem Wagen, die beiden Vorderpferde gehen frei, das hintere in der starren Gabel. Die Zugvorrichtung beider Vorderpferde ist am Geschirr des jeweiligen Hinterpferdes befestigt. 2. Einhorn, zwei Pferde nebeneinander an der Deichsel des vierrädrigen Wagens, das dritte Pferd in der Mitte vor dem Zweiergespann geht frei, dessen Zugvorrichtung ist am Deichselkopf befestigt. 3. Troika, russische Anspannung, drei Pferde nebeneinander vor vierrädrigem Wagen oder Schlitten. Das mittlere Gabelpferd im Kumtgeschirr unter der Duga (Holzbogen) ist ein Traber, die äußeren Beipferde im Sielengeschirr sind Galoppierer, ihre Köpfe sind durch Ausbinden nach außen gewendet.

Vierergespanne: 1. Zwei Zweiergespanne voreinander vor vierrädrigem Wagen, das Vordergespann geht frei, das hintere an der Deichsel. Die Zugvorrichtung für das Vordergespann ist am Deichselkopf befestigt. 2. Quadriga, zweirädriger, römischer Kampfwagen für Show-Veranstal-

7 Siebenergespann im Kumtgeschirr vor Char-à-bancs als Show-Attraktion auf einer Hengstparade.

8 Zehnergespann im Kumtgeschirr vor Mailcoach, die Schaunummer erfordert hohes Können des Fahrers.

9 Sechsergespann im Kumtgeschirr vor Char-à-bancs: Der Fahrer hält sechs Leinen in der Hand. Gespanne mit mehr als 2 Pferden nebeneinander dienen nur noch Schauzwecken.

tungen. Vier Pferde nebeneinander, jeweils zwei beiderseits der starren Deichsel.
Fünfergespann: Zwei Pferde nebeneinander an der Deichsel und drei frei davor, die Zugvorrichtung der drei Vorderpferde ist am Deichselkopf des vierrädrigen Wagens befestigt.
Sechsergespann: Drei Zweiergespanne voreinander vor vierrädrigem Wagen, das Mittelgespann geht an der am Deichselkopf der Wagendeichsel eingehakten beweglichen Zwischendeichsel, das Vordergespann geht frei.
Die Vorderleinen, also die Fahrleinen für die Vorderpferde in Tandem, Einhorn, Vierer- und Fünfergespann, messen eine Länge von 7,10 bis 7,20 m, die für Random und Sechsergespann 10,20 m. Die Gesamtlänge der normalen Achenbach-Kreuzleine für das Zweiergespann beträgt 4,20–4,50 m. Gespanne mit mehr als vier Pferden bezeichnet man als Mehrgespanne.
Das Anspannen der Pferde erfolgt stets bedachtsam und ruhig in immer gleicher Reihenfolge, damit diese den Vorgang gelassen und ohne Nervosität hinnehmen. Die menschliche Stimme kann dabei ein beruhigender Faktor sein. Das Anspannen geht folgendermaßen vor sich: Der Wagen steht mit angezogener Bremse bereit. Die Pferde langsam an der Deichsel zurücktreten lassen, so dass sie nirgendwo anstoßen. Zuerst die Innenleinen am Gebiss des jeweils andersseitigen Pferdes einschnallen. Die Innenleine des Pferdes mit höher getragenem Kopf muss dabei über die Innenleine des anderen geführt werden. Aufhalter oder Deichselketten lang befestigen. Die im Handstück zusammengeschnallten und in kurzen Schleifen zusammengenommenen Leinen von vorn nach hinten unter die Oberblattstrupfe stecken. Zuerst äußere, dann innere Stränge an den Ortscheiten befestigen. Aufhalter passend verkürzen, so dass die Brustblätter nicht nach vorn gezogen werden. Das Abspannen erfolgt in umgekehrter Reihenfolge.
Vor dem Aufsitzen auf den Bock werden die Fahrleinen aus der Oberblattstrupfe gezogen und in richtiger Abmessung aufgenommen, so dass die Verbindung zum Pferdemaul hergestellt ist. Nach dem Aufsitzen wird die Gebrauchshaltung eingenommen.
Das Einfahren des jungen Pferdes erfolgt in mehreren, sich steigernden Abschnitten. Nachdem die Ausbildung an der →*Doppellonge* beendet ist, wird das Pferd, nachdem es auch die Schleppe kennen gelernt hat, zum ersten Mal

Das erste Anspannen zur Gewöhnung des jungen Pferdes erfolgt vor der Schleppe.

Die nächste Steigerungsstufe ist das Ziehen des Schlittens (Sielengeschirr).

vor den Wagen gespannt, und zwar neben ein älteres, voll ausgebildetes Führpferd. Eine zweite Person hält es vorsichtshalber noch am Führzügel mit Kappzaum. In aller Ruhe gewöhnt man es an alle Verrichtungen des Fahrers im Halter. Die bewegliche Waage (Spielwaage), an deren Ortscheiten die Zugstränge befestigt sind, wird festgebunden, weil es sonst bei jedem Anzug des anderen Pferdes einen Ruck vor die Brust erhält und erschrickt. Das junge Pferd wird abseits des Verkehrs im ruhigen Schritt an das Geräusch des Wagens gewöhnt, schwerer Boden ist zu vermeiden, alles muss so leicht und harmlos wie möglich geschehen. Allmählich wird zum Trab übergegangen, und die Anforderungen werden gesteigert. Zahlreiche Ruhepausen sind immer wieder einzulegen, um die ungewohnte Belastung der Pferdeschulter zu mildern. Nach jedem Abspannen ist das Pferd auf Geschirrdruck zu prüfen.
Zum Einfahren dient ein Wagen im Breaktyp, ein besonders hochgebauter, schwerer Wagen zur Ausbildung von Gespannpferden. Der erhöhte Sitz gestattet dem Fahrer den notwendigen Überblick über die Pferde. →*Fahren mit Gespannpferden,* →*Geschirr des Gespannpferdes,* →*Wagentyp für Gespannpferde.*

Apokalyptische Reiter Allegorische Reiterdarstellungen der bildenden Kunst, Symbolfiguren für Krieg, Pest, Hungersnot und Tod aus dem 6. Kapitel der Johannes-Apokalypse. Bekannteste und bedeutendste Werke der Kunstgeschichte sind die um 1498 entstandenen Holzschnitte von Albrecht Dürer.

Appaloosa Heimat: USA, Weststaaten und Kanada, Provinz Alberta. Abstammung: Abkömmling der →*Mustangs.* Zählt zur Gruppe der →*Western Horses.* Wurde von den Nez-Percé-Indianern als eigenständige Rasse für Kriegszwecke unter besonderer Berücksichtigung der seltenen Fellzeichnung gezüchtet. Der Name soll angeblich von »A Palouse Horse« (Landschaftsbezeichnung Palouse Country, Idaho) = Appaloosa hergeleitet sein. Später Einmischung des →*Arabischen Vollbluts.* Erscheinungsbild: Stockmaß 145–155 cm. Kleiner Kopf mit breiter Stirn und großen Augen, die viel »Weiß« zeigen, hoch aufgesetzter Hals, lange, schräge Schulter, mittellanger, gerader Rücken, runde, volle Kruppe mit hoch angesetztem Schweif. Sehr dünnes, seidiges Fell und Langhaar. Ausgesprochen hübscher Reitpferdtyp. Die Besonderheit liegt in der Fellzeichnung. Man unterscheidet hauptsächlich vier Varianten:

Appaloosa (Schabrackentigerschecke).

1. Schabrackenscheck (Blankett pattern): Vorhand gleichmäßig braun oder schwarz, Hinterhand oberhalb weiß, hauptsächlich Lende und Kruppe, mit runden oder ovalen dunklen Flecken.
2. Schneeflockenscheck (Snow flake pattern): ganzer Körper braun oder schwarz mit kleinen weißen Sprenkeln auf Nierenpartie und Kruppe.
3. Tigerscheck (Leopard coat pattern): ganzer Körper weiß mit runden oder ovalen dunklen Flecken.
4. Marmorscheck (Marble pattern): ganzer Körper braun oder schwarz mit weißem Stichelhaar, darauf verteilt runde oder ovale, meist unscharf konturierte weiße Flecke.

Eigenschaften: hervorragend sanftmütiger und freundlicher Charakter, ausdauerndes und schnelles Galopp-Pferd mit Springveranlagung. Verwendung hauptsächlich als »Rope Horse« oder »Cutting Horse« und im Zirkus. *→Amerikanische Reitweise. →Farben des Haarkleides.*

Arabisches Vollblut Der Araber gilt allgemein als edelstes Pferd unserer Erde. Er hat aufgrund seiner hohen Vererbungskraft im Zuchtgeschehen und seiner großen Beliebtheit unter Pferdefreunden weltweite Verbreitung gefunden. Viele Pferderassen wurden durch ihn veredelt und begründet. Der Ursprung der Rasse liegt im Dunkel der Geschichte verborgen. Man vermutet, dass die Ahnen des Arabers ursprünglich nicht auf der arabischen Halbinsel beheimatet waren, sondern aus Asien oder Ägypten mit nomadisierenden Beduinen in das Gebiet des heutigen Saudi-Arabien zugewandert sind. Die Entwicklung der wohl ältesten Zuchtrasse der Erde mit ständigem engem Kontakt zum Menschen lässt sich bis zu Mohammeds Zeit (um 600 n. Chr.) zurückverfolgen. Fünf der besten Stuten des Propheten sollen der Legende nach die Basis der edelsten Stammlinien bilden, über deren Reinhaltung die Beduinen durch die Jahrhunderte konsequent gewacht hatten. Arabische Pferde höchster Qualität waren einst vor allem im arabischen Hochland des Nedjed beheimatet, heute sind sie fast nur noch in Zuchtstätten in aller Welt verstreut anzutreffen. Zu den bedeutendsten Gestüten zählen: El Zaraah (Ägypten), Janow Podlaski (Polen), Crabbet Park (England), Bàbolna (Ungarn), Marbach (Deutschland), Tersk (Kirgisien), Pomona (USA), Jerez de la Frontera (Spanien), Pompadour (Frankreich) und Rodania (Niederlande).

Allgemeines Erscheinungsbild: elegantes, zierliches Pferd im Quadratformat. Widerristhöhe des Wüstentyps um 150 cm Stockmaß. Kurzer, trocken ausgeprägter Kopf mit konkaver Nasenlinie (Hechtkopf); Ohren an den Spitzen nach innen geschweift; breite und lange Stirn; große

Grundtypen des Arabischen Vollbluts: Saqlawi-Typ *(oben)*, Kuhaylan-Typ *(Mitte)* und Muniqi-Typ *(unten)*.

hervortretende Augen; kurze Gesichtspartie mit großen, weit dehnbaren Nüstern. Hoch aufgesetzter, gebogener Hals; kurze Rücken- und Lendenpartie (meist nur 5 Lendenwirbel); waagerechte Kruppe mit hohem Schweifansatz; trockene, feinknochige Gliedmaßen, kleine, harte Hufe. Schwebende Gangbewegungen mit

Rechts: Der Silberschimmel »Bairactar ox« aus der Wüsten-Stammlinie Saqlawi-Jedran war Stammvater der Marbacher Zucht. Er deckte als Hauptbeschäler in Weil von 1817 bis 1838.

Unten: Typische Kopfform des durch Turkmenenblut beeinflussten Muniqi-Typs.

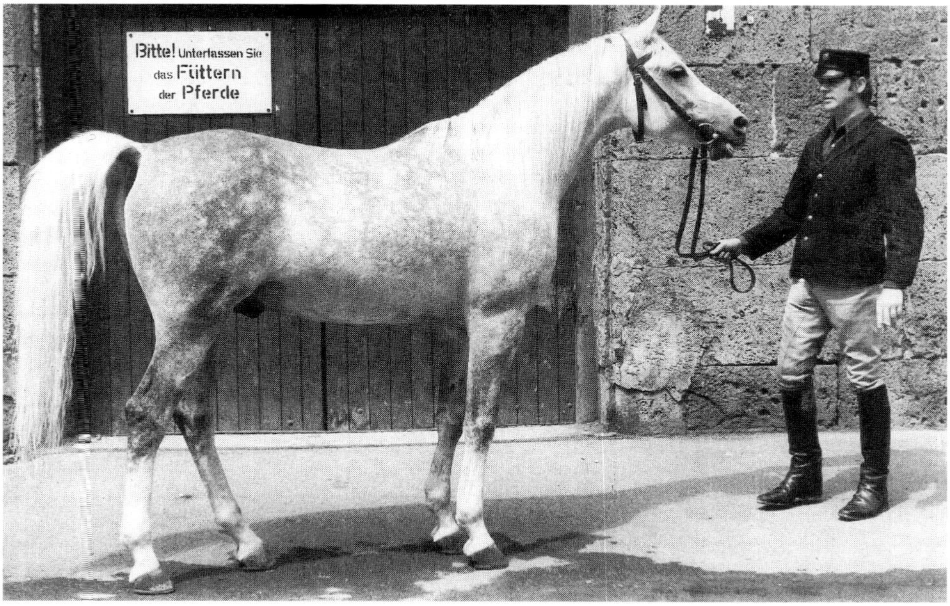

»Mali ox«, geb. 1967 von »Hadban Enzahi ox«, war Landbeschäler in Marbach.

flachem Raumgriff, Typ des spezialisierten Galopp-Pferdes (→*Körperformen,* Kruppenformen). In der Wüstenheimat Robustpferd von großer Ausdauer und Genügsamkeit. Intelligent, hoch sensibel und anhängliche Zuwendung zum Menschen. In nördlichen Ländern sehr empfindlich gegen kalte Nässe. Die durchschlagende Vererbungskraft seiner überragenden physischen und psychischen Eigenschaften erhob ihn zum begehrtesten Veredler vieler Zuchten in aller Welt. Außerhalb seiner angestammten Heimat unterscheidet man drei Typen, deren Konturen sich freilich mitunter verwischen:

Saqlawi-Typ (arabisch = gut gebaute, tiefe Flanke), gazellenhaft mit femininer Ausstrahlung; relativ schmaler Kopf und Rumpf; grazile,

tänzerische Bewegungen; überwiegend Schimmel.
Kuhaylan-Typ (arabisch = feuchtschwarze Haut, bezeichnet die durch die dünne Behaarung durchschimmernde dunkle Haut der Augenpartie); kräftig und kompakt gebaut; besonders ausdauernd und widerstandsfähig; häufig braune Fellfarbe. Saqlawi und Kuhaylan gelten als die uralten klassischen Typen, deren Ahnenreihe sich nahezu 1500 Jahre zurückverfolgen lässt.
Muniqi-Typ (arabisch = langer Hals), langer Kopf mit häufig konvexer Profilbiegung; kleine, hochliegende Augen; lange Ohren; dünner, langer Hals; insgesamt lang, schmal und hochbeinig gebaut (meist 6 Lendenwirbel); Kruppe etwas abfallend; häufig Fuchsfarbe. Dieser Rennpferdtyp, der vorwiegend im nördlichen Arabien vorkommt (Syrien, Irak), hat wahrscheinlich in jüngerer Zeit Einmischungen von Turkmenenblut (Achal-Tekkiner) erfahren und ist mit Ausnahme von Frankreich in außerarabischen Zuchten kaum erwünscht.
Dem Saqlawi-Typ, der heute besonders im ägyptischen Staatsgestüt El Zaraah bei Kairo angestrebt wird, gilt das größte Interesse jener Araber-Enthusiasten, die höchstem Adel den Vorzug geben. Passionierte Reiter mögen im Kuhaylan-Typ größere Befriedigung finden. Wenngleich der Vollblutaraber sich um die Veredlung fast aller Pferderassen der Welt hochverdient gemacht hat (er bildet die Ausgangsrasse beispielsweise auch für →*Englisches Vollblut* und →*Anglo-Araber*), wird er den Ansprüchen im großen Turniersport aufgrund mangelnder Größe, begrenzter Dressurfähigkeit und geringem Springvermögen kaum gerecht. Als Freizeitpferd mit Familienanschluss hingegen vermag er in der Hand des sachkundigen Pferdefreundes in jeder Hinsicht dauerhaft zu begeistern. Auf Distanzritten hat er mit großem Erfolg seine überragende Ausdauer bewiesen. Nachkommen reingezogener Original-Vollblutaraber sind im Abstammungspapier hinter ihrem Namen mit ox gekennzeichnet.
Das Haupt- und Landgestüt Marbach/Lauter in Baden-Württemberg besitzt eine Arabische Vollblutzucht aus dem ehemaligen Hofgestüt Weil bei Esslingen, das im Jahre 1932 vom Staat erworben wurde. Der Verlauf der zu Anfang des 19. Jh. begonnenen Reinzucht mit importierten Original-Wüstenarabern im Saqlawi-Typ ist lückenlos verzeichnet. Zahlreiche Hengste dieser Zucht wurden seither bedeutende Vererber in vielen Rassen Europas.
Im Zuchtgeschehen trifft man folgende Unterscheidungen: Im Orient geborene Araber erhalten die Zusatzbezeichnung »Original-Araber« (Or.Ar.), außerhalb der Heimatregion geborene Tiere, die gleichwohl lückenlos von importierten Original-Arabern abstammen müssen, werden als »Vollblut-Araber« bezeichnet.

Arbeit am langen Zügel →*Lektionen am langen Zügel.*

Arbeit an der Hand →*Lektionen an der Hand.*

Ardenner Französische Kaltblutrasse, bodenständig in den französischen und belgischen Ardennen und in Luxemburg. Nachzuchtgebiete in zahlreichen europäischen Ländern und in Nordamerika. Widerristhöhe 152–164 cm Stockmaß. Mittelschweres, robustes Kaltblutpferd von

Ardenner, Zuchthengst.

abgerundetem, kompaktem Körperbau. Sehr arbeitswillig, zugfest, gutmütig und temperamentvoll, oftmals raumgreifendes Gangvermögen. Häufigste Fellfarben sind Braune in zahlreichen Schattierungen sowie Braun- und Rotschimmel. Wie fast alle Kaltblüter als Arbeitspferd heute kaum noch gefragt und vom Aussterben bedroht. In Frankreich dient die Zucht vorwiegend der Fleischproduktion. Der ursprüngliche, alte Landschlag war von leichterem Kaliber und wurde schon von den Römern geschätzt. Nach der Niederlage der Mauren bei Tours 732 Einkreuzungen erbeuteter orientalischer Hengste, weitere Blutzuführen während der Kreuzzüge und zuletzt um 1800, um der Rasse für militärische Aufgaben mehr Temperament zu verleihen. Das bis zu dieser Zeit relativ leichte Ardenner Kavalleriepferd zeichnete sich in den napoleonischen Feldzügen durch große Genügsamkeit und Härte aus. Im Verlauf des 19. Jh. Umstellung des Zuchtzieles zunächst auf ein kräftiges Wirtschaftskaliber und anschließend zum Kaltblüter für mittelschwere Zugarbeit. Durch die Kriege 1870/71 und 1914/18 starke Dezimierung des heimatlichen Bestandes, die den Fortbestand der Rasse in Frage stellte. Daraufhin vorübergehend Einkreuzungen des großen Brabanter Kaltblüters aus Belgien, die das Rassebild zu verfälschen drohten. Schließlich Rückzüchtung auf den kleinen ursprünglichen Typ.

Ariège-Pferd Französische kaltblutähnliche Kleinpferdrasse, seit weit über 2000 Jahren als frei lebendes, primitives Robustpferd bodenständig im Ariège (Pyrenäen). Eiszeitliche Wandzeichnungen in der Höhle von Niaux in derselben Region stellen denselben Pferdetyp bereits mit großer Genauigkeit dar. Seit Menschengedenken sind keine Kreuzungseinflüsse bekannt, die die in unzugänglichen, abseits liegenden Hochtälern beheimatete Rasse verfälscht haben könnten. Auch Cäsars Beschreibung der ausnahmslos schwarzen Pferde entspricht dem heutigen Erscheinungsbild. Die Widerristhöhe

Ariège-Pferd, Zuchthengst.

schwankt zwischen 135 und 145 cm Stockmaß. Das harte Gebirgspferd lebt bei geringer Zufütterung im Winter ganzjährig auf hoch gelegenen Almen und erstaunt durch enorme Arbeitsleistung, Zähigkeit und Genügsamkeit. Schon immer diente es den Bergbauern in steilen Berghängen als trittsicheres Wirtschaftspferd.

Atemfrequenz →*PAT-Werte.*

Atmung Die normale Atemfrequenz des Pferdes im Ruhezustand beträgt 9–16 Atemzüge je Minute und kann bei hoher Leistungsforderung auf 60–70 Atemzüge ansteigen. Beim gesunden Pferd muss die Beruhigung auf den Normalwert spätestens 15 Minuten nach der Anstrengung erfolgt sein. Der Rhythmus der Atmung ist an den Bewegungen von Nüstern und Flanken erkennbar. →*PAT-Werte.*

Aufgalopp Probegalopp der Teilnehmer eines →*Galopprennens* an der Zuschauertribüne vorbei zur Startlinie, der den Spannungszustand des Rennpferdes löst und das Galoppvermögen zeigt.

Aufrichtung ist das zwanglose, selbsttätige Ergebnis der →*Versammlung.* Das Pferd setzt, als Folge energisch vorwärts treibender reiterlicher Hilfen, die Hintergliedmaßen vermehrt nach vorn unter den Rumpf, um durch die Hanken-

beugung das Reitergewicht vermehrt mit der Hinterhand aufzunehmen. Die Kruppe senkt sich, und die beigezäumte Kopf-Halspartie richtet sich infolgedessen stärker auf, ohne sich zu verkürzen oder zusammenzuschieben. Diese Haltung der Vorhand, die das Pferd allein aus der untergeschobenen Hankenbeugung nach Maßgabe seines Körperbaues selbsttätig und freiwillig anbietet und die keinesfall durch zwingenden Zügelanzug unterstützt werden darf, nennt man relative Aufrichtung. Sie steht im angemessenen Verhältnis zum Spannungsbogen, der durch den gesamten Pferdekörper verläuft, und ist funktioneller Teil des Tragapparates, der den Reiter trägt. Eine zwangsweise Störung der relativen Aufrichtung wirkt sich mithin auch nachteilig auf das Gleichgewicht des Tragapparates aus.
Die sog. aktive Aufrichtung hingegen, die durch harten, starren Zügelanzug bis an die Grenze des Möglichen lediglich aus optischen Gründen erzwungen wird, den Spannungsbogen im Pferd bricht, die Halsdehnung verkürzt und den Unterhals herausdrückt und damit gegen das angeborene Vermögen eine extrem steile Halsaufrichtung mit möglicherweise →*falschem Knick* hervorruft, hat mit ehrlicher Versammlung nichts zu tun und ist Tierquälerei. Aktive Aufrichtung kann sich negativ auf das Zusammenspiel aller Muskeln und die Elastizität des Ganges auswirken.

Aufsatz Übergang vom Hals zur Schulter, angeborene Winkelstellung des Halses zum Rumpf. Der hohe Aufsatz, also eine natürlich gewachsene, ungezwungene, hoch aufgerichtete Halsstellung, die fast immer mit einer schräg liegenden Schulter verbunden ist, kommt dressurmäßiger Ausbildung entgegen, da die angestrebte →*Aufrichtung* bereits annähernd auf natürliche Weise vorhanden ist und nicht mehr oder minder herausgeritten werden muss. Der angeborene günstige Körperbau für dressurmäßige →*Versammlung* erspart reiterliche Mühen. Eine alte Züchterregel sagt: »Gezielte Zucht ist halbes Reiten«, der →*Andalusier* ist ein Beispiel dafür. Der normale Aufsatz, bei dem der Hals rechtwinklig zum Schulterblatt steht, eignet sich für Reitpferde aller Disziplinen. Der tiefe Aufsatz, mitunter zudem mit einem Hirschhals (→*Körperformen*) verbunden, ist für Dressurpferde ungeeignet, weil er angemessene Aufrichtung verhindert. Für Geländepferde indes muss er nicht unbedingt hinderlich sein. Der Aufsatz ist immer im Zusammenhang mit dem →*Ansatz* des Kopfes und der Halsform zu beurteilen.

Aufsatzzügel bewirken durch rein mechanischen Zwang die künstliche Aufrichtung der Kopf-Hals-Partie bei Gespannpferden und in den →*Lektionen am langen Zügel*, um lediglich optisch ein gefälliges Aussehen des Pferdes zu erzielen. Zwei Schnüre verlaufen von den Trensenringen aufwärts durch kleine Ringe des Ohrbügelriemens nach hinten zum Kammdeckel des →*Geschirrs*. Versucht das Pferd den Kopf nach unten zu strecken, erfolgt ein schmerzhafter Ruck im Maul. →*Hilfszügel*.

Aufsatzzügel (bei →*Lektion am langen Zügel*), ein Hilfszügel zur Verbesserung der Aufrichtung.

Aufsitzen Das Erklimmen des Sattels ist hierzulande noch immer von militärischer Einseitigkeit geprägt, obwohl Kavallerie-Zeiten längst vergangen sind. Das ausschließliche Aufsitzen von links des berittenen Soldaten hatte seinen Sinn besonders in Parade-Formationen größerer Kavallerie-Einheiten, um einen schnellen, reibungslosen Ablauf und ein optisch gleichmäßiges Bild zu erreichen. Im Rahmen der Disziplin sollten viele Reiter und Pferde im gleichen Augenblick die gleichen Bewegungen ausführen, eine Forderung, die heute bis auf wenige Ausnahmen gegenstandslos geworden ist.

Die Fußspitze darf nicht in den Pferdeleib stoßen.

Hingegen bietet das Aufsitzen von beiden Seiten, wenn auch unmilitärisch, einige Vorteile. Der Reiter erhält sich beiderseitige Elastizität und Geschicklichkeit, besonders auch in fortgeschrittenem Alter, das Pferd gewöhnt sich einmal mehr an bestimmte Manipulationen, die an ihm vorgenommen werden, ohne sich sonderlich zu erregen, und die Bügelriemen werden auf Dauer gleichmäßig gedehnt. Ein durch einseitiges Aufsitzen länger gedehnter linker Bügelriemen führt im Zusammenhang mit der meist nach rechts gestellten natürlichen Schiefe des Pferdes zum Einknicken der rechten Hüfte des Reiters. Beim Aufsitzen wird der Zügel der anderen Seite etwas kürzer gegriffen, um das Seitwärtstreten des Pferdes durch die diesseitige Belastung des einseitigen Bügeltrittes zu verhindern und auszugleichen.

Bei größeren Pferden steht der Reiter an der Schulter mit dem Rücken zur Gangrichtung, schiebt den Fuß in den Steigbügel und drückt sich mit dem anderen Fuß ab, um in schwungvoller Aufwärtsdrehung über dem Pferderücken ganz sanft in den Sattel zu gleiten. Bei kleineren Pferden steht er neben dem Sattel und sitzt mit dem Blick in Gangrichtung auf. Der Fuß muss immer bis zum Spann durch den Steigbügel geschoben werden, damit er durch den starken Auftritt nicht herausrutscht. Die Fußspitze soll das Pferd nicht in die Seite stoßen. Der Reiter darf keineswegs in den Sattel hineinplumpsen. Das Pferd muss ruhig stehen bleiben, bis der Reiter die Hilfe zum Anreiten gibt.

Zur Unterstützung beim Aufsitzen erfasst die Zügelhand Mähne oder Vorderzwiesel, das gewinkelte Knie lehnt sich fest an das Sattelblatt, damit die Fußspitze nicht in den Pferdebauch stößt, die andere Hand erfasst den Hinterzwiesel und hilft beim Hochziehen des Körpers. Das überschwingende Bein bleibt waagerecht gestreckt und vermeidet die Berührung der Kruppe. Wer sich an beidseitiges Aufsitzen nicht zu gewöhnen vermag, sollte die Bügelriemen regelmäßig wechselseitig vertauschen, damit sie sich gleichmäßig dehnen.

Zum Absitzen stützt sich der Reiter mit der Zügelhand auf den Mähnenkamm und mit der anderen Hand auf Vorderzwiesel oder Pausche, nimmt den Fuß aus dem Bügel, schwingt das Bein waagerecht über den Pferderücken zurück und federt mit dem Fuß auf dem Boden auf. Das gewinkelte Knie des anderen Beines liegt wiederum fest am Sattelblatt, bis der Fuß aus dem Bügel genommen wird.

Aufstehen Das Pferd erhebt sich aus dem Liegen stets zuerst mit den gegen den Boden

Aufstehen.

gestemmten Vordergliedmaßen. Das Rind hingegen steht immer zuerst mit den Hintergliedmaßen auf.

Aufziehtrense →*Zäumung.*

Aure Comte d' (1799–1863). Französischer Reitmeister, anfangs Bereiter Ludwigs XVIII. und Karls X., von 1847–1856 Leiter des →*Cadre Noir,* der prägende Neuerungen im Sinne des Vielseitigkeitsreitens einführte. Der dynamische Reitmeister versuchte die traditionelle Dressurreiterei von Versailles mit militärischer Geländereiterei zu verbinden, um erstarrender, einseitiger Entwicklung entgegenzuwirken. Seine bedeutendsten Veröffentlichungen sind: »Cours d'Equitation« und »Traité d'Equitation«, erschienen 1830. →*Hippologe.*

Ausbildung des Pferdes Die Ausbildung zum Reitpferd verlangt eine gravierende psychische und physische Umstellung und Anpassung des Pferdes an neue Lebensbedingungen, die es nur ganz allmählich vollziehen kann. Das sensible Fluchttier muss sich zunächst mit dem ständigen hautnahen Kontakt zum Menschen und mit Zaum und Sattel abfinden, die ihm zumindest anfangs Beklemmung und Unbehagen bereiten. Es muss unter beträchtlichem Reitergewicht, für das die Natur bezüglich des Tragapparates keine Vorsorge getroffen hat, Gleichgewicht und Sicherheit in der Bewegung wieder finden und soll zusätzlich Leistungen vollbringen. Das bewegungsbedürftige Lauftier soll sich gehorsam dem Willen des Menschen unterordnen, seine Bewegungsabläufe werden in Raumgriff, Rhythmus und Tempo schematisiert und penibler Kontrolle unterzogen. Der Zwang durch Sattel und Zaumzeug, Reitergewicht und reiterliche Forderung, die starke Einengung des Bewegungsbedürfnisses vor allem beim Stallpferd müssen durch sensible Einfühlung und eingehende Kenntnis des Pferdeverhaltens seitens des Ausbilders weitgehend ausgeglichen werden, um das seelische und körperliche Wohlbefinden des Pferdes zu erhalten. Die Ausbildung eines jungen Pferdes darf grundsätzlich nur dem erfahrenen Ausbilder anvertraut werden, um spätere Dauerschäden zu vermeiden, die nur schwer zu korrigieren sind.

Inhalt, Aufbau und Ablauf der Ausbildung müssen Psyche und Charakter, Veranlagung und Vermögen des Pferdes entsprechen, die Anforderungen dürfen nur schrittweise gesteigert werden, wenn Rückschläge vermieden werden sollen. Der Ausbilder hat sich als ranghöchster Artgenosse des Pferdes zu verstehen, muss sich pferdgerecht in das Wesen des Tieres einfühlen und ihm so weit wie möglich entgegenkommen. Nicht die – oft überzogene – Forderung des Menschen, sondern das Vermögen des Pferdes bildet den Maßstab für den Gang der Ausbildung.

Die sachgerechte Erziehung des Jungpferdes vor Beginn der reiterlichen Ausbildung ist eine wesentliche Voraussetzung für den späteren Erfolg unter dem Reiter. Das Pferd ist ein Gewohnheitstier, das über ein unfehlbares Gedächtnis verfügt, gute wie schlechte Erfahrungen prägen sein erworbenes Verhalten für die Zukunft. Beständigkeit vertrauter Gewohnheiten baut instinktive Ängste ab und fördert psychische Entspanntheit und Vertrauen zum Menschen. Geduldiges Aufbauen jeder Lernstufe auf der nächstfolgenden zahlt sich aus, Ungeduld rächt sich mit späteren Untugenden oder Verschleißerscheinungen des Pferdes. Eine abwechslungsreiche Ausbildung (Longieren, Arbeit an der Hand, Reiten, Spazierenreiten im Gelände, Führen zu Fuß zum Grasen im Freien), deren Einzelbereiche später, nachdem das junge Tier viel kennen gelernt hat, stets nach gleichem Muster ablaufen, entspricht dem Bedürfnis des Pferdes und hält es wach und lernwillig. Einseitige Monotonie hingegen, die sich ausschließlich zwischen Stall und Reitbahn abspielt, stumpft das Pferd seelisch ab und macht es anfällig für gefährliche Panikreaktionen in außergewöhnlichen Situationen. Geforderte Lektionen dürfen nicht zu oft nacheinander wiederholt werden; hat das Pferd die Übung begriffen, so wird die Arbeit unter Lob beendet. Lob ist eine wesentliche Grundlage jeder Ausbildung, will man die unverdorbene Zuwendung des Tieres erhalten. Strafen dürfen nur äußerst sparsam eingesetzt werden, müssen stets sofort erfolgen, damit das Pferd den Zusammenhang begreift, und dürfen niemals in Prügel mit der Gerte ausarten. Für ein gut erzogenes Pferd kann ein scharfes, lautes Wort bereits eine empfindliche Strafe sein. Unter Strafen sind Sporenhilfen, Gertentips hinter den Schenkel und ähnliche Gedächtnisstützen zu verstehen, die das Pferd in anonymer Weise als Ursache mit unangenehmer Folge empfindet, es soll glauben, dass es sich durch Fehler selbst bestraft. Der Mensch soll als strafende Instanz möglichst nicht erkennbar werden und bei Misserfolgen kraft seiner überlegenen Intelligenz die Fehler stets zuerst bei sich selbst suchen, ehe er das Pferd verantwortlich macht. Für den Abbau von Ängsten und Widersetzlichkeiten sind Ablenkungsmanöver von großem Nutzen, weil sie gespannte Situationen überspielen und entschärfen. Ein ruhiges, erfahrenes, gut ausgebildetes Führpferd flößt dem jungen Pferd, entsprechend instinktivem Herdentrieb und Rangordnungsprinzip, Vertrauen und den Eifer zur Nachahmung ein.

Jedes Reitpferd sollte zunächst eine dressurmäßige Grundausbildung erfahren, die mindestens der Dressurklasse A entspricht. Der Beginn einer Spezialisierung etwa zum Spring- oder Geländepferd ist frühestens ein Jahr später angezeigt. Für den Ablauf der Ausbildung können folgende Zeitabschnitte als Faustregel gelten:

☐ Bis zum Alter von 3 ½ Jahren: Erziehung im Umgang mit dem Menschen, Vertrauensbildung, Gewöhnung an die Verrichtungen des täglichen Lebens;

☐ 3 ½–4 Jahre alt: Gewöhnung an Sattel und Zaum und kurzfristige Belastung des Rückens durch Überlegen des Körpers, Führen an der Hand in der Reitbahn, Longieren, Arbeit an der Hand;

☐ 4–6 Jahre alt: Beginn der Ausbildung im Sattel, dressurmäßige Grundausbildung Klasse A, bei Veranlagung des Pferdes schonend bis Klasse L;

☐ 6–8 Jahre alt: Ausbildung zum Dressurpferd bis Klasse M;

☐ 9 Jahre alt: Vollendung bis Klasse S.

Die Zeiträume können sich je nach Veranlagung und Vermögen des Pferdes etwas verschieben, ein schnellerer Ablauf der Dressurausbildung zeigt oft negative Folgen. Vielseitigkeitspferde benötigen die gleiche Zeit, da sie, wenn auch dressurmäßig mit geringerem Anspruch, drei Ausbildungsbereiche gleichzeitig (Dressur, Springen, Geländereiten) absolvieren. Springpferde haben ihre Ausbildung meist schon im 7. bis 8. Lebensjahr vollendet. Hier ist ganz besonders sorgsam auf die Gesunderhaltung der Gliedmaßen zu achten.

Die Ausbildung zum Wagenpferd im Ablauf über Doppellonge, Schleppe, Zugschlitten, Wagen mit erfahrenem Beipferd erfordert weniger Zeit (3–4 Jahre), zumal die physischen Anforderungen geringer sind. Besondere Beachtung verdient eine tiefe Vertrauensbasis zwischen Fahrer und Pferden, die diese aufs Wort gehorchen und reagieren lässt, damit jede gespannte Verkehrssituation notfalls auch über die Stimme gemeistert werden kann.

Ausbildung des Reiters Vor Beginn des praktischen Reitunterrichtes sollte der Reitschüler zunächst in den Verhaltensweisen des Pferdes theoretisch unterwiesen werden, damit er mögliche Ängste verliert und die Wesenheit des Tieres verstehen lernt. Theoretischer und praktischer Unterricht über pferdgerechten Umgang und sachgerechte Pflege, Sattlung und Zäumung machen ihn mit der erforderlichen Behandlung des Pferdes bekannt. Falls der Schüler kraft glücklicher Umstände bereits im engen Kontakt mit Pferden aufgewachsen ist, bringt er meist ein gewisses Maß an Vorkenntnissen und Vertrautheit mit. Eine gute Vorbereitung auf späteren Reitunterricht ist das Voltigieren für Kinder und Jugendliche, denn sie erfahren dadurch den direkten Umgang mit dem Pferd, lernen losgelassen und gleichgewichtig zu sitzen und sich auf selbstverständliche Weise in die Bewegungen des Pferdes einzufügen.

Der praktische Reitunterricht beginnt auf einem verlässlichen, ruhigen und gut ausgebildeten Lehrpferd an der Longe, damit der Anfänger sich zunächst ausschließlich auf die Festigung seines von der Zügelführung unabhängigen Sitzes und seine körperliche Losgelassenheit konzentrieren kann. Die Zügel liegen verknotet und unangefasst auf dem Pferdehals, der Reiter hält sich anfangs mit einer Hand in der Sattelkammer oder am Sattelriemen fest, bis er sich frei ausbalancieren kann. Zur Unterstützung seines Sicherheitsgefühls benutzt er die Steigbügel. Lockernde Freiübungen des Oberkörpers, zunächst im Schritt und später im Trab, lösen Verkrampfungen und fördern das Ausbalancieren der Schwerpunktlage in der Gangbewegung. Gesäß und Knie kleben am Sattel, die Unterschenkel hängen locker für spätere Hilfengebung. Während der ersten Galopps darf die Hand des Reiters gegen unfreiwilliges Absteigen in die Sattelkammer greifen. Wenn schließlich der unabhängige und korrekte Sitz, die korrekte Arm- und Handhaltung, die sanfte Zügelführung und eine einfache Hilfengebung beherrscht werden, ist die Longenarbeit beendet. Ihre Dauer richtet sich nach dem Lernvermögen des Schülers.

Reiten in der Abteilung ist ein Notbehelf aus finanziellen Gründen, je kleiner die Abteilung, desto einprägsamer der Unterricht für den Schüler. Den größten Lerneffekt bietet der Einzelunterricht. Der Reitschüler lernt jetzt das korrekte Ausreiten der Hufschlagfiguren als Folge entsprechender Hilfengebung und übt einfache, niedrige Sprünge. Wenn er sein Pferd in der Reithalle reiterlich führen kann, darf er sein Können in der Außenreitbahn erproben, wo er seinem Pferd aufgrund mannigfacher Ablenkungen erhöhte Aufmerksamkeit abverlangen muss. Schließlich kann er auch unter Führung des Reitlehrers einen Ausritt ins Gelände wagen. Jeder Reitschüler sollte zunächst eine zweijährige dressurmäßige Grundausbildung absolvieren, ehe er eine Teilnahme an Turnieren und eine Spezialisierung etwa als Springreiter erwägt.

Ein tobender Reitlehrer, der seine meist missverständlichen Schlagworte ohne Berücksichtigung gezielter individueller Korrekturen in die Reithalle schmettert, ist grobgeschnitzte militärische Vergangenheit und heutzutage überflüssig. Mit Rücksicht auf Schüler und Pferde sollte absolute Ruhe in der Reitbahn herrschen, nur ruhige, sachliche und klare, persönlich gezielte Hinweise und Erläuterungen vermögen dem Schüler weiterzuhelfen.

Ausbindezügel Verschnallbare Lederriemen von etwa 90 cm Länge, in deren Mitte jeweils ein starker dehnbarer Gummiring zur Milderung gelegentlicher Rucke im Pferdemaul eingenäht ist. Die arretierenden →*Hilfszügel* dienen nicht dressurmäßiger Ausbildung, sondern stabilisieren in unelastischer Weise die →*Beizäumung* des Pferdes. Man benutzt sie unterstützend beim →*Longieren* und für die →*Lektionen an der Hand,* um die →*Anlehnung* an die Reiterhand zu ersetzen, zum →*Voltigieren,* damit das Pferd ruhig am Zügel steht und gleichmäßig im

Ausbindezügel.

Rücken schwingt, und vorübergehend für den Anfänger-Reitunterricht in der Reitbahn, um das Pferd ruhig zu halten. Hier freilich kann die Anwendung nur eines Ausbindezügels als →*Stoßzügel* geeigneter sein. Zum Longieren und Voltigieren wird je ein Ausbinder in jeweils einen Trensenring unter der Zügelschnalle eingehakt und mit dem anderen Ende seitlich des Pferderumpfes am Sattel- oder Bauchgurt so hoch verschnallt, dass die Hilfszügel bei normaler Kopfhaltung eine annähernd waagerechte Linie bilden. Das Pferd wird so lang ausgebunden, dass bei langem Hals die Stirnlinie des Kopfes noch deutlich vor der Senkrechten bleibt. Kürzeres Ausbinden führt bei jungen Pferden zur Verkrampfung der Halsmuskulatur. Bei älteren, bereits ausgebildeten Pferden können die Ausbinder zwecks stabilerer Anlehnung bis fast zu senkrechter Nasenlinie verkürzt werden. Auf dem Zirkel schnallt man den jeweils inneren Ausbindezügel ein bis zwei Loch kürzer, um eine Einstellung der Kopf-Hals-Partie nach innen gemäß der Kreisform des Hufschlags zu erreichen.

Ausgleich Gewollte, genau berechnete Benachteiligung des stärkeren, besseren Wettbewerbsteilnehmers, um eine faire, gleichgewichtige Ausgangssituation für den schwächeren zu schaffen. Im Galopprennsport: Gewichtsausgleich durch Bleiplatten in der Satteldecke, z. B. das ältere oder leistungsstärkere Pferd trägt mehr Gewicht. Im Trabrennsport: Distanzzulage beim Start für das leistungsstärkere Pferd. Im Polospiel: Minuspunkte für die stärkere Mannschaft, die zunächst diese aufholen muss, um erst dann Pluspunkte machen zu können. →*Gewichtsausgleich.*

Ausgleicher Funktionär des →*Direktoriums für Vollblutzucht und Rennen e.V.,* der das →*Generalausgleichsgewicht* oder den →*Gewichtsausgleich* alljährlich neu berechnet. →*Galopprennen.*

Auskeilen Abwehr- und Verteidigungsreaktion von Stute und Wallach durch Ausschlagen mit einer oder beiden Hintergliedmaßen. Seltener bei Hengsten zu beobachten, die vornehmlich im Steigen zum Beißangriff übergehen und zusätzlich mit den Vorderhufen schlagen.

Auskeilen.

Ausschachten Peniserektion des Hengstes, in geringerem Maße auch beim Wallach beim Harnen und als Folge von Wohlgefühl.

Ausschuhen Ablösung des Hornschuhes vom Fußskelett infolge äußerer Gewalteinwirkung oder durch Krankheitseinflüsse, die das Töten des Pferdes erfordert.

Außenbox →*Haltung des Pferdes.*

Außengalopp →*Kontergalopp.*

Aussitzen Geschmeidiger, losgelassener, am Sattel klebender Sitz des Reiters, der jede Schwingung des Pferderückens mitfedert. Häufig benutzter Begriff für den angesaugten Sitz im Trab als Gegenteil von →*Leichttraben,* gilt aber auch für andere Gangarten. Sitzfehler des Reiters sind verkrampftes Werfenlassen und Klappen des Gesäßes in Trab und Galopp. →*Gangarten.*

Axthieb Einkerbung der Oberlinie des Halses unmittelbar vor dem →*Widerrist,* kein fließender Übergang des Halses in den Rücken. Die Kerbe ist eine Folge besonders hoch entwickelter Dornfortsätze des Widerristes. Häufig bei Arabern (Kuhaylan-Typ) und Vollblütern zu beobachten.

Aussitzen.

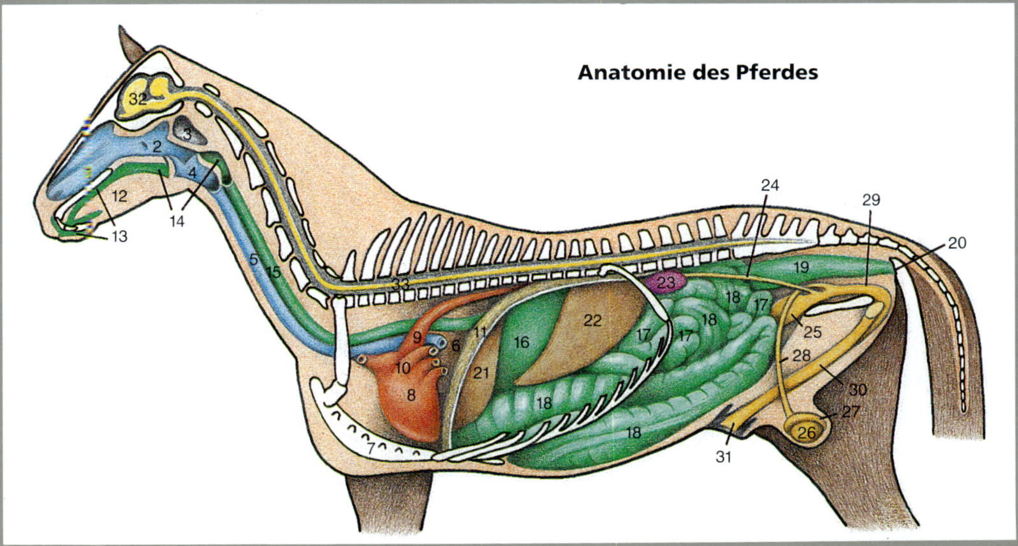

Eingeweide von links. Der linke Lungenflügel ist entfernt, erste und 18. Rippe mit Rippenbogen bezeichnen die Grenzen des Brustkorbes. Atmungs- und Luftwege = blau. Nahrungs- und Verdauungswege = grün. Harn- und Geschlechtsorgane = orange.

1 Nasenhöhle mit oberer und unterer Nasenmuschel
2 Atmungsrachen mit Ausgang zum Luftsack
3 Luftsack
4 Kehlkopf in Atmungsstellung
5 Luftröhre
6 Linke Gabelung der Luftröhre zur linken Lunge (entfernt)
7 Brustbein
8 Herz
9 Große Körperschlagader (Hauptschlagader)
10 Lungenschlagader
11 Zwerchfell
12 Zunge
13 Mundhöhle
14 Schlingrachen, durch geöffneten Kehlkopf in Atmungsstellung unterbrochen
15 Speiseröhre
16 Magen
17 Dünndarm
18 Dickdarm
19 Mastdarm
20 After
21 Leber
22 Milz
23 Linke Niere
24 Linker Harnleiter
25 Harnblase
26 Linker Hoden
27 Linker Nebenhoden
28 Linker Samenleiter
29 Beckenteil der Harnsamenröhre
30 Männliches Glied
31 Spitze des männlichen Gliedes mit Eichel
32 Gehirn
33 Rückenmark

Camarguepferde leben Sommer und Winter unter freiem Himmel. Ihre Weideflächen bestehen aus weiträumigen Schilfsümpfen und Salzsteppen.

Mausfarbe oder Mausgrauer (Dülmenerpferd).

Przewalskipferde. Ihre variierte Fellfärbung ist angepasste Tarnfarbe in der Wüstensteppe.

Falbe, die hellste Variante des Braunen (Connemarapony).

◁
Andalusischer Zuchthengst in der ihm angeborenen erhabenen Trabaktion.

Fuchs, dreifach gestiefelt (Schweizer Warmblut).

Rappe mit weißen Abzeichen am Fesselbein hinten rechts und vorne links (»Roy Black«, ein Bayerischer Warmblut-Hengst).

Glasauge, pigmentarme Iris eines Weißisabellen.

Brauner (Ardenner Kaltblut).

Apfelschimmel (Andalusier).

Weiß geborener Weißisabell, als Fohlen, hellste pigmentarme Variante des Isabellen.

Erwachsener Weißisabell. Haut- und Fellfarbe ändern sich das ganze Leben nicht (Connemara).

Isabell oder Palomino mit dunkel pigmentierter Haut. Helle Variante des Fuchses, Ausgangsfärbung des Weißisabellen (Welsh Pony).

Schweißfuchs mit hellem Langhaar (Haflinger).

Links: Stichelhaar (partiell gefärbter Rotschimmel). Im Gegensatz zum Schimmel bleibt das eingestreute Fuchshaar das ganze Leben erhalten (Irischer Hunter). *Rechts:* Schimmel werden farbig geboren und bleichen mit zunehmendem Alter weiß aus (Connemarapony).

Tigerschecke, geflecktes Fell (Appaloosa).

Fuchsschecke, gescheckte Fell (Pony).

Täglicher Weidegang und Aufenthalt im Freien der heranwachsenden Jungpferde sind Voraussetzung für eine gesunde Aufzucht (Haupt- und Landgestüt Schwaiganger, Bayerisches Warmblut).

Schabrackentigerschecke in der seltenen Schwarzweißfärbung, das Fell ist sowohl gescheckt als auch gefleckt (Appaloosa).

Voll ausgefärbter, erwachsener Schimmel (Percheron Kaltblut).

Töltender Isländer im Wettkampf.

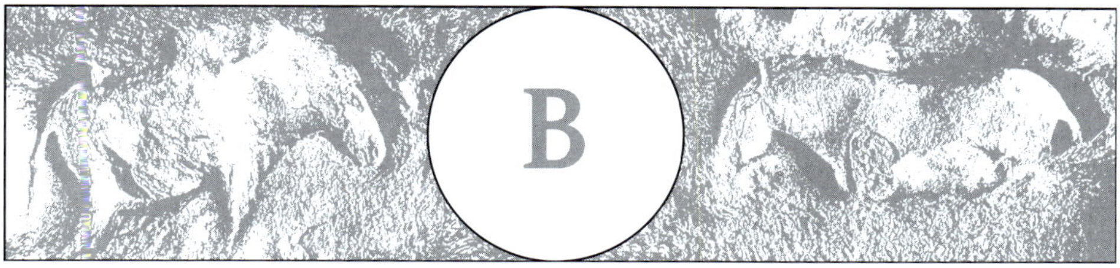

Balance Schwerpunktrichtiger, losgelassener Sitz des Reiters in jeder Situation und bei jeder Bewegung des Pferdes.

Ballastfutter →*Raufutter.*

Ballentritt Verletzung des Ballens am Hinterhuf bei zu dichtem Aufschließen und versehentlichem Zutreten des nachfolgenden Pferdes in der Abteilung und am Vorderhuf durch Gegentreten des Hinterhufes z. B. im Renntrab, bei Ermüdung des Pferdes, durch mangelhaften Beschlag oder fehlerhaften Gang. Bei letzteren Ursachen kann die →*Gummiglocke* Abhilfe schaffen. Behandlung durch Antibiotikumspray und Desinfektionsverband, Tetanusschutzimpfung ist in schlimmeren Fällen anzuraten. →*Greifen.*

Ballotade →*Kruppade.*

Bandage Die gewickelte Bandage aus Baumwolle kann den unteren Bereich der Gliedmaße, vor allem die Röhre, gegen äußere Einflüsse schützen, ihr jedoch keinen Halt geben, wie oftmals irrtümlich angenommen wird. Sie muss ganz gleichmäßig und ohne Falten angelegt sein. Die Bänder werden an der Außenseite der Gliedmaße zu einer Schleife gebunden, die nicht drückt, sich nicht von selbst lösen kann und nicht auf einer Sehne liegen darf. Richtiges Bandagieren erfordert große Sorgfalt und muss vorsichtig erfolgen, um eine Schädigung der Sehnen zu vermeiden. Schnallbandagen aus Leder mit Schnallen an der Außenseite sind wegen der einfachen Handhabung vorzuziehen. →*Gamaschen.*

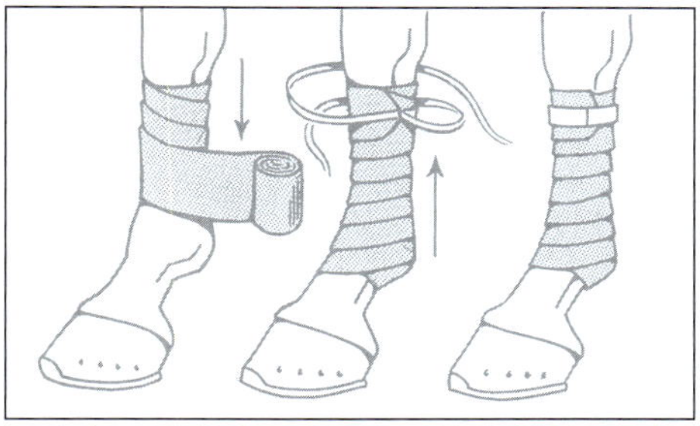

Die Bandage wird von oben nach unten und wieder von unten nach oben gewickelt. Die Schleife des Befestigungsbandes liegt auf der Außenseite der Gliedmaße und kann durch einen Klebestreifen zusätzlich gesichert werden. Bandagen werden vornehmlich aus optischen Gründen für öffentliche Veranstaltungen angelegt.

Bande Innere, etwas schräg gestellte Seitenwände aus Holz von etwa 150 cm Höhe in der überdachten →*Reitbahn.*

Bandmaß Höhe des Pferdes vom Boden bis zum Widerrist, gemessen mit einem Band, das an Vorderbein und Schulter von unten nach oben anliegt, so dass auch die Schulterrundung mitgewertet wird. Es zeigt also nicht die direkte Höhe an, sondern je nach Ernährungszustand und →*Kaliber* des Pferdes 6–10 cm mehr. →*Widerristhöhe.*

bärentatzig →*Anatomie* (Huf).

Barren Tierquälerische Methode, um Springpferde zu veranlassen, über dem Hindernis die Beine anzuziehen oder noch höher zu springen. Die Hindernisstange wird von zwei Personen gehalten oder mechanisch betätigt. In dem Moment, da die Pferdebeine im Sprung kurz vor der Stange schweben, wird diese ruckartig angehoben, so dass sie gegen die Beine des Pferdes schlägt und heftigen Schmerz verursacht. Man verwendet dünne Eisenstangen und dickere Holzstangen, die von besonders Erfindungsreichen noch mit kleinen, scharfkantigen Metallteilen benagelt werden. Mit der Furcht des Pferdes vor dem Schmerz hofft man höhere Leistungen zu erzielen. Auf Turnierplätzen ist das Barren verboten.

Das Barren ist ursprünglich eine italienische Erfindung in den 1920er Jahren, und zwar in wesentlich entschärfter Form. Man verwendete leichte Bambusstangen, mit denen die Fesselgelenke nur eben angetippt wurden, so dass nicht der Schmerz, sondern der Reflex über das Nervensystem das Pferd zum Anziehen der Gliedmaßen veranlasste, was große Geschicklichkeit erforderte. Die Rekordsucht unserer Tage vervollkommnete diese Methode zur Tierquälerei.

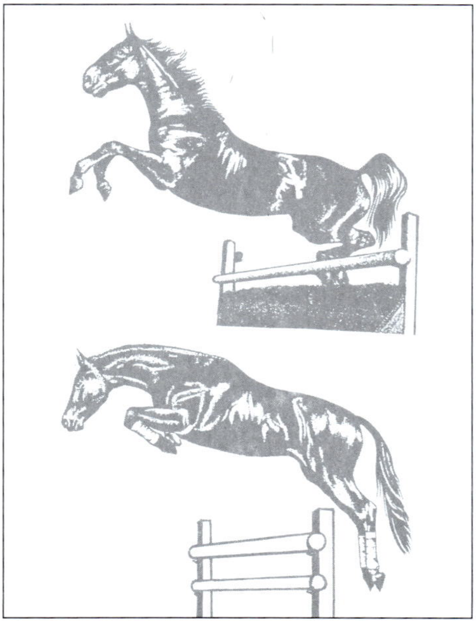

Bascule. *Oben:* Durchgedrückter Rücken. *Unten:* Harmonische Wölbung des gesamten Spannungsbogens im Sprung.

Bascule (franz.), bedeutet etwa Schaukelwaage. Begriff im Springsport, der die gewünschte Wölbung der Kopf-Hals-Rückenlinie des gestreckten Pferdes über dem Hindernis versinnbildlicht.

Baucher François (1796–1873) Französischer Reitmeister, der in Le Havre, Rouen und Paris eigene Reitschulen betrieb, längere Zeit im Zirkus auftrat und Kavallerieoffiziere ausbildete. Sein bedeutendster Schüler ist →*Hotte,* der herausragender Leiter des →*Cadre Noir* wurde und als Augenzeuge über das Wirken seines Lehrmeisters ausführlich berichtete. Bauchers bekannteste Veröffentlichung ist die »Methode der Reitkunst nach neuen Grundsätzen«, die 1843 ins Deutsche übersetzt wurde. Seine mitunter wechselnden Lehrmeinungen waren und sind umstritten und stießen besonders in Deutschland auf Ablehnung. Theoretische Ausführungen enthalten bewährte und kenntnisreiche Hinweise, die vor allem auf die Versammlungsfähigkeit von Vollblut- und Warmblutpferden zielen, deren Körperbau – im Gegensatz zu Barockpfer-

Lektion nach Baucher: »Die Bergziege auf den Gipfel stellen«. In aller Ruhe und Tag für Tag ein wenig mehr werden die Hintergliedmaßen behutsam nach vorn unter den Rumpf touchiert, bis sich die Hinterhufe fast berühren. Die Übung streckt den Spannungsbogen, wölbt den Rücken auf, stärkt die Rückenmuskulatur und nimmt dem Pferd Gleichgewichtsängste für die spätere Versammlung.

den – für ausgeprägte Hankenbeugung weniger geeignet ist. Eine bekannte Lektion, die Baucher zugeschrieben wird, heißt »die Bergziege auf den Gipfel stellen«, die der Gymnastizierung der Rückenmuskulatur und der Gleichgewichtsfindung des Pferdes dient. →*Hippologe.*

Bayerisches Warmblut Beheimatet in Bayern. Zuchtziel: Deutsches Reitpferd für Sport und Freizeit. Die Pferdezucht in Bayern, die zu den ältesten in Deutschland zählt, hat sich in der Vergangenheit mit dem einst bodenständigen Rottaler Pferd bereits einen Namen gemacht. Schon zur Zeit der Kreuzzüge wird der Rottaler Fuchs als sehr brauchbares Reitpferd gepriesen. Gegen Ende des 18. Jh. wurden Holsteiner Hengste mit neapolitanisch-andalusischer Blutführung und in der ersten Hälfte des 19. Jh. Halbblüter der Norfolkrasse, Zweibrücker und Normänner Hengste zur Veredlung eingemischt. Da die Zucht vornehmlich auf militärischen Gebrauch ausgerichtet war, gerieten die Pferde für landwirtschaftliche Arbeit zu leicht, erst Normänner und Oldenburger, die vorzüglich einschlugen, brachten das gewünschte kräftige Kaliber. Das Rottaler schwere Warmblutpferd für Kutsche und Acker hatte bis zum Zweiten Weltkrieg seine überzeugten Anhänger. Die heutige bayerische Warmblutzucht freilich gründet vorwiegend auf Hannoveranern und Westfalen, die Erscheinungsbild und Eigenschaften weitgehend geprägt haben. Dosiert eingesetzte Vollblüter und Trakehner dienen als Veredler. Nach Auflösung des Landgestütes Landshut entwickelte sich das großzügig ausgebaute Haupt- und Landgestüt Schwaiganger zum beispielhaften Zentrum der bayerischen Landeszucht. →*Deutsches Reitpferd.*

Beagle Kleiner Meutehund (Brackenart) für die →*Reitjagd,* der vorwiegend auf der Hasenfährte läuft. →*Meute.*

Beinschützer Sammelbegriff für Schutzvorrichtungen am Pferdebein, die besonders bei Gangfehlern oder extremer Beanspruchung vor Verletzungen schützen sollen. Man unterscheidet: →*Bandage* (am Röhrbein), Streichkappe (am Fesselgelenk), Knieschützer (am Vorderfußwurzelgelenk), Kronenschützer und →*Gummiglocke* (an Hufkrone und Huf). →*Gamaschen.*

Beißen des Pferdes. Die gegen den Menschen gerichtete Aggressivität ist fast immer durch dessen falsche Behandlung entstanden. Geduldige sach- und verhaltensgerechte Erziehung kann

Bayerisches Warmblut.

Beißangriff eines Ponyhengstes, natürliche Reaktion gegen einen vermeintlichen Nebenbuhler.

Abhilfe schaffen, in sehr ungünstigen Fällen muss zeitweise ein Maulkorb angelegt werden, um Menschen und Tiere gegen Beißangriffe zu schützen. Gelegentliches natürliches Abwehrbeißen gegen Artgenossen bei Unterschreitung der Individualdistanz, aus →*Futterneid* oder zum Schutz des Fohlens (der Stute) ist grundsätzlich nicht als charakterliche Bösartigkeit zu werten.

Beizäumung Stolze Kopf-Hals-Haltung des Pferdes, in der sich bei aufgewölbtem Hals das Pferdekinn der Brust nähert. Der Grad der reiterlichen Beizäumung wird immer von der anatomischen Ausformung der Ganaschen und des Genicks sowie vom Ausbildungsstand des Pferdes bestimmt. In der vom Reiter durch vortreibende Hilfen und zunehmende →*Versammlung* zwanglos angestrebten Beizäumung, in der das Pferdemaul spielerisch kauend die →*Anlehnung* sucht, befindet sich die Profillinie des Pferdekopfes knapp vor der Senkrechten, der höchste Punkt des harmonisch aufgewölbten Halses liegt im Genick. Bei der durch falsche, zwingende Zügeleinwirkung erzeugten Beizäumung jedoch neigt sich die Nasenlinie bis hinter die Senkrechte, das Pferd kriecht hinter den Zügel oder legt sich auf den Zügel, die Kammlinie des Halses zeigt weiter rückwärts den →*falschen Knick*, →*Durchlässigkeit* und →*Spannungsbogen* sind gestört. Der imponierende Hengst zeigt auf natürliche Weise ebenfalls eine Beizäumung, wenn er mit gekrümmtem Hals und senkrecht getragenem Kopf in freiem Lauf auf eine rossige Stute oder einen Nebenbuhler zutrabt.

Das Pferd steht zwanglos beigezäumt und durchlässig am Zügel ohne zwingendes Reithalfter, das Maul ist kauend geschlossen, die Profillinie liegt knapp vor der Senkrechten.

Belgisches Kaltblut Schwere Zugpferdrasse, bodenständig in Belgien. Widerristhöhe um 170 cm Stockmaß, die Zucht wurde im 19. Jh. durch den benachbarten →*Ardenner* beeinflusst. Der belgische Kaltblüter, Inbegriff des massigen Zugpferdes, hinterließ gravierende Einflüsse in früheren deutschen Kaltblutzuchten. Da in der Landwirtschaft heute nicht mehr benötigt, ist die Rasse vom Aussterben bedroht.

Berber Nahezu vollblütige Reitpferdrasse, seit alter Zeit bodenständig im westlichen Nordafrika, wahrscheinlich gemeinsame Urahnen mit dem →*Andalusier*. Seit dem Einfall der Mohammedaner um 700 Einmischungen von arabischen Pferden. Während der Besetzung Spaniens durch die Mauren Zuchteinflüsse des Berbers auf die Vorfahren des Andalusiers. Der marokkani-

Berberhengst älteren Typs ohne sichtbare arabische Bluteinmischung.

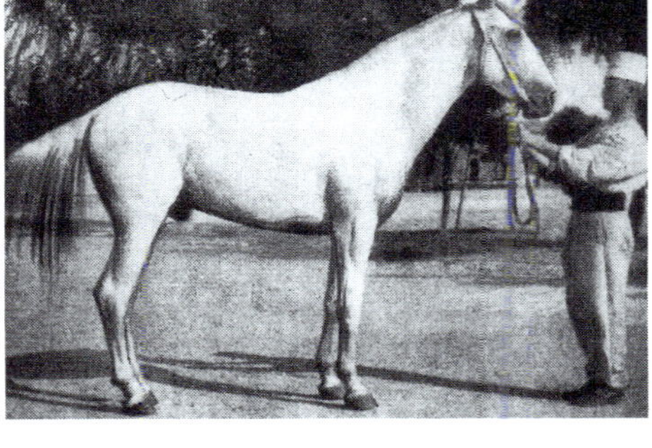

sche Berberhengst »Godolphin Barbe« war einer der Stammväter des →*Englischen Vollbluts.* Erscheinungsbild: Widerristhöhe um 155 cm Stockmaß; trockener, edler Ramskopf; muskulöser Hals, hoher Widerrist; kurzer Rumpf, stark abfallende Kruppe mit tief angesetztem Schweif; meist Schimmelfarbe. Feuriges leichtes Reitpferd mit hohen Gangbewegungen, dem Andalusier ähnlich.

Bergauf-bergabreiten Das Überwinden mäßig steiler Hänge trainiert die Muskeln des Pferdes und fördert die Trittsicherheit im Gelände. Flachere Hänge bergauf werden meist im Schritt, Steilhänge schwungvoll im Galopp und stets gerade (nicht schräg zur Steigung) angeritten und genommen. Die Gangart sollte das Pferd wählen, auf längeren Steigungen wirkt der Reiter mäßigend auf das Tempo ein, um die Kräfte eines zu eifrigen Pferdes zu schonen. Am Hang bergab wird Schritt geritten, hier ist das Pferd durch entschiedene, aber nicht im Maul störende Zügelführung sowie festen Knie- und Schenkelschluss auf geradem Kurs zu halten, damit es nicht seitlich wegrutscht und sich überschlägt. Beim Bergaufreiten lüftet der Reiter das Gesäß und neigt den Oberkörper nach vorn über die Vorhand, um das Pferd nicht im Rücken zu stören, die besonders angestrengte Hinterhand zu entlasten und seinen Schwerpunkt mit dem des Pferdes in Übereinstimmung zu bringen. Der feste Knie- und Schenkelschluss, der gehobene Sitz und die leichte, lenkende Verbindung zum Pferdemaul bleiben ständig erhalten. An besonders steilen Hängen sollte der Reiter um den Hals des Pferdes greifen, um im Schwung nicht hinter der Vorwärtsbewegung zurückzubleiben. Bergab nimmt er eine mäßig vorwärts geneigte, doch im Prinzip gleiche Haltung ein. Bei sehr kleinen Pferden und an sehr steilen Abhängen empfiehlt sich eine leichte Rückwärtsneigung, damit die Reiterlast kein Übergewicht nach vorn erzeugt. Bergab vermag ein Pferd steilere Hänge zu überwinden als bergauf.

Beschäler Staatlich gekörter Zuchthengst.

Beschälseuche Durch den Deckakt übertragene Infektionskrankheit. Anzeichen: Anschwellen der äußeren Geschlechtsteile mit weißer Fleckenbildung, Nervenlähmungen und Abmagerungen. Anzeigepflichtige Seuche.

Beugeprobe Test zur Feststellung von Gliedmaßenschäden durch straffe Beugung der Gliedmaße, z. B. von →*Spat* oder →*Schale.* Die Gliedmaße wird am Huf angehoben und mindestens zwei Minuten mit leichtem Druck angewinkelt. Wenn das Pferd unmittelbar anschließend im Trab auf hartem Boden mehr als vier Schritte lahmt, besteht Verdacht auf eine Erkrankung. →*Brettprobe.*

Biegung →*Längsbiegung.*

Biestmilch oder Kolostralmilch. Erste Muttermilch, die das Fohlen unmittelbar nach der Geburt aufnimmt. Die Aufnahme ist aus medizinischen Gründen besonders wichtig, weil sie das Darmpech des Fohlens zur Ausscheidung bringt. →*Saugfohlen.*

Birkauge Begrenzung der Iris durch einen mehr oder weniger breiten weißen Ring. Kann auf einem oder auch beiden Augen auftreten. Die Sehkraft ist nicht beeinträchtigt.

Bleidecke Satteldecke mit flachen Taschen zum Einschieben von Bleigewichten. Dient als →*Gewichtsausgleich* für zu leichte Reiter, die in Springprüfungen oder Galopprennen das vorgeschriebene Gewicht einschließlich Sattel nicht erreichen. →*Sattlung* (Rennsattel).

Blesse →*Abzeichen.*

Blinkers Scheuklappen für Rennpferde, die den Blickwinkel nach hinten begrenzen und nur die Sicht nach vorn erlauben. Sollen das Scheuen vor äußeren Einflüssen und Ablenkung durch mitlaufende Pferde verhindern.

Blinkers.

Blister Mehr oder weniger scharfe medikamentöse Einreibungen der Gliedmaße bei Sehnenerkrankungen, um durch akuten Wärmereiz künstliche Entzündungsprozesse zu erzeugen, die aufgrund stärkerer Durchblutung die Heilung beschleunigen. Missbräuchliche Anwendung, z. B. das Einreiben der Hufkronen, um Springpferde durch Überempfindlichkeit zu höheren Sprüngen zu veranlassen, ist gesetzwidrig und gilt als →*Doping.*

blitzen Anzeichen der →*Rosse* bei der Stute. Rhythmisches Öffnen und Schließen der Schamlippen mit Absonderung von Harn und Brunstschleim.

Blitzen.

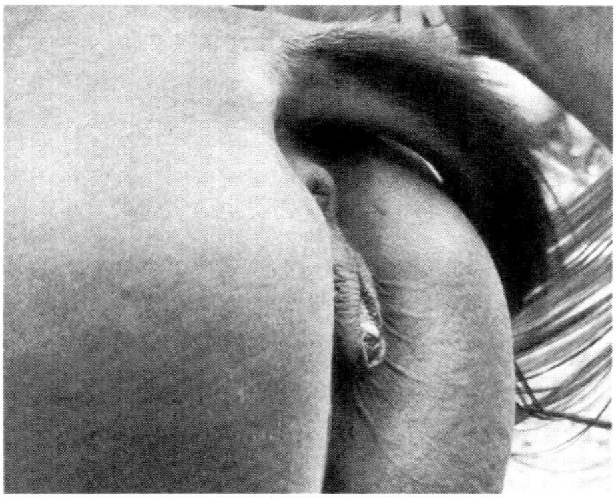

Bocken Luftsprünge des Pferdes mit tiefgestrecktem Kopf und nach oben gekrümmtem Rücken. Die Ursache kann Freude, Angst oder auch Widerstand gegen einen unliebsamen Reiter und Unbehagen durch →*Sattelzwang* sein.

Bocksattel Sehr altes, vermutlich asiatisches Konstruktionsprinzip des Tragsattels, das aus zwei langen, dem Pferderücken angepassten Brettern (Trachten) bestand, die vorn und hinten durch Bügel zusammengehalten wurden. Zwischen diesen, auf einem Kissen oder Fell, saß der Reiter. Moderne Formen des Trachtensattels, der den Pferderücken entlastet und besonders für Dauerritte geeignet ist, sind der ehemalige Armeesattel, der Cowboysattel, der spanische Vaquerosattel u. a. Vor allem in der Gebrauchs- und Freizeitreiterei gebräuchlich, für turniersportliche Zwecke nicht geeignet. →*Sattlung.*

bodenscheu Überängstliches Reagieren auf am Boden liegende, auffällige Gegenstände von meist heller Farbe (weißes Papier etc.) oder Lichtreflexe, aber auch Schatten oder unbekannte Erscheinungen. Manche Forscher führen die Schreckhaftigkeit auf Sehfehler, andere auf das im Erbgedächtnis gespeicherte Verhaltenspotential aus dem Wildleben zurück, z. B. panische Flucht bei schattenhafter Wahrnehmung der weiß blitzenden Zähne des im Gras lauernden Raubtieres. →*Scheuen.*

Bosal →*Zäumung.*

Bosnisches Gebirgspferd Heimat: Bosnien; Gebiet von Rogatica, Gestüt Borike. Abstammung: bodenständiges, primitives Gebirgspony. Um die Jahrhundertwende Einkreuzung arabischen Blutes. Heute Reinzucht mit dem Ziel eines schwereren Typs. Erscheinungsbild: Stockmaß 132–140 cm. Ein Pony im Quadratformat

Bosnisches Gebirgspferd.

mit arabisierter Kopfform und häufig etwas schwachen Gliedmaßen. Kleine, harte Hufe. Eigenschaften: seit alter Zeit absolut trittsicheres Trag- und Reitpferd auf gefährlichen Gebirgspfaden, von großer Härte und Ausdauer. Gutmütiger Charakter und freudiges Temperament.

Boulonnais Französische Kaltblutrasse, bodenständig in Nordostfrankreich an der Kanalküste um Calais und an der Somme-Mündung. Zahlenmäßig nur noch gering vertreten. Durch häufige orientalische Blutzufuhren hat sich der Boulonnais zum edelsten und harmonischsten aller Kaltblutschläge entwickelt. Erste Einmischungen orientalischer Hengste in den ehemals leichteren Landschlag erfolgten, als die Römer um 55 v. Chr. die Kanalküste erreichten. Im Mittelalter, als die Kreuzfahrer mit erbeuteten Araberpferden heimkehrten, sowie im 16. und 17. Jh. während der Besetzung der Niederlande durch die Spanier, die andalusische Pferde einführten, fanden weitere Veredelungen statt, die weiterhin von den Züchtern bis in das 19. Jh. hinein gezielt und systematisch fortgesetzt wurden. Die Zuchtentwicklung des Boulonnais gleicht der des regional benachbarten und im Erscheinungsbild ähnlichen →*Percherons.* Widerristhöhe 155 bis 165 cm Stockmaß, die Schimmelfarbe ist vorherrschend. Der starke arabische Bluteinfluss verrät sich trotz Masse und Knochenstärke in ausgewogenem Körperbau, ausgeprägter Muskulatur, edler, kurzer Kopfform, gutmütigem Charakter und lebhaftem Gangvermögen. Die Rasse ist vom Aussterben bedroht, die noch vorhandene Zucht dient vorwiegend der Fleischproduktion.

Box Durch Trennwände begrenzter Raum im Pferdestall, in dem sich das Pferd ohne Anbindung frei bewegen kann. Die Wände sollen so niedrig sein, dass sich die Pferde sehen und beschnuppern können. Beißereien kann man durch Stangengitter verhindern. Die Grundfläche sollte mindestens 4×4 m betragen. →*Haltung des Pferdes.*

Brandzeichen Neben dem Abstammungspapier werden die Pferde bestimmter Zuchten noch zusätzlich mit einem oder mehreren

Brandzeichen deutscher Reitpferde und ihre →*Zuchtgebiete.*

Brandzeichen versehen. Dabei werden häufig unterschiedliche oder zusätzliche Symbole zur Differenzierung von Hauptstammbuch, Stammbuch und Vorbuch verwendet, die unterschiedliche Stufen von Reinrassigkeit und Qualität bezeichnen. →*Arabisches Vollblut* ox, →*Englisches Vollblut* xx, →*Anglo-Araber* x und →*Europäischer Standard-Traber* tragen in Deutschland keine Brandzeichen, die Buchsta-

Links: Brandzeichen deutscher Kleinpferd- und Ponyzuchten und ihre →*Zuchtgebiete.*

Unten: Gestütsbrandzeichen der staatlichen Hauptgestüte (Hengst- und Stutenhaltung mit Fohlenaufzucht) im deutschsprachigen Raum:

1 Haupt- und Landgestüt Marbach/Lauter, Baden-Württemberg
2 Haupt- und Landgestüt Schwaiganger, Bayern
3 Eidgenössisches Gestüt Avenches, Schweiz (heute in privater Regie)
4 Bundesgestüt Piber, Österreich. L = Reinrassigkeitsbrand »Lipizzaner« auf linker Wange, im Viereck = Abstammungssymbole der sechs Hengstlinien des Lipizzaners in der linken Sattellage

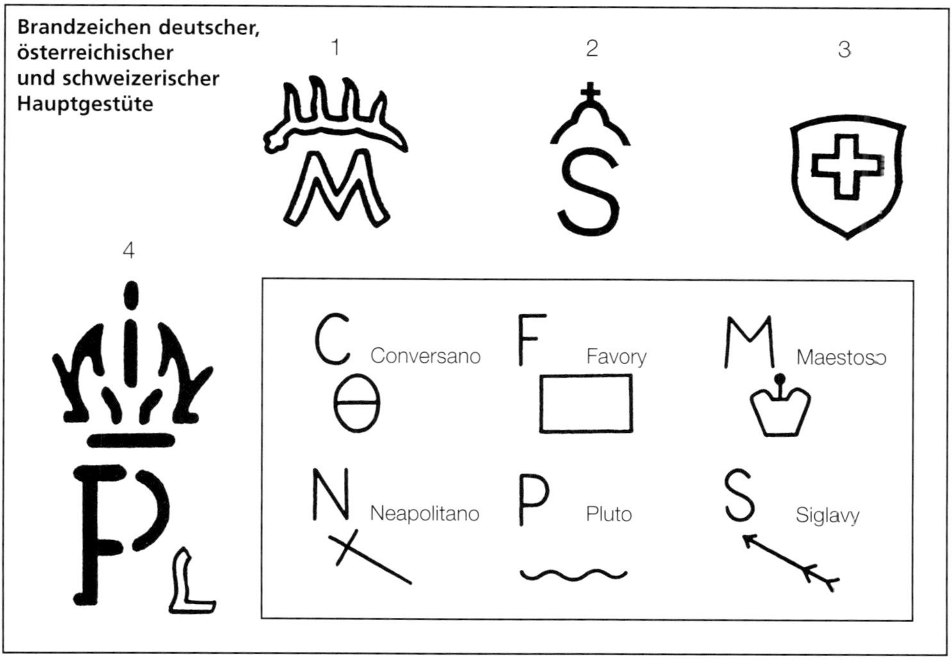

bensymbole der betreffenden Rasse werden nur im Abstammungspapier vermerkt. Ursprünglich wurden frei lebenden Herdentieren mit glühendem Eisen bestimmte Zeichen auf Hals, Rücken oder Hinterschenkel gebrannt, um sie als unverwechselbares Eigentum eines bestimmten Besitzers zu markieren und Verwechslung und Diebstahl entgegenzuwirken. Später wurde diese Methode auch von Gestüten, Zuchtverbänden und Privatzuchten übernommen.

Brauner →*Farben des Haarkleides.*

Bremse →*Nasenbremse.*

Brennen Tierärztliche Behandlung der Gliedmaßen bei chronischer Lahmheit aufgrund erkrankter Sehnen. Mit der Spitze eines erhitzten Eisens werden Punkte oder Striche auf die erkrankten Bereiche gebrannt, die durch Tiefenwirkung zunächst eine Entzündung hervorrufen und dann den Krankheitsprozess zum Stillstand bringen.

Bretone Französische Kaltblutrasse, bodenständig in der Bretagne. Mittlerweile über ganz Frankreich verbreitet, stellt die Rasse wegen des hohen Fleischertrages die größte Anzahl aller Kaltblutpferde. Der Bedarf an Arbeitspferden ist nur noch gering. Nachzuchtgebiete vor allem in Spanien und Italien. Seit alters her unterschied man in der Bretagne den leichteren, kleinen und genügsamen Typ der Bergregion im Landesinneren und den schweren Typ der Küstenniederungen. Einmischungen des ehemals schweren Normänners im Wirtschaftstyp, um die Gangeigenschaften zu verbessern, schlugen fehl. Erst die gezielte Blutzufuhr des Norfolk-Trabers in der zweiten Hälfte des 19. Jh. ergab vor allem im leichteren Typ die gewünschten Resultate. Aus dieser Einmischung entstand der »Postier-Breton«, ein mittelgroßes, robustes Arbeits- und Postkutschenpferd um 152 cm Stockmaß mit lebhaftem Temperament und raumgreifender Trabaktion. Aus Vermischungen des schweren Küstentyps mit Ardennern und Percherons ging der »Trait-Breton« für schwere Zugarbeit hervor, der eine Widerristhöhe um 166 cm Stockmaß erreicht. Die häufigsten Fellfarben sind Braune, Füchse, Braun- und Rotschimmel. Zuchtzentren sind die Nationalgestüte Hennebont und Lamballe in der Bretagne. Französische Kaltblutzuchten sind führend in der Welt. →*Ardenner,* →*Boulonnais,* →*Comtois,* →*Percheron.*

Bretone, Zuchthengst.

Brettprobe Methode zur Prüfung des Hufes auf Hufrollenentzündung. Die verdächtige Gliedmaße wird auf ein etwa 50 cm langes Brett gestellt, das durch einen untergelegten Stein vorn etwas angehoben ist, so dass der Huf für zwei Minuten mit der Zehenspitze etwa fünf Zentimeter höher steht. Die andere Gliedmaße wird hochgehalten. Sofort anschließend wird das Pferd auf hartem Boden ohne Reiter vorgetrabt. Lahmt es länger als etwa 6 Schritte, so besteht Verdacht auf →*Hufrollenentzündung.*

Bronchitis Erkrankung der Luftröhrenverästelungen in der Lunge. Im Anfangsstadium meist Fieber, Nasenausfluss und bei Anstrengung des Pferdes starker Husten. Im chronischen Stadium nur selten Nasenausfluss, aber Husten auch im Ruhezustand ohne Fieber. Oftmals schleichend beginnende →*Dämpfigkeit.*

Brustblattgeschirr →*Geschirr des Gespannpferdes.*

Budjonny-Pferd Heimat: Russland, Gebiet um Rostow. Ganzjährige Herdenhaltung im Freien. Abstammung: Kreuzung von bodenständigem →*Donpferd* und →*Englischem Vollblut.* Zuchtversuche begannen in den 1920er Jahren unter der Leitung des Marschalls Budjonny und brachten nach anfänglichen Fehlschlägen erst nach dem Zweiten Weltkrieg befriedigende Ergebnisse. Es gelang, die Vorzüge beider Rassen weitgehend zu vereinen; Robustheit, Genügsamkeit und kräftige Konstitution des Donpferdes sowie Gebäudevorzüge, Schnelligkeit und Ausdauer des Englischen Vollbluts. Erscheinungsbild: Stockmaß 157–161 cm. Ähnlich dem Englischen Vollblut, jedoch etwas kleiner und kompakter, häufig leichter Senkrücken und steile Stellung der Hinterhand. Farben: meist Füchse und Braune. Eigenschaften: edles Reitpferd für den modernen Sport, Dressur, Springen, Vielseitigkeit und Rennen. Auch für leichten Zug geeignet. Umgängliches Temperament.

Bug Übergang vom Unterhals zur Brust des Pferdes.

Bügellänge Der Bügelriemen mit Bügel soll die gleiche Länge haben wie der Arm von den Fingerspitzen bis knapp zur Achselhöhe. Die Bügellänge stimmt dann meist annähernd mit der des Beines überein, vorausgesetzt, man will dressurmäßig reiten. Das exakte Maß, so dass der federnde Fuß mit tiefem Absatz auf dem Fußballen im Bügel ruht, ist vom Sattel aus zu verschnallen. Zum Geländereiten schnallt man üblicherweise zwei Loch und zum Springen vier Loch kürzer.

Bügeln Fuchteln der Vordergliedmaßen unterhalb der Vorderfußwurzelgelenke in leichtem Bogen nach auswärts während der Gangbewegung. Mitunter mit zehenweiter Stellung verbunden. Rasseeigentümlichkeit des →*Andalusiers,* in Spanien »Glockenspielergang« genannt. Kann, aber muss nicht fehlerhaft oder verschleißfördernd sein, in deutschen Zuchten unerwünscht.

Bügeln.

Bügelriemen sind aus Leder gefertigt. Sie müssen gleich lang und vor allem in den Löchern deckungsgleich sein, damit die Bügel in gleicher Länge verschnallt werden können. Gelegentlich sollten sie seitlich vertauscht werden, weil sich durch einseitiges Aufsitzen der entsprechende Riemen allmählich dehnt.

Bügeltritt Volle Belastung des Steigbügels, in den der Reiter mit seinem ganzen Gewicht hineintritt. Beim Springen und Geländereiten wird der Fuß bis zum Spann hindurchgesteckt, um ein Herausrutschen zu vermeiden. Beim Dressurreiten ruht nur mehr der Ballen auf dem Bügelsteg.

Buzkaschi Sehr altes →*Reiterspiel* der Turkmenen im afghanischen Turkestan, Höhepunkt jedes großen Volksfestes. In der weiträumigen Steppe wird der Kadaver eines Kalbes oder einer Ziege von ca. 60 kg Gewicht niedergelegt. Eine unbestimmte Zahl von Reitern, sie schwankt zwischen 20 und 1000 und mehr, jagt auf diese Stelle zu. Jeder der Reiter versucht, den Kadaver hochzunehmen und ihn vor dem Preisrichter wieder niederzulegen. Jeder kämpft gegen jeden, einer versucht, dem anderen das Kalb zu entreissen. In diesem wüsten und harten Spiel darf sogar von der kurzstieligen Peitsche Gebrauch gemacht werden. Oft entstehen dichte Pulks, man reitet einfach aufeinander los. Da der Platz nicht immer begrenzt ist, kann das Spiel Stunden andauern. Dem Sieger winkt ein hoher Geldpreis oder ein wertvolles Pferd. Alle Teilnehmer sind erstklassige Reiter auf sehr schnellen, gut trainierten Hengsten, die professionell in diesem Sport mitwirkenden Teilnehmer werden Chapandaz genannt.

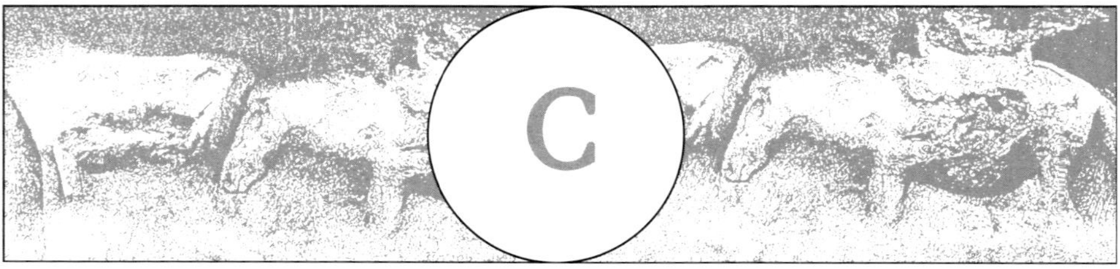

Caballo de Paso (Peruano) Heimat: Peru. Abstammung: Nachfahren jener spanischen Pferde, die von den spanischen Eroberern zu Beginn des 16. Jh. nach Mittel- und Südamerika mitgeführt wurden. Vermischte Erbmerkmale von nordspanischen Ponys, →*Berbern,* Friesen und Vorfahren des →*Andalusiers.* Erscheinungsbild: Stockmaß 150–155 cm. Barocke, kompakte Körperform mit relativ zierlichen Gliedmaßen. Häufig Rammskopf und starker, muskulöser Hals. Ausgeprägter Widerrist, mittellanger Rücken, kräftige Lende, abfallende Kruppe und gut bemuskelte Hinterhand. Alle Farben vertreten, Schimmel und Schecken unerwünscht. Winterharte Konstitution, verträgt hohe Temperaturschwankungen. Angeborene Veranlagung für die Gangart Tölt. Zucht- und Ausbildungsziel ist der regelmäßige Viertakt (Paso llano) mit Dreibeinstütze und Zweibeinstütze. Verschiebung zum Passtölt (Paso sobreandando) wird toleriert. Typisches Kennzeichen für den Peruano ist der Termino, der vom iberischen Pferd ererbte »Glockenspielergang«, ein erweitertes raumgreifendes, seitwärtiges →*Bügeln* der Vordergliedmaßen aus der Schulter heraus, das dem Reiter im Sattel vermehrt Bequemlichkeit verleiht und die →*Aktion* des Ganges steigert. Ein charakterlich äußerst gutmütiges Reitpferd mit gleitenden, tänzerischen, nahezu erschütterungsfreien Gangbewegungen. Sehr alte, gleichmäßig gezüchtete Rasse. →*Gangarten* (Tölt), →*Gangpferde.*

Caballo de Paso in originaler Zäumung (Bosal) und Sattlung.

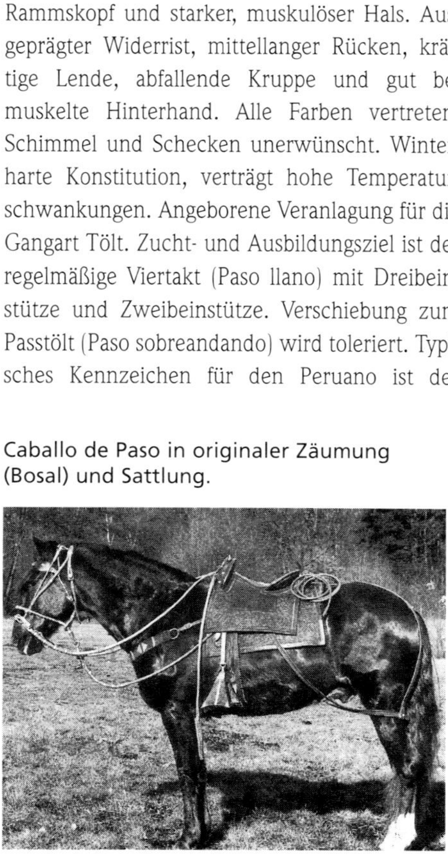

Cadre Noir (franz., Schwarzer Kader). 1814 in Saumur gegründetes, ehemals militärisches, heute ziviles Elite-Reiter- und Ausbilderkorps der staatlichen Nationalen Reitschule (Ecole Nationale d'Equitation) in Terrefort bei Saumur, Westfrankreich. Der Aufgabenbereich umfasst die Reitlehrerausbildung und diejenige fortgeschrittener Reiter in den Disziplinen Dressur, Springen und Geländereiten sowie die Erhaltung und Pflege der französischen Reitkunst, die im Sinne der Spanischen Reitschule nur teilweise klassisch zu nennen ist. Der Cadre Noir besteht aus etwa 25 Mitgliedern, von denen alljährlich 2–3 ausgetauscht werden. Vornehmliche Aufgabe der Ecuyers (Reitmeister) ist Vervollkommnung des eigenen hohen Leistungsstandards und Vorsorge für den Nachwuchs in den eigenen Reihen auf höchstem Niveau. Die verwendeten Schulpferde sind vorwiegend →*Vollblut,* →*Anglo-Araber* und →*Französisches Reitpferd.* Das Programm der öffentlichen Vorführungen (Carousel) besteht aus der Reprise de manège, einer Dressurquadrille, die Stil und Auffassung der französi-

Ecuyers des Cadre Noir, grüßend zu Beginn der Reprise de manège (Dressurquadrille), die in Saumur alljährlich den reiterlichen Höhepunkt des Carousels bildet.

Schulen über der Erde: Croupade *(links)* und Courbette *(rechts).* Beide Lektionen unterscheiden sich von den gleichnamigen Schulsprüngen der Spanischen Reitschule in Wien. Vorder- bzw. Hinterhufe verharren jeweils auf dem Boden und heben nicht ab.

schen Schule zeigt, und der Reprise des sauteurs mit den Schulen über der Erde und einem Schulsprung, die sich von denen der Spanischen Reitschule unterscheiden. Einige der Mitglieder nehmen auch an internationalen Turnieren teil.

Die Reprise de manège gleicht weitgehend den Dressurlektionen der Spanischen Reitschule, Piaffe und die sog. künstlichen Gangarten werden nicht gezeigt. Insgesamt vermittelt die Vorführung den Eindruck beschwingter Leichtigkeit, fließender Übergänge der Gangarten und einer weniger angespannten Versammlung, die dem Pferd mehr Freiheit und Gelöstheit gestattet. Der Schwerpunkt liegt nicht im perfekten Detail, sondern im melodisch fließenden Gesamtklang der Darbietung und im makellosen Sitz des Reiters. Die Reprise des sauteurs (Schulen über der Erde) sind Relikte der Versailler Schule. Die Cabriole gleicht der Kapriole der Spanischen Reitschule, die Courbette ist ein gestrecktes Steigen des Pferdes mit Beizäumung, das einer zum Denkmal erstarrten Haltung gleicht, und die Croupade ein Auskeilen der gestreckten Hintergliedmaßen nach rückwärts-aufwärts, wobei die Vorderhufe den Boden nicht verlassen. Diese beiden Lektionen haben mit denen der Spanischen Reitschule gleichen Namens keine Ähnlichkeit. Courbette und Croupade werden gleichzeitig in der Gruppe und die Cabriole einzeln vorgeführt. →*Spanische Reitschule.*

Camarguepferd Kleinpferdrasse in Südfrankreich, schon vor der Zeitwende in den Sümpfen des Rhône-Deltas bodenständig. Die ursprüngliche Abstammung ist unbekannt. Wahrscheinlich ein Nachfahr des →*Solutrépferdes.* Im Verlauf der Geschichte wiederholt Fremdbluteinmischungen, möglicherweise bereits durch keltische und germanische Ponys während der Völkerwanderungen oder durch Pferde der Phönizier, die an der Rhône-Mündung siedelten. Der früheste Bericht über Camarguepferde stammt von Cäsar, der sich von ihren Eigenschaften so

Gardian und Camarguepferde mit originaler Sattlung und Zäumung auf blanke Kandare. Der Stoßzügel verhindert ein Aufwerfen des Kopfes bei schwierigen Manövern in der Kampfstier-Herde.

begeistert zeigte, dass er in der Gegend von Arles zwei Gestüte anlegen ließ. Als die Mauren um 730 in Südfrankreich einfielen, mögen sich Blutzufuhren durch Araber- und Berberhengste ergeben haben. Züchterische Einkreuzungen von mischrassigen Hengsten in den folgenden Jahrhunderten merzte die Natur durch äußerst harte Lebensbedingungen stets wieder aus, so dass die Rasse relativ konstant erhalten blieb. Allein orientalische Bluteinflüsse, vor allem die des Berbers, machen sich noch heute schwach bemerkbar. Das wild lebende Camarguepferd zählt zu den leistungsfähigsten Robustpferden der Erde. Die Widerristhöhe schwankt zwischen 135 und 148 cm Stockmaß. Das durchschnittliche Erscheinungsbild zeichnet sich durch Merkmale aus, die durch die Lebensbedingungen geprägt sind: eckige Kopfform, flach im Schädel liegende Augen, kleine Ohren; kurzer Hals, gedrungener, voluminöser Rumpf, abschüssige Kruppe mit tief angesetztem Schweif; trockene, kräftige Gliedmaßen und breite Hufe, die tiefes Einsinken im Sumpf verhindern. Das Sommerhaar ist glatt und

dünn und zeigt metallischen Glanz, das Winterfell wächst dicht und struppig. Die Lebenserwartung liegt zwischen 25 und 30 Jahren. Die Rasse bringt aufgrund der häufigen orientalischen Einmischungen fast nur Schimmel hervor, die stets dunkelfarbig geboren werden und mit zunehmendem Alter weiß ausfärben.
Camarguepferde lieben das Wasser, sind immun gegen die Insektenplage und vermögen mit zugekniffenen Nüstern Schilftriebe unter Wasser zu äsen, eine Eigenschaft, die nur wenigen Pferderassen gegeben ist. Ihre instinktive Trittsicherheit in gefährlichem Morast und Treibsand ist nahezu unfehlbar. Das Camarguepferd lebt in kleinen Herden von 20–50 Tieren ganzjährig unter freiem Himmel, eine gnadenlose Auslese durch extreme Klimabedingungen und schwierige Bodenverhältnisse verlieh ihm überdurchschnittliche Härte, Genügsamkeit und Ausdauer. Leithengste verteidigen ihre Stuten gegen Fremdhengste mit äußerster Angriffslust. Freiheitsdrang und Eigenwille sind besonders stark ausgeprägt. Die Schimmel des Sumpflandes, denen der sog. →*Cow-sense,* das instinktive Erfassen des Rinderverhaltens, angeboren ist, dienen den berittenen Rinderhirten der Camargue (→*Gardian*) seit alter Zeit als unentbehrliche, temperamentvolle Helfer bei der Wartung der Kampfstierherden. In den letzten Jahrzehnten mit dem Anwachsen des Tourismus wird das Camarguepferd zudem als ausdauerndes Wanderreitpferd geschätzt.

Campagnereiten Kräfteschonende Reitweise für Reiter und Pferd im Gelände mit geringer →*Versammlung* des Pferdes, die rascheres Vorwärtskommen ermöglicht.

Campagneschule Ausbildungsmethode für Gelände- und Jagdpferde mit geringerem dressurmäßigem Anspruch bis etwa Klasse L. Das Pferd ist so weit durchgebildet, dass es gehorsam reiterliche Hilfen befolgt und sich gewandt und sicher im Gelände zu bewegen weiß. Der Ausbildungsgrad ist auf den entsprechenden, reinen Gebrauchszweck des Pferdes ausgerichtet. Der Gegensatz ist die →*Hohe Schule* mit höchstem dressurreiterlichem Anspruch.

Canter (engl.) Ruhiger, gelöster Galopp von längerer Dauer im Gelände bei ausgiebiger Körperdehnung und nur leichter Zügelanlehnung des Pferdes. Der Reiter vermeidet treibende Hilfen und hat das Gesäß zum leichten Sitz angehoben, um das Pferd so wenig wie möglich zu beeinflussen. Galoppübung zur Förderung von Raumgriff und Ausdauer.

Caprilli, Federico (1868–1907) Rittmeister der italienischen Armee und Ausbilder an italienischen Kavallerieschulen; Begründer der →*Italienischen Reitmethode;* Erfinder des leichten, nach vorn geneigten Springsitzes um 1895. Zur Beweisführung seiner Methode stellte er 1902 in Turin einen Hochsprungrekord von 2,08 m auf. →*Springreiten,* →*Springsitz,* →*Cavaletti.*

Federico Caprilli

Cavaletti (ital. »Pferdchen«). Niedrige Stangenhindernisse mit seitlichen Ständern von etwa 25–30 cm Höhe, die hinter- und aufeinander aufgebaut werden können und als Trainingsinstrument für Springpferde nach der →*Italienischen Reitmethode* Verwendung finden. Meist stellt man drei bis sechs Stangen hintereinander in gleichen Abständen auf und lässt das Pferd darüber hinwegtraben. Die Abstände müssen so bemessen sein, dass es in gelösten Trabritten zwischen die Stangen tritt und diese nicht berührt. Mit dieser Übung will man Losgelassenheit und Kräftigung der Rückenmuskulatur erreichen. Cavaletti sind nicht zu ersetzen durch am Boden liegende Rundstangen, weil diese durch versehentliches Drauftreten fortrollen und somit Fesselkopfverletzungen verursachen können. Da die Rundstangen nicht am Kreuzpunkt, sondern in den Winkeln der seitlichen Holzkreuzständer befestigt sind, ergeben sich bei Drehung der Holzkreuze drei verschiedene Höhen, je nachdem, ob die Stange unterhalb, neben oder oberhalb des Kreuzmittelpunktes liegt. Die Abstände der Stangen untereinander richten sich nach der Größe des Pferdes und der Gangart, in der sie überschritten werden sollen (Trab etwa 140–160 cm, Galopp etwa 240–350 cm). Aufeinander gelegt können Cavaletti als Hindernisse für die Springausbildung dienen.

Cavecon (franz.) In der Camargue (Südfrankreich) gebräuchlicher, sehr hart wirkender Kappzaum für die Zähmung junger Hirtenpferde, die nach vierjähriger ungebundener Freiheit im Sumpfland zugeritten werden. Die harte Wirkung entsteht durch den Druck scharfer Metallzacken auf das empfindliche Nasenbein, der das eingefangene Pferd, das sich durch heftiges Buckeln gegen den Reiter wehrt, zu absolutem Gehorsam zwingt. Der Kappzaum entfällt nach beendeter Ausbildung.

Cavecon.

Chambon Französische Erfindung, begrenzt beim →*Longieren* die Kopfhaltung des Pferdes nach oben. Ein am tiefsten Punkt des Sattelgurtes befestigter Riemen führt von der Unterbrust des Pferdes zwischen den Vorderbeinen hindurch aufwärts und endet unterhalb des Halses in einem Metallring. Über dem Genick des Pferdes liegt ein weiterer Riemen, an dessen Enden beiderseits unterhalb der Ohren ebenfalls je ein Metallring eingenäht ist. Eine Schnur verläuft nun durch den Ring des Stoßriemens, führt beiderseits aufwärts durch die Ringe des Genickriemens, endet schließlich mit jeweils einem Ende an je einem Trensenring und stellt so eine Ver-

Chambon.

bindung vom Trensengebiss über das Genick zum Stoßriemen her. Wenn das Pferd den Kopf widersetzlich hochwirft, erfolgt ein Ruck im Maul und gleichzeitig Druck auf das Genick. Sobald es den Kopf senkt, schwindet die zwingende Wirkung. Kurzfristig kann der →*Hilfszügel* zur Lockerung und Stärkung der Hals-Rückenmuskulatur beitragen, vorausgesetzt der Ausbilder versteht sich auf durchtreibende Hilfen, so dass sich der gewünschte Streckvorgang des Pferdes tatsächlich aus vollem Schub der Hinterhand entwickelt. Eine Zügelanlehnung kann das Pferdemaul nicht finden. Hier leistet der in den Trensenringen gleitende →*Schlaufzügel,* zum Longieren eingeschnallt, weitaus bessere Dienste, weil er bei jeder Kopfhaltung bewegliche und selbsttätige →*Anlehnung* am Zügel bietet und das Hochnehmen des Kopfes nicht ruckartig, sondern eher sanft bremsend begrenzt und das empfindliche Maul schont. →*Gogue.*

Cleveland Bay Mittelschwere englische Warmblutrasse, bodenständig in Yorkshire. Schon im Mittelalter unter der Bezeichnung »Chapman's Horse« als Packpferd reisender Händler bekannt. Im 18. und 19. Jh. Einkreuzungen orientalischen und englischen Vollbluts. Seit der Jahrhundertwende 19./20. Jh. Reinzucht vorwiegend als Karossier. Ein Zuchtzweig mit stärkerer Vollbluteinmischung brachte das Yorkshire-Coach-Horse hervor, das beispielsweise beträchtliche Einflüsse im →*Hannoveraner,* →*Holsteiner* und →*Oldenburger* hinterließ. Der Cleveland Bay wird gern in Kreuzungspaarung mit →*Englischem Vollblut* zur Erzeugung des →*Hunters* eingesetzt und ist auch im Ausland zur Zuchtverbesserung gefragt. Die Widerristhöhe des großrahmigen, harmonisch gebauten Kutsch- und Reitpferdes, das über raumgreifendes Gangvermögen und beträchtliche Springveranlagung verfügt, beträgt etwa 165 cm Stockmaß; die Fellfarbe ist durchgehend dunkelfalb bis dunkelbraun, häufig mit zebroider Streifung und schwarzer Stiefelung der Gliedmaßen, weiße Abzeichen sind unerwünscht.

Clydesdale Englische Kaltblutrasse, bodenständig in Südschottland. Die Rasse entwickelte sich im 17. Jh. aus dem bodenständigen Landpferd von Lamarkshire und importierten Hengsten aus Flandern. Der Clydesdale zeichnet sich durch einen sehr ausgewogenen Körperbau aus, die Widerristhöhe beträgt 165–170 cm Stockmaß. Braune und Rappen überwiegen, auffallend sind große weiße Abzeichen an Kopf und Gliedmaßen und sehr starker Kötenbehang. Raumgreifendes Gangvermögen. Die Rasse ist heute weitgehend im verwandten →*Shire-Horse* aufgegangen.

Coach-Horse (engl.) Kutschpferd, gleichbedeutend mit Karossier (franz.), allgemeine Bezeichnung für mittelschwere Warmblutpferde mit hohem →*Aufsatz* und erhabener →*Aktion.*

Cob Englische Bezeichnung für einen in Großbritannien und Irland beliebten, kompakten und kurzbeinigen Gebrauchspferdtyp bis 155 cm Stockmaß Widerristhöhe, der vorwiegend aus Verkreuzungen von Vollblut oder Warmblut mit kräftigen Ponys hervorgeht; keine systematisch gezüchtete Rasse. Die kleine kalibrige Variante

Cob-Normand, Zuchthengst.

zum größeren →*Hunter*, die sich durch große Trittsicherheit und beachtliches Springvermögen auszeichnet, hat sich für Jugendliche als Vorstufe zum Großpferd sowie als Gewichtsträger und Altherrenreitpferd für Reitjagd und Gelände bewährt. Früher wurde der Cob hauptsächlich als leichtes Arbeitspferd verwendet und in diesem Sinn durch Kupieren der Schweifrübe gekennzeichnet. Der schwere, ursprünglich warmblütige Arbeitspferdtyp des Anglo-Normänners, der heute als Kaltblut gilt, wird in Frankreich ebenfalls Cob-Normand genannt.

Comtois Französische Kaltblutrasse, seit dem 6. Jh. bodenständig im Jura an der französisch-schweizerischen Grenze. Bis zur napoleonischen Zeit ein leichtes, lebhaftes und sehr ausdauerndes Artillerie- und Kavalleriepferd; seit 1905 durch Einkreuzung des →*Ardenners* Umstellung der Zucht auf ein mittelschweres bewegliches Kaltblutpferd für leichtere Zugarbeit im Gebirge. Widerristhöhe 145–155 cm Stockmaß, Fuchsfarbe mit hellem Langhaar ist vorherrschend. Die Aufzucht erfolgt meist auf hoch gelegenen Almen. Der robuste, genügsame und widerstandsfähige Comtois hinterließ starke Zuchteinflüsse im →*Freiberger Pferd*, einem leichten Gebirgskaltblüter in der benachbarten Schweiz.

Comtois, Zuchthengst.

Connemarapony Bodenständig in Connaught, Connemara, an der Westküste Irlands seit alter Zeit. Aufzucht in wild lebenden Herden in Bergland und Hochmoor. Im Wechsel der Geschichte Einmischungen spanischer Pferde durch rege Handelsbeziehungen mit Spanien. Seit 1923 systematisches Zuchtgeschehen, nach dem Zweiten Weltkrieg einmalige Einkreuzungen von Arabern und Vollbluthengsten, um Inzucht zu vermeiden und den Typ zu veredeln. Die Widerristhöhe des edlen Reitponys für Erwachsene mit dem großrahmigen Erscheinungsbild des Warmblutpferdes beträgt 135–148 cm Stockmaß und mitunter auch darüber. Früher waren Falben am häufigsten, heute herrscht die Schimmelfarbe vor, Füchse sind untypisch und unerwünscht. Rittigkeit und raumgreifendes Gangvermögen erfüllen gehobene reiterliche Ansprüche in allen Disziplinen. Überragendes Springvermögen.

Couloir (franz.) Hoch eingezäunter, meist rundlicher Sprunggarten mit veränderlichen Hindernissen für Springübungen des Pferdes ohne Reiter.

Cowboy Berittener Rinderhirt in Nordamerika, der speziell begabte →*Western Horses* mit →*Cow-sense* zum Treiben frei lebender Hausrinder verwendet. Obschon die großen Rinderzuchtbetriebe in den USA heute weitgehend technisiert sind, werden Cowboys in geringer Zahl noch immer gebraucht. Die große Zeit der legendären Reiterhelden spielte sich während zwei Jahrzehnten gegen Ende des 19. Jh. ab und wurde über Gebühr in Trivialliteratur und Film glorifiziert.

Cowboysattel →*Sattlung.*

Cow-sense (engl., wörtlich »Kuh-Sinn«). Begriff für eine Begabung des Hirtenpferdes, die das Rinderverhalten instinktiv erfasst und vorausahnt und das Pferd zu selbsttätiger Mitarbeit

Connemarapony, Stuten.

beim Herdentrieb veranlasst. Eigenschaften des »mitdenkenden« Hirtenpferdes besitzen beispielsweise der →*Andalusier* (Hirtenpferd der Vaqueros) sein lateinamerikanischer Vetter →*Criollo* (Hirtenpferd der Gauchos), die →*Western Horses* (Hirtenpferde der Cowboys) und das →*Camarguepferd* (Hirtenpferd der Gardians).

Crack Begriff in der Vollblutzucht für »bestes Pferd im Stall«, das der englischen Reitersprache entlehnt ist.

Cremello (span.) Identisch mit Weißisabell. Weiß geborenes Pferd, das seine Fellfarbe im Laufe seines Lebens nicht verändert. →*Farben des Haarkleides* (Isabell), →*Albino.* (Abb. siehe Seite 76.)

Crin blanc (franz., »Weißmähne«) Volkstümliches Synonym für →*Camarguepferd.*

Criollo Heimat: Argentinien, Brasilien, Chile und Peru. Großenteils wild lebende Herden. Abstammung: verwilderte Nachkommen von →*Andalusiern* und →*Berbern,* die durch spanische Conquistadores um 1535 und später nach Lateinamerika eingeführt wurden. Südamerikanisches Pendant zu den →*Western Horses* Nord-

Weiß geborenes Pferd mit heller Haut, hellen Hufen und dunklen Augen. →*Cremello*.

amerikas. Später Einmischung →*Arabischen* und →*Englischen Vollbluts*. Erscheinungsbild: wenig einheitlich, Stockmaß 140–155 cm. Oft großer Rammskopf, muskulöser Hals, schräge Schulter, abschüssige Kruppe und kräftige Gliedmaßen mit harten Hufen. Nahezu alle Farben vertreten, besonders viele falbe, gescheckte und gefleckte Tiere. Eigenschaften: fördernde Gangarten und besonders ausdauerndes Galoppiervermögen. Sehr robustes Hirtenpferd der Pampas, genügsam, hart und gelehrig. Einige Zuchten zeigen Veranlagung zu Passgang und Tölt. Mit Englischem Vollblut verkreuzt ist er unter der Bezeichnung »Anglo Argentino« bekannt.

Cross Country (engl., »quer durchs Land«). Querfeldeinritt auf verschiedene Art mit und ohne Hindernisse als Einzelreiter oder in Gruppen, meist als Wettbewerb.

Csikos Berittener Pferde- und Rinderhirt der ungarischen Puszta, der heute nur mehr als Attraktion vor schaulustigen Touristen auftritt. Bemerkenswert sind die andressierten Gehorsamkeitsübungen ihrer Reitpferde.

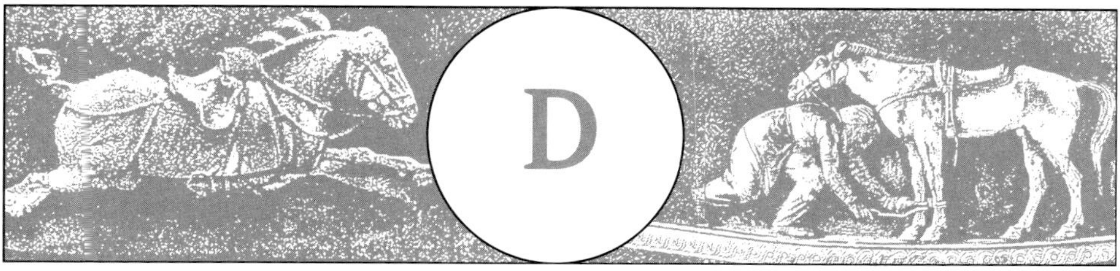

Dalespony Heimat: Nordengland, östlich der Pennine-Hügelkette. Abstammung: alte, bodenständige Rasse, die im vorigen Jahrhundert mit →*Clydesdale-Kaltblut* vermischt wurde. Erscheinungsbild: Stockmaß 142–147 cm. Schweres, starkknochiges Pony mit hübschem, typischem Ponykopf, kurzem Hals, steiler Schulter, breitem Rücken, tonnigem Rumpf und tiefem Schweifansatz. Äußerst kräftige Gliedmaßen und Gelenke. Lange, dichte, doch relativ feine Behaarung. Meist Rappen und Braune. Eigenschaften: ruhiger, langer Schritt, raumgreifender Trab. Hart, genügsam, sehr aktiv und ausdauernd. Früher vorwiegend Packpferd im Dienst der Bleiminen, Traglast bis zu 100 kg. Heute für →*Ponytrekking* sehr geschätzt.

Damensattel →*Sattlung.*

Damensitz Auch Seitsitz genannt. Die Reiterin sitzt in Geradeausrichtung auf einem speziell für den Seitsitz konstruierten Sattel. Beide Beine bleiben auf der linken Seite des Pferdes, der linke Fuß ruht im Steigbügel, der rechte Oberschenkel wird vom Sattelhorn gehalten. Der rechte Schenkel wird durch eine lange Gerte ersetzt. Das Pferd ist speziell geschult und wird im Galopp normalerweise auf der rechten Hand geritten, da dieser für die Reiterin am angenehmsten ist. Der Damensitz war bis zum Ersten Weltkrieg üblich und stellte eine Konzession an die Mode der langen und voluminösen Kleider dar. Die Reiterin wurde stets in den Sattel gehoben. Der Damensitz hat seinen Ursprung vermutlich in der mittelalterlichen Konstruktion des Kastensattels oder Reitstuhls, in dem die Frau seitlich auf dem Pferderücken saß. →*Sattlung.*

Damen- oder Seitsitz.

Dämpfigkeit Chronische, unheilbare und sehr schmerzhafte Atembeschwerden des Pferdes, dem menschlichen Lungenemphysem vergleichbar. Die Ursachen sind meist Lungenentzündung oder andere verschleppte Krankheiten der Atemwege. Eine stetig wachsende Zahl von Lungenbläschen verliert die Kontraktionsfähigkeit und füllt sich mit Flüssigkeit. Die Lunge vermag die eingeatmete Luft nicht mehr aus eigener Kraft herauszupressen, das Pferd atmet angestrengt auch im Ruhestand mit etwa 24–30 Atemzügen in der Minute (gesundes Pferd 12–16 Atemzüge). Dämpfige Pferde nehmen beim Ausatmen die Bauchmuskulatur zu Hilfe, wodurch die Dampfrinne, eine Vertiefung entlang des Rippenbogens, sichtbar wird. Beim Einatmen blähen sich wegen des Sauerstoffmangels mit jedem Atemzug die Nüstern. Nach einiger Anstrengung beruhigt sich die Atmung sehr viel langsamer als bei gesunden Pferden. Dämpfigkeit ist meist mit chronischem, hohl klingendem →*Husten* verbunden, der während des sommerlichen Weideganges verschwinden kann, im Herbst bei feuchtem Wetter jedoch wieder auftritt. Allergische Dämpfigkeit entsteht unter ganz bestimmten Lebensbedingungen und kann durch deren Wechsel wieder verschwinden. →*Gewährsmangel.*

Dampfrinne →*Dämpfigkeit.*

Darm Die Länge beim Warmblutpferd beträgt etwa 30 m, also etwa die 12fache Länge des Pferdes selbst. Das Fassungsvermögen kann sich bei maximaler Füllung bis auf etwa 200 Liter ausdehnen.

Darmerkrankungen Entstehen meist durch Infektion, verdorbenes Futter oder Vergiftungen durch Pflanzen oder Chemikalien. Das erste Anzeichen ist oft Durchfall. Wird im Kot Blut sichtbar oder eine Temperaturerhöhung festgestellt, ist sofort der Tierarzt zu verständigen.

Darmpech Kotansammlung im Darm des ungeborenen Fohlens während der Entwicklungszeit in der Gebärmutter. →*Saugfohlen.*

Dartmoorpony Heimat: Dartmoor, Südwestengland. Dem →*Exmoorpony* nahe verwandt. Reinzucht in wild lebenden Herden in Fels und Moor. Erscheinungsbild: Stockmaß bis 127 cm. Hübsches, elegantes Reitpony mit kleinem Kopf, kräftigem, hoch aufgesetztem Hals, langer, schräger Schulter, starkem Rücken, abschüssiger Kruppe und tiefem Schweifansatz. Eisenharte Gliedmaßen und Hufe. Farben: Torfbraun, Braun und Schwarz. Weiße Abzeichen unerwünscht. Eigenschaften: hervorragende Gangbewegungen, enormes Springvermögen. Beliebtes Kinderreitpony, das auch von Erwachsenen geritten werden kann. Geduldig im Umgang, wenn es frühzeitig der Herde entnommen und sachkundig vom Menschen aufgezogen wird. Außerordentlich hart, schnell, ausdauernd und langlebig.

Deckakt an der Hand. Während des Aufreitens wird der Hengst am Zügel oder an der Longe gehalten. Häufig werden der Stute die Hintereisen abgenommen und, sofern sie sehr unruhig ist, Seile um die Hinterfesseln gelegt. Diese Maßnahmen sollen Verletzungen des Hengstes während des Deckaktes verhüten. →*Paarung,* →*Sprung.*

Deckerlaubnis →*Körung.*

Deckgeld (Decktaxe). Gebühr für die Begattung der Stute durch den Hengst. Die Höhe der Summe richtet sich nach Abstammung, Qualität und Vererbungskraft des Vatertieres.

Degenerationserscheinung Anhäufung ungünstigen Erbgutes durch Inzucht und willkürliche Verkreuzung, aber auch negative Veränderungen von Zellen und Organen durch Krankheit und Alter.

Dehnungshaltung Streckung des gesamten Pferdekörpers, insbesondere der Kopf-Hals-Partie nach vorwärts-abwärts in gelöstem, nicht versammeltem Zustand im Schritt und Trab, um die durchgehende Energielinie von Hals-Rücken-Hinterhandmuskulatur zu dehnen. Der Rücken des jungen Pferdes, der mit dem ungewohnten Reitergewicht belastet wird, reagiert zunächst durch Verspannungen, die bis zum Schmerz ausarten können. Um diese Verspannungen zu lösen, muss der Reiter einen möglichst leichten Sitz einnehmen und in kurzen Intervallen die Zügel bis zur weitesten Streckung der Kopf-Hals-Partie nachgeben, wann immer das junge Pferd danach verlangt. Erst mit zunehmender Gymnastizierung und Kräftigung der Rückenmuskulatur und des Tragapparates, die über Jahre andauern, vermag der Pferderücken unter der Reiterlast im Wechsel von Spannung und Entspannung elas-

Der Reiter gibt die Zügel in voller Länge hin und entlastet den Pferderücken. Die Hintergliedmaßen treten unvermindert fleißig vorwärts.

tisch und losgelassen zu schwingen. Die Dehnungshaltung muss dem Reitpferd nach jeder Lektion und lebenslang bis ins Alter gewährt werden.

Deutsche Reiterliche Vereinigung e.V. (FN) Das Kürzel FN steht für die (internationale) französische Bezeichnung »Fédération Equestre Nationale«. Die FN, nationale Dachorganisation für den gesamten Pferdesport- und -zuchtbereich der Bundesrepublik Deutschland in Warendorf/Westf. umfasst im Sportbereich 17 Landesverbände der Reit- und Fahrvereine mit etwa 620 000 Mitgliedern sowie die Anschlussverbände Islandpferde-Reiter- und Züchterverband (IPZV), Verein deutscher Distanzreiter (VDD), Kuratorium für therapeutisches Reiten (KThR), Deutscher Akademischer Reiterverband (DAR), Erste Westernreiter Union Deutschland (EWU). Außerdem sind angeschlossen das Deutsche Olympiade-Kommitee für Reiterei (DOKR), Deutsche Richtervereinigung für Pferdeleistungsprüfungen (DRV), Deutscher Reiter- und Fahrerverband (DRFV). Im Zuchtbereich sind 23 Züchterverbände vereinigt.

Deutsche Reitschule Offizielles Ausbildungszentrum für die Ausbildung von Berufsreitern, fortgeschrittenen Amateuren und geeigneten Pferden sowie für die Schulung von Turnierfachleuten und Richtern in allen Disziplinen. Das Institut ist dem Nordrhein-Westfälischen Landgestüt in Warendorf angegliedert.

Deutsches Fahrabzeichen Dokumentiert ein bestimmtes Maß fahrerischen Könnens und Wissens, Kenntnis vom Umgang mit dem Pferd und seiner Pflege und Haltung. Das Abzeichen wird von der →*FN* zusammen mit einer Urkunde nach theoretischer und praktischer Prüfung bzw. aufgrund von Erfolgen in 4 Klassen für alle Altersstufen verliehen: Klasse IV (Kleines Fahrabzeichen), Klasse III (Bronze), Klasse II (Silber) und Klasse I (Silber mit Lorbeer). Das Goldene Fahrabzeichen wird nur auf Antrag und aufgrund von Platzierungen von der FN verliehen. Voraussetzung für alle Prüfungen ist der Basispass Pferdekunde.

Deutsches Fahrabzeichen.

Deutsches Reitabzeichen Dokumentiert ein bestimmtes Maß reiterlichen Könnens und Wissens, die Kenntnis vom Umgang mit dem Pferd und seiner Pflege und Haltung. Das Abzeichen wird von der →*FN* nach theoretischer und praktischer Prüfung bzw. aufgrund von Erfolgen in verschiedenen Klassen für alle Altersstufen ver-

Deutsches Reitabzeichen.

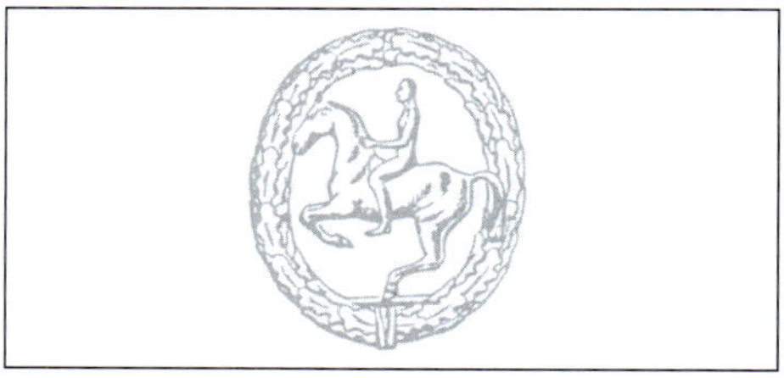

liehen: Klasse IV (Kleines Reitabzeichen), Klasse III (Bronze), Klasse II (Silber), Klasse I (Silber mit Lorbeer). Reiter (22–39 Jahre) und Senioren (ab 40 Jahre) können ab dem DRA III auch eine disziplinspezifische Prüfung (nur Dressur bzw. Springen) ablegen. Das Goldene Reitabzeichen wird nur auf Antrag und aufgrund von Platzierungen von der FN verliehen. Voraussetzung für alle Prüfungen ist der Basispass Pferdekunde.

Deutsches Reitpferd Seit 1975 zusammenfassender Allgemeinbegriff für Sport- und Freizeitpferde aus verschiedenen deutschen Warmblutzuchten, der ein gemeinsames Zuchtziel umschreibt: Ein edles, großrahmiges und korrekt gebautes Reitpferd für Reitzwecke jeder Art, das über schwungvolles, raumgreifendes Gangvermögen, umgänglichen Charakter, ausgeglichenes Temperament und ausgewogene Rittigkeit verfügt. Traditionell selbständige Zuchtgebiete sollen erhalten bleiben und ihre Eigenart bewahren, überholte Abgrenzungen jedoch zu gemeinsamem züchterischem Nutzen abgebaut werden. →*Brandzeichen,* →*Gestüte,* →*Zuchtgebiete.*

Deutsches Reitpony Keine einheitlich gefestigte Rasse, gewissermaßen eine Imitation des →*Deutschen Reitpferdes* im Ponymaß bis 148 cm, die aufgrund möglichst gleichartiger Reiteigenschaften Kindern und Jugendlichen den nahtlosen reiterlichen Übergang vom kleinen zum großen Pferd ermöglichen soll. Als Standardtyp wird ein Reitpony für Sport und Freizeit angestrebt, das in Temperament, Gang- und Springvermögen sowie im Körperbau eine relative Variante zum warmblütigen Großpferd darstellt. Die Zuchtgrundlage bilden verschiedene Ponyrassen, die meist mit →*Arabischem Vollblut* verkreuzt werden.

Deutsches Traberderby Wichtigste Leistungsprüfung der Dreijährigen über 2000 m, wird seit 1895 in Berlin veranstaltet. →*Trabrennen.*

Deutschtraben (→*Aussitzen*). Gegensatz von →*Leichttraben* (Englischtraben). Der Reiter sitzt jeden Tritt in der Trabbewegung weich und geschmeidig, wie »festgesaugt«, aus.

Direktorium für Vollblutzucht und Rennen e.V. Richtlinien-Institution für Vollblutzucht und Galopprennen in der Bundesrepublik Deutschland, gegr. 1947, Sitz Köln. Der Dachverband erlässt sowohl eine Zuchtbuchordnung als auch eine Rennordnung, die für alle Beteiligten verbindlich sind. Der Selbstverwaltungskörper des Verbandes besteht aus 46 berufenen Mitgliedern, die alle beteiligten Sparten vertreten (Rennvereine, Vollblutzüchter, Pferdebesitzer, Trainer, Jockeys, Amateurrennreiter) und für jeweils drei Geschäftsjahre gewählt werden. Alle Änderungen der Zuchtbuch- und Rennordnung werden von der Mitgliederversammlung beschlossen. Die Institution wurde im Jahre 1867 unter der Bezeichnung Union-Club gegründet, der den Galoppsport in Deutschland nach englischem Vorbild erstmals zusammenfassend organisierte. →*Galopprennen,* →*Vollblutzucht.*

Distanzritt Wettbewerb über eine größere Entfernung (etwa zwischen 35 und 100 km) durch teils unwegsames Gelände, um Konstitution und Kondition des Pferdes zu prüfen. Gewertet wird nicht nur die benötigte Zeit, sondern auch und vor allem der Zustand des Pferdes während und am Schluss des Rittes. Distanzreiten erfordert längere sorgfältige Vorbereitung und intensives Training.

Dølepferd Heimat: Norwegen, Abstammung: alte bodenständige Landrasse. Leichtes Kaltblutpferd. Kreuzungseinflüsse von →*Englischem Vollblut* und →*Frederiksborger.* Erscheinungsbild: Stockmaß 150–157 cm. Kompaktes Zugpferd mit kräftigen Gliedmaßen und harten Hufen. Farben: Braune und Rappen. Eigenschaften: genügsam, leichtfuttrig und beweglich. Fördernder Trab. Dem →*Fjordpony* verwandt.

Domestikation des Pferdes. Mit der Wandlung des Wildpferdes zum Hauspferd nahm der Mensch das Tier in Besitz, um es als Nahrungsquelle und Arbeitskraft zu nutzen. Der gravierende Eingriff in das Dasein des Tieres, dessen Lebensbedingungen fortan vom Menschen zunehmend nach dessen Nutzdenken diktiert und verändert wurden, hatte züchterisch beträchtliche Umwandlungen zur Folge. Neue Pferdetypen entstanden, die nicht mehr durch die harte Auslese der Natur, sondern nach der züchterischen Vorstellung des Menschen geschaffen wurden. Die Haustierwerdung des Pferdes wird bereits längere Zeit vor 3000 v. Chr. angenommen; ob sie zuerst in Asien, Ost- oder Westeuropa erfolgte, ist ungewiss. Der Beginn des Reitens wird nach 3000 v. Chr. in verschiedenen Regionen Asiens und Europas vermutet, um 1500 v. Chr. war die Reiterei bereits weit verbreitet. Die Anspannung des Pferdes als Zugtier vor zweirädrigem Wagen erfolgte etwa 2000 v. Chr. im Alten Orient. Die Entdeckung des Pferdes als Reit-, Trag- und Zugtier war ein folgenreicher Fortschritt in der Entwicklungsgeschichte des Menschen, der bis in das 19. Jh. unserer Zeit andauern sollte. Rasche und weiträumige Ortsveränderungen wurden möglich und fremde Völker begegneten einander, weltweiter Handel blühte auf und erobernde Reiterheere brausten über Völker und Länder hinweg.

Dongolapferd Heimat: Nubien, Ägypten. Abstammung: leichtere, etwas »schmalbrüstige« Variante des →*Berbers*. Erscheinungsbild: Stockmaß 140 cm. Zierlicher Knochenbau, Schwanenhals, kurzer Rücken. Meist Dunkelbraune und Rappen mit großen weißen Abzeichen an Kopf und Gliedmaßen. Eigenschaften: Reitpferd mit hoher Knieaktion, aber sehr unregelmäßigen Bewegungen. Harte Beine und Hufe.

Frühe Zeugnisse der Domestikation des Pferdes:
1 Darstellung eines Reiters, aus der nicht hervorgeht, ob er auf einem Pferd oder Esel sitzt. Jungsteinzeitliche Ritzzeichnung aus Torre de Bredos bei La Coruña (Nordspanien), etwa 3000 v. Chr.
2 Reitender Bogenschütze, Felszeichnung aus Ladakh (Tibet), etwa 1200 v. Chr.
3 Reiter auf kleinem Pferd, Felsbild aus der Sahara, 1. Jahrtausend v. Chr.
4 Zähmung von Wildpferden (?), Felsbild aus der Sahara, 1. Jahrtausend v. Chr.
5 Reiter und zweirädrige Gespanne, Felsmalerei aus der Zentralsahara, 1. Jahrtausend v. Chr.

Donpferd Heimat: Russland, Niederungsgebiete von Don und Wolga, Kasachische und Kirgisische Republik. Abstammung: Ursprüngliche Zuchtgrundlage sind kleinere Kalmückenpferde, die von Kosaken weitergezüchtet und mit Karabagh-Pferden, Turkmenen und persischen Beutepferden vermischt wurden. Die erstaunlichen Leistungen dieser Kosakenpferde sind weltberühmt, sie hatten wesentlichen Anteil an der Niederlage Napoleons im Jahre 1813. Im 19. Jh. wurden →*Orlow-Traber* und →*Englisches Vollblut* zur Veredelung eingekreuzt. Nach dem Zweiten Weltkrieg systematische Zucht. Erscheinungsbild: Stockmaß 156–159 cm. Edles Warmblut-Reitpferd mit gelegentlich leichtem, schlankem Rammskopf, kleinen Ohren, großen Augen, mittellangem Hals, kurzem Rücken und breiter, langer Kruppe. Schulter manchmal steil und kurz, schmaler Rumpf, häufig unkorrekte Gliedmaßen. Farbe: überwiegend Goldfüchse. Eigenschaften: regelmäßige, nicht sehr geräumige Gangarten. Langlebiges, außerordentlich hartes und ausdauerndes Reitpferd. Umgänglicher Charakter.

Doping Verbotenes, weil betrügerisches Aufputschen eines Pferdes durch bestimmte Rauschmittel, um kurzfristige Hochleistungen herauszuholen oder eine Krankheit zu vertuschen.

Doppellonge Dient zur ersten Ausbildung von jungen Fahrpferden, um die Tiere an Geschirr, Stränge und Leinen zu gewöhnen, bevor sie vor den Wagen gespannt werden. Man verwendet am zweckmäßigsten eine Brustblatt-Doppellonge, die das Sielengeschirr imitiert. Sie besteht aus Brustblatt, Bauchgurt, Halsriemen, Schweifriemen, Trensenzaum und Doppellonge, die an jeder Seite vom Trensenring durch den Leinenring am Halsriemen und einen großen Ring seitwärts unten am Bauchgurt läuft. Die Doppellonge hat eine durchlaufende Länge von 17 m und an beiden Enden eine Schnalle für die Trensenringe, sie kann durch zwei normale Longen (zusammen etwa 15–16 m) ersetzt werden. Bei sehr aufgeregten Pferden, die zum ersten Mal aufgeschirrt sind, kann man vorsichtshalber zusätzlich einen Kappzaum mit normaler Longe verwenden, die von einer zweiten Person gehalten wird. Die an den Hinterbeinen anliegende Doppellonge gewöhnt das Pferd an die später verwendeten Zugstränge. Sodann wird es allmählich mit der Peitsche und den verschiedensten Geräuschen, den Zügelhilfen, den Wendungen u. a. m. vertraut gemacht. Eine Doppellonge, bestehend aus zwei Longen, von denen die äußere die doppelte Länge der inneren hat, kann auch für die anfängliche Ausbildung von Reitpferden außerordentlich nützlich sein.

Die Longen laufen von den Trensenringen entweder durch die hochgeschobenen und festgezurrten Bügel oder durch zwei an einem Longiergurt in Rückenhöhe befestigte Ringe. Die innere Longe geht dann sogleich zur Hand des Longenführers, während die äußere um die Hinterhand herum unter dem Schweif des Pferdes hindurchläuft. Durch das Anliegen der Leine in den Hanken wird das Pferd veranlasst, etwas vermehrt unterzutreten. →*Fahren mit Gespannpferden*, →*Longieren.*

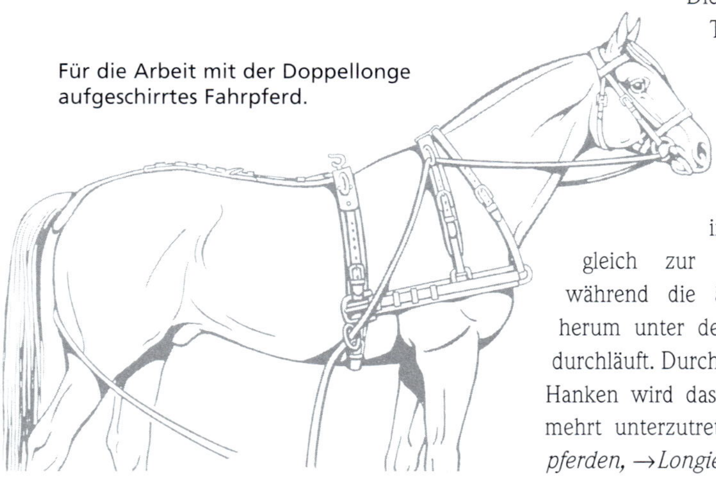

Für die Arbeit mit der Doppellonge aufgeschirrtes Fahrpferd.

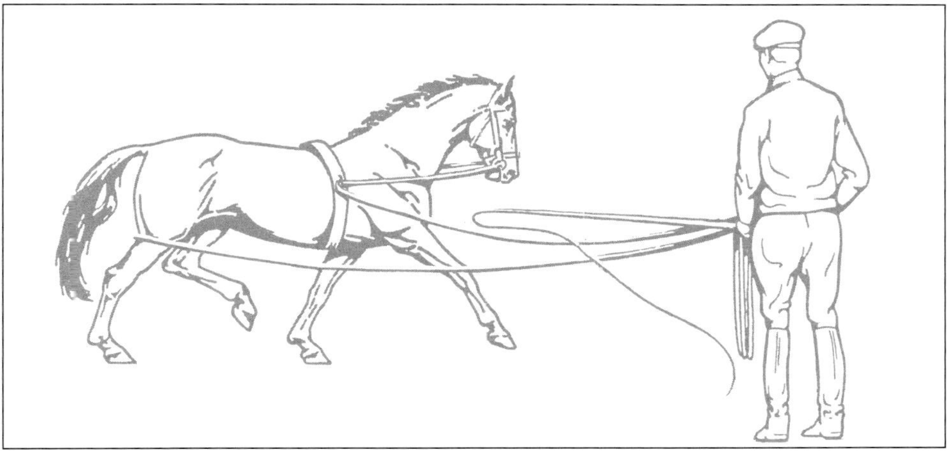

Doppellonge mit Longiergurt.

Doppelmähne Auf breitem Mähnenkamm dicht und üppig gewachsene, beidseitig fallende Mähne. Erbmerkmal nordischer Ponys und kaltblütiger Pferde, deren Wildpferdahnen ursprünglich im kalten, atlantischen Regenklima lebten.

Islandpferde im Winterfell mit Doppelmähne und →*Kinnbart.*

Drängen →*Fahren mit Gespannpferden.*

Dreibeinstütze Gliedmaßenfolge in der Gangbewegung des Pferdes. Moment des gleichzeitigen Auffußens dreier Hufe im Schritt, Tölt und Galopp. →*Gangarten.*

Dressurreiten Der Ursprung der dressurmäßigen, versammelnden Reitweise kann auf der iberischen Halbinsel etwa Mitte des ersten Jahrtausends v. Chr. vermutet werden. Der autochthone, seit alter Zeit bodenständige und schließlich domestizierte Wildpferdtyp Iberiens (→*Sorraiapferd,* Vorläufer des Andalusiers), dessen naturgegebener Körperbau (dem »Reitpferdmodell« ähnlich) die versammelnde Reitweise anbot, sowie die Pferdepassion der Keltiberer, die dieses Geschenk der Natur intelligent zu nutzen wussten, riefen eine Reitmethode ins Leben, die wir in ihrer westeuropäischen Fortentwicklung klassisch nennen. Die früheste überlieferte Reitlehre des Hippologen →*Xenophon* berichtet in Ansätzen vom Prinzip der Versammlung und rügt die gewaltsame Reitweise der Griechen, deren Reitpferde (→*Parthenonfries*) weit weniger für die Dressurmethode geeignet schienen als iberische Pferde. Es ist anzunehmen, dass Xenophon von der versammelnden iberischen Reitweise Kenntnis hatte und beim Vergleich mit der mangelhaften griechischen Reiterei angeregt wurde, seine kritische Reitlehre niederzuschrei-

Arbeitstrab des jungen Pferdes ohne Versammlung.

ben. Erst wieder zweitausend Jahre später erfahren wir durch →*Griso* von dressurmäßiger Ausbildung des Streitrosses, die freilich ebenso brutal war wie die griechische Reitweise.
→*Pluvinel* war der erste Reitmeister der Geschichte, der auf die Psyche des Pferdes einging und verhaltensgerechte Behandlung forderte. →*Guérinière* fasste als zweckmäßig erkannte reiterliche Erkenntnisse zusammen und fügte eigene Erfahrungen hinzu. Die Grundsätze des genialen Reitmeisters haben bis heute weitgehend Gültigkeit und sind noch immer Grundlage der →*Klassischen Reitkunst* bis zur →*Hohen Schule,* wie sie in Varianten in der →*Spanischen Reitschule,* Wien, im →*Cadre Noir,* Saumur, und in der →*Königlich-Andalusischen Reitschule,* Jerez, gepflegt werden. Bis zum Barock war Dressurausbildung Mittel zum Zweck, das Pferd zum wendigen, mitarbeitenden Kampfgefährten für den berittenen Soldaten abzurichten. Anschließend geriet die barocke Dressurreiterei zum Selbstzweck, zur ästhetischen Kunstform, zum optischen Genuss höfischer Pracht. In der Epoche großer militärischer Kavallerieverbände (18. und 19. Jh.), als Vollblutveredler westeuropäische Warmblutzuchten prägten und das iberische Pferd nicht mehr gefragt war, trat mit diesem der hohe Anspruch der Reitkunst in den Hintergrund und senkte sich, bedingt durch veränderte reiterliche Zielsetzungen und Pferdetypen, auf ein weniger anspruchsvolles Niveau.
Als überkommene Relikte der barocken und der militärischen Reitepochen entwickelten sich im 20. Jh. eine freizeitliche, wettbewerbsfreie und eine sportliche, wettbewerbliche Variante des Dressurreitens. Im Freizeitbereich finden sich Anhänger der klassischen Reitkunst zusammen, die als ursprüngliche, grundlegende und anspruchsvollste Dressurreitweise zu betrachten ist. Im Turniersport hingegen erfährt die dressurmäßige Reitweise, die geringfügig noch militärische Relikte aus Kavalleriezeiten beinhaltet, eine Vereinfachung, die sich auf die Schulen auf der Erde beschränkt. Die Lektionen werden durch verbindliche Richtlinien vorgegeben und bewertet. Die Unterschiede der reiterlichen Zielsetzung sind eher gering und werden vornehmlich von den Veranlagungen der Pferdetypen bestimmt, dem Barockpferd einerseits (iberische Pferde, Lipizzaner, Kladruber, Friese) und dem Warmblut- und Vollblutpferd andererseits. Bei vergleichender Betrachtung ergeben sich Unter-

schieden in den Bewegungsabläufen und im Erscheinungsbild. Grundsätzlich gesehen ist eine gewisse Dressurausbildung für jedes Reitpferd und jeden Reiter, vom geringsten bis zum höchsten Anspruch und je nach Zielvorstellung und Pferdetyp, unverzichtbare Notwendigkeit, um das Pferd beherrschen zu können und vor gesundheitlichen Schäden zu bewahren.

Dressurreiten heißt zuallererst, den Tragapparat des Pferdes zu gymnastizieren und zu kräftigen, um ihm das Tragen der Reiterlast zu erleichtern. Die letztlich optisch schöne, gerundete und stolze Körperhaltung der →*Versammlung* ist ein Nebeneffekt, der sich aus dem Zweck ergibt. Dressurreiten heißt auch, die natürlichen Bewegungsabläufe des Pferdes in gymnastizierenden Lektionen auszuformen (→*Verhaltensweisen,* Abb. Hengstkampf). Jede Künstelei, die das Pferd in eine widernatürliche Form zwingt, ist strikt abzulehnen. Unter der zusätzlichen Reiterlast muss das Pferd sein seelisches und körperliches →*Gleichgewicht* wieder finden, das zunächst ins Wanken gerät.

Am Reiter liegt es, dem furchtsamen Fluchttier die Urangst vor dem Menschen zu nehmen und Mensch und Tier gemeinsam ins Gleichgewicht zu bringen. Psychische und physische →*Losgelassenheit* sowie →*Durchlässigkeit* sind Voraussetzungen für wirksame Hilfengebung, auf die das Pferd reflektierend reagiert. Die Gymnastizierung des Tragapparates durch →*Längsbiegung* (seitlich, horizontal) in den →*Seitengängen* zur Ausschaltung der natürlichen Schiefe und zur Förderung der Biegsamkeit, die Aufwölbung des vertikalen →*Spannungsbogens,* der als tragende Energielinie wie eine elastische Feder aus der →*Hankenbeugung* über den Rücken bis zum Pferdemaul verläuft, ermöglichen ausbalanciertes Tragen der Reiterlast. →*Aufrichtung* und →*Beizäumung* resultieren allein und zwanglos aus der gebeugten, tragenden Hinterhand, behutsam geführt durch sanfte, einfangende Zügelhilfen. In der Versammlung setzen die Hintergliedmaßen unter den Rumpf, um die Reiterlast vermehrt aufzunehmen. Die Kruppe senkt sich, der Oberhals wölbt sich in stolzer Rundung, die Nasenlinie bleibt vor der Senkrechten. Die Hankenbeugung entlastet die Vorhand und fördert Schulterfreiheit und →*Aktion.* Als Schulgangarten bezeichnet man die verkürzte Ausformung

Links: Versammlung im Schultrab, die Tritte des Pferdes werden kürzer und erhabener. *Rechts:* Versammlung in der Piaffe, die Kruppe senkt sich in der Hankenbeuge, die Aufrichtung wird scheinbar höher, starke Rundung des Pferdekörpers. Der Spannungsbogen gleicht einer elastischen Stahlfeder.

der Grundgangarten Schritt, Trab und Galopp in vollendetem Gleichgewicht unter dem Reiter. Im fortgeschrittenen Stadium der Dressurausbildung folgen die Lektionen der →*Hohen Schule.* »Zentaurische Harmonie« auf höchstem Niveau ist erreicht, wenn der Reiter mit nur angedeuteter Hilfengebung auskommt, das Pferd vorausahnend, freiwillig und beinahe selbsttätig mitarbeitet und schon »auf den Gedanken des Reiters« reagiert. Unsichtbare Hilfengebung, die dem Pferd auch im Zustand höchster Versammlung den individuellen Freiraum zwangloser, gelöster und elastischer Spannung und Entspannung gewährt, sowie psychische und physische Unverdorbenheit, die die »jungfräuliche Wesenheit« des Pferdes bewahrt, lassen auf einen Reiter schließen, der Dressurreiten zur Kunstform erheben kann.

Für die Ausbildung von Pferd und Reiter gilt die Grundregel: erfahrener Reiter auf unausgebildetem Pferd, Reitanfänger auf ausgebildetem Schulpferd, damit der Unerfahrene vom Erfahrenen lernt. Die Ausbildung des Pferdes unter dem Sattel sollte frühestens im Alter von 4 Jahren beginnen, bei behutsamer Steigerung kann das Ausbildungsziel je nach Anspruch nach 4–6 Jahren erreicht sein. Schnellausbildung rächt sich durch frühen Verschleiß und Gesundheitsschäden. Im Turniersport sind Dressurprüfungen in Schwierigkeitsgrade unterteilt, die das Alter des Pferdes berücksichtigen: Klasse E (Eingangsstufe), A (Anfänger), L (leicht), M (mittelschwer) und S (schwer). Beurteilt werden vornehmlich Entwicklung der Gangarten in verschiedenen Tempi sowie Ausführung von Hufschlagfiguren und Lektionen nach Maßgabe der →*LPO.*

Dressursattel Flach gebauter Sattel mit langen, schmalen Sattelblättern, der dem Reiter einen Sitz mit nahezu gestreckten Beinen »dicht am Pferd« und eine genaue, punktuelle Kreuz- und Schenkeleinwirkung ermöglicht. Der Spezialsattel eignet sich vornehmlich für den Dressursport. →*Sattlung.*

Dressurviereck Nach vorgeschriebenen Maßen begrenztes, eingeebnetes Rechteck für Dressuraufgaben. →*Reitbahn.*

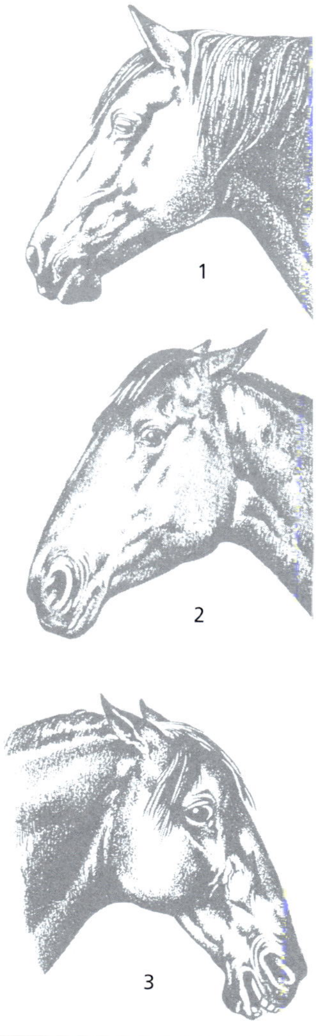

1 Gespitzte Ohren: aufmerksam und freundlich gesonnen.
2 Rückwärts gerichtete Ohren, Nüstern faltig hochgezogen: Warnung gegen Annäherung und Überschreitung der Individualdistanz.
3 Flach nach hinten gelegte Ohren, die Zähne sind gebleckt: Beißabsicht.

Drohmimik Abwehrreaktion gegen fremde oder rangniedere Artgenossen, gegen Menschen oder Tiere bei unerwünschter Annäherung und Missachtung der Individualdistanz. Die Warnung kann auch →*Futterneid* oder Angriffsabsicht ausdrücken. Drohmimik ist leicht zu erkennen die Ohren liegen mehr oder weniger flach nach hinten, die Nüstern sind schmal nach oben gezogen und bilden kleine Falten am oberen Nüsternrand. Häufig ist das Weiße im Auge zu sehen. Mitunter ist Drohmimik auch mit Zähneblecken und Schnappen verbunden. →*Verhaltensweisen.*

Warnung des älteren Pferdes *(links)* durch Hochziehen der Nüstern und Anlegen der Ohren, Distanz zu wahren. »Kauende« Unterlegenheitsgebärde des Jährlings *(rechts)*, die junge Pferde vor Übergriffen älterer schützt.

Druckfleck Weißhaariger Sprenkel im Fell als Folge einer ausgeheilten →*Druckstelle.* Die Haut hat an dieser Stelle die Fähigkeit verloren, Pigment an das Haar abzugeben.

Druckstellen Wundmale an bestimmten Körperstellen durch mangelhaft liegenden Sattel, verhärtete oder faltige Sattelunterlage, scheuerndes Zaumzeug oder Geschirr. Am gefährlichsten ist der Satteldruck, der bei ungenügender Behandlung und Verschleppung zur Untauglichkeit des Pferdes führen kann. Er beginnt mit auffallender Wärmeentwicklung und Schwellung bestimmter Stellen in der Sattellage. Behandlung mit kalten Umschlägen und Essigwasser oder Rivanol im Anfangsstadium kann sofortige Heilung bewirken.

Druse Sehr ansteckende starke Vereiterung der Lymphknoten im Bereich des Kopfes, die schwere Schluckbeschwerden verursacht. Starkes Fieber, trockener Husten, eitriger Nasenausfluss und Anschwellen der Lymphknoten beiderseits des Kehlkopfes, die erst nach Wochen aufbrechen und so den Eiter abfließen lassen. Werden innere Organe in Mitleidenschaft gezogen, können schwere Dauerschäden zurückbleiben. Korrekte Behandlung nach Anweisung des Tierarztes verspricht Heilung.

Duga Kopfstehender U-förmiger Holzbogen über den Enden der Scherbäume im russischen Einspänner, der sich hoch über den Widerrist wölbt. In der Troika nur über dem (mittleren) Gabelpferd. →*Anspannung des Wagenpferdes.*

Dülmenerpferd Letzte bodenständige, wild lebende Kleinpferdrasse Deutschlands im Merfelder Bruch bei Dülmen in Westfalen im Besitz des Herzogs von Croy. Die Abstammung ist unbekannt, das Bestehen der Herde jedoch seit 600 Jahren bekannt. Ständige Einkreuzungen typähnlicher Ponyhengste verschiedener Rassen aus England und Polen zur Blutauffrischung der Herde, die etwa 100 Stuten und 80 Nachwuchstiere zählt. Das Haarkleid der Ponys, die ganzjährig im Freien leben und sich selbst ernähren müssen – nur im Winter wird Heu zugefüttert –, zeigt hauptsächlich drei Varianten: Mausgrau und Falb mit Aalstrich und zebroider Streifung der Gliedmaßen (→*Abzeichen*), Fellfarben, die an →*Tarpan* und →*Przewalskipferd* erinnern, sodann Torfbraun bis Dunkelbraun mit Mehlmaul und Aufhellung der Flanken, ein Erbmerkmal ehemals eingekreuzter →*Exmoorpony*hengste, und letztlich durchgehende Schwarzfärbung. Die Widerristhöhe des eleganten, robusten Reit- und Kutschponys beträgt 125–140 cm

Dülmenerpferde.

Stockmaß. Der Dülmener zeichnet sich durch Temperament und schwungvolles Gangvermögen aus. Die etwa 25–30 einjährigen Junghengste werden alljährlich im Mai aus der Herde herausgefangen und im Rahmen eines Volksfestes öffentlich versteigert.

Dummkoller (Gehirnwassersucht). Unheilbare Krankheit des Gehirns. Das Bewusstsein und die Reaktionsfähigkeit des Pferdes sind dezimiert, es macht einen abgestumpften Eindruck. →*Gewährsmangel.*

Durchfallende Kandare Bezeichnet die bei angenommenem Zügel zu schräge Stellung des Hebelanzuges, der dann annähernd rechtwinklig zur Maulspalte liegt. Die Kinnkette ist zu lang eingehakt. Ungenaue Zügelführung. →*Zäumung.*

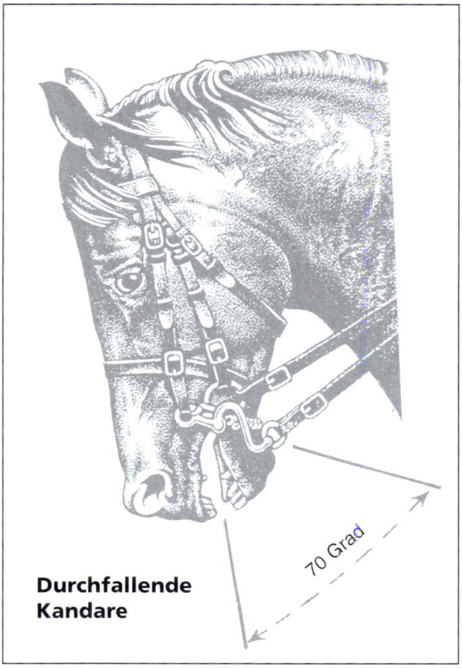

Der Neigungswinkel der Hebelanzüge überschreitet 45° zur Maulspalte, die Zügelhilfen sind nicht mehr fein zu differenzieren.

Durchgänger Durch falsche Behandlung verdorbenes Pferd, das unter dem Reiter oder vor dem Wagen aus Angst blindlings davonstürmt. Auch das unverdorbene Pferd kann aus einer

Schrecksituation heraus in selteneren Fällen einmal durchgehen. Ein durchgehendes Pferd durch →*Paraden* aufhalten zu wollen wäre zwecklos; das Pferd ist immer stärker. Einzige Möglichkeit ist, wenn Platz vorhanden, das Pferd mit einem Zügel auf einen immer enger werdenden Kreis zu dirigieren und so zum Stillstand zu bringen. Ist kein Platz vorhanden, kann nur das Glück helfen. →*Puller.*

Durchlässigkeit Unmittelbare und willige Reaktion des losgelassenen Reitpferdes auf reiterliche Hilfengebung. Jede →*Parade* ist durchgehend wirksam vom Maul bis in die Hintergliedmaßen. Der jeweilige Grad der Durchlässigkeit steigert sich mit dem Fortgang der Ausbildungsstufen. Ein durchlässiges Pferd zeichnet sich durch geschmeidige Nachgiebigkeit im Genick, durch seitwärtige Biegsamkeit der Ganaschen, durch vermehrtes Untersetzen der Hintergliedmaßen, durch gesteigerte Rückentätigkeit und mithin durch den →*Spannungsbogen* aus, der alle Hilfen in die gewünschten Körperregionen weiterleitet und das Pferd zum →*Rückengänger* macht. Ein undurchlässiges Pferd legt sich auf den Zügel, kriecht hinter den Zügel oder widersetzt sich durch Kopfschlagen und Maulaufsperren der Zügelhilfe, verweigert Rechts- oder Linksstellung durch →*Verwerfen* im Genick und versteift sich im Rücken, indem es die Hinterhand nicht untersetzt. Durchlässigkeit ist Voraussetzung für den Gehorsam des Pferdes. Ein undurchlässiges Pferd kann höhere Anforderungen des Reiters nicht erfüllen, weil es aus Mangel an Gymnastizierung Schmerzen empfindet und deshalb zu Widersetzlichkeit neigt. →*Losgelassenheit.*

Durchschnittsleistungen der Fortbewegung des Pferdes je Minute, die aufgrund summierter Erfahrungen ermittelt wurden:

- ☐ Das Zugpferd vor schwerem Wagen etwa 60 m,
- ☐ das Reitpferd (Warmblutpferd) im Schritt etwa 100 m,
- ☐ das Reitpferd im Trab etwa 250 m,
- ☐ das Reitpferd im Galopp etwa 500 m,
- ☐ das Reitpferd im Renngalopp etwa 550 bis 650 m.

Der durchschnittliche Weitsprung liegt zwischen 5 und 6 m und der Hochsprung zwischen 120 und 160 cm.

E

Eclipse (1764–1789) Vollblut-Fuchshengst des Herzogs von Cumberland, Ururenkel von »Darley's Arabian« (→*Englisches Vollblut*). Sein Name beruht auf der Tatsache, dass er während einer partiellen Sonnenfinsternis geboren wurde. Aufgrund seiner ungebärdigen Aggressivität lief er erst mit 4 Jahren sein erstes Rennen und blieb lebenslang ungeschlagen (ausgeprägter Leitungscharakter). Er gilt als schnellstes Rennpferd und überragender Vererber seines Jahrhunderts. Er gewann 19 Rennen und 7 Matches, ohne erschöpft zu sein. Unter seinen Nachkommen waren 335 Rennsieger, 3 Söhne gewannen das englische Derby. Sein Erbe hatte großen Einfluss auf fast alle bedeutenden Stammlinien der Vollblutzucht.

Einbeinstütze Gliedmaßenfolge in der Gangbewegung. Moment des Auffußens nur eines Hufes im Tölt, Rennpass und Galopp. →*Gangarten.*

Einfacher Galoppwechsel Wechsel vom Rechts- zum Linksgalopp und umgekehrt. Das Pferd wird sicher und weich zum Schritt durchpariert und nach drei klar erkennbaren Tritten wieder auf der anderen Hand angaloppiert.

Einflechten →*Verziehen.*

Eingeweide →*Farbtafel.*

Einhorn →*Anspannung des Wagenpferdes.*

Einhufer Familie: equidae = Pferdeartige. Die Gliedmaßen enden in einer hornumkleideten Zehe. Zu den Einhufern zählen →*Pferd,* →*Halbesel,* →*Esel,* →*Zebra* und die Zuchtbastarde →*Maultier,* →*Maulesel* und →*Zebroid.* Siehe auch →*Equus,* →*Evolution des Pferdes,* →*Rasse* und →*Anatomie des Pferdes* (Huf).

Einschuss (Phlegmone). Eitrige Entzündung des Unterhautbindegewebes nach Verletzung oder Überbeanspruchung der Gliedmaßen. Starke Anschwellung, die bei ungenügender Behandlung nicht mehr verschwindet.

Einstreu Oben liegendes Streumaterial im Pferdestall. Auf den porösen Stallboden (Ziegelsteine o. ä.) wird zunächst eine Lage Torfmull geschichtet, die Feuchtigkeit und Ammoniakgeruch weitgehend bindet. Anschließend wird als obere Schicht Weizen- oder Roggenstroh locker eingestreut. Man kann die Einstreu häufig wechseln oder zu einer Matratze anwachsen lassen. Der Kot muss ständig entfernt werden. Gerstenstroh ist ungeeignet, weil die langen Grannen zu Augenverletzungen des Pferdes führen können. Als Futterstroh zum Knabbern aus Langeweile sind Hafer- und Weizenstroh am besten geeignet, zur Vermeidung von Verstopfung sollte ein Pferd nicht mehr als 3 kg täglich aufnehmen. →*Haltung des Pferdes.*

Eisenberg Baron Reis von (etwa 1700–1770). Begeisterter Amateurmaler, Instrukteur an Reitakademien in Neapel, Pisa, Luneville, London und Wien. Sein bekanntestes Werk ist die 1746 veröffentlichte »Wohleingerichtete Reitschule oder Beschreibung der allerneuesten Reitkunst«, die sich indes an der Vergangenheit orientierte und epochale Erkenntnisse seines Zeitgenossen →*Guérinière* nicht aufnahm. Außerdem erschien fast gleichzeitig sein Werk »Entdeckte Rosstäuscherkünste zur Vermeidung der Betrügereien bei dem Pferdekaufen«, das in etwas einfältiger Weise die Gebäudefehler des Pferdes aus damaliger Sicht demonstriert. Eisenberg war fundierter Sachkenner und Praktiker der Dressurausbildung des Pferdes, berühmt wurde er durch seine Gemälde (Sammlung Lord Pembroke) und Stiche für seine Veröffentlichungen, die exakt die Lektionen der →*Hohen Schule* darstellen. →*Hippologe.*

Baron Reis von Eisenberg

Ellbogenfreiheit Abstand des Ellbogengelenkes vom Brustkorb. Das an den Rippen zu eng anliegende Ellbogengelenk kann die Gangbewegung des Pferdes behindern.

Ellbogenkandare Fahrkandare mit ellbogenartig zurückversetzten Hebelanzügen zur speziellen Regulierung der Leinenwirkung. →*Geschirr des Gespannpferdes.*

Englische Anspannung Die wesentlichen Merkmale dieses repräsentativen Fahrstils mit Wagenpferden sind gepflegte, elegante Karossier-Pferde mit viel →*Aufsatz* und →*Aktion,* möglichst gleichmäßig in Körperbau und Farbe. Schwarzes Kumtgeschirr mit Fahrkandare und Ketten-Aufhalter mit stahlpolierten, ovalen Gliedern. →*Englische Fahrleine* und Bogenpeitsche. Englische Wagentypen. →*Anspannung des Wagenpferdes,* →*Geschirr des Gespannpferdes.*

Englische Fahrleine Kreuzleine für Wagenpferde im Zweiergespann, bei der das Schnallstück kurz vor der Hand des Fahrers sitzt. Eine deutsche Weiterentwicklung ist die Achenbach-Kreuzleine. →*Fahren mit Gespannpferden.*

Englische Reitweise Nach britischem Reitverständnis eine naturverbundene Ausübung des Reitsports im Gelände mit Sprüngen über natürliche Hindernisse, der beispielsweise in der →*Reitjagd* gipfelt. Dressurausbildung im klassischen Sinn genießt geringen Stellenwert, dem Pferd wird nur ein Mindestmaß an Versammlung abverlangt, es geht im natürlichen Gleichgewicht. Spezifische Merkmale sind der →*leichte Sitz* des Reiters mit kürzeren Bügeln (springbereit), eine nachgebende, zwanglose →*Zügelführung* und Englischtraben (→*Leichttraben*) über längere Strecken, um Pferd und Reiter zu entlasten.
Der Begriff hat sich außerhalb Großbritanniens mittlerweile von seiner ursprünglichen Bedeutung entfernt und steht heute mit verändertem Inhalt für die Reitmethode des internationalen Dressur- und Springsports. Deutsches Reitver-

ständnis, das wesentlich von militärischen Vorgaben geprägt war (Heeresdienstvorschrift für die Kavallerie von 1912, Kavallerieschule Hannover 1930er Jahre), verwandelte den leichten, losgelassenen englischen Reitstil in eine gestraffte, nicht immer zwangfreie Reitmethode, die vorrangig die Gangmechanik des Pferdes bewertet und von den Richtlinien des Turniersports vorgegeben wird *(→LPO)*. Der Dressurstil besteht aus einer Mixtur von klassischer Reitweise und militärischer Exaktheit, die sich häufig in mechanischer Versammlung und straffer, aushaltender Zügelführung ausdrückt.

Zugelassen sind vornehmlich Warmblut- und Vollblutpferde mit flachem, weiträumigem Gangvermögen. Der Grad der Versammlung dieser körperbaulich nicht grundsätzlich für höchste Rittigkeit geeigneten Pferde muss zwangsläufig hinter dem barocker Pferdetypen zurückbleiben. Der Unterschied wird deutlich in der Ausformung von Piaffe und Passage. Der sportliche Springstil, der sich auf →*Caprilli* beruft und in der Kavallerieschule Hannover einen vorbildlichen Höhepunkt erreichte, hat heute zuweilen artistische Auswüchse angenommen. Für Leistungsprüfungen und Wettbewerbe sind in der Regel Trense oder Kandare mit Unterlegtrense vorgeschrieben, die Sättel sind generell flach und für bestimmte Disziplinen speziell geformt (Dressur-, Spring-, Vielseitigkeitssattel). In der Reiterwelt der USA pflegt man grundsätzlich zwischen Englischer Reitweise (Internationaler Turniersport) und Amerikanischer Reitweise (Westernreiten) zu unterscheiden.

Englisches Reithalfter →*Zäumung.*

Englisches Vollblut (engl. Thoroughbred = durchgezüchtet). Eine nicht von der Natur, sondern nach menschlicher Vorstellung ausschließlich nach dem Leistungsprinzip auf Schnelligkeit geschaffene Zuchtrasse, die ihre Entwicklung der Vorliebe der Engländer für Wettrennen und Rennwetten verdankt. Bereits vor 1700 wurden

Vollblüter als Dressurpferd.

häufig orientalische Pferde nach England importiert und in bodenständige Rassen eingekreuzt, um einheimischen Pferden größere Schnelligkeit zu verleihen. Aus dem Zuchtgeschehen dieser Zeit ist nichts überliefert. Drei braune Hengste, die um 1700 aus dem Orient nach England eingeführt und mit bodenständigen keltischen Ponystuten (Galloways) vermischt wurden, gelten als Stammväter und Linienbegründer der gesamten Vollblutzucht:

1. »Byerley's Turk«, wahrscheinlich ein Turkmenenhengst, der bei der Belagerung Wiens durch die Türken von einem Holländer erbeutet und von einem Capt. Byerley angekauft wurde und 1689 in England auftauchte.
2. »Darley's Arabian«, ein Vollblutaraber im Muniqui-Typ, der von einem Mr. Darley um 1706 von einem Händler in Aleppo erworben wurde.
3. »Godolphin Barbe«, ein marokkanischer Berberhengst, der als Geschenk des Sultans von Marokko an Ludwig XV. nach Frankreich kam, aufgrund seines schwierigen Charakters durch viele Hände ging und schließlich zum Karrengaul abstieg. Lord Godolphin erwarb

ihn als Probierhengst für sein Gestüt, wo er durch einen Zufall in die Zuchtgeschichte einging. Der Hauptbeschäler »Hobgoblin« verweigerte sich der Stute »Roxana«, der Berberhengst wurde der Stute zugeführt und stieg damit zum Großvater des berühmten Rennpferdes »Matchem« und zum Linienbegründer auf.

Aus diesen drei Hengsten und anfänglich 137 Stutenlinien, von denen noch 48 erhalten sind, entstand durch Inzucht und fortlaufende Selektion nach Rennleistung das englische Vollblut. Systematisch registriertes Zuchtgeschehen begann mit dem im Jahre 1793 aufgelegten »General Stud Book«, in dem alle Stammlinien lückenlos verzeichnet sind.

Da ausschließlich und einseitig auf Rennleistung gezüchtet wurde und andere Kriterien kaum eine Rolle spielten, blieb das allgemeine Erscheinungsbild der Pferde wenig einheitlich. Die Widerristhöhe schwankt zwischen 155 und 170 cm Stockmaß. Der trockene, markante Kopf des insgesamt sehr elegant, grazil und edel wirkenden Vollblüters kann lang oder kurz sein und eine gerade, aber auch konkave oder konvexe Profillinie als überkommene Araber- und Berbermerkmale aufweisen. Der schlanke, meist lange Hals kann hoch oder tief aufgesetzt sein. Der hohe Widerrist verläuft in einen langen Rücken, die kräftig bemuskelte Kruppe fällt schräg ab. Der oval geformte, tiefe Brustkorb gewährt Herz und Lungen den nötigen Spielraum. Die oberen Gliedmaßenpartien sind lang und schräg gelagert und versprechen bedeutendes Spurtvermögen. Die trockenen Gliedmaßen fallen nach züchterischen Gesichtspunkten nicht immer korrekt aus, was die Rennleistung jedoch nicht beeinträch-

Zeitgenössische Darstellungen der Stammväter der Vollblutzucht:
1 »Byerley's Turk«
2 »Darley's Arabian«
3 »Godolphin Barbe«

tigt. Braune und Füchse überwiegen, Rappen und Schimmel sind seltener. Vorrangiges Zuchtziel sind Schnelligkeit gepaart mit Leistungswillen. Vollblüter erreichen auf mittlerer Streckenlänge eine Geschwindigkeit von über 60 Stundenkilometern. Da nur diese Kriterien zählen und nur Fachleute mit dem Vollblüter befasst sind, wird dem oftmals schwierigen Charakter kaum Beachtung geschenkt. Bei Reitpferdmodellen indes, die zur Veredlung in Warmblutzuchten herangezogen werden, besitzt ein umgänglicher Charakter größeren Stellenwert. Dies gilt besonders für vollblütige Freizeitpferde, die bei sachkundiger Behandlung durchaus umgängliche Gefährten abgeben, bei dilettantischem Umgang jedoch äußerst problematisch werden können. Die Haltung dieses nicht bodenständig gewachsenen, ausgesprochenen Stallpferdes, das von Klima und Scholle weitgehend unabhängig mittlerweile auf allen Kontinenten zu Hause ist, gestaltet sich ziemlich aufwendig, da es wegen gewisser Empfindlichkeiten kaum robust zu halten ist.
Vollbluteinmischungen in die Warmblutzucht brachten überragende Dressur- und Springpferde für den großen Sport hervor, deren Leistungen ohne die Veredler nicht denkbar wären. Auch reine Vollblüter haben sich in diesen Disziplinen bei entsprechender Veranlagung bisweilen hervorragend bewährt. Die Vollblutzuchten in England, Irland, Frankreich und Italien beherrschen die ersten Plätze der Weltrangliste, Deutschland rangiert im mittleren Feld. Aufgrund der internationalen Verbreitung hat sich mittlerweile der vereinfachte Begriff »Vollblut« statt »Englisches Vollblut« durchgesetzt. Im Abstammungsnachweis ist der Vollblüter hinter seinem Namen mit xx gekennzeichnet. →*Vollblutzucht,* →*Arabisches Vollblut,* →*Galopprennen.*

Englischtraben →*Leichttraben.*

Entwicklungsgeschichte des Pferdes →*Evolution.*

Epona (von gallisch epos = Pferd). Göttin der Pferde im nordwesteuropäischen vorchristlichen Keltenreich.

Epsom Berühmte englische Pferderennbahn in Surrey, wo seit 1780 auch das englische Derby gelaufen wird.

Equiden Pferdeartige. →*Einhufer.*

Equipage (franz.) Luxuskutsche für Gespannpferde mit Kutscher. Auch Bezeichnung für das gesamte technisch verantwortliche Jagdpersonal wie Master, Huntsman und Piköre, einschließlich der Pferde und Hunde. →*Reitjagd.*

Equus (lat.), Pferd. Lateinische Bezeichnungen der Einhufer:
- ☐ Equus caballus = Pferd
- ☐ Equus asinus = Esel
- ☐ Equus hemionus = Halbesel
- ☐ Equus quagga = Zebra

erhaben Langsames Vorwärts-aufwärts-Schwingen der Gliedmaßen in der Gangbewegung, bedingt durch natürliche Veranlagung (z. B. →*Andalusier,* kurzer Unterarm und langes Röhrbein) oder als Folge dressurmäßiger Ausbildung. →*Aktion.*

Esel *Equide.* Nachkomme des voreiszeitlichen, ersten Einhufers Pliohippus. Dessen Nachfahren wanderten von 1 Mio. bis 600 000 v. Chr. (Beginn der Eiszeit) von Nordamerika über die damalige Landbrücke der Beringstraße nach Eurasien und Afrika. Heimat: Afrika, Nordwesten bis Nordosten. Zwei nicht sehr verschiedene, durch ihre Umwelt geprägte Varianten: Somali-Wildesel und Nubischer Wildesel. Von letzterem stammt der Hausesel ab, der in Europa und zahlreichen anderen Gebieten der Erde in vielen Vermischungen und Typen als Zuchtergebnis durch den Menschen existiert →*Evolution,* →*Poitou-Esel.*

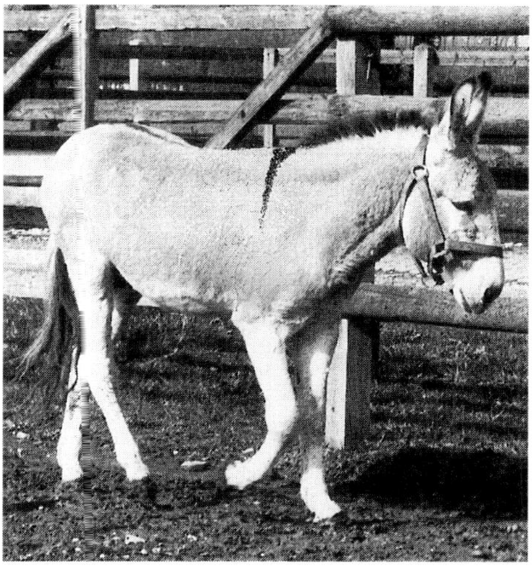

Europäischer Hausesel.

Eselsmaul →*Mehlmaul.*

Europäischer Standard-Traber Anfänge von Trabrennen und Traberzucht in Europa um die Jahrhundertwende, zunächst auf der Basis des →*Orlow-Trabers.* Später Einmischung des →*Französischen Trabers,* heute Dominanz des amerikanischen Trabers (→*American Standard Bred*). Privatgestüte über ganz Europa verbreitet. Schwerpunkte der deutschen Zucht in Nord- und Westdeutschland und in Bayern.

Evolution des Pferdes. Die Entwicklungsgeschichte der Einhufer begann vor etwa 60 Mio. Jahren in Nordamerika und Europa mit einem kleinwüchsigen, antilopenähnlichen Waldbewohner, der noch keine Ähnlichkeit mit heutigen Pferden zeigte. Dieser Eohippus (Morgenrötepferdchen), dessen europäische Variante bald wieder ausstarb, entwickelte sich in Nordamerika allmählich vom fuchsgroßen, mehrzehigen Buschläufer zum ponygroßen, einhufigen Steppenrenner, der über die damalige Landbrücke der Behringstraße nach Eurasien einwanderte. Der Werdegang vom Mehrzeher zum Einhufer war von vier herausragenden Entwicklungsstadien gekennzeichnet. Zahlreiche Zwischenformen und Parallelentwicklungen, die einzelne Entwicklungsstufen begleiteten, starben nach unterschiedlichen Zeitspannen wieder aus:

1. Eohippus, früheste Entwicklungsstufe des Pferdes; Eozän, etwa 60 Mio. Jahre v. Chr., Nordamerika (vorübergehend Europa); Wald- und Buschbewohner, Laubfresser, 4 Zehen vorn, 3 Zehen hinten, Größe 40 cm.
2. Miohippus, Oligozän, 40–25 Mio. Jahre v. Chr., Nordamerika; Busch- und Steppenbewohner, Laubfresser, 3 Zehen an jeder Gliedmaße, die mittlere ist stärker entwickelt, Größe 60 cm.
3. Merychippus, Miozän, 25–10 Mio. Jahre v. Chr., Nordamerika; Savannen- und Steppenbewohner, vorwiegend Grasfresser, 3 Zehen an jeder Gliedmaße, nur die mittlere berührt den Boden und trägt die Last, Größe 90 cm.
4. Pliohippus, Pliozän, 10–2 Mio. Jahre v. Chr., Nordamerika; Steppenbewohner, Grasfresser, erster Einhufer, Größe 112 cm. Mit der Entwicklung vom Wald- zum Steppentier wuchs die Skeletthöhe, vereinfachten sich die Gliedmaßen für erhöhte Laufgeschwindigkeit, änderte sich das Gebiss für das Aufschließen von Hartgrasnahrung und verblasste die Tarnstreifung des Felles in Anpassung an die Steppe, die sich am Zebra erhielt oder wieder in Erscheinung trat. (Abbildung siehe S. 96.)

Im Pleistozän, etwa um 1 Mio. Jahre v. Chr., erfolgte der große Zustrom der ersten Einhufer über die Landbrücke der Beringstraße nach Eurasien hinein bis nach Afrika. In den ihnen gemäßen Lebensräumen entwickelten sich die Eiszeiten hindurch Pferd und →*Halbesel* in Eurasien und →*Esel* und →*Zebra* in Afrika. Nach der Eiszeit (etwa 600 000–8000 v. Chr.) starben sämtliche Pferdepopulationen in Amerika aus ungeklärter Ursache aus. Alle wild lebenden Pferde Amerikas in historischer Zeit stammen ursächlich sämtlich von europäischen Hauspferden ab, die von den spanischen Eroberern im 16. Jh. importiert wurden.

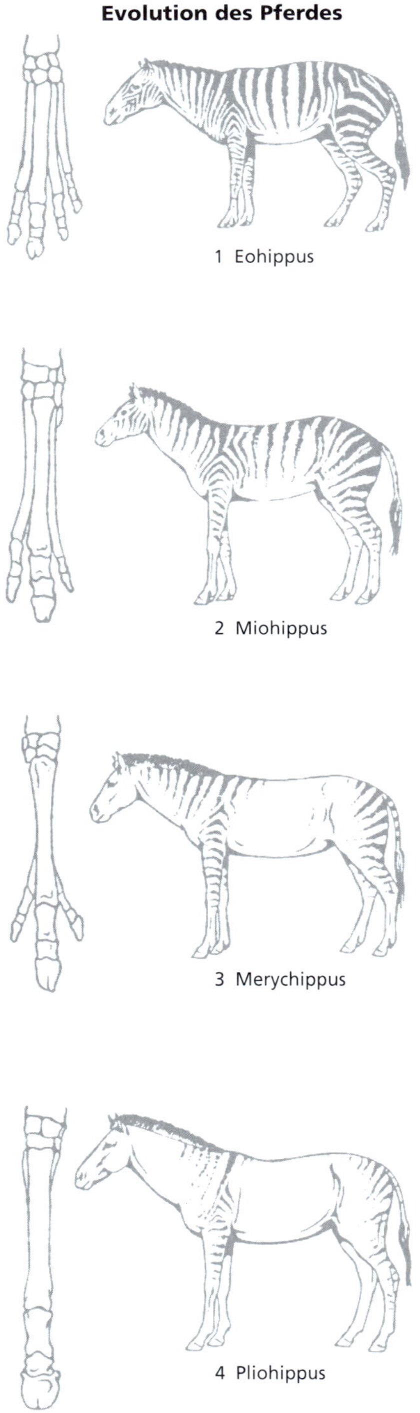

Während über die voreiszeitliche Entwicklungsgeschichte des Pferdes bis zum ersten Einhufer wissenschaftlich weitgehend Einigkeit besteht, sind die Forschermeinungen über die Entwicklung des Pferdes während der an- und abschwellenden Eiszeiten strittig. Zahlreiche Theorien wurden erstellt, doch unwiderlegbare Beweise, die Indizien und Mutmaßungen untermauern, stehen noch aus. Manche Equidenforscher vertreten die Ansicht, dass alle Hauspferdrassen der Erde ausnahmslos auf das nacheiszeitliche, bis heute existente asiatische Wildpferd (→*Przewalskipferd*) zurückgehen.
Andere Forscher, die von praxisbezogenen züchterischen Aspekten ausgehen, vertreten die These, dass während der Eiszeit bereits mehrere eigenständige, spezifisch geprägte Wildformen mit voneinander abweichenden Erscheinungsbildern entstanden, die durch verschiedene Klimazonen und Landschaftsstrukturen geprägt waren und jeweils konstantes Erbgut besaßen, deren züchterische Vermischung die Rassenvielfalt unserer Hauspferde bewirkte. Röntgenologische Vergleichsuntersuchungen von rezenten und fossilen Schädel- und Gliedmaßenknochen, Daten von Fundorten und zahlreiche Indizien ließen Rückschlüsse auf Erscheinungsbild, Eigenschaften und Verhalten der eiszeitlichen Urpferdtypen zu. Diese Theorie zeigt bedenkenswerte Per-

Przewalskipferd, das letzte echte Wildpferd, das in Gefangenschaft bis in die Gegenwart überlebt hat.

1

2

3

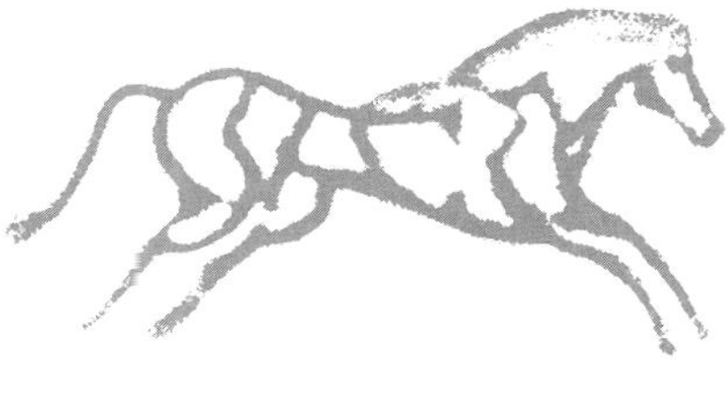

4

spektiven auf, die in der praktischen Beurteilung und im Umgang mit Pferden bezüglich ihrer individuellen Veranlagungen äußerst hilfreich sein können. Eine Berufung auf eiszeitliche Höhlendarstellungen von Urpferden kann als ergänzendes Hilfsmittel herangezogen werden, doch reichen sie als schlüssige Beweise nicht aus, da gewollte oder ungewollte Verfremdungen oder auch Unvermögen der malenden Menschenhand wissenschaftliche Exaktheit vermissen lassen. Schon in den nacheiszeitlichen Turbulenzen von Klimaverschiebungen und Landschaftsveränderungen, verursacht durch die große Gletscherschmelze, etwa 8000–4000 v. Chr., einer Zeitspanne, aus der kaum Hinweise überliefert sind, können sich verschiedene eiszeitlich geprägte Wildformen im Wildleben vermischt haben, wenn sie auf nunmehr veränderten Nahrungswanderungen einander begegneten. Mit Beginn der Domestikation, etwa 3000–2000 v. Chr., setzten gravierende züchterische Vermischungen nach der Vorstellung des Menschen ein, die in historischer Zeit sich zu einem breit gefächerten, mehr oder minder gezielten Zuchtgeschehen ausweiteten und unsere Hauspferdrassen hervorbrachten. Das Erbgut jener eiszeitlichen Urpferdtypen konnte sich in primitiven,

Prähistorische Darstellungen von Wildpferden, die weitgehend den vier eiszeitlichen Wildformen entsprechen:

1 Ponytyp mit angedeuteter Fallmähne (Hengst im Imponiertrab), die das Urpony im Regenklima vor Nässe schützte. Zeichnung aus der Höhle Le Portel, Südwestfrankreich, spätes Magdalénien (18 000 bis 10 000 v. Chr.).
2 Felsgravur des massigen Tundrenponytyps mit Stehmähne aus der Höhle Les Combarelles, Dordogne, Westfrankreich, mittleres Magdalénien (ca. 15 000 v. Chr.).
3 Rammskopfpferdtyp aus der Höhle La Pileta, Andalusien, Südspanien, Aurignacien (30 000–20 000 v. Chr.).
4 Numidisches Pferd im Arabertyp, das dem Urvollblüter entspricht. Felsbild aus dem Acacusgebirge im Fezzan, lybische Sahara, nacheiszeitlich, etwa 8000–6000 v. Chr.

Urpferde der Eiszeit (nach Speed-Ebhardt)

NORDPONYS

	Urpony	Tundrenpony
Exterieur	Stockmaß 122–125 cm. Universalform, nicht auf bestimmte Umwelt spezialisiert. Anpassung an verschiedenste Boden- und Klimaverhältnisse. Hartgras-Schneidegebiss. Fernwanderwild.	Stockmaß 145–170 cm. Schwer, massig und grobknochig. Auf sumpfige und steinige Bodenverhältnisse und trockene Kälte spezialisiert. Nacheiszeitliche Steppen- und Bergformen. Hartgras-Schneidegebiss. Standortwild.
Gangmechanik	Trabpferdtyp. Vor- und Hinterhandantrieb gleichrangig, wenig raumgreifender Trab bei schneller Fußfolge.	Schrittpferdtyp. Stärkere Benutzung der Vorhand.
Besonders hervorstechende Eigenschaft	Ausdauer, besonders im Trab.	Genügsamkeit im Futteranspruch.
Sozialverband	Großherde, bestehend aus einzelnen Stutenfamilien mit Nachwuchs. Hengst als Leittier inmitten des Verbandes.	Aufgelockertes Rudel, weiblicher Nachwuchs inmitten der Herde, Hengst steht außerhalb.
Verhalten im Wildleben bei feindlicher Annäherung	Flucht der gesamten Herde gegen den Wind.	Jedes Tier erstarrt. Tarnung durch Unbeweglichkeit.
Verhalten zum Menschen in der Domestikation	Sehr vorsichtig und wach. Anfangs misstrauisch, dann pfiffig kontaktfreudig bis gutmütig frech.	Ruhig und behäbig bis stur. Zurückhaltend und kontaktarm im Umgang, relativ unempfindlich.
Rezente Rassen mit dominierenden Merkmalen der Urpferde	Exmoorpony, Islandpferd, (Westregion), Shetlandpony u. a.	Jakutenpony, Przewalskipferd, Highland-Garron, Islandpferd (Südregion), Kaltblutpferde u. a.

SÜDPFERDE

Rammskopfpferd	Urvollblüter
Stockmaß 170–180 cm. Hochbeinig, lang und schmal. Auf feuchte und hügelige Auewaldgebiete spezialisiert. Kleinere nacheiszeitliche Steppen- und Bergformen. Schneide-Rupfgebiss für Gras und Kräuter. Relativ standorttreu.	Stockmaß 115–120 cm. Zierlich, gazellenhaft und schmal. Auf die Subtropen spezialisiert. Älteste und ursprünglichste Form. Nacheiszeitliche Wüstenformen. Kräuter-Rupfgebiss. Fernwanderwild.
Springpferdtyp. Vorwiegend Hinterhandantrieb (langer Hebelarm der Hintergliedmaßen).	Galopp-Pferdtyp. Absoluter Hinterhandantrieb, daher steile Hals-Kopf-Aufrichtung.
Aggressionsbereit auch gegen gefährliche Feinde.	Schnelligkeit, bei Erschrecken Schnellspurt aus dem Stand ohne Halt.
Einzelgängerische Altstuten mit weiblichem Nachwuchs, Hengst findet sich nur zur Deckperiode ein. Kein Herdentrieb.	Enger zärtlicher Familienverband. Hengst absolutes Leittier. Junghengste werden geduldet.
Imponier-Scheinangriff mit Heben der Vorhand, evtl. sogar wirklicher Angriff.	Hengst treibt den Verband zu eiliger, langdauernder Flucht an.
Furchtlos und abwehrend. Stellt sich gern auf nur einen Menschen ein. Neigt bei falscher Behandlung zu Aggression.	Sensibel und furchtsam. Sehr kontaktfreudig und anhänglich. Verlangt sanfte, freundliche Behandlung.
Sorraiapferd, Berber, Andalusier, Lipizzaner, Englisches Vollblut, Arabisches Vollblut (Muniqi), Achal Tekkiner, Turkmenenpferd u. a.	Arabisches Vollblut (Saqlawi), Kaspisches Kleinpferd u. a.

urtümlichen Rassen relativ unverändert, in künstlich vermischten Zuchtrassen mehr oder minder stark vermischt und verwischt erhalten. Speed-Ebhardt (1956–57) erforschten vier eiszeitliche Wildformen, die in zwei nördliche Ponytypen und zwei südliche Pferdetypen unterteilt wurden:

Nordponys: Urpony (Typ 1), Fernwanderwild, nicht auf begrenzte Lebensräume spezialisiert, weiträumige Ausbreitung im gemäßigten, feuchtkalten Regenklima des Nordens von Ostasien bis Spanien (rezentes Beispiel Exmoorpony). Tundrenpony (Typ 2), Standortwild, auf begrenzte Lebensräume in Gletscherenklaven spezialisiert, Vorkommen am nördlichsten Rand der Kaltklimazone in Gletschernähe (rezente Beispiele →*Jakutenpony*, →*Przewalskipferd*). Beide Typen besitzen ein dichtes, doppelschichtiges Winterfell, Haarwechsel Frühjahr und Herbst.

Südpferde: Rammskopfpferd (Typ 3), Standortwild in der gemäßigten Warmklimazone, nacheiszeitlich vorwiegend auf Bergsteppen spezialisiert, Vorkommen von Asien über Südeuropa bis Nordafrika (rezentes Beispiel Sorraiapferd). Urvollblüter (Typ 4), jahreszeitliches Fernwanderwild, nacheiszeitlich in der trockenen Warmklimazone auf weiträumige Halbwüsten spezialisiert, Vorkommen Südasien bis Nordafrika (rezentes Beispiel Arabertyp). Beide Typen besaßen kein Winterfell, sondern ganzjährig ein dünnes, metallisch schimmerndes Haarkleid, das die Hitze abstrahlte.

Vorstehende Tabelle auf Seite 98/99 vermittelt in Rekonstruktionen Erscheinungsbilder und herausragende Eigenschaften der vier Urpferdtypen.

Exmoorpony Bodenständig im Südwesten Englands, Hochmoorgebiete in Somerset und Devonshire. Uralte primitive Ponyrasse, die wahrscheinlich seit der Eiszeit nahezu rein erhalten blieb. Aufzucht in wild lebenden Herden, absolut konstante Vererbungskraft. Harmonisch gebautes Reitpony für Erwachsene und Kinder mit naturgewachsenem idealem Reitpferdgebäude. Die Widerristhöhe des kräftigen und harten, genügsamen und intelligenten Robustponys beträgt 120–125 cm Stockmaß, die Fellfarbe ist einheitlich Dunkeltorfbraun mit →*Mehlmaul*, hellberandeten Augen sowie Aufhellungen unter dem Bauch und an den Innenseiten der Gliedmaßen. Raues doppelschichtiges Winterhaarkleid mit üppigem Langhaarwuchs und doppelseitiger Fallmähne. Ausgreifendes, förderndes Gang- und Springvermögen. Das Exmoorpony zählt zu den frühen Ahnen des →*Englischen Vollbluts* und anderer englischer Ponyrassen.

Exmoorpony, Zuchthengst; vermutlich nahezu unverfälschter Nachkomme des eiszeitlichen Urponytyps.

Exterieur Äußeres Erscheinungsbild des Pferdes. Die Beurteilung individueller Körpermerkmale und ihre Relation zueinander können über Verwendungszweck und Leistungsfähigkeit des Pferdes Aufschluss geben. Wesentlich bleibt immer die Gesamtkonstruktion des Körperbaues und nicht die getrennte Beurteilung einzelner Partien, weil gewisse Fehler durch bestimmte Vorzüge wieder aufgehoben werden können und die Natur häufig einen Ausgleich schafft. In diesem Zusammenhang ist das →*Interieur* (Psyche, Charakter, Temperament, Leistungswille etc.) von ebenso großer Wichtigkeit. →*Anatomie*, →*Körperformen*.

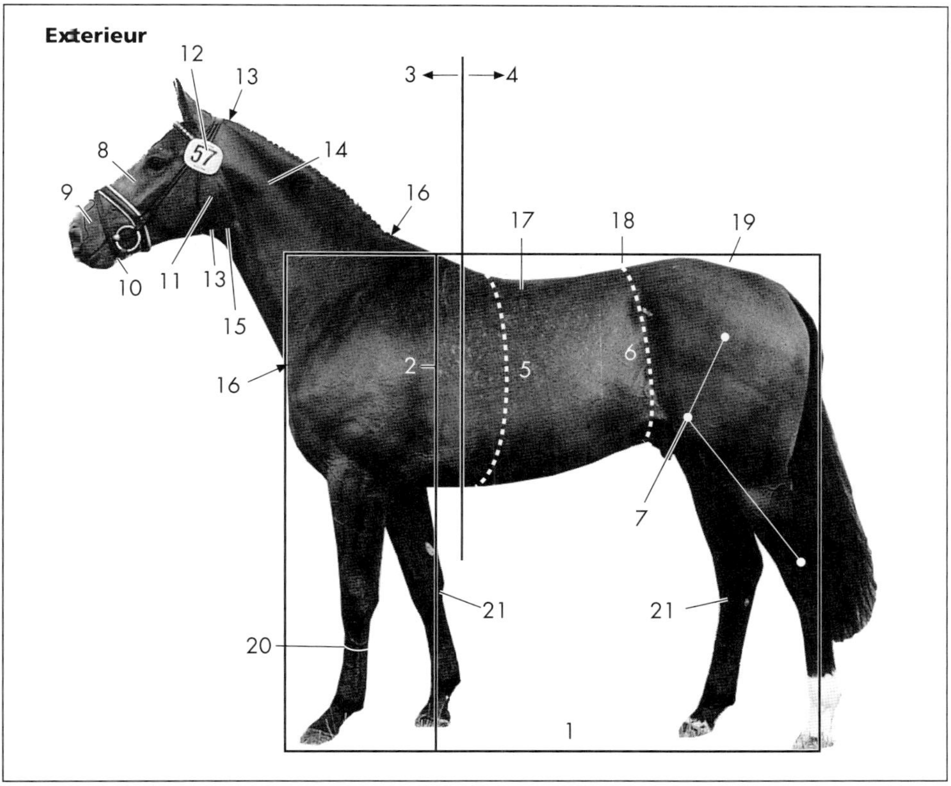

Reiterliche Fachbegriffe für wichtige funktionale Körperpartien des Pferdes:

1 Format (Langrechteckpferd)
2 Widerristhöhe (Stockmaß)
3 Vorhand (Körperpartien des Pferdes vor der Reiterhand)
4 Hinterhand (Körperpartien des Pferdes hinter der Reiterhand)
5 Brustumfang (Maßgabe für Sattel und Gurt)
6 Flankenumfang
7 Hanken (Hüftgelenk, Kniegelenk und Sprunggelenk als Funktionseinheit)
8 Kopfform (gerader Kopf)
9 Blähzone der Nüstern (Lage des Nasenriemens oberhalb)
10 Kinngrube (Lage für Kinnkette und Kinnriemen)
11 Ganasche (Ganaschenfreiheit = breiter Raum für Beizäumung)
12 Ohrspeicheldrüse (Speichelproduktion bei Kautätigkeit)
13 Ansatz (Übergang Kopf-Hals)
14 Hals (lang und gewölbt, oben bemuskelt)
15 Kehlgang (ausgekehlt für leichte Beizäumung)
16 Aufsatz (Übergang Hals-Schulter)
17 Sattellage (langer Widerrist, gerader Rücken)
18 Schluss (Lendenpartie)
19 Kruppe (schräg)
20 Röhrbeinumfang (Knochenstärke)
21 Einschienung (Übergang vom Vorderfußwurzelgelenk bzw. Sprunggelenk zum Röhrbein)

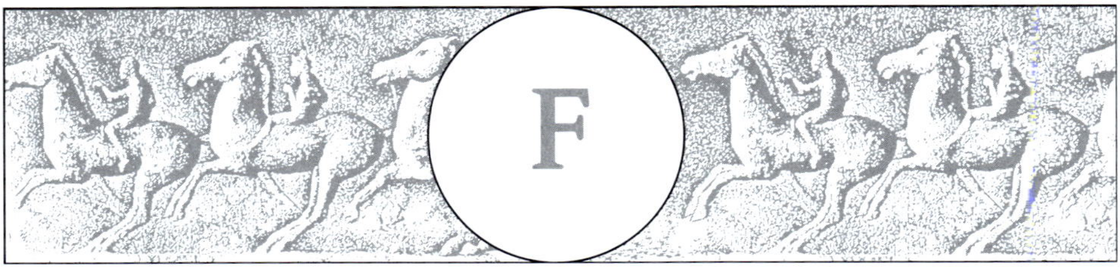

F

Fahren mit Gespannpferden. Die Ursprungskonstruktion des zweirädrigen, einspännigen Karrens ist die sog. Zweistangenschleife in A-Form. Zwei lange Stangen wurden dem Pferd entweder gekreuzt und zusammengebunden über den Rücken gelegt oder aber beiderseits des Rumpfes an einer Hals- oder Brustkoppel befestigt, so dass die langen Enden, die weit hinten durch ein oder zwei Querhölzer verbunden waren, auf dem Boden nachschleiften. Auf den Querhölzern wurde die Last befestigt. Die Jochstangenschleife war für zwei Zugtiere vorgesehen. Sie bestand aus einer langen Leiter, an der am Anfang ein breites Querholz befestigt war, das den Zugtieren vor die Stirn (Rind) oder Brust (Pferd) gelegt wurde. Die Leiter, auf der die Last lag, befand sich zwischen den beiden Tieren und schleifte am Ende auf dem Boden nach. Mit fortschreitender technischer Entwicklung und der Erfindung des Rades wurden am Ende der schleifenden Stangen die Räder befestigt, was für die Zugtiere eine große Erleichterung bedeutete.

Der Vorläufer des vierrädrigen Wagens war vermutlich der aus Tierfellen, Holz und Knochen gefertigte Schlitten, der zunächst vom Menschen, dann vom Tier gezogen und letztendlich auf Räder gestellt wurde. Die ältesten Überlieferungen in Bild und Schrift belegen die Benutzung bespannter Streitwagen im 2. Jahrtausend v. Chr. im nordsyrisch-ostkleinasiatischen Grenzraum, die Wiege der frühesten Anspannung mit voller Zäumung zur Lenkung der Pferde liegt also im Alten Orient. Streitwagen stellten ein Machtmittel der Oberen dar, demgemäß hatte die Fahrtechnik durch vorhergehende Entwicklungen erhebliche Fortschritte erfahren, aufeinander aufbauende Erfindungen waren gemacht worden. Das Fahren mit Gespannpferden erforderte im Gegensatz zum Reiten einen technisch komplizierten Aufwand und langwierige Ausbil-

Antiker Streitwagen.

Prinzip der Zweistangenschleife.

dung. Entgegen landläufiger Vermutung, dass die Anspannung vor dem Reiten erfolgte, belegen neuere Forschungsergebnisse, dass das Reiten bereits tausend Jahre vor der Anspannung begann, nicht als Machtmittel des Kriegers im Dienst des Stammesfürsten und nicht mit Systematik, sondern schlicht als Transportmittel des einfachen Mannes und Nomaden. Der Transport von Mensch und Last auf dem Pferderücken war nicht auf leicht begehbaren Boden angewiesen und erforderte keinerlei komplizierte Technik, es sei denn den Packsattel. Das Fahren mit Gespannpferden hingegen setzte befahrbaren Boden und beherrschte Fahrtechnik voraus. Reiten war ohne Zaum, nur mit Schenkelhilfen möglich. Diese Tatsachen erklären den scheinbaren Widerspruch. Das primitive Reiten war einfach und erforderte kaum Aufwand, deshalb wurde zunächst wenig für die Weiterentwicklung getan, man ließ sich einfach tragen. An der schwierigen und komplizierten Fahrtechnik aber entzündete sich der menschliche Erfindungsgeist, so dass jene, obwohl jüngeren Datums als das Reiten, zunächst einen höheren Entwicklungsstand erreichte. Erst etwa 1500 v. Chr. erkannte man auch den Nutzen organisierter, ausgebildeter, kriegerischer Reiterheere als Machtinstrument, die dann allmählich den Streitwagen überflügelten und überflüssig machten. In den sportlichen Wagenrennen im Galopp in Ägypten und Griechenland in vorchristlicher Zeit und den späteren römischen Wagenrennen ist der Ursprung der Fahrkunst und des Fahrsports zu suchen.

Die vielfältigen Verwendungsarten des Pferdewagens in historischer Zeit entwickelten Fahrkunst, Beschirrung und Wagenbau in mannigfachen, phantasiereichen Konstruktionsideen bis in unsere Zeit, da Fahren mit Gespannpferden nur mehr sportlicher Selbstzweck geworden ist. Korrektes Gespannfahren erfolgt heute vornehmlich nach englischer, ungarischer und deutscher Methode. Das deutsche Fahrsystem, das auf dem englischen aufbaut und von →*Achenbach* entwickelt wurde, zeichnet sich durch Zweckmäßigkeit, Sicherheit, Einfachheit und Schonung des Pferdes aus. Die grundsätzlichen Merkmale des deutschen Fahrsystems sind:

1. Leinenführung mit Achenbach-Kreuzleine; Peitsche in der Hand des Fahrers, wenn das Gespann in Bewegung ist; feste Bracke oder Sprengwaage an der Zugvorrichtung des Wagens.
2. In der Grundhaltung liegen alle Fahrleinen in der linken Hand, ein Umlernen bei wechselnder Zahl der Pferde ist nicht erforderlich.
3. Die Leinenführung erlaubt jederzeit eine Freistellung der rechten Hand zum Grüßen, Bremsen, zur Benutzung der Peitsche und zum Anzeigen der Fahrtrichtung.
4. Die senkrechte Stellung beider Hände in Grund- und Dressurhaltung ermöglicht kleinere Wendungen allein durch Drehen der Handgelenke.
5. Wendungen werden durch Nachgeben der äußeren Leine eingeleitet, die innere wird nicht verkürzt. Vor Wendungen wird das Tempo gemindert. Rechts- und Linkswendungen werden unterschiedlich gefahren. Vor den engeren Rechtswendungen werden beide Leinen verkürzt, weil die Pferde dem Fahrer näher kommen.
6. Beim Geradeausfahren liegen die Leinen genau abgemessen in der linken Hand, Verkürzen oder Verlängern derselben erfolgt nur durch stückweises Nachgreifen. Die Leinen dürfen niemals durch die Hände gleiten, weil dann die Kontrolle über die Pferde verloren gehen kann.

Die Leinenführung erfolgt durch die Achenbach-Kreuzleine, einer verbesserten Konstruktion der englischen Fahrleine für das Zweiergespann. Unterschiedlichkeiten der Pferde in Körperbau, Temperament und Arbeitsleistung können jederzeit und schnell vom Bock aus durch Verschnallen der Leinen auf verschiedene Längen ausgeglichen werden. Die flache, übersichtliche Leinenlage ergibt sich aus den auf der Fleischseite (rauere Lederunterseite; die glatte Oberfläche ist die Haarseite) angenähten Schnallstrupfen an den Enden der Innenleinen, die jeweils an der Innenseite der Zäumung des andersseitigen Pferdes eingeschnallt werden. Die Leinenschoner an den Kreuzschnallen verhindern Druckstellen im Leder und Brüchigwerden der Außenleinen. Die Kreuzleine besteht aus zwei Außenleinen, die von der Hand des Fahrers jeweils zum äußeren Maulwinkel des gleichseitigen Pferdes verlaufen, und aus zwei Innenleinen, die etwa 150 cm vor dem Anfang (beim Fahrer) in die Außenleinen eingeschnallt sind und jeweils zum inneren Maulwinkel des andersseitigen Pferdes führen. Die Leinen sind aus kräftigem Leder gefertigt und zur besseren Handhaltung 25–27 mm breit. Die Gesamtlänge der Außenleine beträgt 4,20–4,50 m, die der Innenleine 3,02 m. Die Löcher in der Außenleine (11 Löcher im Abstand von jeweils 4 cm), in welche die Innenleine eingeschnallt wird, liegen etwa 40 cm vor der Fahrerhand zum bequemen Verschnallen. Sie dürfen nicht rund, sondern müssen oval sein, damit der Dorn der Schnalle nicht aufrecht steht, sondern der Leine anliegt. Beide Leinen besitzen am Ende je eine Schnalle mit nur einem ovalen Loch zum Einschnallen in die Zäumung. An der Innenleine, etwa 40 cm von der Anfangsschnalle entfernt, befindet sich eine Schlaufe, die Außen- und Innenleine bis zu diesem Punkt zusammenhält. Bei Normalschnallung (im 6., mittleren Loch) müssen die Innenleinen (Gesamtlänge 3,02 m) 12 cm länger sein als die Außenleinen, weil jene über Kreuz laufen und den weiteren Weg zum Pferdemaul haben. Demgemäß beträgt die Entfernung der Außenleine vom mittleren Loch bis zum Ende am Pferdemaul 2,90 m. Die Pferde müssen bei anstehenden Leinen geradeaus und parallel zur Deichsel stehen, die Köpfe sollen ebenfalls geradeaus gestellt sein und eine ganz leichte Neigung nach außen zeigen. Die Außenleine, die am Anfang (Handstück) mit der Schnalle versehen ist, liegt links, d. h. über dem linken Pferd, die Außenleine mit der Schnallstrupfe stets über dem rechten Pferd.

Die <u>Fahrpeitsche</u> ist das Mittel für die vortreibende und versammelnde Hilfe des Fahrers vom Bock aus, vergleichbar mit Gesäß und Schenkel des Reiters, um die gewünschten Gangarten und Tempi zu halten. Man unterscheidet:

1. Die Bogenpeitsche für Englische Anspannung (Kumtgeschirr), deren Stock in einem Bogen in die Schnur übergeht. Länge des Stockes (Dorn) ohne Bogen 1,50 m, für Zwei- und Vierspänner. Für letztere ist die Schnur erheblich länger, nämlich 3,70 m. Der Griff muss dick und schwer sein, damit die Peitsche gut ausbalanciert in der Hand liegt.

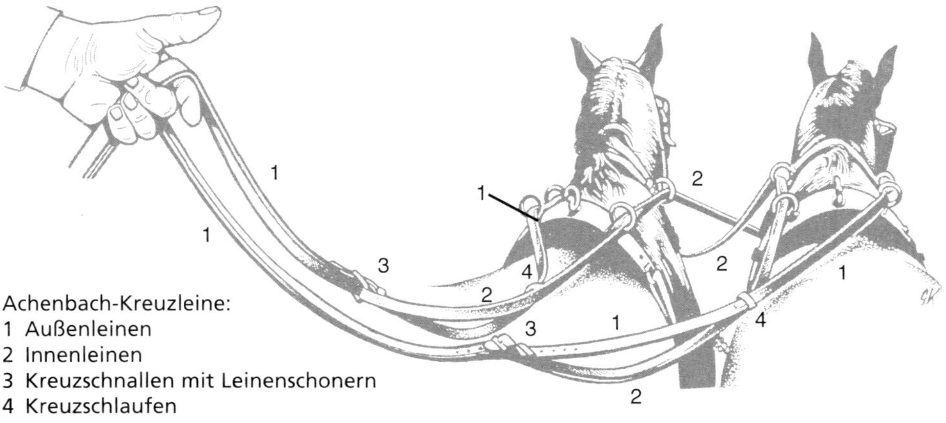

Achenbach-Kreuzleine:
1 Außenleinen
2 Innenleinen
3 Kreuzschnallen mit Leinenschonern
4 Kreuzschlaufen

Fahrpeitschen: Englische Bogenpeitsche *(oben)* und ungarische Stockpeitsche *(unten).*

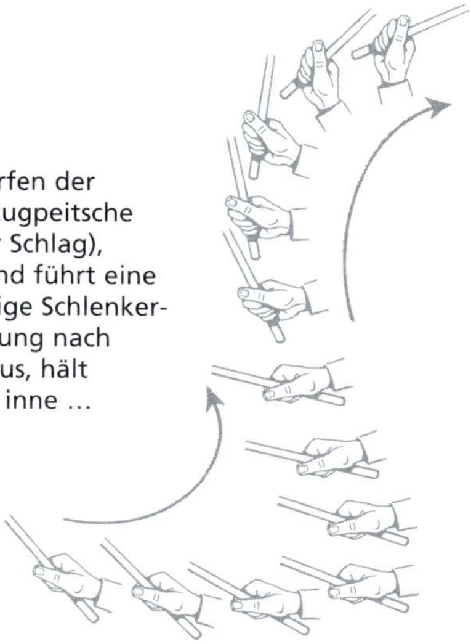

Aufwerfen der Viererzugpeitsche (langer Schlag), die Hand führt eine S-förmige Schlenkerbewegung nach oben aus, hält abrupt inne …

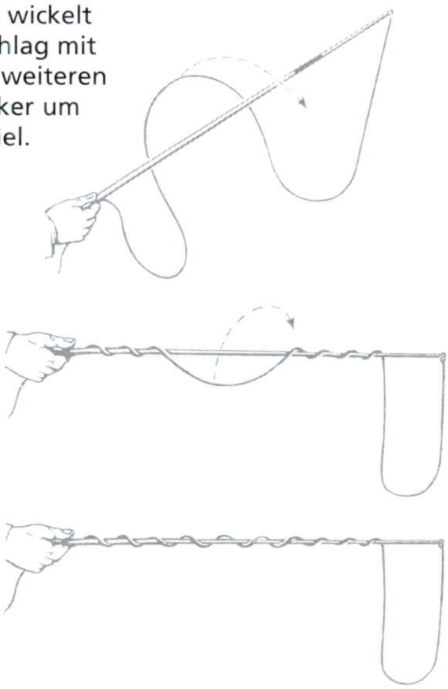

… und wickelt den Schlag mit einem weiteren Schlenker um den Stiel.

2. Die Juckerpeitsche für Ungarische oder Landanspannung (Sielen- oder Brustblattgeschirr) besteht aus einem geraden, elastischen Stock, an dessen Spitze die Schnur derartig befestigt ist, dass sie sich um den Stock beliebig drehen lässt.
3. Die amerikanische Fahrgerte (für Trabrennen und leichte amerikanische Ein- und Zweispänner) ist ein umsponnenes, elastisches Rohr ohne Schnur.

Während des Fahrens wird die Peitsche stets in der Hand gehalten. Peitschenknallen und Herumfuchteln sind zu unterlassen, da dies die Pferde beunruhigt. Die Peitschenhilfe wird durch Anlegen der Schnur dort gegeben, wo auch der Reiter die Schenkelhilfe gibt. Bei nachgebender Leine wirkt die Hilfe vortreibend, bei annehmender Leine versammelnd. Zum Vortreiben kann, besonders im Ausbildungsstadium, zur Peitschenhilfe die Stimme gelegentlich gebraucht werden. Die Peitsche wird immer nur mit der freien rechten Hand betätigt, damit das Pferdemaul nicht gestört wird. Ein strafender Schlag darf nur auf die Schulter und niemals auf den Rücken oder die Kruppe gegeben werden, weil das Pferd dann möglicherweise nach hinten ausschlägt. Das sog. Aufwerfen der überlangen Schnur der Viererzugpeitsche hält diese jederzeit einsatzbereit, ohne sich zu verwickeln, und ver-

Handhaltungen in der Leinenführung:

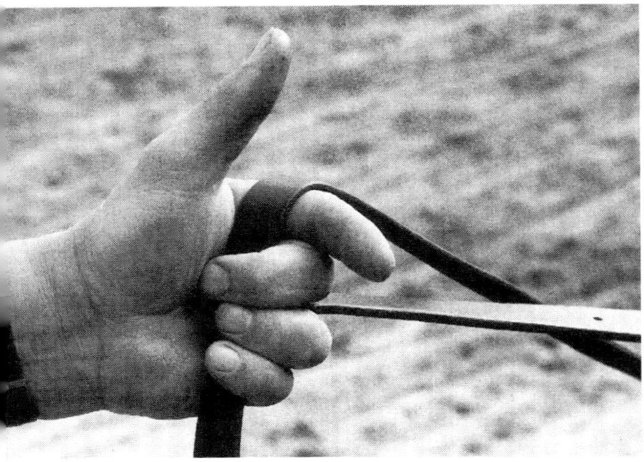

Grundhaltung.

Gebrauchshaltung.

Dressur- oder Arbeitshaltung.

hindert die Gefährdung von Passanten. Die rechte Hand erfasst Peitschengriff und Ende der Schnur und schnippt diese S-förmig aufwärts, so dass sie sich in gegenläufigen Wendungen um den Peitschenstil wickelt.

Die Grundhaltung in der Leinenführung ist die einhändige Leinenhaltung während des Fahrens, wenn die rechte Hand frei sein muss. Beide Leinen liegen in der linken Hand, glatt ausgedreht und mit der Haarseite nach oben. Die linke Leine läuft über den Zeigefinger und die rechte Leine zwischen Mittel- und Ringfinger durch die Hand. Mittel-, Ring- und kleiner Finger schließen sich und halten die Leinen fest. Daumen und Zeigefinger bleiben leicht gekrümmt geöffnet, um jederzeit die Peitsche erfassen zu können, wenn die rechte Hand für Bremse, Richtungsanzeige oder Grüßen freigemacht werden muss. Die linke Hand steht etwa eine Handbreit vor Leibesmitte, und die Ellbogen liegen leicht an. Unter- und Oberarm bilden etwa einen rechten Winkel. Der Handrücken steht senkrecht, und das Handgelenk ist leicht einwärts gewinkelt. Die rechte Hand erfasst die Peitsche und steht auf gleicher Höhe halbrechts von der linken Hand. Der Peitschengriff ragt etwa 10–15 cm nach unten aus der Hand heraus, die Peitschenspitze zeigt schräg links vorwärts-aufwärts.

Die Gebrauchshaltung ist die beidhändige Leinenhaltung für das Fahren auf geraden Strecken, zum Verlängern und Verkürzen der Leinen sowie zur Entlastung und Entspannung der linken Hand. Die linke Hand steht in Grundhaltung: Die rechte Hand mit der Peitsche greift von vorn in die Leinen, so dass sich Daumen und Zeigefinger über der linken Leine befinden, wobei der Zeigefinger die linke Leine umfasst. Mittel-, Ring- und kleiner Finger umgreifen Peitsche und rechte Leine. Die rechte Hand steht direkt vor der linken.

Die Dressurhaltung oder Arbeitshaltung ist die beidhändige Leinenhaltung für erschwerte Fahrsituationen. In Dressurhaltung fährt man, wenn die Pferde nicht die Spur halten können, auf unebenen Straßen und in schwierigem Gelände. Die linke Hand steht in Grundhaltung. Die rechte Hand mit der Peitsche ergreift die rechte Leine von oben mit Mittel-, Ring- und kleinem Finger etwa 5 cm vor der linken Hand und stellt sich in gleicher Höhe senkrecht halbrechts vor die linke Hand. Sie zieht dabei ein 10–20 cm langes Stück der rechten Leine aus der linken Hand heraus, wobei sich die Länge zum Pferdemaul nicht verändern darf. Kehrt man zur Gebrauchshaltung oder Grundhaltung zurück, so öffnen sich Ring- und kleiner Finger der linken Hand, und diese bewegt sich zur rechten Hand hin und holt das Stück Leine zurück. Die Verbindung zum Pferdemaul darf dabei nicht verloren gehen. Der nahtlose Übergang von der Dressurhaltung zur Gebrauchs- und Grundhaltung und umgekehrt erfordert viel Übung.

Paraden in der Leinenführung sind annehmende Leinenhilfen, die kürzer oder länger, leichter oder stärker gegeben werden, die jedoch niemals in ein gleichmäßiges Ziehen ausarten dürfen. Paraden sind immer ein Wechselspiel von Annehmen und Nachgeben und dürfen nicht ruckartig erfolgen. Halbe Paraden nennt man solche, die eine Gangart verringern oder in die nächstniedrigere überleiten oder auch Maultätigkeit und Haltung verbessern sollen. Ganze Paraden sind solche, die ein Gespann aus jeder Gangart zum Halten bringen, die Wagenbremse ist dabei ein gutes Hilfsmittel. Das Verkürzen der Leinen kann auf verschiedene Weise geschehen.

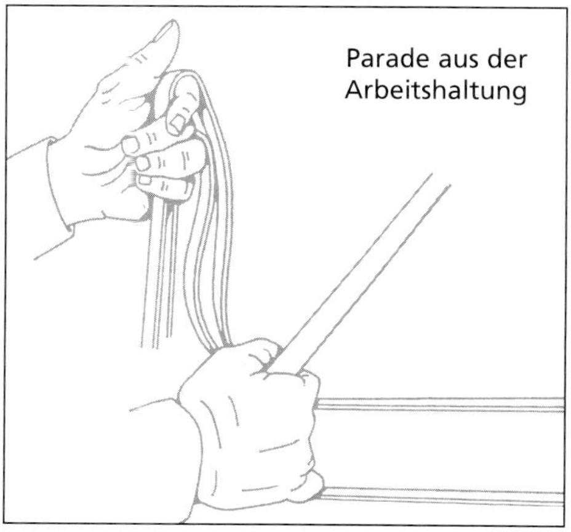
Parade aus der Arbeitshaltung

Wendungen werden immer durch außen nachgebende (nicht innen ziehende) Leinenhilfen eingeleitet. Die Linkswendung als großer Bogen kann in ruhigem Trab, die übrigen Wendungen müssen im Schritt gefahren werden. Spätestens eine Pferdelänge vor Beginn der Wendung muss das Tempo erreicht sein, in dem die Wendung gefahren werden soll. Mit einem zweirädrigen Wagen bleibt die Entfernung von der Fahrerhand zum Pferdemaul in der Wendung gleich, weil sich die Wagenachse mitdreht. Mit einem vierrädrigen Wagen wird die Entfernung während der Linkswendung größer, deshalb muss der Fahrer mit beiden Händen vorgehen. In der Rechtswendung kommen die Pferde der Fahrerhand näher, deshalb müssen die Leinen vorher kürzer gegriffen werden, damit die Verbindung zum Pferdemaul nicht verloren geht und sich das Tempo steigert.

Beim Fahren mit (verkehrssicheren!) Gespannpferden im Straßenverkehr ist zur Verständigung mit anderen Verkehrsteilnehmern eine klare Zeichengebung erforderlich. Vor der Wendung nach links: Peitsche mit der rechten Hand hoch über dem Kopf quer nach links halten, Umsehen nach links. Vor der Wendung nach rechts: Peitsche der linken Hand übergeben, freien rechten Arm nach rechts seitwärts ausstrecken, umsehen nach rechts. Vor dem Halten und vor dem Übergang zur nächstniederen Gangart Peitsche der linken Hand übergeben und die rechte Hand senkrecht hochhalten, um ein Auffahren anderer Verkehrsteilnehmer von hinten zu vermeiden. An stark befahrenen Kreuzungen ist es empfehlenswert, das Geradeausfahren durch Ausstrecken des rechten Armes nach vorn (Peitsche in der linken Hand) anzuzeigen. Darüber hinaus gelten die allgemeinen Verkehrsregeln der Straßenverkehrsordnung.

Die Länge der Fahrleinen im Zweiergespann muss stets genau auf die Pferde abgestimmt sein. Zu lang geschnallte Innenleinen führen zum

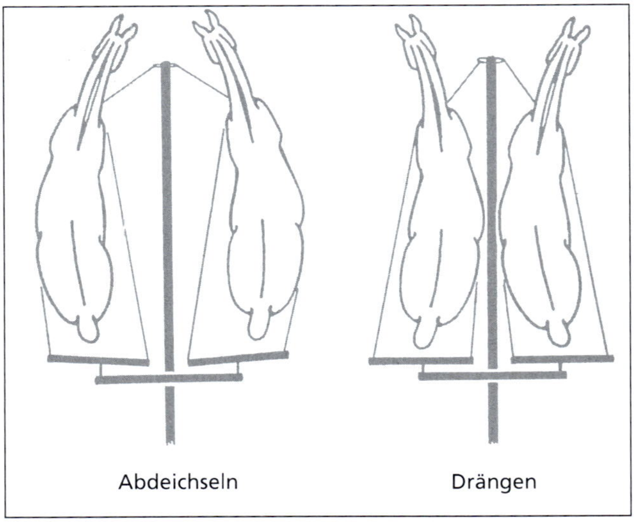

erschwert. Der Seitenzügel ist ein →*Ausbindezügel*, der auf der Außenseite in den Trensenring und in die Oberblattstrupfe eingeschnallt wird, und zwar so kurz, bis der Pferdekopf gerade steht. Er wird häufig zusammen mit dem →*Aufsatzzügel* verwendet und übt dann erheblichen Zwang aus. Beim Fahren auf glattem Asphalt gefährlich, weil sich das Pferd beim Ausrutschen schlecht ausbalancieren und leicht stürzen kann.

Drängen der Pferde, d.h., sie wenden die Köpfe nach außen und drängen mit der Bauchseite nach innen an die Deichsel heran. Zu kurz geschnallte Innenleinen veranlassen die Pferde zum Abdeichseln, sie stellen die Köpfe nach innen und biegen den Rumpf von der Deichsel weg nach außen. Bei Angewöhnung dieser Unart aus anderer Ursache kann wechselseitiges Umspannen Abhilfe schaffen. Weniger empfehlenswert ist die Anwendung eines gesondert eingeschnallten Seitenzügels zur Geradestellung des Pferdes, das beim Abdeichseln den Kopf nach innen wendet oder den Kopf über die Deichsel nimmt und dadurch die Leinenführung

Die theoretische Leinenführung erlernt der Anfänger am Fahrlehrgerät, einem Balken in Tischhöhe, an dem in 50 cm Abstand zwei Ringe befestigt sind, durch die je eine Leine hindurchläuft, an deren Ende ein Sandsack von 1 kg Gewicht den Widerstand des Pferdemaules imitiert. Die beiden Leinen laufen hinten zusammen, wo der Fahrschüler sämtliche Leinenhilfen und die verschiedenen Griffhaltungen gründlich durchprobt, ehe er auf dem Bock im Beisein des Fahrlehrers praktische Erfahrungen sammelt. →*Anspannung des Wagenpferdes*, →*Geschirr des Gespannpferdes, Wagentypen für Gespannpferde.*

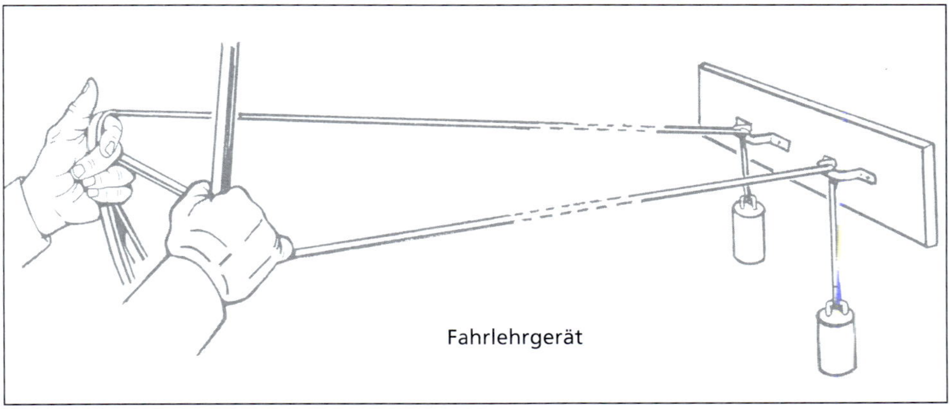

Fahrlehrgerät

Fahrkandare →*Geschirr des Gespannpferdes.*

Fahrlehrgerät →*Fahren mit Gespannpferden.*

Fahrpeitsche →*Fahren mit Gespannpferden,* →*Anspannung des Wagenpferdes.*

Fahrtrense →*Geschirr des Gespannpferdes.*

Falbe →*Farben des Haarkleides.*

Falscher Knick Fehler in der Zügelführung. Die Kopf-Hals-Partie des Pferdes ist zu stark beigezäumt, so dass die Stirnlinie hinter die Senkrechte zurückfällt. Der höchste Punkt der Hals-Oberlinie liegt nicht mehr im Genick, sondern hinter dem 3. Halswirbel, also fast auf der Mitte des Halses. Das Pferd ist nicht von hinten nach vorn versammelt, steht nicht an den Hilfen, verweigert den Gehorsam in ungewohnten Situationen und verliert Schwung und Raumgriff der Gangbewegungen. Das Pferd kann in dieser Situation die →*Anlehnung* verstärken, dann lässt es den Kopf von den Zügeln tragen und »liegt auf dem Zügel«, oder es gibt die Anlehnung auf, so dass die Zügel durchhängen, das Pferd steht »hinter dem Zügel«.

1 Das Pferd liegt auf dem Zügel
2 Das Pferd kriecht hinter den Zügel

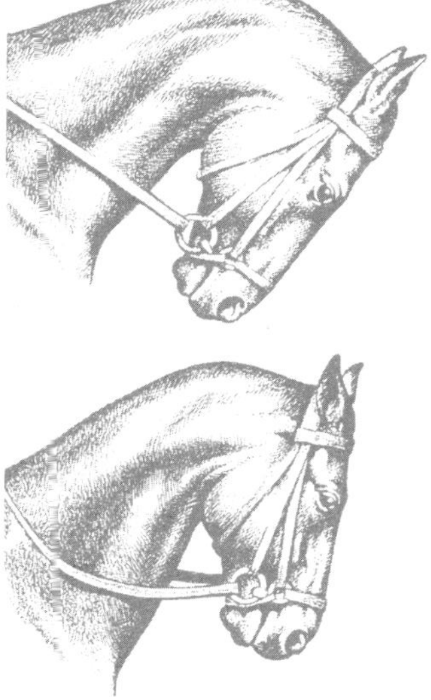

Farben des Haarkleides Die Fellfarbe eines Wildtieres gleicht sich stets der Farbigkeit des Lebensraumes an. Anderenfalls würde es aufgrund seiner auffälligen Erscheinung sehr schnell die Aufmerksamkeit der Raubtiere auf sich lenken und ihnen zum Opfer fallen. Es hätte kaum Gelegenheit, sich fortzupflanzen. Die Haarfarbe ist also, ebenso wie alle anderen Eigenschaften, eine Auslese durch die Umweltbedingungen, durch die Natur. Bessere Tarnung garantiert längeres Überleben. Ursprünglich waren die Pigmentgrundlagen aller Pferdefarben, die wir heute kennen, im Erbgut der Wildpferde vorhanden. Durch natürliche Auslese aber traten stets nur solche Farben in Erscheinung, die sich der Umgebung anpassten und dem Tier größtmöglichen Schutz gewährten. So schwankten die Fellfarben der Wildpferde, je nach Farbigkeit der Landschaft, in der sie lebten, meist zwischen dunkelfahlbraun oder rötlich braun, gelbockrig und grau, häufig in Übergängen und in dunklen oder hellen Schattierungen. Auch konnten alle Farben zusammen vertreten sein, jedoch immer vermischt, um sich der wechselnden Farbigkeit einer Landschaft besser anzupassen. Beispiele: →*Exmoorpony,* →*Przewalskipferd,* →*Tarpan* und →*Sorraiapferd.* Hinzu kamen häufig dunkle Flecken oder Streifen, die das Erscheinungsbild noch zergliederten. Heutiges Beispiel: Zebra, das im Schattenfall eines weit verästelten Baumes kaum zu erkennen ist, oder auch Giraffe, Tiger und Leopard. Relikte dieser Streifungen haben sich bis heute an unseren Hauspferden als Aalstrich, Schulterkreuz und zerbroide Querstreifen erhalten. Sowohl diese wie auch Stehmähne und Mehlmaul gelten als Wildpferdmerkmale. Durch den willkürlichen, züchterischen Eingriff des Menschen in der →*Domestikation* aber wurde das Erbgut ganz verschiedener Pferde innerhalb kürzester Zeit (am vorhergehenden Entwicklungszeitraum gemessen) völlig durcheinander gewürfelt. Die dadurch entstandene Schockwirkung im Erbgefüge der nachfolgenden Generationen erstreckte sich auch auf die Farbgebung. Es bildeten sich Farben in leuchtenden, klaren Tönen heraus, die sich deutlich von der Umgebung abhoben. In der Wildnis wären diese Pferde sehr bald den Raubtieren zum Opfer gefallen. In der Domestikation hingegen standen sie unter dem Schutz des Menschen, der stellvertretend für die Natur die Farbselektion, ob gewollt oder ungewollt, nach seiner Vorstellung traf.

Als Folge der Vermischungen verschiedenartiger Pferdetypen im Zuchtgeschehen traten zunehmend Degenerationserscheinungen auf, die sich im äußerlichen Erscheinungsbild des Pferdes als weiße Haarpartien auf rosafarbener, also pigmentloser Haut im ansonsten farbigen Fell mit dunkler, pigmentierter Haut niederschlugen. Während diese weißen Abzeichen als Domestikationsmerkmale gelten, die im Wildleben vermutlich nicht vorkamen, ergaben sich in der Wildnis in ganz seltenen Fällen »Fehlfarben«, Tiere mit pigmentloser Haut am ganzen Körper und elfenbeinfarbenen oder weißen Deckhaaren, die in Legenden als göttliche Erscheinungen besonders verehrt und in späteren Zeiten für Repräsentationszwecke speziell herausgezüchtet wurden. Diese Albinos mochten im Wildleben geringere Überlebenschancen gehabt haben, da sie in extremen Fällen wenig Widerstandskraft besaßen. Zudem lenkte ihr weithin leuchtendes Haarkleid die Aufmerksamkeit der Raubtiere auf sich.

Da im Pigmentvorrat der Wildpferde einst eine Farbpalette von Schwarz bis Fahlgelb vorhanden war, aus der die Natur die jeweils günstigsten Überlebensfarben selektierte und der Umwelt anpasste, erscheinen auch in den Grundfarben der Hauspferde (Rappe, Brauner, Fuchs, Schimmel) noch immer zahlreiche Schattierungen und Abwandlungen. Das Fohlenfell lässt häufig keine genauen Rückschlüsse auf die endgültige Fellfarbe zu, diese ist meist erst nach dem ersten Haarwechsel deutlicher zu erkennen. Mögliche Zusammenhänge zwischen Fellfarbe und Temperament, Charakter und Leistungsfähigkeit des Pferdes (etwa Schimmel = phlegmatisch oder Fuchs = feurig etc.) sind in alten, rein gezogenen Rassen mitunter nicht von der Hand zu weisen, entbehren aber jeglicher wissenschaftlicher Grundlage.

<u>Rappe:</u> Schwarzfärbung über den ganzen Körper, stärkste Pigmentierung (Melanismus). Fell und Langhaar nahezu gleichmäßig schwarz. Augen, Haut und Hufe dunkelfarbig. Man unterscheidet hauptsächlich: Glanz- oder Kohlrappe mit schwarzbläulichem Glanz; Sommerrappe mit meist bräunlichem Schimmer des Haares im Winter (Sommerfell schwarz); Rappe allgemein, mit bräunlichen oder gelblichen Aufhellungen unter dem Bauch, an den Innenseiten der Gliedmaßen und am Maul. Beispiele: →*Ariège-Pferd*, →*Kladruber* (Rappenzucht), →*Friese* u. a.

<u>Mausfalbe oder Mausgrauer:</u> Aufgehellte Variante des Rappen, Fell mausgrau, mitunter auch mit gelblichen Aufhellungen an Bauchseite und Innenseiten der Gliedmaßen. Langhaar und Gliedmaßen schwarz. Oft dunkle Wildpferdabzeichen (Aalstrich, zerbroide Streifung an den Gliedmaßen). Augen, Haut und Hufe dunkelfarbig. Beispiele: →*Tarpan*, →*Konik*, teilweise →*Dülmenerpferd* u. a.

<u>Brauner:</u> Fellfarbe braun von hell bis dunkel in mannigfachen Schattierungen. Langhaar grundsätzlich schwarz, oftmals auch die Gliedmaßen. Augen, Haut und Hufe dunkelfarbig. Man unterscheidet hauptsächlich: dunkelbraun als aufgehellte Variante des bräunlichen Rappen; braun, kastanienbraun und hellbraun. Beispiele zahlreicher Schattierungen in vielen Rassen.

<u>Falbe</u> (fahl oder fehlfarbig): Aufgehellte Variante des Braunen. Fellfarben von dunkeltorfbraun mit ockerfarbenen Aufhellungen bis hell ockergelb mit schwarzem oder dunkelbraunem Langhaar. Meist dunkle Gliedmaßen und mitunter Aal-

strich und zebroide Streifung der Gliedmaßen. Augen, Haut und Hufe dunkelfarbig. Man unterscheidet hauptsächlich: dunkelfalb, torfbraun mit gelblichen Aufhellungen an Flanken, Schenkeln und Mehlmaul; falb, ockerfarben, nur Gliedmaßen und Langhaar dunkel; hellfalb, hellgelblich mit leicht aufgehelltem Langhaar und helleren Gliedmaßen. Beispiele: Früher häufig beim →*Andalusier* und →*Connemarapony,* seltener auch in anderen Rassen.

Fuchs: Fellfarben dunkelbraun bis hellbraun, Langhaar gleichfarbig und heller bis weißlich. Dadurch augenfällige Unterscheidung vom Braunen, der stets schwarzes Langhaar und meist dunkle Gliedmaßen besitzt. Augen, Haut und Hufe dunkelfarbig. Man unterscheidet hauptsächlich Dunkelfuchs, etwa dunkel nussbaumfarben; Fuchs, mittleres Rot und leuchtendes Kupferrot bis dunkelrot; Lichtfuchs, mit ockriger Farbbeimischung. Beispiele: →*Schwarzwälder Fuchs,* →*Haflinger.*

Isabell, auch Palomino genannt: Aufgehellte Variante der Fuchsfarbe. Fellfarben gleichmäßig gelb oder goldgelb mit hellerem Langhaar. Augen, Haut und Hufe dunkelfarbig. Bei pigmentarmen Tieren können die Augen blau oder hellbraun, die Haut rosafarben und die Hufe hell sein. Oft ist dann auch das Fell mehr elfenbeinfarben. Man unterscheidet: Goldisabell, mit starkem Goldglanz; Isabell, mehr stumpf gelblich getönt; Weißisabell, mit weißlichem Haarkleid (weiß geborene Pferde). Der Weißisabell (englisch »Blue-Eyes-Cream«, spanisch »Cremello«) mit braunen, blauen oder gelblichen Augen, rosafarbener Haut, elfenbeinfarbenem Fell und hellen Hufen ist die hellste Farbvariante des Isabellen und letzte Vorstufe zum echten Albino mit roten Augen und schneeweißer, dünner Behaarung. Dieser weist keinerlei Pigmente am ganzen Körper auf, während jener noch über Restbestände verfügt, die in der Pigmentierung der Augen und auch in vereinzelten dunklen Körperflecken sichtbar werden. Weißisabellen wurden von Stammesoberen und Fürsten zur Repräsentation stets bevorzugt, da sie als seltene »Weißgeborene«, die ihre Fellfarbe nie veränderten, etwas Besonderes darstellten. Berühmt war die letzte Reinzucht von Weißisabellen im Gestüt Herrenhausen des Königshauses von Hannover bis gegen Ende des 19. Jh. In fast allen Zuchten der Erde sind Weißisabellen heute unerwünscht, da ihre Fellfarbe bei Paarung mit dunklen Pferden mit etwa 60% dominiert. Allgemein zeigen Weißisabellen, im Gegensatz zu Albinos, keine Konstitutionsschwächen oder Härtemängel, lediglich ihre Augen, falls hellfarbig, sind geringfügig lichtempfindlicher als dunkle Augen. Die Sehfähigkeit ist jedoch nicht beeinträchtigt. Beispiele: →*Palomino,* →*Albino,* →*Albinismus.*

Schimmel: Weiße Deckhaare auf dunkler, pigmentierter Haut, Vergreisungserscheinung des Haares, die mit fortlaufendem Alter zunimmt. Schimmel werden immer, im Gegensatz zu weißgeborenen Weißisabellen und Albinos, mit dunklem Fell als Rappen, Braune, Füchse, Falben oder Isabellen geboren. Etwa zwischen dem 2. und 12. Lebensjahr, je nach Rasse, hellen sie dann allmählich auf bis zur endgültigen Weißfärbung. Manche Tiere werden nie ganz weiß, Relikte der Fohlenfärbung bleiben dann bis zum Lebensende erhalten. Auch Stichelhaar, das sind etwa gleiche Anteile von weißem und andersfarbigem Haar, ändert sich meist nach dem ersten Haarwechsel nicht mehr (Beispiel: Rotschimmel). Eine sichtbare Alterserscheinung bei sehr alten Pferden ist die meist am Kopf beginnende, zunehmende Ausbreitung einzelner weißer Haare im dunklen Fell. Schimmelfärbung ist kein Pigmentmangel, wie z. B. Albinismus, sondern eine frühzeitige Vergreisung des Haares. Augen, Haut und Hufe sind dunkelfarben. Man unterscheidet folgende Varianten: Schimmel, Fell und Langhaar weiß, vorwiegend ältere Tiere. Rapp- oder Grauschimmel, mit gewissem Anteil von schwarzen Haaren und schwarzem Langhaar. Braun- oder Muskatschimmel, mit braunen Haaren und schwarzem Langhaar. Fuchs- oder Rotschimmel, mit roten Haaren und hellem Langhaar. Apfelschimmel, partiell mit weißen, runden Flecken auf grauem Grund. Fliegenschimmel, mit fliegengroßen, dunklen Flecken übersät u. a. Schimmelfärbung ist dominant und vermutlich eine Folge der Domestikation.

Schecke: Größere weiße Haarpartien auf unpigmentierter Haut im Wechsel mit dunklen Haarpartien auf pigmentierter Haut, die sich unregelmäßig über den ganzen Körper erstrecken. Man unterscheidet Rappschecke, Braunschecke, Fuchsschecke und Falbschecke, doch können auch mehrere Farben an einem Tier auftreten. Beispiel: →*Pinto.*

Tigerschecke: Kleine und größere dunkle Farbflecken im Wechsel mit weißen Haarpartien in unterschiedlicher und vielfältiger Anordnung. Der Begriff ist üblich, aber irreführend, da keine Streifung wie beim Tiger, sondern eine Fleckung, wie etwa beim Leopard gemeint ist. Beispiel: →*Appaloosa,* →*Abzeichen,* →*Haarkleid.*→Farbtafeln siehe S.51 ff.

fassbeinig →*Körperformen.*

FEI Abkürzung für Fédération Equestre Internationale (franz.) = Internationale Reiterliche Vereinigung, in der alle Nationalen Reiterlichen Vereinigungen = Fédération Equestre Nationale, Abkürzung →*FN,* vertreten sind.

Feld Bezeichnung für einen bestimmten Teil oder die Gesamtzahl der Teilnehmer an einer →*Reitjagd* oder einem Pferderennen.

Fellpflege →*Pflege des Pferdes.*

Fellpony Heimat: Nordengland, hauptsächlich das Gebiet westlich der Pennine-Hügelkette. Bildete ursprünglich zusammen mit dem →*Dalespony* eine alte, bodenständige, größtenteils in Berg und Hochmoor wild lebende Rasse. Die Ponys dienten den Bleiminen als Tragtiere und bewiesen erstaunliche Leistungsfähigkeit. Während das Dalespony mit Kaltblut verkreuzt wurde, zeigt das Fellpony kaum Kreuzungseinflüsse. Erscheinungsbild: Stockmaß 135 bis 140 cm. Sehr einheitlich. Dem →*Exmoorpony* nahe verwandt, zeigt es alle typischen Ponymerkmale, nur in vergrößerter, groberer und stärkerer Form. Üppiges welliges Langhaar, →*Kinnbart* und →*Kötenbehang.* Farben: hauptsächlich Rappen ohne Abzeichen, auch Dunkelbraune, seltener Schimmel und Falben. Eigenschaften: besonders trittsicher und ausdauernd. Raumgreifende Gangbewegungen und Springvermögen. Hervorragendes, robustes Reitpony für das Gelände, auch für die Kutsche geeignet.

Fesselstellungen →*Körperformen.*

Festlegen Enges Einklemmen der Gliedmaßen zwischen Boxenwand und Pferdekörper durch ungeschicktes Herumwälzen, so dass sich das Pferd ohne fremde Hilfe nicht mehr zu erheben vermag. Um es aus der misslichen Lage zu befreien, beruhigt man es zunächst mit der Stimme und versucht, es auf die andere Seite zu wälzen oder an Kopf und Hals und evtl. auch an der Schweifrübe in die Boxenmitte zu ziehen, damit es selbst aufstehen kann.

Fieber Die Körpertemperatur des Pferdes wird mit einem normalen, auch für Menschen gebräuchlichen Thermometer etwa 3 Minuten lang im After gemessen. Es ist zweckmäßig, am oberen Ende des Thermometers einen Bindfaden anzuknüpfen, an dessen Ende eine Wäscheklammer befestigt ist. Das Thermometer wird etwa zu ¾ in den After geschoben und die Klammer in den Schweifhaaren festgeklemmt, um ein Hineinrutschen zu verhindern. Häufig sind eine starke Erwärmung der sonst recht kühlen Pferdeohren und ein veränderter Ausdruck der Augen bereits erste Anzeichen für eine Erhöhung der Körpertemperatur, die unterschiedliche Mittelwerte hat:

	morgens	abends
Saugfohlen bis 5. Tag	38,8 °C	39,3 °C
Fohlen bis 6. Monat	38,5 °C	38,7 °C
Absatzfohlen bis zu 1 Jahr	38,2 °C	38,6 °C
ältere Pferde	37,5 °C	38,3 °C
Fieber ab	39 °C	

In warmen Ställen und sogleich nach anstrengender Arbeit hat die Körpertemperatur höhere, nach Tränken mit kaltem Wasser niedrigere Werte. Fieber ist vorwiegend die Folge einer Infektionskrankheit (Ansteckung), kann aber auch bei Allergien und Hitzschlag auftreten.

Fillis James (1834–1913). Engländer, zählt zu den spektakulärsten Reitmeistern des 19. Jh. Als Schüler →*Bauchers* übernahm er umstrittene Zirkuskunststücke seines Lehrers, weitete sie noch beträchtlich aus und zeigte sie in öffentlichen Darbietungen im Zirkus. Er leitete Reitinstitute in Paris und Petersburg und veröffentlichte 1890 seine »Grundsätze der Dressur und Reitkunst«. Seine Kunststücke gipfelten im Galopp auf drei Beinen rückwärts und widersprachen bewährten Regeln seriöser Reitkunst. Gleichwohl soll er zeitweise beträchtlichen Einfluss auf die europäische Reiterwelt ausgeübt haben. →*Hippologe.*

Finnischer Klepper Heimat: Finnland. Abstammung: Ursprung nicht bekannt, verschiedene Kreuzungseinflüsse. Leichteres, kleineres, sehr flinkes, kaltblütiges Zugpferd von großer Ausdauer für Schlitten und Wagen. Wird auch für Trabrennen verwendet.

Fjordpony Bodenständig an der Südwestküste Norwegens. Alte Gebirgsrasse, verschiedene Kreuzungseinflüsse Mitte des 19. Jh. Widerristhöhe 135–145 cm Stockmaß. Kräftiges, kalibriges Kleinpferd von barockem Körperbau, das Haarkleid variiert von hellfalb bis mausgrau mit Aalstrich, zebroid gestreiften Gliedmaßen und

Fjordpony, Stute.

dunklem Langhaar. Die natürliche Fallmähne ist meist modisch gestutzt, so dass sie aufrecht steht. Das gutmütige, ruhige und trittsichere Reitpony für Erwachsene und Jugendliche ist auch als attraktives Kutschpferd beliebt.

Flachrennen →*Galopprennen.*

Flankenschlag Sichtbare starke Atembewegung nach scharfer Gangart, die sich beim gesunden Pferd schnell beruhigt, bei dämpfigen Pferden aber auch im Ruhezustand zu sehen ist. →*Dämpfigkeit.*

Flankierbaum Etwa 15 cm starke, runde Stange aus Holz oder Metallrohr, die in 1 m Höhe über dem Boden hängend zur Trennung von Ständen dient, in denen die Pferde am Halfter angebunden stehen. Die Aufhängung muss mit einem Handgriff schnell und leicht zu lösen sein, falls ein Pferd übertritt. Zur Vermeidung von Beinschäden ist das hintere Drittel mit dicken Strohzöpfen umflochten. Die Aufstellung in engen Ständen sollte zum besseren Wohlbefinden des Pferdes möglichst vermieden werden, eine Aufstallung in Boxen gewährt mehr Bewegungsfreiheit. →*Haltung des Pferdes.*

flehmen Reaktion auf die Wahrnehmung fremder Duftstoffe. Als gewisser Ausdruck des Ekels entspricht es wohl dem menschlichen Nase-

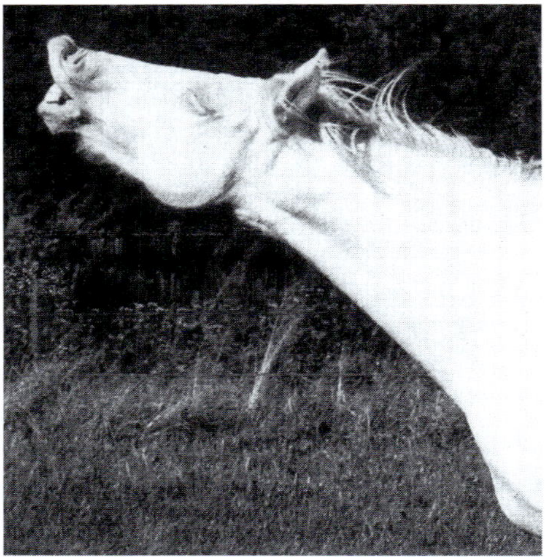

Flehmender Hengst.

rümpfen. Häufig zu beobachten bei Hengsten, die Ausscheidungen rossiger Stuten untersuchen. Beim Flehmen sind Kopf und Hals steil nach oben gereckt. Die Oberlippe wird so weit nach oben geklappt, bis sich die Nüstern schließen und die fest aufeinander liegenden Zähne entblößt sind. Die Ohren stehen zur Seite und die Augen bleiben meist geöffnet. Flehmen wird durch ein kleines, sekretgefülltes Organ im Nasen-Rachen-Raum ausgelöst, der Geruchssinn ist dabei ausgeschaltet. →*Verhaltensweisen.*

Fliegender Galoppwechsel Umspringen vom Rechts- zum Linksgalopp und umgekehrt ohne dazwischenliegende Schritt-Tritte. Die reiterliche Hilfengebung für den Wechsel erfolgt zu Beginn der Schwebephase. Zu diesem Zeitpunkt wird das Pferd durch verstärkten Druck gleich hinter dem Gurt durch den rechten Schenkel (im Rechtsgalopp) zum Umspringen veranlasst, während der linke Schenkel die Gerade und den Schwung nach vorwärts erhält. Die Zügelhand soll den besonders ausgeprägten Wechselsprung nicht hemmen. Das Pferd darf beim Wechsel nicht schräg gestellt sein, und Vorder- und Hinterbeine müssen im gleichen Moment umspringen. Die Kruppe darf nicht hochgeworfen werden. Fliegender Galoppwechsel wird zu Vierer-, Dreier- und Zweier-Tempi und als Krönung in einem Tempo, also Wechsel von Sprung zu Sprung, geritten. Der Übergang auf die andere Hand muss erhaben und fließend sein. Auch das wild lebende, ungerittene Pferd vollführt den fliegenden Galoppwechsel von Natur aus, um bei Wendungen, Hindernissen oder Bodenunebenheiten das Gleichgewicht wieder zu finden. Da das Pferd den Galoppwechsel von Natur aus beherrscht, sollte sich der Reiter auf ein Mindestmaß an Hilfengebung beschränken und sich zurückhaltend in den Bewegungsablauf einfügen. Nur am Anfang der Ausbildung sind deutlichere Hilfen angebracht, damit das Pferd versteht, dass es umspringen soll. Übertriebene Hilfen und Verrenkungen des Reiters, die zu stark in den Bewegungsrhythmus eingreifen, stören eher das Gleichgewicht des Pferdes und führen zu Missverständnissen. →*Einfacher Galoppwechsel.*

Flieger (auch Sprinter) Rennpferd, das über kurze Distanzen einen überdurchschnittlich schnellen Renngalopp entwickelt.

Fliegerrennen →*Galopprennen.*

Fluchtdistanz Vom Einzeltier empfundener Sicherheitsabstand, bei dessen Unterschreiten durch Feinde die sofortige Flucht erfolgt.

FN Abkürzung für Fédération Equestre Nationale (franz.) = Nationale Reiterliche Vereinigung, auch Bezeichnung für die →*Deutsche Reiterliche Vereinigung e.V.*

Fohlen Junges, noch nicht ausgewachsenes Pferd. Während der Säugeperiode, in der Regel etwa 6 Monate, nennt man es Saugfohlen; nach der Trennung von der Mutter heißt es Absetzer, im Alter von einem Jahr Jährling und im nächsten Jahr Zweijähriger. Dreijährige gelten meist

Soeben geborenes Fohlen (Dülmenerpferd).

nicht mehr als Fohlen. Die kindlichen Körperproportionen des neugeborenen Fohlens weichen erheblich von denen des erwachsenen Pferdes ab. Besonders auffällig sind die extrem langen Gliedmaßen, die dem Jungtier schon wenige Stunden nach der Geburt ermöglichen, der Herde im Fluchtgalopp zu folgen. In den ersten drei Tagen nach der Geburt verraten die Proportionen des Fohlens, wie sein Körperbau als erwachsenes Tier beschaffen sein wird. In den folgenden, dauernd wechselnden Wachstumsperioden ist die Beurteilung problematisch. Viele scheinbare Fehler wachsen sich zurecht, besonders in der Stellung der Gliedmaßen. Schwache und mangelhaft eingeschiente Vorderfußwurzel- und Sprunggelenke hingegen verbessern sich kaum. Der Wachstumsprozess wird vornehmlich in zunehmender Breite, Tiefe und Länge des Rumpfes deutlich. Die endgültige Fellfarbe ist meist erst nach dem ersten Haarwechsel im Frühjahr zu bestimmen. Kaltblütige Rassen sind früher, vollblütige Rassen später ausgewachsen.

Fohlenlähme Verschiedenartige Infektionskrankheiten während der ersten Lebenswochen, oft mit Lahmheitssymptomen verbunden. Die Frühlähme tritt in den ersten Lebenstagen auf, meist durch Ansteckung über einen mangelhaft desinfizierten Nabel. Die Spätlähme zeigt sich erst nach zwei Wochen oder später durch warmgeschwollene, schmerzempfindliche Sprung-, Knie- und Vorderfußwurzelgelenke oder Nabelschwellung, Durchfall und Husten. Vorbeugende Impfungen während der ersten Lebensstunden und nach dem 10. Lebenstag sind zu empfehlen und zeigen gelegentlich Erfolg.

Fohlenrosse Erster Decktermin der Mutterstute für die erneute Befruchtung zwischen dem 6. und 14. Tag nach dem Abfohlen.

Fohlenwachstum Als Faustregel kann für ein Warmblutpferd folgender Rhythmus im Größenwachstum zugrunde gelegt werden:

- ☐ Es wird mit etwa 100 cm Stockmaß Widerristhöhe geboren (ca. 60% der endgültigen Höhe),
- ☐ im 1. Lebensjahr wächst es ca. 40 cm (ca. 83%),
- ☐ im 2. Lebensjahr wächst es ca. 15 cm (ca. 90%),

☐ im 3. Lebensjahr wächst es ca. 10 cm (ca. 96%),
☐ im 4. Lebensjahr wächst es ca. 5 cm (ca. 99%)
☐ und im 5. Lebensjahr vielleicht noch einige wenige Zentimeter mehr.
Bei spätreifen Pferden kann sich die Wachstumszeit auf insgesamt 7–8 Jahre ausdehnen.

Format →*Körperformen.*

Foxhund (engl.) Brackenart von 50–60 cm Schulterhöhe und schwarz-braun-weiß-gefleckter Fellfärbung, die ausschließlich in der Meute für die Reitjagd verwendet wird. Der aus alten Stammlinien gezüchtete Meutehund zeichnet sich durch Schnelligkeit und Ausdauer, eine hervorragende Nase und Spurfestigkeit aus. In Deutschland ist die Jagd auf lebendes Wild gesetzlich verboten, deshalb wird für die Streckenführung der Meute und mithin der Jagd eine künstliche Fährte gelegt. →*Reitjagd,* →*Meute.*

Meute nach der Reitjagd, die Hunde werden mit dem Curée »genossen gemacht«.

Französischer Traber (franz. Trotteur français). Der warmblütige Renntraber entwickelte sich im Verlauf des 19. Jh. aus der breit gefächerten Zuchtpalette des Anglo-Normänners (→*Französisches Reitpferd*) durch gezielte Auswahl vorhandener Trabeigenschaften und dosierte Einkreuzungen von Vollblut und →*American Standard Bred.* Das erste französische Trabrennen wurde 1836 in Cherbourg gelaufen.

Französischer Traber, Zuchthengst.

1922 war die Rasse gefestigt, 1937 wurde das Stutbuch geschlossen. Trabrennen werden in Frankreich je zur Hälfte vor dem →*Sulky* und unter dem Sattel ohne Traberkarre ausgetragen. Letztere Spielart dient vor allem der Zuchtwahl, da Traberhengste ihr mitunter beträchtliches naturgegebenes Springtalent und gewisse Reitpferdeigenschaften in der Reitpferdezucht vererben sollen. Der Kilometerrekord des Sulky-Trabers liegt bei 72 Sekunden, der des Sattel-Trabers nur 1–2 Sekunden darunter. Manche Pferde sind auf eine Rennart spezialisiert, andere laufen in beiden Disziplinen.
Der Französische Traber, dessen Zucht vorwiegend in Privathand liegt, ist größer, starkknochiger und ausdauernder als der Amerikanische Traber, der jedoch auf kürzere Streckenlänge höhere Geschwindigkeit entwickelt. Das mächtige Exterieur verrät die Abstammung vom Anglo-Normänner. Besondere Merkmale sind der bisweilen derbe Rammskopf, ein gut ausgekehlter Reitpferdhals und eine kurze, schräge Kruppe. Die Widerristhöhe beträgt durchschnittlich 165 cm Stockmaß. Den hervorragenden Ruf des Französischen Trabers begründeten große internationale Erfolge, Zuchthengste sind im Ausland

sehr gefragt und haben in den Zuchten Italiens, Belgiens, Hollands, Schwedens, Norwegens und Deutschlands bereits großen Einfluss hinterlassen. →*Traber.*

Französisches Reitpferd (franz. Le cheval de selle français). So wie in der Bundesrepublik der Allgemeinbegriff Deutsches Reitpferd für Sport- und Freizeitpferde verschiedener Warmblutrassen geprägt wurde, fasst man in Frankreich in Abgrenzung zu vollblütigen Rassen seit 1958 die Warmblutzuchten für Reitpferde unter der Bezeichnung Französisches Reitpferd zusammen. Der Anglo-Normänner, der in der nördlichen Hälfte Frankreichs, vornehmlich in der Normandie, die günstigsten Aufzuchtbedingungen findet und dort seit nahezu 1000 Jahren bodenständig ist, beherrscht den weitaus größten Anteil der französischen Warmblutzucht und ist in seiner Bedeutung, sowohl im Zuchteinfluss wie im Erscheinungsbild, etwa dem →*Hannoveraner* vergleichbar.

Im 19. Jh. war der Normänner noch ein unedler, grober und sehr uneinheitlicher Wirtschaftstyp, der nach zwischenzeitlichen Misserfolgen durch systematische Zuchtwahl und starke Vollbluteinkreuzungen eine beträchtliche Veredlung seines Rassebildes erfuhr. In der zweiten Jahrhunderthälfte begann man die Zucht in leichtere Reitpferdlinien und schwerere Zugpferdtypen zu unterteilen. Dem Zugpferd, Cob-Typ genannt, wurde zur Kennzeichnung der Schweif kupiert. Die Rasse begann sich zu festigen, der »Normänner« wandelte sich aufgrund des hohen Vollblutanteils zum »Anglo-Normänner«. Zahlreiche ausländische Warmblutzuchten erwarben qualitätsvolle Hengste zur Blutauffrischung. So hinterließen Anglo-Normänner Beschäler des damaligen warmblütigen Wirtschaftskalibers in der Oldenburger und Württemberger Zucht ihr durchschlagendes Erbe, das sich noch bis zum Zweiten Weltkrieg auswirkte. Berühmtheit erlangte auch der Hengst »Nonius«, der 1814 von österreichischen Truppen erbeutet wurde und im ungarischen Staatsgestüt Mezöhegyes die Rasse des →*Nonius* begründete.

Der →*Französische Traber* ging aus dem ehemals großen, noblen Karossiertyp für die vornehme Kutsche hervor. Der Cob, das warmblütige, mittelschwere Wirtschaftspferd für den leichteren Zugdienst, etwa dem Oldenburger und Ostfriesen früherer Zeiten vergleichbar, wird heute Cob-Normand genannt und aufgrund der Zunahme seines Kalibers dem Kaltblut zugerechnet. Von überragender Bedeutung ist die Zucht des großrahmigen Reitpferdes mit mehr oder minder hohem Vollblutanteil, das sich vor allem durch überdurchschnittliches Springvermögen auszeichnet und sowohl für den großen Sport als auch für den Freizeitreiter geeignet ist. Hengste dieser Kategorie sind mehr denn je zur Blutauffrischung ausländischer Warmblutzuchten begehrt. Hauptzuchtzentren sind die Nationalgestüte Le Pin und St. Lô in der Normandie. Als Zuchtziel wird ein starkknochiges, gut bemuskeltes Sportpferd in großem Rahmen, mit schwungvollem Raumgriff und umgänglichem, gelassenem Temperament angestrebt. Dosierte Vollbluteinmischungen wirken lymphatischer Vergröberung des Erscheinungsbildes entgegen und gewährleisten einen angemessenen Adel zur

Französisches Reitpferd: Charollais-Pferd, Wallach, bedeutendes Springpferd.

Masse. Die Widerristhöhe schwankt zwischen 160 und 170 cm Stockmaß. Das allgemeine Erscheinungsbild zeichnet sich durch einen meist hoch aufgesetzten, langen und schön gewölbten Reitpferdhals, eine lange, schräge Schulter mit hohem Widerrist, einen bisweilen etwas weichen Rücken und eine wohlproportionierte, kräftige Kruppe aus. Pferde mit geringerem Vollblutanteil neigen mitunter zu einem derben Rammskopf, flachem Widerrist und mangelnder Trockenheit der Gliedmaßen. Braune und Füchse überwiegen, letztere oft mit augenfälligen weißen Abzeichen. Stark vollblütige Typen eignen sich vorzugsweise für Querfeldeinrennen und Geländeritte, der größere, massige Springpferdtyp hat sich auf internationaler Ebene im Parcours bewährt.

Ein weiteres Zuchtgebiet des Französischen Reitpferdes ist Burgund, das schon in der ausgehenden Eiszeit wandernden Wildpferden günstige Lebensbedingungen bot, wie die Knochenfunde am Felsen von →*Solutré* beweisen. Das hier gezüchtete Charollais-Pferd, das aus Vermischungen der bodenständigen Landrasse des Morvan-Kleppers mit orientalischen Pferden hervorging, ist mit einer Mittelgröße von 155 cm Stockmaß kleiner und zierlicher gebaut als der Anglo-Normänner und besitzt höheren Vollblutanteil. Die Zucht lieferte international erfolgreiche Sportpferde und das erste Pferd in der Geschichte des Springsportes, das eine Hindernishöhe von 210 cm überwand. Das nördlich von Lyon gelegene Nationalgestüt Cluny bildet das Zuchtzentrum der regionalen Zucht.

Frederiksborger Mittelschwere Warmblutrasse, bodenständig auf Seeland, Dänemark. Älteste Pferderasse Dänemarks, benannt nach dem im Jahre 1562 gegründeten Hofgestüt Frederiksborg, das 1862 aufgelöst wurde. Die Zucht liegt in bäuerlicher Hand. Die Rasse basierte auf importierten spanischen und neapolitanischen Pferden, ihr Einfluss auf europäische Zuchten war von nachhaltiger Bedeutung. So war der Hengst

Frederiksborger Warmblut, Zuchthengst.

»Pluto« ab 1772 Begründer der noch heute bestehenden gleichnamigen Stammlinie der österreichischen Lipizzanerzucht und einer Frederiksborger Stute Stammmutter des →*Orlow-Trabers.* Widerristhöhe 160–170 cm Stockmaß, meist Füchse und Braune, seltener Schimmel. Das repräsentative Kutschpferd zeigt imponierende Trabaktion, Erscheinungsbild und Eigenschaften verraten das Erbe spanischer Ahnen. Gegenwärtig versucht man durch Einkreuzungen von Vollblut und Trakehnern ein edles Reitpferd herauszuzüchten.

Freiberger Pferd Die Kaltblutrasse der Schweiz, beheimatet im Schweizer Jura. Zugpferd der Bergbauern im leichten, beweglichen Kaltbluttyp, Widerristhöhe um 155 cm Stockmaß, vorherrschende Fellfarben sind Braune und Füchse. Das Gebirgspferd ging aus einheimischen Landschlägen hervor, die im 19. Jh. durch importierte →*Ardenner,* →*Comtois,* Anglo-Normänner sowie englische Halbbluthengste eine Typverbesserung erfuhren. Züchterische Einmischungen von →*Arabischem Vollblut,* →*Trakehnern* und →*Holsteinern* in jüngerer Zeit zur Erzeugung eines Reitpferdtyps scheiterten, weil die Nachkommen zu klein gerieten.

Freiberger Pferd, Zuchthengst.

Freier Schritt Natürlicher, gelöster, weit ausgreifender Schritt des sich abschnaubenden, streckenden Pferdes bei hingegebenem Zügel ohne aktive reiterliche Einwirkung als belohnende Erholungspause während oder nach der reiterlichen Arbeit oder im Gelände. Sollte zur Entspannung der Rückenmuskeln häufig gewährt werden.

Freiheitsdressur nennt man die Abrichtung von Pferden ohne Reiter durch einen Ausbilder, der durch Stimme, Gebärden und Peitschenhilfen die Kommandos für bestimmte Lektionen erteilt. Vorwiegend im Zirkus zu sehen. Vorbedingung für den Erfolg ist die genaue Kenntnis und Beachtung der Verhaltensweisen und der Charaktereigenschaften jedes einzelnen Tieres.

Freispringen Springenlassen des Pferdes ohne Reiter im →*Couloir* oder in der Halle, zur Anfangsausbildung, zur Korrektur falsch behandelter Pferde und zur Kaufbesichtigung, um naturbegabtes Springvermögen und Springmanier zu zeigen. Der Ausbilder muß unbedingt eine ruhige, psychisch entspannte Atmosphäre schaffen, darf die Peitsche nur sparsam und gezielt handhaben und sollte durch reiches Lob und rechtzeitiges Beenden der Übungen eine für das Pferd

Freiheitsdressur (Zirkus Knie).

angenehme Erinnerung hinterlassen. Der Aufbau der Hindernisse und die notwendigen Übungen dürfen nur von einem Fachmann durchgeführt werden, da das Pferd bei unsachgemäßer Behandlung sehr schnell verdorben werden kann. Das häufig zu beobachtende Durchjagen des Pferdes durch den Parcours mit wüstem Gebrüll und Peitschengeknall ist eine absolut ungeeignete Methode.

Durch Freispringen soll das Pferd richtig taxieren und abspringen lernen, soll Vertrauen zu sich selbst gewinnen und sich über dem Hindernis strecken und fliegen lassen. Das Anschnallen von →*Bandagen* und →*Gummiglocken* zum Schutz der unteren Gliedmaßen gegen versehentliches Anschlagen an Hindernisstangen ist ratsam, eine Zäumung kann entfallen. Das Tempo des Durchlaufes soll ruhig sein und die Hindernisse sollten möglichst im Trab angegangen werden. Die Hindernisse mit davorliegender Absprungstange (!) und die Hindernisabstände müssen auf Trittlängen und Vermögen des Pferdes möglichst genau abgestimmt sein. Die Anforderungen an Zahl, Höhe und Weite der Hindernissprünge dürfen nur allmählich über einen längeren Zeitraum gesteigert werden. Bevor das Übertreten und Springen mit →*Cavalettis* beginnt, gewöhnt man das junge Pferd an das freie Laufen in Reitbahn oder Sprunggarten ohne Hindernisse, damit es in Ruhe auf die Kommandos des Ausbilders zu reagieren lernt.

Freizeitreiten und -fahren Ausübung des Reit- und Fahrsports auf privater, nicht professioneller Ebene und vorwiegend ohne kommerziell-wettbewerbliche Ambitionen. Der Begriff »Freizeitreiter«, der zunächst alle ausübenden Pferdefreunde umschließt, die nicht professionell mit Pferd und Pferdesport befasst sind, ist zwar geläufig, aber ungenau, da sich mitunter Überschneidungen zum Profisport ergeben. Die Zahl der freizeitlichen Pferdesportler, die sich teilweise zu speziellen Verbänden zusammengeschlossen haben, übertrifft die der Teilnehmer am offiziellen Turniersport um ein Vielfaches. Der Freizeitbereich ist vornehmlich von idealistischen Motiven geprägt und in verschiedene Reitweisen mit entsprechenden Pferderassen gefächert, wie →*Gangpferdereiten* (Islandpferde, süd- und nordamerikanische Töltrassen), Westernreiten (→*Western Horses* und andere Rassen), →*Klassische Reitkunst* (iberische Pferde, Lipizzaner, Friesen), und bietet vielfache Varianten reiterlicher Ausübung. Anfangs als unwissende Dilettanten (mitunter zu Recht) belächelt, haben viele Freizeitreiter mittlerweile einen hippologischen Kenntnisstand erreicht, der oftmals dem eines Profis gleichkommt und nicht selten an umfassendem Wissen überflügelt, weil eigene Pferdehaltung am Haus komplexe Pferdekenntnis erfordert und grundlegende praktische Erfahrungen vermittelt.

Die reiterliche Vielfalt im Freizeitbereich darf als Bereicherung der deutschen Reiterszene betrachtet werden, da sie das Wissen um das Pferd vertieft, vor Einseitigkeit bewahrt und den Blick für andersartige Reitweisen und Behandlungen des Pferdes öffnet. Welcher Reitweise und Pferdehaltung auch immer der Vorzug gegeben wird, wesentlich bleibt eine praktische Ausübung, die in tierschützerischem Sinn dem Wohlergehen des Pferdes dient und in allen Details Wesenheit, Verhalten und Bedürfnisse der Kreatur berücksichtigt.

Friese Friesenrappen verdanken ihr barockes Erscheinungsbild und erhabenes Gangvermögen der Einmischung iberischer Pferde. Zu Beginn des 16. Jh., als viele europäische Fürstenhöfe spanische Pferde zur Veredlung in ihren Zuchten einsetzten, erfolgten auch Einkreuzungen in die eher schweren bäuerlichen Marschpferde der Niederlande. Der stärkste Bluteinfluss setzte während der spanischen Besetzung der Niederlande ein (1568–1648), als vermehrt iberische Pferde ins Land kamen und mit den bodenständigen Pferden verschmolzen. Friesenpferde erlangten bald überregionalen Ruf als repräsenta-

Erhabenes Trabvermögen ist die herausragende Eigenschaft der Friesenrappen.

tive Kutschpferde sowie ausdauernde Traber und hinterließen gravierende Zuchteinflüsse beispielsweise im →*Frederiksborger*, →*Kladruber* und →*Orlowtraber*.
Im 18. und 19. Jh. wurden Friesen vor allem als Karossiers und »Harddraver« in Trabrennen geschätzt. Um die Jahrhundertwende (19./20. Jh.) schien die Rasse vorübergehend vom Aussterben bedroht, seither systematisierte sich das Zuchtgeschehen. Mittlerweile erfreuen sich Friesenrappen reger Nachfrage, sowohl als imposante Kutschpferde als auch – in kleineren, kompakten Exemplaren – als barocke Dressurpferde. Herausragende Eigenschaft des mittelschweren Warmblutpferdes ist die bedeutende Trabaktion. Das äußere Erscheinungsbild ist auffällig geprägt durch besonders hohen Halsaufsatz, starken Langhaarwuchs und Kötenbehang. Widerristhöhe 160–165 cm Stockmaß, Fellfarben nur Rappen ohne Abzeichen.

Frisieren →*Verziehen*.

Fuchs →*Farben des Haarkleides*.

Fuchsschwanzjagd Hetzjagd im Anschluß an eine →*Reitjagd*. Die Jagdteilnehmer verfolgen einen zum »Fuchs« erklärten fliehenden Reiter im Galopp auf vorgegebenem Terrain, um ihm beim Heranreiten von der linken Seite eine an der rechten Schulter befestigte Fuchslunte zu entreißen. Die wüste regellose Galoppade im Pulk hat häufig schwere Unfälle verursacht, außerdem ist die erneute heftige Anstrengung der erschöpften Pferde unmittelbar nach der Jagd als reiterliche Unsitte anzusehen.

Fundament Zusammenfassender Begriff für Bau und Knochenstärke der Gliedmaßen des Pferdes, mitunter auch der gesamten Skelettkonstruktion.

fünftes Bein Das Pferd legt sich mit hartem und fühllosem Maul auf das Mundstück der Zäumung und lässt den Kopf von der Reiterhand tragen, um auf diese Weise eine Stütze, »das fünfte Bein«, zu suchen.

Furioso-Northstar Heimat: Ungarn, Tschechien, Slowakei und Österreich. Abstammung: Die Zucht entwickelte sich aus bodenständigen Rassen und zwei Englischen Vollbluthengsten, die im 19. Jh. eingekreuzt wurden und deren Namen nunmehr diese Rasse bezeichnen. Mittelgroßes warmblütiges Gebrauchspferd für alle Zwecke, früher Kavalleriepferd.

Futterneid Missgunst gegen Artgenossen bei der Nahrungsaufnahme. Wird durch das →*Drohgesicht* ausgedrückt. Kommt im Wildleben kaum vor. Vorwiegend Folgeerscheinung im beengten Raum der Stallhaltung. Das ranghöchste Tier versucht, die Rangniederen von der Futterquelle abzudrängen.

Fütterung Im ursprünglichen Wildleben war das Pferd, in stetiger Bewegung, ständig mit der Nahrungsaufnahme beschäftigt. Dabei nahm es nicht nur die eigentliche Nahrung, sondern instinktiv auch jene Pflanzen zu sich, die der Regulierung der Darmtätigkeit dienten oder gar medizinische Wirkung hatten. In der fortschreitenden →*Domestikation* mit Stallhaltung wurde dem Pferd das Futter vom Menschen vorgeschrieben, es hatte keine freie Wahl mehr. Das Futter des Stallpferdes besteht heute vorwiegend aus konzentriertem Kraftfutter (Körnerfutter, Mischfutter, Presswürfel-Konzentrate) und Raufutter (Heu, Stroh). Es wird häufig in 2 oder 3 Tagesrationen verabreicht, so dass der Darm kurzzeitig stark belastet wird und in der Zwischenzeit langfristig untätig leer steht, ein Vorgang, der der Konstruktion und Funktion des Pferdedarmes zuwider läuft. Leicht können auf diese Weise jene Magen- und Darmkrankheiten auftreten, die man mit dem gefürchteten Sammelbegriff →*Kolik* umschreibt. Folgerichtiger wäre ein freilich zeitlich aufwendiger Fütterungsrhythmus, der sich, analog zum Wildleben, über den ganzen Tag verteilt (4 bis 6 kleinere Rationen je Tag oder auch öfter!).

<u>Gras und Heu</u> bilden die Grundnahrung des Pferdes. Geschnittenes Gras sollte vorab auf →*Giftpflanzen* untersucht (diese werden im Gegensatz zum Weidegang oft mitgefressen) und Stallpferden gegen zu hastiges Fressen erst nach der Heufütterung verabreicht werden. Es muss frisch sein und darf nur kurzzeitig kühl und luftig lagern (maximal 10 Stunden); des Weiteren und soll es sich keinesfalls erwärmen und in Gärung übergehen.

Gutes Wiesenheu setzt sich aus reicher Gräser- und Kräutervielfalt zusammen, ist auf kalkreichen Böden gewachsen, erst zum Ende der Grasblüte gemäht und gut durch die Sonne getrocknet worden, so dass genügend harte Rohfaser- und Stängelanteile für gründliche Kautätigkeit des Pferdes sorgen und den Darm ausreichend mit Ballaststoffen füllen. Heu soll locker gepresst sein, muss luftig und trocken lagern und darf frühestens nach dreimonatiger ununterbrochener Schwitzphase verfüttert werden, weil erst dann gute Verdaulichkeit gewährleistet und die Wirkung von Giftpflanzen erloschen ist und das Aroma sich voll entfaltet hat. Zu kurz abgelagertes Heu kann Erkrankungen der Verdauungswege und Hufrehe verursachen. Gutes Pferdeheu hat grüne Färbung, duftet angenehm aromatisch und fühlt sich trocken, hart und stängelreich an. Gelbliches bis bräunliches Heu mit muffig-fauligem Geruch, das sich klamm bis feucht anfühlt, hat möglicherweise hohen Schimmelpilzbefall und ist absolut ungeeignet. Es kann Kolik, allergischen und chronischen Husten sowie andere Krankheiten heraufbeschwören. Gelbes, trockenes, mehrfach verregnetes Heu ohne Duft ist wertlos. Nichtarbeitende Pferde können unter Auslassung von Kraftfutter bis zur Sättigung mit Heu gefüttert werden (Erhaltungsfutter). Durchschnittliche Tagesmenge je nach Pferdegröße 5–8 kg.

<u>Hafer- und Weizenstroh</u> (für Pferde am besten geeignet) dient vor allem der Befriedigung des mechanischen Fresstriebes bei Langeweile im Stall, besitzt geringen Nährstoffgehalt und ist ballastreich. Die tägliche Höchstmenge darf 3 kg nicht überschreiten, da bei übermäßiger Aufnahme Verstopfungsgefahr besteht.

<u>Möhren</u> als Zusatzkost fördern die Darmtätigkeit und stärken die Abwehrkräfte gegen Infektionen. Sie sollten unzerkleinert gegeben werden, um gründliches Kauen herauszufordern. Klein geschnittene Stücke verführen zu hastigem Abschlucken und können sich dann im Schlund festsetzen.

Hafer ist Leistungsfutter und besitzt sehr hohen Nährstoffgehalt (doppelt so nahrhaft wie Heu). Es wird heute vorwiegend ganzkörnig ohne Häcksel verfüttert, da gepresstes Stroh sich nicht zur Häckselung eignet. Das Kraftfutter muss drei Monate trocken und luftig lagern und wird streng dosiert entsprechend der Leistungsforderung gefüttert; es entfällt im Ruhezustand und bei mangelnder Bewegung. Die tägliche Dosis richtet sich nach der geforderten Arbeit und Leistung und muss sorgfältig bemessen werden. Überfütterung bei geringer Arbeitsleistung hat Koliken oder Kreuzverschlag durch Eiweißüberschuss zur Folge. Quetschhafer, der vorwiegend an Pferde im Zahnwechsel oder mit schadhaftem Gebiss oder gegen hastiges Fressen verfüttert wird, hat stark begrenzte Lagerfähigkeit (max. 2 Wochen) und ist sorgfältig auf Frische zu prüfen.

Lockeres oder gepresstes Mischfutter mit Mineralstoffen, Spurenelementen und Vitaminen angereichert kann die Futterpalette ergänzen und erweitern. Mineralsalzlecksteine und frisches Wasser müssen im Stall wie auf der Weide zu freier Wahl zur Verfügung stehen.

Silagen, Rüben, Trockenschnitzel, Weizenkleie, Leinsamen, Melasse, Mischfutterzusammenstellungen und Ergänzungsfuttermittel bedürfen genauer Kenntnis ihrer Wirkung. Hinreichende Information vor Verfütterung im Zusammenhang mit dem Grundfutter ist unerlässlich.

Gesunde, gut und richtig gefütterte Pferde besitzen ein glänzendes und geschmeidiges Fell. Die Rippen sind nicht zu sehen, jedoch leicht zu fühlen. Grundsätzlich ist im Durchschnitt eher knapp als zu reichlich zu füttern, dies gilt ganz besonders für Ponys der Primitivrassen (Shetlandponys, Islandpferde etc.), die hervorragende Futterverwerter sind und rastlosen Fresstrieb entwickeln. Festgeformte, feuchtglänzende Rossäpfel von grünbraungelber Farbe mit angenehmem Geruch deuten auf sachgerechte Fütterung hin. Abweichungen erfordern eine Überprüfung der Futterzusammensetzung. Da der Pferdemagen immer nur kleine Mengen aufnehmen kann, muss dem Stallpferd eine Fresszeit von 2–3 Stunden zur Verfügung stehen, während der absolute Ruhe zu herrschen hat. Jede Umstellung der Fütterung muss langsam übergleitend erfolgen, um den Verdauungshaushalt nicht zu stören. → *Weidegang.*

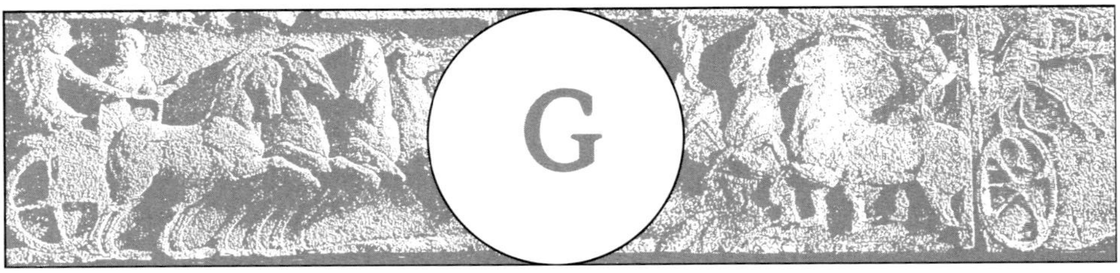

GAG →*Generalausgleichsgewicht.*

gähnen Pferde gähnen bei Ermüdung, aus Langeweile und, wenn man ihnen längere Zeit zwingend ins Auge sieht, auch aus Verlegenheit. Beim Gähnen sind die Augen geschlossen und das Gebiss weit geöffnet. →*Verhaltensweisen.*

Galle Ausdehnung von Gelenkkapseln und Sehnenscheiden durch Flüssigkeitsfüllung an den Gliedmaßen des Pferdes. Die meist weichen, elastischen Schwellungen sind nur selten mit Schmerzen und Funktionsstörungen verbunden. Die Ursache ist oft Überanstrengung des jungen Pferdes, dessen Bindegewebe noch nicht ausreichend gefestigt ist. In längerem Ruhezustand verschwinden oder verringern sich die Schwellungen, die auf der Vorderseite des Vorderfußwurzelgelenkes, an den Fesselgelenken und an den Sprunggelenken auftreten. Weiche Gallen sind Schönheitsfehler ohne Beeinträchtigungen, harte Galle, die sich zudem bei älteren Pferden nicht mehr reduziert, kann erhebliche Störungen verursachen. Die Auftreibungen können durch mechanische Einwirkung von außen, durch Entzündungen und durch Überanstrengung auf hartem oder tiefem Boden oder übermäßig forciertes Bergauflaufen entstehen. Die häufigsten Gallen sind die oberhalb der Fesselgelenke und oberhalb der Sprunggelenke (Kreuzgalle). →*Piephacke* und →*Stollbeule* sind ähnliche Erscheinungen, die durch Druck oder Schlag von außen entstehen. Die Behandlung derartiger Schwellungen ist meist erfolglos.

Galopp →*Gangarten.*

Galopprennen Leistungsprüfung der Vollblutzucht in Schnelligkeit und Ausdauer auf einer eigens dafür angelegten Galopprennbahn. Die Distanzen der verschiedenen Rennen sind nach bestimmten Erfahrungswerten ermittelt (Alter des Pferdes, Gewicht des Reiters u. a. m.). Die Teilnehmer starten gemeinsam und gleichzeitig auf einer bestimmten Startlinie. Das die Ziellinie zuerst passierende Pferd ist Sieger, die zwei oder drei ersten Pferde (je nach Teilnehmerzahl) sind Placierte. Man unterscheidet Flachrennen (ohne Hindernisse) und Hindernisrennen, die wiederum als Jagdrennen (engl.: Steeple Chase) mit festen Hindernissen und als Hürdenrennen mit transportablen Reisighürden bezeichnet werden.

Galopprennen werden unterschiedlich für Berufsreiter (→*Jockey*), Amateurreiter und Ama-

Galopprennen.

zonen ausgeschrieben und nach international vereinbarten Regeln durchgeführt. Die Zahl der Hindernisrennen im Ablauf eines Jahres ist wesentlich geringer als die der Flachrennen, die bis Ende Mai von den dreijährigen und älteren Pferden bestritten werden, während die Zweijährigen ab Juni starten. In den sog. Klassischen Rennen (Henkelrennen, Derby, St. Leger sowie den Stutenprüfungen Schwarzgoldrennen und Preis der Diana) werden die jahrgangsbesten Pferde ermittelt. Alle Pferde tragen in diesem Rennen das gleiche Gewicht, Stuten 2 kg weniger als Hengste. In den Ausgleichsrennen starten weniger profilierte Pferde, die wiederum je nach Leistungsvermögen in vier Kategorien eingeteilt werden. Sie tragen unterschiedliche Gewichte (jeweils zusammengesetzt aus Reitergewicht, Sattel und Bleidecke), die vom Ausgleicher errechnet werden. Hindernisrennen, die weniger einer klassischen Einteilung unterliegen, werden von Vollblütern und Halbblütern in drei Ausgleichskategorien bestritten.

Die Distanzen für Flachrennen liegen zwischen 1000 und 4000 m. Die Starts erfolgen aus →*Startboxen.* Man unterscheidet Fliegerrennen (bis 1400 m), Mittelstreckenrennen (1600 bis 2200 m) und Steherprüfungen (ab 2400 m). Die ersten Flachrennen fanden 1641 in Newmarket in England statt. Die berühmtesten sind die fünf Klassischen Rennen, die alljährlich in vielen Ländern gelaufen werden. Die Mehrzahl der Flachrennen sind jedoch die sog. Ausgleichsrennen, die von weniger leistungsstarken Pferden in vier Kategorien bestritten werden. Kategorie 1 = sehr gut, Kategorie 4 = ausreichend.

Die Distanzen für Hindernisrennen liegen zwischen 3000 und 7200 m. Die ersten Steeple Chases wurden 1792 in England, 1803 in Irland und 1822 in Deutschland geritten. Als schwierigste Hindernisrennen gelten das →*Grand National Steeple Chase,* das alljährlich seit 1836 in Aintree bei Liverpool über 7200 m und 30 Hindernisse geritten wird, und das seit 1875 gerittene →*Pardubitzer Steeple Chase* in Tschechien über 6400 m und 30 Hindernisse. Um eine gewisse Chancengleichheit zu gewährleisten, werden die Pferde, je nach Leistungsvermögen, in drei Kategorien eingeteilt. Das Gesamtgewicht, das ein Pferd zu tragen hat (Reiter, Sattel und Bleidecke), wird vom Ausgleicher genau errechnet bzw. von der Rennausschreibung vorgeschrieben.

Die Galopprennbahn besteht im Prinzip meist aus zwei parallelen Geraden, die an beiden Enden durch je einen Halbkreisbogen verbunden sind. Die gesamte Umlaufdistanz beträgt in der Regel ungefähr 2000 m. Auf zwei in der Bahnmitte sich kreuzenden Diagonalstrecken stehen feste Hindernisse. Der Boden ist grasbewachsen. Die Trainingsbahn, die direkt innerhalb und parallel zur äußeren Umlaufstrecke verläuft, ist wegen der häufigen Benutzung mit Sand aufgeschüttet. Flachrennen werden fast immer auf der Außenstrecke gelaufen. Hindernisrennen gehen über die Diagonalen und können auf der Außenbahn durch aufstellbare Hürden ergänzt werden. Entlang der Zielgeraden befinden sich die Gebäude für Zuschauertribüne mit Restaurant, Kassenschalter für Totalisator, Waageraum mit Vorplatz, Richterturm und Sattelplatz mit Führring. Das Ziel befindet sich immer am selben Ort (vor der Tribüne), während der Start je nach Länge des Rennens von verschiedenen Stellen aus erfolgt. Vor Beginn eines jeden Rennens prüft der Abwieger auf der Waage, ob der Jockey mit Sattel und Bleidecke (ohne Sturzkappe und Peitsche) das für sein Pferd vorgeschriebene Gesamtgewicht mitbringt. Nach dem Rennen wird beim Zurückwiegen kontrolliert, ob das Gewicht nicht verändert wurde. Für die korrekte Einhaltung dieser Vorschriften ist der Trainer verantwortlich. Anschließend wird das Pferd auf dem Sattelplatz gesattelt und im Führring dem Publikum vorgeführt. Wenn die Reiter aufsitzen und zum Geläuf geführt werden, beginnen die Zuschauer ihre Rennwetten an den Einzahlkassen abzuschließen, die mit dem Startzeichen geschlossen werden.

Der korrekte Verlauf des Rennens wird von der Rennleitung und dem Zielrichter genau beobachtet und von vorn und von der Seite gefilmt. Verstöße werden sogleich geahndet. Der Zieleinlauf der Pferde wird im Zweifelsfall durch die unbestechliche Zielfotografie entschieden. Dann erfolgt die Bekanntgabe der Rennquote von der Totozentrale, die Gewinne werden wenig später ausgezahlt. Anschließend beginnen die Vorbereitungen für das nächste Rennen, das 30 Minuten später beginnt. Ein Renntag dauert etwa 4 Stunden, in denen meist 7 bis 8 Rennen gelaufen werden.
Folgende Rennbahnen in Deutschland veranstalten je Saison zwischen 7 und 27 Renntage: Bad Harzburg, Baden-Baden, Bremen, Dortmund, Dresden, Düsseldorf, Frankfurt/M., Gelsenkirchen-Horst, Halle, Hamburg, Hannover, Berlin-Hoppegarten, Köln, Krefeld, Leipzig, Mühlheim, München, Neuß. →*Vollblutzucht.*

Galoppvolte Kreis mit einem Durchmesser von sechs Schritten im Galopp, wobei →*Durchlässigkeit,* Innenbiegung und Fußfolge genau erhalten bleiben müssen.

Galoppwechsel →*Fliegender Galoppwechsel,* →*Einfacher Galoppwechsel.*

Gamaschen Gefütterter Lederschutz mit Außenschnallen, der Röhrbein und Fesselkopf des Pferdes beim Springen und im Transportwagen gegen Anschlagen und in der Gangbewegung gegen →*Greifen* und →*Streichen* schützt. Die Polsterung ist an der Innenseite verstärkt. Beim Anschnallen der Gamaschen ist darauf zu achten, dass sie weder drücken noch scheuern können und die Blutzirkulation nicht beeinträchtigen. Die Strupfen der Außenschnallen müssen nach hinten zeigen, um ein Hängenbleiben auszuschließen. Nur für kurzzeitige Benutzung und nicht für längere Ritte im Gelände (Eindringen von Wasser und Sand) geeignet. Spezielle, dick mit Schaumstoff gepolsterte, maßgerecht verlängerte Transportgamaschen schützen die gesamte Gliedmaße gegen Verletzungen während des Transportes. →*Gummiglocke.*

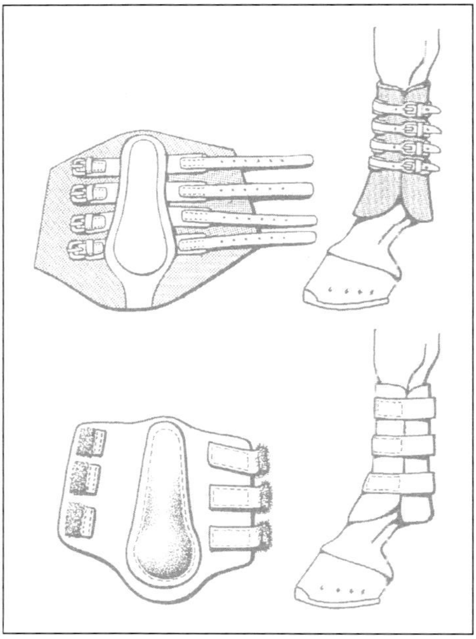

Gamaschen mit Schnallen *(oben)* und Klettverschluss *(unten).*

Ganaschen Hintere, halbrunde Begrenzung der beiden Unterkieferäste. →*Ansatz.*

Ganaschenfreiheit →*Ansatz.*

Ganaschenzwang →*Ansatz.*

Gangarten Das Pferd verfügt über insgesamt fünf Gangarten, die aus dem Wildleben überkommen sind. Im Verlauf der Evolution entwickelten Wildpferde verschiedener Klimazonen unterschiedliches Gangverhalten, das durch Auslese der Natur an die jeweils herrschenden Umwelt- und Geländeverhältnisse angepasst war. Durch züchterische Eingriffe des Menschen in der Domestikation wurden Erbanlagen für einzelne Gangarten vermischt, verdrängt oder in

spezieller Weise herausgezüchtet, so dass Hauspferdrassen mit Veranlagungen für drei, vier und fünf Gangarten vorkommen.
Schritt war die Gangart der Nahrungssuche, gemächlich setzten die Wildpferde einen Huf vor den anderen, um geruhsam die nahrhaftesten Gräser und Kräuter zu zupfen. Trab war Dauergangart auf festem, ebenem Boden, um bei einsetzendem Futtermangel (Wintereinbruch, Sommerdürre) auf jahreszeitlichen Fernwanderungen möglichst rasch fruchtbare Weidegründe zu erreichen. Renntrab kam im Wildleben nicht vor, da Flucht stets im schnellen Galopp bestritten wurde. Der normale Passgang war Dauergangart in Anpassung an Umweltverhältnisse und Schongangart bei Ermüdung und Erschöpfung, um den Bewegungsapparat zu entlasten, aber auch bei zunehmender Steifheit der Gliedmaßen in fortgeschrittenen Lebensalter. Auch Rennpass kam im Wildleben nicht vor, weil der schnellere Galopp eher Rettung verhieß. Tölt war Spezialgangart zur Bewältigung sumpfiger, schneereicher und gerölliger Bodenverhältnisse in begrenzten Lebensräumen, die kein Abwandern erlaubten (Gletscherenklaven). Galopp war zuallererst Fluchtgangart und wirksamste Waffe des Pferdes zur Arterhaltung bei drohender Gefahr durch Raubtiere und in anderen Notsituationen, die aufgrund großer Kraftanstrengung nur kurzzeitig genutzt wurde.
Galopp und Tölt sind die beiden anstrengendsten naturgegebenen Gangarten. Renntrab, Rennpass und Renntölt können in ihrer extremen Leistungsforderung als widernatürliche Gangarten betrachtet werden, die im Wildleben nicht stattfanden und erst in der Domestikation nach züchterischer sowie wettbewerblicher Selektion entwickelt wurden und den größten Kräfteverschleiß fordern. Wildpferde waren stets bedacht, ihre Kräfte zu schonen, um in nahrungsarmen Jahreszeiten und Notsituationen überleben zu können. Futterreiche Perioden wurden unablässig für die Nahrungsaufnahme genutzt. So war das hoch spezialisierte Lauftier ständig in Bewegung, zumeist geruhsam im Schritt, seltener veranlasst durch Umwelteinflüsse in den mittleren Gangarten, und ausnahmsweise bei Gefahr im Galopp.
Die einstmals mehrzehigen Extremitäten sind im Laufe der Entwicklung zu einhufigen Gliedenden geschrumpft und verleihen dem Pferd große Schnelligkeit. Bereits einige Stunden nach der Geburt vermag das Fohlen der langsam ziehenden Herde zu folgen und nach wenigen Tagen schon in voller Flucht spielend mitzuhalten. Die Lauffunktion ist grundsätzlich für die Bewegung nach vorn entwickelt, dementsprechend hat sich der Körperschwerpunkt nach vorn verschoben, etwa kurz hinter den →*Widerrist.* Den Gliedmaßen ist zur Seite hin nur wenig Spielraum gegeben, deshalb wirken Seitengänge und auch Rückwärtsbewegungen recht unbeholfen und werden meist nur gezwungenermaßen ausgeführt. Beim Bewegungsablauf nach vorn stemmt der Huf sich ab, schwingt nach vorn und fußt auf usw., der Raum zwischen zwei Hufabdrücken desselben Hufes ergibt die Schrittlänge. Die Hintergliedmaßen entwickeln die Schubkraft, während die Vordergliedmaßen nur noch unterstützende Funktion ausüben, es sei denn, das Pferd klettert am Hang oder geht im schweren Zug. In der Vorwärtsbewegung wirken alle Gliedmaßen zusammen, aus deren zeitlich zueinander verschobenen Phasen entstehen die verschiedenen Gangarten. Während des Bewegungsablaufes können normalerweise zugleich drei Hufe, zwei oder auch nur ein Huf aufsetzen oder es kann eine vollkommene Schwebephase eintreten. In jeder Gangart bilden die Hintergliedmaßen die entscheidende Kraftquelle zur Entwicklung der Vorwärtsbewegung, während die Vordergliedmaßen die Funktion des Abrollens und Stützens übernehmen.

Schritt

Der Schritt, die langsamste Gangart, ist eine schreitende Vorwärtsbewegung. Auf hartem

Boden lassen die aufsetzenden Hufe einen regelmäßigen Viertakt mit gleich langen Zwischenpausen hören. Die Hufe derselben Körperseite setzen stets nacheinander auf, dann folgen unmittelbar die der anderen Seite. Die Schrittlänge beträgt je nach Rasse und Körperbau bei mittelgroßen bis großen Pferden 130–180 cm und die Geschwindigkeit etwa 5–7 km/h.

Für den Reiter ergeben sich während der Schrittphasen deutlich fühlbare Schwingbewegungen nach vorn, nach oben und zur Seite hin. Seine Aufgabe ist es, sich in diese Schwingbewegungen hineinzufügen und sie durch entsprechende Hilfengebung zu unterstützen, ja zu forcieren, um einen regelmäßigen und raumgreifenden Schritt zu erzeugen.

Die Schwingbewegung des Unterkörpers des Reiters zu einer Seite hin entsteht durch den Austritt der Bauchwölbung als Folge des Vorschwingens der Hintergliedmaße auf der anderen Seite. Die Bauchwölbung erscheint am deutlichsten im Augenblick der Zweibeinstütze und auf derselben Seite wie diese. Im Einklang dazu pendelt der Kopf gleichfalls zur Seite der Zweibeinstütze zur Unterstützung des Gleichgewichtes, während sich die Schweifrübe zur anderen Seite hin bewegt und im Schweif eine schwache Wellenbewegung hervorruft, die im Tölt sehr lebhaft ist.

Die Schwingbewegung des Reiters nach oben – hervorgerufen durch die Aufwölbung der Lendenwirbelsäule – ist die Folge des Anhebens einer Hintergliedmaße.

Die Schwingbewegung des Reiters nach vorn ergibt sich aus der Vorwärtsbewegung.

Die Nickbewegung von Kopf und Hals des Pferdes ist die Folge des Vorschwingens einer Vordergliedmaße. Nickbewegung und Seitwärtspendeln des Kopfes erfolgen synchron.

Der Schritt wird in drei Tempi geritten, dem Mittelschritt, dem starken Schritt und dem versammelten Schritt. Der Raumgriff der einzelnen Tritte und die Geschwindigkeit der Gangart reduzieren sich mit dem zunehmenden Grad der Versammlung. Das rohe, ungerittene Pferd trägt sein Gewicht auf der Vorhand und tritt stets auch mit den Vorderbeinen an. Das gerittene Schulpferd hingegen, das gelernt hat, zusätzlich zur eigenen Körperlast auch noch das Reitergewicht zu tragen, tritt mit den Hinterbeinen an, weil es die Gesamtlast nunmehr vorwiegend mit der Hinterhand trägt und auf diese Weise sein →*Gleichgewicht* wieder findet. Das ungerittene Pferd tritt mit den Hinterhufen meist über die Hufspuren der Vorderhufe hinweg, während das versammelte Pferd genau in die Spuren hineintritt oder noch vor ihnen bleibt. Ein vollendet gerittener Schulschritt ist Voraussetzung für alle anderen Gangarten, durch ihn erfolgen notwendige Korrekturen für misslungene Lektionen in Trab und Galopp. Die Tritte des Schulschrittes sind am kürzesten und erhabensten, die des Mittelschrittes hingegen etwas weiträumiger und flacher, die Hinterhufe treten ein wenig über die Spuren der Vorderhufe hinaus. Das Pferd schreitet zwangloser in weicher Anlehnung an die Zügelhand. Der starke Schritt zeigt die geringste →*Versammlung,* das Pferd schreitet in weiten, raumgreifenden Schritten, die so lang sein müssen, wie es der Körperbau zulässt. Es hat volle Halsfreiheit, die Zügelanlehnung bleibt jedoch bestehen. Die Hinterhufe fußen über die Spuren der Vorderhufe hinaus, die Abstände nähern sich denen des freien Schrittes.

Unter dem Reiter soll das Pferd am leicht anstehenden Zügel in allen Schritt-Tempi mit gleichmäßigen Tritten fleißig vorwärts schreiten. Die Pausen zwischen den einzelnen Hufschlägen sollen von gleicher Länge sein, so dass ein gleichmäßiger Takt zu hören ist. Durch Kreuzanziehen und Wiedernachlassen im Rhythmus des Ganges sowie durch den im Einklang mit der jeweiligen seitlichen Bauchwölbung sich ansaugenden und treibenden Unterschenkel veranlasst der Reiter die Hintergliedmaße derselben Seite zu energischem Vortreten. Der Unterkörper des Reiters ist Teil des Pferdes, Gesäß, Knie und Schenkel fügen sich rhythmisch in den Bewegungsablauf

Fußfolge im Schritt

Seitwärtsschwingung im Schritt

des Pferdekörpers ein und regen ihn an. Der Oberkörper verhält sich unbeweglich, gerade und losgelassen. Der Reiter fängt den herausgerittenen Schritt durch behutsame Zügelhilfen ganz leicht wieder auf, um die →*Aufrichtung* aus der Hinterhand heraus zu erreichen. Mit dem vermehrten Untertreten der Hintergliedmaßen erreicht der Reiter die Aufnahme des Reitergewichtes durch die Hinterhand und die Entlastung der schwächeren Vorhand.
Schrittreiten heißt nicht, sich tragen zu lassen, sondern das Pferd zu gymnastizieren. Das Herausreiten eines vollendet gymnastizierten, ausgewogenen Schrittes zählt zu den schwierigsten reiterlichen Lektionen, es bildet die Grundlage für die Ausgewogenheit der übrigen Gangarten.
Fußfolge des gerittenen Pferdes im Schritt in acht Phasen (Abb. siehe S. 129):

1. Hinten links hebt ab, Dreibeinstütze.
2. Vorn links hebt ab, rechte Zweibeinstütze.
3. Hinten links fußt auf, Dreibeinstütze.
4. Hinten rechts hebt ab, diagonale Zweibeinstütze.
5. Vorn links fußt auf, Dreibeinstütze.
6. Vorn rechts hebt ab, linke Zweibeinstütze.
7. Hinten rechts fußt auf, Dreibeinstütze.
8. Hinten links hebt ab, diagonale Zweibeinstütze.

Anschließend setzt vorn rechts auf und die hintere, linke Gliedmaße schwingt nach vorn.

Seitwärtsschwingung des Pferderumpfes im Schritt, die der Unterschenkel des Reiters nachvollzieht (siehe Abb. oben):

1. Schrittphase 2 seitlich und frontal gesehen. Die linke Hintergliedmaße schwingt nach vorn und drückt den Pferdeleib nach rechts heraus. Für den linken Gesäßknochen des Reiters fühlbar senkt sich die linke Seite des Pferderückens. Die nach rechts mitschwingenden Steigbügel verdeutlichen die Seitwärtsbewegung des Rumpfes.
2. Derselbe Vorgang umgekehrt, Schrittphase 6.

Trab

Der Trab ist eine schwingende Gangart in normalerweise mittlerer Geschwindigkeit, in der das Pferd allgemein große Ausdauer zeigt. Die Schrittlänge beträgt je nach Rasse und Körperbau bei mittelgroßen bis großen Pferden 180 bis 230 cm und die Geschwindigkeit etwa 10 bis 15 km/h. Auf hartem Grund lassen die aufsetzenden Hufe einen regelmäßigen Zweitakt mit gleich langen Pausen hören. Ein diagonales Hufpaar fußt immer gleichzeitig auf, etwa gleichzeitig links hinten und rechts vorn – Moment der freien Schwebe –, gleichzeitig rechts hinten und links vorn und so fort. Je nach Raumgriff, Geschwindigkeit und Versammlung unterscheidet man vier Trabtempi. Der ruhige Arbeitstrab ist ein normal schwingender, langsamer Trab in geringer →*Versammlung,* den das Pferd in natürlicher Weise anbietet. Der schwungvollere

Mitteltrab entwickelt mehr Raumgriff und höhere Geschwindigkeit, hervorgerufen durch stärker vorwärts treibende Hilfen und auffangende →*Paraden* des Reiters. Die letzte Steigerung nach Vermögen des Pferdes in Raumgriff, Schwung und längster Schwebephase ist der starke Trab. Der versammelte Trab hingegen zeigt eine untergesetzte Hinterhand, stark verkürztes Tempo, erhabene Aktion und stärkere Aufrichtung der Kopf-Hals-Partie. Der stark versammelte Schultrab des ausgebildeten Schulpferdes ist die Ausgangsgangart für zahlreiche Lektionen der →*Hohen Schule,* beispielsweise für →*Piaffe* und →*Passage,* die die höchsten Steigerungen des versammelten Trabes darstellen.

Der Trab besteht in seiner Aktionsfolge aus den sich abwechselnden, diagonalen Zweibeinstützen mit einer jeweils zwischen dem Abheben der einen und dem Auffußen der anderen diagonalen Zweibeinstütze liegenden Schwebephase. Die Schwingung des Rumpfes erfolgt im wesentlichen nach vorn und oben. Schwingbewegungen zur Seite treten nicht auf. Kopf und Hals werden gerade, ruhig und aufrecht getragen. Die Hinterhufe fußen normalerweise kurz hinter den Spuren der Vorderhufe. Die Vertikalschwingungen beim Abheben eines diagonalen Gliedmaßenpaares werden für den Reiter im Geworfenwerden nach oben fühlbar.

Beim dressurmäßigen Reiten klebt der Reiter während des Trabens im Sattel, die Partie vom Gesäß bis zu den Knien schwingt im Gangrhythmus mit, als wäre sie am Sattel festgeleimt, das Gesäß darf sich während des Geworfenwerdens nicht vom Sattel lösen. Die Unterschenkel liegen ruhig am Pferdeleib. Diese Art des Trabens nennt man →*Aussitzen* oder →*Deutschtraben.* Die Zügelhand reagiert leicht nachgebend, ohne jedoch die weich fühlende und spielende Verbindung zum Pferdemaul aufzugeben. Wesentlich sind zunächst der schwungvolle Gangrhythmus und ein regelmäßiger Takt der Tritte. Zur Erhöhung des Tempos verstärkt der Reiter die vorwärts treibenden Hilfen durch stärkeres Einsitzen und Anlegen oder Reiben der Unterschenkel am Pferdeleib im Gangrhythmus, die Trabtritte sollen dabei länger, aber nicht eiliger werden und in hastiges Trippeln ausarten.

Beim sog. →*Leichttraben* oder Englischtraben sitzt der Reiter nicht ununterbrochen im Sattel, sondern stets nur beim Auffußen desselben diagonalen Gliedmaßenpaares, er überschlägt also das diagonale Auffußen des anderen Gliedmaßenpaares durch Lüften des Gesäßes, wobei er den Oberkörper im Vorwärtsschwung des Ganges ganz leicht nach vorn neigt. Leichttraben wird vorwiegend im Gelände sowie auf längeren Ritten zur Schonung des Pferderückens und des Tragapparates wie auch zur Erleichterung des Reiters ausgeführt. Es schont die Kräfte des Pferdes aber nur dann, wenn ein ruhiger Gangrhythmus eingehalten wird und das Tempo nicht in Renntrab ausartet. Die Trabstrecke auf demselben Gliedmaßenpaar soll jeweils nur etwa über 100 m andauern, häufiges Umsitzen und damit Wechseln des Hinterfußes ist unbedingt erforderlich, um vorzeitiger einseitiger Ermüdung und frühem Verschleiß entgegenzuwirken. In der Reitbahn wird stets auf dem inneren Hinterfuß und somit gleichzeitig auf dem äußeren Vorderfuß leichtgetrabt, durch häufiges Wechseln der Hand tritt hier automatisch die erforderliche Entlastung ein.

<u>Fußfolge</u> des gerittenen Pferdes im Mitteltrab in sechs Phasen:

1. Diagonales Gliedmaßenpaar hinten links – vorn rechts schwingt nach vorn, Zweibeinstütze.
2. Diagonales Gliedmaßenpaar hinten rechts – vorn links hebt ab, Schwebephase.
3. Diagonales Gliedmaßenpaar hinten links – vorn rechts fußt auf, Zweibeinstütze.
4. Diagonales Gliedmaßenpaar hinten rechts – vorn links schwingt nach vorn, Zweibeinstütze.
5. Diagonales Gliedmaßenpaar hinten links – vorn rechts hebt ab, Schwebephase.

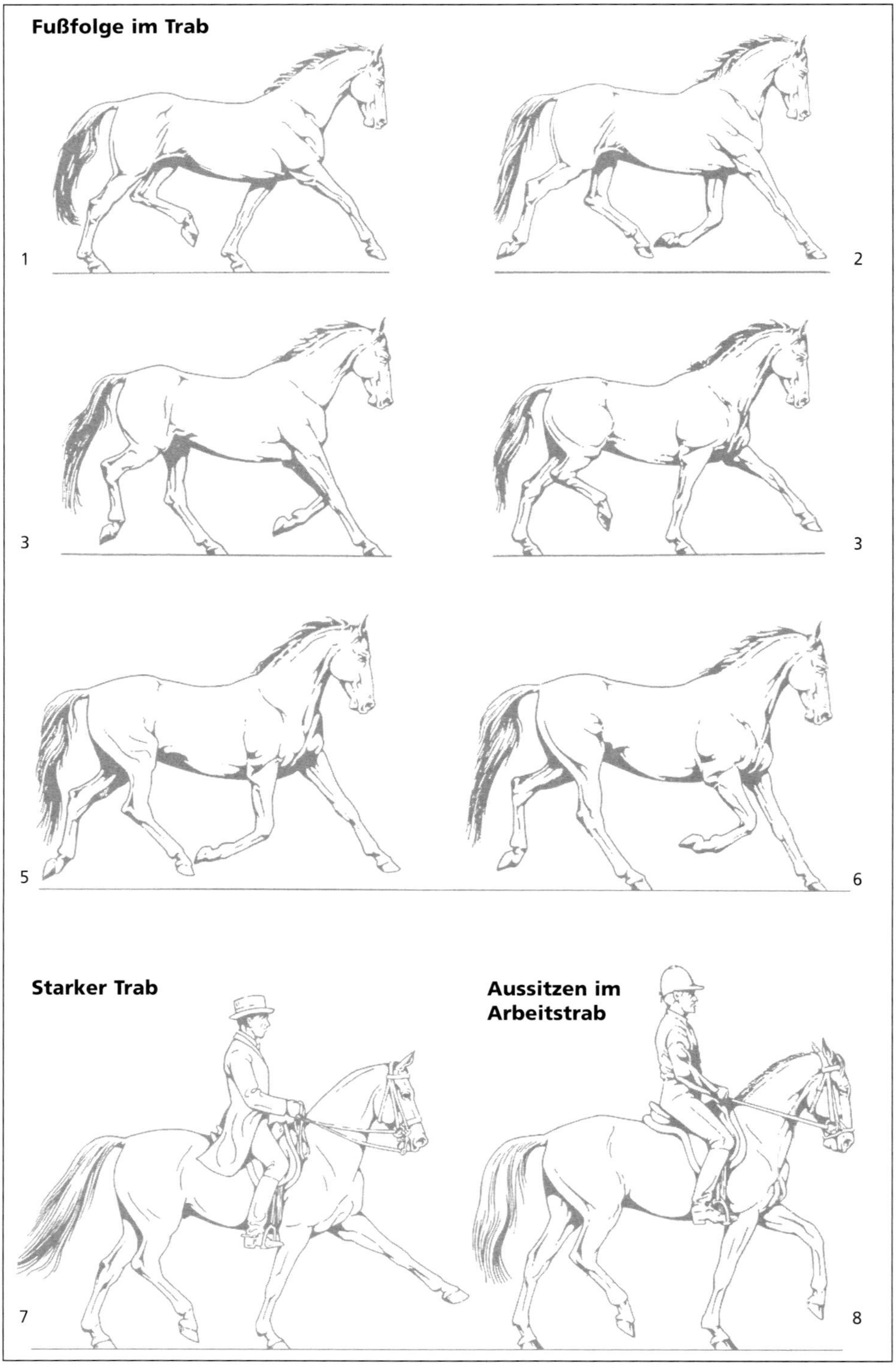
Fußfolge im Trab
1
2
3
3
5
6
Starker Trab
Aussitzen im Arbeitstrab
7
8

6. Diagonales Gliedmaßenpaar hinten rechts – vorn links fußt auf, Zweibeinstütze.

Anschließend schwingt das diagonale Gliedmaßenpaar hinten links – vorn rechts nach vorn wie in Phase 1, und so fort.

Ausserdem sind abgebildet:

7. Das gerittene Pferd im starken Trab, der schnellsten, weiträumigsten und schwungvollsten reiterlichen Trabverstärkung.
8. Aussitzen oder Deutschtraben im Arbeitstrab.

Dressurmäßige Trabverstärkungen entsprechen dem natürlichen Gangverhalten des Pferdes. Renntrab (vor dem Sulky) hingegen ist eine widernatürliche Trabvariante, die im Wildleben nicht vorkam und in der Domestikation aus züchterischer Selektion und extremer Leistungsforderung hervorgegangen ist.

Galopp

Der Galopp, die schnellste Gangart des Pferdes, besteht aus fortlaufend aneinander gereihten Sprüngen, zwischen denen jeweils ein Moment der freien Schwebe liegt. Der Galoppsprung kann bei größeren Pferden Längen von 435 bis 800 cm (im Renngalopp) und eine Geschwindigkeit von 60 km/h erreichen. Auf hartem Grund lassen die auffußenden Hufe im mittleren Tempo einen regelmäßigen Dreitakt mit nachfolgender Zwischenpause hören. Das Pferd galoppiert Links- oder Rechtsgalopp, im Linksgalopp erfolgt das Auffußen beispielsweise rechts hinten – gleichzeitig links hinten und rechts vorn – links vorn, dann folgt die Schwebephase. Der Pferdekörper steht zur Gangrichtung etwas diagonal, so dass der rechte Hinterhuf und der linke Vorderhuf beinahe auf einer Geraden vortreten. Der Linksgalopp ist kenntlich am weitesten Vorstrecken und Auffußen der linken Vordergliedmaße. Der Rechtsgalopp fußt sinngemäß umgekehrt auf: links hinten – gleichzeitig rechts hinten und links vorn – rechts vorn; hier tritt die rechte Vordergliedmaße am weitesten nach vorn hinaus. Die Hauptschubkraft erzeugt das nach der Schwebephase zuerst auffußende und abdrückende Hinterbein, dann erfolgt das Abrollen über die Diagonale und das gestreckteste Vorderbein.

Normalerweise zeigt ein frei laufendes Pferd auf der Weide den gelösten Dreitakt-Galopp. Mitunter jedoch, meist hervorgerufen durch äußere Anlässe, ist ein Viertakt zu hören, weil das diagonale Gliedmaßenpaar nicht gleichzeitig mit einem Schlag, sondern nacheinander mit zwei Hufschlägen auffußt. Viertakt-Galopp im freien Lauf auf der Weide kann ausgelöst werden durch Unebenheiten des Bodens, um das Gleichgewicht stabiler zu halten, aber auch durch reiterliche Einwirkung bei extremer Verkürzung des Galopps. Viertakt ergibt sich stets bei weitester Körperstreckung im Renngalopp und im Sprung über das Hindernis, der nichts weiter ist als ein gedehnter Galoppsprung. Einige Pferderassen, z. B. der *→Andalusier*, neigen aus natürlicher Veranlagung stärker zum Viertakt-Galopp als andere Rassen.

Im fehlerhaften Kreuzgalopp geht das Pferd hinten Rechts- und vorn Linksgalopp oder umgekehrt. Der harmonische natürliche Ablauf der Gangbewegung gerät durcheinander, der Reiter wird im Sattel gestoßen und verliert die Einwirkung.

In der Reitbahn wird für besseres Ausbalancieren in engen Wendungen zunächst grundsätzlich auf der rechten Hand (rechtsherum) Rechtsgalopp und auf der linken Hand (linksherum) Linksgalopp geritten. Zur Gymnastizierung der Hinterhand und zur Bekämpfung der natürlichen Schiefe wählt der Ausbilder jedoch mitunter bewusst den Konter- oder Außengalopp, indem er auf der rechten Hand Linksgalopp, auf der linken Hand Rechtsgalopp reitet.

Beim Angaloppieren berücksichtigt der Reiter zunächst die leicht diagonale Galoppstellung des Pferdes, indem er beispielsweise zum Rechtsgalopp den rechten Gesäßknochen und den rechten Schenkel vermehrt einwirken lässt, den linken Zügel verhält und damit der inneren Streckung nach vorn Vorschub leistet. Der

Wechsel von Auffußen und Schwebephase im Galopp ist für den Reiter ein angenehmes Wiegen. Die aktivste Hilfe ist die einseitige, vorwärts schiebende Kreuzeinwirkung. Der Oberkörper verhält sich aufrecht, ruhig und losgelassen, nur der Unterkörper geht, wie mit dem Sattel verschweißt, harmonisch in den Rhythmus der Bewegung ein. Das Gesäß bleibt saugend und treibend im Sattel, es darf keinesfalls klappen und das Pferd im Rücken stoßen. Die Kopf-Hals-Partie des Pferdes ist jeweils leicht nach innen gestellt, also im Rechtsgalopp nach rechts und im Linksgalopp nach links.

Dressurmäßig wird Galopp in vier Tempi geritten. Der Arbeitsgalopp ist ein ruhig schwingender, gelöster und mäßig versammelter Galopp in klarem Dreitakt. Im Mittelgalopp erhöht sich das Tempo, dabei sollen die Sprünge energischer und raumgreifender, aber keinesfalls hastiger werden, die versammelte Haltung darf nicht verloren gehen. Im starken Galopp streckt sich das Pferd vermehrt, Raumgriff und Tempo steigern sich nach Vermögen des Pferdes und soweit Versammlung und Haltung dies zulassen. Auch die verkürzten, erhabenen Sprünge des stärker versammelten Schulgalopps müssen stets einen sauberen, klaren Dreitakt hören lassen, das Pferd soll bei weit untergesetzter Hinterhand, ausreichender Innenbiegung und stolzer Aufrichtung auf gerader Linie galoppieren.

Fußfolge im Galopp

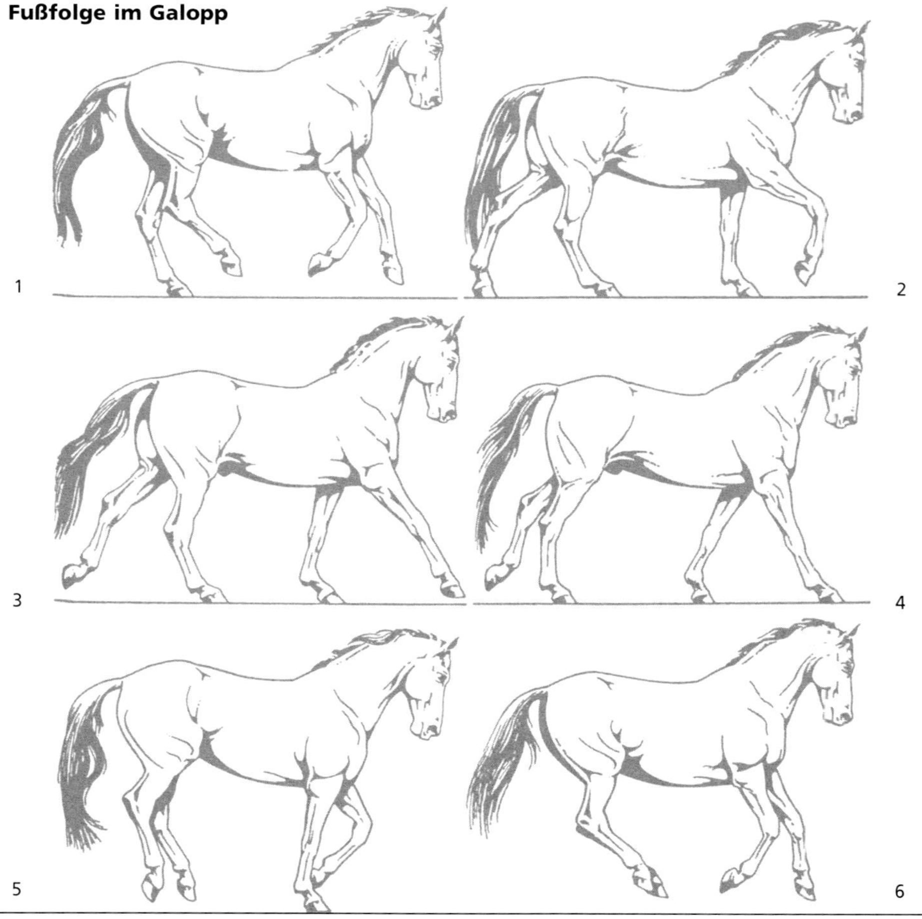

Das jeweilige Tempo in allen drei Grundgangarten soll deutlich und entschieden herausgeritten werden, Versammlung, Aufrichtung und Beizäumung müssen der jeweiligen Steigerung entsprechend erhalten bleiben, das Pferd darf, besonders in den starken Tempi, nicht auseinander fallen. In der extremen Körperstreckung des Renngalopps und -trabes hingegen findet keinerle Versammlung statt, da hier ausschließlich die Leistung nach Geschwindigkeit gewertet wird.

Fußfolge des gerittenen Pferdes im Rechtsgalopp (die rechte Vordergliedmaße greift am weitesten nach vorn) in sechs Phasen:

1. Hinten links fußt auf, Einbeinstütze hinten links.
2. Diagonales Gliedmaßenpaar hinten rechts – vorn links fußt auf, Dreibeinstütze.
3. Hinten links hebt ab, diagonale Zweibeinstütze hinten rechts – vorn links.
4. Vorn rechts fußt auf, Dreibeinstütze.
5. Diagonales Gliedmaßenpaar hinten rechts – vorn links hebt ab, Einbeinstütze vorn rechts.
6. Vorn rechts hebt ab, Schwebephase. Anschließend fußt hinten links wieder auf wie in Phase 1, um den Schub nach vorn zu entwickeln.

Die extreme Körperstreckung im Renngalopp (hier Rechtsgalopp) ergibt zwangsläufig den Viertakt-Galopp, weil durch weiteste Galoppsprünge das Auffußen des diagonalen Gliedmaßenpaares auseinander gezogen wird und nicht gleichzeitig, sondern nacheinander erfolgt.

Im fehlerhaften Kreuzgalopp (Abb. siehe S. 136) geht das Pferd hinten Rechtsgalopp und vorn Linksgalopp oder umgekehrt. Das linke Pferd geht Rechtsgalopp, die Ziffern bezeichnen die Reihenfolge des Aufsetzens der Hufe: 1 hat soeben aufgefußt, dann folgen 2 hinten rechts und vorn links gleichzeitig und zuletzt im weitesten Vorgriff 3 vorn rechts. Das rechte Pferd geht Kreuzgalopp: 1 hat aufgefußt, dann folgen 2 hinten rechts und vorn rechts gleichzeitig und zuletzt im weitesten Vorgriff 3 vorn links.

Körperstreckung im Renngalopp

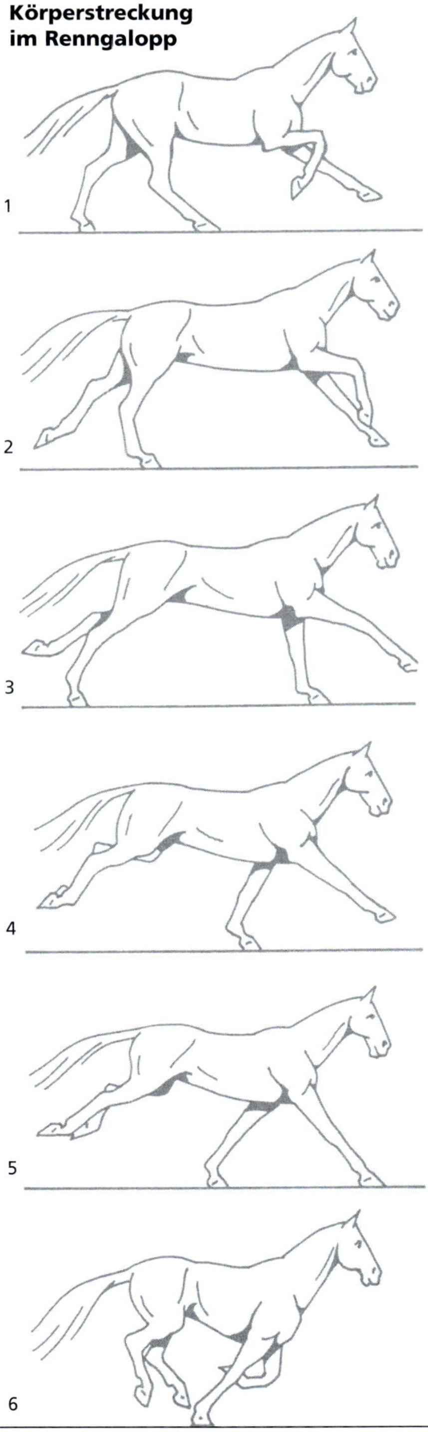

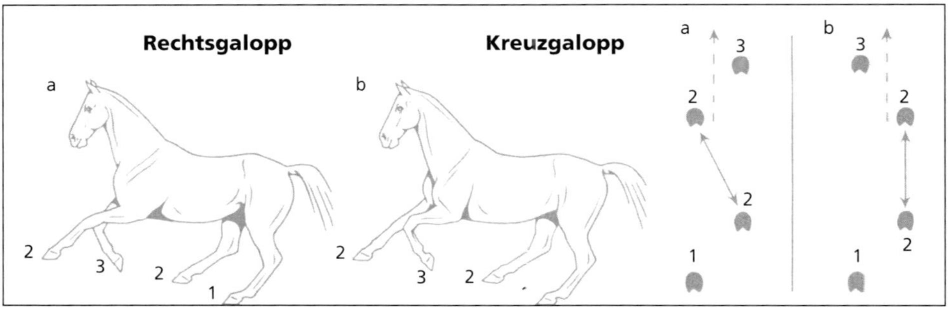

Links: Korrekte Fußfolge des normalen Rechtsgalopps. *Rechts:* Reihenfolge des Auffußens im Kreuzgalopp, die Hintergliedmaßen zeigen die Fußfolge des Rechtsgalopps und die Vordergliedmaßen die des Linksgalopps. *Ganz rechts:* Hufspuren von Rechts- und Kreuzgalopp.

Den leichten Sitz bevorzugt der Reiter für den Galopp im Gelände, indem er durch leichtes Lüften des Gesäßes, Vorneigen des Oberkörpers, Knieschluss und Stehen in den Steigbügeln den Pferderücken entlastet. Mit jeweils kürzer verschnallten Steigbügeln wird der leichte Sitz auch zum Springen und im Galopprennen angewandt.

Tölt

Der Theorie einiger Equidenforscher zufolge soll Tölt im eiszeitlichen Wildleben eine speziell angepasste Gangart an schwierige Bodenverhältnisse gewesen sein, die sich jene Wildpferde zwangsläufig aneignen mussten, die begrenzten, von Gletschern oder großen Wasserflächen umschlossenen Lebensräumen nicht entkommen konnten. So entstand Tölt auf Bodenstrukturen, wo Sumpf und Morast im Sommer sowie verharschte, tiefe Schneedecke im Winter die Begehbarkeit erschwerten oder abtauende Gletscher Schutt und Geröll hinterließen. Der trügerische Boden erzwang eine Gangtechnik, die einen Huf tastend und vorsichtig vor den anderen setzte und schnell wieder hochzog, um vor Versinken, Stolpern oder Beinverletzungen zu bewahren. Beim Auffußen wechselten Dreibeinstütze und Zweibeinstütze miteinander ab. Jeweils drei oder zwei Hufe fußten vorübergehend gleichzeitig auf, um das Körpergewicht großflächig auf mehrere Gliedmaßenstützen zu verteilen. Jeder Huf setzte kurz auf und wurde sofort senkrecht wieder hochgezogen, um dem Einsinken zuvorzukommen. Längeres Verweilen der Hufe am Boden oder Auffußen nur eines Hufes hätten zu raschem Einsinken geführt. Der trügerische Boden wurde mit den Vorderhufen sorgsam abgetastet; sanken diese zu tief ein, so stemmte das Wildpferd die Hintergliedmaßen schräg nach vorn in den Boden und hebelte sich rückwärts aus dem Schlamm heraus. Eine stark abgeschrägte Kruppe, die extremes Unterschieben der Hintergliedmaßen erlaubt, wurde körperbauliches Kennzeichen töltender Pferde.

Mit dem Abtauen der Eiszeitgletscher verließen die Sumpfpferde ihre begrenzten Lebensräume und gingen weiträumig auf Futtersuche. Wildpferdtypen, die durch unterschiedliche Klimazonen und Umweltbedingungen geprägt waren, begegneten einander. Wahrscheinlich fanden schon im Wildleben Vermischungen verschiedenartiger Wildpferdtypen statt. Während der Domestikation wurden Pferde unterschiedlicher Klimazonen von den Menschen züchterisch vermischt und verkreuzt. Erbgut aus Nord und Süd wurde durcheinander gewürfelt. Wie andere Erbanlagen übertrug sich auch das Tölterbe auf Pferde mit anderen Gangveranlagungen und umgekehrt, so dass sich in einer Rasse mitunter mehrere Gangveranlagungen vereinten. Ein Beispiel ist das Germanenpony, das die Wikinger vor tausend Jahren nach Island verpflanzten. Seither überdauerte das Islandpferd unverfälscht, im Erbgut blieb die Veranlagung zu allen drei Mittelgangarten erhalten. Ebenso zeigt das iberische Pferd (Andalusier, Lusitano), dessen wilde Vorfahren einst großenteils in Sumpfniederungen ihr Dasein fristeten, trotz ausmerzender Zuchtwahl noch immer Ansätze zur Töltveranlagung. Jene iberischen Pferde, die mit spanischen Eroberern nach Lateinamerika gelangten, hinterließen in ihren Nachfahren das Erbgut des Viertaktganges, das heute in verschiedenen Varianten herausgezüchtet und gepflegt wird.

Im Tölt wird die Zahl der gleichzeitig auffußenden Gliedmaßen von der Höhe der Geschwindigkeit bestimmt. Wenn der Gangrhythmus des Schrittes in gemäßigtes Lauftempo übergleitet, ergibt sich der langsame Tölt, der ebenso wie der Schritt von der Dreibeinstütze zur Zweibeinstütze wechselt (bequemster Reitersitz). Diese Töltgeschwindigkeit ist überwiegendes Zucht- und Ausbildungsziel für latein- und nordamerikanische Gangpferderassen, da Bequemlichkeit und repräsentative Selbstdarstellung des Reiters besonderen Stellenwert genießen. Steigert sich die Geschwindigkeit des Töltes, so wird die Dreibeinstütze durch das höhere Tempo überschlagen und durch die flüchtigere Einbeinstütze ersetzt (Reitsitz etwas unruhiger). Schneller Tölt ist Merkmal der isländischen Reitweise, die den Reiter einstmals möglichst rasch und bequem über weite Strecken durch unwegsame Landstriche beförderte. Häufiger Pferdewechsel gewährleistete kontinuierliche Reisegeschwindigkeit und Entlastung der Reitpferde. Der isländische Reitsitz – Oberkörper leicht nach hinten geneigt, Unterschenkel nach vorn gestreckt – diente der Bequemlichkeit und verzichtete auf Hilfengebung in dressurmäßigem Sinn. Der herkömmliche Sitz, der heute noch in Island verbreitet ist, wurde lange Zeit auch auf dem Kontinent gepflegt. Teutonische Gründlichkeit entwickelte in Deutschland – zum Wohl des Pferdes und im Hinblick auf den Gangpferde-Turniersport – eine genauer einwirkende Hilfengebung, die dressurmäßige Elemente in abgewandelter Form einschließt.

Der Reitsitz näherte sich dressurmäßigen Vorstellungen, die Hilfengebung wurde differenzierter und die Longenarbeit gewann in der Ausbildung an Stellenwert. Die schreitende bis laufende Gangart ohne Schwebephase wird aus der Bewegung, meist aus dem Schritt, entwickelt. Zur Gewichtsverlagerung verschiebt der Reiter seinen Sitz etwas nach hinten, um die Hinterhand stärker zu belasten und die Vorhand zu entlasten. Schenkel- oder Gertenhilfe geben das Signal zum Anreiten, eine Parade der Zügelhand fängt den Vorwärtsdrang ein, das Pferd trägt den Kopf erhoben. Man unterscheidet drei Töltvarianten: Als ideale Gangfolge gilt der gleichmäßige Viertakt mit gleich langen Pausen zwischen dem Auffußen aller vier Hufe. Passtölt ist die Verschiebung zum Passgang, hier sind die Pausen zwischen dem Auffußen der beiden gleichseitigen (lateralen) Hufe kürzer (unregelmäßiger Viertakt). Im Trabtölt mit kürzeren Pausen zwischen dem Auffußen des diagonalen Hufpaares verschiebt sich der Tölt zum Trab (unregelmäßiger Viertakt), für den Reiter die härteste Töltvariante.

Das Aufsetzen der Hufe im Tölt entspricht der Fußfolge des Schrittes, etwa hinten links – vorn links – hinten rechts – vorn rechts. Die Reihenfolge des Abhebens der Hufe ändert sich im schnellen Tölt, weil die Dreibeinstütze durch die Einbeinstütze ersetzt wird. Im langsamen Tölt wechseln, wie im Schritt, folgende Gliedmaßenstützen miteinander ab: etwa vordere Dreibeinstütze (2 Vorderhufe und 1 Hinterhuf am Boden) – laterale Zweibeinstütze (2 gleichseitige Hufe am Boden) – hintere Dreibeinstütze (2 Hinterhufe und 1 Vorderhuf am Boden) – diagonale Zweibeinstütze (2 diagonale Hufe am Boden) und so fort. Im schnellen Tölt jedoch werden die Dreibeinstützen durch Einbeinstützen ersetzt und ergeben entsprechend dem oben genannten Ablauf diese Reihenfolge: hintere Einbeinstütze

Langsamer Tölt

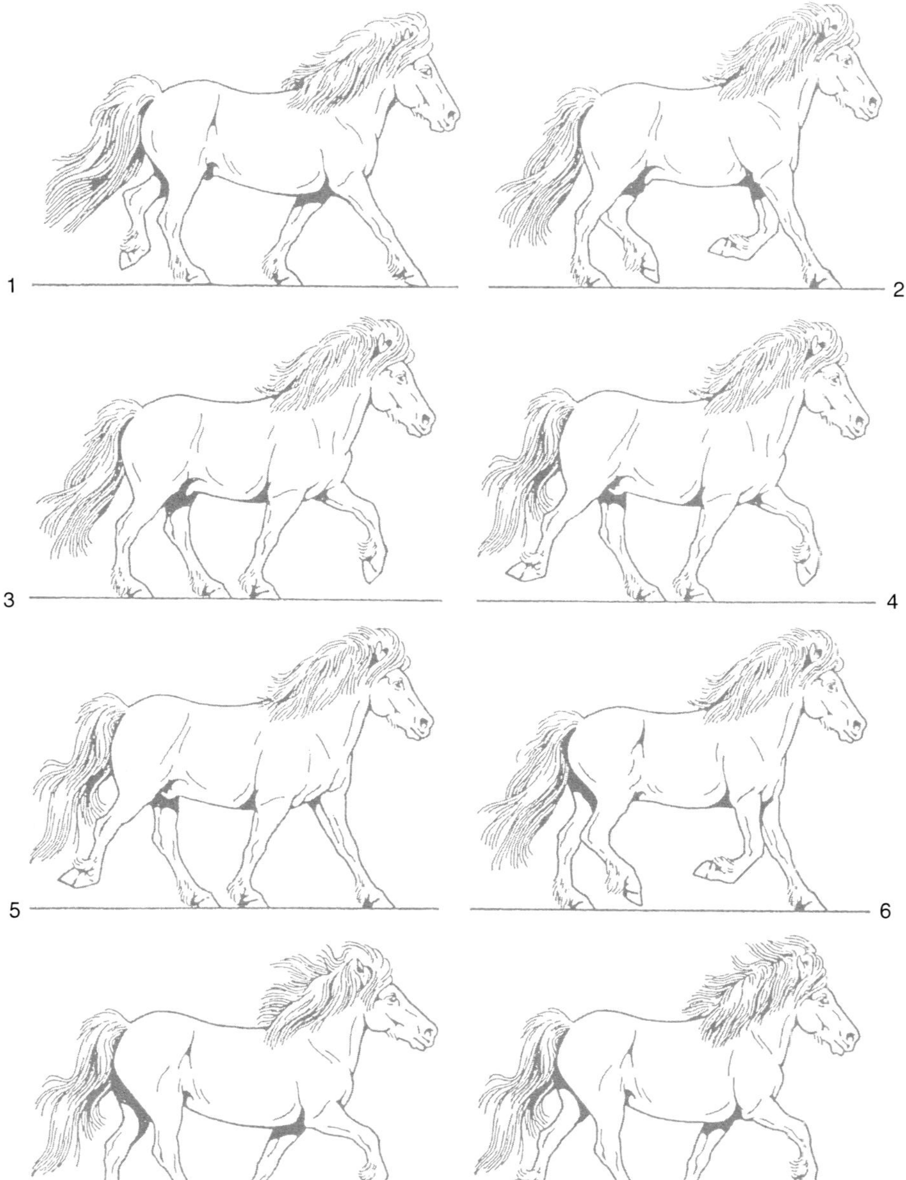

Langsamer Tölt im Wechsel von Dreibeinstütze zu Zweibeinstütze.

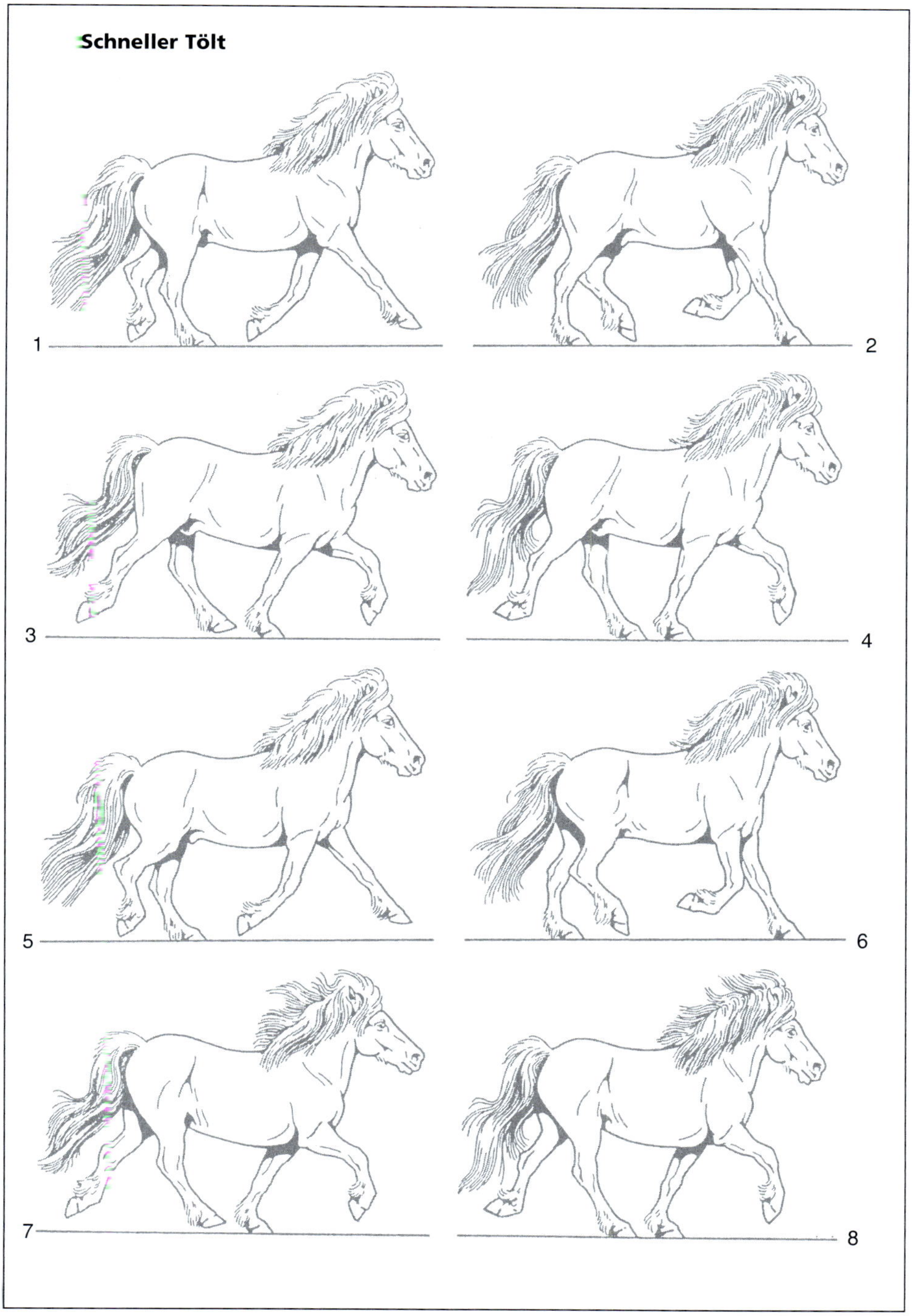

Schneller Tölt im Wechsel von Einbeinstütze zu Zweibeinstütze.

Oben: Der langsame Tölt zeigt die Fußfolge des Schrittes. Die linke Vordergliedmaße hat nach der rechten zur Dreibeinstütze aufgefußt.
Unten: Bedingt durch den stärkeren Vorwärtsschwung ändert der schnelle Tölt die Fußfolge. In der gleichen Phase hebt die rechte Vordergliedmaße bereits ab, bevor die linke auffußt. Die Dreibeinstütze entfällt. Der gleiche Vorgang wiederholt sich hinten, es erfolgen nur noch Ein- und Zweibeinstütze.

(1 Hinterhuf am Boden) – laterale Zweibeinstütze (2 gleichseitige Hufe am Boden) – vordere Einbeinstütze (1 Vorderhuf am Boden) – diagonale Zweibeinstütze (2 diagonale Hufe am Boden) und so fort.

Die Erscheinungsbilder größerer latein- und nordamerikanischer Töltrassen erwecken eher den Eindruck entspannter Ruhe und Gelassenheit, bedingt durch die zumeist gewollte geringe Geschwindigkeit und lange Gliedmaßen mit weitem Raumgriff, den das Islandpferd aufgrund seiner Kurzbeinigkeit nicht leisten kann. Deshalb ist es, schon wegen des geforderten höheren Tempos, auf eine schnellere Trittfolge angewiesen.

Passgang

Der natürliche Passgang im gemäßigten Tempo (bis Trabgeschwindigkeit) ist als ein Schongang zu betrachten, der den Bewegungsmechanismus in geringster Weise beansprucht. Passgang war im Wildleben eine vorbeugende Maßnahme der Natur zur Selbsthilfe des Individuums, die Kräfte- und Gliedmaßenverschleiß minderte, dem gesunden Tier größte Ausdauer verlieh sowie bei vorübergehender oder altersbedingter Erschöpfung die Fortbewegung erleichterte und für eine gewisse Zeit das Überleben ermöglichte. Beispielsweise bevorzugen Lauftiere wie Elefant, Giraffe, Kamel, Lama, Antilope, Hyäne, Gepard und andere, die zum Nahrungserwerb ständig auf Wanderschaft sind oder zeitweilig jagend extreme Laufleistungen erbringen müssen, zur Schonung ihrer Kräfte und ihres Bewegungsapparates generell oder vorübergehend den mehr oder minder ausgeprägten, gemächlichen Passgang, der mitunter auch zum »gebrochenen Passgang« (Passtölt) tendieren kann. Pferde und Hunde, denen zeitlebens der diagonale Trab geläufig war, bedienen sich in höherem Lebensalter häufig des kräftesparenden lateralen Ganges, weil steife Gliedmaßen ein elastisches und schwungvolles Ausschreiten nicht mehr zulassen. Der langsame Passgang ist eine eher schreitende Gangart im Zweitakt ohne erkennbare Schwebephase, bei dem die lateralen Gliedmaßen mit jedem Tritt fast gleichzeitig auffußen. Die Muskulatur des Pferderückens ist versteift und wird vom Bewegungsablauf der Gliedmaßen kaum berührt.

Manche Passgänger zeichnen sich durch eine für den Reiter unangenehme, seitwärtige Schaukelbewegung aus. Der Einfluss reiterlicher Hilfengebung beschränkt sich auf ein Mindestmaß, der

Passgang in mäßigem Tempo

Passgang in mäßigem Tempo: Die gleichseitigen (lateralen) Gliedmaßen fußen gleichzeitig auf. Schongangart, die große Ausdauer verleiht.

Passgang im Renntempo

Passgang im Renntempo: Die lateralen Gliedmaßen fußen, bedingt durch Vorwärtsschub und Rumpfstreckung, nacheinander auf. Extrem anstrengende Gangart.

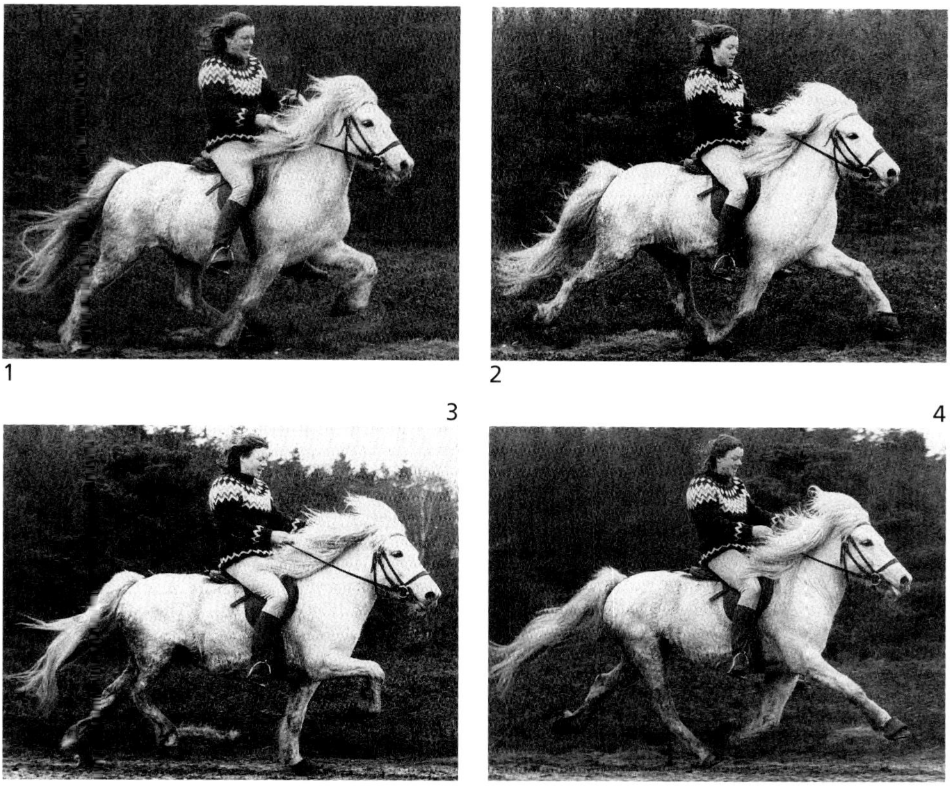

Fußfolge im Rennpass (Islandpferd) in vier Phasen:
1 Rechts hinten und vorn fußen kurz nacheinander auf, rechte Zweibeinstütze.
2 Rechts hinten und vorn heben kurz nacheinander ab, Schwebephase.
3 Links hinten und vorn fußen kurz nacheinander auf, linke Zweibeinstütze.
4 Links hinten und vorn heben kurz nacheinander ab, Schwebephase. Anschließend fußt das rechte Gliedmaßenpaar auf.

Reiter bleibt eher passiv, sitzt nicht »im Pferd«, sondern »oben drauf« und empfindet sich als beförderte Last. Gleichwohl kann ein schaukelfreier, gehorsamer sowie sachgerecht erzogener und ausgebildeter Passgänger für Wanderreiter mit geringen reiterlichen Ambitionen sowie für Reitanfänger und betagte Reiter ein geeignetes Reittier sein, weil der sanfte Gang kaum Erschütterungen überträgt und reiterliche Fähigkeiten nur in geringem Maße erforderlich sind. Im Passgang fußen die lateralen Hufpaare in gleichmäßigem Wechsel auf, so dass eine flüssige, gleitende Gangbewegung entsteht, die dem Pferd große Ausdauer verleiht und dem Reiter äußerste Bequemlichkeit bietet.

Im Renntempo hingegen verliert der Passgang seine Eigenschaft als Schongang, die extreme Belastung kann nur über kurze Strecken durchgehalten werden. Bedingt durch weite Körperstreckung und äußerstes Tempo entsteht eine Schwebephase, die lateralen Gliedmaßen fußen nicht mehr gleichzeitig, sondern nacheinander auf (erst hinten, dann vorn; siehe Abb. S. 142 und oben). Im Wettbewerb für Islandpferde ist der Rennpass unter dem Reiter auf eine maximale Strecke von 250 m begrenzt. Das bis

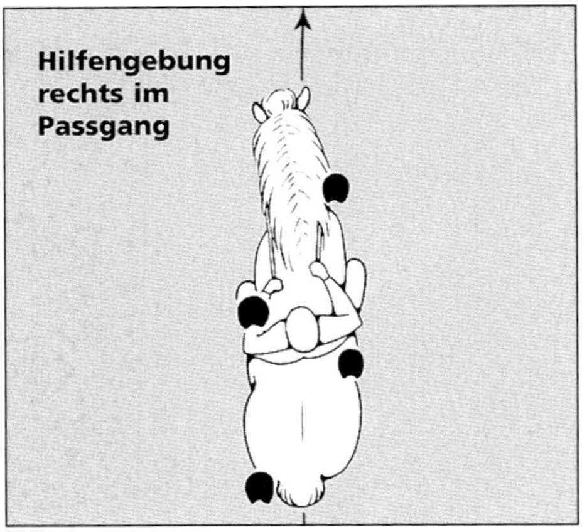

an die Grenze der Belastbarkeit ausgereizte Renntempo ist das Ergebnis reiterlicher Forderung und kam im Wildleben aus eigenem Antrieb nicht vor. Passgang gilt im Dressursport als fehlerhaft, weil dressurmäßige Gymnastizierung in Längsbiegung nicht möglich ist. In den USA werden gesondert von Trabrennen auch Passgangrennen vor dem Sulky gelaufen.

Hilfengebung rechts im Passgang, die rechtsseitig unterstützenden Hilfen des Reiters – rechtsseitiges Vorschieben des Gesäßes, rechte Schenkelhilfe, rechts nachgebende Zügelhilfe – erfolgen im Einklang mit den rechts vorschwingenden Gliedmaßen. Die leicht und einfach auszusitzende Gangart erfordert nur geringes reiterliches Können und ist besonders für Anfänger sowie anspruchslose und betagte Reiter im Gelände zum Spazierenreiten geeignet.

Gangpferde Kuriose, mittlerweile geläufige Bezeichnung für Pferderassen mit mehr oder weniger angeborener Veranlagung für die Gangarten Tölt und Passgang in verschiedenen Varianten. Diese sind, ebenso wie Schritt, Trab und Galopp, naturgegebene Gangarten auf dem Wildleben, die an Umwelt- und Bodenverhältnisse des jeweiligen Lebensraumes angepasst waren. In der Antike und im Mittelalter waren tölt- und passgehende Pferde wegen ihres nahezu erschütterungsfreien Ganges als bequeme Reisepferde über lange Wegstrecken hoch geschätzt (Tieldones, →*Zelter*). Mit dem Beginn des Kutschenzeitalters und dem Ausbau von Straßen verloren die sanften Gangarten in Europa an Bedeutung, das Reisen in der Kutsche mit dem Dach über dem Kopf war allemal komfortabler. Die klassische Reitkunst des Barocks, das Militärwesen des 18. und 19. Jh. und das Turniersportgeschehen des 20. Jh. lehnten die lateralen Gangarten als unbrauchbar ab und merzten sie züchterisch aus. Erst nach dem Zweiten Weltkrieg, mit Zunahme des Freizeitreiters und steigendem Import des Islandpferdes, erfreuten sich die bequemen Gangarten im Freizeitbereich wieder größerer Beliebtheit und fanden mittlerweile viele Anhänger, die auch nach größeren Töltpferden Ausschau hielten. So hat die Nachfrage nach südamerikanischen Töltern, die ursprünglich von iberischen Pferden abstammen, und nach nordamerikanischen Töltern, die aus züchterischen Vermischungen verschiedener Rassen mit Vollblütern entstanden sind, in Europa neben Import und Nachzucht des Islandpferdes ständig zugenommen. In Landstrichen mit unerschlossenen Verkehrswegen, beispielsweise in

Falkner des Mittelalters auf töltendem Pferd (siehe S. 138: diagonale Fußung Phase 8).

Südamerika und Asien, sind Tölt und Passgang bis heute zweckdienliche und beliebte Reisegangarten über weite Strecken. →*Gangarten* (Passgang, Tölt), →*American Saddlebred Horse*, →*American Standard Bred*, →*Caballo de Paso Peruano*, →*Islandpferd*, →*Mangalarga Marchador*, →*Missouri Foxtrotter*, →*Paso Fino*, →*Tennessee Walking Horse*.

Gardian Berittener Rinderhirt in der Camargue (Südfrankreich), der das bodenständige, speziell begabte →*Camarguepferd* mit →*Cow-sense* für die Wartung der Kampfstierherden verwendet.

Gardian in Festtracht.

Garrano Primitive, großenteils halbwild lebende Gebirgsponyrasse im Nordwesten der iberischen Halbinsel. Regional unterschiedliche Typen, Widerristhöhe zwischen 125 und 135 cm Stockmaß.

Gaucho Berittener Rinderhirt in Südamerika, der den speziell begabten →*Criollo* mit →*Cow-sense* zum Treiben frei lebender Hausrinder verwendet.

Gayot Eugène (1808–1891). Generalinspekteur des staatlichen Gestütwesens in Frankreich, der die französische Pferdezucht reformierte. Schöpfer der Zuchtrassen →*Anglo-Araber* und →*Anglo-Normänner*. Zahlreiche Veröffentlichungen.

Gebäude →*Anatomie*, →*Körperformen*.

Gebissformen →*Zäumung*.

Geburt des Fohlens Im ursprünglichen Wildleben suchte die Stute, wenn die Geburt ihres Fohlens unmittelbar bevorstand, einen heimlichen und etwas abseits und versteckt liegenden Ort aus. Im Augenblick der Schwäche und Wehrlosigkeit wollte sie nicht gestört oder einer Gefahr ausgesetzt sein. Dieser Instinkt hat sich noch im Erbgedächtnis unserer Stallpferde erhalten, so dass selbst die Gegenwart des vertrauten Pflegers die Stute in der Box, die ihre Stunde nahen fühlt, nervös machen und die Geburt verzögern oder gar komplizieren kann. Absolute Ruhe und die Überwachung der Stute aus abseitiger, nicht störender Position, sind unbedingt wichtig. Die Geburtsstunde frei lebender Robustpferde wird selten und nur rein zufällig beobachtet, weil diesen in vielen Fällen ein gewisses Areal mit Versteckmöglichkeiten zur Verfügung steht, die sie in ihrer von den Urahnen ererbten Scheu zeitlich und örtlich gut zu nutzen wissen.
Anzeichen der bevorstehenden Geburt: Etwa 4–6 Wochen vorher schwillt das Euter an. Die Beckenbänder fallen ein. Zwischen dem 7. und 2. Tag vor der Geburt bilden sich Harztropfen an den Zehenspitzen des Euters. Oftmals fallen die Harztropfen einen Tag vor der Geburt ab und die Milch beginnt herauszutropfen. Unmittelbar vor dem Ereignis zeigt die Stute Nervosität, unruhiges Hinundherlaufen und starkes Schwitzen. Die meisten Geburten erfolgen im Liegen und während der Nacht. Im Normalfall ist das Fohlen nach 10 bis 30 Minuten geboren. Jedes voreilige

Geburt des Fohlens

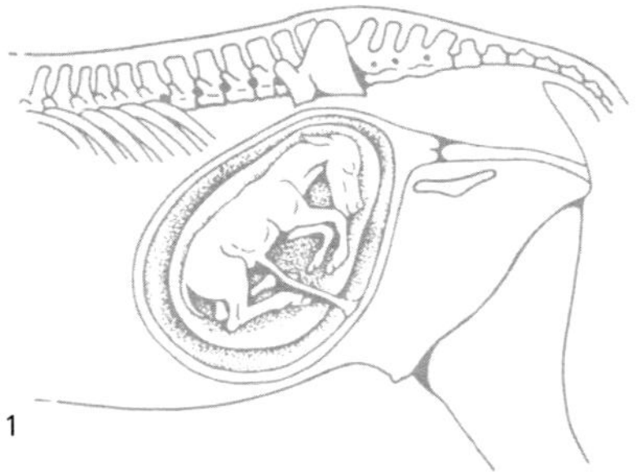

1

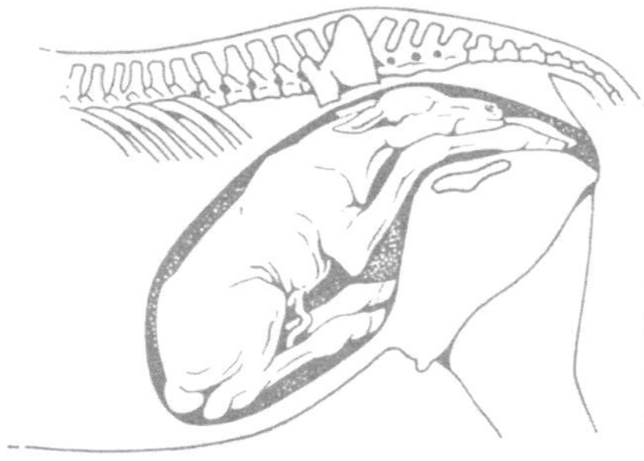

2

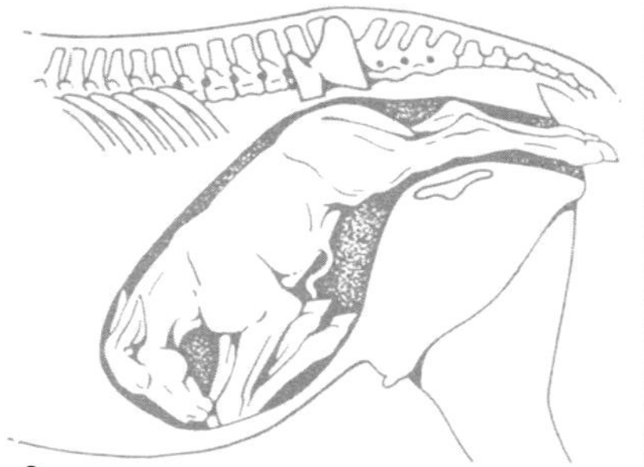

3

1 Fötus im Mutterleib, etwa 6 Monate alt
2 Normale Geburtslage (Kopflage)
3 Steißlage: falsche Austrittslage, die zu beträchtlichen Komplikationen und auch zum Tod des Fohlens führen kann

Eingreifen ist schädlich. Da nicht vorherzusehen ist, ob sich Komplikationen einstellen, sollte man vorbeugend und vorsichtshalber bereits vor jeder Stallpferdgeburt den Tierarzt rufen, denn zu einem späteren Zeitpunkt könnte tierärztliche Hilfe bereits vergeblich sein.

Der Geburtsvorgang: Die Eröffnungswehen zeigen sich durch Unruhe, Scharren, Niederlegen, Kot- und Harnabsatz. Meist im Liegen presst die Stute in der Austreibungsphase das Fohlen heraus. Zunächst erscheint die Wasserblase, die den Geburtsweg erweitert und den Durchgang des Fohlens erleichtert. Sie platzt meist beim Austreten aus der Scheide und darf keinesfalls früher geöffnet werden. Sodann folgt die Fruchtblase, in der auf den ausgestreckten Vorderbeinen der Kopf des Fohlens liegt (Kopflage = Normallage).

Wenn der Kopf des Fohlens den Beckendurchgang passiert hat, folgt der schmalere Körper sogleich nach, und die Geburt ist vollzogen. Mit dem Aufstehen der Stute öffnen sich die Eihäute, und die Nabelschnur reißt an einer bestimmten Stelle ab. Sollten die Eihäute aber geschlossen bleiben, müssen sie sofort aufgerissen werden, damit das Fohlen nicht erstickt. Im allgemeinen holt das die Stute mit den Zähnen nach. Jetzt beginnt das Fohlen zu atmen. Zur Erleichterung kann man den Kopf freilegen und Maul und Nüstern mit der Hand vom Schleim befreien. Der Nabelstumpf wird desinfiziert. Bei jeder Handreichung ist peinlichste Sauberkeit Bedingung, da sonst leicht Infektionen entstehen können. Ist die Nachgeburt nicht in spätestens 2 Stunden abgefallen, muss der Tierarzt verständigt werden. →*Saugfohlen.*

Geburtsgewicht Das Körpergewicht des neugeborenen Fohlens beträgt durchschnittlich zwischen 8 und 12% des Körpergewichtes der Mutter im nichttragenden Zustand. Zwillingsgeburten zusammen sind meist gewichtiger, der einzelne Zwilling aber entsprechend leichter als ein einzeln geborenes Fohlen.

Gedächtnis Das Erinnerungsvermögen des Pferdes ist nahezu unfehlbar, wenn es sich um Situationen handelt, die aus dem Wildleben der eiszeitlichen Urahnen im Erbgedächtnis gespeichert sind. Es versagt hingegen bei Vorkommnissen, die außerhalb seiner früheren Umweltbedingungen liegen. So vermag es z. B. während eines längeren Rittes die Landschaftsmerkmale eines erstmals begangenen Weges so genau in sich aufzunehmen, dass es bei dunkler Nacht und sogar in Abkürzungen querfeldein zurück nach Hause findet, ohne dass ihm vom Reiter der Weg gewiesen wird. In der Wildnis konnte von der genauen Beobachtung der Umwelt das Leben abhängen, z. B. das Wiederfinden bestimmter Futterplätze und Wasserstellen oder die Kenntnis von gefährlichen Sumpfgebieten. Somit ist das Pferd gewöhnt, sich seine Umgebung sehr genau einzuprägen. Dagegen vergisst es flüchtige Handlungen, die sich in seinem Blickfeld ereignen, sogleich wieder, sofern sie keine schmerzhaften oder besonders erfreulichen Erinnerungen am eigenen Körper hinterlassen. →*Verhaltensweisen.*

Gehirngewicht Beträgt beim Warmblutpferd etwa 500–600 g.

Gehirnwassersucht →*Dummkoller.*

Gehör Die akustische Wahrnehmung des Pferdes ist für nah und fern hervorragend ausgebildet. Die menschliche Stimme ist von großer Wirkung auf sein Verhalten, es reagiert sehr empfindlich auf beruhigende, anfeuernde oder tadelnde Worte oder Rufe. Auch erkennt es bestimmte Menschen, ohne sie zu sehen, sofort an der Stimme wieder. Diese sollte stets ein vorrangiges Mittel in Erziehung und Ausbildung sein.

Gehorsam Das Pferd ist im Wildleben entsprechend seiner individuellen psychischen und physischen Persönlichkeitskraft innerhalb des Herdenverbandes in eine strenge Rangordnung eingegliedert, in der es sich geborgen fühlt. Sein Rang bleibt mehr oder weniger das ganze Leben bestehen. Mithin ist es in seiner Wesenheit zu einem bestimmten Gehorsam gegenüber höher gestellten Artgenossen programmiert. Da der Mensch vom Pferd sowohl beim Reiten als auch im gesamten Umgang absoluten Gehorsam verlangt, muss er stets ranghöherer Artgenosse sein, das heißt, er muss kraft seines überlegenen Bewusstseins durch zwangfreie Behandlung und Vorausdenken seine Überlegenheit beweisen, die das Tier gern akzeptiert, weil die naturgesetzliche Fähigkeit zur Ein- und Unterordnung in seinem ererbten Verhaltenspotential gespeichert ist. Das Pferd ist sensibel und furchtsam, deshalb muss der Mensch eine psychisch entspannte, freundschaftliche Atmosphäre schaffen. Grobe, unverständige Behandlung löst seelische und körperliche Verkrampfung, Furcht, Widersetzlichkeit, Untugenden und Ungehorsam aus.
Das Erbgedächtnis des jungen Pferdes ist zunächst nur auf Bedingungen des Wildlebens programmiert. Am Menschen liegt es, das Tier mit allen Lebensbedingungen vertraut zu machen, die nicht in seinem angeborenen Verhalten gespeichert sind. Da das Pferd ein ausgezeichnetes Gedächtnis besitzt und Erlebtes, im Schlechten wie im Guten, nicht vergisst, muss der Vorgang der Erziehung für das Tier gut verständlich sein und eine angenehme, angstfreie Erinnerung zurücklassen, auf welchem Gebiet auch immer. Nur eine gewaltfreie, dem Verhalten und Verständnis des Pferdes angemessene, konsequent durchgeführte Erziehung und Behandlung erweckt im Tier Vertrauen und Gehorsam sowie Respekt gegenüber dem Menschen als ranghöherem Artgenossen. Die Ursache für Ungehorsam ist zumeist in reiterlichem Unvermögen, falscher Erziehung, Überforderung und Nichtverstehen des Pferdes zu suchen. Grundlose Widersetzlichkeit entspricht nicht dem Wesen und Verhalten des Pferdes. Ungehorsam ist oft der Ausdruck von Verzweiflung und Missverstehen. →*Verhaltensweisen.*

Geländereiten Nicht die geschlossene Reitbahn, sondern die freie Natur ist das Lebenselement des Pferdes, darum sollte jedem Stallpferd so oft wie möglich auch ein Ritt ins Gelände gegönnt sein, der eher gelöstem Spazierreiten oder häufigem Bummeln am langen Zügel gleicht. Bevor der erste Ausritt stattfindet, muss der Reiter sein Pferd beherrschen. Die wechselnden Gangarten werden in ruhigen Tempi geritten, wie sie das Pferd anbietet. Der Reiter darf sich niemals zur Galoppraserei hinreißen lassen, weil er dann leicht die Beherrschung über das Pferd verliert und Unfälle verursachen kann. Es ist ratsam, zu zweit oder zu dritt auszureiten, damit sofort Hilfe geleistet werden kann, wenn ein Reiter verunglückt. Für schnellere Gangarten ist zur Schonung der Pferdegliedmaßen weicher, elastischer Boden wie Grasnarbe oder nicht zu tiefer Sand vorzuziehen. Für längere Galoppstrecken wählt man breite, übersichtliche Sandwege, damit das Pferd plötzlich auftauchende Lebewesen oder Gegenstände schon von weitem erblickt und nicht plötzlich erschrickt und scheuend zur Seite springt. In anschließenden langen Schrittreprisen am langen Zügel nimmt das Pferd im freien Schritt wohlig schnaubend, witternd und schauend das Bild der Natur in sich auf und entspannt sich körperlich und seelisch. Im Arbeitstrab schwingt das Pferd ungezwungen und losgelassen, der Reiter trabt leicht, um den Pferderücken zu entlasten. Durchreiten von Gewässern, Auf- und Abklettern am Hang und das Überwinden kleinerer Hindernisse wie liegende Baumstämme und schmale Gräben machen das Pferd mit Geländeschwierigkeiten vertraut, fördern Trittsicherheit sowie Geschicklichkeit und kräftigen Muskeln, Sehnen und Gelenke. Regelmäßige Wiederholungen derartiger Ausritte tragen zu körperlichem Wohlbefinden und seelischer Ausgeglichenheit des Pferdes bei.

Geläuf Mit kurz geschnittenem, gepflegtem Rasen bewachsene Rennstrecke der Galopprennbahn. →*Galopprennen.*

Generalausgleichsgewicht (GAG) Das am Ende des Rennjahres für jedes Rennpferd aufgrund seiner Leistungen ermittelte theoretisch zu tragende Gewicht, also ein Standardwert, der davon ausgeht, dass dann alle Pferde mit gleichen Chancen die gleiche Strecke laufen und zur gleichen Zeit das Ziel erreichen. Das GAG wird von den →*Ausgleichern* des →*Direktoriums für Vollblutzucht und Rennen* für den jeweils kommenden 1. April für ein theoretisches 1600-m-Rennen errechnet.

General Stud Book (engl.) Generalstutbuch für →*Englisches Vollblut,* besteht seit 1793. Verzeichnis aller Vollblüter, die in direkter Linie von den »Rojal Mares« oder aber von den drei Stammhengsten »Byerley's Turk«, »Darley's Arabian« und »Godolphin Barbe« abstammen. Wird jedes Jahr durch den neuen Fohlenjahrgang ergänzt. Ausländische Vollblüter werden nur aufgenommen, wenn ihre Abstammung einwandfrei nachgewiesen werden kann. An offiziellen Zuchtrennen dürfen nur Pferde teilnehmen, die im General Stud Book verzeichnet sind. Das Stutbuch erscheint alle 5 Jahre und wird von der englischen Firma Weatherby herausgegeben. →*Vollblutzucht.*

Genette Ehemals auf der iberischen Halbinsel beheimateter direkter Vorfahr des →*Andalusiers,* der im 16. und 17. Jh. seine züchterische Hochblüte erlebte und aufgrund seiner überragenden Reitqualitäten fast alle europäischen Zuchten und die westliche Reitkunst beeinflusste. →*Neapolitaner,* →*Neapolitanische Reitschule.*

Geraderichten →*Längsbiegung.*

Gerte Dient zur Unterstützung der reiterlichen Hilfen und ist kein Prügelinstrument. Sie muss elastisch sein, damit der Reiter bereits durch eine Drehbewegung der Hand die zielbewusste Hilfe geben kann, die stets nur direkt im Augenblick der Gehorsamsverweigerung und energisch genug gegeben werden muss, damit das Pferd den Zusammenhang begreift. Zur Anfangsausbildung im Dressurreiten verwendet man eine lange Gerte (ca. 110–120 cm), die beim Bahnreiten vorwiegend in der inneren Hand getragen wird. Der Schlag muss dicht hinter dem Unterschenkel zu dessen Unterstützung angesetzt werden. Die kurze, nicht so elastische Springgerte mit Lederklatsche benutzt der Springreiter, um das Pferd vor dem Hindernis vermehrt anzutreiben. Diese Hilfe wird hinter dem Schenkel oder an der Schulter gegeben, wobei in erster Linie das klatschende Geräusch seine Wirkung tut.

Geruchsvermögen Das Pferd ist ein »Nasentier«, es vermag die verschiedensten Dinge schon auf weite Entfernung zu wittern und prüft auch in der Nähe, ob Lebewesen oder toter Gegenstand, alles erst mit der Nase. Wer mit Pferden direkt zu tun hat, sollte diese Eigenheit berücksichtigen und mit Geduld sich selbst und alle Gegenstände immer wieder ausgiebig beriechen lassen. So schafft man eine solide Vertrauensbasis von Tier zu Mensch, die den Umgang miteinander beträchtlich erleichtert. → *Verhaltensweisen.*

Geschirr des Gespannpferdes Das Zuggeschirr ist eine dem Pferdekörper angepasste, verstellbare Lederkonstruktion, mit deren Hilfe das Pferd auch schwere Lasten zu ziehen vermag. Mangelhaft angepasste Geschirre beeinträchtigen die Zugleistung erheblich und führen zu entzündlichen Scheuer- und Druckverletzungen, dem sog. Geschirrdruck. Man unterscheidet prinzipiell zwei verschiedene Geschirrkonstruktionen, das Sielen- oder Brustblattgeschirr für leichtere Zugarbeit auf ebenen Straßen, und das Kumtgeschirr für schwere Zugarbeit auf schwierigem Boden und im Gebirge. Beide Geschirrarten werden hergestellt als mehr oder weniger prächtig und kostbar gearbeitete Repräsentationsgeschirre (Fahrsport, Brauereigespann, noble Kutsche) sowie als einfache, zweckmäßige und robuste Arbeitsgeschirre ohne jede Verzierung (Land- und Forstwirtschaft, Freizeitfahren).

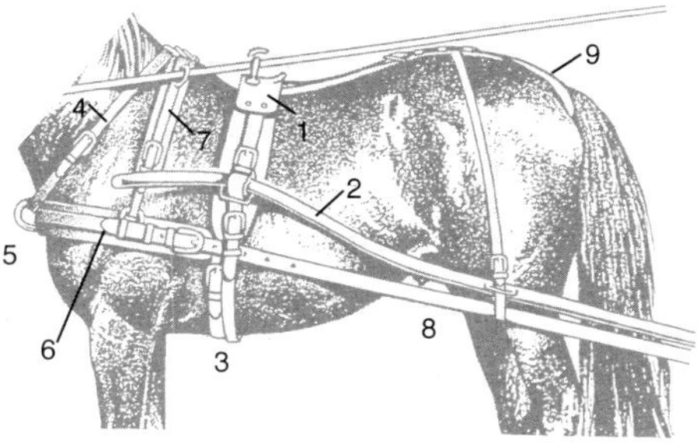

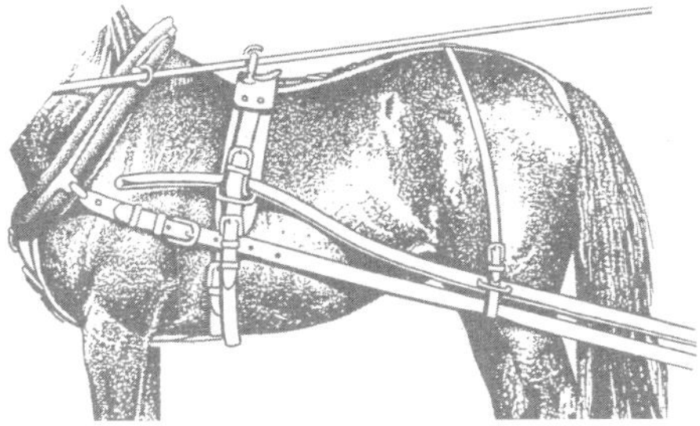

Oben: Brustblattgeschirr für Einspänner (mit Halskoppel und Aufhaltering, auch für Zweispänner geeignet):
1 Sellette mit Trageriemen und Trageöse für Gabel oder Schere
2 Gabel (oder Schere)
3 Bauchgurt
4 Halskoppel
5 Aufhaltering
6 Brustblatt
7 Halsriemen
8 Zugstrang (durchgehend gerade, ohne Knick)
9 Schweifriemen
Unten: Kumtgeschirr für Einspänner.

Das Sielengeschirr oder Brustblatt, Prinzip der ungarischen Anspannung, ist vornehmlich für leichte Pferde vor leichtem Wagen vorgesehen. Es lässt sich im Gegensatz zum Kumtgeschirr jederzeit auf verschiedene Größen verschnallen, hat aber den Nachteil, dass es für schweren Zug ungeeignet ist, weil es dann entweder die Schulterfreiheit behindert oder Brust und Luftröhre einengen kann. Für das Sielengeschirr ist die fest stehende Sprengwaage mit beweglichen Ort

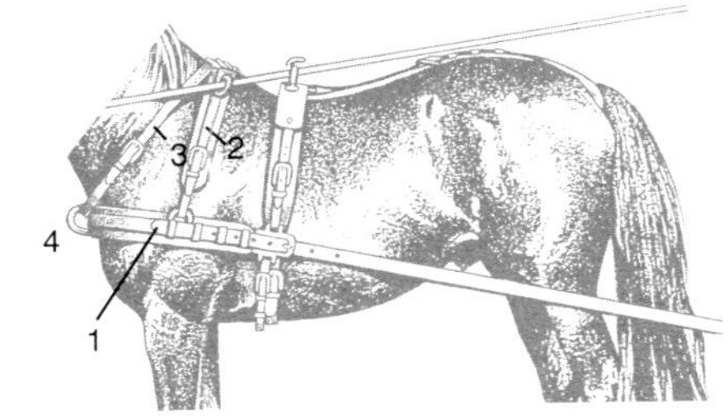

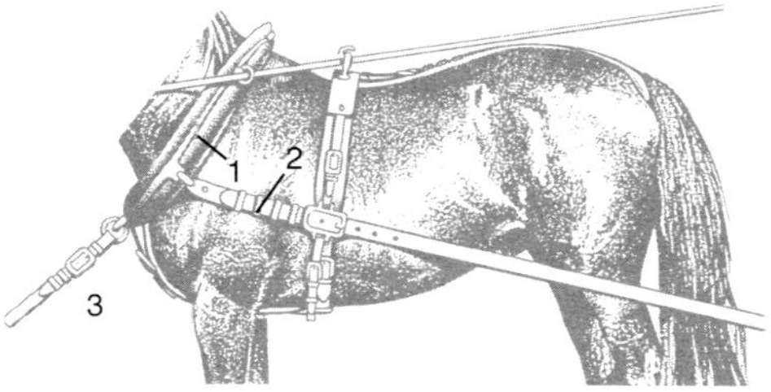

Oben: Brustblattgeschirr für Zweispänner. Die Trageöse am Kammdeckel entfällt, weil Schere oder Gabel durch die Deichsel ersetzt werden, die nicht vom Geschirr getragen werden muss:

1 Brustblatt
2 Halsriemen
3 Halskoppel
4 Aufhaltering für Aufhalter (Riemen oder Kette), der das Brustblatt mit der Deichselbrille verbindet

Unten: Kumtgeschirr für Zweispänner:

1 Kumt
2 Strangstutzen
3 Aufhalter für die Deichselbrille, mit dem das Pferd Bremsen und Wenden beeinflussen kann

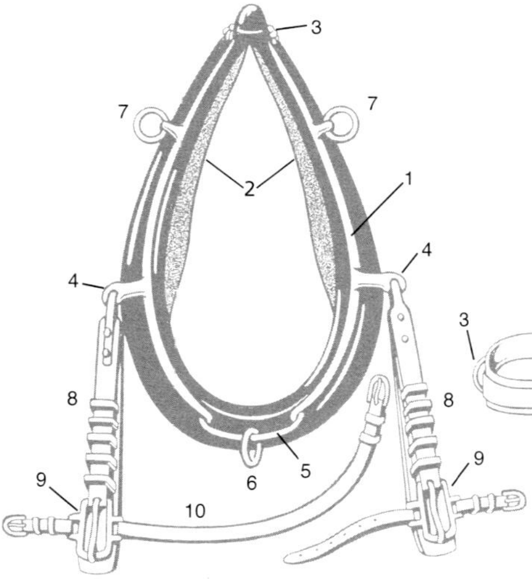

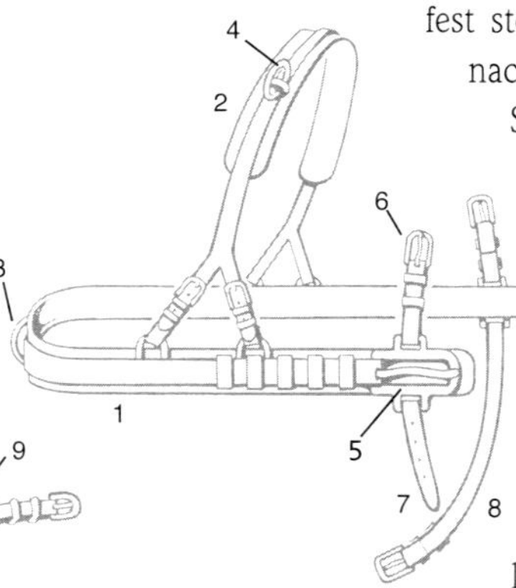

Links:
Englisches Kumt:

1 Kumtbügel
2 Kumtkissen
3 Kumtgürtel
4 Zugkrampen
5 Langring
6 Aufhaltering
7 Leinenaugen
8 Strangstutzen
9 Strangstutzenschnalle
10 Kleiner Bauchgurt

Rechts:
Brustblatt:

1 Brustblatt
2 Halsriemen
3 Aufhaltering
4 Leinenauge
5 Strangstutzenschnalle
6 Oberblattstößel
7 Bauchgurtstrippe
8 Kleiner Bauchgurt

scheiten am Wagen unbedingt Voraussetzung, weil diese bei der wechselnden Vorwärtsbewegung der Pferdeschultern mitgehen. Bei fest stehenden Docken, die nicht nachgeben, würden sich die Schultern bald durchscheuern. Zum Sielengeschirr wird stilgerecht stets auf Fahrtrense gezäumt.

Das Kumtgeschirr, Prinzip der englischen Anspannung, bietet eine größere und günstigere Auflagefläche als das Sielengeschirr und ist deshalb besser auch für schweren Zug geeignet. Es darf nicht eiförmig sein, sondern muss eine birnenähnliche Form haben, die an Halsansatz und Schulter des Pferdes anatomisch richtig aufliegt. Immer zweckmäßig ist die Verwendung eines Unterkumtes, einer der Form des Kumtes genau angepassten, unterlegten Polsterung, die von außen festgeschnallt wird und mit diesem eine unverrückbare Einheit bildet. Die seitlichen Ringe für die Leinenführung müssen beweglich sein, damit das Pferd nicht im Maul gestört wird. Das Kumt muss am Unterhals reichlich Raum geben, um die Luftröhre nicht

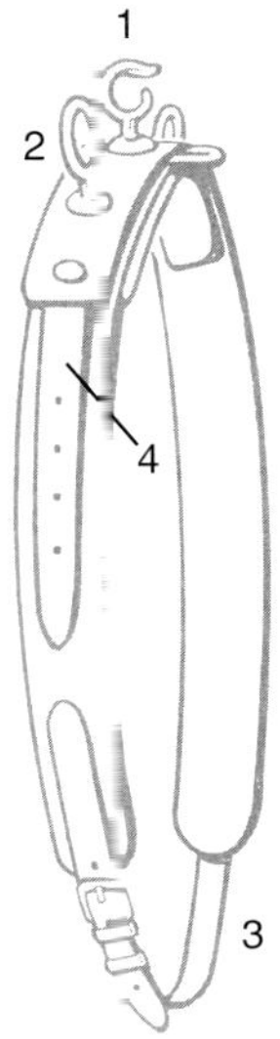

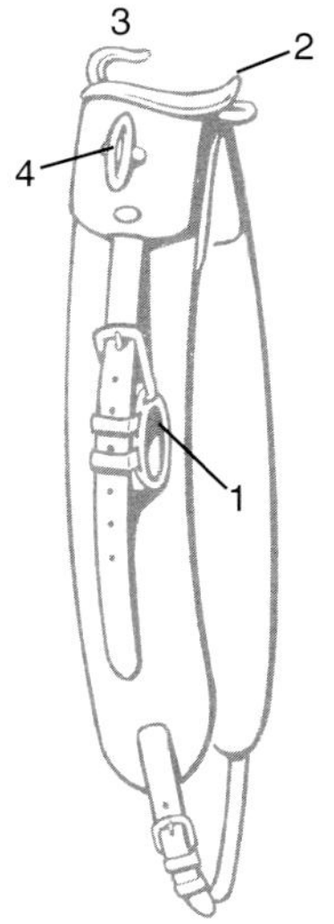

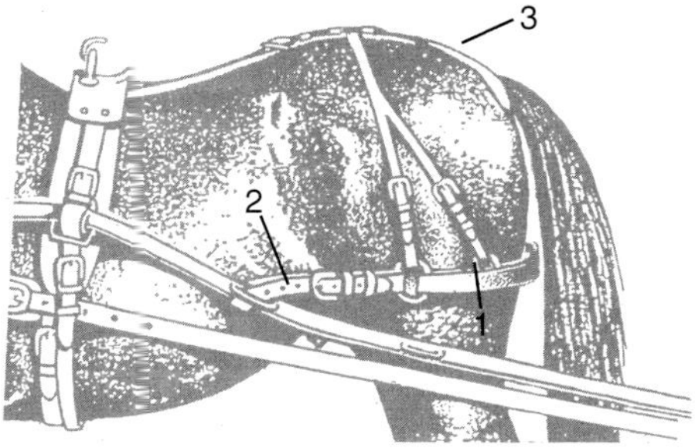

Oben links: Kammdeckel für Zweispännergeschirr:
1 Aufsatzhaken
2 Leinenaugen
3 Bauchgurt
4 Oberblattstrupfe

Oben rechts: Sellette für Einspännergeschirr:
1 Trageösen mit Trageriemen für Gabel oder Schere
2 »Sättelchen«
3 Aufsatzhaken
4 Leinenaugen

Unten: Hintergeschirr oder Umgang vornehmlich für einachsige Wagen zum Bremsen durch das Pferd:
1 Hintergeschirr
2 Gabelriemen
3 Schweifriemen

einzuengen. Für schwere Arbeitsgeschirre verwendet man auch verstellbare Kumte. Zum Kumtgeschirr wird auf Fahrkandare gezäumt. Es ist dem Sielengeschirr vorzuziehen, weil es dem Pferd die Zugarbeit erleichtert, allerdings nur, wenn es einwandfrei angepasst ist.

Vom Zugelement beider Geschirrformen (Brustblatt vor der Brust oder Kumt auf den Schultern) führen die Zugstränge an die Zugvorrichtung des Wagens (Ortscheit oder Docken), über die das Pferd die Last zieht. Eine umlaufende Bauchgurtkonstruktion mit Kammdeckel oder Sellette hält Zugelement und Zugstränge in ihren Positionen und trägt im Einspänner auch die starre Gabel des zweirädrigen oder die beweglichen Scherbäume des vierrädrigen Wagens. Schweifriemen oder Umlaufriemen (Hintergeschirr) arretieren das Geschirr an der Hinterhand, damit es nicht verrutscht, wenn das Pferd sich gegen die Fahrtrichtung stemmt, um den Wagen zum Halten zu bringen. Dem gleichen Zweck dienen die Aufhalter (Lederriemen oder Ketten), die das Zugelement mit der Deichselbrille am Deichselkopf verbinden, sie stabilisieren außerdem die Spurführung des Wagens über die Deichsel. Beim Einspänner ist die Spurführung präziser, weil die Gabel beiderseits direkt am Bauchgurt befestigt ist.

Das Kopfgestell, also die Zäumung des Gespannpferdes, setzt sich aus folgenden Teilen zusammen:

1. Kopfstück, über dem Genick liegend, mit Schnalle für Blendriemen.
2. Zwei Backenstücke, oben und unten verschnallbar, mit einfachen Schnallen für leichte Verschnallbarkeit.
3. Stirnriemen.
4. Kehlriemen, ausreichend lang, damit seine Schnalle mit der des Backenstückes auf gleicher Höhe liegt und die Atmung nicht behindert wird.
5. Nasenriemen, er soll die Kaubewegung erlauben und die Backenstücke senkrecht halten, damit sie nicht verrutschen. Diese müssen

Kopfgestell des Kutschpferdes, Liverpoolkandare mit fest stehenden Hebelanzügen:

1 Genickstück
2 Backenstück
3 Kehlriemen
4 Stirnriemen
5 Nasenriemen mit Durchlässen für Backenstücke, so dass er nach oben und unten, nicht jedoch seitlich verschiebbar ist
6 Scheuklappe (liegt etwas zu hoch)
7 Blendriemen
8 Schnalle für Blendriemen
9 Spieler (Schmuckelement)
10 Ohrbügelriemen für Aufsatztrense
11 Liverpoolkandare
12 Fahrleine

deshalb auf jeder Seite durch eine der Schlaufen des Nasenriemens verlaufen.

6. Scheuklappen, sie müssen so hoch an den Beckenstücken befestigt sein, dass die Augen auf der Grenze zwischen dem oberen und mittleren Drittel liegen, und dürfen an den Backenstücken nicht eingeschnitten sein, weil sie sonst mit den oberen Ecken am Schläfenbein scheuern. Wenn die Scheuklappen zu hoch sitzen, drücken sie schmerzhaft auf Wimpern und Augen des Pferdes. Scheuklappen sollen die Sicht nach hinten verwehren und sind hauptstächlich für Wagenpferde im Zwei- und Mehrgespann gebräuchlich, weil im Temperament unterschiedliche Pferde verschieden auf die treibenden Hilfen der Peitsche reagieren. Da die Pferde auf diese Weise die Peitsche nicht sehen können, ist es dem Fahrer möglich, jedem Pferd die ihm gemäße Peitschenhilfe zu geben, ohne

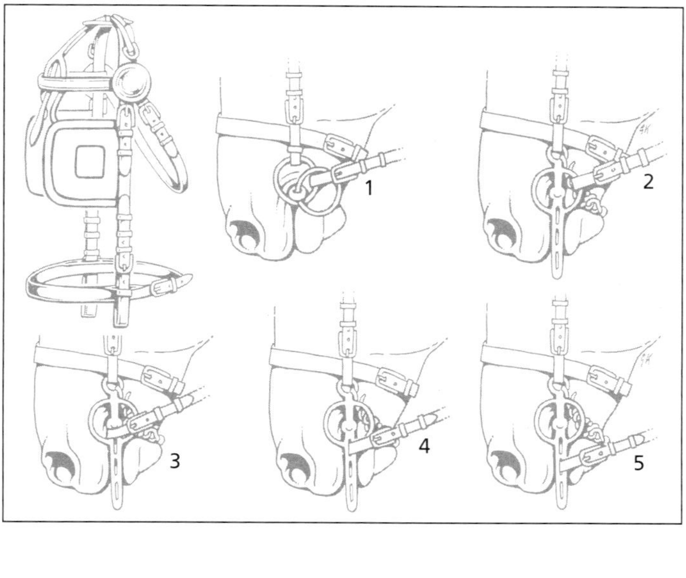

Oben links: Korrektes Kopfgestell.
Oben rechts und unten: Verschnallung der Leinen am Mundstück:

1 Fahrtrense, weiche Wirkung
2+3 Liverpoolkandare, weiche Verschnallung
4+5 Scharfe Verschnallung im ersten und zweiten Schlitz

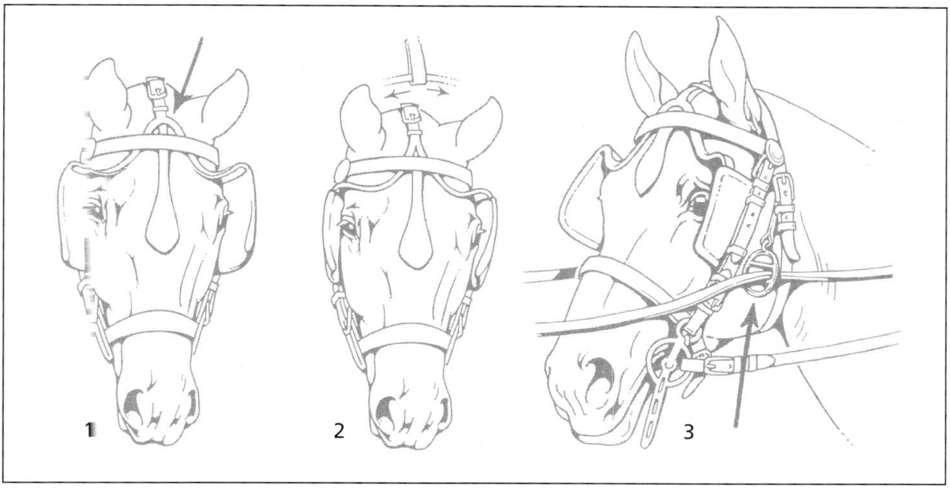

1 Der Blendriemen für Blend- oder Scheuklappen (Pfeil) muss rund aus einem Stück geschnitten sein, damit die Scheuklappen sicher gespreizt werden.
2 Bei gespaltenen oder gleitenden Blendriemen besteht Gefahr, dass die Scheuklappen auf die Augen drücken.
3 Viererzugring am Kehlriemen des (hinteren) Deichselpferdes (Pfeil), der die Leine zum Vorderpferd im Viererzug trägt. Die Leine muss unterhalb der Scheuklappe verlaufen.

dass sich das andere Pferd erschreckt oder meint, betroffen zu sein. Scheuklappen sollten auch das Erschrecken und Scheuen durch äußere Einflüsse verhindern.

7. Blendriemen, der beide Scheuklappen in gleichmäßigem und ausreichendem Abstand von den Augen fern hält. Er muss aus einem Stück gearbeitet und gegabelt sein, um seine Funktion voll zu erfüllen. Ein ungegabelter Blendriemen, durch dessen Endschlaufe der Verbindungsriemen der Scheuklappen läuft, so dass sich diese verschieben können, ist völlig ungeeignet, weil dann eine Scheuklappe stets auf ein Auge drückt. Scheuklappen werden vornehmlich für temperamentvolle Kutschpferde gebraucht, kaltblütige Arbeitspferde bedürfen ihrer hingegen nicht.
8. Viererzugring (beim Vierergespann für die Stangenpferde), am Kehlriemen eingeschnallter Riemen mit Ring zur Führung der Viererzug-Fahrleine. Der Ring darf nicht höher liegen als die Unterkante der Scheuklappe, damit die Fahrleinen nicht in Augennähe kommen.

Das Kopfgestell muss an den entscheidenden Stellen hinreichend verschnallbar sein, damit es jeder Kopfform angepasst werden kann. Es darf nicht an den Ohren scheuern, die sich dauernd bewegen, und soll weder zu locker noch zu fest sitzen. Häufig ist der Kehlriemen zu eng geschnallt, so dass das Pferd in Atemnot gerät. Der Nasenriemen soll die Kaubewegung, nicht aber ein Maulaufsperren erlauben.

Fahrkandaren: Die Doppelring- oder Juckertrense wird stilgerecht für die ungarische Anspannung mit Sielengeschirr verwendet. Die Fahrtrense besitzt außer den normalen Trensenringen noch zusätzlich an jeder Seite einen frei beweglichen Ring zum Einschnallen der Backenstücke des Kopfgestells. Für die Ausbildung von Wagenpferden benutzt man generell zunächst die Trense (für Doppellonge, Schleppe, Wagen), weil sie die weichste Wirkung im Pfer-

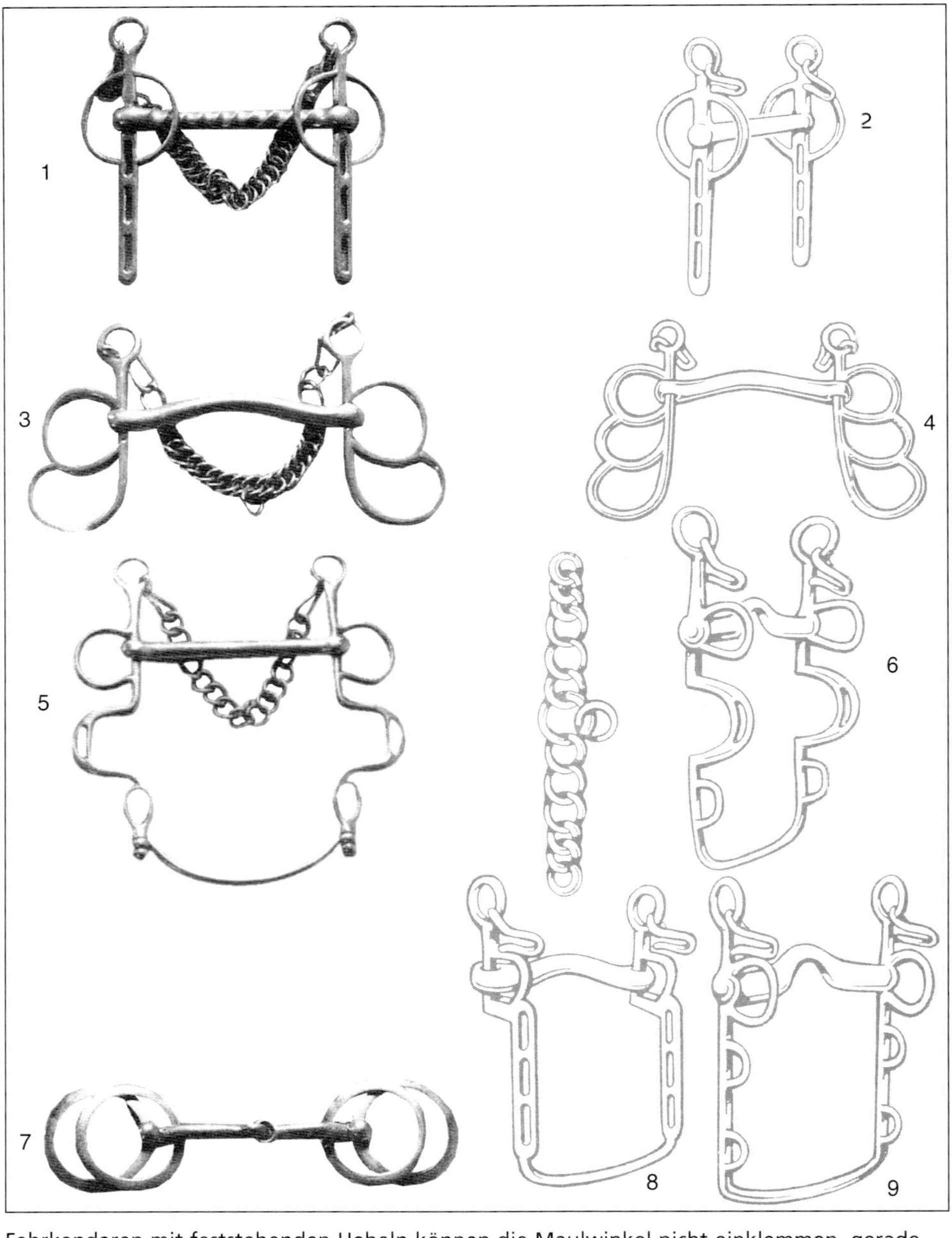

Fahrkandaren mit feststehenden Hebeln können die Maulwinkel nicht einklemmen, gerade Mundstangen und flache Zungenfreiheiten schonen den Gaumen des Pferdes. Fahrkandaren werden mit Kinnkette oder Kinnriemen gezäumt.

1+2 Liverpoolkandaren (drehbare und fest stehende Hebel)
3+4 Postkandaren (Hebel drehbar, Pumpgebisse, die Mundstange gleitet auf und ab)
5+6 Buxtonkandaren (Pumpgebiss und fest stehende Hebel)
7 Doppelring- oder Juckertrense
8 Ellbogenkandare (Pumpgebiss)
9 Tilburykandare (fest stehende Hebel)

demaul hat. Obwohl nicht stilgerecht, wird in der Ausbildung auch zum Kumtgeschirr (→*englische Anspannung*) zunächst auf Trense gezäumt und erst später die Fahrkandare eingeschnallt.

Die Fahrkandare ist für die englische Anspannung mit Kumtgeschirr gebräuchlich. Unter der Vielzahl von Kandarenzäumungen sind nur wenige als führungsgenau, relativ angenehm für das Pferdemaul und ungefährlich für die Fahrsituation zu bezeichnen. Sog. Pumpgebisse (die Mundstange kann sich in der Seitenverankerung am Hebelanzug einige Millimeter auf- und abbewegen) und andere Kandaren mit beweglichen Hebelanzügen können, zumal wenn sie bereits ausgeleiert sind, die Maulwinkel erheblich quetschen und starke Verletzungen und Schmerzen verursachen. Weiterhin sind Kandaren mit Verbindungsstange am unteren Ende der Hebelanzüge unterhalb des Maules problematisch, weil das Pferd damit am Deichselende festhaken und in Panik geraten kann. Kandaren mit hoher →*Zungenfreiheit* (Howlett und Segundo) benötigen eine sehr feinfühlige Fahrerhand, weil sie sonst schmerzhaft gegen den Gaumen drücken. Am günstigsten für das unverdorbene Pferdemaul sind Kandaren mit dickem, geradem Mundstück mit ganz geringer Zungenfreiheit und festen, unbeweglichen Hebelanzügen. Die Oberbäume sollen etwas auswärts gebogen sein, damit sie oberhalb der Maulwinkel nicht scheuern. Wund gescheuerte Kinnkettengruben kann man vermeiden, indem man die Kinnkette mit einem weichen Lederüberzug versieht oder statt dieser einen Kinnriemen verwendet. Die Leinen sollte man niemals in die unteren Löcher der Hebelanzüge schnallen, weil dann die Wirkung der Leinenführung zu einem Martyrium für das Pferdemaul wird. Die gebräuchlichsten Fahrkandaren sind Liverpool- und Ellbogenkandare, die auch mit gebrochenem Gebiss als Pelham verwendet werden. Weitere bekannte Fahrkandaren sind die Tilbury- und Buxtonkandare sowie verschiedene Postkandaren.

Das Aufschirren der Gespannpferde erfolgt am zweckmäßigsten in stets gleicher Reihenfolge (Zweiergespann): Stränge und Kammdeckel auf den rechten Unterarm legen, Halsriemen und Brustblatt (Sielengeschirr) zusammengefasst mit zwei Händen hoch über den Pferdekopf streifen (ohne die Augen zu berühren), sogleich hinter den Pferdeohren von links nach rechts drehen, langsam zur Schulter hinunterführen und auf den Pferderücken legen, wobei die linke Hand mithilft. Schweifriemen anlegen und Gurte zuschnallen. Kopfgestell (evtl. mit Scheuklappen) anlegen.

Die jeweilige Außenleine an der Außenseite einziehen, und zwar durch die Leinenringe von Kammdeckel und Halsriemen (Sielengeschirr), am Gebiss einschnallen. Die Innenleine wird auf gleiche Weise durch die inneren Leinenringe gezogen und vorläufig um den Kehlriemen eingeschlauft, bis das Pferd angespannt wird. Das Abschirren erfolgt in umgekehrter Reihenfolge. Das Anlegen des Kumtgeschirrs geschieht in gleicher Weise, anstelle von Halsriemen und Brustblatt tritt lediglich das Kumt.

→*Anspannung des Wagenpferdes,* →*Fahren mit Gespannpferden,* →*Wagentypen für Gespannpferde.*

Geschlechtsorgane Die äußeren Geschlechtsorgane des Hengstes sind der im Schlauch verborgene Penis, der zum Strahlen und beim Geschlechtsakt ausgeschachtet wird, und der zwischen den Hinterschenkeln angeordnete Hodensack. Die Scheide der Stute liegt gleich unterhalb des Afters unter der Schweifrübe, und das Euter zwischen den Hinterschenkeln, das meist nur in gefülltem Zustand während der Säugeperiode zu sehen ist.

Geschlechtsreife Bezeichnet den Beginn der Fortpflanzungsfähigkeit, beim Hengst das erste Absamen, bei der Stute die erste →*Rosse.* Bei frühreifen Rassen beginnt sie bereits mit 1 ½ Jahren, bei spätreifen erst mit 2 ½ Jahren. Zu diesem Zeitpunkt sollten Hengst und Stute jedoch noch nicht zur Zucht verwendet werden. →*Zuchtreife.*

geschürzt Deutlich hochgezogene, hintere Bauchpartie. Die Ursache können krankhafte chronische Verdauungsstörungen sein. Wenn angeboren, dann vor allem bei Zuchtstuten fehlerhaft, weil u. U. wenig Platz für das Fohlen vorhanden ist.

Geschwindigkeiten der Gangarten des Pferdes im Durchschnitt.

Gebrauchstempo (Pferde mit Widerristhöhen zwischen 150 und 170 cm Stockmaß):

- ☐ Schritt 5–6 km/h,
- ☐ Trab 15 km/h,
- ☐ Galopp 22–30 km/h.

Renntempo (Renntraber und Vollblutrennpferde):

- ☐ im Trabrennen 50–60 km/h,
- ☐ im Flachrennen 60–80 km/h.

Gespaltene Kruppe Längsrinne über die Mitte der Kruppe vornehmlich bei kaltblütigen Pferden und massigen Ponys, die durch beiderseits stark ausgeprägte Kruppenmuskulatur entsteht.

Gespanne →*Anspannung des Wagenpferdes.*

gestiefelt →*Abzeichen.*

Gestüt Zuchtstätte des Pferdes in staatlichem oder privatem Besitz. In der Bundesrepublik Deutschland bestehen 10 staatliche Gestüte, die der Förderung der Landespferdezuchten dienen, und zwar 1 Hauptgestüt und 3 Haupt- und Landgestüte mit Hengst-, Mutterstuten- und Fohlenhaltung, sowie 6 Landgestüte (Hengstdepots), die ausschließlich Hengste halten. Die Beschäler stehen privaten Züchtern während der Decksaison auf Deckstationen im Lande verteilt zur Verfügung. Hauptgestüt bedeutet stets Hengst- und Stutenhaltung mit Fohlenaufzucht. Manche Gestüte sind mittlerweile teilweise zur künstlichen Besamung übergegangen. Ziel der Landeszuchten ist vornehmlich die Erzeugung von Sport- und Freizeitpferden (→*Deutsches Reitpferd*). Außerdem widmen sich zahlreiche Privatgestüte einer Vielfalt von Pferderassen vom Rennpferd bis zum Robustpferd. Die Staatsgestüte in Deutschland sind auf folgende Bundesländer verteilt:

1. Baden-Württemberg, Haupt- und Landgestüt Marbach/Lauter, Zuchtschwerpunkte →*Württembergisches Warmblut,* →*Arabisches Vollblut,* →*Süddeutsches Kaltblut* (Schwarzwälder Fuchs).
2. Bayern, Haupt- und Landgestüt Schwaiganger, Zuchtschwerpunkte →*Bayerisches Warmblut,* →*Süddeutsches Kaltblut* (Noriker), →*Haflinger.*
3. Niedersachsen, Landgestüt Celle, Zuchtschwerpunkt →*Hannoveraner.* Dem Landgestüt ist die Hengstprüfungsanstalt Adelheidsdorf angeschlossen, in der staatliche und private Junghengste in einem Leistungstest auf ihre Eignung als spätere Vatertiere geprüft werden.
4. Nordrhein-Westfalen, Landgestüt Warendorf, Zuchtschwerpunkte →*Westfälisches* und *Rheinisches Warmblut,* →*Rheinisch-Deutsches Kaltblut.*
5. Hessen, Landgestüt Dillenburg, Zuchtschwerpunkt →*Hessisches Warmblut.*
6. Rheinland-Pfalz, Landgestüt Zweibrücken, Zuchtschwerpunkt →*Zweibrücker Warmblut.*
7. Mecklenburg-Vorpommern, Landgestüt Redefin, Zuchtschwerpunkt Mecklenburger Warmblut (Zuchtbasis →*Hannoveraner*).
8. Brandenburg, Haupt- und Landgestüt Neustadt/Dosse, Zuchtschwerpunkt Warmblut (Zuchtbasis →*Hannoveraner* und *Trakehner*).
9. Sachsen, Hauptgestüt Graditz, Zuchtschwerpunkt →*Vollblut.*

Staatsgestüte der Bundesrepublik Deutschland und ihre Zuchtgebiete

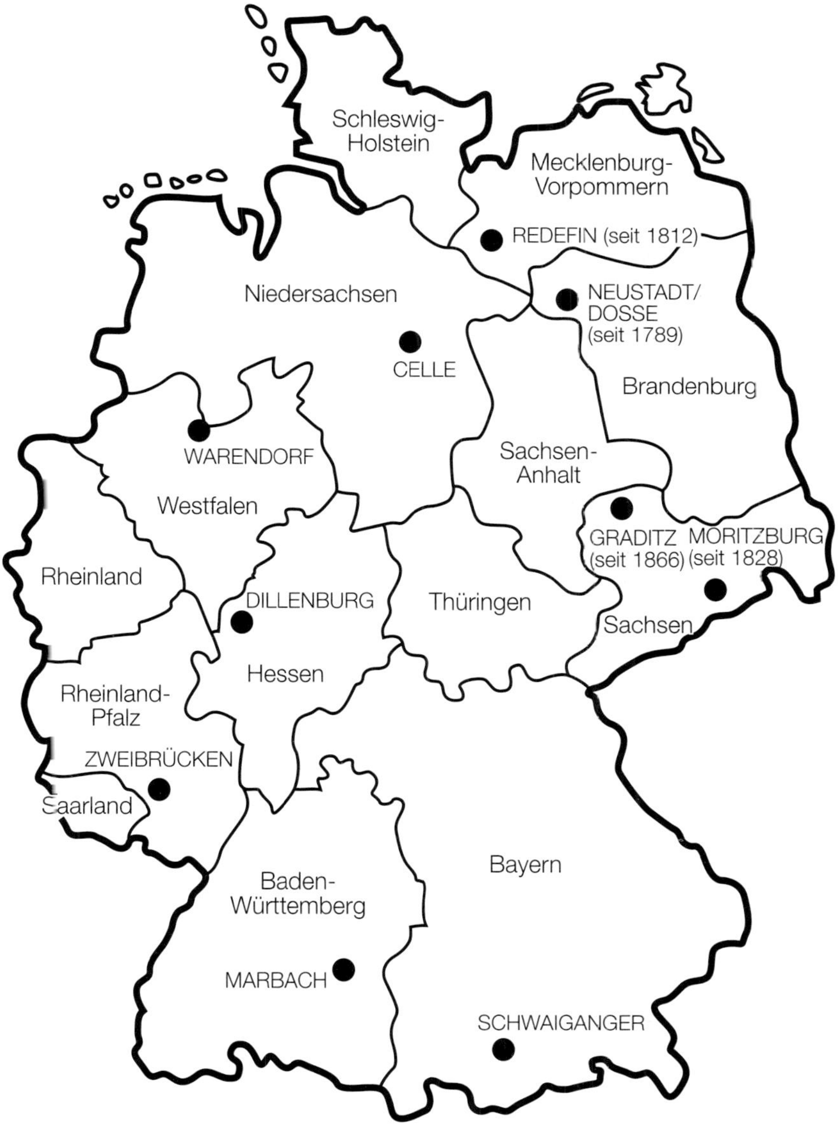

Staatsgestüte in Frankreich und ihre Zuchtgebiete

10. Sachsen, Landgestüt Moritzburg, Zuchtschwerpunkt Warmblut.

Die bundesweite Trakehner Zucht liegt in der Hand eines privaten Zuchtverbandes, zahlreiche private Züchter und Zuchtstätten widmen sich der Erhaltung der Rasse (→*Trakehner*). Eine einmalige Privatzucht ist die des →*Dülmenerpferdes,* das als halbwildes Robustpferd in freier Wildbahn gezüchtet wird (→*Merfelder Bruch*). →*Brandzeichen,* →*Zuchtverbände.*

In Frankreich ist die staatliche Pferdezucht seit Napoleons Zeit straff organisiert, der Staat unterhält insgesamt 23 Gestüte, von denen sich nur Pompadour mit Hengst- und Stutenhaltung sowie Fohlenaufzucht befasst, alle anderen sind Hengstdepots. Die Gestüte liegen, den Zuchtschwerpunkten entsprechend, in den traditionell gewachsenen Zuchtgebieten. Da Pferdefleisch in Frankreich ein beliebtes Nahrungsmittel ist, wird die Kaltblutzucht zur Erzeugung von Schlachtpferden in fast allen Gestüten in größerem Umfang berücksichtigt. Die Nationalgestüte (Haras National) unterliegen der zentralen Steuerung des Landwirtschaftsministeriums in Paris:

1. *Haras National d'Angers*
(49 Maine-et-Loire)
Domaine de l'Isle Briand
49220 Le Lion d'Angers
(Vollblut, Franz. Reitpferd, Franz. Traber)
2. *Haras National d'Annecy*
(74 Haute-Savoie)
19 rue Guillaume Fichet – B.P. 308
78008 Annecy
3. *Haras National d'Aurillac*
(15 Cantal)
37 rue des Carmes, 15000 Aurillac
(Anglo-Araber)
4. *Haras National de Besançon*
(25 Doubs)
52 rue de Dole, 25000 Besançon
(Comtois)
5. *Haras National de Blois*
(41 Loir-et-Cher)
62 ave. Maréchal Maunoury – B.P. 23
41016 Blois
(Franz. Reitpferd, Percheron)
6. *Haras National des Breviaires*
(78 Yvelines)
Les Breviaires
78610 Le Perray-en-Yvelines
7. *Haras National de Cluny*
(71 Saône-et-Loire)
Rue Porte des Près, 71250 Cluny
(Franz. Reitpferd, Vollblut, Franz. Traber)
8. *Haras National de Compiègne*
(60 Oise)
1 boulevard Victor Hugo – B.P. 116
60321 Compiègne Cedex
9. *Haras National d'Hennebont*
(56 Morbihan)
Rue Victor Hugo, 56700 Hennebont
(Bretone)
10. *Haras National de Lamballe*
(22 Côtes-du-Nord)
22400 Lamballe
(Bretone)
11. *Haras National de La-Roche-sur Yon*
(85 Vendée)
Rue Général Galliene – B.P. 503
85008 La Roche-sur-Yon
12. *Haras National du Pin*
(61 Orne)
Cidex 1703 – Le Pin au Haras
61310 Exmes
(Franz. Reitpferd, Franz. Traber, Vollblut)
13. *Haras National Montier-en-Der*
(52 Haute-Marne)
52220 Montier-en-Der
(Ardenner)
14. *Haras National de Pau*
(64 Pyrénées-Atlantiques)
Gelos, 64110 Jurancon
(Anglo-Araber, Ariège Pferd)
15. *Haras National de Pompadour*
(19 Corrèze)
19230 Pompadour
(Anglo-Araber, mit Stutenhaltung und Fohlenaufzucht)
16. *Haras National de Rodez*
(12 Aveyron)
12000 Rodez
(Anglo-Araber, Franz. Reitpferd, Franz. Traber)
17. *Haras National de Rosières-aux-Salines*
(54 Meurthe et Moselle)
54110 Dombasle-sur-Meurthe
(Ardenner, Franz. Reitpferd)
18. *Haras National de Saintes*
(17 Charente Maritime)
Avenue Jourdan – B.P. 174
17107 Saintes
19. *Haras National de Saint Lô*
(50 Manche)
Route de Bayeux – B.P. 71
50010 Saint-Lô
(Franz. Reitpferd, Vollblut, Franz. Traber)
20. *Haras National de Strasbourg*
(67 Bas Rhin)
1 rue Sainte Elisabeth
67000 Strasbourg
21. *Haras National de Tarbes*
(65 Hautes-Pyrénées)

70 rue de Régiment de Bigorre – B.P. 123
65013 Tarbes
(Anglo-Araber)

22. *Haras National d'Uzès*
(30 Grad)
Mas des Tailles – B.P. 57
30700 Uzès
(Franz. Reitpferd, Anglo-Araber)

23. *Haras National de Villeneuve-sur-Lot*
(47 Lot-et-Garonne)
Rue de Bordeaux – B.P. 150
47307 Villeneuve-sur-Lot
(Anglo-Araber)

Die Zucht der halbwilden Robustrasse des →*Camarguepferdes* im Rhône-Delta liegt ausschließlich in Privathand.

In Spanien überwiegt die Zahl der Privatgestüte erheblich, besonders die der Großgrundbesitzer, die oftmals auf eine lange Zuchttradition zurückblicken können. Der Staat unterhält 9 Gestüte, die alle militärischer Verwaltung unterliegen, ein Hauptgestüt in Jerez de la Frontera betreibt Stutenhaltung und Fohlenaufzucht, die übrigen sind Hengstdepots mit regionalen Zuchtschwerpunkten:

1. Jerez de la Frontera (Andalusier, Arabisches Vollblut, Vollblut)
2. Córdoba (Andalusier, Arabisches Vollblut, Vollblut)
3. Madrid (Andalusier, Kaltblut)
4. Valencia (Andalusier, Arabisches Vollblut, Kaltblut)
5. Barcelona (Kaltblut)
6. Zaragoza (Kaltblut)
7. León (Sportpferde, Kaltblut)
8. Santander (Sportpferde, Kaltblut)

Staatsgestüte in Spanien und Portugal, Zuchtgebiete verschiedener Pferde- und Maultierrassen

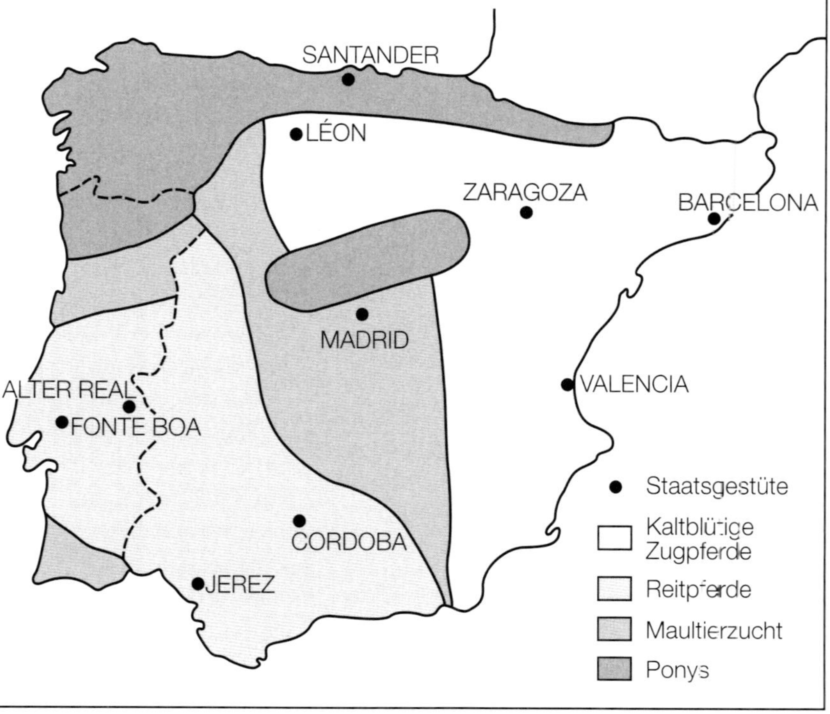

Österreich unterhält 1 Staatsgestüt, das Bundesgestüt Piber mit Hengst- und Stutenhaltung sowie Fohlenaufzucht, das vorrangig die →*Lipizzaner* für die →*Spanische Reitschule* züchtet. Das ehemalige Bundeshengstenstallamt Stadl-Paura, das als Hengstdepot der Landespferdezucht diente, mit den Zuchtschwerpunkten →*Noriker* (Kaltblut), Haflinger und Österreichisches Warmblut, das etwa dem →*Deutschen Reitpferd* entspricht, ging in Privatbesitz über. Eine weitere bedeutende private Zuchtstätte ist das Haflingergestüt Ebbs bei Kufstein im Besitz des Haflinger Zuchtverbandes.

Das Eidgenössische Gestüt Avenches (mittlerweile privatisiert) ist die zentrale Zuchtstätte mit Hengst- und Stutenhaltung sowie Fohlenaufzucht in der Schweiz. Zuchtschwerpunkte sind Freiberger Pferd, Schweizer Warmblut und Haflinger. Daneben existiert noch das historisch berühmte, privat geführte Klostergestüt Einsiedeln, gegründet 1064, mit dem Zuchtschwerpunkt Einsiedler Warmblut.

Einige weitere Staatsgestüte des Auslandes, die teils noch heute alte bodenständige Rassen züchten und weltweite Bedeutung erlangt haben, mit den entsprechenden Zuchtschwerpunkten:

Ägypten: El Zahraa (Arabisches Vollblut).

Irland: National Stud (Vollblut).

Polen: Janow Podlaski (Arabisches Vollblut, Anglo-Araber), Liski (Masurisches Warmblut).

Portugal: Altér Real do Chao (Lusitano), Santarém (Lusitano), Fonte Boa (Lusitano), außerdem Zucht des Sorraiapferdes, des wilden Vorläufers des Iberischen Pferdes.

Slowakei: Topolcianky (Araber, Lipizzaner, Nonius).

Slowenien: Lipica (Lipizzaner).

Tschechien: Kladruby (Kladruber, Schimmelzucht), Slatinany (Kladruber, Rappenzucht).

Ungarn: Babolna (Arabisches Vollblut, Shagya, Vollblut), Mezöhegyes (Nonius, Furioso-Northstar, Anglo-Araber).

Gewährsmängel Der Verkäufer eines Pferdes haftet nach BGB §§ 441–492 für bestimmte Fehler (Hauptmängel), sofern sie innerhalb einer bestimmten Frist (Gewährsfrist) in Erscheinung treten. Beim Verkauf von Zucht- und Gebrauchspferden gelten folgende Krankheiten als Hauptmängel: →*Rotz*, →*Dummkoller*, →*Dämpfigkeit*, →*Kehlkopfpfeifen*, →*periodische Augenentzündung* und →*Koppen.* Bei Schlachtpferden gilt nur Rotz als Gewährsmangel. Die Gewährsfrist beträgt 14 Tage und beginnt mit Ablauf des Tages, an dem die »Gefahr an den Käufer übergeht«, d. h., wenn keine anderen Vereinbarungen getroffen wurden, das Pferd übergeben wird, und endet mit Ablauf des letzten Tages. Wird innerhalb der Frist eine der angegebenen Fehler festgestellt, hat der Käufer nur das Recht, den Kauf rückgängig zu machen, nicht aber einen niedrigeren Preis zu verlangen. Der Käufer verliert jedoch die ihm zustehenden Rechte, wenn er nicht spätestens 2 Tage nach Ablauf der Gewährsfrist dem Verkäufer den festgestellten Hauptmangel (per Einschreiben!) mitteilt. Stirbt das Pferd vor Ablauf der Gewährsfrist, muss die Anzeige spätestens 2 Tage nach dem Tode erfolgen.

Gewährsmängel und Gewährsfrist haben beim Kauf eines Pferdes ohne jede Verabredung automatisch gesetzliche Gültigkeit. Die Parteien können aber durch besondere Vereinbarung das Gesetz erweitern, einschränken oder ausschließen. Der Käufer muss im Streitfall seine Ansprüche an den Verkäufer durch Klageerhebung oder Antrag auf gerichtliche Beweisführung innerhalb von 6 Wochen geltend machen. Hat der Verkäufer einen Hauptmangel arglistig verschwiegen oder verleugnet, so haftet er auch außerhalb der Gewährsfrist, selbst wenn die Gewährsfrist vertraglich ausgesetzt wurde, für 30 Jahre. Dies kann auch für die arglistige Vortäuschung nicht vorhandener Eigenschaften gelten. Beim Kauf eines Pferdes sollte man stets einen Tierarzt und möglichst einen versierten Fachmann hinzuziehen. Ebenso ist es ratsam, über die gesetzlichen Gewährsmängel hinaus einen detaillierten Vertrag aufzusetzen.

Diese Gesetzgebung aus der Zeit der Jahrhundertwende ist völlig ungenügend und überholt. Pferde werden noch immer, obgleich sensible Lebewesen, leblosen Sachgegenständen gleichgesetzt. Die geringe Anzahl der Gewährsmängel benachteiligt den Käufer in hohem Maße und bevorzugt den Verkäufer. Deshalb sollte beim Kauf eines Pferdes grundsätzlich ein Tierarzt des Vertrauens hinzugezogen und ein Vertrag (juristisch formuliert) aufgesetzt werden, um den Käufer abzusichern. Rotz und Dummkoller treten nicht mehr auf und sind heute ohne Bedeutung. Häufige Krankheiten der Gegenwart wie Hufrollenentzündung, Spat, chronische Erkrankungen der Atemwege (Kehlkopf, Bronchien) und des Herzens hingegen, die im frühen und mittleren Stadium zudem durch betrügerische Manipulationen mit Cortison und Volon A vorübergehend vertuscht werden können, zählen nicht zu den Gewährsmängeln, sodass der unerfahrene Pferdefreund leicht einer Täuschung zum Opfer fällt. →*Pferdekauf.*

Gewicht des Pferdes Das Durchschnittsgewicht des Warmblutpferdes von etwa 165 cm Stockmaß Widerristhöhe beträgt 500–600 kg, ein mittelgroßes Pony (z. B. Islandpferd) wiegt etwa 300 kg und ein Kaltblüter mit 160 cm Stockmaß etwa 600–700 kg, größere Kaltblutpferde können ein Gewicht von 1000 kg und mehr erreichen.

Gewichtsausgleich beim →*Galopprennen.* Für die Chancengleichheit der Teilnehmer wird für jedes Pferd ein Mindestgewicht errechnet, das es während des Rennens zu tragen hat. Dieses setzt sich aus dem Reiter, dem Sattel und der Satteldecke zusammen. Das leistungsstärkere Pferd muss ein höheres Gewicht tragen. Wird das Mindestgewicht nicht erreicht, muss die mit kleinen, flachen Täschchen versehene Satteldecke zusätzlich durch Bleigewichte beschwert werden, bis das vorgeschriebene Gewicht erreicht ist. Der Jockey ist stets bestrebt, eher Unter- als Übergewicht zu haben; ist er zu schwer, so verringern sich seine Chancen, weil er sein Übergewicht nicht ausgleichen kann. Für die Ermittlung des Gewichtsausgleichs können auch noch andere Kriterien maßgebend sein: Alter und Geschlecht des Pferdes und Erfahrung oder Zahl der Siege des Reiters etc.

Gewichtsdecke (auch Bleidecke genannt). Die Satteldecke des Rennsattels im Galoppsport ist mit kleinen, flachen Taschen für die Aufnahme von Bleigewichten besetzt, die das vorgeschriebene Gewicht herstellen, wenn der Jockey zu leicht ist.

Gewichtseinwirkung →*Hilfen.*

Gewichtshilfe →*Hilfen.*

Gewichtshufeisen Dienen zur Korrektur fehlerhafter Gangbewegungen (→*Streichen,* →*Greifen*). Falsch angewendet können sie zu erheblichen Gelenkschäden führen.

Gidran Heimat: Ungarn und angrenzende Länder. Abstammung: Rasse im →*Anglo-Arabertyp* aus einheimischen Landstuten sowie →*Arabischem* und →*Englischem Vollblut.* Stammvater der Zucht war »Gidran II.«, Sohn eines Araberhengstes und einer Andalusier-Stute. Früher Kavalleriepferd, heute mehr warmblütiger Wirtschafts- und Sporttyp. Erscheinungsbild: Stockmaß 150–162 cm. Edles Reitpferd mit starken Merkmalen des Englischen Vollbluts. Eigenschaften: lange, flache und schwungvolle Gangbewegungen, eleganter und ausdauernder Galopp. Lebhaftes Temperament, nicht selten schwierig im Umgang.

Giftpflanzen Die Aufnahme bestimmter Giftpflanzen kann für Pferde schwere Gesundheitsschäden oder gar den Tod zur Folge haben. Besonders gefährdet sind Stallpferde, die im Verlauf der Domestikation den Instinkt ihrer wilden

Vorfahren gegen schädliche Pflanzen verloren haben. Frei lebende Robustpferde meiden Giftpflanzen fast immer. Die häufigsten Giftpflanzen: Adonisröschen (*Adonis vernalis*), Bilsenkraut (*Hyoscyamus niger*), Blauer Eisenhut (*Aconitum napellus*), Buschwindröschen (*Anemone nemorosa*), Buchsbaum (*Buxus sempervirens*), Christrose (*Helleborus niger*), Eibe (*Taxus baccata*), Falsche Akazie (*Robinia pseudoacacia*), Fingerhut *(Digitalis purpurea)*, Goldregen (*Cytisus laburnum*), Hahnenfuß *(Ranunculus sceleratus)*, Herbstzeitlose (*Colchicum autumnale*), Lebensbaum (*Thuja occidentalis*), Nachtschatten (*Solanum nigrum*), Oleander (*Nerium oleander*), Rhododendron (verschiedene Arten), Schierling (*Conium maculatum*), Stechapfel (*Datura stramonium*), Sumpfschachtelhalm (*Equisetum palustre*), Tabak (*Nicotina tabacum*), Tollkirsche (*Atropa belladonna*), Wicke (*Vicia sativa*).

Glasauge Pigmentarme (farbstoffarme), bläuliche oder ockerfarbene Iris. Das Auge wirkt hellfarbig, gläsern. Rote Augen kennzeichnen den krankhaften →*Albinismus.* Helle Augen sind fast immer lichtempfindlicher als dunkle. Die Pigmentarmut kann auf einem oder auch beiden Augen auftreten, sie beeinträchtigt die Sehkraft jedoch nicht.

Weiß geborenes Pferd mit hellblauen Augen.

Gleichgewicht Natürlicherweise ist die Vorhand des ungerittenen Pferdes durch die überhängende Kopf-Hals-Partie stark belastet. Das Reitergewicht belastet die Vorhand zusätzlich. Um diese zu entlasten und die Hinterhand verstärkt zum Tragen zu veranlassen, bedient sich der Reiter der dressurmäßigen →*Versammlung* und →*Aufrichtung.* Das gemeinsame Gewicht von Pferd und Reiter wird im Schwerpunkt des Pferdes vereint und ausbalanciert, die Hinterhand übernimmt vermehrt die Last, das Pferd befindet sich mit der Reiterlast im Gleichgewicht. Manche Pferde haben aufgrund eines optimal ausgewogenen Körperbaues kaum Probleme, das Gleichgewicht auszubalancieren, andere sind ungünstiger gebaut und erfordern einen erfahrenen Reiter zur Erzielung des Gleichgewichtes. →*Selbsthaltung.*

Gliedmaßenstellung →*Körperformen.*

Gnadenbrot Bezeichnung für die Versorgung des Pferdes im Alter, wenn es keine Leistung mehr erbringen kann, bis zum natürlichen Tod oder gravierenden Krankheitsfall, der eine Tötung aus Barmherzigkeit erfordert. Artgerechte Haltung des invaliden Pferdes und »nutzlosen Kostgängers«, der im letzten Lebensabschnitt weiterhin gleiche Kosten wie zu Leistungszeiten verursacht, zeugt von fairem Verantwortungsbewusstsein des Pferdehalters. Der Begriff »Gnadenbrot« für ein Tier, das zeitlebens Willkür und Ausbeutung des Menschen erdulden musste, ist unzutreffend und überheblich. Ein Pferd, das dem Menschen duldsam und treu gedient hat, häufig unter Einbuße dauerhaften Wohlbefindens und Verlust der Gesundheit, hat ein Recht auf angemessene Altersversorgung für geleistete Dienste. Und es ist moralische Pflicht des Pferdehalters, dem Pferd im Sinne des Tierschutzes seinen Dank durch einen artgemäßen Lebensabend abzutragen.

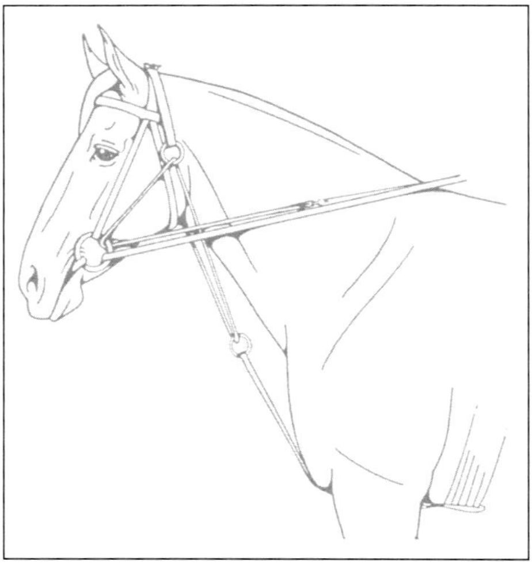

Gogue, Variante des Chambons.

Gogue Variante des →*Chambons* für reiterlichen Gebrauch, die zur Korrektur zu hoher Kopfhaltung bei Springpferden verwendet wird. Die Schnur dieses →*Hilfszügels* endet nicht wie beim Chambon an den Trensenringen, sondern läuft durch sie hindurch und ist entweder an den Trensenzügeln oder wiederum am Stoßriemen befestigt und übt somit beim Hochreißen des Kopfes Druck auf Maul und Genick aus.

Gotlandpony (auch Skogsruss). Heimat: Schweden, Insel Gotland. Abstammung: Seit 2000 Jahren als bodenständige →*Primitivrasse* nachgewiesen. Gelegentlich Einkreuzung orientalischen Blutes. Aufzucht in wild lebenden Herden im Waldgebiet von Lojsta. Erscheinungsbild: Stockmaß 120–126 cm. Zierliches Pony mit schlankem Kopf, zuweilen steiler Schulter, kurzem Rücken, schräger Kruppe und tief angesetztem Schweif. Grazile, aber harte und leistungsfähige Gliedmaßen, kuhhessige Stellung der Hinterhand. Farben: hauptsächlich Braune, aber auch Füchse, Rappen und Falben. Eigenschaften: zierliches, sehr ausdauerndes Reitpony von gutmütigem Charakter, besonders für Kinder geeignet. Wird auch für Trabrennen vor dem →*Sulky* verwendet.

Grand National Steeple Chase Eines der schwersten Hindernisrennen der Welt. Distanz etwa 7200 m über 30 Hindernisse. Das Rennen besteht seit 1836 und wird seit 1839 alljährlich auf der Bahn von Aintree bei Liverpool, England, gelaufen. Es dürfen nur Pferde teilnehmen, die in bestimmter Weise in diesem oder einem anderen Steeple Chase bereits placiert waren und hoch qualifiziert sind. Die unfallträchtige Hindernisstrecke ist aufgrund ihres höchsten Schwierigkeitsgrades weltweit heftig umstritten, die übermäßigen Anforderungen werden teilweise auch von Fachleuten als Tierquälerei eingestuft. →*Pardubitzer Steeple Chase.*

Greifen Heftiges Anstoßen mit der Vorderkante der Hinterhufe an Hufsohle, Ballen oder Fesselbeuge der Vordergliedmaßen in schnellem Lauf, meist im Trab. Kann erhebliche Verletzungen zur Folge haben, besonders bei beschlagenen Pferden.

Griso Federigo (auch Grisone genannt). Bekanntester Lehrer der →*Neapolitanischen Reitschule,* die 1532 in Neapel gegründet wurde. Verfasser der Reitregeln »Ordini di Cavalcare«, die in gewissem Sinne noch heute die Grundlage für die Schulreiterei bilden. Das Buch erschien 1550 in Neapel und wurde 1570 ins Deutsche übersetzt. Grisone empfiehlt in seiner Anleitung teilweise eine recht brutale Behandlung des Pferdes mit dem Ziel, ein absolut gehorsames Streitross zu erziehen. Doch vertritt er auch vernünftige, das Wesen des Pferdes berücksichtigende Ansichten, die heute noch Gültigkeit haben. Griso und sein Schüler →*Pignatelli* erfanden eine Vielzahl von Zäumungsarten, vor allem Kandaren und sägeartige Kappzäume, die

Federigo Griso (?), Mitbegründer der →*Neapolitanischen Reitschule*, in einer vermutlich zeitgenössischen Darstellung.

François Robichon de la Guérinière (stehend) mit einem Schüler, der die Lektion »Schulterherein« demonstriert.

wir heute als Marterwerkzeuge ablehnen. Der neapolitanische Edelmann, der als Gründer der Neapolitanischen Reitschule gilt, ließ die Aspekte verhaltensgerechter Behandlung des Pferdes außer Acht (obwohl er sich auf →*Xenophon* bezieht) und vereinfachte die Pferdedressur auf gewaltsame Unterwerfung mit brutalen Mitteln, die noch lange in der Reitkunst nachwirkte und dem Unverständnis für die Natur des Pferdes Vorschub leistete. →*Hippologe.*

Guérinière François Robichon de la (1688 bis 1751). Leiter einer eigenen Reitakademie in Paris, später übernahm er aufgrund finanzieller Schwierigkeiten und ökonomischen Unvermögens eine Aushilfstätigkeit am königlichen Marstall und zuletzt bis zu seinem Tode die Leitung der Reitschule in den Tuilerien, in deren Mauern 150 Jahre früher schon sein großer Vorgänger →*Pluvinel* gewirkt hatte. 1733 erschien sein Epoche machendes Werk »Ecole de cavalerie«, das alle bis dahin bewährten Erkenntnisse seiner bedeutenden Vorgänger zusammenfasste und eigene bahnbrechende Neuerungen enthielt. Der geniale →*Hippologe* ging wie Pluvinel und →*Xenophon* von der Wesenheit des Pferdes aus und lehnte Zwangsmittel ab. Mit großer Sachkenntnis schuf er eine klassische Dressurmethode, die, von wenigen zeitbedingten Details abgesehen, noch heute für das Programm der →*Spanischen Reitschule,* für den →*Cadre Noir,* für die →*Königlich-Andalusische Reitschule* und für den internationalen Dressursport die Grundlage bildet. Guérinière führte den heute gebräuchlichen, losgelassenen Schulsitz mit leicht gewinkelten Knien, den →*Pritschensattel* und eine weichere Zäumung ein und verdammte →*Spaltsitz,* →*Pignatelle* und Sporenarbeit. Die Lektion →*Schulterherein* war seine Erfindung.

Gummiglocke Schützt Huf und Hufkrone vor Verletzungen während der Gangbewegungen und beim Springen. →*Greifen,* →*Streichen.*

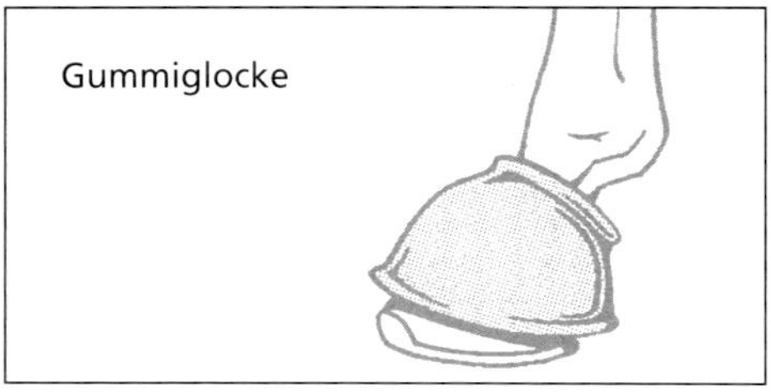

Gummiglocke

Gummischeiben Schutz für die Maulwinkel des Pferdes gegen Mundstücke mit beweglichen Verankerungen, wie Trensenringe (Wassertrense), drehbare Kandarenhebel, Pumpgebisse etc. Bei Anwendung der Gummischeiben muss das Mundstück etwa 1 cm breiter bemessen sein, damit die Maulwinkel nicht eingeengt wer-

Gummischeiben

den und ausreichend Spielraum behalten. Mangel an Maulfeuchtigkeit kann trockenen Reibungseffekt auslösen, der die Maulwinkel zumindest unangenehm scheuert. Fest verschweißte Mundstückverankerungen sind maulschonender, z. B. Schenkeltrense, D-Trense, Olivenkopftrense und unbewegliche Kandarenhebel.

Gummitrense Elastische, weiche, dicke, ungebroche Gummistange mit Trensenring, die nicht auf die →*Laden* drückt (wie z. B. die gebrochene Trense) und Fehler ungeschickter Zügelhände weitgehend ausgleicht. Bei guter Einspeichelung angenehm für das Pferdemaul. Sie ist das ideale Korrekturgebiss für Pferde, die im Maul schmerzhaft verdorben sind und daher aus Angst davonstürmen. →*Zäumung.*

güst ist eine Stute, wenn sie nach erfolgtem Deckakt nicht trächtig wird und somit keine Befruchtung erfolgt ist. Die Ursache kann eine natürliche Ruhepause, eine Krankheit, eine Abnormität oder ein Befruchtungsmangel des Hengstes sein.

Gymkhana Ehemals aus Indien stammende Bezeichnung für →*Reiterspiele* aller Art, die Gewandtheit und Geschicklichkeit besonders jüngerer Reiter fördern sollen. Zu diesen zählen Musikreiten, Slalomrennen, Apfelreiten, Ballongreifen u. a. m.

Gymnastizierung Unverzichtbare Notwendigkeit für die Ausbildung des Reitpferdes in jeder Disziplin. Gründliche dressurmäßige Gymnastizierung ermöglicht gewaltlose Beherrschung des Pferdes und bewahrt es vor gesundheitlichen Schäden im Tragapparat. Der Körperbau des Pferdes ist von der Natur nicht zum Tragen der zusätzlichen Reiterlast vorgesehen, deshalb müssen Muskeln, Sehnen und Gelenke durch systematisches Aufbautraining gekräftigt werden. Der Verzicht auf Gymnastizierung kann Widersetzlichkeit aufgrund körperlicher Schmerzen und Verzweiflung sowie Dauerschäden an den Gliedmaßen nach sich ziehen. Vorbild für vollendete Gymnastizierung sind die Lipizzanerhengste der Spanischen Reitschule in Wien, die ein hohes, gesundes und leistungsfähiges Alter bis zu 25 Jahren und mehr erreichen. →*Dressurreiten.*

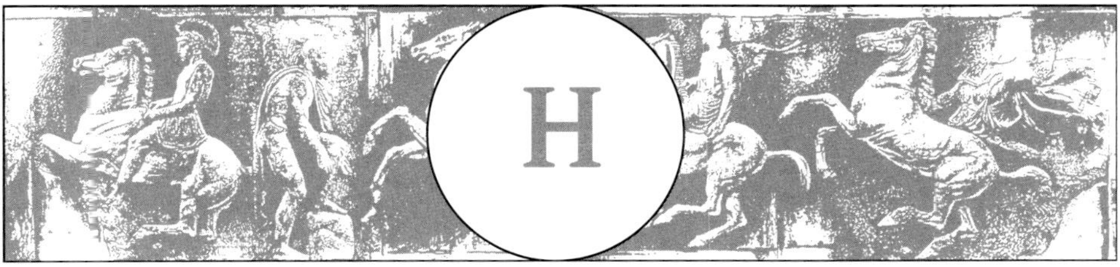

Haarkleid Zum Schutz gegen die Unbilden der Witterung trugen die Urpferde der Eiszeit ein Haarkleid, das von den jeweiligen Klimaverhältnissen geprägt war. Da nun fast überall auf der Erde, wo Pferde leben können, klimatisch gesehen Feuchtigkeit mit Kälte und Trockenheit mit Hitze verbunden ist, haben sich im Wesentlichen zwei verschiedene Formen des Haarkleides entwickelt: eine nördliche im feuchtkalten, atlantischen Regenklima und eine südliche im trockenheißen Wüstenklima. →*Primitivrassen,* die nur geringe oder keine fremden Bluteinmischungen erfahren haben, tragen noch heute das nahezu unverfälschte Haarkleid ihrer Urahnen. Stark vermischte Pferderassen hingegen, mit durcheinander gewürfeltem Erbgut, zeigen oft ein abnorm verändertes Haarkleid. Sie sind kaum in der Lage, unter harten Bedingungen ganzjährig im Freien zu leben. Feuchtes Klima fördert das Wachstum langen, groben Grannenhaares, während kaltes Klima dichtes Wollhaar hervorruft. Feuchtkaltes Regenklima entwickelte eine Kombination beider Haarsorten, die den wild lebenden Primitivrassen des atlantischen Regenklimas das Überleben garantiert (Beispiel: →*Exmoorpony* und →*Islandperd*). Das Fell dieser nordischen Pferde zeigt im Wechsel der Altersstufen und Jahreszeiten bestimmte Veränderungen. Nach der Geburt ist das Fohlenfell extrem dicht, weich und wollig, das Langhaar noch kurz und gelockt. Das Jährlingsfell wird auffallend zottig und länger und dichter als das des erwachsenen Pferdes, während das Langhaar fast die endgültige Länge erreicht hat. Das Erwachsenenfell ist ein zweischichtiges Winterhaar, das über neun Monate des Jahres dominiert. Das kurzlebige Sommerfell ist nur mehr als Übergangserscheinung anzusehen. Der erste alljährliche Haarwechsel erfolgt im Frühjahr und kann mehrere Monate andauern. Der Haarausfall beginnt an der Unterseite des Körpers, die letzten Winterhaare auf der Kruppe halten sich manchmal noch bis in den Sommer hinein. Sehr häufig zeigt das Sommerhaar eine vom Winterfell unterschiedliche Farbtönung. Letzteres besteht aus einer dichten, wolligen, kurzen Unterschicht und einer Oberschicht von langen, sperrigen Grannenhaaren, die mit einer Fettschicht überzogen sind. Bei trockenem Wetter stehen beide Schichten nahezu senkrecht von der Haut ab, so dass eine Menge Luft für die Körperwärmung gespeichert wird. Bei Regen formieren sich die fettigen Grannenhaare zu kleinen, mit der Spitze nach unten errichteten

Zweckentsprechend angeordnete Haarwirbel leiten das Regenwasser ab.

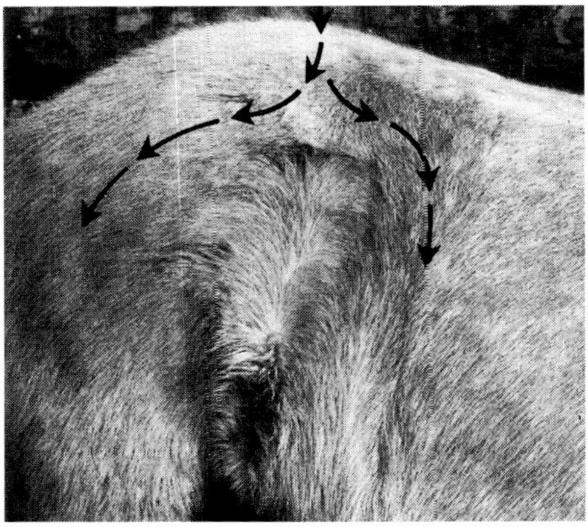

Dreiecken, auf denen das Wasser abfließt, ohne in die wollige Unterschicht des Felles einzudringen. Sinnreich angeordnete Haarwirbel, an der richtigen Stelle placiert (z. B. an der Flanke), leiten auch über empfindlichen Stellen mit geringem Haarwuchs das Wasser erfolgreich ab (Augen, Maulpartie, Geschlechtsorgane, Analregion). Das feuchte Klima fördert das Wachstum einer langen, beidseitig herabfallenden Mähne und eines dichten Schweifes, dessen glockenartiger Haarwuchs über der empfindlichen Analregion das Regenwasser ohne Schaden abfließen lässt. Wenn, wie bei stark vermischten Rassen, der konstruktive Aufbau des Felles und die Anordnung der Haarwirbel verändert sind, kann das Wasser bis auf die Haut vordringen. Würden solche Pferde das ganze Jahr im Freien leben müssen, wäre das ihr sicherer, langsamer Tod, hervorgerufen durch ständige Unterkühlung.

Das Sommerfell besteht aus einer dünnen, feinen Haarschicht. Das Haarkleid des Südpferdes im trockenheißen Wüstenklima zeigt einen zum Nordpferd eher gegenteiligen Effekt. Trockenheit, gleißende Sonneneinstrahlung und starker Temperaturabfall des Nachts sind die entscheidenden Faktoren. Das glatt anliegende, feine, seidige und glänzende Fell hat vornehmlich die Aufgabe, die Sonnenstrahlen zu reflektieren. Zentralasien, die Heimat des →*Przewalskipferdes,* unterliegt der seltenen Klimakombination Trockenheit und Kälte. Dementsprechend hat das Winterfell des letzten Wildpferdes unserer Erde hauptsächlich wollartigen Charakter. Grannenhaare sind nur gering vertreten. Ebenso ist die Stehmähne nur kurz gewachsen, und der Schweif ist dürftig behaart, weil der Wachstumsreiz durch Feuchtigkeit entfällt. Der Stamm der Nordponys wechselt das Haarkleid zweimal jährlich, nämlich im Frühjahr und Herbst, der Stamm der Südpferde jedoch nur einmal im Jahr. Der Haarwechsel schwächt das Pferd und macht es krankheitsanfälliger, deshalb sollte es während dieser Zeit geschont werden.

Das Winterfell unserer warmblütigen Mischrassen ist infolge unterschiedlichen Erbgutes verschieden stark ausgeprägt, und die Anordnung der Haarwirbel entspricht oft nicht mehr den Erfordernissen des Wildlebens, so dass ein ausreichender Nässeschutz nicht mehr gewährleistet ist.

Je stärker das vollblütige Erbe in einem Pferd dominiert, desto schwächer bildet sich das Winterfell aus. Araber und Vollblüter haben als Erbe ihrer Südpferdahnen das dünnste Winterhaar. Der frühjährliche und herbstliche Haarwechsel wird in unseren Breiten durch Länge und Intensität der Lichteinwirkung (Sonneneinstrahlung) und durch die Lufttemperatur beeinflusst, sofern das Pferd im Freien lebt. Der Haarwechsel des Stallpferdes wird durch Lichtmangel und Wärme und durch bewusste Beeinflussung des Menschen (künstliches Licht, Pferdedecke), um vornehmlich aus optischen Gründen ständig ein glattes, glänzendes Fell zu erzielen, erheblich gestört. Wenn es außerhalb der Stalltemperatur feuchtkalter Witterung ausgesetzt ist, besteht erhöhte Erkältungsgefahr. Ein individuell dosierter, häufiger Aufenthalt des Stallpferdes im Freiauslauf, sommers wie winters, trägt zu gesunder Abhärtung bei und gleicht den Rhythmus des Haarwuchses dem natürlichen, jahreszeitlichen Ablauf an. Die Reduzierung des Haarwuchses durch künstliche Beeinflussung, um starkes Schwitzen des Pferdes bei Leistungsforderung zu unterbinden, mindert die körperliche Widerstandskraft. Das Gleiche gilt für geschorene Pferde, die, des Haarschutzes an exponierten Stellen beraubt, sich besonders leicht erkälten und äußerst sorgsam gewartet werden müssen.

Das glatte Körperfell des Pferdes bezeichnet man als Deckhaar, Mähne und Schweif als Langhaar. Dieses wechselt nicht und sollte, wenn überhaupt, nur sparsam gestutzt werden, besonders dann, wenn sich die Pferde oft im Freien aufhalten. Wimpern und die Tasthaare an der Maulpartie dürfen niemals beschnitten werden, weil sie wichtige Funktionen erfüllen (Augenschutz,

Tastsinn). Während der allgemeinen Körperschwächung beim Haarwechsel und zur Beschleunigung desselben kann man zur Stärkung →*Mash* oder etwas Hafer zusätzlich füttern. →*Pflege.*

Haarwechsel →*Haarkleid.*

Hackamore →*Zäumung.*

Hackney Heimat: ursprünglich England, später Holland und USA. Abstammung: entwickelte sich aus der über 800 Jahre alten Rasse der Norfolk Trotter. Später Veredelung mit →*Englischem Vollblut.* Erscheinungsbild: Stockmaß 155–165 cm. Edles, leichtes und elegantes Kutschpferd mit starken Vollblutmerkmalen, jedoch häufig etwas schmal gebaut, mit steiler, kurzer Schulter und oft schwachem Fundament. Farben: Füchse, Braune und Rappen, nicht selten mit großen, weißen →*Abzeichen.* Eigenschaften: bis ins 19. Jh. hinein unter der Bezeichnung Norfolk Roadster ein starkes, schnelles und ausdauerndes Wirtschaftspferd. Heute brillantes Luxuskutschpferd mit sehr hoher, tänzelnder Aktion. Geringer Raumgriff, besonders im Schritt. Wird vornehmlich für Parade und Turnier verwendet. Seit etwa 100 Jahren züchtet man zusätzlich als kleinere Variante das Hackney Pony.

Hackney in seiner angezüchteten Trabaktion

Häcksel Kurz geschnittenes Stroh (Teilstücke ca. 2–3 cm lang) als untergemischte Futterbeigabe zum Hafer, um ein gemächliches und gründliches Durchkauen zu erreichen. Heute kaum noch gebräuchlich, weil sich ballengepresstes Stroh nicht zur Häckselung eignet.

Hafer Bekömmlichstes →*Kraftfutter* für Pferde in unseren Breiten, doppelt so nahrhaft wie →*Heu.* Man unterscheidet zahlreiche Sorten, der schwarze Hafer gilt als der nahrhafteste. Hafer muss gut getrocknet und staubfrei sein und darf frühestens nach vierteljähriger Trocknungszeit verfüttert werden. Eine Beimischung von →*Häcksel* zur Intensivierung der Kauarbeit ist ratsam. Gequetschter Hafer ist besonders für Pferde mit Zahnschwierigkeiten von Nutzen. Das gehaltvolle Kraftfutter muss individuell streng dosiert und darf nur bei angemessener Arbeitsleistung verfüttert werden, die den Kraftfutterzuschuss wieder abbaut. Unerlässlich ist die Zufütterung einer angemessenen Ration Heu. Das Ballastfutter reguliert die Darmtätigkeit. →*Fütterung.*

Haflinger Heimat: Italien, Österreich. Ursprünglich Hafling bei Meran, heute die Landschaft Meran-Bozen und das Alpengebiet von Südtirol, Tirol und Bayern. Abstammung: sehr alte, kaltblütige Gebirgsrasse, dem →*Noriker* verwandt, mit orientalischer Bluteinmischung. Seit dem Mittelalter bekannt. Stammvater der heutigen Zucht ist ein Araberhengst von 1868, auf den sämtliche Hengstlinien zurückführen. Erscheinungsbild: Stockmaß 135–148 cm. Sehr hübsches, vielseitig verwendbares Freizeitpferd (Reiten und Fahren). Farbe: Fuchs in vielen Schattierungen mit häufig weißen Abzeichen und hellem Langhaar. Zuchtgebiete in der Bundesrepublik Deutschland sind vor allem Bayern, Westfalen und Hessen. Besondere Eigenschaften: enorm trittsicheres Reit- und Tragpferd für das Gebirge. Hervorragendes Klettervermögen in

Der moderne Freizeit-Haflinger wie hier vom Fohlenhof Ebbs in Tirol entstand aus der konsequenten Zuchtauslese über die Reinzucht.

Geröll und Fels. Lebhaftes Temperament. Besonders geschätzt als Freizeitpferd unter dem Sattel und vor der Kutsche.

Haftpflichtversicherung für Pferde sollte unter den heutigen Verkehrsverhältnissen unbedingt abgeschlossen werden, und zwar in kombinierter Form: für den Weidegang, falls ein Pferd ausbricht und irgendwelchen Schaden anrichtet, und für das Pferd in Tätigkeit (beim Reiten, Fahren usw.), wenn beispielsweise der Reiter abgeworfen wird und das Pferd einen Verkehrsunfall verursacht.

Hahnentritt oder Zuckfuß. Zuckendes Vorwärts-Aufwärtsschnellen der Hintergliedmaße im Gang. Die Ursachen sind schmerzhafte Erkrankungszustände (→*Nageltritt*, →*Mauke*, →*Spat* und andere) oder dauerndes übermäßiges Spornieren des Reiters.

Hakenstute Meist auch im äußeren Erscheinungsbild maskulin wirkende Stute mit Hakenzähnen, dem sonst nur dem männlichen Pferd eigenen sekundären Geschlechtsmerkmal.

Halali (franz.) Hornsignal zum Schluss der →*Reitjagd*. Die eintreffenden Reiter versammeln sich, rufen Halali und erheben die unbehandschuhte Rechte. Ursprünglich Abschluss der Jagd hinter lebendem Wild, wenn dieses zur Strecke gebracht worden war.

Halbblut Im Ausland international gebräuchliche Bezeichnung für Pferderassen, die nicht einwandfrei als →*Vollblut*, →*Kaltblut* oder →*Pony* eingestuft werden können. In Deutschland wird darunter eine direkte Verkreuzung eines vollblütigen mit einem warmblütigen Elternteil verstanden. →*Warmblut*.

Halbesel Nachkommen des voreiszeitlichen ersten Einhufers Pliohippus. Dessen Nachfahren wanderten von 1 Mio. bis 600 000 v. Chr. (Beginn der Eiszeit) von Nordamerika über die damalige Landbrücke der Beringstraße nach Eurasien. Heimat: Orient, Asien. Zwischenformen mit Merkmalen von →*Przewalskipferd* und

Onager-Stute mit Fohlen.

→*Esel*. Drei verschiedene, durch ihre Umwelt geprägte Varianten: Onager (Arabien, Syrien und Persien), Kulan oder Dschiggetai (Zentral- und Ostasien) und Kiang (Tibet). Sie unterscheiden sich, relativ geringfügig, durch Größe, Körperform und Fellfärbung. Bis heute echte Wildequiden, schwer oder gar nicht zu zähmen. Kiang und Kulan haben etwas mehr pferdeartiges Aussehen, der Onager ist dem Esel ähnlicher. Alle drei Halbeselarten sind mittlerweile sehr selten und vom Aussterben bedroht.

Halbe Parade →*Parade.*

Halfter Gebissloser Kopfzaum aus derbem Leder zum Führen und Anbinden des Pferdes, in feinerer Ausführung auch Zusatzteil zum Reitzaum mit Mundstück (z. B. Englisches Reithalfter). →*Zäumung.*

Halsformen →*Körperformen.*

Haltung des Pferdes. Die weitaus gesündesten Lebensbedingungen, die dem natürlichen Wildleben des Pferdes am nächsten kommen, bietet der geräumige, stets offene Laufstall mit umzäuntem Auslauf (Langrechteck, längere Laufstrecke) und angrenzender Weide, weil auf diese Weise ständig Licht, Luft, freie Bewegung und Kontakte zu den Artgenossen gewährleistet sind. Für einen Pferdezaun sind stets nur Holz oder ähnliche Materialien ohne Verletzungsgefahr zu verwenden, der gefährliche Stacheldraht ist ungeeignet. Am ungefährlichsten und zugleich wirksamsten ist die Kombination von stabilem Holz- und Elektrozaun. Die Offenstallhaltung eignet sich vorzüglich nicht nur für Robust- und Kaltblutpferde, sondern ebenso für Warmblut- und Vollblutpferde, wenn sie allmählich und dosiert an die schwankenden Wetterverhältnisse gewöhnt werden. Stallhaltung in nördlichen Ländern ist grundsätzlich zunächst ein Notbehelf für solche Pferde, deren Erbgut von mehr oder weniger vollblütigen Südpferden geprägt ist, die in trockenwarmen Klimazonen ganzjährig im Freien leben können, in unserem feuchtkalten Klima aber durch Erkältung leicht an den Atemwegen erkranken.

Vorbildlich geräumiger Laufstall mit atmender Holzdecke, hellen Fensterfronten und bodennahen Futterkrippen, vor denen die Pferde bedarfsweise während der Fütterung kurzzeitig zur Zuteilung individueller Rationen angebunden werden können.

Nicht die Kälte, die sie gut vertragen, sondern die Kombination von Kälte und Nässe wird ihnen zum Verhängnis, wenn sie nicht entsprechend geschützt werden. Ein auf halber Höhe geteiltes Tor zum Auslauf hin, dessen untere Hälfte allein zu schließen ist, kann für die dosierte Einsperrung dieser Pferde von Nutzen sein, weil sie vor Regen geschützt sind und dennoch frische Luft atmen können. Steht ein großzügig bemessener →*Offenstall* nicht zur Verfügung, ist eine Außenbox mit geteilter Tür, deren obere Hälfte ebenfalls immer geöffnet ist, ein akzeptabler Kompromiss, wenn zusätzlich ein angrenzender Auslauf für tägliche freie Bewegung zur Verfügung steht. Die Box muss völlig zugdicht sein, ein Vordach schützt vor hereinschlagenden Dauerregen. Das Pferd genießt ständig frische Luft und hat die Nase im Wind, der vielfältig interessante Witterung heranträgt, es kann gegen Langeweile, die Verhaltensstörungen verursacht, am Geschehen der Außenwelt teilnehmen und hat zumindest Blickkontakt zu den Artgenossen in den übrigen Boxen. Empfindliche Pferde kann man im Winter zusätzlich mit einer luftdurchlässigen Pferdedecke schützen.

Die problematischste und arbeitsaufwendigste Lösung der Pferdehaltung ist der Innenstall, dessen Nutzung genaue Kenntnis der Pferdenatur, sorgfältige Pflege und strikte Beachtung aller gesundheitlichen Vorkehrungen verlangt, wenn Wohlbefinden und Gesunderhaltung des Pferdes gesichert sein sollen. Die Räumlichkeiten des Stalles müssen großzügig bemessen sein, um alle Verrichtungen am Pferd ohne Platznot bewältigen zu können und Unfallgefahren vorzubeugen. Das Anbinden des Pferdes zwischen zwei Flankierbäumen im Stand sollte der Vergangenheit angehören, da es einer Dauerquälerei gleichkommt. Stallpferde täglich eine Stunde zu arbeiten und dreiundzwanzig Stunden ohne Bewegungsfreiheit die Wände anstarren zu lassen und obendrein noch wöchentlich einen »Stehtag« einzulegen ist verbreitete Unsitte, die der Natur des Pferdes krass zuwiderläuft. Jedes Pferd sollte zusätzlich zur einstündigen Arbeit, möglichst in Gesellschaft von Artgenossen (wenn nötig getrennt), täglich einige Stunden im Freiauslauf verbringen, um seelischer Vereinsamung und Verhaltensstörungen entgegenzuwirken. Auch Warmblut- und Vollblutpferde lassen sich nach behutsamer Gewöhnung (evtl. mit Decke) bei dosiertem Auslauf unter Vermeidung kalter Nässe an trockenes Winterwetter gewöhnen. Gesundheit und Widerstandskraft stabilisieren sich. Das durch die naturnahe Haltung stärker wachsende Winterfell bewirkt vermehrtes Schwitzen beim Reiten. Das Pferd muss hinterher im Schritt trockengeritten oder -geführt und darf nicht trockengeputzt werden, weil die sich öffnenden Poren möglicherweise einer Erkältung Vorschub leisten. Zweckmäßig ist das Überlegen einer luftdurchlässigen, atmenden Decke, die vor Unterkühlung schützt.

Ein Pferdestall muss sehr hell, stets gut durchlüftet und absolut trocken sein. Feuchte und dunkle Ställe sind Ursache von rheumatischen sowie Erkältungskrankheiten und von Augenschäden. Natürliches Baumaterial ist am gesündesten: die Wand aus gebrannten Ziegeln oder Holz, die Decke aus Holz und der Boden aus Lehm oder gebrannten Ziegeln. Die Materialien isolieren, atmen und absorbieren den Dunst. Beton- und Feldsteine sind deshalb ungeeignet. Der Stallboden soll höher als die Umgebung sowie durchlässig sein und etwas Gefälle haben, damit Regenwasser und Stallflüssigkeit abfließen können. Um ausreichend Licht einzulassen, soll die Fensterfläche mindestens 15% der Stallgrundfläche betragen. Wegen des starken Stalldunstes müssen sachgerecht angelegte Frischluftkanäle in der Decke und in den Wänden für hervorragende, zugfreie Durchlüftung sorgen. Ölgestrichene Wände oder glasierte Kacheln sind wegen mangelnder Ventilation ungeeignet, sie fördern die Schwitzwasserbildung. Die Temperatur im Stall soll nicht höher als

10 °C Legen. Die Höhe muss mindestens 3 m betragen.

Die Grundfläche der Stallbox (mit breiter Tür) sollte 4×4 Meter nicht unterschreiten. Die Wände aus Hartholzbohlen (kein Beton) sind zwischen 135 und 150 cm hoch, aufgesetzte enge Trenngitter aus Rundrohr verhindern Beißereien, aber ermöglichen, dass benachbarte Pferde sich sehen und beschnuppern können. Man sollte, wenn irgend möglich, stets einander sympathische Pferde in benachbarte Boxen einstellen, um überflüssige Aggressionen zu vermeiden. Auf Dauer können dann auch die Trenngitter entfallen. Eine frostsichere Selbsttränke lässt dem Pferd freie Wahl, jederzeit den Durst zu löschen, sie muss peinlich sauber gehalten werden. An der gegenüberliegenden Wand befindet sich die Futterkrippe in Bodenhöhe, damit das Futter so natürlich wie beim Weidegang aufgenommen werden kann. Heuraufen hoch an der Wand sind aus dem Stall zu verbannen. Für die Heufütterung haben sich anstelle der vorderen Boxenwand Rundrohre in breiteren Abständen bewährt, durch die das Pferd das Raufutter vom Boden der Stallgasse aufnimmt, ohne dass kostbares Heu in der Streu verloren geht. Hervorstehende scharfe Kanten sowie Ecken und Lücken, in denen das Pferd mit dem Huf hängen bleiben kann, sind Ursachen häufiger Verletzungen. Elektrische Schalter und Leitungen sowie Wasserhähne, Haken und dergleichen müssen stets außer Reichweite des Pferdes montiert sein.

Die Streu kann entweder täglich völlig ausgewechselt oder als langzeitige Matratze aufgebaut werden, von der nur der Kot und die nasse Oberschicht täglich mehrmals abgelesen werden, während die langsam anwachsende Unterschicht unverletzt bleibt. Die gesamte Matratze wird etwa halbjährlich vollständig entfernt; nachdem der Boden abgetrocknet ist, kann neu geschichtet werden. Der gesündeste Aufbau besteht aus Weizenstroh mit einer Bodenschicht aus Torf, so ist die Matratze ausreichend saugfähig und bei guter belüftetem Stall geruchsarm.

Hand Reiterlicher Begriff für das Reiten in der Reitbahn links- oder rechtsherum. Linke Hand: Das Pferd geht linksherum, die linke Körperseite weist zur Bahnmitte (innere Hand), die rechte, der →*Bande* zugewandte Körperseite ist die äußere Hand. Rechte Hand: Das Pferd geht rechtsherum, die rechte Körperseite weist zur Bahnmitte (innere Hand), die linke, der Bande zugewandte Körperseite ist jetzt die äußere Hand. →*Hufschlagfiguren.*

Handikap →*Ausgleich,* →*Polo.*

Handpferd Das rechtsseitige Pferd im Zweiergespann vor dem Wagen oder ein lediges Pferd, das von einem Reiter mit der rechten Hand geführt wird. Das linke Vorderpferd eines Mehrgespannes der bespannten Artillerie trug stets einen Reiter. →*Sattelpferd.*

Hands (engl.) Englische Maßeinheit zur Bestimmung der →*Widerristhöhe.* 1 hand = etwa 10,2 cm, 15 hands = etwa 153 cm. 1 hand wird unterteilt in 4 inches, 1 inch = etwa 2,5 cm. Beispiel: Ein Pferd hat die Widerristhöhe von 16 hands und 3 inches = 163,2 cm + 7,5 cm = 170,7 cm.

Handwechsel (auch changieren). Wechsel von der linken auf die rechte Hand und umgekehrt auf dem Hufschlag der Reitbahn. →*Hand.*

Hangbein Die in der Gangbewegung im Vorschwingen befindliche Gliedmaße. →*Gangarten,* →*Lahmheit.*

Hanken Gesamtbegriff für eine Teilpartie der Hinterhand des Pferdes, nämlich Hüftgelenk, Kniegelenk und Sprunggelenk, meist in funktionalem Zusammenhang ausgedrückt (siehe Abb. S. 174). →*Hankenbeugung.*

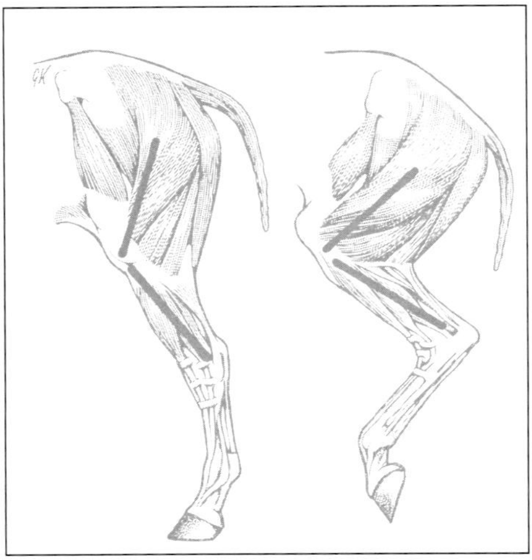

Hanken in gestrecktem und gebeugtem Zustand, Ober- und Unterschenkelbein sind durch schwarze Linien gekennzeichnet.

Hankenbeugung bedeutet stärkere Winkelung der →*Hanken* beim Untersetzen der Hintergliedmaßen unter den Rumpf zur vermehrten Aufnahme der Reiterlast in der →*Versammlung.* Im Einklang mit der ebenfalls stärkeren Winkelung der Sprunggelenke senkt sich die Kruppe, als Folge wird das Pferd in der →*Aufrichtung* scheinbar höher. Besonders deutlich wird die Hankenbeugung in der →*Piaffe,* die höchstmögliche Beugung erfolgt in der →*Levade.* Gymnastizierung der Hankenbeugung entwickelt die notwendige Trag- und Schubkraft, damit das Pferd in den verkürzten Gängen das Gleichgewicht in Selbsthaltung ausbalancieren und den Schwung in Vorwärts-Aufwärts-Bewegung zu erhabener →*Aktion* entwickeln kann. →*Dressurreiten.*

Hannoveraner Warmblutzucht, bodenständig in Niedersachsen. Zuchtziel: Deutsches Reitpferd für Sport und Freizeit. Vorausblickendes Zuchtgeschehen begann bereits 1735 mit der Gründung des Landgestütes Celle durch Kurfürst Georg II. von Hannover, der für den bodenständigen bäuerlichen Stutenstamm zunächst 13 Holsteiner Hengste mit neapolitanisch-andalusischer Blutführung zur Verfügung stellte, deren Zahl bis zum Ende des 18. Jh. auf 100 Vatertiere anwuchs, unter denen sich einige →*Frederiksborger,* Ostpreußen und →*Andalusier* als Veredler befanden. In den napoleonischen Kriegen erlitt die Zucht beträchtliche Einbußen, nur 30 der nach Mecklenburg evakuierten Landbeschäler kehrten nach Celle zurück. Der Wiederaufbau des Landgestütes erfolgte vorwiegend mit Hengsten aus Mecklenburg und England. Gegen

1 Hankenbeuge in der Piaffe
2 Halbe Hankenbeuge in der Pesade
3 Tiefe Hankenbeuge in der Levade

1 2

Siegerhengst der hannoverschen Körung 1998.

Mitte des 19. Jh. waren ein Drittel der Beschäler Vollblüter, die das kräftige Warmblutpferd für landwirtschaftliche und militärische Verwendung zu überfeinern drohten. Noch rechtzeitig wurde der Bestand an Vollblütern reduziert. Zahlenmäßige Höhepunkte der Landeszucht datieren in die erste Hälfte des 20. Jh. In den 1920er Jahren deckten 500, in den 1940er Jahren sogar 560 staatliche Beschäler über 35 000 Mutterstuten. Eine größere Zahl qualitätvoller Trakehner Hengste, die bei Kriegsende noch rechtzeitig aus Ostpreußen evakuiert wurden und Niedersachsen erreichen konnten, hinterließen in der hannoverschen Zucht eine veredelnde Blutzufuhr. Zur Zeit des absoluten Tiefpunktes der Pferdezucht um 1960 wurden in Niedersachsen nur noch 4200 Stuten von 180 Gestütshengsten gedeckt.

Gegen Ende der 1960er Jahre erlebte der Reitsport einen ungeahnten Aufschwung. Der Nachfrage entsprechend entwickelte sich der Hannoveraner zu einem leichteren, eleganten Reitpferd auf den heutigen Stand. Niedersachsen ist das größte geschlossene Warmblutzuchtgebiet in Deutschland. Der Hannoveraner gilt als international anerkannter Standardtyp des modernen Reitpferdes der internationale Erfolge in Dressur- und Springprüfungen aufzuweisen und in vielen Zuchten des In- und Auslandes prägende Einflüsse hinterlassen hat. Die Widerristhöhe des Hannoveraners beträgt 165–175 cm, die häufigsten Fellfarben sind Füchse, Braune und Rappen. Alljährliche Auktionen in Verden/Aller genießen Weltruf.

Hannoversches Reithalfter →*Zäumung.*

harnen (auch: strahlen). Stoffwechselbedingte Flüssigkeitsentleerung der Blase. Die Haltung von Hengst und Stute beim Urinieren ist nahezu gleich. Die Hintergliedmaßen werden breit nach hinten ausgestellt, die Kruppe senkt sich und der Schweif wird angehoben. Hengste und Wallache schachten etwas aus. Immer wird im Stehen, niemals in Bewegung, und meist an bestimmter Stelle uriniert. Pferde meiden dabei offensichtlich Steinpflaster oder harten Boden, weil ihnen der an die Beine spritzende Harn unangenehm zu sein scheint. Sie bevorzugen hohes Gras oder strohbedeckten Boden im Stall. Hengste beriechen sogleich die Ausscheidungen der Stuten auf →*Rosse,* →*flehmen* im positiven Fall und harnen hinterher auf dieselbe Stelle, um ihren Besitzanspruch zu markieren.

Hasenhacke Schwellung an der Rückseite des Sprunggelenks, manchmal angeborene Verformung, oftmals durch Überanstrengung des jungen Pferdes hervorgerufen. Schmerz und Lahmheit nur in den ersten Wochen, die Schwellung bleibt als dauerhafter Schönheitsfehler erhalten.

Hauptbeschäler Zuchthengst der Spitzenklasse eines staatl. Haupt- oder Privatgestütes.

Hauptgestüt Staatliche Zuchtstätte mit ausgewählten Deckhengsten, Mutterstuten und Fohlenaufzucht.

Hauptmängel →*Gewährsmängel,* →*Pferdekauf.*

Hauspferde nennt man alle Pferde, auf die der Mensch züchterischen Einfluss ausgeübt hat. Mit Ausnahme des →*Przewalskipferdes,* des letzten echten Wildpferdes, das vermutlich nur noch in Gehegen in aller Welt existiert und abstammungsmäßig bislang absolut rein erhalten wurde, zählen alle Pferde unserer Erde zu den Hauspferden.

Hautmilben bohren sich in die Haut des Pferdes, vorwiegend an Hals, Sattellage, Mähnenkamm und Schweifrübe und rufen einen starken Juckreiz hervor. Die Haut sondert weiße Schuppen ab und das Haar fällt aus. Übertragung der Milben durch direkten Kontakt der Pferde, unsaubere Einstreu, Futter und Putzgerät. Behandlung und Heilung durch einschlägige Präparate.

Hautpflegebehandlungen: Wälzen im Sand oder gegenseitige soziale Hautpflege durch Beknabbern.

Hautpflege Auslöser für Hautpflegebehandlungen der Pferde sind hauptsächlich Insektenplage, Haarwechsel und Hautregeneration, die einen mehr oder weniger starken Juckreiz hervorrufen. Sie scheuern sich an Bäumen oder Pfählen und wälzen sich besonders auf sandigen Stellen, wobei das umständliche Hinlegen und Aufstehen stets zuerst mit den Vorderbeinen geschieht. Da Pferde nicht sehr gelenkig sind, vermögen sie nur wenige Körperstellen mit Zähnen oder Hinterhufen zu erreichen. Deshalb ist das gegenseitige Kraulen an Stellen, die sie selbst nicht erreichen können, eine gern und ausgiebig geübte Tätigkeit, die sogar sexuellen Charakter haben kann. Der dem Stallpferd entzogene, kraulende Artgenosse kann vom Menschen teilweise durch Putzen mit Striegel und Kardätsche ersetzt werden. →*Pflege.*

Hechtgebiss oder Vorbeißer. Abnormes Wachstum des Unterkiefers, die Unterkieferschneidezähne stehen über die des Oberkiefers weit hinaus. Degenerationserscheinung in der Domestikation durch Verkreuzung verschiedener Pferdetypen. Die einzelnen Schädelregionen vererben sich getrennt. →*Anatomie* (Zähne).

Hechtkopf →*Körperformen.*

Hengst Männliches Pferd. Im äußeren Erscheinungsbild wirkt der Hengst ganz allgemein kräftiger im Vergleich zu Stute und Wallach, er hat meist einen höheren →*Aufsatz* mit stärker gewölbtem Hals und eine breitere Brust. Sein Verhalten ist herrischer und insgesamt aggressiver und robuster. Bewegungsmomente und Ausdrucksformen des geschlechtsspezifischen

Hengstverhaltens macht sich der Reiter teilweise in den Lektionen der →*Hohen Schule* zunutze.

Hengstleistungsprüfung Für die 3½- bis 5½jährigen Deckhengste in der Warmblut- und Araberzucht ist vom Tierzuchtgesetz eine Leistungsprüfung nach mehrmonatiger Vorbereitung vorgeschrieben. Beurteilt werden Zugleistung vor dem Zugschlitten, Gangvermögen vor dem Traberwagen, Galoppier- und Springveranlagung unter dem Reiter im Gelände und auf der Rennbahn, Kondition und Verhaltensweisen. Hengste der Vollblut- und Traberzucht werden auf Schnelligkeit und Ausdauer geprüft.

Herrensattel Reitsattel für den heute üblichen Sitz mit gespreizten Beinen. Der Damensattel, die früher übliche Form für den Seitsitz der Reiterin, ist heute nur noch auf Schauen zu sehen. →*Sattlung.*

Herzgewicht Bei Vollblütern um 5 kg, Warmblutpferden um 3,6 kg, Kaltblütern etwa 4 kg.

Hessisches Warmblut Beheimatet in Hessen. Zuchtziel: Deutsches Reitpferd für Sport und Freizeit. Zuverlässige Hinweise auf ursprünglich bodenständige Pferde in Hessen sind nicht überliefert. Eine breit ausgelegte Landeszucht unter Einbeziehung bäuerlicher Züchter hatte es in früheren Jahrhunderten kaum gegeben. Die fürstlichen Marställe züchteten mit importierten Fremdrassen vornehmlich für eigenen Bedarf und nach Zeitmode, so dass sich keine einheitlichen Zuchtlinien herausbilden konnten. Eine Ausnahme bildete das Gestüt Beberbeck, das bis 1929 bestand und sich mit edlen Halbblütern einen guten Ruf erworben hatte. Nach Eingliederung in die Preußische Gestütsverwaltung 1866 vermochte Hessen mit den weitaus bedeutenderen Warmblutzuchten anderer Provinzen nicht zu konkurrieren. Deshalb wendeten sich die bäuerlichen Züchter hauptsächlich der Kaltblutzucht zu, da für Arbeitspferde große Nachfrage bestand. Die noch vorhandene Warmblutzucht auf Oldenburger Grundlage führte ein Schattendasein. Um 1960 begann die Zucht des modernen Reitpferdes mit Hannoveranern und Westfalen; Vollblüter, Trakehner und Araber sorgten für marktgerechte Veredlung. Die Staatshengste haben ihr ständiges Domizil im Hessischen Landgestüt Dillenburg.

Hetzjagd oder Parforcejagd. Jagdart zu Pferd mit Hundemeute zur Fährtenfindung hinter lebendem Wild, das bis zur Erschöpfung gehetzt, gestellt und dann mit einer Stichwaffe (Hirschfänger oder Saufeder) getötet (abgefangen) wird. Bis heute in Großbritannien, Frankreich und anderen Ländern üblich, in der Bundesrepublik Deutschland aus tierschützerischen Gründen gesetzlich verboten. →*Reitjagd.*

Heu Besteht aus getrockneten Gräsern und Kräutern und ist nach dem Weidegang, also frischem Gras (ohne Stickstoffdüngung!), das natürliche, unentbehrliche Grundnahrungsmittel des Pferdes. Heu besitzt die Hälfte des Nährwertes von →*Hafer.* Es ist nicht nur Grundnahrung und Erhaltungsfutter, von dem allein das Pferd existieren könnte, sondern reguliert auch die Darmtätigkeit und erhält das gesunde Volumen des Darmes. Überwiegende Kraftfuttergaben und wenig Raufutter lassen den Darm schrumpfen und fördern die Anfälligkeit für Darmerkrankungen.

Heu darf frühestens nach dreimonatiger Trocknungszeit verfüttert werden. Gutes, für Pferde geeignetes Wiesenheu enthält eine Vielfalt von Kräutern und Gräsern, duftet aromatisch wie Kräutertee, zeigt noch grüne Färbung und die Halme sind relativ hart und sperrig. Es sollte immer als erster Schnitt und zu Beginn der Blüte geerntet sein. Kurzes, weiches Grumtheu vom zweiten Schnitt ist für Pferde ungeeignet, da es leicht Verdauungsstörungen verursacht. Vom Nährstoffgehalt frischer und trockener Pflanzen vermochte das Pferd im Wildleben zu existieren und die Leistungen zu vollbringen, die die Wildnis von ihm verlangte. Nährstoffreichtum und Ballastfülle dieses natürlichen Erhaltungsfutters sind so ausgewogen, dass auch bei optimaler Füllung des Darmvolumens die Nährstoffmenge niemals überdosiert ist. Die Sättigungsbarriere des vom Heuballast prall gefüllten Darmes verhindert somit die Aufnahme zu vieler Nährstoffe, die möglicherweise Erkrankungen auslösen können. Weidegang und Heufütterung können mithin bis zur Sättigung gewährt werden, wobei ein möglichst selbsttätiger Bewegungsausgleich (Weide oder Auslauf) selbstverständlich sein muss, wenn keine angemessene Arbeitsleistung verlangt wird. Hafer hingegen besitzt nur wenig Ballaststoffe, ist aber doppelt so nahrhaft wie Heu, so dass bei optimaler Darmfüllung mit Hafer eine zu große Nährstoffmenge in den Körper gelangt. Zum →*Kraftfutter* muss immer auch eine angemessene Ration →*Raufutter* gereicht werden und ein entsprechender Arbeitsausgleich stattfinden, der die Kalorien wieder abbaut und wie ein Ventil den überschüssigen Dampf ablässt, wenn keine Krankheitsfolgen entstehen sollen. Die ausschließliche Fütterung von zu Würfeln gepresstem statt losem Heu, um das Pferd schlank zu halten, schadet auf Dauer der Gesundheit. →*Fütterung.*

Heubauch oder Grasbauch. Meist seitlich stark ausgeweitetes Bauchvolumen bei Pferden, die aus natürlicher Veranlagung überwiegend Gras- und Raufutterverzehrer sind. Überkommenes Erbmerkmal von Wildpferden nördlicher Klimazonen, die sich im Wildleben durch gehaltarmes, hartes und ballastreiches Futter ernähren mussten. Das große Darmvolumen vermochte große Futtermengen aufzunehmen und auch die letzten Nährstoffe herauszuziehen, um das Überleben zu gewährleisten. Merkmale der nördlichen Ponyrassen (Islandpferd, Shetlandpony etc.), deren Verwandten und mancher Warmblutrassen. Ein Grasbauch kann vorübergehend auch bei Pferden südlicher Rassen (Araber, Vollblüter etc.) während des Weideganges entstehen, die normalerweise keine Veranlagung zu auffälliger Ausweitung des Bauches zeigen. Man unterscheidet auch »Verdauungstyp« (großes Darmvolumen, kleinerer Brustraum) und »Atmungstyp« (großer Brustraum, kleineres Darmvolumen).

Heunetz Beutel aus Strickgeflecht, aus dem das Pferd das Heu herauszupfen kann. Besonders für alle Situationen unterwegs (im Pferdetransporter oder bei Wartezeiten auf Turnierplätzen) sehr praktisch und sparsam, da kaum Heu verloren geht.

Heuraufe Meist in Kopfhöhe des Pferdes an der Wand in Schrägstellung befestigtes leiterartiges Gitter, zwischen dessen Stäben das Heu herausgezupft werden kann. Eine widersinnige Einrichtung für das Weidetier Pferd, das seine Nahrung vom Boden aufnimmt. Kann besonders schädlich für junge Pferde sein, weil durch das ständige Hochnehmen des Kopfes die Rückenmuskulatur erschlaffen und ein Senkrücken entstehen kann. Außerdem können herabfallende Samenkörner, Blütenblättchen und Staubkörner Augenentzündungen verursachen. Heu sollte immer am Boden oder auf tief liegendem Futtertisch gereicht werden, der natürlichen Nahrungsaufnahme entsprechend.

Highland Garron oder Scottish Highlandpony. Heimat: ursprünglich Schottland und die westlich vorgelagerten Inseln, später auch übriges England. Abstammung: uralte, bodenständige Rasse, die bereits im 4. Jahrtausend v. Chr., also vor der →*Domestikation,* in ihrem Lebensraum nachgewiesen ist. In jüngerer Zeit gelegentlich Einkreuzung →*Arabischen Vollbluts.* Erscheinungsbild: drei Varianten verschiedener Größe und Verwendung: das kleine Inselpony mit Stockmaß 130–140 cm, das temperamentvollere, edlere Reitpony mit Stockmaß 140 bis 150 cm und das schwere Festlandpony (Mainland) mit Stockmaß 150–152 cm für Zug- und

Highland Garron. *Links:* Ursprünglicher Primitivtyp (Inselpony) als Tragpferd auf der Jagd in Schottland. *Rechts:* Im Reitpony-Typ.

Tragdienst. Sehr kräftiges, barockes Pony mit zuweilen recht edler Kopfform, kurzer, steiler Schulter, starkem Rücken, kurzer, abfallender Kruppe und tief angesetztem Schweif. Kräftige Gliedmaßen. Sehr üppiges Langhaar, →*Kinnbart* und →*Kötenbehang.* Farben: vielfach Falben verschiedener Schattierungen mit Aalstrich, Querstreifen an den Beinen oder auch Schulterkreuz, aber auch Schimmel, Braune und Rappen. Eigenschaften: besonders ausdauernd und genügsam, große Tragkraft. Verwendung seit alter Zeit als Trag- und Reitpony für die unwegsame Hochgebirgsjagd und als Wagenpferd auf unerschlossenen Wegstrecken. Neuerdings sehr beliebt als Wanderpferd für →*Ponytrekking.*

Hilfen Der Wille des Reiters wird durch die reiterlichen Hilfen auf das Pferd übertragen. Die Grundlage der Hilfengebung besteht aus vier stets zusammenwirkenden Hilfen: der Gewichtseinwirkung, der wechselnden Druckwirkung des Beckens, den Schenkelhilfen und den Zügelhilfen. Wie der Begriff treffend ausdrückt, sollen die reiterlichen Hilfen dem Pferd »helfen«, die Reiterlast zu tragen, und es nicht in eine wie auch immer geartete widernatürliche Form zwingen.

Gerader, schwerpunktrichtig ausbalancierter Sitz des Reiters, Sitzeinwirkungen sind unsichtbar. Schenkelhilfen äußern sich durch Ansaugen und differenziertes Zurücknehmen der Unterschenkel (Pfeile). Die Tendenz der Zügelhilfen ist eher nachgebend denn annehmend.

Die Gewichtseinwirkung setzt ein, sobald der Reiter im Sattel sitzt. Er sitzt gerade und losgelassen in Übereinstimmung mit dem Schwerpunkt des Pferdes, damit es unter der Reiterlast in jeder Gangart im Gleichgewicht gehen kann. Eine Gewichtshilfe setzt ein, wenn der Reiter sein Gewicht, beispielsweise für eine Wendung, geringfügig zur Seite verlagert und einen Gesäßknochen stärker belastet. Durch die Gewichtsverlagerung fühlt sich das Pferd veranlasst, zur selben Seite seitwärts zu treten, um seinen Schwerpunkt mit dem des Reiters in Einklang zu bringen.

Die differenzierte Druckwirkung des Beckens mit Sitzbein und Kreuzbein zur Ausführung mannigfacher Lektionen bedarf längerer Einfühlung und Ausbildung des Reiters. Das Einsitzen soll leicht und losgelassen sein, damit der Reiter die Rückentätigkeit des Pferdes erfühlen und sich harmonisch einfügen kann. Zu massives Einsitzen wirkt eher störend auf den Bewegungsrhythmus und irritiert das Pferd.

Die Schenkelhilfen mit den Waden des Unterschenkels (nicht mit den Absätzen!) regen die Hinterbeine zu vermehrtem Vortreten an, so dass die Hinterhand stärker untersetzt und das Reitergewicht schwerpunktrichtig vermehrt aufnimmt. Außerdem sollen sie das Pferd in Tempo, Schwung und der gewünschten Gangart halten. Liegt der Schenkel am Sattelgurt, so wirkt er vorwärts treibend auf den gleichseitigen Hinterfuß des Pferdes; liegt er weiter zurück, so wirkt er verwahrend und reguliert die vom andersseitigen, aktiven Schenkel hervorgerufene Bewegung. Drückt er stärker, so veranlasst er den Hinterhuf, nach der entgegengesetzten Seite seitwärts zu treten.

Die Zügelhilfen bestehen aus dem Annehmen und Nachgeben der Zügel. Da sie vorwiegend verhaltend wirken, müssen sie immer durch vortreibende Hilfen von Kreuz und Schenkel eingeleitet werden. Die Trensenzügel verlaufen zwischen kleinem Finger und Ringfinger durch die geschlossenen, aufrecht stehenden Hände über den Zeigefinger wieder hinaus, der Daumen liegt dachförmig obenauf. Zügelhilfen werden ein- und beidseitig gegeben. Die annehmenden Zügelhilfen sind die →*Paraden.* Die nachgebende Zügelhilfe besteht aus drei Steigerungsphasen:

1. Geringes Vorrücken der geschlossenen Zügelhand bei anstehendem Zügel, die Verbindung darf nicht verloren gehen.
2. Vorgehen des Armes, um ein Dehnen des Halses zu ermöglichen.
3. Durchgleitenlassen der Zügel durch die Hand bis zum hingegebenen Zügel.

Die menschliche Stimme kann für den Reiter ein Mittel sein, die Hilfengebung am Anfang der Ausbildung (→*Longieren* etc.) zu verdeutlichen oder zu entschärfen und im späteren Stadium zu reduzieren. Zur Verstärkung der Schenkelhilfen können →*Sporen* und →*Gerte* eingesetzt werden. Der Sporn wirkt durch kurzes Anlegen an den Pferdeleib im richtigen Moment zur Steigerung der Schenkelhilfe, die Gerte tippt leicht hinter dem Schenkel an, sie darf keinesfalls zum Schlagen benutzt werden. Beim Longieren steht außer der Stimme die vorwiegend optisch wirkende Peitsche zur Verfügung, die auf die Hanken des Pferdes zeigt. →*Sitz des Reiters,* →*Zügelführung,* →*Ausbildung des Reiters.*

Hilfszügel in unfähiger Hand stiften mehr Schaden als Nutzen und werden vom fairen Fachmann nur als notwendige Übel in Ausnahmefällen vertreten, weil sie mechanischen Zwang ausüben, der echter Gymnastizierung meist entgegenwirkt. Besonders solche mit stark knebelnder Wirkung gehören in nur kurzfristiger gezielter Anwendung ausschließlich in die Hand des erfahrenen Ausbilders und hoch qualifizierten Reiters. Mechanische Hilfszügel werden viel zu oft gegen oberflächlich sichtbare Mängel angewendet, ohne dass die wirklichen, oftmals verborgenen Ursachen von Widersetzlichkeiten, Verspannungen und Haltungsfehlern des Pferdes richtig erkannt wurden, die nicht selten der Reiter selbst durch eigenes Unvermögen erst verur-

sacht hat. Ein wirklicher Könner wird fast immer auf derartige Hilfsmittel verzichten und sich nicht in der begrenzten Behandlung von Details verlieren, weil er das Pferd als physische und psychische Einheit erfasst und fähig ist, die wahren Ursachen von Störungen zu erforschen und körperliche Fehler aus dem gesamten Bewegungsapparat herauszukorrigieren und aufzubauen. Bei sachgemäßer Verschnallung sind Ausbindezügel, Stoßzügel und Martingal von vergleichsweise harmloser Wirkung und können deshalb in ungeübter Reiterhand kaum nachhaltigen Schaden anrichten. Alle anderen Hilfszügel jedoch sollte der ehrlich bemühte Reiter, dem das Wohlbefinden seines Pferdes am Herzen liegt, als höchst bedenkliche und meist überflüssige Marterinstrumente aus der Sattelkammer verbannen. Je mehr Leder und Metall ein Reiter seinem Pferd anhängt (zusätzliche Hilfsmittel betreffend), desto größer ist sein Unvermögen, verkündet eine alte Reiterregel.
Die ersten Ausbildungsstufen eines Reitpferdes sollten in ehrlicher aufbauender Hilfengebung mit einfacher Trensenzäumung erfolgen und die Ursachen auftretender Fehler selbstkritisch zuerst beim Reiter gesucht und nicht sogleich dem Pferd angelastet werden. Zu den mehr oder weniger gebräuchlichen Hilfszügeln zählen: →*Ausbindezügel,* →*Stoßzügel,* →*Martingal,* →*Schlaufzügel,* →*Köhlerzügel,* →*Chambon,* →*Gogue,* →*Aufsatzzügel* und →*Oberscheck,* die vorwiegend zur Korrektur von Haltungsmängeln und zur Fixierung der Kopf-Hals-Partie des Pferdes beim Reiten, Longieren, Voltigieren, bei der Ausbildung des Pferdes zu Fuß und beim Gespannfahren verwendet werden.

Hindernisarten Der Aufbau eines →*Parcours* auf einer Pferdeleistungsschau erfolgt nach den Richtlinien der →*LPO.* Der Boden bietet den Pferden beim Ab- und Aufsprung sowie in den Wendungen die besten Möglichkeiten, wenn er mäßig weich und trocken ist. Die künstlichen Hindernisse sind vielgestaltig konstruiert und auf verschiedene Weise zueinander aufgestellt. Kombinationen aus zwei oder mehreren Hindernissen müssen stets in einem Durchlauf gesprungen werden. Die bekanntesten Hindernisse sind:
<u>Hochsprünge</u> (Steilsprünge): Mauer, Rick, Elefantensprung, Gatter, Amsterdamer Tor, Eisenbahnschranke, Zaun.
<u>Weitsprung:</u> Wassergraben.
<u>Hochweitsprünge:</u> Oxer, Triplebarre, Trakehner Graben, Verdener Bank, Tonnensprung.
<u>Niveauhindernisse:</u> Billard, Wall mit Aufsprung, Pulvermanns Grab.

Hindernisrennen →*Galopprennen.*

Hintergeschirr Teil des →*Geschirrs für Gespannpferde.* Arretiert das Geschirr am Schweif (durch Schweifriemen) und/oder um die Hinterhand herum (durch Umlaufriemen), damit sich das Pferd gegen den schiebenden Wagen stemmen und ihn aufhalten kann.

Hinterhand Anatomisch gesehen sind dies Kruppe und Becken, Hintergliedmaßen und Schweif des Pferdes. Reiterlich verstanden aber alle Körperpartien, die sich hinter der Zügelhand des Reiters befinden, also die gesamte Rumpfpartie hinter dem Widerrist mit Kruppe und Beckengliedmaßen. →*Vorhand,* →*Anatomie des Pferdes* (Exterieur, Muskulatur, Skelett).

Hippodrom (griech.) Ursprünglich Rennbahn für Wagenrennen. Heute Begriff für eine meist überdachte Reitbahn, ein Reitinstitut oder eine Reitsportanlage für verschiedene Reitsportarten.

Hippologe (griech.) Pferdekenner mit wissenschaftlichem Fundament. Seit vorchristlicher Zeit wurde die Entwicklung der Reit- und Fahrkunst von bedeutenden Hippologen und Reitmeistern geprägt, die durch ihr Wirken sehr großen Einfluss ausübten oder neue Maßstäbe setzten. Die Impulse für die entscheidenden Entwicklungsepochen gingen fast ausschließlich aus

dem romanisch-mediterranen Kulturkreis hervor. Die Wiege der klassischen Reitweise (→*Versammlung*, →*Aufrichtung*, →*Beizäumung*) ist auf der iberischen Halbinsel zu suchen, wie dort aufgefundene frühe Werke der bildenden Kunst verraten. Griechische und römische Dokumente aus vorchristlicher Zeit berichten von der überlegenen Reitkunst und der grausamen Kampfesweise des iberischen Reitervolkes. Offensichtlich bezogen Griechen und Römer wesentliche hippologische Erkenntnisse von den Iberern, wie beispielsweise aus Hinweisen Xenophons hervorgeht. Zu den namhaftesten Hippologen und Reitmeistern der Reitgeschichte zählen:
→*Kikkuli* 14. Jh. v. Chr. (Mitannier)
→*Xenophon* 5.–4. Jh. v. Chr. (Grieche)
→*Neapolitanische Reitschule* 16. Jh. (Italien)
→*Griso* 16. Jh. (Italiener)
→*Pignatelli* 16. Jh. (Italiener)
→*Pluvinel* 16.–17. Jh. (Franzose)
→*Löhneisen* 16.–17. Jh. (Deutscher)
→*Newcastle* 17. Jh. (Engländer)
→*Guérinière* 17.–18. Jh. (Franzose)
→*Eisenberg* 18. Jh. (Deutscher)
→*Baucher* 18.–19. Jh. (Franzose)
→*Aure* 19. Jh. (Franzose)
→*Steinbrecht* 19. Jh. (Deutscher)
→*Hotte* 19. Jh. (Franzose)
→*Fillis* 19.–20. Jh. (Engländer)
→*Caprilli* 19.–20. Jh. (Italiener)

Hippologie (griech.) Pferdekunde. Setzt sich zusammen aus den griechischen Wörtern Hippos = Pferd und logos = Wort oder Wissen(schaft).

Hipposandale Von den Römern vor Erfindung des Hufeisens (etwa 2. Jh. n. Chr.) verwendeter Schuh aus Metall oder Leder, der zum Schutz gegen starke Abnutzung des Hornes mit Lederriemen am Huf befestigt wurde.

Hippotherapie →*Therapeutisches Reiten.*

Hirschhals →*Körperformen.*

Schulen auf der Erde:
1 Piaffe
2 Passage
3 Pirouette

Hohe Schule Dressurmäßige Ausbildung des Reitpferdes bis zur höchsten Vollendung im Sinne der →*Klassischen Reitkunst,* die stets von der natürlichen Veranlagung des Pferdes ausgeht und höchsten Anspruch an reiterliche Fähigkeiten stellt. Ein →*Schulpferd* muss hohe Sensibilität und überdurchschnittliche Intelligenz aufweisen, weil der Reiter auf fein reagierende, selbsttätige Mitarbeit des Pferdes angewiesen ist; es muss die physischen Voraussetzungen für äußerste →*Versammlung* mitbringen, die in

Schulen über der Erde:
1 Pesade 2 Levade
Schulsprünge:
3 Kurbette 4 Kapriole

1

2

3

4

→*Hankenbeugung,* →*Aufrichtung,* →*Beizäumung* und ausbalanciertem →*Gleichgewicht* zu höchster Reife gediehen ist, und es muss die vorbereitenden →*Seitengänge,* →*Schulterherein,* →*Travers,* →*Renvers,* →*Traversalen* und die Übung →*Kontergalopp* vollendet beherrschen. Die verkürzten, erhabenen Gangbewegungen des Schulpferdes, Schulschritt, Schultrab und Schulgalopp genannt, finden ihre Krönung in den »Schulen auf der Erde«: in den kadenzierten Tritten von →*Piaffe* und →*Passage,* in →*Fliegenden Galoppwechseln* bis zu einem Tempo, in →*Passaden* und →*Pirouetten* sowie seltener im →*Terre à terre* und →*Redopp.* Die →*Lektionen an der Hand* gehen der Ausbildung unter dem Reiter in der Regel voraus. Die »Schulen auf der Erde« bilden die Substanz dressurreiterlicher Prüfungen im internationalen Turniersport. Die »Schulen über der Erde« →*Pesade,* →*Levade* und →*Mezair* sowie die »Schulsprünge« →*Kurbette,* →*Lancade,* →*Kruppade,* →*Ballotade* und →*Kapriole* werden, teils in unterschiedlicher Weise, nur noch in der →*Spanischen Reitschule* in Wien, im →*Cadre Noir* in Saumur und in der →*Königlich-Andalusischen Reitschule* in Jerez de la Frontera (Andalusien) praktiziert.

Das spezielle Talent eines Schulpferdes reicht meist nur für einen der Schulsprünge aus, die an der Hand und unter dem Reiter gezeigt werden. →*Lektionen am langen Zügel* vervollständigen das Programm der traditionellen Klassischen Reitkunst. Ein spezielles Ausbildungsinstrument in der Hohen Schule für hochgradige Versammlung sind die →*Pilaren.*

Die Ausbildung eines Schulpferdes bis zu den Lektionen der Hohen Schule erfordert jahrelange systematische Gymnastizierung (bis zum 8. bis 10. Lebensjahr) und einen begnadeten Reiter, der nahezu künstlerische Fähigkeiten besitzen muss. Ein ehrlich gerittenes Schulpferd kann sehr alt werden, ohne Gesundheitsschäden (vornehmlich an den Gliedmaßen) davonzutragen, weil es nicht um des schnellen Erfolges willen verschlissen, sondern sein Tragapparat zu höchster Leistungsfähigkeit gekräftigt wurde.

Hohles Kreuz Sitzfehler des Reiters, der seine Wirbelsäule übertrieben stark nach vorn durchdrückt und dabei die treibende Einwirkung (Anziehen des Kreuzes) verliert, weil er sich verkrampft und die einschmiegsame Elastizität in die Gangbewegung aufgibt. Die härteren Stöße im Sattel sind nicht nur für den Reiter, sondern auch für das Pferd zumindest unangenehm. →*Sitz des Reiters,* →*Hilfen.*

Holsteiner Warmblutzucht, bodenständig in Schleswig-Holstein. Zuchtziel: Deutsches Reitpferd für Sport und Freizeit. Bäuerliche Privatzucht, verbandseigene Hengsthaltung in Elmshorn. Verhältnismäßig kleines Zuchtgebiet, das eine vergleichsweise hohe Anzahl hervorragender Leistungspferde mit internationalen Erfolgen im Dressur-, Spring- und Fahrsport hervorbrachte. Der Holsteiner ist ein kräftiges Reitpferd von 160–170 cm Stockmaß, vorwiegend Braune in allen Schattierungen. Seit dem Mittelalter bekannte Zucht von bodenständigen Pferden, die vornehmlich durch Klöster, Adel und den dänischen Königshof gefördert wurde, an der auch schon die Bauern teilhatten. Im 16. und 17. Jh. starke Einkreuzungen spanischer und neapolitanischer Hengste, die das Erscheinungsbild des Holsteiners, wie ausgeprägten Rammskopf und beträchtliche Größe, bis in das 19. Jh. hinein prägten. Das großrahmige Holsteiner Reit- und Kutschpferd mit stolzer Aktion war zu jener Zeit in ganz Europa bekannt und begehrt. Holsteiner Hengste beeinflussten viele europäische Zuchten oder bildeten gar deren Basis. Im 16. Jh. erwarben das Hofgestüt Philipps II. von Spanien und der hessische Marstall in Dillenburg zahlreiche Vererber; 1735 wurde das Landgestüt Celle mit 13 Holsteiner Hengsten gegründet, die die Ausgangsbasis für den Beschälerbestand des Hannoveraners bildeten; 1767 gingen Beschäler nach Westfalen zur züchterischen Verbesserung

Holsteiner.

kleiner bodenständiger Pferde und 1780 waren Holsteiner Hengste auch in Oldenburg gefragt. Der große französische Reitmeister →*Guérinière* rühmte die Reitqualitäten des Holsteiners, Frankreich kaufte für militärischen Bedarf tausende von Kavalleriepferden aus Holstein. Im 19. Jh. erfolgte eine Umzüchtung durch starke Einmischungen englischer Vollbluthengste, die schließlich das Erscheinungsbild des modernen Holsteiner Reitpferdes prägten. 1867 gründete die Preußische Gestütsverwaltung das Landgestüt Traventhal, das vorwiegend für militärischen Bedarf arbeitete und nicht den Vorstellungen der bäuerlichen Züchter entsprach. Als Gegenmaßnahme riefen sie 1891 den Holsteiner Zuchtverband und 1894 die Reit- und Fahrschule Elmshorn ins Leben, die Ausbildung, Vermarktung und private Hengsthaltung bis heute wahrnimmt. Das Landgestüt wurde 1960 mit dem allgemeinen Niedergang der Pferdezucht aufgelöst.

Hornkluft Beschädigungsriss in der Hufwand, der quer zur Faserrichtung verläuft. →*Hornspalte.*

Hornsäule Halbkreisförmige, säulenartige Hornbildung an der Innenfläche der Hornwand des Hufes, meist im vorderen Bereich. Bildet sich häufig bei →*Hornspalte,* nach →*Kronentritten* und →*Vernagelungen.* Erkenntlich an einer münzengroßen, halbkreisförmigen Erweiterung der weißen Linie nach innen in der Hufsohle. Die Hornsäule übt einen starken Druck nach innen aus, so dass eine Einbuchtung im Hufbein entstehen kann. Lahmheit tritt meist nur bei Entzündung und Vereiterung auf. Operativer Eingriff möglich.

Hornspalte Senkrechte Spalte in der Hufwand. Folge von Überbeanspruchung, mangelnder Pflege oder Hufdeformation. Ein oberflächlicher Riss von unten nach oben kann durch sachgerechten Querrillenschnitt, Klammerung oder entsprechenden Beschlag allmählich behoben werden. Eine tiefe Spalte vom Kronsaum nach unten scheidet oftmals Blut und Eiter aus und ist eine langwierige Erkrankung, die vom Tierarzt behandelt werden muss. Die Heilungsaussichten sind unsicher. Das Pferd braucht absolute Ruhe und darf in rekonvaleszentem Zustand nur auf weichem Boden gehen.

Horseman (engl.) Auf Pferdekenner bezogenes Synonym zu Gentleman, der Begriff schließt sowohl fundierte hippologische Sachkenntnis als auch die faire, tierschützerisch geprägte Einstellung zur Kreatur ein. Horsemanship bedeutet Pferdekennerschaft mit Fairness gepaart.

Hosen Ober- und Unterschenkelmuskulatur des Pferdes bis herab zum Sprunggelenk. Von hinten betrachtet soll sie an jeder Gliedmaße beiderseits stark ausladen und tief hinunterreichen. Die für eine ausgeprägte →*Versammlung* erforderliche

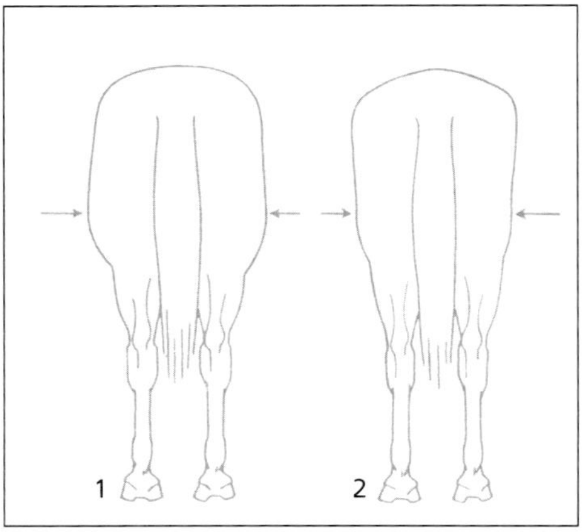

1 Gut (behoste) ausgebildete Muskulatur der Hinterhand (Pfeile)
2 Schwach entwickelte Muskeln (Pfeile)

Kräftigung der Hinterhandmuskulatur wird durch intensive reiterliche Gymnastizierung erreicht.

Hotte Alexis l' (1825–1904). Schüler von →*Baucher* und →*Aure,* französischer Kavallerieoffizier, der bis zum General aufstieg und bedeutendster Leiter des →*Cadre Noir* im 19. Jh. wurde. Sein 1895 veröffentliches Buch »Ein Offizier der Cavallerie« berichtet über seinen Lebensweg und reflektiert über seine Lehrer aus der Sicht des Augenzeugen. Sein zweites Buch »Reitfragen« schildert die Grundsätze seiner Reitweise und Dressurauffassung, die die französische Schule entscheidend prägten. →*Hippologe.*

Huf →*Anatomie,* →*Körperformen* (Gliedmaßenstellung).

Hufbeschlag Hufeisen sollen das Hufhorn vor zu starker Abnutzung schützen, das Ausbrechen des Tragrandes verhindern, die natürliche Stellung und den natürlichen Gang des Pferdes erhalten oder gar verbessern sowie Huf- und Gliedmaßenkrankheiten heilen helfen. Das Eisen muss dem Huf und der Gliedmaßenstellung genau angepasst sein und in seinen Eigenschaften dem Gebrauchszweck entsprechen. Die Schenkelenden dürfen die Trachtenecken nach außen und hinten nur ganz wenig überragen, damit die vorgreifenden Hinterbeine die Vordereisen nicht abtreten. Das Eisen wird mit 6 bis

1 Unbeschlagener Vorderhuf. Die Hufnägel werden in die weiße Linie eingeschlagen (Pfeil).
2+3 Korrekt beschlagener Vorderhuf (runde Form) und Hinterhuf (ovale Form). Über die Hufmitte hinaus nach hinten (Pfeile) dürfen keine Nägel eingeschlagen werden, damit der Pumpmechanismus der hinteren Hufpartie erhalten bleibt.

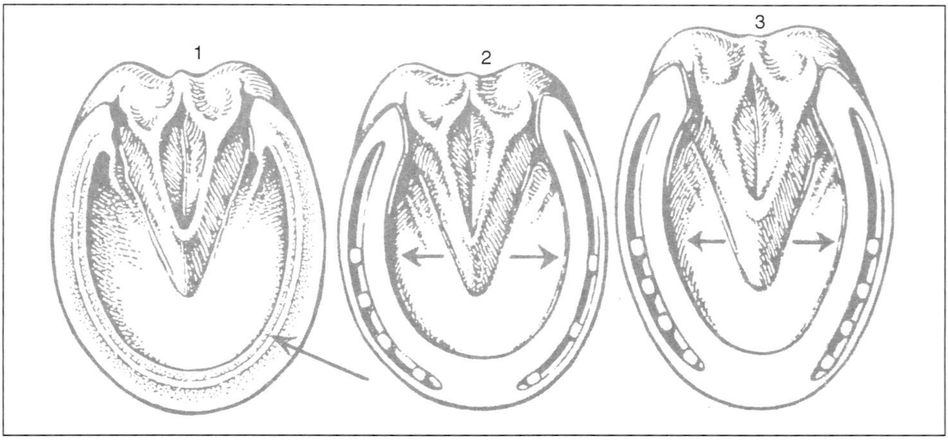

8 Nägeln befestigt, die etwa 2 cm über dem Tragrand die Hornwand durchstoßen. Von der Seite gesehen dürfen die eingeschlagenen Hufnägel höchstens bis zur Hufmitte reichen, damit die hintere Hufpartie ihren elastischen Bewegungsspielraum behält. Die äußere Rundumkante wird mit der Feile von allen Schärfen befreit. Im Stand und in der Bewegung muss der neue Beschlag auf seine Korrektheit geprüft werden. Längere Ritte sollten frühestens 8 Tage später begonnen werden. Der Beschlag muss alle 4–6 Wochen erneuert werden, weil die Hufe sonst zu lang wachsen, der Hufmechanismus gestört würde und festsitzende Steinchen zwischen Eisen und Tragrand tief in die weiße Linie eindringen können (Hufgeschür). Hufbeschlag darf als ausgebildeter Fachmann nur der staatlich geprüfte Hufbeschlagschmied vornehmen. Die Beurteilung einfacher Korrekturmaßnahmen liegt in seiner Kompetenz. Für orthopädischen Beschlag, der bei oder nach Huferkrankungen erforderlich wird, sollte vorab der Tierarzt zu Rate gezogen werden.

Hufbeschnitt Robust gehaltene Freizeitpferde, die sich vorwiegend auf natürlichem Sand- und Waldboden bewegen und nicht stark beansprucht werden, benötigen keinen Hufbeschlag. Der Schmied stutzt oder korrigiert das Wachstum der meist kerngesunden, harten Hufe alle 8 Wochen mit Hufmesser und Raspel, damit die natürliche, regelmäßige Hufstellung erhalten bleibt. Das Kürzen mit der Hauklinge sollte unterlassen werden. Längere Wartefristen können die Gliedmaßenstellung durch einseitige Abnutzung sowie unregelmäßiges Wachstum nachteilig beeinflussen und schleichende Gelenkschäden verursachen.

Hufeisen In der Antike band man schuhförmige, aus Pflanzenfasern geflochtene »Hipposandalen« um die Hufe, um diese vor frühzeitiger Abnutzung zu schützen. Aufgrund ihrer geringen Haltbarkeit erfand man später metallverstärkte Ledersandalen, die der starken Beanspruchung länger standhielten. In Keltengräbern wurden die frühesten Hufeisen mit Nagellöchern und gewelltem Außenrand (Wellenhufeisen) gefunden, die möglicherweise schon vor der Zeitwende gebräuchlich waren. Sicher nachgewiesen sind genagelte Hufeisen jedoch erst um 1000 n. Chr. Im späten Mittelalter waren genagelte Eisen mit Griffen und Stollen bereits weit verbreitet.
Früher fertigte der Schmied das Hufeisen aus einem Stück Roheisen in Handarbeit selbst. Heute kommen Hufeisen in verschiedenen Größen und Formen fabrikmäßig vorgefertigt in den Handel. Sie bedürfen nur geringer Formveränderungen, um der individuellen Hufform zu entsprechen. Das Konfektionseisen wird erhitzt, dem Huf heiß angepasst und wenn nötig auf genaue Passform zurechtgeschmiedet. Das normale Hufeisen für den gesunden regelmäßigen Huf ist etwa 1 cm dick, besitzt weder Griffe noch Stollen und liegt dem Boden glatt und eben auf, so dass es Hufstellung und Hufmechanismus zunächst so wenig wie möglich beeinflusst. Vorn am Zehenrand befindet sich eine Metallzunge, die für den festen Sitz des Eisens nach oben auf

Frühe Hufeisenformen.

die Hornwand des Hufes übergreift und fest angeschlagen wird. In die Hufeisenschenkel sind 6–8 Löcher für die Hufnägel eingestanzt. Gegen ein Ausgleiten auf glattem Boden ist in den Schenkelenden mitunter je ein Schraubloch zum Eindrehen von Schraubstollen vorgesehen. Bei Bedarf sollte man sich mit flachen Hartstahlstollen begnügen, da höhere Stollen die Hufstellung verändern. Für verschiedene Zwecke, individuelle Hufformen und mannigfache Pferdetypen stehen unterschiedliche Hufeisenformen zur Wahl, vom extrem leichten und flachen Eisen für Rennpferde bis zum schweren klobigen Eisen mit festen Griffen und Stollen für kaltblütige Zugpferde. Orthopädische Spezialeisen korrigieren fehlerhafte Hufstellungen und abnorme Formveränderungen von erkrankten Hufen. Das Hufeisen soll den Huf auf hartem und steinigem Boden vor einer zu starken Abnutzung schützen und Beschädigungen der Hornkapsel verhindern.

Nach verbreitetem Aberglauben gilt das Hufeisen auch als Glücksbringer, der Unheil sowohl vom Menschen als auch von Haus und Hof fern halten soll.

Huffett Empfehlenswert mit Zusatz von Lorbeeröl. Dient der Pflege des Hufes, hält das Horn geschmeidig und fördert Wachstum, Elastizität und Festigkeit.

Hufgeschwür Eiteransammlung im Inneren des Hufes. Entsteht durch →*Nageltritt*, →*Vernagelung*, Einwachsen von Steinchen in die weiße Linie oder andere tief gehende Verletzungen in Hornwand, Krone, Sohle oder Ballen. Meist plötzliche, hochgradige Lahmheit, der Huf wird nur auf den vorderen Zehenrand aufgestützt. Volle Ausheilung bei sachgerechter Behandlung durch den Tierarzt. Nach Ortung des Eiterherdes mit der →*Hufzange* wird die Hufsohle ausgeschnitten, damit der Eiter abfließen kann. Nachbehandlung mit desinfizierendem Hufverband.

Hufkratzer Auch Hufräumer genannt. Unentbehrliches hakenförmiges Instrument aus Metall, Plastik oder Holz mit gebogener stumpfer Spitze zum Säubern der Hufunterseite. Die hakenförmige Spitze darf niemals scharf sein, um Verletzungen an der Hufsohle zu vermeiden.

Hufkrebs Wucherung der Huflederhaut, meist vom Strahl ausgehend. Operative Behandlung durch den Tierarzt.

Hufmechanismus Bewegungsvorgänge innerhalb der Hornkapsel des Hufes bei Be- und Entlastung. Bei Belastung tritt der obere vordere Teil der Hornkapsel am Kronrand etwas zurück, und die seitlichen, hinteren Trachtenwände spreizen sich auseinander, wobei Tragrand, Strahl und Ballen am Boden haften. Bei Entlastung federt die Hornkapsel in die Ausgangslage zurück. Beispiel: Man schneidet die Wand eines Plastikeimers gerade von oben nach unten auf, stellt ihn auf den Kopf und belastet die Bodenfläche mehr und weniger stark. Dabei spreizen sich die Schnittränder auseinander, die Höhe des Eimers verringert sich etwas; nach Entlastung ziehen sich die Ränder wieder zusammen. Die Spreizbewegung der hinteren Hufpartie fördert wie eine zu- und abführende Pumpe die Durchblutung der unteren Gliedmaßen sowie das Hornwachstum und wirkt als Stoßdämpfer beim Auffußen. Auch mit Hufbeschlag muss die gesundheitlich notwendige Pumpbewegung des Hufes erhalten bleiben. Die Nägel des Hufeisens dürfen deshalb nur bis zur Mitte des Hufes (von der Seite gesehen) in die Hornwand eingeschlagen werden, damit die hintere Hufpartie ihren Bewegungsspielraum behält. Weiter nach hinten eingeschlagene Nägel beeinträchtigen Pumpmechanismus und Stoßdämpfung. Ebenso kann ein natürlich gewachsener, steil stehender Zwanghuf, dessen Eckstreben sich im hinteren Hufbereich zusammenziehen, zur Beeinträchtigung der Gangbewegung und zu Gesundheitsschäden beitragen. →*Anatomie* (Huf).

Hufnagel Leicht biegsamer, konisch zulaufender Nagel für die Befestigung des Hufeisens am Huf. Besteht aus Kopf, Hals, Klinge, Zwinge und Spitze.

Hufpflege Das wild lebende Pferd mied instinktiv Bodenstrukturen, die seinen Hufen schadeten, und suchte stets nach gangbaren Wegen, wo die Hufe eine dem natürlichen Wachstum angemessene, gleichmäßige Abnutzung erfuhren. Unter der Reiterlast sind die Hufe durch höheren Druck stärkerem Verschleiß ausgesetzt, zumal das Pferd nach dem Willen des Reiters mitunter Böden begehen muss, die den Hufen weniger zuträglich sind. Deshalb ist es notwendig, der Pflege und dem Schutz des Hufes größte Aufmerksamkeit zu schenken. Täglich freie Bewegung auf dem natürlich gewachsenen Boden eines Auslaufes oder in einem sauber gehaltenen großen Laufstall dient der Gesunderhaltung des Hufes. Ständiges Stehen ohne ausreichende Bewegung auf jauchigem Stroh kann den Hufen auf Dauer erheblich schaden. Die Hufe von Stallpferden sind deshalb mindestens einmal täglich unterwärts mit dem stumpfen Hufkratzer gründlich zu säubern und mit Wurzelbürste und reichlich Wasser auszuwaschen, wobei besonderes Augenmerk auf Strahlfurchen und Ecken zu richten ist. Anschließendes Einfetten mit Huffett hält das Horn elastisch. Nach jedem Reiten ist sorgfältig zu prüfen, ob ein Eisen sich gelockert hat, ob ein Stein zwischen Eisen und Huf eingeklemmt ist oder gar ein Nagel im Horn steckt. Bei unbeschlagenen Hufen ist das Horn auf Beschädigungen und die weiße Linie auf eingetretene Steine zu kontrollieren. Tiefer eingedrungene Fremdkörper können hier leicht zu Hufgeschwüren führen. Häufiges Füllen des Hufinnern mit feuchtem Lehmbrei schützt anfälliges Horn gegen ätzende Stalljauche und macht es widerstandsfähiger. Die Glasurschicht der äußeren Hornwand ist ein natürlicher Schutz, der niemals mit Raspel oder Stahlbürste beschädigt werden darf.

Hufrehe Schmerzhafte Entzündung und Anschwellung der Huflederhaut, die sich in der festen Hornkapsel nicht ausdehnen kann. Häufige Ursachen sind: Eiweißüberfütterung (zu viel Hafer) oder zu viel erstes Grünfutter im Frühjahr, Stickstoffdüngung der Weide, Vergiftungen durch Nachgeburtreste in der Gebärmutter, Überanstrengung und zu langes Stehen. Erste Linderung ist zu erreichen durch Kühlen der Hufe in kaltem, möglichst fließendem Wasser. Unsachgemäß behandelte Hufrehe kann zur Veränderung der Hufform führen. Heilung ist möglich. Erkennungsmerkmal: Das Pferd versucht, durch Vorstellen der Gliedmaßen nur die hinteren Hufpartien zu belasten, weil die Zehen (vordere Hufränder) stark schmerzen. Es geht klamm und ist kaum von der Stelle zu bewegen. Die Untersuchung mit der →*Hufzange* ergibt große Schmerzempfindlichkeit im vorderen Hufbereich, der Huf fühlt sich unnatürlich warm an.

Hufrollenentzündung Auffaserung der tiefen Beugesehne an der Stelle ihrer stärksten Beugung auf dem Strahlbein im Huf der Vordergliedmaße. Die Knorpelschicht des Strahlbeines nutzt sich ab. Starke Schmerzen, →*Lahmheit* des Pferdes. Heilung aussichtslos. Vorübergehendes Ausschalten der Schmerzen durch Nervenschnitt in der Fesselbeuge für etwa zwei Jahre möglich, dann verstärktes Wiederauftreten. Geringe Aussicht auf Heilung besteht bei der sehr schwierigen Früherkennung der Krankheit. Hufrollenentzündung entsteht durch ständige Überbelastung der Vorhand, z. B. während der Landephase beim Springen, bei häufigem Galoppieren auf Pflaster und zu früher Leistungsforderung bei jüngeren Pferden, aber auch durch fehlerhaften Beschlag und falsches Beschneiden der Hufe. →*Anatomie* des Pferdes (Huf), →*Brettprobe.*

Hufschlag Vorgeschriebene Laufspur des Pferdes in der →*Reitbahn,* →*Hufschlagfiguren.*

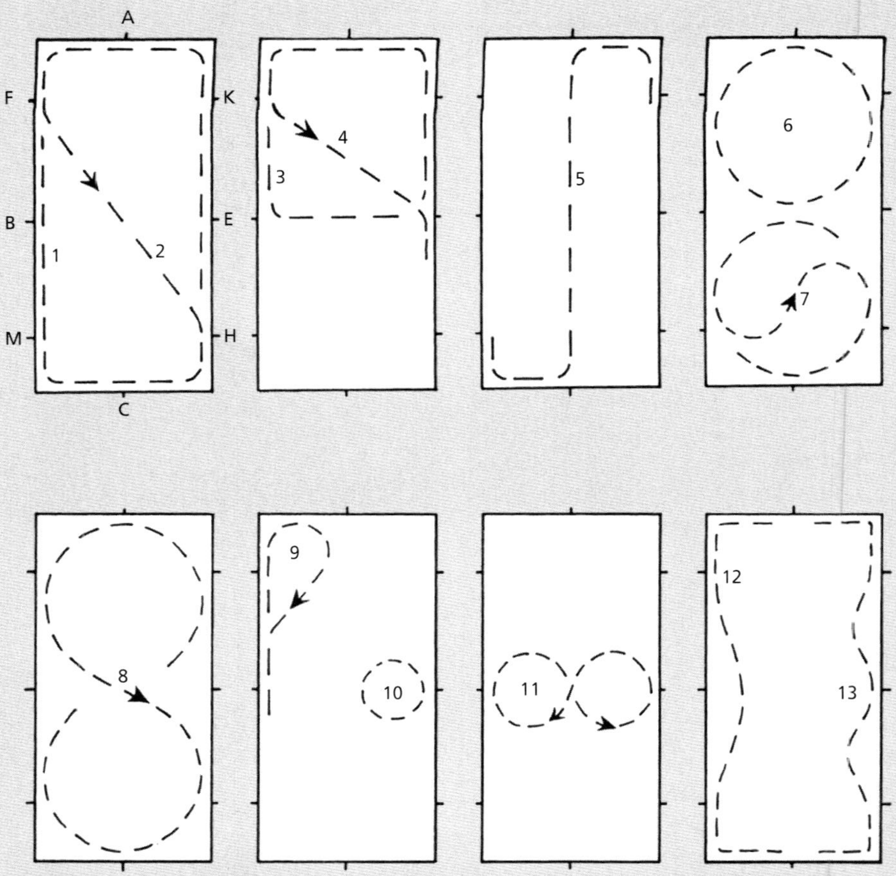

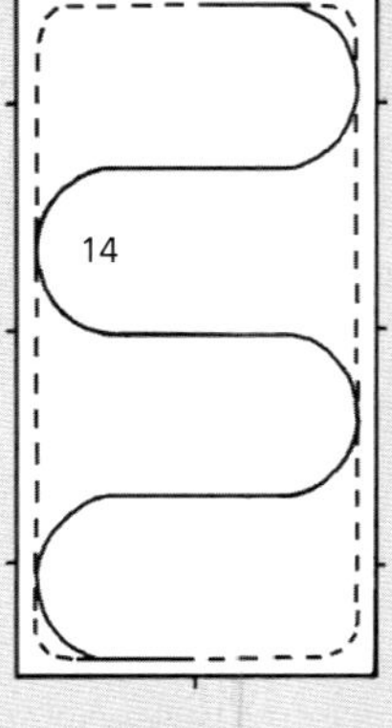

Hufschlagfiguren. Die idealen Maße einer Reitbahn für die Ausbildung von Reiter und Pferd betragen 20 × 40 m (Länge = doppeltes Breitenmaß).

1 Ganze Bahn
2 Durch die ganze Bahn wechseln
3 Halbe Bahn
4 Durch die halbe Bahn wechseln
5 Durch die Länge der Bahn wechseln
6 Zirkel
7 Durch den Zirkel wechseln
8 Aus dem Zirkel wechseln
9 Aus der Ecke kehrt
10 Volte
11 Acht
12 Einfache Schlangenlinie
13 Doppelte Schlangenlinie
14 Schlangenlinie durch die ganze Bahn in vier Bogen

Hufschlagfiguren Gerade und gebogene, schlangen- oder kreisförmige Lauflinien und Wendungen des Pferdes in der →*Reitbahn.* Sie sollen den Tragapparat des Pferdes gymnastizieren und elastischer machen und den Reiter zu einwandfreier Hilfengebung bringen. Das Ziel ist die Beherrschung des Pferdes. Je sauberer die Hufschlagfiguren ausgeritten sind, desto vollkommener sind auch die Hilfen des Reiters. Die offene Bahn ist nach einiger Zeit von größerem Nutzen, weil der Reiter trotz ablenkender äußerer Einflüsse dem Pferd den nötigen Gehorsam abverlangen und auch mit unvorhergesehenen Situationen fertig werden muss, die im Gelände stets auftreten können.

Hufschmied Staatlich geprüfter Fachmann für Pflege, Beschnitt und normalen wie orthopädischen Beschlag des Pferdehufes mit früher selbst geschmiedeten, heute industriell vorgefertigten Hufeisen verschiedener Formen, die individuell angepasst werden.

Hufschuh Aus Kunststoff oder Gummi gefertigter, dem Hufform angepasster Überschuh, der als Schutz zur Ausheilung von Hufverletzungen oder aber auch gegen Bildung harter Schneeklumpen, die sich bei hohem Schnee leicht unter beschlagenen Hufen festsetzen, übergeschnallt wird.

Hufzange Speziell konstruierte Zange (einer großen Kneifzange ähnlich) zur Untersuchung des Hufes, um Krankheitsherde zu orten. Die Zange wird derart angesetzt, dass sie gleichzeitig auf Hornwand und Hufsohle drückt. Bei Erkrankung des Hufes versucht das Pferd die Gliedmaße dem schmerzhaften Druck zu entziehen. Bei gesundem Huf erfolgt keine Reaktion.

Hunter Keine einheitlich gezüchtete Rasse, sondern zweckbetonte Gebrauchskreuzungen von unterschiedlichem Erscheinungsbild, die in Großbritannien und Irland als Jagd- und Springpferde vornehmlich im Gelände eingesetzt werden. Direkt verkreuzte Elterntiere des Hunters sind oft Vollbluthengst und schwere Warmblutstute, beispielsweise →*Cleveland Bay,* →*Irish Draught Horse,* oder gehfreudige Kaltblutstuten verschiedenen Typs. Doch auch Verkreuzungen anderer Rassen und Paarungen schwerer Hengste mit Vollblutstuten sind häufig, der Kreuzungsvielfalt sind kaum Grenzen gesetzt. Der Hunter verfügt über Ausdauer, Galoppier- sowie Springvermögen und bei entsprechendem →*Kaliber* über die erforderliche Tragfähigkeit, um als Gewichtsträger zu dienen. Hunter sind in drei Gewichtsträgerklassen unterteilt:

- ☐ Leichtgewicht bis 85 kg,
- ☐ Mittelgewicht 85–92 kg und
- ☐ Schwergewicht über 92 kg (Reitergewicht).

Die Widerristhöhe dieser großrahmigen Jagdpferde bewegt sich meist um 170 cm Stockmaß.

Englischer Hunter.

Huntsman (engl. Jäger) Führer der Hundemeute während der →*Reitjagd.*

Huzulen-Ponys in den Karpaten.

Hürdenrennen →*Galopprennen.*

Husten ist für Pferde äußerst ansteckend. Erstes Anzeichen für eine Infektion sind Temperaturanstieg und ein klarer, wässriger Nasenausfluss, der die Krankheit direkt überträgt. Ungenügende Behandlung und mangelnde Schonung des Pferdes verschleppen die Krankheit, die sich dann zu chronischem Husten oder →*Dämpfigkeit* ausweiten kann. Die Behandlung ist recht schwierig und nicht immer von Erfolg gekrönt, deshalb sollte man grundsätzlich vorbeugende Schutzimpfungen vornehmen lassen, die wesentlich erfolgversprechender sind.

Huzule Heimat: Waldkarpaten der Grenzgebiete von Polen, Ungarn, Rumänien und Slowakei. Abstammung: primitive Gebirgsrasse mit Merkmalen des →*Tarpans* und in geringem Maße auch des →*Przewalskipferdes.* Ursprünglich primitiver Ponytyp, der sich durch Einkreuzung orientalischen Blutes etwas verwischte und veredelte. Erscheinungsbild: Stockmaß 130–140 cm. Meist hübscher, zierlicher Kopf, das Gebäude häufig noch dem Primitiv-Pony recht ähnlich, manchmal jedoch etwas zu schmal und zierlich. Eigenschaften: ausdauerndes, trittsicheres und genügsames Reit- und Tragtier für das Gebirge. Alle Fellfarben, Schimmel selten.

Iberische Reitweise →*Spanische Reitweise.*

Impfungen In regelmäßigen, vom Tierarzt verordneten Zeitabständen geben sie dem Pferd einen vorbeugenden Schutz gegen bestimmte Erkrankungen. Impfschutz ist vor allem gegen folgende Krankheiten geboten: →*Husten,* der die Atemwege gravierend in Mitleidenschaft ziehen kann, →*Wundstarrkrampf* (Tetanus), um Blutvergiftung bei Verletzungen vorzubeugen, und →*Tollwut,* von der besonders Weidepferde durch tollwütige Füchse bedroht sind. Weitere Impfungen, etwa gegen →*Fohlenlähme* oder Virus-Abort (seuchenhaftes Verfohlen), sind nach Maßgabe der individuellen Verhältnisse vorzunehmen.

Imponiergebaren →*Verhaltensweisen.*

Indian Ponies Von nordamerikanischen Indianern eingefangene →*Mustangs,* die in freier Herdenhaltung als Reit- und Tragtiere weitergezüchtet wurden. Die Mustangs der nordamerikanischen Prärien sind verwilderte Nachkommen andalusischer Hauspferde, die von den spanischen Eroberern im 16. Jh. nach Mexiko importiert wurden. In Anpassung an Umwelt- und Klimaverhältnisse wanderten die verwilderten Pferde nordwärts in die endlosen Grasebenen und wuchsen in wenigen Jahrhunderten zu gewaltigen Herden heran. Gezähmte Mustangs fanden später auch als Cowboypferde vielfach Verwendung. Die veredelten Zuchten der →*Western Horses,* vor allem die ehemaligen Indianerzüchtungen →*Appaloosa* und →*Pinto,* sind mehr oder weniger vermischt ihre direkten Nachkommen.

Individualdistanz Abstand zum Artgenossen. →*Verhaltensweisen.*

Innere Organe →*Farbtafel* siehe S. 49.

Instinkt Angeborene →*Verhaltensweisen,* die weder erlernt werden müssen noch auf Erfahrung beruhen, sondern im Erbgedächtnis des Pferdes aus dem Wildleben in grauer Vorzeit überkommen sind. Das automatische Verhalten und Reagieren dominiert noch immer nach dreitausendjähriger →*Domestikation,* obwohl es in vielen Bereichen des Mensch-Pferd-Verhältnisses längst überflüssig geworden ist. Instinkthandlungen des Pferdes werden aus Unerfahrenheit häufig als Untugenden missdeutet, sind aber aus der Sichtweise des Tieres absolut folgerichtig und keineswegs als bösartig anzusehen. Deshalb ist grundlegende Kenntnis der Verhaltensweisen für die Erziehung des Pferdes von fundamentaler Wichtigkeit für den Ausbilder.

Intelligenz Auf das Pferd bezogen eine unzutreffende Bezeichnung, da sein Verhalten weitgehend von angeborenen →*Verhaltensweisen* aus dem Wildleben geprägt ist. Erworbene Verhaltensweisen sind Erfahrungen, die es im Laufe seines Lebens hinzulernt. Sein hervorragendes Gedächtnis speichert zuverlässig gewonnene gute und schlechte Erfahrungen. Angeborene und erworbene Eigenschaften prägen mithin das Verhalten des Pferdes zum Menschen und zur Umwelt, das sich gern an Gewohntem orientiert und dessen Spielraum begrenzt ist.

Interieur Wesenheit, Charakter, Psyche, Temperament des Pferdes. Der Begriff steht aber auch für den gesamten inneren Organismus. Der Gegensatz ist das →*Exterieur*, das äußere Erscheinungsbild.

Internationale Reiterliche Vereinigung e.V. (FEI) Fédération Equestre Internationale (franz.), Zusammenschluss aller nationalen reiterlichen Vereinigungen.

Inzucht Paarung mehr oder weniger eng verwandter Elterntiere. Die Paarung eines Hengstes z. B. mit Mutter, Schwester oder Tochter nennt man Inzestzucht. Kommt im Wildleben häufiger vor, ist jedoch im allgemeinen Zuchtgeschehen unerwünscht. In speziellen Zuchten wurden durch systematische, gezielte Inzucht außergewöhnliche Tiere hervorgebracht, die wiederum Begründer sehr gleichmäßiger, hervorragender Zuchtlinien wurden. Falsch angewandte Inzucht kann aber auch, und das ist die häufigere Erfahrung, Fehler und Mängel in den Nachkommen potenzieren. Wertfrei gesehen ist Inzucht eine starke Steigerung gleichartigen Erbgutes in den Nachkommen.

Irish Draught Horse Heimat: Irland. In historischer Zeit Einflüsse von spanischen Pferden, →*Connemaraponys* und englischen Warmblutpferden. Einzige bodenständige Großpferdrasse Irlands seit alter Zeit. Erscheinungsbild: Stockmaß 160–170 cm. Schweres Warmblutpferd mit Kaltbluteinflüssen, starker Kötenbehang. Wenig edles Gesamtbild, jedoch hervorragend großrahmiger Knochenbau, der große Leistungen verspricht. Verhältnismäßig leichter Kopf, langer, hoch aufgesetzter Hals, breiter, tiefer Rumpf, abschüssige Kruppe und kräftige Gliedmaßen mit breiten Hufen. Farben: häufig Braune und Schimmel. Eigenschaften: sehr hartes, ausdauerndes, leistungsfähiges, schweres Warmblutpferd für Kutsche und schweren Zug. Flotte Gangbewegungen und enormes Springtalent. Eine der Ausgangsrassen zur Erzeugung des →*Hunters*.

Isabell →*Farben des Haarkleides.*

Islandpferd Robustrasse, wächst in ihrer Heimat in wild lebenden Herden unter freiem Himmel und harten, nordischen Klimabedingungen auf. Hervorgegangen aus Vermischungen von Germanenpony (Mischrasse nordischer Ponytypen) und Keltenpony (kleinwüchsiger, südblütiger Pferdetyp, araber- oder tarpanähnlich). Mit der Besiedlung Islands durch die Wikinger seit 1000 Jahren auf der Insel heimisch, in dieser Zeit vermutlich keine Fremdbluteinmischungen. Verwilderte Herden spalteten sich gemäß ihrer Urabstammung auf und wanderten in die ihnen zusagenden Klimazonen Islands ab. Der zierliche, arabisierte keltische Typ fand die günstigsten Umweltbedingungen im niederschlagsarmen Norden, der nordische Ponytyp (dem Exmoorpony ähnlich) fühlte sich im regenreichen Westen am wohlsten, der schwere, massige Tundrenponytyp wurde im eher trockenkalten, gletschernahen Süden heimisch. Heute züchterische Vermischungen zum standardisierten Reitpferdtyp, der die ursprünglichen Erscheinungsbilder verwischt. Widerristhöhe 125–140 cm Stockmaß. Etwa 60% Braune, Füchse und Rappen, ansonsten fast alle, auch seltene und ungewöhnliche Fellfarben (Windfarben) vertreten. Dichtes, langes und doppelschichtiges Haarkleid im Winter, üppiges Langhaar (doppelseitige Mähne, Schweifglocke) sowie Kinnbart und starker Kötenbehang. Hart und widerstandsfähig gegen nordische Witterung, auf dem Kontinent jedoch hitzeempfindlich. Beträchtliche Knochenstärke, Röhrbeinumfang nahe dem Warmblutpferd. Auffallend abschüssige, breite Kruppe mit tief angesetztem Schweif. Harte Hufe, kuhhessige

Stellung der Hintergliedmaßen, ernorme Trittsicherheit und Ausdauer. Intelligent und eigenständig, mentale Distanz zum Menschen wahrend, aber auch gutmütig und gehorsam.

Mit steigendem Export systematische Zuchtwahl zum anspruchsvollen »Gang-Reitpferd«. Trägt mühelos erwachsene Reiter, unter dem Sattel oftmals feuriges Temperament (mitunter gefördert durch »mentales Aufheizen«), meist ruhig und gelassen im Umgang. Veranlagung zu allen fünf Gangarten; man unterscheidet Dreigänger (Schritt, Trab, Galopp), Viergänger (Schritt, Trab, Tölt, Galopp) und Fünfgänger (Schritt, Trab, Tölt, Passgang bzw. Rennpass, Galopp). Zucht- und Ausbildungsziele sind Tölt im gleichmäßigen Viertakt und flotten Tempo (Einbeinstütze im Wechsel mit Zweibeinstütze) sowie Rennpass im Hinblick auf den Wettbewerb. Töltvarianten (Passtölt, Trabtölt) und langsamer Passgang sind unerwünscht. Neben der Reitpferdezucht auch Schlachtpferdproduktion. In Deutschland mittlerweile etwa 40 000 Islandpferde mit Nachzucht im Freizeitbereich und für den speziellen Islandpferdesport.

Das Naturell des Islandpferdes, wegen seiner Robustheit und Härte gerühmt, erfordert gleichwohl sachkundige und fürsorgliche Behandlung. In Island werden Pferde, die im Winter im Freien leben, nicht geritten, damit die Fettschicht auf dem Rücken nicht zerstört wird und keine Entzündungen in der Haut durch Kälteeinbrüche entstehen, die das Pferd unterkühlen, schwächen und abmagern lassen. Importierte, im Offenstall gehaltene Islandpferde sollten, falls sie im Winter geritten werden, anschließend mit einer wärmenden und atmungsaktiven Decke geschützt werden, um Unterkühlung zu vermeiden. →*Gangarten* (Tölt, Passgang), →*Gangpferde.*

Italienische Reitmethode Auch natürliche Methode genannt. Erfindung des Reitmeisters →*Caprilli* um 1895. Stark vereinfachte, auf wenig Zwang beruhende Ausbildungsmethode des Reitpferdes vor allem für das Gelände und im Springen. Man reitet mit relativ langem Zügel und nur geringem Grad der →*Versammlung.* Seitdem wird das Springen als besondere Disziplin mit spezieller Ausbildung angesehen und betrieben, was vordem nicht der Fall war. Caprilli versuchte, das Pferd beim Springen so wenig wie möglich in Rücken und Maul zu stören, und

Islandpferde.

bemühte sich stets um einen leichten schmiegsamen Sitz. Jedoch sprang er, wie früher üblich, immer noch mit leicht aufrechtem Oberkörper, aber bereits mit frei angehobenem Gesäß. Der heute selbstverständliche →*Springsitz* mit weit vorgebeugtem Oberkörper wurde erst in den 1920er Jahren entdeckt und als richtig erkannt.

Jagdgalopp Ein ruhiges, fleißiges und raumgreifendes Galopptempo mit einer Geschwindigkeit von etwa 500 m je Minute. Der Reiter hebt das Gesäß zum leichten Sitz an und steht mit durchgeschobenen Füßen in den Steigbügeln, deren Riemen 2 Loch kürzer als normal geschnallt sind. Das Pferd steht durchlässig und leicht am Zügel und darf nicht davonstürmen und dem Reiter die Führung nehmen.

Jagdreiten →*Reitjagd.*

Jagdrennen →*Galopprennen.*

Jährling Fohlen während des ganzen Jahres (1.1.–31.12.), das auf das Geburtsjahr folgt, ohne Berücksichtigung des tatsächlichen genauen Geburtsdatums.

Jakutenpony 1924 entdeckten russische Forscher bei Mammut-Ausgrabungen im entlegenen, unbewohnten Nordosten Sibiriens im ewigen Eis auch einige vollständig erhaltene, eiszeitliche Urpferde. Die Fellfarbe war grauweiß (Tarnfarbe der arktischen Region), der Knochenbau kräftig bis grob, die Körperform massig. Die Kauflächen der Backenzähne wiesen jene kompliziert gewundenen Schmelzfalten auf, die zum Aufschließen harter, ballastreicher und nährstoffarmer Nahrung nötig waren, um im kalten Norden noch letzte Nährstoffe aus dem kargen Futter herauszuziehen. Das ausgegrabene Urpferd war identisch mit dem eiszeitlichen Tundrenponytyp, der die Kaltklimazone am Rande der Gletscherregionen bevölkerte. Zudem berichteten einheimische Jäger von Wildpferden mit gleichem Erscheinungsbild, die zu jener Zeit nahe der Waldgrenze in der Tundra lebten. Ihre Beschreibung entsprach exakt den fossilen Pferden mit der Anmerkung, dass die bejagten Pferde ein sehr fettes, wohlschmeckendes Fleisch lieferten.

Das Jakutenpony, eine domestizierte Form von gleichem Aussehen, existiert bis heute weiter südlich in von Menschen bewohnten Gegenden. Es kann angenommen werden, dass zwei Nachfahren des Tundrenponytyps die Eiszeit überdauerten: einmal die arktische, nordostsibirische Wildform als direkter Nachfahr (deren domestizierte Variante das Jakutenpony ist), der unter immer gleichen Klimabedingungen überlebte; zum anderen das →*Przewalskipferd*, das sich unter veränderten Klimabedingungen der Nacheiszeit zu einer Steppenvariante entwickelte und der Wüstensteppe anpasste. →*Evolution: Tundrenpony.*

Jeu de barre (franz.), bedeutet Schleifenraub. →*Reiterspiel* mit mehreren Teilnehmern zu Pferd, die einem Reiter eine an der Schulter befestigte Schleife durch geschickte Wendungen im Galopp ohne Gewalt entreißen sollen.

Jockey ist der Titel für einen Berufsrennreiter, der nach einer 3½jährigen Ausbildung bei einem Trainer eine abschließende Prüfung abgelegt und 50 Rennen gewonnen hat.

Jockey-Club Höchste nationale Regel-Institution für den Galopprennsport in England. Gegründet 1750 in Newmarket. In anderen Ländern bestehen ähnliche Vereinigungen, die sich aus Züchtern, Rennstallbesitzern u. a. zusammensetzen. In ähnlicher Funktion wurde in der Bundesrepublik Deutschland im Jahre 1867 der Union-Club gegründet. In Deutschland hat das →*Direktorium für Vollblutzucht und Rennen e. V.* die gleiche Funktion wie der Jockey-Club in England.

Jodhpur Breeches Lange Reithosenform bis zu dem Knöcheln mit Stegen gegen Hochrutschen, zuweilen mit Besatz aus Wildleder, die von britischen Kolonialoffizieren aus Indien nach Europa eingeführt wurde. Wird zu ungeschnürten Stiefeletten getragen. Alltägliche Reitbekleidung in Großbritannien und Irland.

Jucker Schnelles, ausdauerndes ungarisches Kutschpferd von leichtem, edlem Typ.

Juckeranspannung Vorschriftsmäßige ungarische Anspannung mit leichten Juckerpferden, Sielengeschirr mit Schalanken, Fahrtrense, leichtem Juckerwagen (Sandschneider), Juckerpeitsche und Kutscher in ungarischer Nationaltracht. →*Anspannung des Wagenpferdes*, →*Geschirr des Gespannpferdes*, →*Wagentypen für Gespannpferde.*

K

Kaliber Verhältnis von Gewicht zu →*Widerristhöhe.* Vergleichsweise und proportional gesehen hat von zwei gleich großen Pferden das gewichtigere das stärkere Kaliber. Dabei ist nicht ein üppiger Fütterungszustand, sondern die Weite des Brustumfanges und die messbare Knochenstärke der Gliedmaßen von Bedeutung. Augenfälliges Vergleichsbeispiel: Vollblutpferd und Kaltblutpferd von gleicher Widerristhöhe.

Kaltblut Bezeichnet nicht eine (nicht zutreffende) niedrige Bluttemperatur, sondern das durchschnittlich ausgeglichene bis phlegmatische Temperament schwerer Zugpferd- oder Schrittpferdrassen im Sinne von ruhig, gelassen, schwer erregbar und unempfindlich, wenngleich unter Kaltblütern nicht selten auch sensible Tiere anzutreffen sind. Als Urahne im Wildleben gilt ein prähistorisches grobknochiges und massiges Schrittpferd nördlicher Kaltklimazonen, auch Wald- oder Tundrenpferd genannt, das sich in Wald-, Sumpf- und Gletscherregionen auf schwierigem Boden zwangsläufig behutsam und vorsichtig, aber trittsicher zu bewegen wusste. Allgemeine rassische Merkmale des heutigen Kaltblutpferdes sind: mächtiges →*Kaliber* und schweres Knochengerüst; Erscheinungsbild oft etwas schwammig; grober, schwerer Kopf, häufig Rammsnase; kurzer, dicker Hals; oft doppelseitige Mähne und üppiges, grobes Langhaar; flacher Widerrist; gespaltene, abschüssige Kruppe; starkknochige Gliedmaßen mit dichtem Kötenbehang, große Hufe. Die bevorzugte Gangart ist Schritt, in geringerem Umfang auch Trab. Bis zum Zweiten Weltkrieg diente der Kaltblüter als Arbeitspferd für den schweren Zugdienst, in der zweiten Hälfte des 20. Jh. verdrängte der Motor das Zugpferd fast völlig, so dass die Kaltblutrassen heute vom Aussterben bedroht sind.
In Frankreich, Belgien und Italien wird der Kaltblüter noch bis zu einem gewissen Grad für die Fleischgewinnung gezüchtet. Das →*Shire-Horse,* eine englische Kaltblutrasse mit einer Widerristhöhe von nahezu 185 cm Stockmaß, zählt zu den größten erzüchteten Pferden der Erde.
Frankreich nimmt in Qualität und Vielfalt seiner Kaltblutrassen, die eine lange bodenständige Zuchtgeschichte aufweisen können und weltweit bedeutenden Einfluss hinterlassen haben, international den ersten Rang ein. Wenngleich die Kaltblutzuchten heute fast nur noch der Fleischproduktion dienen und Arbeitspferde

Kaltblut, Noriker.

kaum noch gefragt sind, sieht französisches Traditionsbewusstsein dennoch auf möglichst reine Erhaltung der verschiedenen Rassen als überkommenes Kulturgut. Allein die bretonische Kaltblutrasse zählt heute noch über 30 000 Zuchtpferde, denen das Dreifache an Nachwuchs und die übrigen Kaltblutzuchten zugerechnet werden müssen. →*Ardenner,* →*Bretone,* →*Boulonnais,* →*Comtois,* →*Mulassière,* →*Percheron.*

Ardenner Kaltblut.

Die Kaltblutzuchten in der Bundesrepublik Deutschland zählen insgesamt noch etwa 1700 Zuchtpferde mit entsprechendem Nachwuchs. Da die Fleischgewinnung ohne Bedeutung ist, sind Kaltblüter kaum noch gefragt, es sei denn zum Holzrücken im Gebirge, vor dem Brauereiwagen oder als Reit- und Gespannpferd für die Freizeitgestaltung. In Westfalen und Süddeutschland ist man bemüht, einen restlichen Zuchtbestand als altes Kulturgut zu erhalten. →*Rheinisch-Deutsches Kaltblut,* →*Schleswiger Kaltblut,* →*Süddeutsches Kaltblut.*

Großbritannien ist für seine sehr alten, eigenständigen Kaltblutrassen berühmt, doch auch hier ist der Bedarf an Arbeitspferden stark zurückgegangen. Die Pferdepassion der Briten und ihre große Vorliebe für skurrile Züchtungen und Showveranstaltungen haben die Kaltblüter bislang vor dem Aussterben bewahrt. →*Clydesdale,* →*Shire-Horse,* →*Suffolk-Punch.*

Kalter Beschlag Aufnageln des kalten, vorher genau angepassten Hufeisens. Eine Kompromisslösung für Ersatzhufeisen auf längeren Ritten; das normalerweise heiß angepasste Hufeisen sitzt präziser.

Kandare →*Zäumung.*

Kappzaum →*Zäumung.*

Kapriole Auch Hirsch- oder Ziegensprung genannt. Lektion der →*Hohen Schule,* höchster und schwierigster der Schulsprünge. Das Pferd erhebt sich aus der →*Piaffe* in die →*Pesade* und springt zu einer besonders hohen →*Ballotade* ab. Wenn es nahezu waagerecht in der Luft schwebt, schlägt es blitzschnell bis zu weitester Streckung mit den Hinterbeinen aus, die dabei dicht zusammen bleiben müssen. Das Landen erfolgt mit allen vier Beinen zugleich und nahezu auf der Stelle des Absprunges. Die Kapriole ist eine Zerreißprobe für Pferd und Reiter, der be-

Kapriole.

sonders fest sitzen muss, weil ihm das Pferd durch die Kraftanstrengung die Schenkel wegdrückt. Zur Kapriole eignet sich besonders gut ein Pferd, das kurz und geschlossen gebaut ist, einen kräftigen Rücken, eine starke Hinterhand und viel Aggressionsbereitschaft besitzt, wobei es eine Peitschenhilfe sogleich mit Ausschlagen beantwortet. Vorstufen der Kapriole sind →*Kruppade* und Ballotade.

Kardätsche Bürste mit Handschlaufe für die Fellpflege des Pferdes. Sie wird mit nur mäßigem Druck und stets mit der Haarwuchsrichtung über das Fell geführt und mit dem →*Striegel* gesäubert. An hervortretenden Knochenpunkten sowie bei empfindlichen und kitzligen Pferden ist sehr behutsam zu verfahren, damit das Pferd immer eine angenehme Erinnerung mit dem Putzvorgang verbindet. →*Pflege.*

Karosse Repräsentative, elegante und schwere Kutsche für offizielle Anlässe (z. B. eine prächtig verzierte Königskutsche).

Karossier Großes, mittelschweres, edles Kutschpferd mit hohem →*Aufsatz* und erhabener →*Aktion* für die repräsentative Kutsche (Karosse), z. B. →*Kladruber,* →*Cleveland Bay,* oder in früheren Zeiten →*Oldenburger,* →*Ostfriese,* →*Anglo-Normänner.*

Karpfengebiss oder Überbeißer. Abnormes Wachstum des Oberkiefers, die Oberkiefer-Schneidezähne stehen über die des Unterkiefers hinaus. Degenerationserscheinungen in der →*Domestikation* durch Verkreuzung verschiedener Pferdetypen. Die einzelnen Schädelregionen und Zahnpartien vererben sich getrennt. →*Anatomie* (Zähne).

Karpfenrücken →*Körperformen.*

Kaspisches Kleinpferd Kleiner, zierlicher, fast gazellenhafter Pferdetyp der trockenheißen Südklimaregion (trotz geringer Größe keine Ponymerkmale), der von einigen Equidenforschern als überkommenes Relikt des Urtyps des Wüstenarabers gesehen wird. Beheimatet im Nordiran, Raum Kaspisches Meer, und an der Nordseite des Elbrusgebirges. Ursprünglicher Lebensraum war die Wüstensteppe. Der feingliedrige Pferdetyp ist bereits vor dem 1. Jahrtausend v. Chr. nachgewiesen und außerdem in ägyptischen Wandmalereien und nordafrikanischen Felszeichnungen dargestellt. Das sehr edle äußere Erscheinungsbild ist in verkleinerter Form mit dem Wüstenaraber identisch, ebenso die Eigenschaften. Widerristhöhe 112–122 cm Stockmaß, in der Fellfarbe überwiegen Braune und Schimmel.

Kastanie Hornwarze an der Gliedmaße, Zehenrelikt von den mehrzehigen Urpferden der Voreiszeit. An der Innenseite der Vorderbeine unmittelbar oberhalb der Vorderfußwurzelgelenke und an der Innenseite der Hinterbeine gleich unterhalb der Sprunggelenke. Nicht bei allen Pferderassen vorhanden. →*Anatomie.*

Kastration Operative Entfernung der Hoden zur Unfruchtbarmachung des Hengstes (→*Wallach*). Der Jährling wird am günstigsten im Früh-

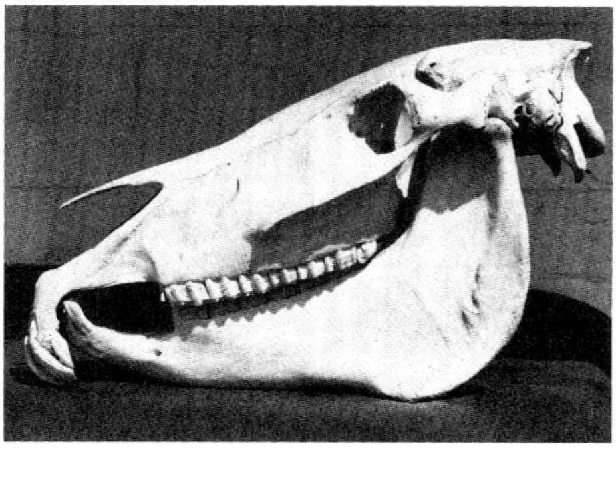

Karpfengebiss: Die Schneidezähne sind außer Funktion, ein Abkneifen des Grases beim Weidegang ist unmöglich.

jahr zu Beginn der Weidezeit auf der Weide kastriert, bevor die Fliegenplage beginnt. Durch Kastration verliert der Hengst Geschlechtstrieb und Aggression und wird zum umgänglichen Gebrauchspferd, außerdem wird verhindert, dass sich ungeeignete und fehlerhafte Vatertiere vererben. Die Operation wird im Stehen ausgeführt, nachdem der Patient eine beruhigende Injektion erhalten hat und örtlich betäubt wurde. Bei spätreifen Rassen und wenn ein mehr hengstartiges Erscheinungsbild des Tieres erhalten werden soll (Hengsthals), kann der Eingriff auch im 3. oder 4. Lebensjahr vorgenommen werden.

Kavallerie Aus dem romanischen Wort Cavallo (ital.) und Caballo (span.) für Pferd entlehnter Begriff für berittene militärische Kampftruppen. Die frühesten Kavallerieheere sind bereits aus der Antike bekannt (Iberer, Perser, Griechen, Römer). Mit dem Einsatz moderner Waffen und motorisierter Kampfmittel verlor die Kavallerie zu Beginn des Ersten Weltkrieges ihre Bedeutung und Daseinsberechtigung. Kavallerieverbände waren in leichte und schwere Einheiten unterteilt, die auf unterschiedliche Weise mit verschiedenen Waffen kämpften (Kürassiere, Dragoner, Ulanen, Husaren etc.).

Kehlkopfpfeifen (Rohren) Laut hörbarer Ton bei beschleunigter Atmung. Unheilbare, chronische Erkrankung des Kehlkopfes oder der Luftröhre, →*Gewährsmangel.* Die meist nur einseitige Lähmung der Stimmbandmuskeln ist oft eine Folge von Infektionskrankheiten wie →*Druse* oder →*Husten.* Das hohl klingende Atemgeräusch steigert sich bei beschleunigter Gangart, das erschlaffte Stimmband verengt die Luftröhre und führt zu Atemnot. Eine Dauerkanüle kann etwas Abhilfe schaffen. Die Leistungsfähigkeit des Pferdes ist stark eingeschränkt.

Keilkopf →*Körperformen.*

Kikkuli Hippologe und Schriftsteller der Mitannier, lebte im 14. Jh. v. Chr. Verfasser der ältesten hippologischen Schrift, die in hethitischer Sprache verfasst wurde. Detaillierter Bericht über Fütterung, Pflege, Haltung und Training von Streitwagenpferden. Deutsche Übersetzung: Annelies Kammenhuber 1954 (Hippologia hethetica). →*Hippologe.*

Kinnbart oder Geißbart. Wuchs längerer Grannenhaare an der Unterseite des Kopfes. Erbmerkmal der Urpferde des Nordens. Leitet das Regenwasser von der empfindlichen Maulpartie ab. →*Haarkleid.*

Islandpferde mit Kinnbart.

Kinnkette Dem Pferdekinn flach anliegende Metallkette, die zur Arretierung des Kandarenmundstücks dient und dessen Hebelwirkung ermöglicht. Für empfindliche Pferde empfiehlt sich eine Umkleidung der Kinnkette aus Leder oder Gummi oder ein →*Kinnriemen.* →*Zäumung.*

Kinnkettengrube Vertiefung oberhalb des Kinns, in die bei Kandarenzäumung die Kinnkette eingelegt wird.

Kinnriemen Variante der →*Kinnkette,* wirkt etwas weicher und nachgiebiger. Besonders für empfindliche Pferde geeignet.

Kladruber Heimat: Tschechien, Gestüt Kladruby (Schimmelzucht) und Gestüt Slatinany (Rappenzucht). Das Gestüt Kladruby wurde 1579 auf der Grundlage von →*Andalusiern* und →*Neapolitanern* gegründet, die aus Spanien und Italien eingeführt wurden. »Generale«, Enkel eines seit 1764 verwendeten italienischen Hengstes, wurde Stammvater der Schimmelzucht, die bis heute durchgehend in Kladruby existiert und die auch durch ihn ihren Namen erhielt. Die Rappenlinie, benannt nach dem 1799 eingeführten spanisch-italienischen Rapphengst »Sacramoso«, hatte ein weniger beständiges Schicksal und war nach dem Ersten Weltkrieg fast zum Aussterben verurteilt. Im Gestüt Slatinany versucht man gegenwärtig, mit rein erhaltenen Exemplaren weiterzuzüchten. Die zahlenmäßig geringe Zucht besteht heute aus vier Blutlinien: »Generale« und »Generalissimus« (Schimmel), »Sacramoso« und »Favory« (Rappen).

Während der Donaumonarchie bis zum Ersten Weltkrieg waren alle Kladruber als Gala- und Kutschpferde für den Habsburger Hof reserviert. Erscheinungsbild: Stockmaß 165–180 cm. Großes schweres Warmblutpferd für Kutsche und Zugdienst. Langer, stark ausgeprägter Rammskopf, steil aufgesetzter, sehr muskulöser Hals, steile Schulter, langer gerader Rücken, breite, kurze und waagerechte Kruppe mit hoch angesetztem Schweif. Die Brust ist breit und tief, der Rumpf tonnig gewölbt, die kräftigen Gliedmaßen stehen insgesamt etwas steil. Nur Schimmel und Rappen. Eigenschaften: temperamentvolles, trotz des schweren →*Kalibers* recht elegantes und stolzes Kutschpferd mit sehr imponierender →*Aktion* im Trabe, die allerdings wenig Raumgriff zulässt. Friedfertiger Charakter, spät ausgewachsen und langlebig.

Kladruber.

Klasseneinteilung Gradmesser für reiterliche Ansprüche im Dressurreiten und Springen, die das Ausbildungsniveau von Pferd und Reiter ausdrücken:

- ☐ Klasse E = Eingangsstufe
- ☐ Klasse A = Anfangsstufe
- ☐ Klasse L = Leichte Anforderung
- ☐ Klasse M = Mittelschwere Anforderung
- ☐ Klasse S = Schwere Anforderung

Klassische Reitkunst Begriff für die in Westeuropa historisch gewachsene Reitweise. In der Domestikation bestimmte der jeweils örtlich verfügbare Pferdetyp die Reitmethode. Ein eiszeitlicher Wildpferdtyp, das Rammskopfpferd (→*Evolution*), das die südliche, gemäßigte Warmklimazone von Nordafrika über Spanien und Südeuropa bis Turkmenien bevölkerte, besaß von Natur aus die langen Linien eines »Reitpferdmodells«, das eine versammelte Reitweise anbot. Das Turkmenenpferd, das »Himmelspferd« im alten China, Achal-Tekkiner, Muniqi-Araber, Sorraiapferd, Andalusier, Lusitano und Berber zählen zu den Nachfahren des großwüchsigen Rammskopfpferdes. Frühe Malereien und Skulpturen von Reitern und Pferden aus dem

Rechts: Zeitgenössische Zeugnisse der klassischen Reitweise in der Geschichte der Reitkunst, die »Versammlung« ausdrücken:
1+2+3 Iberien (ca. 4. Jh. v. Chr.)
4 China (frühes Mittelalter)
5 Italien (15. Jh.)
6 Frankreich (18. Jh.)
7 Frankreich (20. Jh.)

1

2

3

4

5

6

7

1. Jahrtausend v. Chr. demonstrieren dessen Fähigkeit zu Versammlung und Beizäumung. Der Ursprung dressurmäßiger Reitmethode wird in Iberien in vorchristlicher Zeit vermutet, wo das Reitervolk der Keltiberer die rittigen Eigenschaften des bodenständigen Pferdetyps erkannte und zu nutzen wusste. Die früheste schriftliche Überlieferung einer Reitlehre mit dressurmäßigen Andeutungen stammt von →*Xenophon,* der wahrscheinlich von der iberischen Reitweise Kenntnis hatte (→*Parthenonfries*). Im 16. und 17. Jh. erfuhren Pferdezucht und versammelnde Reitweise in Spanien eine Hochblüte. Fürstenhäuser in ganz Europa begehrten die spanischen »Genetten« (Vorläufer des Andalusiers) als Reitpferde und Veredler ihrer Zuchten. Über die →*Neapolitanische Reitschule* verbreitete sich die dressurmäßige Reitmethode in Westeuropa, die in Frankreich mit →*Pluvinel* und →*Guérinière* ihre Vervollkommnung erreichte. Einstmals aus der Gebrauchsreiterei des berittenen Soldaten und dem Hirtendienst des Vaqueros entstanden, geriet die Reitkunst zum Selbstzweck und zu optisch-ästhetischer Kunstform. Die Grundregeln dieser Reitmethode, von Guérinière zusammengefasst und durch eigene Erkenntnisse erweitert, haben bis heute ihre Gültigkeit in der →*Spanischen Reitschule,* Wien, im →*Cadre Noir,* Saumur, in der →*Königlich-Andalusischen Reitschule,* Jerez de la Frontera, und mit Einschränkungen auch im internationalen Turniersport.

Die Klassische Reitkunst umfasst die reiterliche Beherrschung des Pferdes auf höchstem Niveau bis hin zur →*Hohen Schule.* Nach dem Prinzip der →*Versammlung* erfolgen verkürzte, kadenzierte Ausformung naturgegebener Bewegungsabläufe, vollendete Gymnastizierung des Tragapparates und Stabilisierung des Gleichgewichts durch unsichtbare Hilfengebung, die den Nervenreflex des Pferdes anspricht, so dass Pferd und Reiter eine harmonische, »zentaurische« Einheit in allen Lektionen bilden. →*Dressurreiten.*

Klassische Rennen Älteste und bedeutendste Zuchtprüfungen für dreijährige Pferde im Galoppsport, die ihren Ursprung in England haben und von vielen Ländern übernommen wurden. Die englischen Bezeichnungen der Rennen sind: 1000 Guineas, 2000 Guineas, Derby, Oaks und St. Leger. In Deutschland tragen drei dieser Rennen andere Bezeichnungen: 2000 Guineas = Henckelrennen und die beiden Stutenprüfungen, 1000 Guineas = Schwarzgoldrennen und Oaks = Preis der Diana.

In diesen Zuchtrennen tragen alle Pferde (im Gegensatz zu den Ausgleichsrennen) das gleiche Gewicht, Stuten 2 kg weniger als Hengste. In den Rennen 2000 Guineas, Derby und St. Leger sind Hengste und Stuten zugelassen, während 1000 Guineas und Oaks nur den Stuten vorbehalten sind. →*Vollblutzucht,* →*Galopprennen.*

Kleben Durch falsche Erziehung entstandene Widersetzlichkeit des meist rangniederen Pferdes, deren Ursache aus dem natürlichen Herdentrieb resultiert. Als Herdentier sucht das Pferd stets die Gesellschaft von Artgenossen, weil es sich geborgener fühlt und seine sozialen Kontakte befriedigen kann. Kleben äußert sich in Bocken, Steigen und anderen Widersetzlichkeiten, wenn es sich von vertrauten Stallgefährten oder Artgenossen oder vom Stall allein entfernen soll. Frühzeitige sachgerechte Erziehung, wie häufige kurzzeitige Trennung von den Artgenossen mit angenehmer Erinnerung (z. B. spazieren gehen am Halfter und grasen lassen), lässt die Widersetzlichkeit gar nicht erst aufkommen.

Kleinpferd In Deutschland gebräuchliche, allgemeine Bezeichnung für Pferde zwischen 130 und 147,3 cm Stockmaß. Nach dieser Regelung werden Pferde unter 130 cm Stockmaß Ponys genannt. Diese Begriffe haben jedoch in diesem Sinne international keine Gültigkeit. →*Pony.*

Klepper (Finnischer) Mittelgroßes finnisches Zugpferd mit überdurchschnittlichem Trabvermögen, wird als Wagen- und Schlittenpferd und auch im Trabrennen verwendet. Klepper ist außerdem ein allgemeiner Begriff für ein abgearbeitetes, wenig brauchbares Pferd.

Klettern am Hang →*Bergauf-Bergabreiten.*

Klopfender Schenkel Untugend des Reiters. Die Schenkelhilfe darf nur durch Druck oder Reibung erfolgen, um eine Abstumpfung des Pferdes zu vermeiden. Fruchtet die Schenkelhilfe in dieser Weise nicht, wird zusätzlich die Gerte durch kurzen, entschiedenen Tip gleich hinter dem Schenkel oder eine energische, einseitige Sporenhilfe (einmaliger kurzer Druck) eingesetzt. Die Ursache für den Ungehorsam des Pferdes ist fast immer in einem mangelhaften, reiterlichen Sitz zu suchen.

Klopphengst Männliches Pferd, bei dem ein oder beide Hoden statt im Hodensack in abnormer Weise in Bauchhöhle oder Leistenkanal verborgen sind. Operative Entfernung möglich. Vererblich, daher von der Zucht ausgeschlossen. Oft schwierig im Umgang.

Knabstrupper Heimat: Dänemark, Seeland. Abstammung: Stammmutter ist eine andalusische Stute, die 1812 von einem spanischen Offizier in Dänemark zurückgelassen und mit einem blutsverwandten →*Frederiksborger* Hengst gepaart wurde. Beider Sohn wurde der Stammvater der Zucht, die gewissermaßen eine leichtere Variante des Frederiksborgers von nahezu gleichem Körperbau darstellt. Farben fast nur Tigerschecken. Mittelschweres Warmblutpferd für die Kutsche und zum Reiten. Aufgrund seiner Farbe und Trabaktion besonders beliebt als Zirkus- und Paradepferd.

Kniebeule Weiche, schmerzlose Geschwulst auf dem Vorderfußwurzelgelenk. Schönheitsfehler, der die Funktion nicht beeinträchtigt. Entsteht durch häufiges Anschlagen (bei Springpferden) oder Quetschwirkung.

Knochenbruch Häufig an Röhrbein und Fesselbein. Meist geht dem eigentlichen, echten Bruch mit Verschiebung der Bruchstücke der Knochenriss voraus. In der Bewegung wird das Pferd sofort langsam, beginnt zu lahmen und steht auf drei Beinen. Die Bruchstelle schwillt stark an und ist äußerst schmerzempfindlich. Bei sofort einsetzender Ruhigstellung und sachkundiger Behandlung ist Heilung möglich. Der echte Bruch mit Verschiebung der Bruchstücke folgt dem Knochenriss meist dann, wenn es nicht gelingt, das Pferd aus der Bewegung sogleich zum Stehen zu bringen. Hier ist Heilung, von Ausnahmen abgesehen, aussichtslos.

Knochengerüst →*Anatomie* (Skelett).

Köhlerzügel Leicht entschärfte Form der →*Schlaufzügel,* die nicht in den Händen des Reiters enden, sondern auf halbem Wege an den Trensenzügeln befestigt sind und so im Einklang

Köhlerzügel.

mit den Zügelhilfen auf das Pferdemaul einwirken. Obgleich der mechanische Zwang der Schlaufzügel gemildert ist, wird die feinfühlige Verbindung zwischen Zügelhand und Pferdemaul vergröbert und beeinträchtigt. Die Anwendung der Köhlerzügel verlangt eine genau abgestimmte Verschnallung auf die erforderliche Länge und eine erfahrene Reiterhand. Die →*Hilfszügel* sollen Springpferde mit Halsschwierigkeiten während des Sprunges zur Halsstreckung vorwärts-abwärts veranlassen, um einen aufgerundeten Spannungsbogen im Rücken zu erzeugen.

Kolik Sammelbegriff für Magen- und Darmerkrankungen des Pferdes, die äußerst schmerzhaft sein und sehr verschiedene Ursachen haben können. Bei Kolikanfällen zeigt das Pferd folgende Reaktionen: Scharren mit den Vorderhufen, Schweifschlagen, häufiges Niederlegen, Kopfwenden zur Flanke (Schmerzgegend), Treten mit den Hinterhufen gegen den Bauch, starkes Schwitzen. Um falscher und laienhafter Behandlung vorzubeugen, ist sofort der Tierarzt zu verständigen, da eine exakte Diagnose sehr wichtig ist.

Kolostralmilch →*Saugfohlen.*

Königlich-Andalusische Reitschule (Real Escuela Andaluza del Arte Ecuestre). Nationale Pflegestätte →*klassischer Reitkunst* bis zur →*Hohen Schule* in Jerez de la Frontera (Südspanien). Das Schauprogramm unterscheidet sich von dem der Wiener →*Spanischen Reitschule* vor allem durch folkloristische Elemente und variierte Gruppenvorführungen. Die Einzellektionen sind weitgehend identisch. Höhepunkt ist die Dressurquadrille in historischen Trachten auf Kartäuser-Hengsten (Cartujanos), die durch tänzerischen Charme der Pferde und hohen Ausbildungsgrad von Pferd und Reiter beeindruckt. Die 1973 gegründete Reitschule hat folgende Zielsetzung:

1. Zucht und Auswahl bestveranlagter Cartujano-Hengste für die Dressurausbildung in der Schule.
2. Erhaltung und Pflege der Klassischen Reitkunst spanischer Prägung in ihrer traditionellen Form.
3. Ausbildung von Nachwuchsreitern für die Reitschule mit höchstem dressurreiterlichem Anspruch.

Die weiträumige Reithalle der Königlich-Andalusischen Reitschule.

4. Folkloristische Präsentation der spanischen Reitweise und des andalusischen Pferdes im In- und Ausland.

Der Reitschule sind eine Zuchtstätte mit Cartujano-Mutterstuten für den Pferdenachwuchs, eine Veterinärklinik, Lehrschmiede und Sattlerei angeschlossen. Für fortgeschrittene Reiter werden Ausbildungslehrgänge durchgeführt. →*Andalusier.*

Konik Heimat: Polen, Galizien. Abstammung: domestizierter Nachkomme des →*Tarpans.* →*Primitivrasse.* Der Konik ist heute Ausgangsbasis für Rückzüchtungsversuche des Tarpans, der im 19. Jh. ausstarb. Erscheinungsbild: Stockmaß 130–140 cm. Kleiner ausdrucksvoller Kopf, kurzer Hals, mittelschräge Schulter, gewölbter Rumpf, abschüssige Kruppe mit tief angesetztem Schweif und eisenharten, gut ausgeprägten Gliedmaßen. Farbe mausgrau in verschiedenen Schattierungen mit Aalstrich und zebroiden Querstreifen an den Gliedmaßen (→*Abzeichen*).

Konik.

Langhaar und Extremitäten schwarz. Das dickwollige Winterfell ist oftmals fast weiß. Eigenschaften: Primitivpony mit Temperament und flotten Gangbewegungen. Genügsam, hart, ausdauernd und langlebig. Viele wahllose Verkreuzungen fasst man unter dem Sammelbegriff Panje zusammen. Rückzüchtungsversuche zum Tarpan im polnischen Reservat Bialowiece.

Kontergalopp Auch Außengalopp genannt. Das Pferd geht auf der rechten Hand nicht wie üblich im Rechtsgalopp, sondern im Linksgalopp, also einen gewollt »falschen Galopp«, oder sinngemäß umgekehrt. Prüfstein für richtige Hilfengebung des Reiters und →*Durchlässigkeit* sowie →*Versammlung* des Pferdes.

Konterlektion Übung in →*Konterstellung.* Prüfstein für saubere und exakte Hilfengebung des Reiters und den Ausbildungsgrad des Pferdes, weil das Pferd Lektionen ausführen soll, die der Gewohnheit widersprechen.

Konterstellung (Außenstellung). Linksstellung des Pferdes auf der rechten Hand in der Reitbahn und umgekehrt.

Kopfformen →*Körperformen.*

Kopfgestell des Wagenpferdes →*Geschirr des Gespannpferdes.*

Kopfhund Ranghöchstes Leittier der Hundemeute für die →*Reitjagd,* das die Meute führt, besonders spurensicher und ausdauernd ist und dem →*Huntsman* (Führer der Meute) durch spezielle Erziehung beispielhaft gehorcht.

kopfscheu Ängstliches und schreckhaftes Zurückweichen des Pferdekopfes bei Annäherung der Menschenhand zum Putzen, Aufzäumen und dergleichen. Beruht fast immer auf Verschulden des Menschen durch rohe Behandlung, falsche Erziehung von Jugend an oder auf der Erinnerung an schmerzhafte Erfahrungen am Kopf. Langsame Gewöhnung an die Berührung mit beruhigender Stimme und viel Geduld schaffen allmählich Vertrauen und Abhilfe. Man sollte einem Pferd grundsätzlich niemals mit den Händen hastig von vorn ins Gesicht greifen und auf Stirn und Nase klopfen, weil es plötzliche Berührungen am Kopf als unangenehm empfindet. Langsame, ruhige, doch feste Berührungen, die nicht unangenehm sein dürfen, entsprechen der Mentalität des Pferdes und führen zu psychischer Entspannung und Vertrauen.

Koppel 1. Mit Holzbalkenzaun (ca. 130 cm hoch, mindestens zwei Balkenreihen, untere Reihe etwa 70 cm hoch) umzäunte Weidefläche. Als Erhaltungsfuttermenge rechnet man je Pferd 1 ha Grundfläche für die Weidesaison. Ein langes Rechteckmaß hat den Vorzug einer längeren Galoppstrecke. Stacheldrahtumzäunung ist wegen der hohen Verletzungsgefahr auszuschließen. Frisches Wasser zu freier Wahl muss immer vorhanden sein. Eine einfache Schutzhütte oder Baumbestand zum Schutz gegen Insekten, Sonnenhitze und Dauerregen ist erforderlich, wenn die Weide nicht unmittelbar an den Auslauf des Stalles grenzt. 2. Bezeichnung für jeweils zwei zusammengehörende Hunde der Meute für die →*Reitjagd.*

Koppen Psychische Verhaltensstörung bei Stallpferden durch Langeweile und Vereinsamung, vielleicht aber auch eine spätere Ersatzbefriedigung des unbefriedigten Saugbedürfnisses als Fohlen, dem eine nur kurze oder gar keine Saugperiode gegönnt war. Manche Pferde koppen, indem sie die oberen Schneidezähne auf den Krippenrand, einen Balken oder ähnliches aufsetzen (Krippensetzen) und durch Anspannen der Halsmuskulatur hörbar Luft hinunterschlucken; andere tun dies freistehend (Freikoppen) mit pendelndem Kopf. Koppende Pferde nutzen die Schneidezähne unregelmäßig ab, sind schlechte Futterverwerter und neigen zu Magen- und Darmerkrankungen. Operative Entfernung von bestimmten Halsmuskeln zur Verhinderung der Untugend kann bei Krippensetzern Erfolg haben, nicht jedoch bei Freikoppern. Bei Stallhaltung besteht die Gefahr, dass die Verhaltensstörung von anderen Pferden, die den Kopper sehen können, nachgeahmt wird. Koppen ist ein →*Gewährsmangel,* auch nach erfolgreichem Eingriff.

Kopperriemen Halsriemen mit Metalleinlage, der das Pferd am →*Koppen,* und damit am Anspannen der Halsmuskulatur zum Zweck des Luftabschluckens hindern soll. Das Pferd muss den Riemen, außer bei der Arbeit, ständig tragen. Er ist deshalb und wegen der Zwangswirkung als tierquälerisch abzulehnen, zumal der beabsichtigte Erfolg fraglich ist.

Körperformen des Pferdes Die variierenden Körperformen unserer Hauspferde, sowohl innerhalb derselben Rasse als auch der Rassen untereinander, gehen auf einstmals verschiedenartige Wildpferdtypen zurück, die schon lange vor der →*Domestikation* von unterschiedlichen Lebensräumen und Lebensbedingungen geprägt worden waren. So wichen Körperbau und Verhaltensweisen der Wildpferde nördlicher Nass- und Kaltklimazonen erheblich von denen der Wildpferde südlicher Trocken- und Warmklimazonen ab. Die Individuen der Wildpferdpopulation innerhalb eines ganz bestimmten Lebensraumes hingegen zeigten fast keinerlei Unterschiede, weil die Natur in gnadenloser Auslese stets nur solche Tiere überleben ließ, die den örtlichen Lebensbedingungen optimal angepasst waren und alle die gleichen Eigenschaften zum Überleben besaßen. Dieses Erbgut hatte die Natur über Jahrtausende gefestigt. Das letzte, bis heute überlebende echte Wildpferd, das →*Przewalskipferd,* ist ein Beispiel dafür.
Nachdem die Wildpferde domestiziert worden waren, wurden sie als Hauspferde im Besitz des Menschen im Verlauf von Völkerwanderungen und in den Wechselbeziehungen von Handel und Wandel ihrem jeweils angestammten Lebensraum entrissen und in weit entfernte Regionen verschlagen. Der Mensch verkreuzte und vermischte die verschiedenen Pferdetypen nach seinen Vorstellungen mit der züchterischen Absicht, zunehmend leistungsfähigere Tiere für Spezialzwecke zu schaffen (Reitpferd, Zugpferd etc.). Gezieltes Zuchtgeschehen entwickelte sich und mitunter gelang es, Zuchten neuer Pferde-

typen zu schaffen, die sich annähernd konstant vererbten und ein relativ ähnliches Erscheinungsbild hatten. Je älter und reingezogener eine künstlich geschaffene Rasse war, desto gleichartiger wurden ihre Individuen in Körperformen und Eigenschaften; Vollblutaraber und Islandpferd sind Beispiele dafür. Freilich gelang es nicht in der relativ kurzen Zeitspanne der Domestikation züchterisch einen derart homogenen Pferdetyp zu schaffen, wie ihn die Natur einst über lange Erdzeitalter in dem jeweiligen Wildpferdtyp selektiert hatte. Das unterschiedliche Wildpferderbe in unseren Hauspferdrassen widersetzte sich totaler Verschmelzung und konstanter Vererbung. Als Folge blieben Rassenvielfalt, unsichere Vererbung und damit auch unterschiedliches Erscheinungsbild sowie variierende Körperformen erhalten.

1 Langrechteckpferd
2 Quadratpferd
3 Hochrechteckpferd

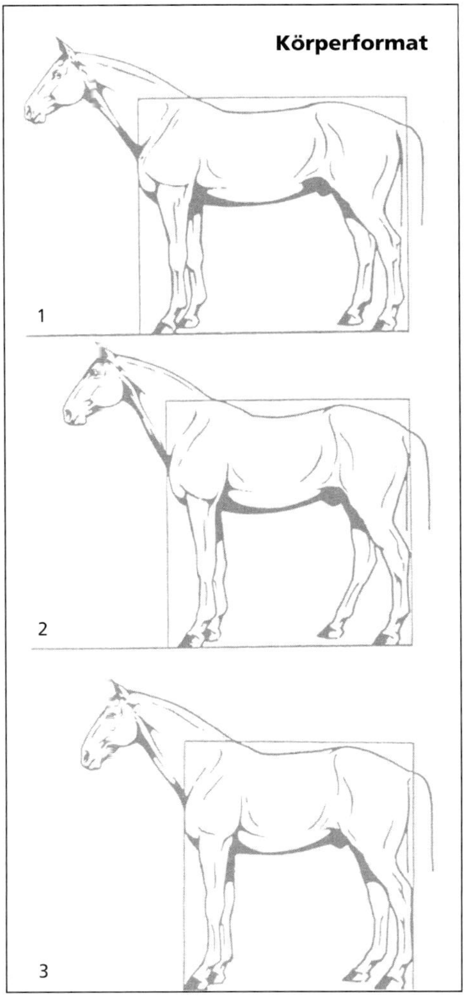

Format

Das Format eines Pferdes wird vom Verhältnis der Rumpflänge (von Bug bis Sitzbeinhöcker) zur →*Widerristhöhe* (Stockmaß) bestimmt. Man unterscheidet das Quadratpferd (meist Hengst), das Langrechteckpferd (meist Stute) und das Hochrechteckpferd (oft Wallach). Das Format kann jedoch auch eine Rasseeigentümlichkeit sein, die dann oft bei beiden Geschlechtern auftritt, wie beispielsweise beim Vollblutaraber. In Vollblut- und Warmblutzuchten, also für Sportpferde, ist ein Langrechteckrahmen erwünscht.

Kopfformen

Die Kopfform eines Pferdes wird im modernen Zuchtgeschehen vorwiegend nach ästhetischen Kriterien beurteilt. Jedoch vermag der Pferdekenner unter Einbeziehung des Auges Rückschlüsse auf den Charakter eines Tieres zu ziehen.

1. Gerader Kopf: Obere und untere Profillinie verlaufen gerade und nahezu parallel. Angestrebte Standardform für moderne Sportpferde.
2. Keilkopf: Breiter Ansatz und spitz zulaufende Maulpartie, vor dem Zweiten Weltkrieg in der Trakehner Zucht sehr häufig.
3. Rammskopf: Konvexe Aufwölbung der gesamten Profillinie von der Stirn bis zur Nase, früher auffälliges Rassemerkmal des Berbers und Andalusiers, das im 16.–18. Jh. über den Neapolitaner in viele europäische Zuchten einging und bis heute teilweise im Kladruber und Lipizzaner erhalten blieb.

Rechte Seite:
1 Gut geformter und aufgesetzter Reitpferdhals
2 Schwanenhals
3 Hirschhals

Links:
1 Gerader Kopf
2 Keilkopf
3 Rammskopf
4 Hechtkopf

4. Hechtkopf: Konkave Einsenkung der Profillinie; außerhalb seines ursprünglichen Zuchtgebietes verbreitetes, aber in seiner Heimat nicht generelles Rassemerkmal des Vollblutarabers.

Halsformen

Der Hals eines Reitpferdes soll möglichst lang, nicht zu dick, an der Oberseite (Kamm) kräftig bemuskelt und gleichmäßig aufgewölbt, von den Schultern deutlich abgegrenzt und schräg aufgesetzt sein, um einen harmonischen Übergang des Spannungsbogens vom Hals zum Rücken zu gewährleisten. Eine deutliche Auskehlung am Ansatz des Kopfes und breit ausladende Ganaschen erleichtern die →*Beizäumung.*

1. Günstig geformter und aufgesetzter Reitpferdhals: Der höchste Punkt ist das Genick.
2. Schwanenhals: Hoch aufgesetzt, lang und dünn, überdurchschnittlich gewölbt, aber der höchste Punkt liegt zu weit hinten, der Hals zeigt den falschen Knick. Durch zu große Beweglichkeit und Wendigkeit vermag sich die Kopf-Hals-Haltung der Kontrolle der Zügelhand zu entziehen.
3. Hirschhals: Nach unten durchgebogen. Die zu starke untere und zu schwache obere Bemuskelung sowie der steile, tiefe Aufsatz verhindern Beizäumung und korrekte Zügelführung. Der durchlaufende Spannungsbogen vom Rücken zur Halswirbelsäule ist gestört, die Versammlung ist beeinträchtigt.

Widerristformen

Der Widerrist besteht aus den Dornfortsätzen der vorderen Rückenwirbel. Für das Reitpferd

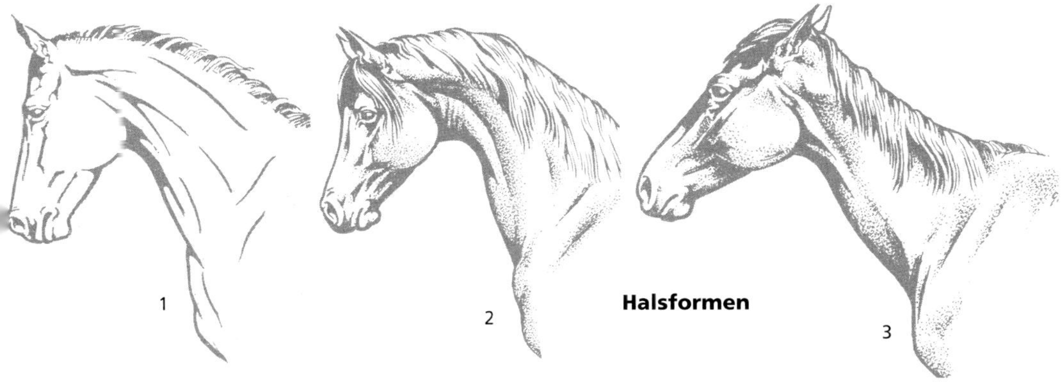

Halsformen

soll er etwas höher als die Kruppe, gut ausgeprägt und voll bemuskelt sein, damit der Sattel eine günstige Schwerpunktlage hat und unverrückbar in der Sattellage liegen bleibt. Ist der Widerrist zu hoch, so rutscht der Sattel bei gleichzeitig schmalem Rumpf nach hinten; ist er zu flach, so rutscht der Sattel nach vorn und belastet über Gebühr die Vorhand; ist er zu schmal, so rutscht der Sattel zur Seite. Ein ständig rutschender Sattel führt zu →*Druckstellen* auf dem Pferderücken. Die Widerristform wird durch Länge und Stellung der vorderen zehn Rückenwirbel-Dornfortsätze bestimmt.

1. Flacher Widerrist: Um ein Verrutschen des Sattels nach vorn zu vermeiden, ist meist ein Schweifriemen erforderlich.
2. Normaler Widerrist: Er gewährleistet fast immer eine stabile Sattellage.
3. Hoher Widerrist: Brustriemen oder Vorderzeug können verhindern, dass der Sattel zu weit nach hinten rutscht.

<u>Rückenformen</u>

Länge, Ausformung und Bemuskelung des Pferderückens sind wichtige Voraussetzungen für seine Tragfähigkeit und Elastizität. Die Verbindungsbrücke zwischen motorischer Hinterhand

Widerristformen

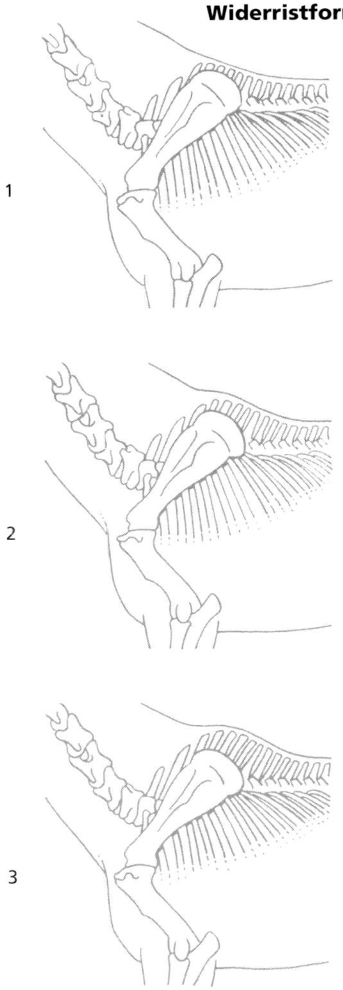

1 Flacher Widerrist
2 Normaler Widerrist
3 Hoher Widerrist

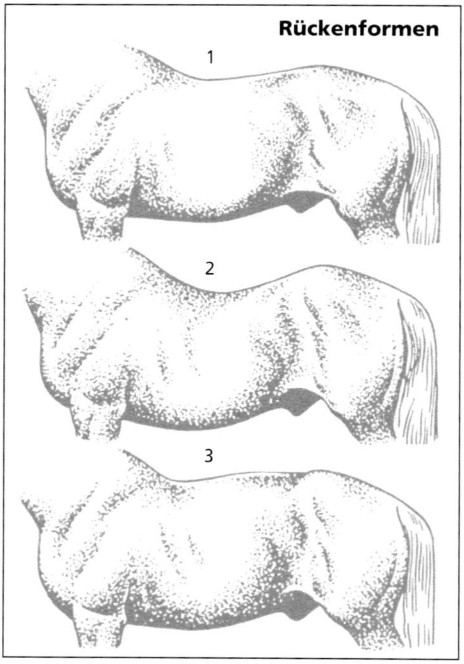

1 Gerader Rücken
2 Senkrücken
3 Karpfenrücken

und abrollender Vorhand, die im schwingenden Rhythmus der Gangbewegung das Reitergewicht zu tragen hat, ist ein entscheidender Faktor für die Bildung des federnden →*Spannungsbogens,* der durch den gesamten Tragapparat des Pferdes verläuft. Erst wenn ein Pferd losgelassen im Rücken schwingt (Rückengänger), ist die Voraussetzung für die weiterführende dressurmäßige Ausbildung und Versammlung gegeben. Die günstigste Form ist der gerade, mittellange Rücken, dessen tiefster Punkt in harmonischer Linie in den Widerrist übergeht und damit dem Sattel eine natürliche, schwerpunktrichtige und stabile Lage verleiht. Eine derart tragfähige Rückenlinie fördert den Raumgriff der Gangbewegung durch elastisches Schwingen und erleichtert das Heranholen der Hinterhand zur Aufnahme des Reitergewichtes. Ein kurzer, strammer Rücken kann der Versammlung und damit dem Untersetzen der Hinterhand zwar entgegenkommen, er ist aber meist weniger elastisch, verhärtet und widersetzt sich aufgrund seiner massiven Kraft eher und führt mitunter zu Verspannungen im Tragapparat. Ein sehr langer Rücken schwingt gut durch, erschwert aber das versammelnde Untersetzen der Hinterhand durch seine Länge. Der Senkrücken ist kraftlos und besitzt nur geringe Tragfähigkeit, er verhindert die Bildung des Spannungsbogens und ist deshalb für das Dressurreiten ungeeignet. Ein weicher, nur leicht eingesenkter Rücken ist nur bedingt tragfähig und stabil. Das Pferd neigt zum Wegdrücken (Verkrampfen) seines schwachen Rückens, lässt ihn nicht mitschwingen, entzieht sich den Gewichtshilfen und reagiert nur auf Schenkelhilfen (Schenkelgänger). Der Reiter federt nicht geschmeidig in der Gangbewegung mit und wird besonders im Trab hart geworfen. Mitunter kann durch langsam aufbauende Gymnastizierung eine Stärkung des Rückens erzielt werden. Der Karpfenrücken ist eine widernatürliche, angeborene Aufwölbung der Wirbelsäule, die nicht elastisch schwingt und dem Sattel eine ungünstige Lage verleiht.

1. Gerader Rücken: Er bietet stabile Sattellage und elastische Tragkraft.
2. Senkrücken: Fehlende Tragkraft, kein Durchschwingen und daher übermäßige Beanspruchung des Tragapparates, führt zu Schmerzen im Rücken und vorzeitiger Ermüdung des Pferdes durch das Reitergewicht. Für reiterlichen Gebrauch ungeeignet.
3. Karpfenrücken: Die Wirbelsäule schwingt nicht, der Sattel verrutscht, für reiterlichen Gebrauch ungeeignet.

Kruppenformen

Kraftentfaltung und motorischer Schub der Gangbewegung entwickeln sich aus der Hinterhand. Je großzügiger die Proportionen der Hintergliedmaßen ausgelegt und je schräger die Winkelungen der Gliedmaßenknochen zueinander gestellt sind, desto größer erweist sich meist

Kruppenformen

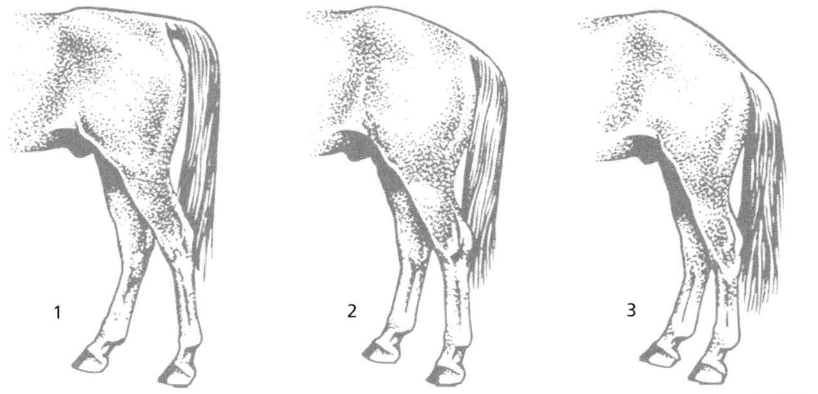

1 Horizontale Kruppe
2 Schräge Kruppe
3 Abschüssige Kruppe

auch ihre Leistungsfähigkeit. Eine lange, breite, kräftig bemuskelte und mäßig abfallende Kruppe mit rechtwinklig gelagerten, langen Ober- und Unterschenkelknochen verspricht zumeist gleichermaßen hohe Trag- und Schubkraft in den drei Normalgangarten. Eine kurze, horizontale Kruppe, die beispielsweise beim Vollblutaraber häufig vorkommt, mit zuweilen steiler Winkelung und geringer Länge von Ober- und Unterschenkel, bewirkt oftmals eine Betonung der Mechanik zur Schubkraft nach vorn, also zu flachem, gestrecktem Galopp. Eine stark abschüssige Kruppe (Islandpferd, Kaltblüter) mit starker Winkelung von Ober- und Unterschenkel hingegen verleiht der Mechanik der Hintergliedmaßen eine eher tragende, unterstützende Wirkung, die sich besonders in der statisch fußenden Spezialgangart Tölt (→*Gangarten*) des Islandpferdes und beim Abstemmen in der Zugarbeit des Kaltblüters bemerkbar macht.

1. Horizontale Kruppe: Schubkraft ausgeprägter als Tragkraft, Mechanik zielt auf flachen, gestreckten Galopp.
2. Schräge Kruppe: Schub- und Tragkraft ausgewogen in Schritt, Trab und Galopp, gewünschte Standardform für moderne Sportpferde.
3. Abschüssige Kruppe: Unterstützende Tragkraft überwiegt Schubkraft, Mechanik der Hintergliedmaßen befähigt zur Spezialgangart Tölt und zu schwerem Zug.

Gliedmaßenstellungen

Die Stellung der Gliedmaßen entscheidet über die Leistungsfähigkeit im Gangvermögen, der statisch korrekte Stand befähigt auch zu regelmäßigen, gezielten Gliedmaßenbewegungen und verspricht geringsten Verschleiß der Gelenke. Abweichungen vom korrekten Stand können frühzeitigen Verschleiß in der Bewegung verursachen und die Brauchbarkeit des Pferdes in Frage stellen. Diese grundsätzliche Regel mag für die züchterische Zielsetzung moderner, stark vermischter Warmblutzuchten zur Erzeugung von Sportpferden von grundlegender Bedeutung sein. Sie ist aber für alte, bodenständige, durchgezüchtete und naturverbundene Rassen keineswegs immer verbindlich, deren Vertreter nicht selten überdurchschnittlich hohe und langdauernde Standardleistungen mit optisch unkorrekten Gliedmaßen erbracht haben. So ist beispielsweise eine kuhhessige Stellung der Hintergliedmaßen in modernen Zuchten unerwünscht. Sie bewirkt jedoch fast immer größere

Vordergliedmaßen von der Seite

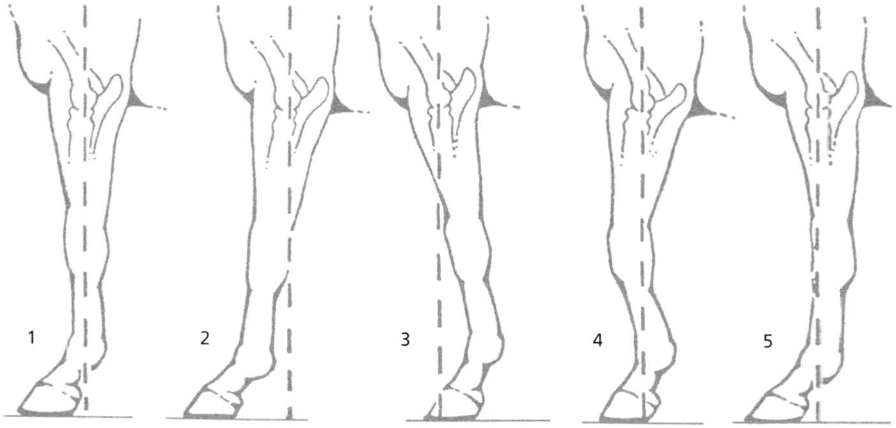

1 Lotrecht korrekt
2 Vorständig
3 Rückständig
4 Vorbiegig
5 Rückbiegig: Fehlerhafteste Form, weil das Vorderfußwurzelgelenk stärkstem Verschleiß ausgesetzt ist

Trittsicherheit und Ausdauer und zeigt geringere Anfälligkeit auch bei großen Anstrengungen. Entscheidend sind immer die natürliche Veranlagung des Pferdes einerseits sowie Verwendung und Beanspruchung andererseits. Wird ein Pferd gegen seine natürliche Veranlagung und sein Vermögen auf Dauer übermäßig beansprucht, ist bereits der Grundstein für frühzeitigen Verschleiß gelegt, mag es auch noch so korrekte Gliedmaßen sein Eigen nennen.

Die stärkeren Hintergliedmaßen sind der Motor des Pferdes, sehr lange und möglichst schräg zueinander gelagerte Ober- und Unterschenkelknochen in Verbindung mit kurz und kräftig ausgebildetem Hinterfußskelett ermöglichen weite Streckung der Gelenkmechanik auf raumgreifende Trittlänge und bewirken den Vorwärtsschub. Die schwächeren Vordergliedmaßen haben, entsprechend ihrer abweichenden Konstruktion, sowohl im Stand als auch in der Bewegung eine eher tragende, abstützende und abrollende Funktion. Ganz allgemein gesehen aber wird durch echte Stellungsfehler die Fähigkeit der Gliedmaßen, den Körper zu tragen, beeinträchtigt. Raumgriff und Regelmäßigkeit der Gangbewegungen sind mangelhaft, und durch Berührungen der Gliedmaßen untereinander während des Ganges entstehen Verletzungen. Das Hauptübel ist ein schneller Verschleiß von Sehnen und Gelenken. Es ist nicht ausgeschlossen, dass fehlerhaft gestellte Pferde Hochleistungen vollbringen können, wegen der ungleichen Belastung jedoch meist nur für kurze Zeit.

Stellungsfehler wirken sich besonders nachteilig bei den generell schwächeren Vordergliedmaßen aus. Ebenso sind nach innen gestellte Gliedmaßen allgemein ungünstiger zu beurteilen als nach außen gestellte. Als Normalstellung gelten senkrecht stehende Gliedmaßen, sowohl von vorn als auch von der Seite und von hinten gesehen.

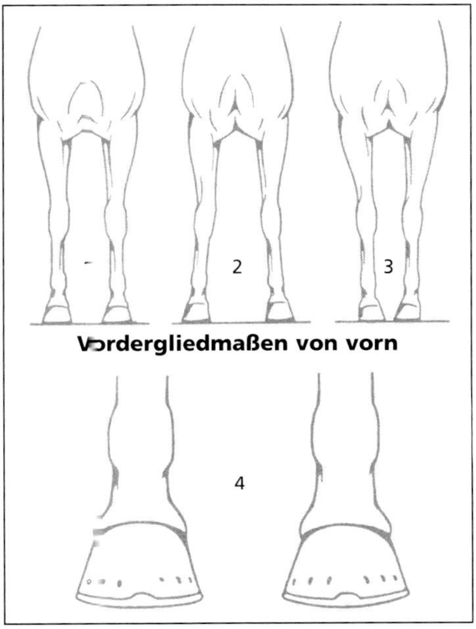

1 Lotrecht korrekt
2 Bodenweit. Eine x-beinartige, knieenge Stellung der Vorderfußwurzelgelenke verbunden mit zehenweiter Hufstellung wäre höchst verschleißanfällig, ist jedoch sehr selten. Gerade Gliedmaßen mit lediglich zehenweit gestellten Hufen sind meist weniger ungünstig zu bewerten
3 Bodeneng. Sowohl diese wie auch eine zehenenge Stellung der Hufe bei geraden Gliedmaßen wirkt sich ungünstig auf die Gangbewegung aus
4 Korrekter Stand der Vordergliedmaßen von vorn mit Beschlag

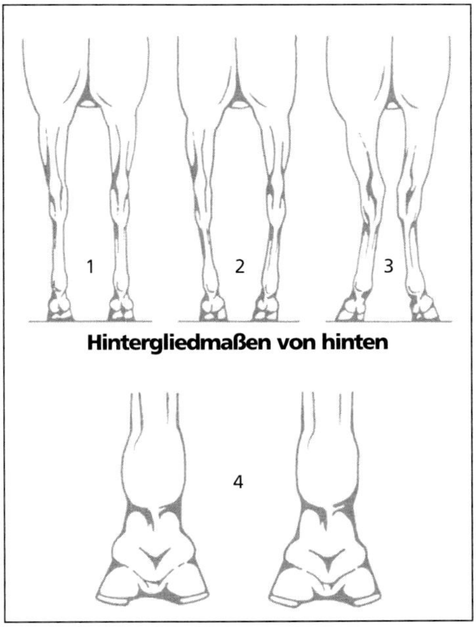

1 Lotrecht korrekt
2 Fassbeinig. Ebenso nachteilig sind bodenenge und zehenenge Stellung zu bewerten
3 Kuhhessig. Ebenso wie diese wirken sich auch bodenweite und zehenweite Stellung der Hintergliedmaßen nur selten nachteilig aus
4 Korrekter Stand der Vordergliedmaßen von hinten mit Beschlag

1 Lotrecht korrekt 2 Rückständig 3 Vorständig
4 Säbelbeinig. Eine zusätzliche bärentatzige Stellung zieht hohen Verschleiß der Beugesehne nach sich

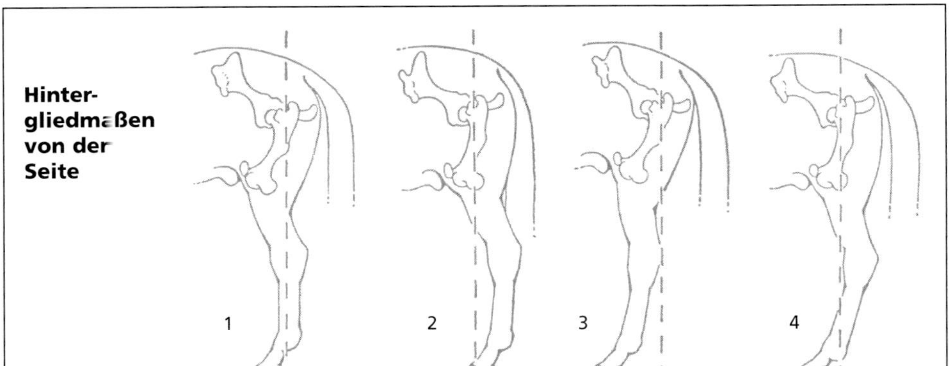

☐ Die von dieser Norm abweichenden sog. fehlerhaften Stellungen der Vordergliedmaßen sind von vorn gesehen:

1. Bodenweit: Wenig Raumgriff, schwankender Gang.
2. Bodeneng: Häufiges Stolpern, Sturzgefahr.
3. Zehenweit: Meist nicht fehlerhaft.
4. Zeheneng: Stolperneigung, Sturzgefahr.

→*Streichen*, →*Überbeine* etc.

☐ Von der Seite gesehen:

1. Vorständig: Bei steiler Schulter und Fesselung zur Verbesserung des Gleichgewichtes.
2. Rückständig: Seltener angeboren, meist zu frühe Überanstrengung, bei steiler Fessel Stolpergefahr, Zittern nach großer Anstrengung, meist Abnutzungserscheinung oder bei jungen Pferden konstitutionelle Schwäche.
3. Rückbiegig: Besonders nachteilig, noch fehlerhafter bei langer Fessel, übergroße Beanspruchung des Vorderfußwurzelgelenkes, oft angeboren.

☐ Stellungsfehler der Hintergliedmaßen von hinten gesehen:

1. Bodenweit, zehenweit und kuhhessig sind nur dann fehlerhaft, wenn sie zum →*Streichen* führen, ansonsten erhöhen sie die Trittsicherheit und zeigen auch keine frühen Verschleißerscheinungen.
2. Bodeneng und zeheneng: Früher Verschleiß der Sprunggelenke, schwerfällige Gangbewegungen.
3. Fassbeinig: Bei jedem Schritt Drehbewegung der Sprunggelenke nach außen, konstitutionelle Schwäche oder chronische Überanstrengung der Hinterhand.

☐ Von der Seite gesehen:

1. Vorständig: Ungenügender Schub aus der Hinterhand, Gefahr des →*Greifens*, starke Belastung der Oberschenkel.
2. Rückständig: Starke Belastung der Vorhand, die Hinterhand setzt nicht unter.
3. Säbelbeinig: Starke Winkelung des Sprunggelenkes und damit größere Belastung, aber häufig zu großen Leistungen fähig.
4. Stuhlbeinig: Zu steile Hintergliedmaße, wenig Winkelung des Sprunggelenkes, kein raumgreifender Gang.
5. Bärentatzig: Fast waagerecht stehende Fessel, überstarke Beanspruchung der Beugesehne, für Reitpferde ungeeignet, darf nicht korrigiert werden.

Allgemein gesehen müssen geringere Stellungsfehler, wie auswärts weisende Zehen oder steile Gliedmaßenstellungen, nicht unbedingt nachteilig sein, wenn die verlangte Dienstleistung dem Körperbau des Pferdes angemessen ist und schonend praktiziert wird.

<u>Fesselstellungen</u>
Die Fessel verbindet das Röhrbein mit dem Huf. Beträgt der Winkel vom Röhrbein zur Fessel etwa 45°, so ist eine hohe Wahrscheinlichkeit für verschleißfreie Lebensdauer gegeben. Steht die Fessel steiler, so ist die Elastizität geringer und die Auswirkung in der Gangbewegung für den Reiter entsprechend härter. Auch können die Knochen der Gliedmaßen durch das härtere Aufstoßen auf Dauer Schaden nehmen. Steht die Fessel waagerechter (weiche Fessel) oder tritt sie bei steilem Huf gar durch (bärentatzig), so ist zwar die Auswirkung für den Reiter im Sattel angenehm weich, doch wird dann die große Beugesehne durch ständige Überdehnung über Gebühr strapaziert und die Lebensdauer unter Umständen erheblich verringert.
Die Hinterfesseln sind natürlicherweise, entsprechend der starken Schubtätigkeit der Hintergliedmaßen, etwas kürzer und kräftiger ausgebildet und stehen geringfügig steiler, wie auch die Hinterhufe, von unten gesehen, im Gegensatz zu den runden Vorderhufen, zehenähnlich längsoval geformt sind.

Körpertemperatur →*Fieber.*

Körung Zuchtwerturteil für die amtliche Deck-

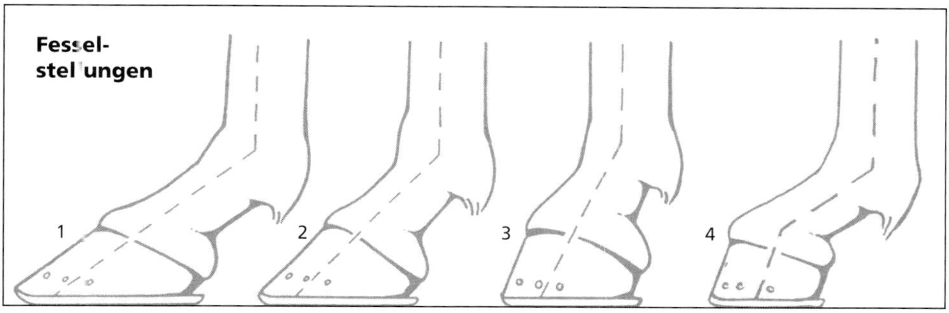

1 Weich gefesselt, Winkel flacher als 45°
2 Normale Winkelung etwa 45°
3 Steile Stellung, Winkel steiler als 45°
4 Bärentatzig, Achse Fessel – Huf im Hufgelenk gebrochen, übermäßige Beanspruchung der Beugesehne, als Reitpferd ungeeignet. →*Anatomie des Pferdes*

erlaubnis für Hengste (Mindestalter meist 3 Jahre) durch den zuständigen Zuchtverband. Die Körvorschriften können in den einzelnen Ländern verschieden sein. Die Zuchtbenutzung von Hengsten ohne behördliche Deckerlaubnis ist gesetzlich strafbar. Angekört = Deckerlaubnis, abgekört = keine Deckerlaubnis mit Auflage der →*Kastration* des Tieres. Der Begriff wird gelegentlich auch für die Eintragung von Zuchtstuten in das Zuchtbuch angewendet. Die Körung erfolgt nach den Richtlinien des Tierzuchtgesetzes. Die Körkommission besteht aus Tierzuchtbeamten, Veterinärbeamten und Züchtern. Auf der Hauptkörung werden alle in der Zucht verwendeten Beschäler, auf der Sonderkörung die erstmalig für die Zucht vorgesehenen Hengste beurteilt. Die angekörten Hengste sind je nach Qualität in vier Zuchtwertklassen eingetuft.

Kötenbehang oder Kötenzopf. Längerer Haarwuchs an der Hinterseite von Fesselkopf und Röhrbein bei kaltblütigen Pferden, deren Verwandten und Verkreuzungen und den Ponyrassen nordischer Herkunft, der die Fesselbeuge vor Entzündungen und Verletzungen schützt. Pferde südlicher Herkunft (z. B. Araber, Vollblut) besitzen keinen Kötenbehang. Dieser darf bei Robustpferden, die im Freien leben, nicht beschnitten werden, damit die Schutzfunktion erhalten

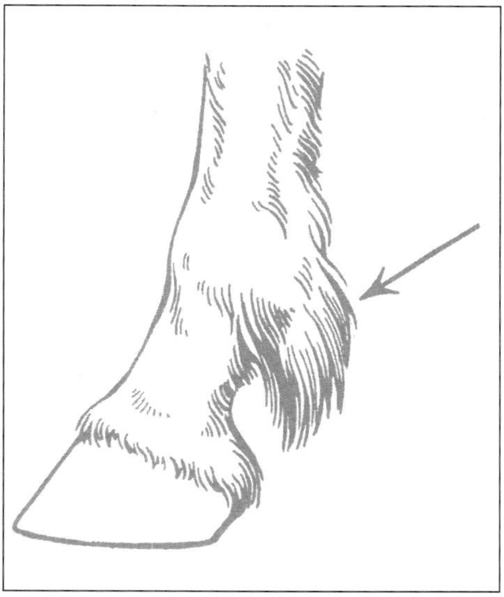

Kötenbehang.

bleibt. →*Verziehen.*

koten Stoffwechselbedingte Feststoffentleerung des Darmes. Koten erfolgt, wenn die Situation es erlaubt, im Stehen, ist aber auch in Bewegung möglich. Das Pferd steht erstenfalls gerade, senkt ein wenig die Kruppe, hebt den Schweif und lässt runde, feste Kotballen, die allseits bekannten Pferdeäpfel, fallen, deren Konsistenz die Qualität der Verdauung verrät. Mit Kot werden vorwiegend die →*Wechsel* als eigenes Territorium gegen fremde Artgenossen und für Herdenmitglieder zur Orientierung markiert. Stallpferde koten häufig unachtsam überall hin, während Weidepferde meist bestimmte Stellen aufsuchen, auf denen dann nicht mehr gegrast wird. Hengste prüfen die Entleerungen von Stuten sogleich auf →*Rosse* und koten oder →*harnen* ebenfalls. Wie viele andere Handlungen des Pferdes bewirkt auch Koten eine Stimmungsübertragung. Beginnt einer, folgen alsbald die anderen. Nicht selten ist zu beobachten, dass Fohlen ohne Schaden den Kot der Mutter fressen. Das geschieht vielleicht aus Langeweile, kann aber auch eine Störung des Mineralstoffgehaltes oder ein Detail der Prägephase auf die Mutter sein.

Kraftfutter Körnerfutter, wie →*Hafer,* Gerste, Mais und bestimmte Zusammenstellungen von →*Mischfutter,* spendet aufgrund hohen Nährstoffgehaltes überdurchschnittliche Energie und Leistungsfähigkeit. Im Wildleben zählte Kraftfutter dieser Art nicht zur natürlichen Nahrung des Pferdes, es nahm fast ausschließlich ballastreiches Raufutter auf. Da Körnerfutter kaum Ballast enthält, gleichzeitig aber hohen Nährstoffgehalt besitzt, darf es nur in strenger, individuell bemessener Dosierung und stets nur mit der angemessenen Ration →*Heu* zusammen verfüttert werden, um Verdauungsstörungen oder gar Krankheitsfolgen zu vermeiden. Die Überdosis von Kraftfutter mit gleichzeitigem Mangel an Raufutter stört eine gesunde Darmtätigkeit und kann bei zu geringem Bewegungs- und Arbeitsausgleich zu verschiedenen, teils schwerwiegenden Erkrankungen führen. →*Fütterung,* →*Mischfutter.*

Krankheiten Die häufigsten Erkrankungen des Pferdes sind die der Atemwege, hervorgerufen durch ungesunde Stallhaltung, die der Verdauungswege, erzeugt durch nicht pferdgerechte Fütterung, und die der Gliedmaßen, verursacht durch Leistungsüberforderung mit nachfolgenden Dauerschäden. Häufige Krankheitsursachen sind auch Unfälle, die durch Verschulden des Menschen in Unkenntnis des Pferdeverhaltens und der Pferdepsyche entstehen. Die Gesunderhaltung des Pferdes in der Hand des Menschen beginnt zunächst mit dessen genauer Kenntnis der physischen und psychischen Eigenschaften und der daraus resultierenden sachgemäßen Behandlung, Haltung und Erziehung. Vorbeugende Maßnahmen, die weitgehend auf das Naturell des Pferdes eingehen, helfen vielen Erkrankungen rechtzeitig entgegenzuwirken. →*Beschälseuche,* →*Bronchitis,* →*Dämpfigkeit,* →*Darmerkrankungen,* →*Druse,* →*Dummkoller,* →*Einschuss,* →*Fieber,* →*Fohlenlähme,* →*Hufrehe,* →*Hufrollenentzündung,* →*Husten,* →*Kehlkopfpfeifen,* →*Knochenbruch,* →*Kolik,* →*Kreuzverschlag,* →*Kronentritt,* →*Lahmheit,* →*Luxation,* →*Mauke,* →*Periodische Augenentzündung,* →*Räude,* →*Rehbein,* →*Rotz,* →*Sandkolik,* →*Schale,* →*Sehnenschaden,* →*Sommerekzem,* →*Spat,* →*Wundstarrkrampf,* →*Wurmerkrankungen.*

Kreuzgalopp →*Gangarten.*

Kreuzleine Fahrleine zum Lenken des Zweiergespannes. Besteht aus zwei durchlaufenden Außen- und zwei kürzeren Innenleinen, die kurz vor der Hand des Fahrers zuammengeschnallt sind, so dass er in jeder Hand nur jeweils eine Leine hält. →*Fahren mit Gespannpferden.*

Kreuzverschlag Entsteht bei plötzlicher Leistungsforderung, nachdem das Pferd mehrere Tage ohne Bewegung im Stall gestanden hat und reichlich mit Hafer gefüttert wurde. Der Säuregehalt in der Muskulatur hat sich übermäßig entwickelt, so dass sich das Blut zersetzt. Das Pferd schwitzt und atmet heftig, die Hinterhand versteift sich und beginnt stark zu zittern. Die Muskulatur ist verhärtet. Das Pferd darf sich nicht mehr bewegen und muss warm eingedeckt werden. Heilung kann bei schneller tierärztlicher Hilfe und im Anfangsstadium möglich sein.
Die auch Nierenverschlag oder Lumbargo

benannte Muskelkrankheit verrät sich zudem durch dunkelbraune Färbung des Harnes und den Drang des Pferdes, sich hinlegen zu wollen. Liegt es erst einmal fest und ist nicht mehr zum Aufstehen zu bewegen, sind die Heilungsaussichten gering.

Krippe Futterbehälter für die Nahrungsaufnahme von Körnerfutter, Möhren, trockenem Brot und dergleichen im Stall oder im Auslauf. Die Krippe soll von rundlicher, möglichst kanten- und eckenfreier, fester Form und derart montiert sein, dass das Pferd nirgends hängen bleibt und sich nicht verletzen kann. Die richtige Höhe ist gegeben, wenn es (analog zum Wildleben) den Kopf bei der Futteraufnahme mindestens leicht senken muss. Zur Vermeidung überflüssiger Verschmutzung befindet sich die Selbsttränke an der Gegenwand oder einige Meter entfernt.

Connemarapony-Stute mit fehlender Pigmentierung um Augen und Maul.

Krippensetzen →*Koppen.*

Kronentritt Anschlagen oder Treten einer anderen Gliedmaße auf den Kronenrand des Hufes. Die Verletzung kann langwierige, nachteilige Folgen haben, weil an dieser empfindlichen Übergangsstelle der Haut zum Horn das Wachstum des Hufes beginnt.

Krötenaugen Pigmentlose, rosafarbene Flecken auf dunkler Haut um die Augen herum, die sich mit zunehmendem Alter ausweiten können (siehe Abb. oben).

Krötenmaul Pigmentlose, rosafarbene Flecken auf der dunklen Haut um Maul und Nüstern, die sich mit zunehmendem Alter ausweiten können (siehe Abb. oben).

Kruppade Lektion der →*Hohen Schule,* Schulsprung auf der Stelle. Der Sprung entwickelt sich aus der →*Piaffe* oder →*Pesade,* an der

Kruppade *(oben)* und Ballotade *(unten).*

Hand oder unter dem Reiter. Wenn sich das Pferd auf die Hinterbeine erhoben hat und die Vorhand wieder senken will, erfolgt eine Hilfe durch Gertentip auf die Kruppe, um die Hinterbeine zum Absprung zu veranlassen. Diese schnellen hoch, das Pferd schwebt nahezu waagerecht in der Luft, alle vier Beine sind unter den Rumpf gewinkelt, die Hufsohlen zeigen nach unten. Das Pferd landet mit allen vier Hufen gleichzeitig auf der Stelle des Absprunges. Die Ballotade unterscheidet sich von der Kruppade lediglich durch die Haltung der Hinterbeine im Sprung, die nicht unter den Rumpf gezogen sind, sondern etwas herabhängen, wobei die Hufsohlen nach hinten zeigen. Ausgangsstellung und Hilfengebung sind die Gleichen wie in der Kruppade.

Kruppenformen →*Körperformen.*

kuhhessig Zehenweite, in Höhe der Sprunggelenke aber enge Stellung der Hinterbeine. Eine Eigenheit fast aller Ponyrassen und auch vieler Pferderassen, die ihren urtümlichen Charakter bewahrten und durch den Menschen wenig züchterische Verkreuzungen erfahren haben. In der modernen Leistungspferdezucht versucht man, vorwiegend aus optischen Gründen, mit Erfolg eine korrekte Hinterbeinstellung herauszuzüchten. Kuhhessigkeit jedoch ist fast immer ein Zeichen für besonders hohe Trittsicherheit im Gebirge und auch sonst in schwierigem Gelände und keineswegs fehlerhaft.

Kumis Gegorene Stutenmilch. Heilmittel nomadisierender asiataischer Reitervölker gegen Magen- und Darmerkrankungen.

Kumtgeschirr →*Geschirr des Gespannpferdes.*

Kunde oder Bohne. Dunkel gefärbte, bohnenförmige Vertiefung in der Mitte der Kaufläche des Schneidezahnes. In den Unterkieferschnei-

Kurbettensprung, gedehnt dargestellt

dezähnen 7 mm, in denen des Oberkiefers 14 mm tief. Der Grad der Abnutzung durch das Kauen gibt Anhaltspunkte für die →*Altersbestimmung* des Pferdes. →*Anatomie des Pferdes* (Zähne).

Künstliche Besamung Ergibt beim Pferd im Gegensatz zum Rind gewisse Schwierigkeiten und ist nicht immer von Erfolg gekrönt. Rationelle Vorteile: Der Samen ist leicht überallhin transportierbar und kann jahrelang aufbewahrt werden. Mit dem Sperma eines Sprunges können mehrere Stuten belegt werden und die Infektionsgefahr ist weitgehend ausgeschaltet. Der Samen wird vom Tierarzt mit einer Spezialspritze in die Gebärmutter der Stute eingegeben.

Kupieren Kürzen der Schweifrübe durch operative Entfernung einer bestimmten Anzahl von Schwanzwirbeln, um das Einklemmen der Fahrleine mit dem Schweif bei Zugpferden zu verhindern oder auch, um die Hinterhand besonders wuchtig erscheinen zu lassen (bei Kaltblütern). In Deutschland laut Tierschutzgesetz verboten.

Kurbette Lektion der →*Hohen Schule,* Schulsprung. Das Pferd erhebt sich aus der →*Piaffe* zur →*Pesade* oder →*Levade* und vollführt auf den Hinterbeinen 4–5 Sprünge, ohne mit der Vorhand zwischendurch aufzufußen. Es soll dabei genau in Geradeausrichtung bleiben und darf sich nicht drehen. Da die Übung für das Pferd sehr anstrengend ist, darf sie nicht oft wiederholt werden.

Kutsche (ungarischer Ursprung). Gefederter, weitgehend stoßfreier Pferdewagen für die Personenbeförderung, der in verschiedenen Ländern zu unterschiedlichen Typen für spezielle Verwendungsmöglichkeiten entwickelt wurde. →*Wagentypen für Gespannpferde.*

L

Laden Zahnfreier Raum zwischen Schneidezähnen bzw. Hakenzähnen und Backenzähnen in der vorderen Partie des Unterkiefers, in dem das Mundstück der Zäumung liegt. Die Laden – sie werden durch die beiden Unterkieferäste gebildet – können scharfkantig und deshalb dementsprechend empfindlich sein, was für die Art der Zäumung und für die Zügelführung von Bedeutung ist.

Ladendruck Akute und chronische Entzündung der Ladenkante. Ursachen sind meist defekte oder falsch sitzende Mundstücke der Zäumung und brutale Zügelführung. Zu erkennen an blutigen und eitrigen Geschwüren, Wunden und Knochenauftreibungen. →*Laden.*

Lahmheit kann vielfältige Ursachen haben, und das Erkennen der betreffenden Gliedmaße ist nicht immer leicht. Faustregel: In der Gangbewegung (Trab) wirft das Pferd den Kopf etwas höher auf, wenn es mit der erkrankten Vordergliedmaße auffußt, und es senkt ihn vermehrt, wenn es mit der gesunden Vordergliedmaße den Boden berührt. Bei Stützbeinlahmheit setzt das Pferd den Huf nicht voll auf, weil es durch die Belastung Schmerzen empfindet. Die Ursache liegt meist im unteren Bereich der Gliedmaße (z. B. Hufgeschwür). Bei Hangbeinlahmheit entstehen die Schmerzen im Vorschwingen der Gliedmaße während der Gangbewegung, die Ursache liegt dann meist im oberen Bereich (z. B. Verrenkung oder Nervenquetschung in der Schulter). Bei Erkrankung einer Hintergliedmaße wird das gesunde Bein länger und stärker belastet als das erkrankte, das nur kurz ausgreift. Zur genauen Diagnose ist der Tierarzt zu konsultieren. Hangbein = vorschwingendes Bein, Stützbein = auffußendes Bein.

Lançade (franz.), bedeutet »Vorwärtsschnellen«. Lektion der →*Hohen Schule,* Schulsprung. Aus der →*Piaffe* oder →*Levade* vorwärts-aufwärts schnellender Sprung des Pferdes in äußerster Versammlung. Im Gegensatz zur →*Kurbette* (mehrere Vorwärtssprünge) schnellt das Pferd auf den Hinterbeinen im Sprung nur einmal vorwärts, während die Vorderbeine angezogen bleiben und den Boden nicht berühren. Die Lançade ergibt sich eher zufällig und unkontrolliert während der Übungen, deshalb fehlt sie im offiziellen Programm der Hohen Schule, obgleich sie zu den Schulsprüngen zählt und auch im natürlichen Hengstkampf vorkommt.

Landanspannung Vereinfachte, unauffällige und praktische Ausrüstung für zweckdienlichen, täglichen Gebrauch in Anlehnung an die englische oder ungarische Anspannung, entweder Kumtgeschirr mit Fahrkandare oder Sielengeschirr mit Fahrtrense. In Deutschland wird dazu stets die Achenbach-Kreuzleine verwendet. Das Geschirr ist jeweils schwarz ohne schmückendes Beiwerk mit ledernen Aufhaltern. →*Anspannung des Wagenpferdes,* →*Fahren mit Gespannpferden,* →*Geschirr des Wagenpferdes,* →*Wagentypen für Gespannpferde.*

Landbeschäler Zuchthengst eines staatlichen Landgestütes.

Landgestüt Staatliches Hengstdepot ohne Zuchtgeschehen, das ausschließlich Hengste beherbergt, die während der Decksaison (etwa Februar bis Juli) auf ländlichen Deckstationen privaten Züchtern für die Belegung der Mutter-Stuten zur Verfügung stehen. →*Gestüt.*

Landstallmeister Beamteter Fachmann für Pferdezucht, Leiter eines Landgestütes.

Langhaar Stirnschopf, Mähne und Schweif des Pferdes. Das Langhaar ist nicht, wie das Deckhaar des Körperfelles, jährlichen Haarwechseln unterworfen. →*Haarkleid.*

Längsbiegung Jedes Pferd zeigt durch die Länge seines Körpers eine angeborene Schiefe, meist mit der Tendenz nach rechts, so dass ihm alle Wendungen und Figuren rechtsherum im Anfang der reiterlichen Ausbildung keine Schwierigkeiten bereiten. Allen Übungen linksherum jedoch widersetzt es sich und macht sich steif, mit Ausnahme des Linksgalopps, der ihm besonders leicht fällt, weil es über die freie linke Schulter angaloppieren kann, während Hals und Kopf ein wenig nach außen (rechts) gewendet sind. Aus diesem Grund glaubt der Anfänger fälschlicherweise, dass sein Pferd auf der linken Hand keine Schwierigkeiten habe und nach links gebogen sei. Doch genau das Gegenteil ist der Fall. Zeigt ein Pferd, seltener, die angeborene Schiefe nach links, so wird es vorwiegend auf der rechten Hand leicht und gern im Rechtsgalopp anspringen. Für die natürliche Schiefe werden verschiedene Ursachen angeführt, einmal die gekrümmte Lage des Fohlens im Mutterleib und damit verbunden die stärker herausstehende Ohrspeicheldrüse auf der »äußeren Seite«, die beim Geraderichten Schwierigkeiten in den Ganaschen bereitet. Zum anderen der mit dem Gleichgewichtssinn gekoppelte Kreisinstinkt, der das Individuum stets wieder auf den Ausgangspunkt zurückkommen lässt und vom Gehirn gesteuert ist. Um ein Pferd auch zur schwierigen Seite hin biegsam zu machen, muss es zunächst durch reiterliche Hilfengebung gerade gerichtet werden, was stets zuerst von der Hinterhand auszugehen hat nach dem Grundsatz des Reitmeisters →*Steinbrecht*: »Reite dein Pferd vorwärts und richte es gerade!« Geraderichten und Biegen müssen also immer aus dem Vorwärtsschwung erfolgen. Um die Arbeit zu erleichtern, soll die Gymnastizierung mit der von Natur aus gekrümmten Seite begonnen werden, mit langsamem Übergang zum Geraderichten und darauf folgender Längsbiegung zur anderen Seite. Jede Anwendung von Zwang erreicht das Gegenteil des Gewollten. Das Pferd gerade zu richten und nach beiden Seiten biegsam zu machen, gehört zu den schwierigsten Lektionen in der Dressur des

Längsbiegung des Reitpferdes:
1 in Stellung (Biegung nach innen zur Bahnmitte)
2 in Konterstellung (Biegung nach außen zur Bande hin)

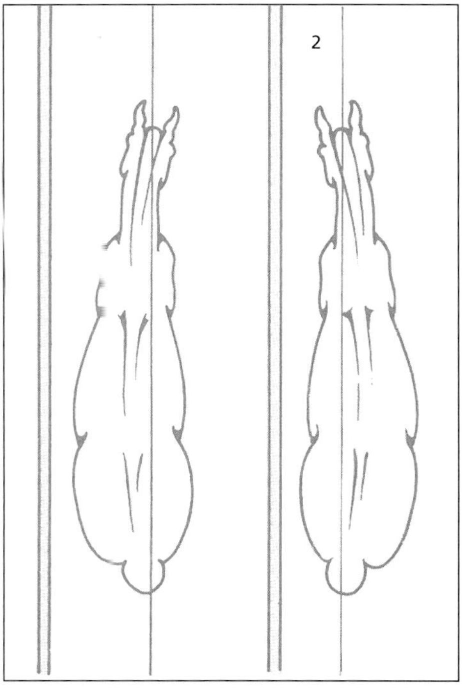

Reitpferdes und wird vornehmlich in den →*Seitengängen,* →*Schulterherein,* →*Travers* sowie im →*Renvers* erreicht. →*Stellung,* →*Spannungsbogen.*

Lasso (engl. »rope«) Steifes Wurfseil mit sich zuziehender Schlinge, das von →*Cowboys,* →*Vaqueros* und anderen Rinderhirten zum Einfangen von Einzeltieren (Pferden und Rindern) aus der Herde verwendet wird.

Lasso-Pferd →*Rope Horse.*

Laterne Blesse, die über die Hälfte der Kopffläche des Pferdes einnimmt und sich mindestens über ein Auge, mitunter über beide Augen erstreckt, die dann meist hellfarbig (pigmentarm) sind. →*Abzeichen,* →*Glasauge.*

Laufstall Großräumige Stallung ohne Trennwände für mehrere Pferde, die sich unangebunden und frei durcheinander bewegen können. Pferdgerechteste Stallhaltung überhaupt, weil sie dem Herdentrieb, dem Sozialverhalten und dem Bewegungsbedürfnis des Pferdes entspricht und Stalluntugenden aus Langeweile und Vereinsamung, wie etwa →*Koppen* und →*Weben,* gar nicht erst aufkommen lässt. Als →*Offenstall* mit Auslauf besonders gut geeignet für Robustpferde, Mutterstuten mit Fohlen, Absatzfohlen und alle Pferde, die nicht für den Leistungssport oder ähnliche Anforderungen ständig bereitstehen müssen. →*Haltung.*

Läuse Siedeln in Langhaar und Fell des Pferdes und bewirken starken Juckreiz und Haarausfall. Befallene Tiere scheuern sich an Hals, Rumpf, Oberschenkeln und Schweifansatz, so dass die blanke Haut zum Vorschein kommt. Behandlung mit einschlägigen Präparaten und Stalldesinfektion.

Lautgebung Lautäußerungen des Pferdes sind nicht sehr vielfältig und relativ selten zu hören. Akustische Kontakte werden häufiger, wenn zusammengehörende Tiere sich aus den Augen verlieren, z. B. innerhalb großer Herden oder in busch- und waldbestandenem Gelände. Man unterscheidet hauptsächlich Schnauben, Quieken, →*Wiehern,* Grunzen und Blubbern. Die Lautgebung junger Tiere klingt höher und infantiler, bis sie nach der Geschlechtsreife erwachsenen Charakter annimmt.

Lebensalter des Pferdes →*Altersbestimmung,* →*Tod des Pferdes.*

Leckstein Wichtige Ergänzung des Nährstoffbedarfes, die das Pferd für den Stoffwechsel benötigt. Mineralsalzlecksteine enthalten vor allem Kochsalz, Kalk und Phosphor und müssen dem Pferd nach Belieben, ob im Stall oder auf der Weide, ganzjährig zur Verfügung stehen. Mangelhafte Mineralstoff- und Vitaminversorgung löst die Lecksucht, das zwanghafte Belecken verschiedenartiger Gegenstände aus. →*Fütterung.*

Leichter Sitz Entlastung des Pferderückens im Galopp, vornehmlich im Gelände, indem der Reiter das Gesäß leicht anhebt und die Galoppsprünge nicht aussitzt, den Oberkörper leicht nach vorn neigt und mit fest angelegten Knien in

Leichter Sitz.

den Bügeln steht. Knie und Schenkel allein übernehmen die treibenden Hilfen, die Verbindung zwischen Zügelhand und Pferdemaul bleibt erhalten. →*Gangarten* (Galopp).

Leichttraben (Englischtraben) Englische Erfindung, die zum Ende des 19. Jh. auch in Deutschland beliebt wurde, da sie Reiter und Pferd auf längeren Ritten und auch jungen Pferden am Anfang der Ausbildung Erleichterung im Rücken verschafft. Im Leichttraben hebt sich der Reiter mit leicht vorgeneigtem Oberkörper durch vermehrtes Eintreten in die Bügel aus dem Sattel, so dass er nur bei jedem zweiten Trabtritt im Sattel sitzt und jeweils beim ersten Trabtritt geringfügig über dem Sattel schwebt, ohne ihn zu belasten. In der Reitbahn wird auf der linken Hand auf dem linken, inneren Hinterhuf leichtgetrabt, d. h., der Reiter sitzt in dem Augenblick im Sattel, da der linke Hinterhuf und gleichzeitig der rechte Vorderhuf (Diagonale) aufsetzen. Die aufsetzende Diagonale ist für den Anfänger am Zurückweichen der äußeren Schulter zu erkennen. Leichttraben auf der rechten Hand vollzieht sich sinngemäß umgekehrt. Beim Handwechsel durch die ganze Bahn sitzt der Reiter einen Trabtritt zusätzlich aus und kann somit sogleich auf der anderen Hand weiter leichttraben. Da Leichttraben Rücken und Gelenke entlastet, werden junge Pferde vorwiegend und ältere Pferde zu Beginn der Arbeit zur Erzielung der Losgelassenheit zunächst leichtgetrabt. Im Gelände, vor allem auf längeren Ritten, ist Leichttraben eine Grundregel. Zur Entlastung der Gliedmaßenglenke wechselt der Reiter nach jeweils 100 Metern das diagonale Beinpaar. →*Aussitzen*, →*Gangarten.*

Leinenfänger Gespannpferd, das absichtlich mit der Schweifrübe die Fahrleine zwischen Schweif und Hinterbacken einzuklemmen versucht und auf diese Weise den Fahrer erheblich in der Leinenführung behindert. Kann aber auch versehentlich bei der Fliegenabwehr geschehen. Früher versuchte man, dem Übel durch das heute gesetzlich verbotene →*Kupieren* der Schweifrübe abzuhelfen.

Leinenführung des Gespannpferdes →*Fahren mit Gespannpferden.*

Leistungsprüfungsordnung (LPO) Verbindlicher Richtlinienkatalog für die Organisation und Durchführung von Reit- und Fahrsportveranstaltungen (Leistungswettbewerben = WB, Leistungsprüfungen = LP) in Deutschland. Herausgegeben vom FN-Verlag (Deutsche Reiterliche Vereinigung e.V.) in Warendorf, erhältlich im Buchhandel.

Lektion Bestimmte Übung oder Aufgabe im →*Dressurreiten* und im Programm der →*Hohen Schule.*

Lektionen am langen Zügel Der Reiter »geht zu Fuß« an der Hinterhand des Pferdes, die Hilfengebung erfolgt durch Zügel, Reitgerte und Stimme. Die Arbeit am langen Zügel ist die Krönung in der Ausbildung des Schulpferdes. Voraussetzung sind absolute Gerittenheit, →*Durchlässigkeit* und Gehorsam. Das Pferd zeigt Gangarten und Figuren der →*Hohen Schule* freiwillig und ohne Zwang, nur auf die kaum hör- und fühlbaren Hilfen des Führers hin. Die fehlerlose Arbeit am langen Zügel zeugt von jahrelanger gemeinsamer Gewöhnung und großem Vertrauen des Pferdes zum Menschen. (Abb. siehe S. 226.)

Lektionen an der Hand Vorbereitende Übungen zur Verbesserung der →*Hankenbeugung* in der →*Piaffe* und den daraus entwickelten Schulsprüngen der →*Hohen Schule* ohne Reiterlast. Das Pferd ist gesattelt, auf Trense gezäumt, nicht zu kurz ausgebunden und trägt den Kappzaum. Der Reiter steht neben der Schulter des Pferdes und hält den Führzügel vom Kappzaum in der linken Hand (auf dem

Lektionen am langen Zügel
Rechts oben: Lange Zügelführung, beispielsweise sicherheitshalber bei nervösen Pferden, die zu schreckhaftem Auskeilen neigen. Die Hände sind unruhig, die Hilfen ungenau.
Rechts unten: Kurze Zügelführung, die Hände liegen ruhig an der Pferdekruppe und unterstützen die Hilfen durch Druckmomente, fein differenzierte Hilfengebung.

Lektionen an der Hand
Links: Im fortgeschrittenen Stadium der Ausbildung kann das Pferd auf Dressurkandare gezäumt werden. Die Trensenzügel laufen von oben, die Kandarenzügel von unten in die Hand des Ausbilders (nach Fillis), so dass er die Zügelhilfen dosieren kann.

Hufschlag der langen Seite, links herum). Die Rechte hält die lange Dressurgerte, die die gesamte Hinterhand erreichen kann. Mit dem Zügel werden die Paraden, mit der Gerte die treibenden Hilfen gegeben. Das Pferd wird allmählich in eine Piaffe mit Raumgewinn gebracht, damit zunächst der Vorwärtsdrang erhalten bleibt.

Zweck der Handarbeit sind Gymnastizierung der Hankenbeuge mit zunehmendem Vortritt der Hintergliedmaßen (als Vorbereitung für die spätere Aufnahme der Reiterlast) und Erziehung zum Gehorsam. In der Gruppen- und Herdengemeinschaft verständigen sich Pferde durch Körpersprache (Mimik, Gesten, Gebärden) und Lautäußerungen, um die Rangfolge zu bestimmen. Mithin sind sie auf genaue und ständige Beobachtung ihrer Artgenossen fixiert, um aus deren Verhalten auf Zuwendung oder Abneigung, Führungsanspruch oder Unterwerfung zu schließen und die eigene Macht und Stärke auszuloten. Und so wie seine Artgenossen beobachtet das Pferd auch seinen Ausbilder. Sobald dieser Unsicherheit und Unentschiedenheit, Schwächen und Fehler in seinem Verhalten zeigt, versucht es, gemäß seiner erbmäßigen Programmierung die Oberhand zu gewinnen und den Menschen in die Defensive zu drängen. Erste Anflüge von Aggression oder Widersetzlichkeit können sich bereits mit gewollter Rempelei ankündigen, da der Ausbilder relativ dicht am Pferd arbeitet. Deshalb muss er eine gewisse Distanz wahren und bestrebt sein, durch vorbeugendes, pferdgerechtes Verhalten (ohne

Zwang und Gewalt!) Aufmüpfigkeit gar nicht erst aufkommen zu lassen und seinen Status als »ranghöchsten Artgenossen« zu behaupten. Der Ausbilder hält mindestens eine Armlänge Abstand vom Pferd, damit es seine Gestalt und jede Bewegung optisch voll erfassen kann. Er nimmt eine statueske Haltung ein und vermeidet überflüssige Bewegungen, um Ruhe und Autorität auszustrahlen und dem empfindsamen Fluchttier die Urangst zu nehmen. Jede Bewegung, so beherrscht wie möglich, zielt kontrolliert und eindeutig auf die gewünschte Lektion, damit das Pferd durch Beobachtung begreift und die Befehle des Ausbilders respektiert. Die Anwendung der Stimme sollte möglichst leise sein, um die Aufmerksamkeit des Pferdes zu erhöhen. Lob setzt bereits ein, wenn das Pferd guten Willen zeigt. Lob kann fast immer kleine Strafen ersetzen. Die Anforderungen dürfen nur langsam und vorsichtig gesteigert werden, um das Pferd nicht zu überfordern und in Panik zu versetzen.

Levade (franz.), bedeutet »Heben«. Lektion der →*Hohen Schule,* Schule über der Erde. Erhebung der Vorhand, Vollendung der →*Pesade,*

Levade.

wird aus der →*Piaffe* entwickelt. Das Pferd beugt sich tief in den Hanken, es trägt nur mit den Hinterhufen sein eigenes Gewicht und das des Reiters dazu, die Vorderhufe sind dicht an die Ellenbogen gezogen. Der Pferderumpf nimmt eine annähernd waagerechte Stellung ein, das Pferd ist in äußerster →*Versammlung* und im Gleichgewicht. Die Winkelstellung des Pferdekörpers zum Boden bleibt, im Gegensatz zur Pesade, unter 45°. Die Lektion wird anfangs an der Hand, später unter dem Reiter ausgeführt.

Lipizzaner Klassisches edles Reitpferd, benannt nach dem im Jahre 1580 gegründeten Hofgestüt Lipica im Karstgebirge bei Triest (heute Slowenien), wo die Zucht des weltberühmten Reit- und Kutschpferdes durch Vermischung der alten mittelschweren Karster Landrasse mit spanischen und neapolitanischen Pferden begann. Später dehnte sich die Zucht, die die Fürstenhöfe mit Repräsentationspferden versorgte, auch auf Österreich, Ungarn, Rumänien, Tschechien und die Slowakei aus. Bis heute sind sechs Stammlinien erhalten, deren fünf die Namen berühmter spanischblütiger Hengste aus dem 18. Jh. tragen, die in einem Zeitraum von 50 Jahren die Zucht grundlegend beeinflussten: »Pluto«, »Conversano«, »Maestoso«, »Favory« und »Neapolitano«. Nach dem Aussterben rein gezogener altspanischer Pferde wurde 1816 der Original-Araber »Siglavy« importiert, auf den die sechste Blutlinie zurückführt. Zwei unabhängig vom damaligen Hofgestüt entstandene Blutlinien, »Incitato« und »Tulipan«, ähneln mit ihrem stärkeren Kaliber und oft dunkler Fellfarbe mehr dem alten bodenständigen Karster Gebirgspferd.

Weltweite Berühmtheit erlangten die im österreichischen Bundesgestüt Piber gezüchteten Lipizzaner durch die Spanische Reitschule in Wien, wo die Hengste Gelehrigkeit und Dressurfähigkeit für höchste reiterliche Ansprüche beweisen, die sie von ihrem Stammvater, dem →*Andalusier,* ererbt haben. Stuten sind vor-

Lipizzanerhengst der Neapolitano-Linie im österreichischen Bundesgestüt Piber.

nehmlich als Kutschpferde beliebt. Die österreichische Zucht bringt fast ausschließlich Schimmel hervor, nur selten werden Braune oder Rappen geboren. Der Lipizzaner gilt als das Dressurpferd der klassischen Reitkunst schlechthin, doch ist er im Gebiet der ehemaligen k. u. k.-Monarchie für profane Gebrauchszwecke auch als Wagen- und Wirtschaftspferd weit verbreitet. In den ländlichen Zuchten sind dunkle Fellfarben, die in früheren Zeiten generell überwogen, noch häufiger zu beobachten. Die Widerristhöhe beträgt allgemein 150–155 cm Stockmaß. Das mittelgroße, kompakte und muskulöse Dressur- und Kutschpferd besticht durch seine hohe Aktion und die Eleganz seiner Gangbewegungen.

Liverpoolkandare Fahrkandare mit Kinnkette der Englischen Anspannung. Sie bietet verschiedene Möglichkeiten zum Einschnallen der Fahrleinen: 1. in den oberen Ring (ähnlich dem Trensenring), genannt Schaumring, als weichste Zäumung mit trensenartiger Wirkung; 2. in eines der Langlöcher in den Hebelanzügen mit Kandarenwirkung. Je tiefer die Leine eingeschnallt ist, desto härter ist die Wirkung. In das unterste Loch sollte man die Fahrleinen keinesfalls schnallen, weil schon durch das Leinengewicht eine Hebelwirkung entsteht, die das Pferdemaul beeinflusst. →*Geschirr des Gespannpferdes.*

Löhneisen Georg Engelhard von. Oberstallmeister des Herzogs von Braunschweig, Verfasser der Reitlehre »Hof-, Kriegs- und Reitschule«, erschienen 1625, die sich weitgehend an die Reitregeln von →*Griso* anlehnt, jedoch klarer und übersichtlicher geordnet ist. Das Buch erschien im Jahre 1729 in neuer Auflage in Nürnberg, herausgegeben von dem Hippologen Valentin Trichter. Das erste Reitbuch Löhneisens war seine Zäumungslehre »Bissbuch«, die im Jahre 1588 erschien, worin er 126 verschiedene Gebisse aufführt und erläutert. Zur Zeit ihres Erscheinens war die Reitlehre jedoch durch die Lehren →*Pluvinels* bereits überholt. →*Hippologe.*

Longe →*Longieren,* →*Doppellonge.*

Longieren Eine Art Reiten zu Fuß und schwieriger, als es zunächst erscheint. Falsche und unsachgemäße Anwendung können dem Pferd mehr schaden als nützen. Voraussetzung für den Erfolg ist ein geeigneter Longierplatz bzw. eine -halle. Longieren dient folgendem Zweck:

1. Das junge Pferd an Sattel und Zaumzeug, an Gehorsam, an Kommandos und an den Reiter zu gewöhnen,
2. das Pferd im Gleichgewicht gehen und taktmäßig treten zu lassen,
3. den →*Sattelzwang* abklingen zu lassen,
4. die schwache Rückenmuskulatur eines Pferdes durch Vorwärtsstrecken des Halses zu stärken (mit →*Schlaufzügel*),
5. schwierige oder verdorbene Pferde zu korrigieren,
6. Pferde nach überstandener Krankheit schonend zu arbeiten,
7. zum ersten Einspringen.

Durch Longieren soll ein Pferd in voller Losgelassenheit zu ruhigen, schwungvollen Gangbewegungen veranlasst werden. Man kann und soll es damit jedoch nicht in eine bestimmte Form zwingen wollen. Zum Longieren benötigt man folgende Hilfsmittel:

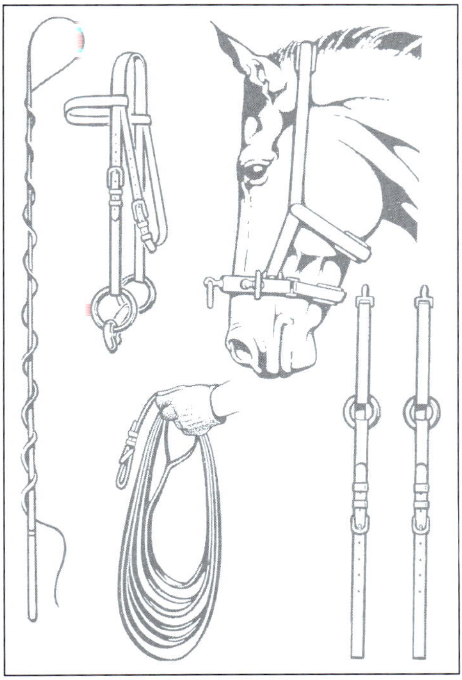

Utensilien zum Longieren: Bogenpeitsche, Trensenzaum, Kappzaum, Ausbindezügel und Longe.

1. Longe: Etwa 7 m lang, die am vorderen oder seitlichen Ring des Kappzaumes eingehakt wird.
2. Longierpeitsche: Sie muss so lang sein, dass mit dem Ende der Peitschenschnur das Pferd erreicht werden kann.
3. Kappzaum mit Ganaschenriemen (etwas tiefer an die Backenstücke genäht als ein Kehlriemen). Er hält die Backenstücke bei seitlichem Verrutschen durch den Longenzug von den Augen fern. Der Kappzaum soll einfach konstruiert, nicht weich gepolstert sein und einen gewissen Druck auf das Nasenbein ausüben (Metalleinlage).
4. →*Ausbindezügel: Sie sind* so lang verschnallt, dass sie waagerecht verlaufen, die Nasenlinie bleibt vor der Senkrechten (innerer Ausbinder 1–2 Loch kürzer). Empfehlenswerter sind →*Schlaufzügel,* die dem Pferd gleitende Halsstreckung nach vorwärts-abwärts ermöglichen.
5. Longiergurt oder Sattel, dessen Bügel anfangs herunterhängen, damit das Pferd sich an die Schlenkerbewegung gewöhnt.
6. Gamaschen an den Vordergliedmaßen: Schützen vor Trittverletzungen.

Das Pferd bewegt sich auf dem Zirkel, dessen Radius von der vom Longenführer freigegebenen Länge der Longe bestimmt wird. Die Longe darf nicht durchhängen, sondern soll gerade anstehen, die Peitsche zeigt auf die Hintergliedmaßen des Pferdes. Das Handende der Longe liegt in gleichmäßigen Schlaufen in der linken Hand des Longenführers, wenn das Pferd auf der linken Hand geht, rechts sinngemäß umgekehrt. So kann leicht verlängert und verkürzt werden. Die Peitsche liegt jeweils in der anderen Hand. Die Hilfen zum Longieren werden gegeben durch die menschliche Stimme, Paraden (kleine Rucke) an der Longe und die treibende Wirkung der Peitsche von hinten. Beim Springen über Bodenricks oder Hindernisse müssen die Ausbindezügel entfernt werden, um dem Pferd eine längere Halsstreckung zu ermöglichen. Zu Beginn des Longierens führt eine Hilfsperson das junge Pferd

Longieren mit Schlaufzügel (weiße Riemen), die beiderseits vom Sattel durch die Trensenringe zwischen den Vorderbeinen hindurch zum Sattelgurt verlaufen.

auf der Innenseite in Höhe des Kopfes so lange auf der Zirkellinie, bis es gelernt hat, dass es die Kreisform nicht verlassen soll. Das Einschnallen der Longe in den Trensenring sollte generell vermieden werden, da der Zugzwang zur Seite die Sensibilität des Pferdemaules verdirbt.
Zum Longieren gehören viel Geduld und sensible Kontaktnahme zum Pferd. Aufsatzzügel, die das Pferd unter Schmerzen mechanisch in eine aufrichtende Kopf-Hals-Haltung zwingen, sollten auch beim Longieren streng verpönt sein, weil das gewünschte Ergebnis auf diese Weise nicht erreicht wird. Dagegen sind →*Schlaufzügel* sehr zu empfehlen, da sie dem Pferd die Streckung des Halses nach vorwärts-unten und die selbständige →*Anlehnung* an das Gebiss ermöglichen. →*Doppellonge.*

Longshaft Einspänniger, zweirädriger, gummibereifter Rennwagen für Trabrennpferde. Der Fahrer sitzt genau über der Achse, so dass die Gabel sich im Gleichgewicht hält. Erfordert mehr Zugkraft als der →*Sulky,* bei dem der hinter der Achse sitzende Fahrer eine gewisse Schubkraft ausübt und die Gabel hochdrückt, so dass etwas weniger Zugkraft erforderlich ist.

Losgelassenheit Reiterlicher Begriff für psychische und physische Entspanntheit, der gleichermaßen für Pferd und Reiter gilt. Losgelassenheit ist unerlässliche Voraussetzung für harmonisches Zusammenwirken beider Partner in jeder Ausbildungsstufe. Da die seelische Entspannung der körperlichen natürlicherweise vorausgeht, muss der Reiter bedacht sein, dem Pferd zuallererst jede Art von emotionaler Beklemmung oder gar Angst zu nehmen, bevor er eine Aufgabe von ihm fordert. Auch er selbst muss frei von jedweder Verkrampfung sein, da sich eigene Unsicherheiten auf das Pferd übertragen. Losgelassenheit im psychischen Bereich ergibt sich zunächst durch verhaltensgerechten Umgang und sachkundige Erziehung, um in dem sensiblen Fluchttier generell die Furcht vor dem Menschen abzubauen. Das Vertrauen des Tieres zum Menschen darf nie enttäuscht werden. Reichlicher Gebrauch der Stimme in feinen Abstufungen und gewaltfreie, aber entschiedene Behandlung schaffen eine angemessene Vertrauensbasis, auf der das Tier den Menschen als ranghöheren Artgenossen anerkennt. Für den Abbau körperlicher Verkrampfungen sorgen lösende Übungen wie Freilauf auf der Koppel, Spazierengehen am Halfter, Spazierenreiten im Gelände, gelöster Trab und Galopp, Longieren, Freispringen und Klettern. Das Pferd ist losgelassen, wenn es die Kopf-Hals-Partie wohlig schnaubend vorwärts-abwärts dehnt und damit Genick, Ganaschen, Hals- und Rückenmuskulatur entspannt und den Reiter auf federnd schwingendem Rücken geschmeidig sitzen lässt, wenn es in allen Gangarten taktmäßig und raumgreifend, ohne Eile und Streifheiten, vorwärts geht und den natürlich getragenen Schweif in der Gangbewegung locker und gleichmäßig pendeln lässt. Erst aus der Losgelassenheit heraus kann sich jene gymnastizierte, federnde Spannung des Tragapparates ergeben, die auch große Kraftanstrengungen in unverkrampfter Weise meistert.

LPO →*Leistungsprüfungsordnung.*

Lumbargo →*Kreuzverschlag.*

Lusitano Elegante, nahezu vollblütige Reitpferdrasse, bodenständig in der südlichen Hälfte Portugals. Erscheinungsbild und Eigenschaften gleichen denen des nahe verwandten →*Andalusiers.* (Abb. siehe gegenüberliegende Seite.)

Luxation der Kniescheibe ist eine Verrenkung häufig nach einer Drehbewegung beim Steigen, aber auch durch Ausgleiten, Sprünge und Stürze. Die Kniescheibe springt aus ihrer Gleitrinne heraus, weil die Kniescheibenbänder zerrissen oder überdehnt werden. Man unterscheidet zwei Formen: 1. Verrenkung nach oben, die

Portugiesischer Stierkämpfer auf einem Lusitano.

Kniescheibe »reitet« auf dem großen Rollkamm des Oberschenkels. Die betreffende Hintergliedmaße ist entweder stocksteif gestreckt oder schnellt bei jedem Schritt mit »knubsendem« Geräusch zuckfußartig nach vorn. Heilung durch →*Blistern* oder operativen Eingriff (Durchtrennung eines Kniescheibenbandes) fast immer möglich. 2. Verrenkung nach außen, die Kniescheibe verlagert sich nach außen. Die Hintergliedmaße knickt bei jedem Schritt etwas ein. Heilungsaussicht sehr gering, wenn nicht unmöglich.

M

Magen Das Fassungsvermögen des Pferdemagens (Warmblutpferd) beträgt etwa zwischen 10 und 18 Liter.

Mähne Langhaar auf der Oberkante des Pferdehalses von der Stirn bis zum Widerrist. Alle Hauspferdrassen besitzen natürlicherweise eine Fallmähne, die bei Pferden südlicher Herkunft (z. B. Araber, Vollblut) dünn und seidig ist und einseitig von einem schmalen Mähnenkamm herabfällt. Die Mähnen von Pferden und Ponys nördlicher Herkunft (z. B. Kaltblutrassen, Islandpferd) sind erheblich dichter und rauer, wachsen auf breitem Mähnenkamm und fallen oft zweiseitig als Doppelmähne herab. Eine Ausnahme bildet das letzte echte, noch existierende Wildpferd, das →*Przewalskipferd,* das eine naturgewachsene Stehmähne besitzt. →*Haarkleid.*

Mähnenkamm 1. Obere Halskante des Pferdes, auf der die Mähnenhaare wachsen. 2. Grobzahniger, stumpfer Kamm aus Leichtmetall für die Pflege der Mähne. Nicht empfehlenswert, weil beim Kämmen viele Haare ausgerissen werden. Schonender ist das Verlesen verklebter Mähnenhaare mit der Hand und anschließendes Bürsten der Mähne mit der →*Kardätsche.*

Mangalarga Marchador Heimat Brasilien. Anfänge des Zuchtgeschehens zu Beginn des 18. Jh. auf der Basis südamerikanischer Nachfahren iberischer Pferde, die von portugiesischen Eroberern einst ins Land gebracht wurden, sowie einem prägenden portugiesischen Altér-Real-Hengst. Bis ins 20. Jh. private Zuchten einzelner Großgrundbesitzer, seit 1949 richtungweisender Zuchtverband, mittlerweile über 200 000 eingetragene Pferde. Widerristhöhe 146–156 cm Stockmaß, unterschiedliche Erscheinungsbilder von knochenstark bis zierlich, deutliche Merkmale des iberischen Pferdes, geringfügiger auch arabischen Blutes. Hirtenpferd mit →*Cow-sense* für den Herdentrieb und ausdauerndes, bequemes Reitpferd für den Plantagenbesitzer zur Inspektion der Fazendas. Zucht- und Ausbildungsziel ist ein eher flacher Tölt in mäßigem Tempo, der weite Strecken bewältigt. Passgang und Trab sind unerwünscht. Man unterscheidet Marcha picada (langsamer, gleichmäßiger Viertakt-Tölt, vorwiegend im Wechsel von Dreibein- zu Zweibeinstütze, in höherem Tempo auch Wechsel von Einbein- zu Zweibeinstütze) und Marcha batida (raumgreifender, kräftesparender Trabtölt im Wechsel von Dreibein- zu Zweibeinstütze). →*Gangarten* (Tölt), →*Gangpferde.*

Mantelsack Röhrenförmige Tasche aus Segeltuch, die mit drei Riemen quer über den Hinterzwiesel geschnallt wird.

Mantelsack auf dem Hinterzwiesel.

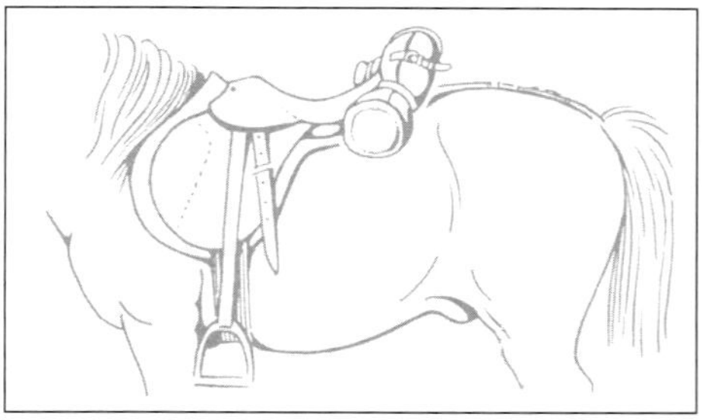

Maremma (ital., von maritima = am Meer gelegen). Sumpfiges Tiefland an der Westküste Italiens, zwischen den Mündungen der Flüsse Magra und Volturno, nördlich von Rom. Bekannt durch die Zucht von halbwild lebenden, warmblütigen Robustpferden in den Sümpfen, die von berittenen Hirten zum Hüten frei lebender Hausrindherden verwendet werden.

Martingal Das gleitende Ringmartingal, auch Sprungzügel genannt, ist eine englische Erfindung, die heftiges Kopfschlagen des Pferdes während der Reitjagd und in der Sprungphase eingrenzen soll. Es besteht aus einem Riemen, der sich auf etwa halber Länge zu einem Y gabelt, an dessen Schenkelenden je ein Metallring vernäht ist. Das Martingal wird an der Gabelung von einem um den Hals des Pferdes verlaufenden Riemen gehalten, der die →*Hilfszügel* vor der Brust fixiert. Sachgemäß angelegt führt das Martingal vom untersten Punkt des Sattelgurtes zwischen den Vorderbeinen hindurch aufwärts durch die Schlaufe des Halsriemens und gabelt sich danach zu jeweils einem Trensenzügel hin, die durch je einen Metallring hindurchlaufen. Ein lederner Steg an jedem Trensenzügel, auf etwa Handlänge vom Trensenring entfernt, verhindert zu weites Nachvorngleiten der Martingalringe. Bei normaler Kopfhaltung und gerade anstehenden Trensenzügeln muss das Martingal in leichtem Bogen nach unten durchhängen. Keinesfalls dürfen die Trensenzügel durch zu kurze Schnallung des Martingals geknickt werden und damit eine Zugwirkung nach unten auf das Pferdemaul ausüben. Der Hilfszügel mildert versehentliche scharfe Rucke im Pferdemaul und kann widersetzliches Kopfschlagen niederziehend begrenzen und so die Bewegung unter Kontrolle halten, jedoch nicht ganz verhindern. Zur Erzielung einer fehlerhaften →*Beizäumung* durch zu kurze Verschnallung und verwerfliches →*Riegeln* ist das Martingal absolut ungeeignet, weil die feinfühlige Zwiesprache der Reiterhand zum Pferdemaul beeinträchtigt ist und der versammelnde Aufbau aus der Hinterhand nicht stattfindet.

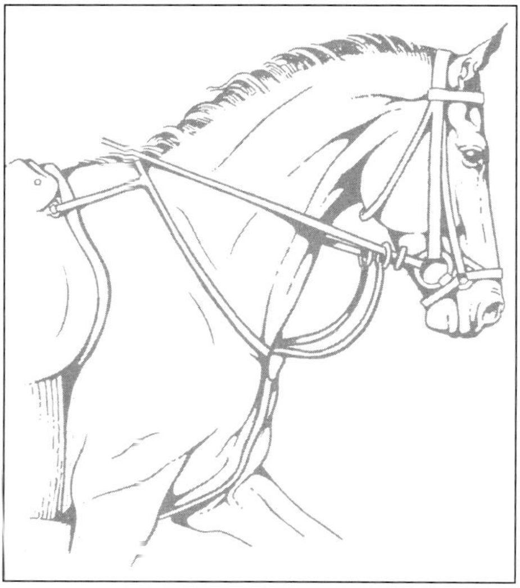

Martingal. Der Gabelriemen muss am Halsriemen (Halsansatz) fest fixiert sein, damit er nicht nach unten zwischen die Vorderbeine des Pferdes rutscht.

Mash Sehr bekömmliches Feuchtfutter als Zusatz zur Tagesration für kranke, genesende und im Haarwechsel befindliche Pferde sowie für säugende Stuten, das die Darmtätigkeit anregt und das allgemeine Wohlbefinden fördert. Mash besteht aus einer Mischung von Leinsamenschrot, Weizenkleie und Quetschhafer. Zwei Handvoll Leinsamenschrot werden bereits am Vortag der Fütterung in gut 1 Liter Wasser eingeweicht, am nächsten Tag nach restlosem Aufquellen in abermals 1 Liter Wasser aufgekocht und mit etwa je 1 kg Weizenkleie und Quetschhafer gut durchgerührt. Bei Bedarf etwas warmes Wasser zugeben, so dass ein dicker Brei entsteht. Mash verfüttert man lauwarm als leicht verdauliches und abführendes Zusatzfutter mehrere Male abends möglichst vor Ruhetagen, hier wirkt es vorbeugend gegen Feiertagskrankheiten wie →*Kolik* und →*Kreuzverschlag*. →*Fütterung*.

Master An weißer Armbinde kenntlicher, technischer Leiter der →*Reitjagd,* dessen Anweisungen von den Jagdteilnehmern während des Jagdablaufes strikt zu befolgen sind. Er trägt die Verantwortung für das gesamte Geschehen, reitet als Erster hinter Meute und Pikören und darf von keinem anderen Reiter überholt werden.

Matratzenstreu Einstreuung im Pferdestall. Aus dem Bodenstroh wird täglich mehrmals der Kot entfernt und etwas Stroh hinzugegeben, bis mit der Zeit eine dicke »Matratze« als weicher Untergrund entsteht. Die gesamte Streu wird viertel- oder halbjährlich erneuert. Wichtig ist eine gute Drainage, damit der Harn restlos abfließen kann und die Streu nicht zu feucht wird. →*Haltung des Pferdes.*

Mauke Eitrige, schorfige Entzündung in der Fesselbeuge. Entsteht durch mangelhafte Stallhygiene, ständige Nässe und chemische Rückstände an Pflanzen (durch Unkrautbekämpfung), im Boden und im Schnee (Streusalz). Heilung durch Entozonsalbe u. a. m. Mauke kann sich auch als Folge von Verletzungen in der Fesselbeuge durch Kettenhang oder Stacheldraht entwickeln. Deshalb sollte der →*Kötenbehang,* der die Fesselbeuge schützt, niemals beschnitten werden. Auswaschungen in gesundem Zustand nur mit klarem Wasser ohne Seife vornehmen, anschließend ist die Fesselbeuge gut abzutrocknen. Die Erkrankung kann sehr langwierig und behindernd sein und muss vom Tierarzt überwacht werden. Die beste Vorbeuge ist Sauberkeit und Trockenhaltung der Fesselbeuge.

Maulesel Kreuzungsergebnis von Pferdehengst und Eselstute. Größe und Erscheinungsbild nähern sich meist, aber nicht immer, denen der Eselmutter. Oft Eselschwanz mit Quaste (beim →*Maultier* häufiger Pferdeschweif). Nicht fortpflanzungsfähig. Ebenso wie das Maultier oftmals schwierig und aggressiv im Umgang. Die Paarung ist aufgrund unterschiedlicher Verhaltensweisen im Paarungsvorspiel schwieriger als die der Eltern des Maultieres, weil der Pferdehengst weniger auf die Eselstute anspricht als der Eselhengst auf die Pferdestute.

Maulgatter Tierärztliches Gerät zur Untersuchung der Maulhöhle, das Ober- und Unterkiefer auseinander hält.

Maulkorb Ledergeflecht für die Maulpartie, um das aggressive Pferd am Beißen zu hindern und für solche Pferde, die sich im Stall ständig die Decke vom Rücken ziehen oder, um aus medizinischen Gründen die Nahrungsaufnahme des kranken Pferdes auszuschließen. Auch aus Plastikmaterial.

Maultier Auch Muli genannt. Züchterisches Kreuzungsergebnis von Eselhengst und Pferdestute. Größe und Erscheinungsbild nähern sich meist dem des Pferdes. Oft Pferdeschweif. Hoch leistungsfähiges, ausdauerndes Reit- und Zugtier, absolut schwindelfrei auf gefährlichsten Bergpfaden. Maultiere sind bereits vor der Zeit Alexanders des Großen bekannt. Absolut sichere Kennzeichen zur Unterscheidung von Maultier und →*Maulesel* ohne Kenntnis der Elterntiere gibt es nicht. Da sowohl vom Pferd als auch vom Esel die verschiedensten Rassen zur Kreuzungspaarung verwendet werden, sind die jeweiligen Bastarde von unterschiedlichem Aussehen.

Maultier.

Maultiere sind aufgrund des meist größeren und starkknochigen Exterieurs der Pferdemutter häufig größer. Aber auch Maulesel können, bei Paarung entsprechender Elterntiere, eine stattliche Höhe erreichen. Die Körpergröße bei beiden richtet sich fast immer nach der Mutter. Beiden Bastarden gemein ist auch die Tatsache, dass männliche Tiere stets unfruchtbar sind, weibliche Tiere jedoch zuweilen Fohlen geboren haben. →*Mulassière*, →*Poitou-Esel.*

Mausfalbe →*Farben des Haarkleides.*

Mehlmaul Auch Eselsmaul. Ockrig-weiße Färbung oberhalb der schwarzen Maul-Nüstern-Partie (→*Exmoorpony*, →*Przewalskipferd*, →*Esel* u. a.).

Melanismus oder Schwarzfärbung. Besonders starke Pigmentanhäufung in der Haut (Rappe). Extrem zu →*Albinismus* oder Pigmentlosigkeit. →*Farben des Haarkleides.*

Merfelder Bruch Privates Wildbahngestüt des Herzogs von Croy bei Dülmen in Westfalen, gegründet im 14. Jh. →*Gestüte*, →*Dülmenerpferd.*

Meute Speziell gezüchtete Rassehunde (→*Foxhound*, →*Beagle*) für die Fährtensuche auf der →*Reitjagd*, die im Rudel von etwa 20 Tieren der von der Schleppe gelegten Spur (Deutschland) oder der natürlichen Wildfährte (Großbritannien, Frankreich) folgen und von einem besonders befähigten Kopfhund (ranghöchstes Leittier) angeführt werden. Die Meute wird ständig von Huntsman und Piκören betreut. Je ein zusammengehörendes Hundepaar bezeichnet man als Koppel.

Mexikanisches Reithalfter →*Zäumung.*

Mezair (franz.), bedeutet etwa »halbe Haltung«. Lektion der →*Hohen Schule*, Schule über der Erde. Wird aus der →*Piaffe* entwickelt. Das Pferd nimmt die Haltung der →*Levade* ein, fußt kurz mit den Vorderbeinen auf und setzt in diesem Augenblick mit den Hinterhufen nach und so fort, so dass sich eine kleine Anzahl von fließend aneinander gereihten Sprüngen mit stetem Raumgewinn ergibt.

Mezair (nach Guérinière).

Milchmaul Unpigmentiertes, rosafarbenes Maul des Pferdes, oft mit einer Blesse verbunden. →*Abzeichen.*

Mischfutter Ein von der Futtermittelindustrie nach den Bestimmungen des Futtermittelgesetzes zusammengesetztes Kraftfutter, das alle Nährstoffe enthält, die das Pferd im Allgemeinen benötigt. Dieses sog. Fertigfutter besteht hauptsächlich aus Hafer, Weizenkleie, Melasse, Sojaschrot, Leinsamen und Vitamin- und Mineralstoffbeigaben. Es ist staubfrei (wichtig!) und schmeckt süß, deshalb wird es gern von den Pferden angenommen. Auf der Verpackung müssen Zusammensetzung und Registriernummer des Futters angegeben sein. Wird zunehmend auch in pelletierter Form (Presswürfel) angeboten, die Zufütterung der täglichen Heuration ist unerlässlich. →*Heu*, →*Kraftfutter*, →*Fütterung.*

Missouri Foxtrotter Seit dem 18. Jh. auf Spezialgangart gezüchtete Mischrasse in den USA aus →*American Saddlebred Horse,* →*Tennessee Walking Horse* und anderen Rassen. Gutmütiges, ausdauerndes und bequemes Reitpferd mit den Gangarten Flat Foot Walk (flacher, gleichmäßiger Schritt-Tölt bis zum langsamen Trabtempo) und Foxtrott (ungleichmäßiger Trabtölt in flottem Trabtempo) sowie Canter, einem gemächlichen, für den Reiter bequemen Galopp. Beide Töltvarianten zeichnen sich durch flache, raumgreifende Gangbewegungen im Wechsel von Dreibeinstütze zu Zweibeinstütze aus. →*Gangarten* (Tölt, Passgang), →*Gangpferde.*

Missouri Foxtrotter.

misten Die Darmentleerung eines Weidepferdes erfolgt entsprechend der kontinuierlichen Nahrungsaufnahme im Tagesablauf etwa alle 2–3 Stunden. Der Kot des gesunden Pferdes besteht aus festen, trockenen, goldgelben bis olivgrünen »Äpfeln«, die einen relativ angenehmen Geruch haben müssen. Verdauungsstörungen sind in abweichender Farbe, Durchfall und Gestank erkenntlich. →*koten.*

Mittelstreckenrennen →*Galopprennen.*

Mondblindheit →*Periodische Augenentzündung.*

Mongolenpony oder Taki. Heimat: Mongolei. Abstammung: domestizierter Abkömmling des →*Przewalskipferdes.* Aufzucht in wild lebenden Herden. →*Primitivrasse.* Erscheinungsbild: Stockmaß 130–140 cm. Eigenschaften: enorm hart, leistungsfähig und genügsam. Sehr eigenwillig. Große Ausdauer, besonders im Galopp. Häufig Passgänger, die als Reisepferde über lange Strecken sehr geschätzt sind. Außerdem viele Mischzuchten mit orientalischer Bluteinmischung, die mit dem Sammelbegriff Mongolenpferd bezeichnet werden.

Morgan Horse Heimat: USA, vornehmlich im Westen. Abstammung: Seit etwa 200 Jahren bestehende, relativ typtreue Zuchtrasse Nordamerikas, die auf einen bestimmten Hengst zurückgeht. Grundlage für viele amerikanische Zuchten in späterer Zeit. Erscheinungsbild: Stockmaß 145–155 cm. Sehr kompaktes, kräftiges Pferd mit leichter orientalischer Bluteinmischung. Meist Braune und Füchse. Eigenschaften: temperamentvolles Reit- und Wagenpferd, sehr robust, ausdauernd und genügsam. Fleißige Gangbewegung, besonders hervorstechende Trabaktion.

Mulassière Auch Poitevin genannt. Französischer Kaltblutschlag von wenig einheitlichem Rassebild, dessen Stuten in Kreuzungspaarung mit →*Poitou-Esel*hengsten vorwiegend der Erzeugung von kräftigen Arbeitsmaultieren in ausreichender Größe und Knochenstärke dienen. Beheimatet in Poitou und Vendée, Westfrankreich. Die Herkunft dieses Landschlages gründet auf platthufigen, schweren Marschpferden aus den Niederlanden, die einst von holländischen Landarbeitern eingeführt wurden, die zur Trockenlegung der Poitou-Sümpfe ins Land kamen. In der Mitte des 19. Jh. Einkreuzungen von →*Percheron* und →*Boulonnais* zur Typ-

Mulassière, auch bekannt als Poitevin.

verbesserung. Der bis zu 170 cm große, derbknochige Mulassière ist im Vergleich zu den übrigen französischen Kaltblutrassen unschön zu nennen und in züchterischem Sinn mit erheblichen Gebäudefehlern behaftet, die sich indes auf die Leistungsfähigkeit der Maultiernachkommen nicht nachteilig auswirken.

Muskelzittern Zitterbewegung einiger Muskelgruppen der oberen Hinterhand des Pferdes meist beim Aufsatteln vor dem Reiten oder vor anderen Ereignissen, die außerhalb des gewohnten, geruhsamen Tagesablaufes liegen. Psychische, nervlich bedingte Erregung bei sensiblen Pferden, dem menschlichen Spannungszustand vor außergewöhnlichen Ereignissen vergleichbar, die jedoch keine nachteiligen Auswirkungen hat. Die nahezu gleiche Erscheinung tritt in verstärkter Form zu Beginn eines →*Kreuzverschlages* auf, hier freilich ist sie ein gefährliches, krankheitsbedingtes Anzeichen.

Muskulatur des Pferdes →*Anatomie.*

Mustang Heimat: USA, Prärien und Wüstengebiete des Westens. Abstammung: Verwilderter Nachkomme der entlaufenen Hauspferde (→*Andalusier*, →*Berber*, →*Araber*) der spanischen Eroberer, die um 1519 und später in Amerika landeten. Ein vor wenigen Jahren erlassenes Naturschutzgesetz rettete die letzten Exemplare vor dem Aussterben. Stammvater der →*Western Horses.* Erscheinungsbild: Stockmaß um 150 cm. Nicht sehr einheitlich. Abstammungsmerkmale vom Berber und Andalusier, jedoch durch die harte Naturauslese in wesentlichen Punkten der Umwelt und den Lebensbedingungen angepasst. Alle Farben vertreten, häufig gescheckte und gefleckte Pferde. Eigenschaften: Sehr hart, genügsam und ausdauernd, trittsicher, hervorragendes Galoppiervermögen. Außerordentlich freiheitsliebend, beantwortet Zwang mit Aggression. Reitpferd der Indianer und Cowboys, das aus der Wildherde herausgefangen und auf grobe Art eingebrochen wurde. Spätere Veredelungszuchten. Die Wildherden haben sich aufgrund der Schutzmaßnahmen mittlerweile wieder beträchtlich vermehrt, so dass sie in trockenen Jahreszeiten die Halbwüsten verlassen und auf der Futtersuche die Felder der Farmen verwüsten. →*Indian Ponies.*

N

Nachgurten Das Anziehen des Sattelgurtes beim Aufsatteln ist für das Pferd zunächst eine unangenehme Einengung des Brustkorbes. Es widersetzt sich dem plötzlichen Druck reflektorisch durch Aufblasen und Anspannen der Muskulatur. Deshalb darf der Gurt anfangs nur behutsam, Loch für Loch, und nur so fest angezogen werden, dass der Sattel nicht verrutscht. Jeder abrupte Zwang ist zu vermeiden. Nachdem das Pferd unter dem Reiter gelöst und die Anspannung verflogen ist (nach etwa 15 Min.), muss der Gurt vom Sattel aus nachgezogen werden, um den Sattel unverrückbar fest in seiner Lage zu halten. →*Sattelzwang.*

Nachschwitzen Erneutes Schwitzen des Pferdes im Stall nach vollbrachter Arbeit. Meist wird es hervorgerufen durch psychische Erregung, weil der Mensch während der Arbeit nicht in der Lage war, eine psychisch entspannte Atmosphäre zu schaffen, oder weil das Pferd nicht mindestens eine Viertelstunde lang im Schritt »trockengeritten« wurde, um neben der äußeren auch die innere Gelassenheit wieder finden zu können.

Nachzuchtgebiet Reinzucht derselben Pferderasse außerhalb der angestammten Heimatregion.

Nageltritt Eindringen eines Nagels oder eines andersartigen spitzen Fremdkörpers in die Hufsohle. Herausziehen in Einstichrichtung des Fremdkörpers und Behandlung nach Anweisung des Tierarztes.

Nasenausfluss Beim Pferd meist das Zeichen für eine Infektionskrankheit der Atemwege. Es ist ratsam, bei Nasenausfluss sofort den Tierarzt hinzuzuziehen.

Nasenbluten Tritt – vor allem bei vollblütigen Pferden – gelegentlich nach Überanstrengung oder überdurchschnittlicher Erregung auf. Absolute Ruhestellung des Pferdes und psychisch harmonische Atmosphäre schaffen, damit die Blutung zum Stillstand kommt.

Nasenbremse Zwangsmittel zur Ablenkung eines Pferdes beim Schmied oder bei tierärztlicher Behandlung. Der plötzliche Schmerz durch das Anziehen der Bremse lenkt das Pferd vom eigentlichen Geschehen ab. Eine von Anbeginn sachgerechte und vertrauensvolle Erziehung des Pferdes macht Zwangsmittel überflüssig, es sei

Anwendung der Nasenbremse.

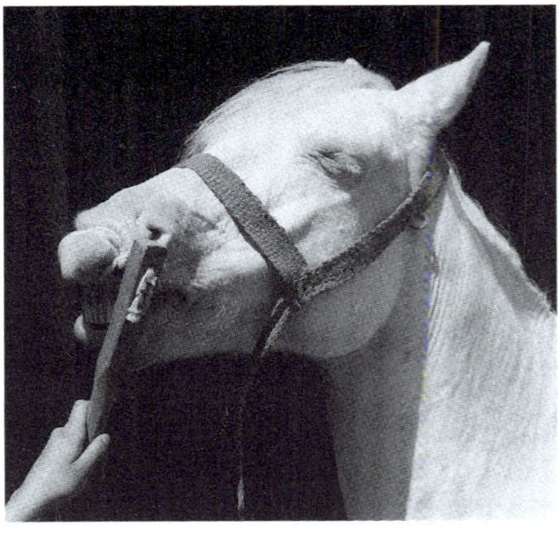

denn, es handelt sich um einen akuten Notfall bei tierärztlicher Behandlung. Man unterscheidet die Strick- oder Oberlippenbremse und die polnische Bremse. Letztere wie auch eiserne Bremsen u. ä. sind als Tierquälerei gesetzlich verboten. Die Oberlippenbremse darf bei Gebrauch immer nur ganz kurz angezogen werden, weil sonst die Wirkung verloren geht und Durchblutungsstörungen auftreten können. Die zulässige Strickbremse besteht aus einem Holzstab mit einer Seilschlinge, die um die Oberlippe des Pferdes gelegt und so weit zugedreht wird, dass sie die Oberlippe gerade eben abschnürt und nicht abrutscht. Durch wechselweises geringes Zudrehen und Nachgeben wird das Pferd vom eigentlichen Schmerz an der Behandlungsstelle abgelenkt.

Native Ponies (engl.) Seit alter Zeit in England und Irland beheimatete wild lebende Primitivrassen, auch Mountain and Moorland Ponies (Berg- und Moorponys) genannt. Zum Beispiel: →*Exmoorpony,* →*Dartmoorpony,* →*Welsh-Mountainpony,* →*Highland Garron,* →*Shetlandpony,* →*New Forestpony,* →*Fellpony,* →*Dalespony,* →*Connemarapony.*

Natürliche Schiefe →*Längsbiegung.*

Neapolitaner Mischzucht aus nach Italien importierten spanischen →*Genetten,* den Vorfahren des →*Andalusiers,* und bodenständigen italienischen Pferden, die im 16. Jh. in der Region um Neapel entstand. Die überdurchschnittlichen Reiteigenschaften der Rasse, die sich durch hohen Wuchs, geschlossenes Exterieur, hohen Aufsatz und ausgeprägten Rammskopf auszeichnete, trug erheblich zum Ruhm der →*Neapolitanischen Reitschule* bei. Der Zuchteinfluss dominierte über Jahrhunderte in vielen bedeutenden Zuchten Europas, der teilweise noch heute erkennbar ist (→*Lipizzaner,* →*Kladruber,* →*Frederiksborger,* →*Holsteiner* u. a.). Die Glanzzeit des Neapolitaners lag im 17. Jh., mit

Neapolitaner in zeitgenössischer Darstellung.

dem Siegeszug des →*Englischen Vollbluts* und den Veränderungen militärischer Reitweisen; im 18. Jh. starb der Neapolitaner allmählich aus.

Neapolitanische Reitschule Früheste europäische Institution, die eine systematische dressurmäßige Ausbildung des Reitpferdes einführte und zum ersten Ausbildungszentrum der adligen Reiterwelt Europas aufstieg. Gegründet 1532 von →Federigo *Griso* in Neapel. Als weitere Lehrer der Schule wirkten die Reitmeister Cesare Fiaschi, Pasquale Caracciolo und →Giovanni *Pignatelli,* Erfinder der →*Pignatelle,* der später Lehrer der französischen Reitmeister La Broue und →*Pluvinel* wurde. Mit Erfindung der Handfeuerwaffen erlosch die Ära des schwerfälligen, mittelalterlichen Ritters auf kaltblutähnlichem Pferd. Der mit Klinge und Faustrohr kämpfende Reiter benötigte ein leichteres, wendiges und flinkes Streitross, das Angriff und Abwehr durch dressierte Lektionen unterstützte. Das für eine Dressurausbildung bestgeeignete Pferd zu jener Zeit war die spanische →*Genette,* der Vorfahr des →*Andalusiers.* Auf den überragenden Reiteigenschaften der spanischen Pferde basierte sowohl das Ausbildungsprogramm als auch der Ruhm der Schule. Zuchtvermischungen mit bodenständigen italienischen Pferden brachten den →*Neapolitaner* hervor, der aufgrund problematischen Blutanschlusses Charakterschwierigkeiten zeigte und zu Aggressionen neigte, sich aber durch den begehrten hohen Wuchs und günstiges Exterieur auszeichnete. Die von der Schule gelehrten Dressurlektionen waren zunächst Kampfmanöver des berittenen Kriegers, die schnelles Angreifen, Ausweichen und Verteidigen ermöglichten. Im 16. Jh. wandelten sie sich zum ästhetischen Selbstzweck höfischen Schaureitens. Einige Lektionen haben sich bis heute in der →*Hohen Schule* erhalten.

Überlieferungen zufolge wurden die Pferde in der Neapolitanischen Reitschule mit Zwang und Brutalität ausgebildet, wie auch die von Pignatelli erfundene, martervolle Kandarenkonstruktion demonstriert. Die nach heutiger Anschauung grobe und überaus harte Reitmethode, zu der die aggressive Widersetzlichkeit des Neapolitaners beitrug und die das Pferd zum Feind des Reiters stempelte, der mit allen Mitteln unterworfen werden muss, sollte in der Folgezeit durch neue Erkenntnisse über das Pferd ständig Verbesserungen erfahren. →*Hippologe.*

Nervenschnitt (Neurektomie) Operative Durchtrennung der Zehen- und Sohlennerven beiderseits der Fesselbeuge zur Schmerzausschaltung bei →*Hufrollenentzündung.* Das Pferd verliert jedes Gefühl im Huf. Keine Heilung der Erkrankung, sondern nur eine Betäubung, die das Pferd für etwa 2 weitere Jahre dienstfähig macht. Von einer Verwendung als Gelände- und Springpferd ist abzuraten, weil die Gefühllosigkeit im Huf die Sturzgefahr vergrößert. Anschließend ist fast immer die Tötung des Pferdes erforderlich, weil das Leiden verstärkt wieder auftritt.

Newcastle William Cavendish, Duke of (1592 bis 1676). Englischer Reiteroffizier, der 1645 englischen Kriegswirren entfloh, auf den Kontinent emigrierte und 15 Jahre als Reitlehrer und Ausbilder in Antwerpen wirkte. Verfasser der Reitlehre »Die neue Art, Pferde auszubilden«, erschienen 1658, die mit hervorragenden Stichen eines vermutlichen Rubens-Schülers ausgestattet ist, welche den eigentlichen Wert

In der vom Herzog von Newcastle empfohlenen Anwendung des Schlaufzügels wird der Pferdehals über Gebühr abgeknickt, so dass der Spannungsbogen der Längsbiegung verloren geht. Zeitgenössische Darstellung aus des Herzogs Reitschule.

des Werkes ausmachen. Der Text basiert auf den Lehren →*Pluvinels,* die teilweise in Anspruch genommen und mitunter eigenmächtig verändert werden. Widersprüche ergeben sich zuweilen in der Gegenüberstellung von fundamentaler Sachkenntnis und fragwürdigen persönlichen Vorstellungen sowie im Vergleich von Text und Bild, die offensichtlich rüde Ausbildungsmethoden verraten. Cavendish wird die Erfindung des →*Schlaufzügels* zugeschrieben, mit dem er seine Pferde traktierte und der bis heute sein Unwesen treibt. Ausgeprägtes Geltungsbedürfnis verrät sich nicht nur im Text, sondern auch in verherrlichenden Bildern, die ihn als »Reitergott« darstellen. Blumiges Erzähltalent täuscht über zahlreiche Ungereimtheiten hinweg. →*Hippologe.*

New Forest Pony Heimat: Südengland, Waldgebiet von New Forest und Hampshire. Abstammung: ursprünglich bodenständige →*Primitivrasse,* dem →*Exmoorpony* verwandt. Starke Einmischungen von Vollblut und verwandten Ponyrassen. Aufzucht in wild lebenden Herden und in Stallhaltung. Erscheinungsbild: Stockmaß 125–140 cm. Edles Reitpony, häufig mit Merkmalen des →*Arabischen Vollbluts,* besonders in der Kopfform. Kurzer Hals, hoher Widerrist, langer Rücken, abfallende kurze Kruppe. Harte, aber nicht immer ganz regelmäßige Gliedmaßen. Farben meist Braune, aber auch Rappen, Füchse und Schimmel. Eigenschaften: ziemlich großes Reitpony, besonders für Kinder geeignet, frommer Charakter. Sehr trittsicher, Galoppier- und Springvermögen sind besonders hervorzuheben.

Newmarket Kleinstadt in England. Seit Entstehen der Zucht des englischen Vollbluts etwa Mitte des 17. Jh. Zentrum für Zucht, Training und Rennsport. Sitz des →*Jockey-Clubs* von England. Heute zahlreiche Vollblutgestüte, großes Trainingszentrum und zwei Rennbahnen. Weltbekannter Ort für Vollblut-Auktionen.

Nierenverschlag → *Kreuzverschlag.*

Nonius Ungarische Halbblutrasse, Stammvater der Zucht war der gleichnamige, von österreichischen Truppen im Jahre 1814 aus dem französischen Staatsgestüt Rosières-aux-Salines erbeutete Anglo-Normänner Rapphengst, dessen starke Vererbungskraft in Ungarn über verschiedenrassige Stuten 15 bedeutende Zuchthengste hervorbrachte, die die Zucht schließlich zu einer Rasse ausweiteten, die sich allmählich auch auf Jugoslawien und Österreich ausdehnte. Man unterscheidet zwei Typen: Großer Nonius, Stockmaß 160–170 cm, großer starkknochiger Typ, der als Wirtschaftspferd und Karossier Verwendung findet, und Kleiner Nonius, Stockmaß 150 bis 160 cm, leichter und eleganter Typ, der vor allem als Reitpferd gefragt ist. Beide Typen sind ihrem Verwendungszweck entsprechend temperamentvolle Gebrauchspferde mit raumgreifenden Gangbewegungen. Fellfarben Schwarz und Dunkelbraun fast ohne Abzeichen.

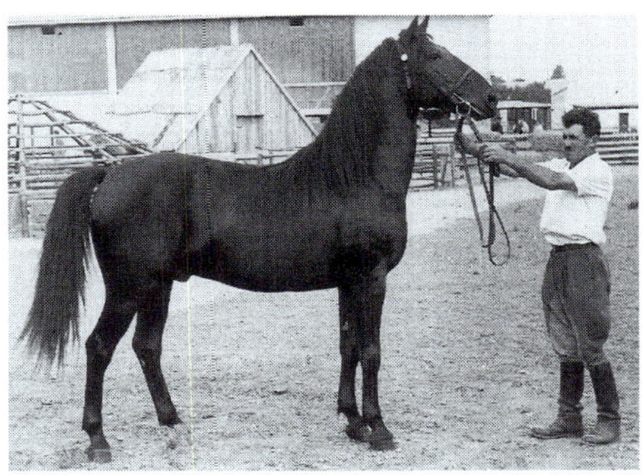

Nonius, Zuchthengst.

Nordschwedisches Pferd (Norrlandhäst). Heimat: Nord- und Mittelschweden. Abstammung: aus alten bodenständigen Landrassen hervorgegangen. Hin und wieder Einkreuzungsversuche, die ohne Bedeutung blieben. Seit Beginn des 20. Jh. systematische Reinzucht. Erscheinungsbild: Stockmaß 150–160 cm. Leichtes, nicht sehr großes, sehr kompaktes Kaltblutpferd von harmonischer Form, ähnlich dem →*Dølepferd.* Starke Ponymerkmale. Üppiges Langhaar und dichtes Winterfell. Fellfarben meist Dunkelbraun und Schwarz. Eigenschaften: temperamentvolles, kaltblütiges Zugpferd mit ausdauerndem, weiträumigem Trab, das häufig auch für lokale Trabrennen vor dem Sulky verwendet wird.

Noriker Kaltblutrasse, bodenständig in den Alpengebieten Österreichs und Bayerns. Das schwere Gebirgspferd erhielt seinen Namen nach der römischen Provinz Noricum (Kärnten) und wird bereits zur Zeit Karls des Großen in schriftlichen Überlieferungen erwähnt. Seit dem Mittelalter geregeltes Zuchtgeschehen, im 16. und 17. Jh. Einkreuzungen spanisch beeinflusster Pferde, wie →*Neapolitaner* und →*Kladruber,* zur Vergrößerung des Typs. Bis zum Zweiten Weltkrieg unterschied man den leichteren Oberländer und den gewichtigeren Pinzgauer, die heute zu einem Typ verschmolzen sind. Der Noriker ist ein relativ derbes Arbeitspferd von 155–160 cm Stockmaß Widerristhöhe. Braune und Füchse in allen Schattierungen überwiegen, die früher häufigen Tigerschecken sind seltener geworden. Die Nachfrage nach dem Noriker zeigt leicht steigende Tendenz, zum Holzrücken im Gebirge ist er nach wie vor unentbehrlich. In Bayern existieren etwa 1000 Zuchtpferde.

Notschlachtung ist die schnellstens erforderliche Tötung eines todkranken Pferdes, möglichst durch einen Fachmann, um es von seinen Schmerzen zu erlösen. Soll aus verschiedenen juristischen Gründen möglichst nur in Gegenwart von Sachverständigen und Zeugen vorgenommen werden.

Notstand Schweres Eisenrohrgestell zum zwangsweisen Anbinden des Pferdes, so dass keine Bewegung möglich ist. Für den tierärztlichen Gebrauch bei Untersuchungen und bei Operationen.

Noriker, Zuchthengst des österreichischen Bundeshengstenstallamtes Stadl-Paura.

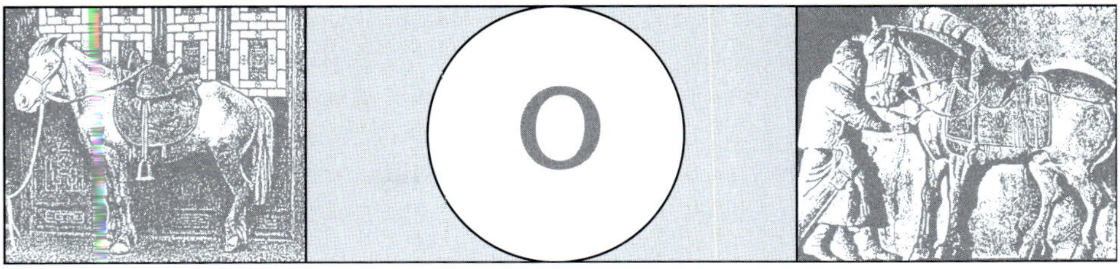

Oberscheck →*Aufsatzzügel* des Renntrabers, kurzgeschnallt ein Marterinstrument schlimmster Sorte, besitzt ein zusätzliches Trensengebiss zur Zäumung, dessen beidseitige Riemen sich auf der Stirn des Pferdekopfes zu einem Riemen vereinen, der über Nacken und Mähnenkamm zum Kammdeckel des Geschirrs führt. Das extreme Hochziehen des Kopfes nach hinten soll unerlaubtes Angaloppieren im Trabrennen verhindern. →*Hilfszügel.*

Offenes Knie Sitzfehler des Reitanfängers, von vorn gesehen entsteht ein sichtbarer Zwischenraum zwischen dem auswärts gedrehten Knie und dem Sattelblatt. Die innere Seitenfläche des Knies liegt nicht wie festgesaugt am Sattel an, der verdrehte Unterschenkel ist in seiner korrekten Hilfengebung behindert. →*Sitz des Reiters.*

Offenstall →*Laufstall* für mehrere Pferde mit großer, angemessener Grundfläche und offenem Tor in den angrenzenden Auslauf. Artgerechtere Haltung als im Boxenstall, da die Pferde Frischluft atmen und am Geschehen der Umwelt teilnehmen können. Das gesellige Herdentier hat ständigen Kontakt zum Artgenossen und kann sich innen wie außen nach Belieben frei bewe-

Einfacher Holzbau-Offenstall für Robustponys mit Bodenkrippe, tief hängender Heuraufe, abnehmbarem Trennbalken, eventuell angebautem Heuschuppen (gestrichelt) mit Fütterungsluke zur Raufe und vorgezogenem Dach mit Regenrinne.

gen. Entspricht weitgehend dem Naturell des Pferdes. Das Stalltor soll in die windärmste Richtung weisen und so breit sein, dass mehrere Pferde zugleich bequem und ohne Drängeln ein- und ausgehen können, um zu verhindern, dass ranghöhere Tiere den rangniederen den Zutritt verwehren (z. B. beim Füttern). Die Abtrennung einer Box mit halbhohen Wänden ohne Gitter in einer Stallecke, um ein Tier isolieren zu können, hat sich bewährt (z. B. im Krankheitsfall), weil der vertraute Kontakt zu den Artgenossen erhalten bleibt. Die Futteraufnahme sollte wie im Wildleben in angemessener Distanz der Pferde zueinander und vom Boden aus erfolgen (weiter Krippenabstand und Anbindemöglichkeit für alle Pferde bei Futterneid). Ein Vordach mit Regenrinne über dem Eingang verhindert Matsch- und Pfützenbildung bei Regen. Der Auslauf sollte mit Sand bedeckt und drainiert sein, damit das Regenwasser schnell versickert. →*Haltung des Pferdes.*

Ohrenspiel Neben der Hörfunktion auch für den Laien deutlich sichtbare Ausdrucksskala der Empfindungen und Reaktionen des Pferdes. →*Drohmimik*, →*Verhaltensweisen.*

Oldenburger Warmblutzucht, bodenständig in Oldenburg, Niedersachsen. Zuchtziel: Deutsches Reitpferd für Sport und Freizeit. Sehr alte bäuerliche Zucht, die durch weitblickende Landesherren schon frühzeitig gefördert wurde. Im 17. Jh. Veredlung der Landrasse durch Neapolitaner, spanische und orientalische Hengste. Das schwere Warmblutpferd für landwirtschaftliche Arbeit und herrschaftliche Karosse zählte bis in die Mitte des 20. Jh. hinein zu jenen wenigen Rassen Europas, denen größte Einheitlichkeit und Festigkeit in Erscheinungsbild, Eigenschaften und Vererbungskraft nachgesagt wurde. Der Oldenburger Typ prägte viele andere Zuchten, zahlreiche Nachzuchtgebiete sprachen für seine Qualität. Die Umzüchtung zum leichteren Reitpferd begann in den 1960er Jahren mit starkem Einsatz von Vollbluthengsten sowie nachfolgend mit Trakehnern, Anglo-Normännern, Hannoveranern und Westfalen. Das moderne Oldenburger Reitpferd zeichnet sich durch Springvermögen und Eignung für den Vielseitigkeitssport aus. Die Zucht, einschließlich der Hengsthaltung, liegt vorwiegend in bäuerlicher Hand. Die Widerristhöhe des Oldenburgers bewegt sich zwischen 160 und 170 cm Stockmaß, als Fellfarben sind Braune in allen Schattierungen und Rappen vorherrschend.

Orientalisches Pferd Bezeichnung für verschiedene im Orient beheimatete Pferderassen südlicher Prägung, die dem →*Arabischen Vollblut* mehr oder weniger nahe stehen (Irak, Iran, Syrien, Türkei, Arabien, Ägypten etc.)

Orientierungssinn des Pferdes →*Gedächtnis.*

Orlow-Traber Heimat: frühere Sowjetunion. Abstammung: Die Zucht gründete der russische Graf Orlow-Tschesmenskij um 1775 mit →*Arabischem Vollblut*, →*Frederiksborgern* und →*Friesen.* Seit zweihundert Jahren nahezu durchgehend systematische Zucht und harte Prüfung ausschließlich nach Rennleistung. Erscheinungsbild: Stockmaß um 160 cm. Ziemlich großes Kutsch- und Trabrennpferd, häufig mit Rammskopf, langem Hals, steiler Schulter, langem, schmalem Rumpf, abfallender Kruppe und

Orlow-Traber.

sehr kräftigen Gliedmaßen. Reiches Langhaar, starker Behang. Meist Braune, Rappen und Schimmel. Eigenschaften: schneller Renntraber vor Sulky und Schlitten, elegantes Wagenpferd. Trab geräumig mit hoher Aktion.

Orthopädischer Beschlag Spezialhufeisen zur Korrektur fehlerhafter oder zur Gesundung erkrankter oder verletzter Hufe, die nach Anweisung des Tierarztes vom Schmied aufgebracht werden.

Ortscheit Teil der Zugvorrichtung am Wagen für Gespannpferde. Beim Zweispänner sind die beiden beweglichen Ortscheite am jeweiligen Ende von Sprengwaage oder Spielwaage befestigt. An den beiden Außenenden der Ortscheite wiederum setzen die Zugstränge an. Die beweglichen Ortscheite sind unbedingt erforderlich in Verbindung mit dem Sielengeschirr, weil sie der Schulterbewegung des Pferdes in der Gangbewegung nachgeben. Bei festen Ortscheiten würden sich die Schultern unter dem Brustblatt durchscheuern. Ortscheite werden für Ein- und Mehrspänner verwendet. →*Wagentypen für Gespannpferde.*

ox In Deutschland Kennzeichen hinter dem Namen des Pferdes im →*Abstammungspapier* für →*Arabisches Vollblut.*

P

Paarung Begattung der Stute durch den Hengst. Beim Aufreiten umklammert der Hengst Brustkorb oder Hüfte der Stute und beißt sich oft im Mähnenkamm fest. Aufgrund der anatomischen Gegebenheiten der Gebärmutter muss der erigierte Penis bis tief hinten in die Vagina eindringen, um eine erfolgreiche Befruchtung zu ermöglichen. Der Hengst vollführt meist nur wenige Stöße bis zum Samenerguss und lässt währenddessen meist ein tiefes Grunzwimmern hören. Danach gleitet er erschöpft von der Stute herunter und flehmt ausgiebig. Manche Hengste vermögen nach kurzer Zeit ein zweites Mal aufzureiten. →*Deckakt,* →*Sprung.*

Paarungsvorspiel →*Verhaltensweisen.*

Paddock (engl.) Umzäunter Auslauf, meist an den Stall angrenzend, oder auch Umzäunung zum Vorführen der Rennpferde auf der Rennbahn.

Palio di Siena, Volksfest auf dem Marktplatz von Siena zu Ehren des Apostels Barnabas. Wird seit dem Jahre 1289 veranstaltet und alljährlich durch eine Prozession eingeleitet. Höhepunkt ist ein Pferderennen um den Marktplatz herum, in dem jeder Teilnehmer für ein Stadtviertel reitet. Der Sieger erhält als Trophäe eine farbenprächtige seidene Fahne. Im Laufe der Zeit hat sich das Fest auch in anderen Städten Italiens eingebürgert.

Palomino Zuchtrasse nach Farbe. Synonym zu Isabell. Die Bezeichnung dieser Zucht soll von einem Offizier gleichen Namens, der mit Cortez 1519 in Mexiko landete und einen Isabellhengst ritt, übernommen worden sein. Heimat USA, westliche Gebiete. Abstammung: ein durch →*Arabisches Vollblut* hoch veredelter Abkömmling der →*Mustangs,* zählt zu den →*Western Horses.* Erscheinungsbild: Stockmaß 140 bis 150 cm. Hübsches, kompaktes Reitpferd mit Merkmalen des Arabers und des →*Andalusiers.* Die Zucht erfolgt vor-

Palomino.

wiegend nach Farben: nur Isabellen mit goldschimmerndem Fell und nahezu weißem Langhaar. Tiere mit pigmentloser (rosafarbener) Haut und hellen Augen sind von der Zucht ausgeschlossen. Eigenschaften: begabtes Hirtenpferd für den Cowboy, ausdauernd, fromm, sehr widerstandsfähig und intelligent. Neuerdings beliebt als Show Horse und Wanderreitpferd, besonders auch für Kinder geeignet. →*Farben des Haarkleides.*

Panikhaken Speziell konstruierter Haken am Anbindeseil, der in das Stallhalfter eingehakt wird. Der Panikhaken verdient bei jedweder Anbindung des Pferdes den Vorzug, weil er sich in Notsituationen durch einen schnellen leichten Griff sofort lösen lässt. Besonders empfehlenswert für Transporte und für schreckhafte Pferde, die sich ungern anbinden lassen und leicht in Panik geraten.

Panje-Pferd →*Konik.*

Parade Annehmende Zügelhilfe des Reiters. Hilfengebung für das Verkürzen oder Wechseln einer Gangart, um die Aufmerksamkeit zu erhöhen, um Takt und Haltung zu verbessern, um hastiger Übereile zu begegnen und um das Pferd zum Halten zu bringen. Die Parade besteht niemals aus der Zügelhilfe allein, sondern wird eingeleitet durch das vorwärts treibende Anspannen des Kreuzes mit beidseitigem, gleichmäßigem Schenkeldruck. Der daraus hervorgehende Vorwärtsdrang wird nunmehr durch eine oder mehrere kurze annehmende Zügelhilfen aufgefangen, so dass das Pferd die Hinterhand vermehrt untersetzt und die Vorhand aufrichtet und das Tempo verlangsamt. Diesen Vorgang nennt man eine »Halbe Parade«, die mit beiden Zügeln gleichzeitig oder auch, im fortgeschrittenen Stadium der Dressur für bestimmte Lektionen, einseitig gegeben wird. Die Voraussetzung dafür, dass die Parade bis in die Hinterhufe wirksam wird, ist die →*Durchlässigkeit* des Pferdes. Die

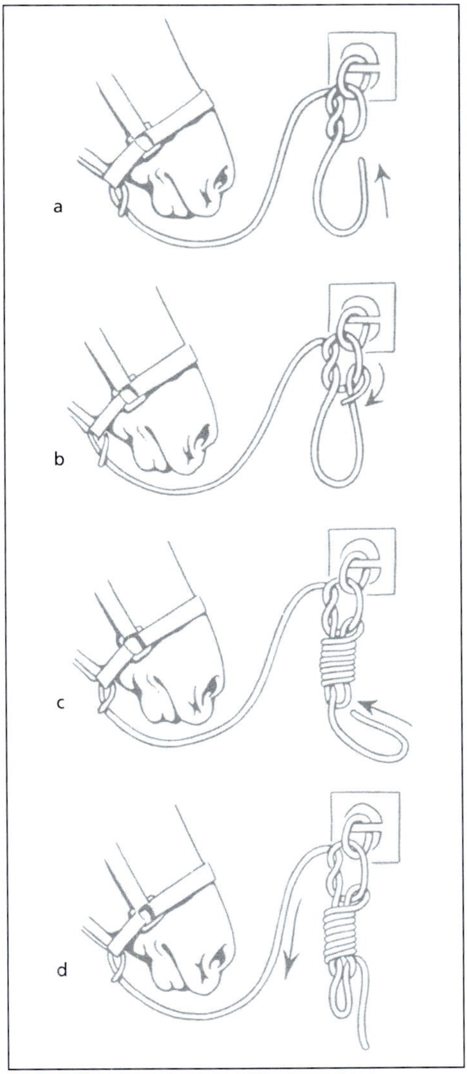

Eine bewährte Alternativlösung ist der mit einem Ruck lösbare Anbindeknoten, der den Panikhaken ersetzen kann.

»Ganze Parade« soll das Pferd aus der Bewegung zum Halten bringen, sie besteht (im Anschluss an die vortreibenden Hilfen) aus mehreren, kurzen »Halben Paraden«, die so oft wiederholt werden, bis das Pferd steht. Dabei ist stets zu beachten, dass die Zügelhilfen mehr nachgeben als annehmen, also so wenig Zwang wie möglich ausüben. Je weniger ausgebildet das Pferd und je schneller die Gangart, desto länger muss die Auslaufstrecke aus der Bewegung zum Halten bemessen werden. Ein voll ausgebildetes Schulpferd vermag auf wenigen Metern zum Stillstand zu kommen, weil es absolut durchlässig ist. Eine Verfeinerung der »Halben Parade« ist die »durchhaltende Zügelhilfe«. Die Zügel verbleiben nach den vortreibenden Hilfen in gleichmäßiger Anlehnung und werden weder angenommen noch nachgegeben. Das durchlässige Pferd versammelt sich vermehrt und gibt nach im Genick. →*Zügelführung*, →*Hilfen*.

Parcours (franz. Durchlauf). Internationaler Begriff für die Springbahn auf Turnieren mit einer bestimmten Anzahl von Hindernissen und von bestimmter Länge, die je nach Standort im Freien oder in der Reithalle wechseln. Die Startlinie liegt zwischen 6 und 25 m vor dem ersten, die Ziellinie zwischen 6 und 25 m hinter dem letzten Hindernis (die kürzeren Entfernungen betreffen Springbahnen in der Halle, die aus Platzgründen knapper bemessen sein müssen). Die Hindernisse werden jeweils in der Mitte übersprungen und sind in vorgeschriebener Reihenfolge nummeriert. →*Hindernisarten*.

Pardubitzer Steeple Chase Seit 1875 in Pardubitz (Tschechien) veranstaltetes Hindernisrennen über eine Strecke von 6400 m mit 30 Naturhindernissen. Extrem schwierige Rennstrecke, auf der sich seit Bestehen zahlreiche tödliche Unfälle ereigneten. Aus reiterlicher Sicht ist die Steeple Chase als kommerzialisierte Tierquälerei strikt zu verurteilen. →*Grand National Steeple Chase*.

Parforcejagd →*Reitjagd* hinter der →*Meute* auf lebendes Wild (Fuchs, Hirsch etc.). In Großbritannien, Frankreich, Irland und anderen Ländern noch üblich, wenn auch teilweise heftig befehdet. In Deutschland laut Tierschutzgesetz verboten.

Parthenonfries Darstellung der Panathenäen-Prozession am Parthenontempel auf der Akropolis von Athen. Die in Marmor gemeißelten Reliefplatten (Durchschnittslänge 125 cm), die zwei gegenläufige Reihen von insgesamt 160 m Länge bildeten, entstanden zwischen 447 und 432 v. Chr. in der klassischen Periode der griechischen Antike. Als Schöpfer gilt der Bildhauer Phidias. Unterschiede in der Stilisierung und die kurze Entstehungszeit lassen jedoch vermuten, dass mehrere Bildhauer am Werk waren. Ursprünglich waren die Reliefs farbig bemalt, Witterungseinflüsse haben die Farben gelöscht. Bohrlöcher verraten, dass die Figuren mit Zaumzeug und Waffen aus Bronze geschmückt waren, die von Metallräubern gestohlen wurden. Zerstörung, Verwitterung und Kunstraub verursach-

Zwei Reliefplatten aus dem Parthenonfries.

ten im Verlauf der Jahrtausende starke Beschädigungen. Eine Anzahl weitgehend erhaltener Reliefplatten wurde im 19. Jh. vor dem Verfall gerettet und ist heute im British Museum in London zu sehen.

Aus künstlerischer Sicht zählt der Fries zu den bedeutendsten Kunstwerken der Antike. Aus reiterlicher Sicht wird das Bildwerk – zumeist von reiterlichen Laien – als frühestes Zeugnis klassischer Reitkunst angesehen. Bei genauer Betrachtung wird jedoch deutlich, dass die reiterliche Aussage brutale Unterwerfung des Pferdes ist. Die Griechen waren kein Reitervolk. Denkt man sich die (ursprünglichen) Bronzezäumungen hinzu, so verwandelt sich der Ausdruck freiheitlichen Pferdebändigens in Zwang und Dulderqual. Der Fries ist mithin ein zeitgenössisches Dokument über das Reitverständnis der Griechen, das keineswegs klassisch, also vorbildlich genannt werden kann. Verzweifeltes Aufbäumen der Pferde, erzwungene Aufrichtung der Vorhand, blankes Entsetzen im Blick rollender Augen und aufgerissene Mäuler als Folge brutalen Zügelreißens sind Anzeichen, die mit klassischer Reitkunst, also mit Versammlung, Durchlässigkeit und federndem Spannungsbogen, nichts gemein haben. Möglicherweise war die primitive und gewalttätige Reitmethode der Griechen Anlass für →*Xenophon,* seine heute als klassisch geltende Reitlehre niederzuschreiben, um der griechischen Reiterei mehr Niveau zu verleihen.

Paso Fino Das →*Caballo de Paso Peruano,* eine sehr alte, gleichmäßig gezüchtete Rasse, bildete die Ausgangsbasis für ähnliche lateinamerikanische Töltrassen, die unter dem Sammelbegriff Paso Fino zusammengefasst werden. Bedeutende Zuchtgebiete sind Kolumbien, Venezuela, Puerto Rico, Dominikanische Republik u. a. Zahlreiche Nachzuchten in den USA. Typ des feinknochigen, eleganten Show-Pferdes mit hoher →*Aktion,* temperamentvoll, sensibel und gutmütig im Charakter. Vorrangige Zuchtziele sind Tölt, Trabtölt (mit Dreibeinstütze und Zweibeinstütze) und Trab (flach gleitend mit geringer Schwebephase). Passgänger sind unerwünscht. Bequemes Reitpferd, Stockmaß 140–157 cm. Paso Finos werden in drei Töltvarianten geritten: Paso corto (mäßiges Tempo, große Ausdauer), Paso largo (flottes Tempo mit erhöhtem Raumgewinn), Classic fino für besonders talentierte Pferde (Dressurvariante in schnellem, ausgeprägtem Viertakt, wenig Raumgewinn). →*Gangarten* (Tölt), →*Gangpferde.*

Passade Lektion der →*Hohen Schule.* Kehrtwendung im Galopp mit einem Durchmesser von drei Schritten und weniger. Vor- und Hinterhand müssen den Hufschlag gleichzeitig wieder erreichen. Vorübung zur →*Pirouette.*

Passage (franz.), bedeutet »vorbeigehend«. Lektion der →*Hohen Schule.* Die Passage hat ihren Ursprung in jenen erhabenen Trabtritten, die Hengste im Wildleben in aufgeregtem Zustand und beim Imponiergebaren zeigen. Die Passage ist Trab in äußerster →*Versammlung* im Zeitlupentempo, die das perfekt ausgebildete Schulpferd auch in den Seitengängen auszuführen vermag. Im erhabenen Trab verharrt die Gliedmaßendiagonale kurz im Moment der höchsten Schwebe, der Unterarm der Vorder-

Passage.

gliedmaße erreicht nahezu die Waagerechte und tritt schwungvoll nach vorn heraus. Die Hinterhufe erreichen die Höhe des Fesselgelenkes, aus der Hinterhand soll ein lebhafter Antrieb erkennbar sein. Die Hufe dürfen nicht ruckartig und senkrecht hochschnellen, sondern sollen schwungvoll, rund und erhaben im Bogen nach vorn schweben. Nur ein perfekt gymnastiziertes, ausgebildetes und talentiertes Pferd, das über das gesamte Ausmaß seiner Kräfte verfügt, vermag das Gleichgewicht im ausgeprägten Schwebemoment der langsam vorschwingenden Beindiagonale auszubalancieren. Anfangs wird die Passage aus dem versammelten Schritt oder Trab entwickelt, nach vollendeter Ausbildung kann der erhabene Antritt aus der →*Piaffe* erfolgen, der die größte Kraftanstrengung vom Pferd verlangt.

Passgang →*Gangarten.*

Pato Argentinisches Ballspiel zu Pferd. Der Ball (etwa Fußballgröße) hat mehrere Griffe, an denen er von den Reitern vom Boden hochgenommen und geworfen wird. Zwei Mannschaften zu je 4 Reitern, mehrere Spielabschnitte mit Pferdewechsel.

PAT-Werte Kürzel für die Messung von Puls, Atemfrequenz und Temperatur, deren Vergleichswerte von Normal- und Anstrengungszustand über Gesundheit und Kondition des Pferdes Auskunft geben. Die höheren Werte unmittelbar nach einer Anstrengung müssen beim gesunden, entsprechend trainierten Pferd nach 15 Minuten wieder auf normal gesunken sein. Die Messung der PAT-Werte ist auf Distanzritten und -fahrten und ähnlichen Veranstaltungen obligatorisch. Im Ruhezustand zeigt ein gesundes Pferd folgende Messdaten:
Puls: Erwachsenes Pferd 30–40 Pulsschläge je Minute (Fohlen etwa 60 Pulsschläge). Die Herzfrequenz wird gemessen, indem man die Spitzen von Zeige- und Mittelfinger mit leichtem Druck auf die Kopfarterie an der Unterseite des Unterkieferastes legt. Bevor man die Pulsation zu zählen beginnt, wartet man 1–2 Minuten, weil durch die Berührung anfängich eine leichte Beschleunigung eintreten kann.
Atmung: Etwa 10–15 Atemzüge je Minute, zählbar an der jeweiligen Flankendehnung oder Nüsternbewegung.
Temperatur: Gemessen mit dem Thermometer im Darm. Mit Fettsalbe einführen und festhalten, damit das Thermometer nicht im Darm verschwindet. Die Normaltemperatur beträgt 37,5 bis 38,2 Grad. →*Fieber* beginnt mit 39 Grad.

Pegasos Sagenumwobenes Flügelross der griechischen Mythologie mit verschiedenen Bedeutungen, unter anderem auch Symbol der Dichter und Denker.

Pelham →*Zäumung.*

Percheron Französische Kaltblutrasse, bodenständig in der Grafschaft La Perche, südwestlich von Paris. Nachzuchtgebiet in Nordamerika und Großbritannien, Zuchteinflüsse in zahlreichen europäischen Ländern. Sehr alte Zugpferdrasse von ursprünglich schwerem Kaliber. Im Verlauf der Geschichte wiederholte Einmischungen orientalischer Hengste, die den Rassetyp beträcht-

Percheron, Zuchthengst.

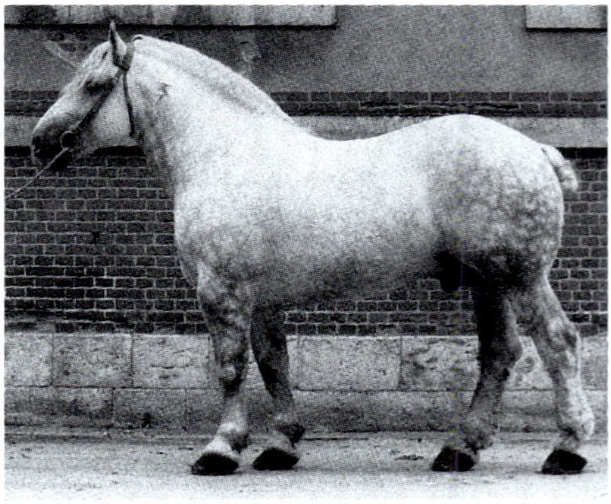

lich veredelten und zeitweise weit vom Kaltblut entfernten. Erste Einkreuzungen nach dem Sieg Karl Martells über die Mauren 732 zwischen Tours und Poitiers, wo eine große Zahl berberischer und arabischer Hengste erbeutet wurde. Später hinterließen importierte arabische Hengste rückkehrender Kreuzfahrer starken Bluteinfluss. Während der Besetzung der Niederlande durch die Spanier wurden andalusische Hengste eingemischt, bis letztendlich in züchterischer Dosierung zwei namhafte Araberhengste um 1820 die orientalische Blutzufuhr abschlossen. Der Percheron hatte sich in dieser Zeit zum eher leichten Wagenpferd entwickelt, das sich auch für den Reitdienst eignete. Die 1826 gegründete Pariser Omnibusgesellschaft remontierte ihre Gespannpferde ausschließlich aus der Percheron-Zucht, die damit internationale Berühmtheit erlangte. Das Ende des 19. Jh. äußerst beliebte, temperamentvolle Postkutschenpferd mit schwungvoller Trabaktion vermochte in Trabrennen einen Kilometerrekord von 78 Sekunden zu erreichen. Die Blütezeit der Rasse lag zwischen 1880 und 1920, beträchtliche Exporte erfolgten nach Nordamerika, Argentinien und in zahlreiche europäische Länder. Der heutige Percheron zeigt trotz seines schweren Kalibers die Formschönheit orientalischer Bluteinflüsse. Die Widerristhöhe bewegt sich zwischen 155 und 165 cm Stockmaß. Schimmel überwiegen, Rappen sind als Folge einer misslungenen Einkreuzung des gewaltigen schwarzen Nivernais-Kaltblüters in der Mitte des 19. Jh. seltener anzutreffen. Die Zucht dient heute vorwiegend der Fleischproduktion.

Periodische Augenentzündung Gefährlichste Augenkrankheit des Pferdes. Kann über mannigfache Schädigungen des Auges zum Erblinden führen und auch auf das andere Auge übergreifen. Nach schleichendem Beginn der Krankheit, die schwer zu erkennen ist, häufiges Wiederaufleben bis zu vierwöchentlichem Turnus (daher auch die Bezeichnung Mondblindheit im Zusammenhang mit der Mondperiode). Bedenkliche, auf die Krankheit hinweisende Veränderungen am Auge: Tränenfluss, Lichtempfindlichkeit, Trübung der Hornhaut und langsames Schließen der Pupille bei Licht. Ursachen: Ansteckung durch Krankheitskeime, die von Mäusen, Ratten und Insekten übertragen werden. Entsteht aber auch durch ererbte Veranlagung oder allergische Reaktion. Heilungsaussichten gering. →*Gewährsmangel.*

Peruano →*Caballo de Paso.*

Pesade (franz.), bedeutet »Auswägen«. Lektion der →*Hohen Schule,* Schule über der Erde. Erhebung der Vorhand im Winkel von 45° zum Erdboden, wird aus der →*Piaffe* entwickelt. Das Pferd steht nicht so steil wie beim →*Steigen,* die →*Hankenbeugung* ist bereits erkennbar. Vorstufe zur →*Levade.* Die Vorderbeine müssen angehoben sein, so dass die Unterarme annähernd waagerecht stehen.

Im Gegensatz zur Levade zeigt die Pesade nur halbe Hankenbeuge.

Pferd Begriff in der zoologischen Systematik.
Kreis (auch Stamm): Wirbeltiere (vertebrata).
Klasse: Säugetiere (mammalia). Haut behaart, Atmung durch Lunge, Geburt von lebendigen Jungen, die mit Milch ernährt werden.
Ordnung: Unpaarhufer (perissodactyla). Zu ihnen zählen die Einhufer mit einer Zehe an jeder Gliedmaße, Nashörner mit 3 Zehen an jeder Gliedmaße und Tapire mit 4 Zehen vorn und 3 Zehen hinten.
Familie: Einhufer (equidae). Zu ihnen zählen Pferd, →*Esel,* →*Halbesel* und →*Zebra.*
Gattung: Pferd (equus). Wildpferde der Nacheiszeit z. B. →*Przewalskipferd* und →*Tarpan,* als älteste bekannte Wildformen.
Art: Hauspferd (equus caballus). Alle Pferderassen der Erde (ohne Przewalskipferd).
Rasse: Z. B. →*Trakehner.* Der Begriff →*Rasse* hat wechselnde Bedeutung und ist deshalb ungenau. Wird nicht in die zoologische Systematik aufgenommen.

Pferd in der bildenden Kunst Im Verlauf der Menschheitsgeschichte genoss das Pferd zu allen Zeiten höchste Verehrung, gleichwohl wurde es, wie kaum ein anderes Tier, vom Menschen brutal unterworfen, geschunden und ausgebeutet. Die →*Domestikation* des Pferdes ist zugleich eine Leidensgeschichte der Kreatur im Dienst des Menschen. Von Menschenhand geschaffene Pferde- und Reiterdarstellungen, von der Eiszeit bis in die Gegenwart, illustrieren die Geschichte des Pferdes und der Reitkunst. Wenngleich in die Bildwerke vergangener Zeiten mitunter künstlerisches Unvermögen, fehlerhafte Sehweise oder tendenziöse Gestaltung eingeflossen sein mögen, vermitteln sie dennoch oftmals präzise Vorstellungen über Pferdetypen und Reitauffassungen der jeweiligen Epochen. Eine knappe Auswahl herausragender Kunstwerke aus der Vielzahl historischer Pferde- und Reiterdarstellungen möge über den chronischen Ablauf der Pferde- und Reitgeschichte informieren.

Eiszeit
Die frühesten Zeichnungen, Malereien, Gravuren, Reliefs und Skulpturen der Menschheit entstanden in der auslaufenden Eiszeit zwischen 30 000 und etwa 12 000 v. Chr. an Felswänden und in Höhlen. Die größte Zahl der Fundorte konzentriert sich auf den frankokantabrischen Raum (Westfrankreich, Pyrenäen, Nordspanien). Fundstätten in Frankreich mit den bedeutendsten Pferdebildern sind Lascaux, Rouffignac, Font de Gaume, Les Combarelles, Cap Blanc, Pech Merle, Niaux, Le Portel, Mas d'Azil und Chauvet. Die bedeutendsten spanischen Höhlen sind Altamira, Hornos de la Peña, La Pasiega, La Peña da Candamo in der Pyrenäenregion und La Pileta in Andalusien. Auch in Deutschland (Württemberg, Vogelherdhöhle), im Ural (Kapowa-Höhle), in Lybien (Fezzan), in Afghanistan (Ferghanafelsen) sowie zahlreichen anderen Orten wurden eiszeitliche und nacheiszeitliche Pferdedarstellungen entdeckt. Equidenforscher identifizierten insgesamt vier verschiedene Pferdetypen, deren zwei jeweils der nördlichen und der südlichen Klimazone zugeordnet wurden. Der Sinn der Bildwerke, die im Verborgenen geschaffen wurden, ist bislang ungeklärt. Man vermutet kultischen Jagdzauber, um die ersehnte Beute auf magische Weise zu bannen. Die Felsbilder können indes nur begrenzt als Herkunftsnachweis verschiedener eiszeitlicher Wildpferdtypen dienen, da sie von Menschenhand stammen und wissenschaftliche Beweiskraft, wie sie beispielsweise Knochenfunde besitzen, vermissen lassen.

Rechte Seite oben:
Frühestes Kunstschaffen der Menschheit in der abtauenden Eiszeit.
Oben: Kalksteinrelief (Cap blanc, ca. 20 000 v. Chr.).
Unten links: Farbige Wandmalereien (Lascaux, ca. 15 000 v. Chr.).
Unten rechts: Felsgravur (Gabillou, ca. 18 000 v. Chr.).

Antike

In der Domestikation häuften sich allerorten bildnerische Zeugnisse von Pferd und Reiter. Aus Iberien ist eine der frühesten Reiterdarstellungen, ein reitender Bogenschütze, überliefert (2. Jahrtausend v. Chr.). Aus Mesopotamien überdauerten assyrische Flachreliefs mit reitenden Jägern und Kriegern (9.–8. Jh. v. Chr.), die teilweise (wie auch ägyptische Reliefs aus dem 2. Jahrtausend v. Chr.) noch den reiterlichen Esel-Sitz auf der Kruppe des Pferdes zeigen, der sich jedoch im Kampf nicht bewährte und sich alsbald nach vorn in die Sattellage verschob. Die Reiterplastik der Antike gipfelte im griechischen →*Parthenonfries,* einer fortlaufenden Reliefreihe von Reitern und Pferden an der Akropolis. Sie stellt die Panathenäenprozession, eine religiös motivierte Festparade dar, die →*Xenophon* in seiner Reitlehre erwähnt. Später geschaffene Reiterbildwerke der Römerzeit nehmen sich dagegen zuweilen wie mangelhaft nachgeahmte Plagiate griechischer Bildhauerkunst aus.

Griechische Antike: Skulptur vom Parthenontempel (447–432 v. Chr.).

Aus den ersten Jahrhunderten nach der Zeitwende sind bedeutende Plastiken, Reliefs und Malereien über das Reiterthema aus China überliefert.

Mittelalter

Im germanischen Raum überdauerte ein primitiv gestaltetes Flachrelief, der Reiterstein von Hornhausen, der einen berittenen Krieger zeigt und in das 7. Jh. datiert wird. Der Bamberger Reiter

Mittelalter: Bamberger Reiter (Skulptur in Stein, 11. Jahrhundert).

(11. Jh.) – er vergegenwärtigt das Königtum der Staufer –, ein unheroisches Reiterstandbild von zeitloser Schlichtheit und monumentaler Größe, vermittelt den rasselosen Gebrauchstyp eines mittelalterlichen leichten Reitpferdes. Albrecht Dürer setzte dem Ritter auf grobknochigem Streitross in seinen Holzschnitten ein Denkmal (Ritter, Tod und Teufel, Sankt Georg, Apokalyptische Reiter). Hans Baldung Grien schildert, ebenfalls in Holzschnitt-Technik, das »Leben wilder Pferde im Walde«, die zu jener Zeit, vom Menschen in unwegsame Landstriche wie landwirtschaftlich nutzlose Sumpfgebiete und Ödlandregionen vertrieben, noch bejagt wurden.

Mittelalterlicher Ritter auf schwerem Pferd in »Zivilkleidung«. Holzschnitt von Albrecht Dürer.

Renaissance

In der Tradition der römischen Quadriga von San Marco, jener vier reiterlosen Pferde in Lebensgröße (vermutlich im 3.–4. Jh. geschaffen), die im Jahre 1204 von Konstantinopel nach Venedig verbracht wurden, entstanden die heroischen

Renaissance: Reiterstandbild des Gattamelata von Donatello (1447–1453).

Reiterstandbilder des Gattamelata von Donatello (1447–1453) und des Colleoni von Verrocchio (1487–1496) als herausragende Kunstwerke.

Barock

Vom 16. bis 18. Jh. beherrschte der iberische Pferdetyp die Reiterwelt und das Schaffen der Künstler. Die Mappenwerke über →*Pluvinel*, →*Newcastle*, →*Löhneisen*, →*Eisenberg* und von →*Ridinger* mit ihren zeitgenössischen Kupferstichen, die präzise auch sachliche und technische Details darstellen, zeichnen ein genaues Bild damaliger Reitauffassung und des barocken Pferdetyps. Aus den Niederlanden sind heroische Reitergemälde von Peter Paul Rubens und ländliche Pferdeidylle von Paulus Potter überliefert, denen keine sachlichen reiterlichen Inhalte zugrunde liegen.

Barock: Kupferstich von →*Johann Elias Ridinger* (1698–1767).

19. Jahrhundert

In Frankreich beschäftigten sich vornehmlich Theodore Géricault, Rosa Bonheur und Edgar Degas mit Pferdemotiven, die ersteren idealisierend, letzterer der impressionistischen Stilrichtung unterordnend, in denen die exakte Wiedergabe reiterlicher Aspekte und Details keine Rolle spielte.

20. Jahrhundert

Herausragende Kunstwerke, die sich ausschließlich in mythischer oder allegorischer Weise mit dem Pferd befassen, wurden von Pablo Picasso, Franz Marc und Marino Marini geschaffen.

20. Jahrhundert: Feder- und Pinselzeichnung von Marino Marini (1901–1980): Reiter beim Aufsitzen.

Pferdeführgerät Durch Motorantrieb rotierendes Gerät, an dem mehrere Pferde mit Stallhalfter angebunden sind, die nach Vorgabe im Schritt oder Trab hintereinander auf dem Zirkel laufen. In Notsituationen schaltet sich das Gerät automatisch ab. Ersatz für die tägliche Bewegung des Pferdes aus Personalmangel, der in seinem für das Tier stumpfsinnigen Ablauf den lebendigen Kontakt zum Menschen in keiner Weise ersetzt und nur als Notlösung zu betrachten ist. Zudem ist der tatsächliche Bewegungseffekt gering. →*Longieren* oder ein geräumiger Auslauf, in dem das Pferd seinen Bewegungsdrang nach eigenem Willen auslebt, ist vorzuziehen.

Pferdekauf Die Anschaffung eines Pferdes ist eine schwerwiegende Entscheidung, die vorab sorgfältiger Überlegungen über die zu erwartenden zeitlichen, finanziellen und arbeitsmäßigen Belastungen bedarf, besonders dann, wenn das Pferd am eigenen Haus gehalten und versorgt werden soll. Da das sensible Lebewesen Pferd bedingungslos auf den Menschen angewiesen ist, schuldet dieser ihm ständige liebevolle Betreuung und Zuwendung. Grundsätzliche Vorbedingungen sind die gründliche Aneignung von Fachkenntnissen und eine angemessene reiterliche Ausbildung, um Verhaltensweisen und Bedürfnissen des Pferdes gerecht zu werden. Der Käufer muss genau wissen, welchem Zweck sein Pferd dienen soll (Dressur, Springen, Geländereiten, Stall- oder Robusthaltung), und seine Wahl entsprechend treffen, ebenso muss er sich über die eigenen Fähigkeiten im Klaren sein, um Fehlentscheidungen und spätere Enttäuschungen zu vermeiden.

Zur Beratung bei der Pferdewahl ziehe man am besten einen vertrauenswürdigen Fachmann und einen pferdekundigen Tierarzt zu Rate, um nicht getäuscht und übervorteilt zu werden. Jede Vereinbarung ist grundsätzlich schriftlich zu fixieren, Juristen und Zuchtverbände geben Auskunft über sachgerecht formulierte Verträge. Jede Eigenschaft des Pferdes oder Zusicherungen sind detailliert aufzuführen (Vorzüge, Charaktereigenschaften, Mängel etc.), das Rückgaberecht ist über →*Gewährsmängel* und andere Klauseln zu sichern. Die Ausleihe auf Probe eines zum Verkauf stehenden Pferdes ist immer problematisch: Einerseits kann der Käufer ein Pferd nur in eigener Obhut gründlich kennen lernen, andererseits kann das Pferd auf vielfältige Art und Weise Schaden zu Lasten des Verkäufers erleiden.

Pferdelänge Etwa 2,40 m. Begriff für Abstandhalten im Abteilungsreiten oder auch im Rennen, um den Vorsprung eines Pferdes zu kennzeichnen.

Pferdemuseum
In Deutschland: Verden/Aller.
In Frankreich: Saumur.
In Österreich: Spanische Reitschule, Wien.
In Tschechien: Slatinany.

Pferderassen Mit Ausnahme des →*Przewalskipferdes,* des nacheiszeitlichen, letzten echten Wildpferdes, zählen alle Pferderassen der Erde zu den Hauspferden, die nach dem züchterischen Willen des Menschen entstanden sind. Ihre rassische Vielfalt führt auf mehrere eiszeitliche Wildpferdtypen zurück, die von der Natur durch unterschiedliche Klimabedingungen und Lebensräume geprägt waren und deren genetisches Erbe in den Hauspferden mehr oder minder stark vermischt wiederkehrt. Eiszeitliche Wildpferde in kalten oder niederschlagsreichen nördlichen Klimazonen zeichneten sich durch ein kräftiges bis grobes Knochengerüst, ein dichtes, wärmespeicherndes und wasserabweisendes Haarkleid und gemächliches Gangverhalten aus. Sie waren die Urahnen robuster Nordponyrassen und kaltblütiger Pferde. Wildpferde der warmen bis trockenheißen südlichen Klimazonen besaßen ein feingliedriges Skelett und ein dünnes, seidiges, metallisch schimmerndes Haarkleid, das die Sonnenhitze reflektierte. Ihr Gangverhalten war flüchtig, schnell und leichtfüßig. Sie waren die Urahnen aller vollblütigen und Vollblutrassen.

Durch züchterische Vermischungen in der →*Domestikation* entstanden allmählich sog. Halbblut- und Warmblutrassen, die in mannigfachen Variationen das Erbgut von Nord- und Südpferden in nicht immer gelungener Kombination in sich vereinten. Nachfolgend die in Europa wichtigsten und bekanntesten Pferderassen:

<u>Vollblut und nahezu vollblütige Rassen</u>
→*Achal-Tekkiner,* →*American Saddlebred Horse,* →*American Standard Bred,* →*Andalusier,* →*Anglo-Araber,* →*Arabisches Vollblut,*

→Berber, →Dongolapferd, →Englisches Vollblut, →Lipizzaner, →Lusitano, →Tennessee Walking Horse.

Halbblut- und Warmblutrassen
→Albino, →Budjonny-Pferd, →Caballo de Paso Peruano →Cleveland Bay, →Criollo, →Deutsches Reitpferd, →Donpferd, →Französischer Traber, →Französisches Reitpferd, →Frederiksborger, →Friese, →Furioso Northstar, →Gidran, →Hackney, →Hunter, →Kladruber, →Knabstrupper, →Morgan Horse, →Nonius, →Orlow-Traber, →Schweizer Warmblut, →Shagya, →Western Horses, →Wielkopolska.

Kaltblutrassen
→Ardenner, →Belgier, →Boulonnais, →Bretone, →Clydesdale, →Comtois, →Dølepferd, →Finnischer Klepper, →Freiberger Pferd, →Irish Draught Horse, →Mulassière, →Nordschwedisches Pferd, →Noriker, →Percheron, →Rheinisch-Deutsches Kaltblut, →Schleswiger Kaltblut, →Shire Horse, →Süddeutsches Kaltblut, →Suffolk Punch.

Kleinpferd- und Ponyrassen
→Bosnisches Gebirgspferd, →Camarguepferd, →Connemarapony, →Dalespony, →Dartmoorpony, →Deutsches Reitpony, →Dülmenerpferd, →Exmoorpony, →Fellpony, →Fjordpony, →Garrano →Gotlandpony, →Haflinger, →Highland Garron, →Huzule, →Islandpferd, →Konik, →Mongolenpony, →Mustang, →New Forest Pony, →Przewalskipferd, →Shetlandpony, →Sorraiapferd, →Tarpan, →Welsh Mountain Pony. →Evolution, →Rasse.

Pferdesportarten Der Ursprung liegt in verschiedenen zunächst meist militärisch und wirtschaftlich orientierten Verwendungszwecken des Pferdes unter dem Sattel oder im Geschirr, die sich später, als der reale Zweck gegenstandslos wurde, zu Sport und Spiel entwickelten.
Reitsport: Dressurreiten, Springreiten, Jagd- und Geländereiten, Voltigieren, Wanderreiten, Galopprennen, Trabrennen unter dem Reiter.
Fahrsport: Trabrennen im Sulky, dressurmäßiges Fahren mit Gespannpferden vor der Kutsche, Skijoerning, Wagenrennen.
Reiterspiele: Stierkampf zu Pferd, Pato, Polo, Pushball, Ringreiten, Schau-Quadrille, Rodeo, Freiheitsdressur und anderes mehr.

Pferdetransport Die sicherste und stabilste Transportmöglichkeit für Pferde sind breite, tief liegende Lastkraftwagen und Sattelschlepper mit gepolsterten Einzelboxen, die jedoch aus Kostengründen vorwiegend professionellen Zwecken vorbehalten sind. Private Kleintransporte (2 Pferde) finden meist in Pkw-Anhängern statt, die in unterschiedlicher, nicht immer optimaler Ausstattung angeboten werden. Bei Anschaffung sollte man sich grundsätzlich für den breiteren Zweipferde-Anhänger entscheiden, der mehr Platz und eine festere Straßenlage bietet. Der relativ geringe Preisunterschied zum Einpferd-Anhänger wird durch den höheren Nutz- und Sicherheitseffekt mehr als aufgehoben. Die wesentlichen Kriterien für einen verkehrs- und pferdegerecht konstruierten Anhänger sind: 2 tief liegende Achsen; breite, große Räder; langer Abstand vom Kugelkopf bis zur ersten Achse (die »lange Deichsel« bewirkt ruhige Straßenlage und nur geringe Auf- und Abschwingungen); das Eigengewicht leer beträgt je nach Typ zwischen 600 und 1000 kg (je schwerer, desto bessere Laufruhe und Straßenlage); Innenraumbreite möglichst 175 cm, die innere, mittlere Trennwand muss schwenkbar und herausnehmbar sein; 1 großes Fenster vorn; Innenlampe; zugfreie Belüftung; rutschfester Bodenbelag (plus Strohauflage); alle Wände gut gepolstert; hintere Ladeklappe für den Einstieg möglichst 185 cm lang bzw. hoch mit Zugfedern für leichtes Hochklappen und rutschfestem Innenbelag für einen einladenden, flachen Anstieg; zweckmäßig ist ein zusätzlicher Ausstieg vorn von 100 cm Breite, so dass sich der Rückwärts-Ausstieg des

Pferdes erübrigt; ein festes Dach ist einer atmungsaktiven Leinwandplane (kein Kunststoff) aus Stabilitätsgründen vorzuziehen. Die Anbinderinge befinden sich in 160 cm Höhe, die Pferde sind nicht zu lang mit →*Panikhaken* (!) angebunden, vor ihren Köpfen hängt ein →*Heunetz* zum Knabbern. Der entsprechende Fahrzeugtyp für den jeweiligen Anhänger muss vom TÜV genehmigt sein, die Höchstgeschwindigkeit auf Autobahnen ist 80 km/h.

In der kalten Jahreszeit deckt man das Pferd mit einer atmungsaktiven Wolldecke gegen Unterkühlung ein, zu warme Auflagen führen zum Schwitzen, das unbedingt vermieden werden muss. Gummiglocken und Transportgamaschen in verschiedenen Ausführungen sowie Schweifschoner schützen gegen Abschürfungen und Verletzungen (für Transporte stets Schraubstollen aus den Hufeisen entfernen).

Frühzeitige Gewöhnung an das Betreten des Anhängers, verbunden mit angenehmer Erinnerung, nimmt dem Pferd die Furcht vor dem Verladen. Man gewöhnt das junge Pferd, indem man die täglichen Fütterungen mehrere Wochen lang in einem offenen Pferdeanhänger vornimmt, der in einem Auslauf abgestellt ist. Das Pferd darf keinesfalls genötigt oder gezwungen werden, sondern muss aus eigenem Willen den Anhänger betreten, um an das Futter zu gelangen. Anfangs stellt man den Futtertrog mit Kraftfutter und das Heu auf dem vorderen Teil der Verladerampe ab und rückt das Futter täglich um einen halben Meter weiter in das Wageninnere hinein. Wenn das Pferd das Futter ohne Scheu auch im Wagen aufnimmt, bindet man es immer häufiger und länger dabei an und schließt während des Fressens auch behutsam die Verladeklappe. Bei evtl. Rückschlägen beginnt man geduldig wieder vorn auf der Rampe, bis das Pferd die Furcht schließlich verliert und den Wagen gern und gelassen akzeptiert, weil es hier sein Futter vorfindet. Später genügt ersatzweise ein kleiner Leckerbissen nach dem Verladen. Ein derart erzogenes Pferd lässt sich später problemlos von einer Person in den Wagen führen. Während der Fahrt ist mit Rücksicht auf die Pferde auf sehr sanftes Anfahren und Bremsen und langsam gefahrene Wendungen zu achten.

Pflasterlahmheit Nichteitrige Entzündung der Huflederhaut. Meist Überanstrengung nach längerem Ritt. Pulsation im Sehnenbereich des Röhrbeines an mehreren Gliedmaßen! Hufverband mit kaltem Wasser, stündlich befeuchtet, lindert die Schmerzen.

Pflege des Pferdes. Da das Pferd bedingungslos der Obhut des Menschen ausgeliefert ist, bedeutet sachkundige Pflege Gesunderhaltung und Überleben für das Tier. Vornehmlich für Pferdefreunde, die sich ihr Pferd am Haus halten und es selbst versorgen, ist der intime Umgang mit dem Pferd mindestens ebenso wichtig wie das Reiten, weil er vertrauensbildende und erzieherische Auswirkung hat. Wesentliche Aspekte der Körperpflege sind Fellpflege (Massage und Förderung der Durchblutung der Haut), Feuchtreinigung der Körperöffnungen, Reinigen und →*Frisieren* des Langhaares, →*Hufpflege* mit →*Hufbeschnitt* oder →*Hufbeschlag* und die ständige Kontrolle des gesamten Körpers auf makellose Gesundheit. Zur weiteren Wartung zählen sachgerechte →*Fütterung,* Wurmkuren und Impfungen, absolute Sauberkeit und Ordnung im hellen, luftigen Stallraum, artgemäße →*Haltung,* ausreichend Frischluft und Bewegung sowie auch gepflegtes, genau passendes Sattel- und Zaumzeug, das keinerlei Duckstellen verursacht.

Pferde, die ständig im Freien leben, dürfen nicht regelmäßig geputzt werden, da sonst die natürliche Fettschicht auf der Haut zum Schutz gegen Witterungseinflüsse zerstört wird. Bei Stallpferden hingegen ist tägliche Hautpflege unbedingt erforderlich, weil der natürliche Abbau der Fettschicht durch die Witterung fehlt und Verkrustungen durch Schwitzen etc. entstehen, die die Poren verstopfen und Hautatmung verhindern.

1 Wurzelbürste
2 Schwamm
3 Kardätsche
4+5 Striegel aus Metall
6 Striegel aus Kunststoff oder Gummi

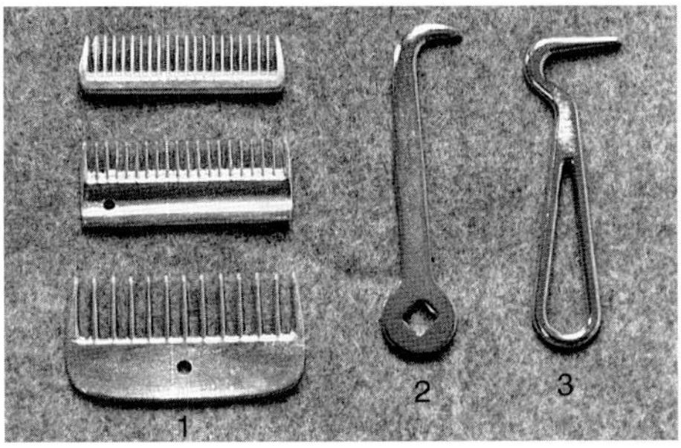

1 Mähnenkämme fein und grob
2+3 Hufräumer

Das Putzzeug besteht aus Kardätsche (Bürste) und Striegel (Bürstenreiniger). Sachgerechtes Putzen erfordert einige Übung. Die Kardätsche wird unter leichtem Druck lang ausholend auf dem natürlich gewachsenen Haarstrich entlanggeführt. Am Kopf und anderen knochigen Stellen sehr behutsam putzen. Der Striegel darf nur ausnahmsweise an stark verklebten Haarstellen benutzt werden, ein Aufrauen des Felles über den ganzen Körper ist dem Pferd unangenehm und reizt zur Aggression. Mähne und Schweif nur mit der Kardätsche leicht durchbürsten und mit der Hand verlesen. Bei Benutzung des Mähnenkammes werden zu viele Haare ausgerissen. Ein Wischtuch gibt dem Fell den letzten Glanz. Für frei lebende Robustpferde mit dichtem Winterfell hat sich der Gummistriegel besonders während des Haarwechsels gut bewährt.

Kardätsche: Zum Bürsten von Fell und Langhaar.

Striegel: Zum Reinigen der Kardätsche.

Wurzelbürste: Zum Reinigen der Hufe mit Wasser.

Hufkratzer (aus Metall): Zum vorsichtigen Säubern der Hufe. Spitze muss stumpf sein, um Beschädigungen des Hornes zu vermeiden. Ein stumpfer Holzspan leistet die gleichen Dienste.

Gummistriegel: Zum Striegeln von dichtem Winterfell besonders während des Haarwechsels.

Zwei Schwämme: Einen zum Reinigen von Augen und Nüstern, einen zweiten für Genitalien und After.

Lappen: Zum Überwischen des Fells nach dem Putzen.

Mähnenkamm: Nur in Ausnahmefällen benutzen.

Im Wildleben des Pferdes sorgten Witterungseinflüsse, soziale Hautkontakte (Fellkraulen) mit Artgenossen sowie Wälzen und Scheuern für die Pflege und Gesunderhaltung von Haut und Fell. Die Pflege des Stallpferdes, das natürlichen Witterungseinflüssen und meist auch sozialen Hautkontakten entzogen und starker Verstaubung ausgesetzt ist, muss daher ersatzweise vom Menschen vorgenommen werden. Fellpflege hat nicht nur reinigenden und gesunderhaltenden Charakter, durch den intimen Kontakt ähnelt sie auch der fellkraulenden Zwiesprache mit Artgenossen und kann ein Teil der psychisch entspannten Vertrauensbasis zum Menschen sein. Putzen sollte für das Pferd (wie das Fellkraulen) stets mit Wohlbefinden verbunden sein und dessen individuelle Eigenarten berücksichtigen. Hautempfindlichkeit und Kitzelreaktion sind unterschiedlich ausgeprägt, dünnhäutige und sensible Pferde reagieren auf derbe Behandlung meist aggressiv, sie müssen von feinfühliger Hand mit weicher Bürste und Gummistriegel unter Beachtung empfindlicher Körperstellen

besonders behutsam geputzt werden. Die begütigende menschliche Stimme ist auch hier, wie in jeder Situation, von Nutzen. Für die Fellbehandlung ist dem harten Metallstriegel grundsätzlich der weiche Gummistriegel vorzuziehen. Putzen im Freien ist stets vorteilhafter, weil der Staub sich schnell verflüchtigt, im Stall hingegen wird er lediglich aufgewirbelt und fällt anschließend auf Gegenstände und Streu herab und schadet der Atmung.
Für die Feuchtpflege des Kopfes (Augen, Maul und Nüstern) einerseits und der Genitalien und des Afters andererseits ist jeweils ein gesonderter Schwamm zu verwenden. Auswaschen der Sattellage und um die Ohren herum (Sitz des Zaumzeuges) mit temperiertem, und Kühlen der Gliedmaßen mit kaltem Wasser nach dem Reiten sind Wohltaten für das Pferd, besonders an heißen Tagen. Eine vollständige Körperwäsche findet in unseren Breiten an zugfreiem Ort und möglichst in der Sonne statt, um krasser Abkühlung vorzubeugen. Bei Verwendung eines Waschmittels ist darauf zu achten, dass dieses nicht in die Nähe der Augen gerät. Die Seife muss mit klarem Wasser gründlich ausgewaschen und dieses mit Handkante oder Schweißmesser anschließend abgestreift werden. Empfindliche Fesselbeugen müssen zur Verhütung von Mauke mit einem weichen Tuch trockengetupft werden. Tägliches Reinigen und Auswaschen der Hufe mit klarem Wasser hält das Horn feucht und sauber, das Einfetten der Hufsohle nach dem Waschen kann nicht schaden.

Phlegmone →*Einschuss.*

Piaffe (franz.), bedeutet »stampfen«. Lektion der →*Hohen Schule.* Der sog. Trab auf der Stelle bildet die Grundlage für viele weitere Lektionen der Hohen Schule. Das Pferd befindet sich in äußerster →*Versammlung,* die →*Hanken* sind stark gebeugt, die Hintergliedmaßen setzen nach vorn unter den Rumpf, der Schwerpunkt des Pferdes verschiebt sich nach hinten auf die Hinterhand, die den größeren Teil der Last übernimmt. Die Kruppe senkt sich, die Vorhand richtet sich auf und wird scheinbar größer, das Pferd trägt sich selbst in ausbalancierter Schwebe, vom Maul bis in die Hinterhufe wölbt sich ein elastisch federnder →*Spannungsbogen,* der die erhabene →*Aktion* frei aus der Schulter erlaubt. Die Unterarme der Vordergliedmaßen erheben sich annähernd zur Waagerechten, die Hinterhufe erreichen infolge der Kruppensenkung etwa die Höhe des Fesselgelenkes. Im Moment der höchsten Schwebe verzögert die Beindiagonale die Bewegung für Sekundenbruchteile. Das stützende Vorderbein steht senkrecht (nicht schräg rückwärts). Das gesamte Pferd soll den Eindruck einer sanft wiegenden, elastischen Stahlfeder erwecken, es soll freiwillig und selbsttätig arbeiten und nicht durch mühsame, auffallende Reiterhilfen zu jedem Tritt aufgefordert werden. Fehlerhaft sind seitlich ausweichendes Treten der Hinterhufe, seitliches Wiegen von Vor- und Hinterhand, Kleben der Hinterhufe am Boden und ruckartiges Hochziehen. Anfangs wird die Piaffe mit Raumgewinn geübt (jeder Tritt rückt um Hufesbreite vorwärts), Endziel ist erhabener Trab auf der Stelle mit deutlichem Vorwärtsdrang. (Lang)rechteckpferde bedürfen einer längeren Gymnastizierung als Quadratpferde,

Piaffe.

denen der Spannungsbogen von Natur aus leichter fällt. Die Piaffe ist keine natürliche Gangart, sondern Gymnastizierung des Tragapparates für die Aufnahme der Reiterlast.

Piephacke Durch Schlag hervorgerufene Schwellung des Schleimbeutels am Sprungbeinhöcker. Schönheitsfehler.

Piephacke.

Pigment Farbstoff in der Haut, der die Farbe des Haares, der Augen und der Hufe bestimmt. Pigmentierte Haut ist dunkelgrau bis schwarz, pigmentlose Haut dagegen hell-rosafarben. Je stärker der Farbstoffanteil in der Haut, desto dunkler die Haarfarbe. Eine Ausnahme bildet der Schimmel, dessen weißes Haar die Fähigkeit verloren hat, den Farbstoff der Haut aufzunehmen.

Pignatelle Kandare mit hoher Zungenfreiheit und langen Hebelanzügen aus dem 16. Jh. Benannt nach dem Reitmeister →*Pignatelli* der →*Neapolitanischen Reitschule,* dem Lehrer →*Pluvinel.* Das Marterwerkzeug wirkte nicht nur durch Eigengewicht und komplizierte Mundstange, die Zunge, Gaumen, Laden und

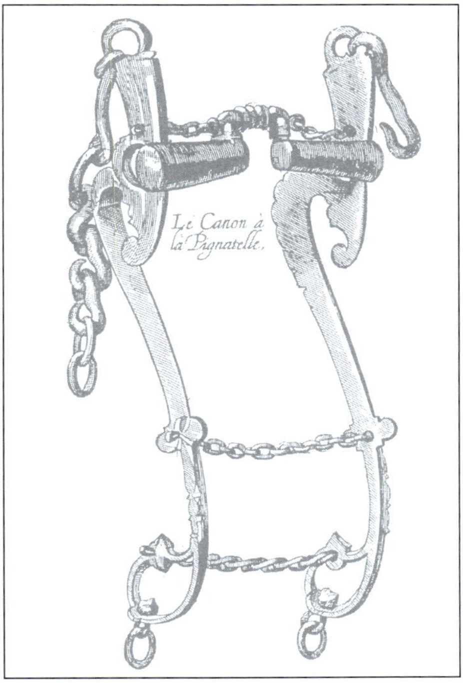

Pignatelle.

Maulwinkel schädigten, sondern auch durch lange Hebel, die in grober Reiterfaust den Zwang vervielfachten. Die Schärfe einer Kandare wird grundsätzlich vom Verhältnis der Längenmaße von Oberbaum zu Unterbaum bestimmt (Kraftarm zu Lastarm). Lange Oberbäume verstärken die Wirkung ebenso wie verkürzte Unterbäume, immer in Relation zueinander gesehen. Eine leicht mildernde Wirkung dieser Konstruktion besteht in den verhältnismäßig langen Unterbäumen, deren Enden bei Zügelanzug einen längeren Weg zurücklegen und deshalb etwas indirekter auf das Maul wirken.

Pignatelli Giovanni. Reitmeister der →*Neapolitanischen Reitschule,* Nachfolger von →*Griso,* Lehrer von →*Pluvinel.* Erfinder der →*Pignatelle,* einer Kandarenkonstruktion, die nicht nur durch ihr hohes Eigengewicht permanente →*Beizäumung* erzwang, sondern auch durch die hohe Zungenfreiheit, die gegen den Gaumen drückte, und durch überlange Unterbäume eine vervielfachte, fast mechanische Hebelwirkung ausübte, die das empfindliche Maul des Reitpferdes über zwei Jahrhunderte malträtierte. Erst durch das Wirken des Reitmeisters →*Guérinière* geriet das unverhältnismäßig überzogene Marterinstrument allmählich in Vergessenheit. →*Hippologe.*

Pikör Gehilfe von Huntsman und Master bei der →*Reitjagd.*

Pilaren Vorrichtung zur Ausbildung des Schulpferdes, meist ohne Reiter, in der →*Hohen Schule,* vornehmlich in den Lektionen →*Piaffe* und →*Levade.* Sie besteht aus zwei runden, etwa 2,50 m hohen, im Abstand von 1,50 m in der Mitte der Reitbahn stehenden Holzpfählen, an deren Innenseiten beiderseits Eisenringe in verschiedenen Höhen zum Einhaken der Pilarenzügel befestigt sind. Das Pferd wird zwischen beiden Säulen am Kappzaum ausgebunden. Der Ausbilder veranlasst es mittels Gerte zu Trabbewegungen auf der Stelle bis zur Levade, was große Erfahrung und feinstes Einfühlungsvermögen erfordert, soll das Pferd nicht in Panik geraten. Die Pilaren sind eine Erfindung des Reitmeisters →*Pluvinel.*

Pinto Gescheckte Pferde verschiedener Herkunft in den USA, die innerhalb der Pinto-Horse-Association in getrennten Stutbüchern geführt werden. Zuchtwahl nach Scheckung der Fellfarbe, →*Western Horses* bestreiten zahlenmäßig den größten Anteil. Man unterscheidet hauptsächlich: »Paint«, gescheckte →*Quarter Horses,* die als solche nicht eingetragen werden, weil nur einfarbige Tiere anerkannt sind; sodann »Pleasure-Type«, ein edles Freizeitpferd mit arabischem Blutanteil, und schließlich die größeren und stärkeren »Saddle- und Hunter-Types«, die eher europäischen Halbblutrassen ähneln. Beliebte Cowboy- und Freizeitpferde, häufig mit

Tobiano-Pinto.

ausgeprägtem →*Cow-sense.* Die Scheckung kann Schwarz, Braun, Fuchsig, Gelb und auch gemischtfarbig mit Weiß sein, die seltene Schwarzscheckung ist besonders geschätzt. Man unterscheidet zwei Grundmuster der Scheckung:

Overo: Weißzeichnung dehnt sich generell an Bauch und Bauchseiten von unten nach oben aus, bleibt aber unterhalb der Rückenlinie. Meist farbige Gliedmaßen, die nur gelegentlich gestiefelt sind, mindestens ein Bein ist ohne Weiß. Der Kopf kann eine breite Blesse haben oder auch völlig weiß sein, die Augen im weißen Bereich sind meist hell, also blau oder ockerfarben. Das Langhaar ist fast immer einfarbig dunkel. Die Farbflecken der selteneren Overo-Scheckung, die sich rezessiv vererbt, wirken in ihren Konturen oft unruhig und zerrissen.

Tobiano: Weißzeichnung geht generell vom Rücken aus oder kreuzt die Rückenlinie. Die Gliedmaßen sind immer halb oder ganz gestiefelt. Der Kopf ist dunkel, kann aber, wie einfarbige Pferde, eine kleinflächige Blesse haben. Das Langhaar ist oft zweifarbig. Die Farbflecken der häufigeren Tobiano-Scheckung, die sich dominant vererbt, wirken ruhiger konturiert und großflächiger.

Ungeachtet der unterschiedlichen Fellmusterung bleiben die verschiedenen Pinto-Typen in Erscheinungsbild, Eigenschaften und Verwendungszweck ihrem jeweiligen speziellen Zuchtziel verhaftet. Der übergeordnete Allgemeinbegriff pinto (span.) und die untergeordnete Bezeichnung paint (engl.) bedeuten beide dasselbe, nämlich sinngemäß malerisch oder gescheckt. →*Farben des Haarkleides.*

Pinzettengebiss Schräg bis flach aufeinander liegende Schneidezähne des Pferdes durch allmähliche Streckung von Ober- und Unterkiefer nach vorn mit zunehmendem Alter. Beim jugendlichen Beißzangengebiss hingegen stehen die Schneidezähne noch nahezu senkrecht aufeinander. →*Altersbestimmung.*

Pirouette Lektion der →*Hohen Schule.* Schwierigste Galopplektion, Wendung fast auf der Stelle. Einst schnelles Wendemanöver im Reiterkampf, in der Gebrauchsreiterei heute noch immer zweckgebunden praktiziert vom berittenen Rinderhirten und Stierkämpfer zu Pferd. In der →*Klassischen Reitkunst* Messlatte für höchste Rittigkeit und Ausbildung des Dressurpferdes. Die Drehung der Pirouette erfolgt aus dem verkürzten Schulgalopp im Dreitakt in vier bis sechs gleichmäßigen Galoppsprüngen. Der Drehpunkt der vom Pferd beschriebenen Kreisform liegt am inneren Hinterhuf, der nicht auf der Stelle drehen und sich in den Boden bohren darf, sondern einen kleinen Kreis beschreiben soll. Das Gewicht der Reiterlast liegt auf dem inneren Hinterhuf. Vorübung für die Pirouette ist die Galoppvolte auf größerer Kreisform, auf die als nächste Steigerung die →*Passade* erfolgt, bis sich der Kreis zur Pirouette verengt, die eine perfekt ausgebildete Kraftentfaltung der Hinterhand verlangt. In der Wendung kann sich mitunter die Andeutung eines Viertaktgalopps ergeben, wenn die diagonalen Hufe des versammelten Galopps nicht gleichzeitig, sondern kurzzeitig nacheinander auffußen.

Pirouette.

Plié (franz.), bedeutet »gebogen«. Galopp im Schulterherein. Diese schwierige Lektion erfordert ein vollendet gerittenes Pferd und stellt höchste Anforderungen an das Können des Reiters. Plié fördert die verstärkte Hankenbeugung, Schulterfreiheit, Biegsamkeit und Aufrichtung des Pferdes. Dieser Galopp auf zwei Hufschlägen muss zwei parallele gerade Spuren hinterlassen. Die zunehmende Längsbiegung nach innen darf nur behutsam, allmählich und immer nur kurzzeitig verlangt und die →*Hand* muss häufig gewechselt werden. →*Schulterherein.*

Pluvinel Antoine de (1555–1620). Diplomat, enger Vertrauter und Reitlehrer Ludwigs XIII. von Frankreich, Schüler →*Pignatellis.* Verfasser der Reitlehre »Le Manège Royal«. Pluvinel erkannte gleich →*Xenophon* die sensible Psyche des Pferdes und lehnte Zwang und Brutalität in der Reiterei strikt ab. Er vertrat die Ansicht, dass systematische Gymnastizierung und Versammlung und Eingehen auf die Wesenheit des Pferdes seine Lebensdauer verlängern. Pluvinel gilt

Pluvinel (Mitte, Hintergrund) erteilt seinem Schüler Ludwig XIII. von Frankreich Unterricht im Lanzenstechen.

als Erfinder der →*Pilaren.* Er betont, dass sie nur mit Sachkenntnis und wägender Behutsamkeit zu benutzen seien. Pluvinels Werk, das in Form eines Zwiegespräches mit seinem König abgefasst ist, erschien erst nach seinem Tod im Jahre 1623 und ist mit hervorragenden Kupferstichen ausgestattet. Sein Vermächtnis lautet: »Wir sollten besorgt sein, das Pferd nicht zu verdrießen und seine natürliche Anmut zu erhalten, sie gleicht dem Blütenduft der Früchte, der niemals wiederkehrt, wenn er einmal verflogen ist.« →*Hippologe.*

Poitevin →*Mulassière.*

Poitou-Esel Im Poitou (Westfrankreich) beheimatete, sehr alte Eselrasse, deren Hengste in Kreuzungspaarung mit →*Mulassière*-Kaltblutstuten zur Erzeugung der starkknochigen Poitou-Maultiere verwendet werden. Im 18. Jh. erfuhr die Rasse auffrischende Blutzufuhr durch den großwüchsigen nordspanischen Esel. Widerristhöhe 135–155 cm Stockmaß. Das Erscheinungsbild zeichnet sich durch starken Knochenbau, kurzen Hals, plumpen Kopf, besonders große Ohren und lange Gliedmaßen aus. Das dicht

Poitou-Esel. Das natürlicherweise lang gelockte Fell ist geschoren.

gelockte, schwarzbraune Fell erstreckt sich über den ganzen Körper, Augen- und Maulpartie sind weißlich gefärbt. Oft aggressiver Charakter →*Maultier.*

Polesinapferd Weitgehend identisch mit dem →*Neapolitaner,* warmblütige, kräftige Pferderasse Oberitaliens im 15. und 16. Jh., Mischrasse aus importierten spanischen und bodenständigen Pferden, die zahlreiche europäische Zuchten beeinflusste, z. B. →*Frederiksborger,* →*Holsteiner,* →*Kladruber,* →*Lipizzaner* und viele andere. Im 18. Jh. ausgestorben.

Polo Eine Art Hockey zu Pferd. Zwei gegnerische Mannschaften versuchen, innerhalb einer bestimmten Fläche einen kleinen, harten Ball mit einem Schlagstock möglichst oft in das gegnerische Tor zu treiben. Zwei Schiedsrichter überwachen das Spiel. Das Spielfeld, eine sehr ebene, gleichmäßige Rasenfläche, ist 270 m lang und 180 m breit. Jeweils in der Mitte einer jeden Schmalseite steht ein von zwei Weidenrohrpfosten begrenztes Tor (goal) von 7,20 m Breite. Jedem Team gehören vier Reiter an: Verteidiger, Mittelfeldspieler und zwei Stürmer. Das Spiel setzt sich hierzulande aus vier Spielabschnitten (chakkar) von je 7,5 Minuten Dauer zusammen, die von Pausen von 3 bis 5 Minuten Dauer für den Pferdewechsel unterbrochen sind. Nach jedem chakkar wird das Pferd gegen ein frisches ausgetauscht, der Spieler darf es nicht zweimal unmittelbar hintereinander reiten. In einem Vierchakkar-Spiel (Low goal) wird es also höchstens zweimal eingesetzt. In internationalen Spitzenspielen (High goal) werden bis zu acht chakkars gespielt. Ein wesentlicher Bestandteil der Spielregeln ist das Handicap, eine gewollte Erschwernis für das bessere Team und Geste der Fairness für die schwächere Mannschaft. Nach jeder Spielsaison wird von der Hurlingham Polo Association für jeden Polospieler nach dem Stand seiner Torschüsse die Handicap-Klasse neu errechnet, sie zählt von minus 2 goal (Anfänger)

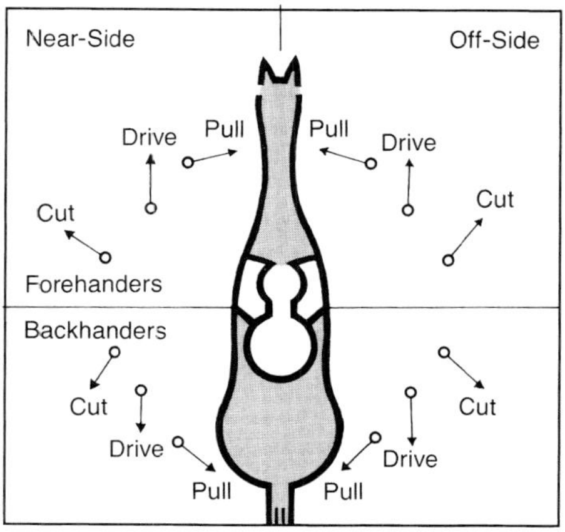

Die Schlagtechnik des Polospielers wird zunächst auf dem Holzpferd geübt. Die kleinen Pfeile bezeichnen die Schussrichtungen des Balles und deren Benennung:
Forehanders: verschiedene Schussrichtungen nach vorn, beiderseits des Pferdes.
Backhanders: verschiedene Schussrichtungen nach hinten, beiderseits des Pferdes.
Off-Side: verschiedene Schussrichtungen rechtsseitig des Pferdes nach vorn und hinten.
Near-Side: verschiedene Schussrichtungen linksseitig des Pferdes nach vorn und hinten.

bis 10 goal (Weltklassespieler). Je besser ein Spiel, desto höher sein Handicap. Das stärkere Team ist also gezwungen, ganz erheblich mehr Tore zu schießen als die schwächere Mannschaft, um auch nur ein Unentschieden zu erreichen.

Ein guter Polospieler vermag den Ball etwa 120 m weit zu schlagen. Kreuzt ein Spieler den auf der Fluglinie des Balles reitenden Gegner, so begeht er einen groben Fehler und verliert das Recht auf den Schlag. Die Schlagtechnik bietet verschiedene Möglichkeiten, den Ball seitwärts, vor oder hinter dem Pferd zu treffen. Reiterliche Fertigkeit zeigt sich auch im geschickten Abdrängen des Gegners, um dessen Schlag zu verhindern oder selbst zum Zuge zu kommen, was durchaus eine gewisse Robustheit erfordert. Polo ist ein äußerst schnelles Spiel, das viel

1

2

3

Gewandtheit, Geschicklichkeit und rasches Reaktionsvermögen von Reiter und Pferd verlangt. Der Spieler reitet nicht selten im 50-km-Tempo, in der linken Hand die Zügel, rechts den Schläger (stick), im Blickfeld den Ball und die ebenso schnellen Mitspieler, blitzschnell überlegend, wie er den besten Zug anbringen kann. Polo ist hart und nicht ungefährlich, deshalb sind nur Rechtshänder zugelassen, um stets gleichseitige Schlagbewegungen zu garantieren. Linkshänder würden die Verletzungsgefahr wegen ihrer entgegengesetzten Schlagtechnik erheblich vergrößern, es sei denn, alle Spieler würden links schlagen.

Das Polopony, so benannt wegen seiner geringen Größe (Stockmaß um 150 cm), wird eigens für die Erfordernisse des Polospiels gezüchtet. Es muss leicht und wendig sein für den Schnellstart aus dem Stand, für langen Spurt und plötzlichen Stopp, die ständig miteinander wechseln. Die Hinterhand ist leicht überbaut. Es soll selbständig mitspielen, indem es den Gegner (bei einhändiger Zügelführung) abdrängt und bei allen heftigen und unharmonischen Bewegungen des Reiters stets im Gleichgewicht bleibt. Ein Cowboypferd, das →*Quarter Horse* als ähnliches Zuchtergebnis, wäre für Polo deshalb nicht so sehr geeignet, weil es immer gelernt hat, dem Gegner (den Hörnern des Stieres) auszuweichen und Abstand zu wahren. Die meisten europäischen Polopferde stammen heute aus Argentinien, wo Polo als Volkssport betrieben wird. Sie sind das Ergebnis einer Kreuzung aus →*Criollos* (Nachkommen der andalusischen Pferde der spanischen Eroberer, die um 1535 in Südame-

Der Schlag des Polospielers in drei Phasen:
1 Der Reiter dreht im spitzen Winkel auf den Ball zu und hebt den Schläger rechtsseitig vom Pferd (Off-Side), um den Ball nach vorn zu schlagen (Forehanders).
2 Der Schläger trifft den Ball.
3 Der Ball fliegt nach vorn-seitlich (Cut), und der Schläger schnellt in auslaufendem Schwung dicht am Pferdekopf nach oben.

rika landeten) und Vollblütern. Aufgrund der Abstammung zeigen sich deutlich Aggressionsbereitschaft und keinerlei Herdentrieb, was für das Spiel wichtig ist, denn ein klebendes Pferd, das nicht abdrängt, wäre unbrauchbar. Es darf nicht schreckhaft sein und muss den an seinem Kopf vorbeischnellenden Schläger in aller Ruhe akzeptieren. Poloponys sind hart, robust und ausdauernd, dank dem Erbe des halbwilden Criollos. Sie haben jedoch nur dann ein höheres Lebensalter zu erwarten, wenn sie sachgemäß geritten und geschont, als Lebewesen behandelt und nicht als Sportinstrument verschlissen werden. Ein guter Polospieler wird immer nur seine eigenen Pferde reiten, allein schon deshalb, um vollkommene Übereinstimmung von Reiter und Pferd zu erzielen.

Die Ausrüstung des Polospielers: Tropenkorkhelm (ein Relikt aus indischer Gründerzeit im 19. Jh.) oder schlag- und sturzfeste Reitkappe. Polohemd, Reithose, Reitstiefel, Handschuhe, gegebenenfalls Bandage für das rechte Handgelenk, Knieschützer (zum Schutz beim Abdrängen und gegen den Schläger). Reitgerte, Sporen. Schläger (stick) aus Bambus, 115 cm lang, mit 20 cm langem Querholz am Ende, der »Zigarre«. Ball, 130 g schwer, ca. 10 cm Durchmesser, aus Bambusholz gepresst.

Das Polopferd wird unterschiedlich auf Kandare mit Unterlegtrense, Polokandare, Pelham oder auch Trense gezäumt und trägt einen leichten englischen Sattel mit normalen Steigbügeln. Die Gliedmaßen sind zum Schutz gegen den Schläger gut bandagiert. Der Schweif wird fest eingeflochten, damit sich der Schlagstock nicht verfängt, sonst könnte der Reiter aus dem Sattel gerissen werden. Eine alte Regel besagt, dass ein gut zugerittenes Polopferd nur einer weichen Zäumung bedarf. Die Reitweise des Polospielers liegt etwa zwischen Dressurreiten nach europäischer Art und der →*Amerikanischen Reitweise.* Hohes reiterliches Können, im Sinne des Dressurreitens, ist für Polo weder erforderlich noch kann es durchgehend praktiziert werden. Rasch wechselnde Tempi und Wendungen, bei denen der Ball in den verschiedensten Situationen in die unterschiedlichsten Richtungen geschlagen werden muss, erfordern eher eine bis zur Artistik gesteigerte Gewandtheit im Sattel. Herab- und seitliches Herausbeugen, weites Drehen des Oberkörpers beim Schlag nach hinten links u. a. verlangen einen leicht beweglichen Sitz, der bei kurz geschnallten Bügeln wesentlich vom festen, starken Knieschluss abhängt. Gewiss muss ein Polospieler leidlich reiten können, doch muss er eher noch ein Jongleur sein, der gleich einem Stehaufmännchen in jeder Situation wieder zum gleichgewichtigen Schwerpunkt zurückfindet. Außerdem muss er rasch wechselnde Situationen schnell erfassen und sogleich eine für ihn günstige Entscheidung treffen und ausführen können, sonst wird er häufig sinnlos in die falsche Richtung galoppieren. Die Ausbildung eines Poloponys hingegen erfordert einen erstklassigen Reiter, nicht nur im reiterlichen, sondern auch im erzieherischen Sinn.

Die Ausbildung des Polospielers umfasst die Grundausbildung im Dressurreiten, die Spieltheorie, die Übungen für die Schlagtechnik auf dem Holzpferd, das Training auf lebendem Pferd mit Lehrer und schließlich Trainingsspiele mit Partner und im Team. Bis zum Jahre 1936 war Polo eine Disziplin der Olympischen Spiele. Heute wird Polo mit Breitenwirkung vorwiegend in Süd- und Nordamerika, England und Indien gespielt. In anderen Ländern, darunter Deutschland, versucht man aufstrebend einen breiteren Spielerkreis zu gewinnen. Deutsche Poloclubs bestehen in Düsseldorf, Hamburg (seit 1898) und München.

Die frühesten schriftlichen Berichte über das Polospiel als bereits fest etablierte Sportart stammen aus dem Persien des 3. Jh. Jedoch müssen die Anfänge schon weit vor Christi Geburt vermutet werden. Von Persien erfolgte die Ausbreitung nach Osten über Indien, Turkestan, China (7. Jh.) und Japan (8. Jh.) und nach Westen über die Türkei (5. Jh.). Den Ursprung des Spiels kann man nur vermuten. Einmal glaubt man, es habe sich aus der Steppenjagd entwickelt, bei der Reiter mit Schlagstöcken Kleintiere wie Hasen o. ä. in schnellem Lauf erlegten, die im Spiel durch Bälle ersetzt wurden. Eine andere Version besagt, dass asiatische Reitervölker in Kriegszeiten in gleicher Weise mit den Köpfen erlegter Feinde spielten, die in friedlicheren Zeiten durch kleine Tierkadaver oder Bälle ersetzt wurden, um den gewohnheitsmäßigen Aggressionsdrang der Soldaten abzureagieren. Jedoch könnten derartige Vermutungen angesichts der kultivierten Ansprüche dieses Spiels in Frage gestellt werden, denn schon im alten Persien war Polo auch ein Sport gebildeter Frauen. Dschingis Khan (1155 bis 1227) soll bei der militärischen Ausbildung seiner Reiter auf das Polospiel größten Wert gelegt und für seine Leibgarde stets nur die besten Polospieler ausgewählt haben. Er hat das Spiel aber nicht in Indien eingeführt, wie häufig zitiert wird, denn ein zeitgenössischer indischer Bericht aus dem 7. Jh. bezieht sich bereits auf das Polo im Vergleich mit der oben genannten Steppenjagd.

Die Offiziere der im 19. Jh. in Indien stationierten britischen Armee lernten das Spiel von den Indern. Bald darauf zählte es zum Exerzierprogramm der gesamten Truppe. 1859 wurde in Kalkutta der erste Poloclub gegründet, und 10 Jahre später spielte man auch in England Polo. Kurz darauf bildete sich hier die Hurlingham Polo Association, eine bis heute international anerkannte Regelinstitution, von der alle Spieldirektiven ausgehen. Von England übernahmen viele Länder das Spiel. Heute sind die Argentinier die besten Polospieler der Welt, gefolgt von den USA.

Poney de Merens →*Ariège-Pferd.*

Pony (engl.) Ursprüngliche Bezeichnung für jene kleinwüchsigen, bodenständigen Pferde der relativ unvermischten →*Primitivrassen,* die prähistorischen Wildpferdtypen nördlicher Klimazonen ähneln und ihre spezifischen Merkmale durch die Jahrtausende nahezu konstant beibehalten haben. →*Shetlandpony* und →*Exmoorpony* sind einige Beispiele dafür. Das kompakte Erscheinungsbild und das vergleichsweise geringe Körpermaß, das etwa zwischen 110 und 135 cm Stockmaß liegt, haben den arttypischen Begriff »Pony« für die kleinwüchsigen Rassen geprägt, die ursächlich nicht vom Menschen erzüchtet, sondern von der Natur geschaffen wurden und nur wenig züchterische Veränderungen erfahren haben. Ponys der nördlichen Klimazonen zeichnen sich durch typische Merkmale aus: kompaktes bis massiges Erscheinungsbild und starkes Knochengerüst; Neigung zu bevorratendem Fettansatz; sehr kräftig entwickelte, ziemlich kurze Gliedmaßen; doppelseitige, dichte Mähne und buschiger Schweif; doppelschichtiges, raues Winterfell; überdurchschnittliche Intelligenz und ausgeprägten Eigenwillen. Die Gangmechanik ist aufgrund der geringen Größe nicht besonders raumgreifend und schnell, jedoch sehr ausdauernd.

Im Verlauf züchterischer Vermischungen und zur Klassifizierung im Turniersport hat man die Bezeichnung Pony mittlerweile auch auf solche kleinwüchsigen Pferde ausgedehnt, deren Abstammung nur geringfügig oder gar nicht auf den nordischen Ponytyp verweist. Nach internationaler Vereinbarung gilt der Begriff Pony für Pferde jedweder Rasse, deren Widerristhöhe 147,3 cm Stockmaß nicht übersteigt. Das Maß begrenzt sowohl die Widerristhöhe in bestimmten Zuchten als auch die Größe teilnehmender Pferde in entsprechenden Turnierprüfungen. Das derart definierte Ponymaß sagt jedoch nichts über Rasse und Abstammung aus. Demnach kann in der turniersportlichen Regelung ein Lipizzaner unter dem Höchtsmaß als »Pony« gelten, obwohl auch ein klein geratener Lipizzaner oder Araber in Abstammung oder Erscheinungsbild stets ein Pferd bleibt. Connemara- oder Fjordponys, die über die im Zuchtziel angestrebte Höhe von etwa 147,3 cm Stockmaß hinauswachsen und mithin turniersportlich zum »Pferd« aufrücken, werden ebenso ihre rassetypischen Ponymerkmale beibehalten, die in diesen bereits stärker vermischten Rassen teilweise noch erhalten sind. In Deutschland trifft man zusätzlich eine, vielleicht etwas rassetypischere, abweichende Unterscheidung: Ponys = bis 130 cm, Kleinpferde = 130–148 cm, Pferde = über 148 cm Stockmaß. →*Vollblut,* →*Warmblut,* →*Kaltblut.*

Ponytrekking Wanderreiten auf Ponys, auch für weniger geübte Reiter möglich. Dieser Freizeit- und Feriensport entwickelte sich nach dem Zweiten Weltkrieg zunächst in Schottland, erfreute sich aber bald in ganz Europa großer Beliebtheit. Folgeentwicklung der Gebrauchsreiterei in Island und des Trail riding in Nordamerika. Man bevorzugte anfangs vorwiegend Ponys der Robustpferderassen, heute ist das Wanderreiten auf allen Pferdetypen längst selbstverständlich.

Prägephase des Fohlens. Bereits wenige Stunden nach der →*Geburt* vermag das Fohlen der Mutter zu folgen, eine angeborene Fähigkeit des flüchtigen Herdentieres. Es weicht in der ersten Zeit nicht von der Seite der Mutter, und auch diese wacht eifersüchtig darüber, dass sich kein Artgenosse dem Neugeborenen nähert. In diesem Zeitraum, der unterschiedlich lang sein kann, wird das Fohlen auf die Mutter geprägt. Es nimmt Gestalt, Geruch, Lautgebung, Bewegung, kurz alles, was ihre Wesenheit ausmacht, voll in sich auf. Ist die Prägezeit vorüber, entfernt es sich allmählich immer öfter kurzzeitig von der Mutter, um sich mit anderen Herdenmitgliedern anzufreunden. Die Herde mag noch so groß sein, das Fohlen wird immer wieder zur Mutter zurückfinden. →*Verhaltensweisen.*

Prießnitzverband Feuchter bis nasser Verband zur Kühlung, Schmerzstillung, Durchblutungsförderung und um Entzündungen zum Stillstand zu bringen. Feuchtverbände

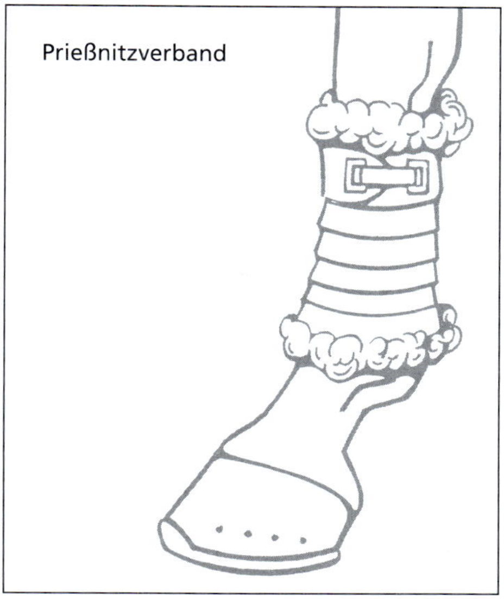

dürfen nicht länger als 1–1 ½ Tage an der Gliedmaße verbleiben, weil durch die Luftundurchlässigkeit die Haut aufweicht und Haarausfall entsteht.

Primitivrasse Kleinwüchsige, von der Natur geprägte Pferdetypen mit überwiegenden Erbmerkmalen prähistorischer Wildpferdvorfahren, die von Zuchteinflüssen nach menschlicher Vorstellung weitgehend verschont blieben und sich bis heute in Erscheinungsbild und Eigenschaften kaum verändert haben. Sie vermögen in der ihnen gemäßen Umwelt unter natürlichen Bedingungen bei voller Gesundheit ganzjährig wild lebend zu überdauern, wenn der Mensch keine störenden oder nachteiligen Eingriffe vornimmt. Eiszeitliche Höhlendarstellungen von Wildpferden und fossile Knochenfunde geben rückschauend Aufschluss über die konstante Erhaltung dieser Pferdetypen. Beispiele: →*Exmoorpony,* →*Shetlandpony,* →*Islandpferd* und andere. Zur Vermeidung von Missverständnissen sei angemerkt, dass der von Forschern geprägte Begriff »Primitivrasse« keine minderwertige, sondern eine urwüchsige, wenig verfälschte Pferdeform meint.

Pritschensattel Konstruktionsprinzip des modernen Sportsattels ohne Trachten mit geringer Auflagefläche (Dressur-, Spring- und Vielseitigkeitssattel), der eher punktuell und direkt auf den Pferderücken einwirkt und sich deshalb vorwiegend für intensive, kurzzeitige sportliche Aufgaben eignet. Das sehr alte Konstruktionsprinzip des →*Bocksattels* mit langen, breiten Trachten und großer Auflagefläche hingegen schont den Pferderücken und verteilt die Last. Diese Sattelform eignet sich besonders für Dauerritte und für die Gebrauchsreiterei berittener Hirten, die viele Stunden im Sattel sitzen (z. B. Militärsattel, Cowboysattel, Vaquerosattel). Die direkte, punktuelle Kreuzeinwirkung auf den Pferderücken ist zwangsläufig geringer. →*Sattlung.*

Probierhengst Dient zur Feststellung der →*Rosse* einer Stute im sog. →*Probierstand.* Während er sie beschnuppert, verrät sie durch ihr Verhalten, ob sie rossig ist oder nicht. Der Probierhengst wird ersatzweise benutzt, um aggressive oder viel gefragte Beschäler nicht unnötig zu reizen.

Probierstand Dient zur Feststellung der Rosse einer Stute, ohne Gefährdung des Hengstes. Meist parallel zu einer Hauswand im Abstand von etwa 1 m errichtete, etwa 1,50 m hohe, starke Bohlenwand, die vorn durch eine brusthohe, quer liegende Stange begrenzt ist. Die Stute steht im Stand, und der →*Probierhengst* beschnuppert sie über die Bohlenwand hinweg. Aus dem Verhalten der Stute ist nunmehr zu schließen, ob sie rossig ist. Sie vermag nach hinten auszukeilen, ohne den Hengst zu treffen.

Przewalskipferd (Equus przewalskii Poljakoff). Letztes echtes, reinblütiges Wildpferd, das seinen Namen nach dem polnischen General in russischen Diensten Nikolai Przewalski erhielt, der auf seiner dritten Forschungsreise nach Zentralasien 1879–1880 zwei Herden der bis dahin der Wissenschaft unbekannten Tiere entdeckte. Der russische Zoologe Iwan Poljakoff, dem Przewalski Schädel und Fell eines erlegten Tieres vorlegte, vertrat die Meinung, dass es sich um ein echtes Wildpferd handeln könne. Die Wildpferde fristeten ihr karges Dasein in der dsungarischen Steppe und den westlichen Grenzgebieten der Mongolei und China, die sich vom Altai-Gebirge bis zur Wüste Gobi erstrecken. Im Jahre 1947 wurde eine alte Stute in der Wildnis gefangen. 1967 und 1968 sichteten mongolische und chinesische Forscher in der menschenleeren Einöde auf große Entfernung ein letztes Mal 5–6 Tiere. Mittlerweile sind die asiatischen Wildpferde in freier Wildnis ausgerottet, möglicherweise durch pferdezüchtende Nomaden, die die Wildpferde als unliebsame Störenfriede ihrer Herden betrachteten.

Gleichwohl ist das Wildpferd bislang nicht ausgestorben. Auf nahezu hundert Tierparks und Freigehege in aller Welt verstreut leben inzwischen wieder 1500 Tiere, über deren Zuchtverlauf im Prager Zoo, der zentralen Zuchtstätte des Przewalskipferdes, lückenlos Buch geführt wird. Alle in Gefangenschaft befindlichen Wildpferde stammen von 25 Fohlen ab, die der Hamburger Tierhändler Carl Hagenbeck um die Zeitenwende vom 19. zum 20. Jh. in der Mongolei fangen ließ, nach Westeuropa transportierte und an verschiedene Tierparks verkaufte. Über die Hälfte der gefangenen Jungtiere überlebte nicht lange, mit 11 Tieren indes gelang die Weiterzucht. Nach dem Zweiten Weltkrieg standen, dezimiert durch die Kriegsereignisse, nur noch insgesamt 9 Zuchttiere zur Verfügung, 1 Hengst und 3 Stuten im Prager Zoo sowie 1 Hengst und 4 Stuten im Münchner Tierpark Hellabrunn, die in enger Blutsverwandtschaft standen und zudem Degenerationserscheinungen der Inzucht aufwiesen (z. B. schwach pigmentierte Augen und weiße Abzeichen). Sie bildeten die Basis für ein weltweit koordiniertes Zuchtprogramm, an dem sich allmählich an die 300 Tierparks beteiligten, um das letzte Wildpferd der Entwick-

Wildpferdherde im Zoo Hellabrunn, München (Przewalskipferde).

lungsgeschichte vor dem Aussterben zu bewahren. Als Ziel wurde zunächst das Aussetzen kleiner Rudel in weiträumige Wildgatter zur Wiedergewöhnung an das Wildleben und schließlich Auswilderung in der angestammten Heimat in der Mongolei angestrebt. Die Anzahl der Inzuchtmerkmale wurde allmählich geringer und das Erbgut festigte sich.

Die Widerristhöhe des kompakten, starkknochigen und massigen Wildpferdes bewegt sich um 133 cm Stockmaß. Erscheinungsbild: grober, schwerer und rammsnasiger Kopf, kurzer, tief angesetzter, waagerecht getragener Hals, kurzer, tonniger Rumpf, abfallende Kruppe und kräftige Gliedmaßen. Die Fellfarbe zeigt helle bis dunkle Schattierungen in hellem Ocker bis torfbraun mit dunkler Färbung des Langhaares und der Gliedmaßen. Besondere Kennzeichen sind →*Mehlmaul,* bürstenartige Stehmähne ohne Stirnschopf, beidseitig dünnbehaarter Schweif, Aalstrich über die Länge des Rückens, zuweilen Andeutung eines Schulterkreuzes und zebroid gestreifter Gliedmaßen (→*Abzeichen, dunkle*). Obwohl das Przewalskipferd in seiner Erbanlage über 66 Chromosomen, das Hauspferd hingegen nur über 64 Chromosomen verfügt, paaren sich beide problemlos und bringen fortpflanzungsfähige Nachkommen hervor, was auf sehr enge Verwandtschaft hindeutet.

Deutsche Tierparks in München, Berlin, Duisburg, Karlsruhe, Köln, Münster, Nürnberg, Sababurg und Springe beherbergen mittlerweile kleine und größere Rudel des Wildpferdes. In weiträumigen Wildgattern (Schorfheide, Meppen und Hunnesrück), die auf die Auswilderung vorbereiten, sehen nunmehr größere Wildpferdbestände der Freiheit in ihrer Urheimat entgegen. Mittlerweile ist das Auswilderungsprogramm unter wissenschaftlicher Aufsicht im Nordwesten Chinas mit etwa 40 Wildpferden angelaufen. Das umzäunte Reservat misst 67 qkm Grundfläche und besteht aus Wüstensteppe mit zuvor angepflanzter zusätzlicher Vegetation, um die Sanddünen vom Wandern abzuhalten. Zentrum des Reservates ist ein durch Mauer und Zaun abgetrenntes Zuchtgehege mit einer Stammherde von Zuchttieren, die ständig für Nachwuchs sorgt. Heranwachsende Jungtiere werden in das Reservat entlassen, wo sie sich in Sicherheit vor Feinden und Verfolgung an die Lebensbedingungen der Wildnis gewöhnen können. Nach zehn Jahren Wildleben ohne Kontakt zum Menschen erfolgt die endgültige Freilassung in die echte, ungeschützte Wildnis. Damit ist das letzte Wildpferd nach 90-jähriger Gefangenschaft in Tierparks in aller Welt seit 1995 wieder in seine angestammte Heimat zurückgekehrt.

Nach herkömmlicher Forschermeinung soll allein das Przewalskipferd der Stammvater aller Hauspferdrassen der Erde sein. Equidenforscher jüngerer Generationen hingegen vertreten die Auffassung, dass mehrere unterschiedliche eiszeitliche Wildpferdtypen die Urahnen unserer Hauspferde sind, die deren vielfältige Erscheinungsbilder prägten. Das Przewalskipferd ist demnach eine nacheiszeitlich der Wüstensteppe angepasste Variante, die von einem der nordklimatischen Urpferde der Eiszeit abstammt und bis zum Wechsel vom 19. ins 20. Jh., von der Forschung unbemerkt, in der Wildnis überdauerte. →*Evolution.*

PS = Pferdestärke. Bezeichnet die theoretische Kraftleistung, die ein Gewicht von 75 kg in einer Sekunde um einen Meter anhebt. Tatsächlich ist die Kraftleistung eines Pferdes höher. Der Grundwert für die Kraftleistung eines Motors wird in der Anzahl der PS gemessen.

Puller Ein Pferd, das energisch bestrebt ist, mit tiefem Kopf und durch heftiges Ziehen und Rucken mit dem Maul im Davonstürmen seinem Reiter die Zügel aus der Hand zu ziehen, so dass er die Herrschaft verliert (z. B. auf der →*Reitjagd*). Die Ursache ist meist brutale Behandlung des Pferdemaules während der Ausbildung und die immer wiederkehrende Erinnerung an diese Schmerzen. Zuweilen aber gibt es auch Pferde, die durch die Gesellschaft ihrer Artgenossen zum Durchgehen angefeuert wurden, obwohl sie sonst ein durchaus ruhiges Temperament besitzen.

Pullerriemen Dünner Riemen, der von Trensenring zu Trensenring führt und dicht am Oberrand der Nüstern über die Nase des Pferdes verläuft. Er wird durch ein kleines Riemchen, das von der Mitte senkrecht zum Nasenriemen geht, in seiner Lage gehalten. Soll heftige Pferde am Davonstürmen hindern. Bei Zügelanzug kann die Luftzufuhr eingeschränkt und durch den Zwang die Panik vergrößert werden.

Pulsschlag →*PAT-Werte.*

Pushball (Pferdefußball). Spiel zweier Reitermannschaften um einen Ball von etwa 150 cm Durchmesser, der durch Hilfengebung des Reiters mit den Vorderbeinen des Pferdes in das gegnerische Tor gerollt werden muss. Wenig zuträglich für die reiterliche Ausbildung des Pferdes.

Putzen →*Pflege des Pferdes.*

Q

Quadratpferd →*Körperformen* (Format).

Quadriga Zweirädriger, hinten offener, antiker Streitwagen mit fester Deichsel und vier nebeneinander vorgespannten Pferden, die vom stehenden Wagenlenker heute mit zwei Kreuzleinen gelenkt werden. Griechen, Römer und andere Völker verwendeten den ungefederten Einachser vornehmlich im Kampf, zu Kampfspielen, Wagenrennen, Triumphzügen und anderen Festlichkeiten. Heute auf Hengstparaden staatlicher Gestüte als Schaunummer zu sehen. →*Wagentypen*, →*Anspannung des Wagenpferdes.*

Quadrille Vorführung von 4, 8, 12 oder 16 Reitern auf exakt gerittenen Hufschlagfiguren meist nach Musik in festlicher Kleidung, in historischen Uniformen oder folkloristischen Trachten als Schaunummer. Die gerittenen Lektionen können das Niveau der →*Hohen Schule* erreichen, wobei die genaue Abstimmung besonders schwierig ist. Weltberühmt und von höchstem Anspruch sind die Dressur-Quadrillen der →*Spanischen Reitschule,* des →*Cadre Noir* und der *Königlich-Andalusischen Reitschule.* Springquadrillen werden über niedrige Hindernisse ausschließlich im Galopp geritten.

Quarter Horse Beheimatet in den Weststaaten der USA und Kanada, Hirtenpferd der →*Cowboys* mit stark ausgeprägtem →*Cow-sense,* zählt zu den →*Western Horses.* Die Rasse erhielt ihren Namen nach dem Distanzbegriff »a quarter of a mile« (eine Viertelmeile = etwa 400 Meter), jenen noch heute populären Kurzstreckenrennen, die die Siedler des Westens im 19. Jh. anlässlich ihrer Volksfeste auf Dorfstraßen zum Vergnügen der Zuschauer und als Leistungsprüfung für die Zuchtwahl veranstalteten. Das Quarter Horse ist ein durch →*Englisches Vollblut* veredelter Abkömmling des →*Mustangs.* Der außergewöhnliche Schnellspurt, die verblüffende Wendigkeit, der Instinkt für das Verhalten des Rindes und die handliche Größe sind ideale Voraussetzungen für die Arbeit in der Herde. Die Widerristhöhe des kurzbeinigen, kompakten und robusten Pferdes liegt zwischen 150 und 155 cm Stockmaß, der Hals ist verhältnismäßig tief aufgesetzt, der Rücken kurz, die enorm bemuskelte, breite und lange Kruppe fällt schräg ab. Braune und Füchse überwiegen, gescheckte und gefleckte Pferde sind züchterisch unerwünscht und werden gesondert als →*Pinto* (Paint) und →*Appaloosa* registriert. Ausdauer, Genügsamkeit, Gutartigkeit des Charakters und ein leichter, weich auszusitzender Trab (Pleasure trot) ließen das Quarter Horse zum beliebtesten Freizeit- und Familienpferd aufsteigen. Die American Quarter Horse Association registriert als größter Pferdezuchtverband der Welt über 2,6 Millionen Tiere. →*Amerikanische Reitweise.*

Querfeldeinritt →*Cross Country.*

quieken Vornehmlich eine Lautäußerung der Stute und fast immer von →*Auskeilen* begleitet, weist den zudringlichen Hengst in seine Schranken und vertreibt, falls sie ein Fohlen führt, fremde Artgenossen. Stuten quieken auch im Rangordnungskampf untereinander.

R

Rack Amerikanische Bezeichnung für Tölt. →*American Saddlebred Horse,* →*Gangarten.*

Rahmen Bezeichnet das Verhältnis der einzelnen Körperpartien zueinander und die daraus resultierende Gesamtkontur, die »große Linie« des Pferdes. Viel Rahmen bedeutet: im Zusammenklang des Gesamtbildes sehr ausgeprägte und großzügig proportionierte Körperformen, die hohe Leistung versprechen. Hat nichts mit der Körpergröße zu tun, ein Pony kann ebenso viel Rahmen besitzen wie ein Vollblüter. →*Exterieur.*

Rammskopf →*Körperformen.*

Random Anspannungsart für drei Gespannpferde vor dem zweirädrigen Wagen. Gabel-, Mittel- und Spitzenpferd gehen jeweils voreinander. Die Zugvorrichtung der beiden vorderen Pferde ist jeweils vor der Brust am Geschirr des hinteren Pferdes befestigt, wenn keine langen Stränge benutzt werden. Die Lenkung aller drei Pferde erfolgt mit 6 Leinen vom Kutschbock aus. →*Anspannung des Wagenpferdes.*

Rangordnung Strenge Gliederung nach Alter, physischer und psychischer Kraft der Einzeltiere im Familien- und Herdenverband. Wo immer Pferde zusammentreffen, wird die Rangordnung sogleich durch Rangordnungskämpfe erkundet und hergestellt. Die Ursache für Rangstreitigkeiten sind der Selbsterhaltungstrieb, das beste Futtervorkommen und die witterungsgünstigen Örtlichkeiten, die jedes Tier für sich zu beanspruchen versucht. →*Verhaltensweisen.*

Rappe →*Farben des Haarkleides.*

Rasse Begriff von wechselnder Bedeutung, der wissenschaftlicher Genauigkeit entbehrt. Bezeichnet eine Gruppe von Tieren der gleichen Art, die so weitgehende Übereinstimmung zeigen, dass sie sich von anderen Gruppen der gleichen Art deutlich unterscheiden, und die ihr Erbgut möglichst gleichmäßig auf ihre Nachkommen übertragen. Beispiel: →*Arabisches Vollblut* und →*Shetlandpony.* (Beispiel für verschiedene Arten: Hauspferd und Hausesel).

Rattenschweif Sehr spärlich behaarte Schweifrübe des Pferdes, eine Rasse-Eigentümlichkeit z. B. beim →*Appaloosa,* kann aber auch individuell verschiedene Ursachen haben.

Räude Ansteckende Hautkrankheit, verursacht und übertragen durch Räudemilben. Anzeichen: Juckreiz, Hautausschlag und Haarausfall. Behandlung durch den Tierarzt. Anzeigepflichtige Seuche.

Raufutter →*Heu* und →*Stroh* sind unverzichtbare Ballaststoffe für die gesunde Darmtätigkeit des Pferdes, das von der Natur für eine ständige Nahrungsaufnahme in kleinen Portionen programmiert ist, die den Darm kontinuierlich in Bewegung hält. Raufutter enthält in geringen Mengen Mineralstoffe, Vitamine und Spurenelemente. Das rohfaserhaltige Volumen füllt den Darm und ruft ein Gefühl der Sättigung hervor, ohne dass ein Schaden durch Überfütterung wie bei →*Kraftfutter* eintreten könnte. In mehreren kleinen Portionen über den Tag verteilt hält Raufutter das Stallpferd ständig zum Knabbern an und wirkt der Langeweile und damit Stalluntugenden entgegen. Das beste Raufutter für Pferde ist gutes Wiesenheu vom ersten Schnitt (kein Grumt!), Hafer- und Weizenstroh. Zu früh gepresstes, vorher nicht hinreichend ausgetrocknetes Heu entwickelt oft einen unsichtbaren Schimmelpilz, der häufig zu allergischen Erkrankungen der Atemwege führt (→*Dämpfigkeit*). Heu muss, bevor es verfüttet wird, 3 Monate lang luftig abgelagert (ausgeschwitzt) sein. Der tägliche Raufutterbedarf beträgt, je nach Größe des Pferdes, 5–7,5 kg, wobei der Anteil an Stroh zur Vermeidung von Verstopfung 3 kg nicht überschreiten sollte. →*Fütterung,* →*Mischfutter,* →*Weidegang.*

Raumgriff Bodengewinn oder Weite der Tritte oder Sprünge in allen Gangarten des Pferdes.

Real Escuela Andaluza del Arte Ecuestre →*Königlich-Andalusische Reitschule.*

Rechteckpferd →*Körperformen* (Format).

Redopp Galopp in zwei Tempi auf 2 Hufschlägen, wird aus dem →*Traversgalopp* entwickelt. Künstliche, vom Menschen geforderte Gangart, die das Pferd natürlicherweise nicht zeigt. Unterscheidet sich vom →*Terre à terre* nur durch stärkeres Anheben der Vorhand. Da nur wenige Pferde diese schwierige Übung beherrschen, ist sie selten zu sehen. Lektion der →*Hohen Schule.*

Rehbein Entzündungsprozess mit Knochenauftreibung an der Außenseite des Sprunggelenkes. Entzündung an der Innenseite →*Spat.*

Rehe →*Hufrehe.*

Reins-man (engl., wörtlich »Zügelmann«) Angehöriger der Elitezunft der →*Cowboys* alter Schule in Nordamerika. Erstklassiger Reiter, der Cowboypferde ausbildet und das Reiten mit Bosal und den Herdentrieb perfekt beherrscht. →*Amerikanische Reitweise,* →*Western Horses,* →*Cowboy,* →*Sattlung,* →*Zäumung.*

Reitbahn Ausbildungsplatz für Reiter und Pferd. Die Flächenausdehnung beträgt 20 × 40 m für die normale Ausbildung, die vorgeschriebenen Maße des Dressurvierecks für internationale Wettbewerbe sind 20 × 60 m. Die offene Bahn ist durch einen einfachen Holzstangenzaun, die überdachte Reithalle innen durch die Bande, eine schräge Holzbohlenwand, begrenzt. Der Boden, auf dem die Pferde laufen, muss stets locker und weich sein, er besteht aus einer Mischung von Sand, Torf und Holzspänen. Zur Vermeidung feuchter Stellen muss der Unterboden drainiert sein. Wende- und Ansatzpunkte für die →*Hufschlagfiguren* sind durch Buchstaben gekennzeichnet. Zum korrekten Ausreiten der Figuren muss die Bahn mindestens doppelt so lang wie breit sein.

Reiten Ursprünglich Unterwerfung des physisch stärkeren Pferdes durch den überlegenen Geist des körperlich schwächeren Menschen, der Tragkraft und Schnelligkeit des Tieres zu seinem Vorteil zu nutzen verstand. Zwischen den Anfängen des Transportes auf dem Pferderücken und der verfeinerten Reitkunst der Gegenwart liegen etwa 5000 Jahre Reitgeschichte und Dulderqual des Pferdes. Primitive Reiterdarstellungen auf Fels oder Knochen lassen vermuten, dass der Mensch im asiatischen Raum bereits um 3000 v. Chr. den Pferderücken bestieg. Seit 1500 v. Chr. ist das Reiten in vielen Ländern verbreitet. Wenngleich die einladende Form des Pferderückens zum Aufsitzen geradezu erschaffen erscheint, hat die Natur den Tragapparat des Pferdes keineswegs für schwere Belastungen vorgesehen. Zur Stärkung der Tragkraft und zur Vermeidung organischer Schäden müssen alle reiterlichen Mühen auf gründliche Gymnastizierung der Organe des Pferdes zielen. Ein sachgemäß und verständnisvoll gerittenes Pferd kann auch bei Dauerbeanspruchung ein hohes Alter erreichen, ohne Schaden an seiner Gesundheit zu nehmen. Unkenntnis und rücksichtslose Ausbeutung hingegen können ein Pferd schon in jungen Jahren zum Vollinvaliden machen. Da Reiten besonders in der Anfangszeit der Ausbildung für das Pferd stets Zwang bedeutet, der in dem sensiblen Fluchttier zunächst Angstgefühle auslöst, die eine Verkrampfung von Seele und Körper zur Folge haben, muss der Reiter bedacht sein, eine psychisch entspannte Atmosphäre zu schaffen. Indem er jede Art von Zwang vermeidet, dem Tier die Furcht nimmt und den Spannungszustand entkrampft, baut er eine Vertrauensbasis auf, die in der Reitersprache mit Losgelassenheit umschrieben wird und sinngemäß auch für den Reiter gilt. Losgelassenheit beider Partner und Vertrauen des Tieres zum Menschen, das nie enttäuscht werden darf, sind elementare Grundlagen fairer Reiterei, die sich stets innerhalb der natürlichen Fähigkeiten des Pferdes bewegt. Das gilt auch für die →*Hohe Schule,* deren Lektionen dem natürlichen Bewegungsverhalten im Wildleben entsprechen. Menschlicher Erfindergeist war zu allen Zeiten versucht, dem Pferd widernatürliche Bewegungsabläufe anzudressieren, sie sind Tierquälerei und haben mit fairer Reiterei nichts zu tun. Reiten ist einfühlsamem, partnerischem Tanz vergleichbar, der in seiner kultiviertesten Form künstlerisches Niveau und in missverstandener Ausübung Auswüchse entarteter, schädlicher Künstlichkeit erreichen kann. Das Ausbildungsziel muss im freudigen und freiwilligen Gehorsam des Pferdes gipfeln, das die (geistige) Überlegenheit des Menschen anerkennt, weil es sich verhaltensgerecht und artgemäß behandelt fühlt. Diese Empfindung hat ihre Parallele in der Rangordnung der Wildherde, in der das Individuum sich geborgen fühlt und den Überlegenen gern respektiert. Das Spiel mit der Angst, in dem die Furcht des Pferdes vor dem Menschen größer ist als alle anderen Gegebenheiten, schafft kein Vertrauen und schadet dem Tier auf Dauer körperlich und seelisch.

Reiterliche Hilfen →*Hilfen.*

Reiterspiele sind so alt wie das Reiten selbst. Stets bildeten sie festliche Höhepunkte, wenn die Reiter zu allen Zeiten Geschick, Mut und Können auf dem Pferderücken vor großem Publikum zu beweisen hatten. Besonders die berittenen Krieger längst vergangener Reitervölker wurden von ihren Stammesoberen angehalten, durch fortwährende Übungen ihre Kampfkraft zu erhöhen. So hatte das Spiel auch immer eine ernsthafte Kehrseite. Reiterspiele sind vielfältig, die einfachsten sind Wettrennen und Verfolgungsritte, bei denen ein anderer Reiter eingeholt oder

Reiterspiel »Ungarische Post« (Hengstparade Landgestüt Celle).

ihm ein Gegenstand entrissen werden musste, oder die kriegerischen Varianten Bogenschießen und Speerwerfen vom Pferd aus, bei denen bestimmte Ziele von einer bestimmten Laufspur aus zu treffen waren. Akrobatik auf wild galoppierendem Pferd, Ballspiel mit Schlagstöcken oder Kampf des Reiters mit dem Stier – alle diese Spiele haben ihren Ursprung im asiatischen (→*Gymkhana*) oder kleinasiatischen Raum. Aus dem Mittelalter stammen die Reiterspiele mit Lanze, bei denen der Gegner aus dem Sattel gestoßen oder bestimmte Ziele mit der Lanzenspitze getroffen werden mussten (Pflockstechen, Figuren oder Kadaver aufspießen oder Ringreiten), wieder später mussten bestimmte Ziele mit dem Säbel im Vorbeireiten getroffen oder hängende bzw. am Boden liegende Gegenstände mit der Hand ergriffen werden. Heute haben die Reiterspiele vorwiegend friedlich sportlichen Charakter, die Möglichkeiten und Varianten sind nahezu unerschöpflich. →*Buzkaschi*, →*Pato*, →*Polo*, →*Pushball*, →*Ringstechen*, →*Rodeo*, →*Stierkampf zu Pferd* und →*Voltigieren*.

Reithalfter Zusätzlicher Nasenriemen für Trensen- und Kandarenzäumung, der das Aufsperren des Pferdemaules verhindern und den →*Zügelhilfen* mehr Nachdruck verleihen soll. →*Zäumung*.

Reitjagd Die Jagd zu Pferde diente ursprünglich dem nüchternen Zweck, flüchtiges Wild für die menschliche Ernährung zu erbeuten. Vor der Domestikation des Pferdes jagte der Mensch zu Fuß, sein Jagdgefährte war der Hund. Als Reiter jedoch nutzte er die Schnelligkeit von Pferd und Hund, um wesentlich müheloser reiche Beute zu machen. Die reitenden Jäger folgten den Hunden, die das Wild aufspürten, hetzten und stellten. Zu jener Zeit wurden Hindernisse im Gelände gern umgangen und nicht übersprungen, weil Springen nicht üblich und eine Springtechnik unbekannt war, und weil man die Pferde schonen wollte. Das Jagdreiten hinter lebendem Wild ist heute noch beliebt in England, Frankreich und Italien, meist hinter Fuchs, Hase oder Wildschwein. In Frankreich reitet man auch hinter dem Hirsch, der zu Beginn der Jagd aus einer Kiste entlassen und zum Schluss wieder eingefangen wird. In Deutschland ist Jagdreiten hinter lebendem Wild aus tierschützerischen Erwägungen gesetzlich verboten. Da in unserem dicht besiedelten und kultivierten Land ein Querfeldeinreiten wie hinter lebendem Wild unmöglich ist, wird die Jagdstrecke genau vorherbestimmt. Um der Sache eine sportliche und spannende Note zu verleihen, bezieht man künstliche und natürliche Hindernisse mit ein, die überwunden werden sollen. Die herbstliche Reitjagd gilt als Höhepunkt des Reiterjahres und wird als ein gesellschaftliches Ereignis angesehen, bei dem das traditionelle Zeremoniell stark in den Vordergrund tritt. Die Teilnehmer erscheinen im roten, grünen oder schwarzen Rock mit Jagdkappe, heller Reithose und Stulpenstiefeln, und eine Bläsergruppe umrahmt das feierliche Geschehen mit altüberlieferten Jagdsignalen.

Hierzulande unterscheidet man drei Varianten des Jagdreitens:

1. Die Schleppjagd hinter der Meute. Als Ersatz für eine echte Wildfährte legt man eine künstliche, stark riechende Duftspur mit getränktem Schwamm- oder Tropfgefäß, auf der die Hunde entlanghetzen, weil sie wissen, dass am Ende als Belohnung das Futter auf sie wartet. Die Reiter folgen in gebührendem Abstand.
2. Reitjagd hinter dem »Fuchs« (ohne Hunde). Ein Reiter, an dessen linker Schulter ein Fuchsschwanz befestigt ist, reitet stellvertretend und als Ersatz für die Meute voraus. Das Jagdfeld folgt auf Sichtweite. Am Ende wird durch Hornsignal die »Jagd auf den Fuchs« freigegeben, und jeder Reiter versucht nun, dem schnell galoppierenden und hakenschlagenden Fuchsdarsteller den Fuchsschwanz von der linken Seite aus zu entreißen.

Schema einer Schleppjagd

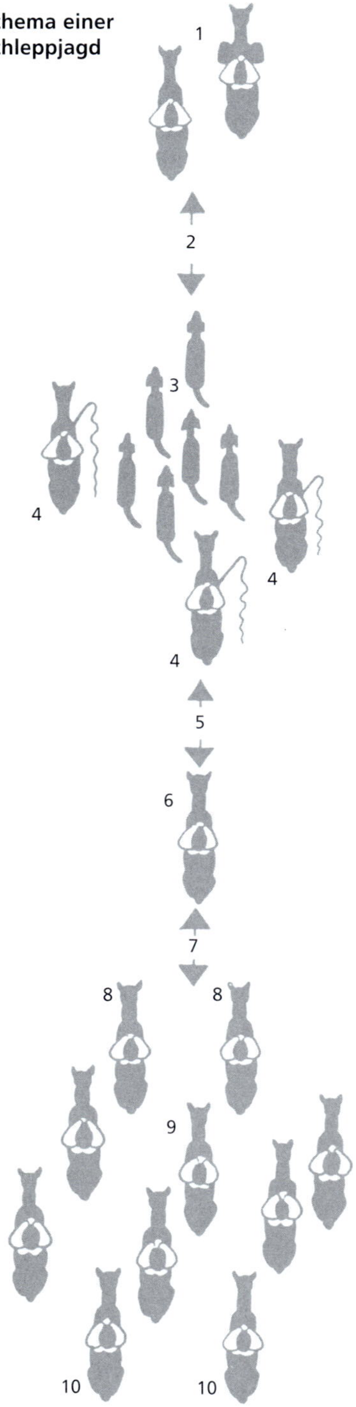

3. Die Schnitzeljagd (ohne Hunde). Hier wird die Jagdstrecke von einem Vorausreitenden durch Papierschnitzel markiert.

Eine Schleppjagd wird von bestimmten Personen repräsentiert und diszipliniert; einige von ihnen sind durch Armbinden gekennzeichnet:

1. Der Jagdherr als einladender Gastgeber (weiß-schwarz-weiße Armbinde links).
2. Der Master als Jagdleiter, ein erfahrener Reiter, der den Aufbau der Jagdstrecke und das gesamte Geschehen während der Jagd bestimmt. Seinen Anordnungen ist unbedingt Folge zu leisten (weiße Armbinde rechts).
3. Der Feldpikör, ein erfahrener Reiter, der den Master in seiner Ordnungsfunktion unterstützt (grüne Armbinde links).
4. Der Huntsman, Oberpikör und Chef der Meute (grüne Armbinde links).
5. Der Pikör, Gehilfe des Huntsman, beherrscht die Meute mit kurzstieliger, langer Peitsche (grüne Armbinde links).
6. Schleppe, meist zwei Reiter, die eine künstliche Duftspur (z. B. Anisflüssigkeit) für die Lauflinie der Meute legen. Entweder wird ein getränkter Schwamm an einem Seil über den Boden geschleppt (geschleift), oder die Flüssigkeit tropft während des Reitens langsam aus zwei beiderseits des Sattels befestigten Behältern.

Die Reihenfolge der Teilnehmer:

1 Schleppenleger mit Begleiter
2 Etwa 3 km Abstand
3 Meute
4 Piköre mit Hetzpeitschen hinter der Meute
5 20–50 m Abstand
6 Master, der nicht überholt werden darf. Vor ihm reiten die Piköre der Meute.
7 Etwa 10 m Abstand
8 Jagdherr mit Feldpikören, die für Ordnung sorgen
9 Erstes Feld mit vorwiegend erfahrenen Reitern
10 Feldpiköre am Schluss des Feldes, die sich um hilfsbedürftige Teilnehmer kümmern. Mit etwa 300 m Abstand folgen dann das zweite und das dritte Feld.

Die Meute besteht zumeist aus etwa 10 bis 12 Koppeln (das sind je 2 Hunde), also etwa 20 bis 24 gefleckten, brackenähnlichen Hunden (Foxhounds), die große Schnelligkeit entwickeln. Jedes der Tiere hat einen langen, sorgfältig geführten Stammbaum. Die Ausbildung erfolgt, indem man jeweils 2 Hunde mit einem Riemen zusammenkoppelt, daher der Begriff »Koppel«. Eine kleinere Rasse (Beagels), die ursprünglich für die Hasenjagd gezüchtet wurde, ist seltener als Meute zu beobachten. Jede Meute hat einen Leit- oder Kopfhund, der auf der Jagd allen voran die Fährte findet und hält. Innerhalb der Meute herrscht eine strenge und harte Rangordnung.

Zur Vermeidung von Unfällen gelten während der Jagd bestimmte Regeln:

1. Es sollten nur Reiter und Pferde teilnehmen, deren Fähigkeit und Ausbildungsgrad den Anforderungen gewachsen sind.
2. Der Master darf keinesfalls überholt werden.
3. Stets seitlich versetzt, also »auf Lücke reiten«, damit der Vorderreiter nicht die Sicht auf plötzlich auftauchende Hindernisse verdeckt.
4. Stets genau geradeaus und nicht schräg reiten und springen, die Lauflinie eines Reiters darf nicht geschnitten werden.
5. Mindestabstand von Reiter zu Reiter sind 20 m, damit ein Stürzender nicht vom Nachfolgenden überritten wird.
6. Wird ein Pferd zu heftig, muss zur Volte seitlich herausgeritten werden.
7. Verweigert ein Pferd den Sprung, muss das Hindernis sofort frei gemacht werden.

Die Länge einer Jagdstrecke beträgt durchschnittlich 10–15 km und zählt etwa 20–30 Hindernisse, die entweder an den Seiten geschlossen sind, so dass gesprungen werden muss, oder aber seitlich Raum zum Vorbeireiten bieten, um auch weniger befähigten Reitern und Pferden die Möglichkeit zur Teilnahme zu geben.

Eine Reitjagd stellt ein freudvolles, sportliches Ereignis dar, das von absoluter Fairness bestimmt wird, ehrgeiziges Wettbewerbsdenken ist verpönt. Zu Beginn versammeln sich die geladenen Gäste beim Stelldichein. Die Teilnehmer sitzen auf und gruppieren sich im Halbkreis um den Jagdherrn, umrahmt von den Zuschauern. Nachdem die ersten Jagdsignale verklungen sind,

Huntsman und Piköre mit der Meute reiten zum Stelldichein.

begrüßt der Jagdherr die Gäste durch eine kurze Ansprache und gibt notwendige Richtlinien für die Jagd. Inzwischen sind die Schleppenleger bereits unterwegs, um die Fährte für die Meute zu markieren. Nach dem Hornsignal »Aufbruch zur Jagd« setzt sich die Meute unter hellem Geläut (Gebell) in Bewegung, begleitet vom Huntsman und mehreren Pikören. Um die Jagd zu bereichern, wird unterwegs die Duftspur unterbrochen, damit die Hunde die Fährte erneut suchen müssen (check). Durch die kurzen Aufenthalte zeigt die Meute erneuten Eifer bei Wiederauffindung der Spur, und für die Pferde entsteht eine kleine Verschnaufpause. Dann folgt der Master mit den Feldpikören und dem Jagdfeld. Wurden viele Teilnehmer geladen, so teilt man das Jagdfeld notfalls in mehrere Felder zu je etwa 25 Reitern. Am Treffpunkt, dem »Halali«, empfängt man die Reiter wiederum mit Hörnerklang, und jeder Teilnehmer erhält einen Bruch (kleiner Eichen-, Kiefer- oder Tannenzweig) vom Jagdherren oder aus zarter Hand. Sodann werden die Hunde durch das »Curée genossen gemacht«, das heißt, sie erhalten als verdiente Belohnung Pansen oder anderes Fleisch, welches dem Aufbruch des Wildes (Innereien, Eingeweide usw.) entspricht. Beim abschließenden Jagdfrühstück werden die Ereignisse der Jagd diskutiert. Eine sachliche Kritik zur Erweiterung des Erfahrungsschatzes ist stets geboten.

Reitkappe Traditionelle Kopfbedeckung für den Jagd- und Springreiter. Sie sollte stets aus sturzfestem Material sein und aus Sicherheitsgründen auch für reitende Kinder zur Standardausrüstung zählen.

Reithelm und sturzfeste Reitkappe.

Reitkleidung Für den täglichen Gebrauch sollte stets die absolute Zweckmäßigkeit Vorrang haben. Dazu gehört unbedingt die sturzfeste Reitkappe. Reithose und lange Reitstiefel können ebenso sachgerecht sein wie Jeans und kurze Stiefel. Für den Turniersport und die Reitjagd hat sich eine traditionelle Etikette der Kleidung erhalten, die sich in einigen Disziplinen unterscheidet.

Auf Pferdeleistungsschauen allgemein: Schwarze Reitjacke, helle Reithose, schwarze Reitstiefel, schwarzer, steifer, runder Hut oder schwarze Reitkappe, weißes Hemd oder Bluse mit weißer Krawatte und helle Handschuhe.

Für Dressurprüfungen und Quadrillen: Schwarze Reitjacke oder Reitrock oder zweireihiger Reitfrack in schwarz, mitternachtsblau, dunkelgrün oder -braun mit Goldknöpfen; Weste, weiße Reithose oder lange schwarze Hose mit Stiefeletten, schwarze Reitstiefel, Zylinder oder Halbzylinder, weißes Hemd oder Bluse, weißer Plastron mit Anstecknadel und weiße Handschuhe.

Für Springprüfungen und Reitjagd: Wie auf Pferdeleistungsschauen allgemein (siehe oben) oder roter oder grüner Rock oder rote Reitjacke, Weste, weiße Reithose, schwarze Stiefel mit oder ohne braune Stulpen, schwarze Reitkappe oder Zylinder oder Halbzylinder, weißes Hemd oder Bluse, weißer Plastron und weiße Handschuhe.

Reitschule Auch Reitstall. Die in der Bundesrepublik Deutschland bestehenden Reitinstitute, in denen jedermann oder ausschließlich bereits vorgebildete Reiter eine Reitausbildung absolvieren können, müssen von der →*FN* anerkannt sein. Ihre unterschiedliche Qualifikation ist auch für den Laien leicht ersichtlich durch bestimmte Plaketten gekennzeichnet:

FN-Plaketten zur Kennzeichnung der Reitschule. Die Schilder 1 – 3 sind gelb, 4 ist orange und 5 hellgrün gefärbt.

1. »Anerkannte Fachschule für Reit- und Fahrausbildung«, für die Fortbildung fortgeschrittener Reiter und Ausbildung des Reitlehrernachwuchses.
2. »Anerkannte Reit- und Fahrschule«, für die Ausbildung fortgeschrittener Reiter und Ausbilder.
3. »Anerkannter Reitausbildungsbetrieb«, für die Ausbildung von Berufsreitern.
4. »Reitstall A«, für die Ausbildung des Amateurs, Erwerb des →*Deutschen Reiterabzeichens* in Bronze ist möglich.
5. »Reitstall«, Reitbetrieb mit Verleihpferden, der hinsichtlich des Personals und der Einrichtung bestimmten Mindestanforderungen der FN genügen muss.

Reitsitz →*Sitz des Reiters.*

Reitstiefel oder Reitschuhe können je nach Vorstellung des Reiters lang oder kurz sein. Wichtig jedoch ist, dass die Sohle durchgehend in den Absatz verläuft. Endet sie wie üblich in der Mitte des Fußes, könnte sie sich lösen und bei einem Sturz des Reiters im Bügel festhaken und ihn mitschleifen.

Reitweise Begriff für reiterliche Beherrschung des Pferdes durch spezifische Hilfengebung, die ein bestimmtes Ziel der Ausbildung verfolgt. Die Gemeinsamkeiten aller Reitweisen sind größer als ihre Unterschiede, da physikalische und anatomische Gesetzmäßigkeiten von Pferd und Reiter stets die gleichen bleiben. Das Pferd muss unter der ungewohnten Reiterlast im Einklang mit dem Reiter sein Gleichgewicht wieder finden. Der Reiter muss den Tragapparat des Pferdes gymnastizieren, trainieren und kräftigen, damit es das zusätzliche Reitergewicht, das von der Natur nicht vorgesehen ist, auf Dauer ohne gesundheitlichen Schaden tragen kann. Und der Reiter muss einen schwerpunktgleichen, ausbalancierten und einschmiegsamen Sitz finden, um das Pferd in jeder Bewegung durch einfühlsame Hilfengebung unterstützen und gleichzeitig beherrschen zu können. Diese Kriterien sind für jede Reitweise verbindlich; wenn sie erfüllt sind, kann mit speziellen Aufgaben begonnen werden. Der Pferdetyp bestimmt die Reitweise, die Reitweise bestimmt den Verwendungszweck des Pferdes. Die Wahl eines ungeeigneten Pferdes für eine bestimmte Reitweise kann, wenn nicht in grobe, so doch in subtile Tierquälerei ausarten. Das Pferd sollte stets in einer Reitweise geritten werden, die der Anatomie seines Körperbaues, seiner Mentalität und seinen naturgegebenen Fähigkeiten entgegenkommt. Dies muss nicht ausschließen, dass sich manche Pferde für mehrere Reitmethoden eignen können. Sattlung und Zäumung sollten genau auf Reitweise und Verwendungszweck des Pferdes abgestimmt sein, damit das Wohlbefinden des Pferdes unter dem Reiter nicht leidet und Widersetzlichkeiten aus Schmerzgründen ausgeschlossen sind. Reitweisen können nicht gegeneinander gewertet werden, weil sie vom Selbstzweck bis zum Gebrauchszweck verschiedenen Zielvorstellungen dienen. Jede Reitweise, die aus tierschützerischer Sicht zuallererst Wohlbefinden und Gesundheit des Pferdes berücksichtigt und keine Überforderungen verlangt, hat ihre Daseinsberechtigung. Ohnehin erlangt eine Reitweise ihren wirklichen Stellenwert erst bei Ausübung durch einen fähigen, einfühlsamen und verständnisvollen Reiter. Mittlerweile haben folgende Reitweisen und entsprechende Pferderassen ihre Anhänger gefunden:

□ Klassische Reitkunst in barocker Tradition. Pferdetypen vornehmlich Andalusier, Lusitano, Lipizzaner, Friese, Kladruber.

□ Spanische (iberische) Reitweise, Gebrauchsreiterei des Vaqueros mit mehr oder minder gehobenem Dressuranspruch. Pferdetypen Andalusier, Lusitano.

□ Gardian-Reitweise, Anlehnung an iberische Reitweise. Pferdetyp Camarguepferd.

□ Englische Reitweise, internationaler Turniersport (Dressur, Springen, Vielseitigkeit). Pferdetypen vornehmlich Warmblutpferd, auch Vollblutpferd.

□ Amerikanische Reitweise (Westernreiten), Gebrauchsreiterei des Cowboys. Pferdetypen vornehmlich Western Horses.

□ Gangpferdereitweise (Tölt, Passgang), Gebrauchsreiterei in Island und Lateinamerika, Show-Wettbewerb in den USA. Pferdetypen Islandpferd, lateinamerikanische und nordamerikanische Töltrassen.

→*Amerikanische Reitweise,* →*Dressurreiten,* →*Englische Reitweise,* →*Gangpferde,* →*Gangarten,* →*Klassische Reitkunst,* →*Spanische Reitweise,* →*Springreiten.*

Rejoneador Stierkämpfer zu Pferd in Spanien und Portugal. Hervorragender Dressurreiter, der meist auch in etwas abgewandelter Form Lektionen der →*Hohen Schule* beherrscht. →*Stierkampf zu Pferd.*

Rekordleistungen des Pferdes, die als Weltbestleistungen registriert wurden und wohl auch als annähernde Höchstleistungen des Tieres überhaupt gelten können, sind:

□ Hochsprung (mit Reiter) etwa 2,50 m,

□ Weitsprung (mit Reiter) etwa 8,30 m,

□ Höchstgeschwindigkeit im Galopp (Rennpferd mit Reiter) über eine Strecke von 1000 m etwa 60 Sekunden,

□ Höchstgeschwindigkeit im Renntrab (vor dem Sulky) über 1000 m unter 60 Sekunden, also schneller als Galopp,

□ Distanzreiten 90 km in 2 ¾ Stunden, also etwa 32 km in der Stunde in einem durchgehenden Ritt,

□ Schwerzugleistung eines Gespannes etwa 20 000 kg.

Remise Überdachter Einstellplatz für Pferdewagen.

Remonte Junges Pferd, das eben erst zugeritten wird.

Rennkalender Offizielles Verlautbarungsorgan für alle den Galoppsport betreffenden Daten und Richtlinien, wie z. B. Nennungen, Gewichtsreglement, Rennen, Handicap, Stallfarben usw. Der englische Rennkalender erscheint seit 1727 bei der englischen Firma Weatherby. →*Vollblutzucht.*

Rennordnung Verbindlicher Richtlinienkatalog für den Galoppsport in Deutschland, erlassen vom →*Direktorium für Vollblutzucht und Rennen,* dem auch die Kontrolle der Durchführung obliegt. Das Direktorium erteilt Berufslizenzen (z. B. für Jockey und Trainer) und genehmigt Rennveranstaltungen.

Rennpferd Auf Schnelligkeit gezüchtetes Pferd, z. B. →*Englisches Vollblut,* →*Achal-Tekkiner,* →*Arabisches Vollblut* und verschiedene Halbblutzuchten.

Rennsattel Kleine und leichte Auflage für das Rennpferd im →*Galopprennen.* Die Sattelblätter sind weit nach vorn gezogen, um dem Jockey das Anlegen der durch die kurz geschnallten Bügel hochgeschobenen Knie zu ermöglichen. →*Sattlung.*

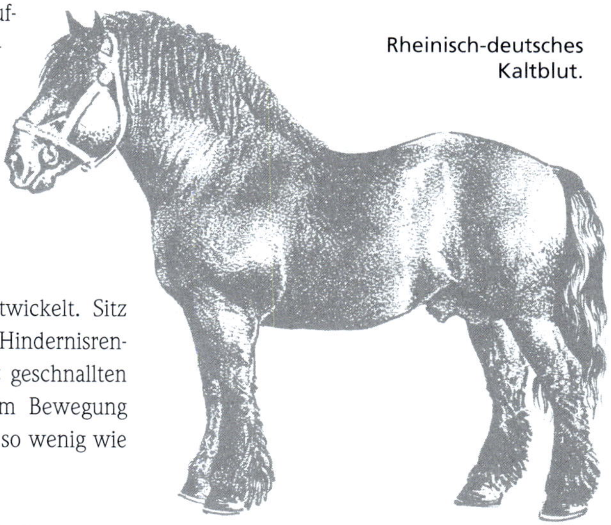

Rheinisch-deutsches Kaltblut.

Rennsitz Wurde in Amerika entwickelt. Sitz des Rennreiters in Galopp- und Hindernisrennen. Der →*Jockey* reitet mit kurz geschnallten Bügeln und »kniet« im Sattel, um Bewegung und Spannkraft des Pferderückens so wenig wie möglich zu behindern.

Rennsport →*Galopprennen,* →*Trabrennen.*

Rennverein Örtliche Institution des Galoppsports, die eine Rennbahn unterhält und Trainingsbetrieb und Rennen organisiert. In verbindlicher Weise dem obersten Verband in Deutschland, dem →*Direktorium für Vollblutzucht und Rennen* angeschlossen.

Renvers (franz.), bedeutet »nach hinten beugen, umstellen«. Seitengang auf 2 Hufschlägen. Die Vorhand ist in Bewegungsrichtung geradeaus gestellt und geht auf dem zweiten, inneren Hufschlag, während die Hinterhand um den äußeren Reiterschenkel gebogen sich leicht zur Bande wendet und sich auf dem äußeren Hufschlag befindet (insgesamt 4 Hufspuren). Das Maß der Längsbiegung wird durch den Grad der →*Versammlung* bestimmt. Renvers ist die Gegenlektion von →*Travers,* die reiterlichen Hilfen sind deshalb im umgekehrten Sinn die gleichen. Renvers rechts wird auf der rechte Hand und Renvers links auf der linken Hand geritten. →*Seitengänge.*

Rheinisch-deutsches Kaltblut Ehemals im Rheinland beheimatet, schweres Arbeitspferd von annähernd 1000 kg Körpergewicht und einer Widerristhöhe von 160–170 cm Stockmaß. Die Zucht ist mangels Bedarf an Arbeitspferden mittlerweile nahezu eingestellt worden. Als Restbestand existiert in Westfalen eine Erhaltungszucht mit etwa 200 Zuchttieren, die durch Einkreuzung des →*Ardenners* jedoch kleiner und leichter gerieten.

Rheinländer Warmblut →*Westfale.*

Ridinger Johann Elias (1698–1767). Maler, Zeichner, Radierer und Kupferstecher, professioneller Bildchronist der Reiterei und Jagd seiner Zeit. Er verfügte, obwohl selbst kein praktischer Reiter, über gründliche Reitkenntnisse und handwerkliche Meisterschaft seines Berufes, denen die Nachwelt eine große Zahl seiner berühmten Kupferstiche verdankt. 1734 erschien eine Folge von 18 Blättern über die Lektionen der →*Hohen Schule,* die zu seinen gelungensten Arbeiten zählt: »Neue Reitschul vorstellend einen vollkommenen Reuter in allen Lektionen«. 1760 folgte ein Gesamtwerk mit 46 Abbildungen über die Reiterei seiner Zeit: »Vorstellung und Beschreibung derer Schul-Campagne Pferden nach ihren Lektionen«, die auch die Gebrauchs-

und Geländereiterei sowie die Erziehung des Pferdes umfasst. Offenbar aber waren ihm die Erkenntnisse des Franzosen →*Guérinière* noch unbekannt, seine Bilder zeigen den veralteten →*Spaltsitz* und insgesamt eine Reitweise, die in das 17. Jh. zurückführt. →*Pferd in der bildenden Kunst.*

riegeln Kräftiges Hin- und Herziehen des Trensenmundstückes im Maul des Pferdes durch wechselseitigen Zügelanzug, um eine →*Beizäumung* vorzutäuschen. Fundamentaler Fehler in der →*Zügelführung.*

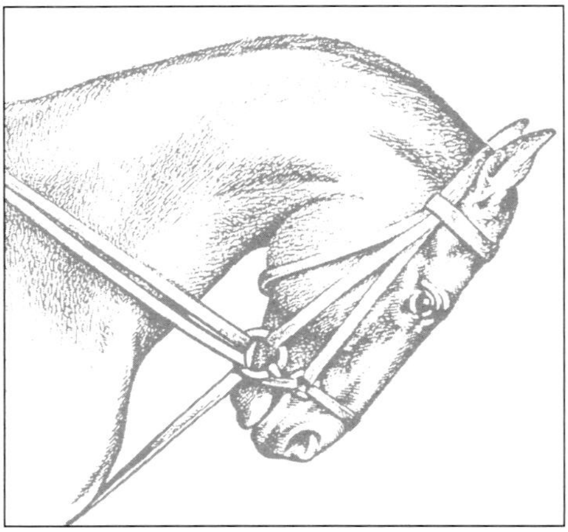

Das Riegeln mit Schlaufzügeln ist besonders verwerflich und kann den Tatbestand der Tierquälerei erfüllen.

Ringmartingal →*Martingal.*

Ringstechen →*Reiterspiel.* Der Reiter muss in vollem Galopp mit einer Lanze durch einen bis in Kopfhöhe hoch hängenden Ring stoßen, diesen »aufspießen« und mitnehmen. Das Spiel entwickelte sich aus dem mittelalterlichen Turnier der »Lanzenritter«, die sich gegenseitig vom Pferd zu stoßen versuchten.

rittig Gut ausgebildetes und durchlässiges Reitpferd, dessen Körperbau bereits entsprechende naturgegebene Veranlagung zeigt.

Robusthaltung Ganzjährige Haltung des Pferdes im Freien mit →*Offenstall.*

Robustpferde Pferderassen, die der Mensch in züchterischem Sinne nur wenig verändert hat. Sie gleichen ihren eiszeitlichen Urahnen und sind deshalb fähig, in der ihnen gemäßen Umwelt ohne gesundheitlichen Schaden ganzjährig im Freien zu leben. Wesentlich ist aber immer, dass diese Pferde in der gleichartigen Umwelt gehalten werden, die ihnen von alters her ihre spezifischen Eigenschaften verliehen hat. Entspricht die Umwelt jedoch nicht mehr den ursprünglichen Bedingungen, muss der Mensch Ergänzungen schaffen, wie z. B. Stall, zusätzliche Fütterung etc. Beispiel: →*Arabisches Vollblut* im trockenheißen Wüstenklima und →*Exmoorpony* im feuchtkalten, atlantischen Regenklima. Beide Rassen zählen, jeweils in ihrer Heimat, zu den Robustpferden mit großer Widerstandskraft gegen widrige Umwelteinflüsse. Würde man sie vertauschen, den Araber nach Norden und das Pony nach Süden, so wären ihre Überlebenschancen bei ganzjähriger Haltung im Freien in Frage gestellt. →*Primitivrassen,* →*Wild lebende Pferde.*

Rodeo Ursprünglich alljährliches Volksfest der Cowboys in Nordamerika, heute professionelle Show vor zahlendem Publikum, in der die beruflichen Fertigkeiten der Viehhirten in perfektionierter Form vorgeführt werden. Einige der attraktivsten Darbietungen sind unter anderem:
»Calf roping« (Kälberfangen mit dem Lasso): Das Kalb wird vom galoppierenden Pferd aus mit dem Lasso gefangen und niedergeworfen. Während das Pferd wie angewurzelt stehen bleibt und das Lasso straff hält, rennt der Cowboy zum Kalb hin und fesselt es an drei Beinen. Wettbewerb nach Zeit, Spitzenleistung etwa 12 Sekunden.
»Steer wrestling« (Niederringen des Stieres): Der Cowboy springt von seinem neben dem Stier galoppierenden Pferd, ergreift die Hörner und

wirft den Stier durch Verdrehen des Kopfes zu Boden.
Sodann das Reiten auf bockendem Pferd oder Bullen, die durch einen Flankengurt zu heftigen Sprüngen veranlasst werden. Der Reiter muss etwa 8 Sekunden auf dem Rücken aushalten, u. a. m. →*Amerikanische Reitweise.*

Röhrbeinumfang Knochenstärke der Gliedmaße. Wird mit dem Bandmaß gleich unterhalb des Vorderfußwurzelgelenkes gemessen. →*Exterieur.*

Rope Horse (engl.) Lasso-Pferd, zum Einfangen von Rindern oder Pferden mit dem Lasso abgerichtetes Cowboypferd (Western Horse). Sobald ein Rind mit der Lassoschlinge gefangen und zu Boden geworfen ist, hält es das am Sattelknauf befestigte Seil selbsttätig gespannt, um das Aufspringen und Davonlaufen des Rindes zu verhindern. Während dieses Augenblickes läuft der Cowboy zu dem gefangenen Tier, um es zu fesseln.

Ross Synonym für Pferd, in Süddeutschland, Österreich und der Schweiz gebräuchlich.

Rosse Paarungsbereitschaft der Stute. Dauer etwa 6–8 Tage, günstigste Befruchtung etwa 2 Tage vor dem Ende der Rosse. Kann bei Stallpferden periodisch während des ganzen Jahres auftreten. Normalerweise jedoch von März bis September alle 3–4 Wochen. Frei lebende Robustpferde rossen einige Male im Frühjahr und seltener noch einmal im Herbst.
Die Anzeichen der Rosse können je nach Alter, Rasse, Klima und Gesundheitszustand der Stute verschieden sein. Normalerweise zeigt sich die Stute unruhig und kitzlig, die geröteten Schamlippen öffnen sich häufig in zuckendem Rhythmus und Schleim und Harn werden abgesondert. Die »stille Rosse« hingegen ist schwer zu erkennen, die Schamlippen sind blass, und die Stute zeigt keinerlei Auswirkungen, es sei denn, man führt sie einem Hengst zu. Junge Stuten wehren sich oftmals zu Anfang gegen den Hengst, obwohl sie rossig sind. Bei der »Scheinrosse« zeigt die Stute einige Symptome der echten Rosse, jedoch bleibt die Schamlippenfärbung blass und die Scheide faltig und eingetrocknet. Wenngleich die Paarung geduldet wird, erfolgt keine Befruchtung, weil kein Eisprung vorausgegangen ist.
Die »Fohlenrosse« zeigt sich 9 Tage nach Geburt eines Fohlens, eine Befruchtung zu diesem Zeitpunkt ist jedoch wenig erfolgreich. Der günstigere Decktermin liegt in der darauf folgenden Rosse, 3 Wochen später. Dauert eine Rosse länger als 10 Tage, so liegt eine Erkrankung von Gebärmutter oder Eierstöcken vor.

Rotz Durch Bazillen übertragbare, hochansteckende Krankheit, von der auch Menschen infiziert werden können. Man unterscheidet Nasen-, Zungen- und Hautrotz, von denen der erste am häufigsten ist. Anzeichen: Geschwüre, meist einseitiger, eitriger und blutiger Nasenausfluss, einseitige harte Schwellung der Kehlganglymphknoten. Anzeigepflichtige Seuche. →*Gewährsmangel.*

Rückenformen →*Körperformen.*

Rückengänger Bezeichnung für gut gerittenes Reitpferd mit gelöstem, entspanntem Rücken, das den Reiter im Sattel in der Gangbewegung (besonders im Trab spürbar) weich mitschwingen lässt. →*Losgelassenheit.*

Rückentätigkeit Unverkrampftes Spiel der Rückenmuskulatur des Pferdes während der Gangbewegung. Der Rücken bildet gewissermaßen die Hängebrücke zwischen Vor- und Hinterhand, auf der das Reitergewicht lastet, seine Länge, Tragkraft und Elastizität ist von entscheidender Bedeutung für die gesamte Leistungsfähigkeit des Reitpferdes. Die Rückenmuskulatur muss durch den Reiter ständig und lebenslang gymnastiziert und entspannt werden, damit der empfindliche Pferderücken unter der Reiterlast geschmeidig und losgelassen federn und mitschwingen kann. Lösende Übungen wie »In-die-Tiefe-Strecken« der Kopf-Hals-Partie und Cavaletti-Arbeit veranlassen Nackenband und Rückenmuskulatur zu geschmeidiger →*Losgelassenheit,* ohne die keine →*Versammlung* möglich ist. Die Rückentätigkeit ist beim →*Longieren* ohne Sattel sichtbar, mit der vorschwingenden Hintergliedmaße wölben sich die gleichseitigen Rückenmuskeln auf, mit der rückwärts gestreckten Hintergliedmaße flachen sie ab. Ein sehr langer Pferderücken ist schwieriger zu gymnastizieren als ein kürzerer. →*Rückengänger,* →*Schenkelgänger,* →*Spannungsbogen.*

Rückwärtsrichten unter dem Reiter ist ein Prüfstein für →*Durchlässigkeit* und Gehorsam des Pferdes, da es von Natur aus ungern rückwärts tritt. Es muss dabei auf gerader Linie und in →*Versammlung* bleiben. Die Fußfolge ist die des Trabes. Die Hilfen werden wechselnd einseitig im Takt der Tritte gegeben. Man soll stets nur wenige Tritte verlangen und anschließend sogleich wieder vorwärts reiten. Rückwärtsrichten ist eine Übung für vermehrtes Untersetzen der Hinterhand. Wenn ein Pferd aus dem Rückwärtsrichten durch feinste Hilfengebung sogleich zum Vorwärtsgehen veranlasst werden kann, ist dies ein Zeichen der erhöhter Durchlässigkeit.

Rumpler Stolpern des Pferdes ohne Sturz z. B. beim Rennen.

Running-walk Englische Bezeichnung für Tölt. →*Gangarten.*

Russische Anspannung Dieser Fahrstil unterscheidet sich wesentlich von der Ungarischen und Englischen Anspannung. Man fährt Einspänner; dann Einspänner (Traber) mit galoppierendem Beipferd links, dann Troika (drei Pferde nebeneinander, mittleres Pferd als Traber, die beiden Außenpferde als Galoppierer) und schließlich im Tandem. Die Pferde tragen keine Scheuklappen, und die Leinenführung ist von der westlichen sehr verschieden. In der Troika sind die außen gehenden Galopp-Pferde innen angebunden und werden nur durch Außenleinen gelenkt, so dass die Köpfe meist nach außen gewendet sind, während der Traber der eigentlichen Leinenlenkung nachkommt. Typisch für die Troika sind das die Scherbäume verbindende Krummholz (→*Duga*) über dem Hals des Mittelpferdes und die auswärts gewendeten Köpfe der Beipferde. Der Traber in der Mitte ist auf Kumt geschirrt, die galoppierenden Beipferde tragen Sielengeschirre. →*Anspannung des Wagenpferdes.*

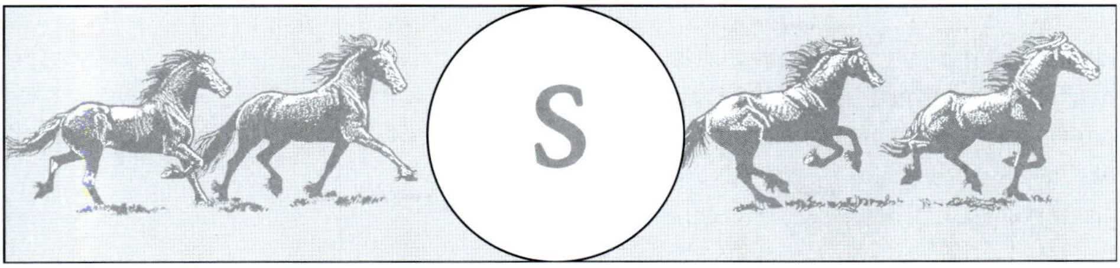

Saftfutter Bezeichnet sowohl frisches Gras, das als Hauptnahrung während des Weideganges aufgenommen wird, als auch Ergänzungen zur täglichen Futterration wie gemähtes Gras, Möhren, Rüben, →*Mash* und andere feuchte Beigaben, die stets in dosierten Mengen und nach allmählicher Gewöhnung zugefüttert werden. →*Fütterung.*

Sandkolik entsteht durch Aufnahme von zu viel Sand oder Erde, z. B. bei stark abgegraster Weide, wenn die Wurzelballen des Grases herausgezogen werden, oder Fressen von Erde bei Mineralstoffmangel und dergleichen mehr. Der Sand lagert sich im Magen ab und wird nicht mehr weiterbefördert. Es hat Pferde gegeben, die 6–8 kg Sand im Magen hatten und deshalb notgeschlachtet werden mussten.

Sankt Georg Schutzheiliger für Reiter und Pferd, Symbolfigur für Ritterlichkeit, die in der bildenden Kunst als Ritter auf einem Schimmel dargestellt wird, der mit der Lanze einen Drachen tötet. Das Vorbild soll der Legende nach ein orientalischer Prinz gewesen sein, der gegen Ende des 3. Jh. einen Drachen tötete, um eine Jungfrau aus Todesnot zu retten. Wenig später soll er als Märtyrer umgekommen sein. Wahrscheinlich wurde die Legende von zurückkehrenden Kreuzrittern zuerst in England verbreitet, wo die Normannen ihn zu ihrem Schutzpatron erkoren.

Sattel →*Sattlung.*

Satteldecke →*Sattlung.*

Satteldruck →*Druckstellen.*

Sattelgurt →*Schnurengurt.*

Sattelkammer Freier Raum zwischen Vorderzwiesel des Sattels und Widerrist des Pferdes. Die Sattelwölbung über dem Widerrist muss so hoch sein, dass bei hochgezogener Satteldecke bequem drei Finger Platz finden. Eine dem Widerrist aufliegende Sattelkammer verursacht schmerzhafte und schwer heilbare →*Druckstellen* und Scheuerwunden, die den reiterlichen Gebrauch des Pferdes ausschließen können. Satteldruck kann ebenso durch unpassenden Sattel sowie durch faltige und unsaubere Satteldecken entstehen, (→*Sattlung*). Sattelkammer nennt man auch den gegen Stalldunst isolierten, verschließbaren Raum im Stall zur Aufbewahrung der Pferdeausrüstung.

Sattellage →*Sattlung.*

Sattelpferd Das linke Pferd im Zweigespann, während das rechte Pferd immer als Handpferd bezeichnet wird. Begriff aus der Zeit der bespannten Artillerie, als die linksseitigen Pferde im Mehrgespann einen Reiter (also den Sattel) trugen. →*Handpferd.*

Sattelplatz Stehplatz für Zuschauer auf der Galopprennbahn, auf dem die Pferde für das Rennen vorbereitet und vor Beginn im Führring herumgeführt werden. →*Galopprennen.*

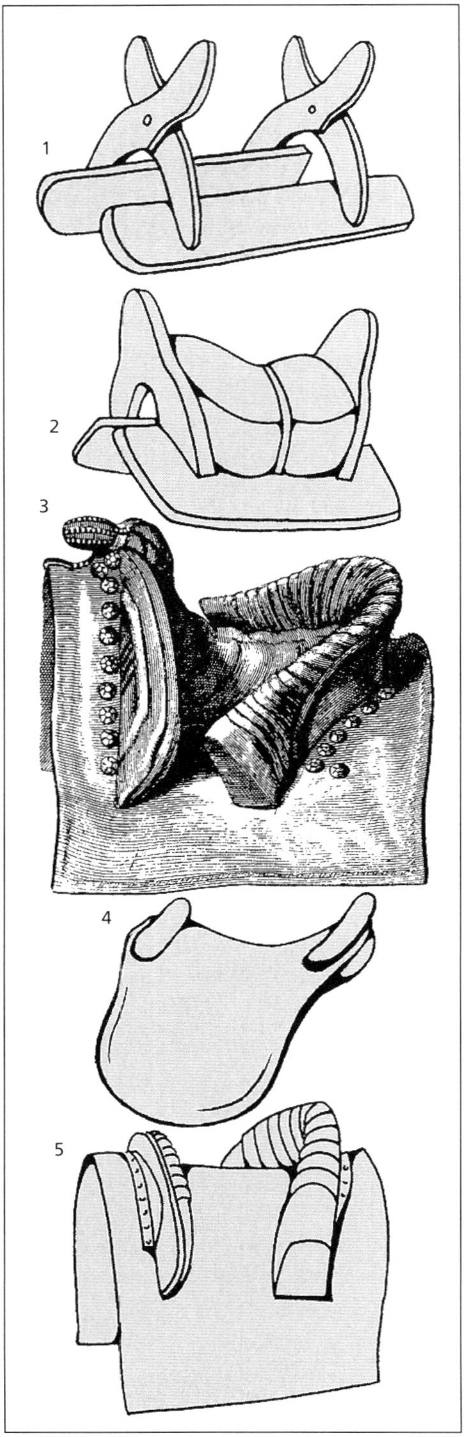

Sattelschloss →*Sturzfeder.*

Sattelseife Spezialseife zur Reinigung von Sattel, Zaumzeug und Geschirr.

Sattelzwang Starkes Unbehagen oder gar Schmerzempfindlichkeit des Pferdes bei und nach dem Anziehen des Sattelgurtes. Häufige Ursache für Bocken. Sattelzwang bildet sich nach und nach und nicht urplötzlich. Das Pferd empfindet Schmerzen im Rücken, die verschiedene Ursachen haben können (krankhafte Veränderung der Wirbelsäule, zu langer oder zu kurzer Rücken usw.). Ausreiben der Sattellage mit feuchtem Schwamm, beim Satteln anfangs ganz lockeres, dann allmähliches Nachgurten mit Pausen, in denen im Schritt herumgeführt wird, oder →*Longieren* können die Auswirkungen lindern, aber nicht beheben. Ursache ist auch zu schnelles und starkes Anziehen des Sattelgurtes von Anbeginn und eine sich daraus entwickelnde Zwangsneurose. Beim Aufsitzen sind größte Behutsamkeit und anfänglich möglichst geringe Belastung des Pferderückens geboten.

Sattlung Als der Mensch im Pferd das Reittier entdeckte (3. Jahrtausend v. Chr.), das zu einem der wesentlichen Helfer seiner Entwicklung wer-

Traditionelle Sattelformen:
1 Konstruktionsprinzip des Tragsattels asiatischer Nomaden
2 Polnischer Bocksattel mit großer Auflagefläche, die den Pferderücken auf Dauerritten schont, 11. Jh.
3 Westlicher Schulsattel, Form des mittelalterlichen Stechsattels, 16. Jh.
4 Heutige Form des Schulsattels der Spanischen Reitschule mit kleiner Auflagefläche, die Gewichtseinwirkung überträgt sich direkt und punktuell genau
5 Heutige Form des Schulsattels des Cadre Noir für die Schulen über der Erde (Sauteurs), die aus dem 16. Jh. übernommen ist. Vorder- und Hinterzwiesel verleihen dem Reiter einen unverrückbaren Sitz

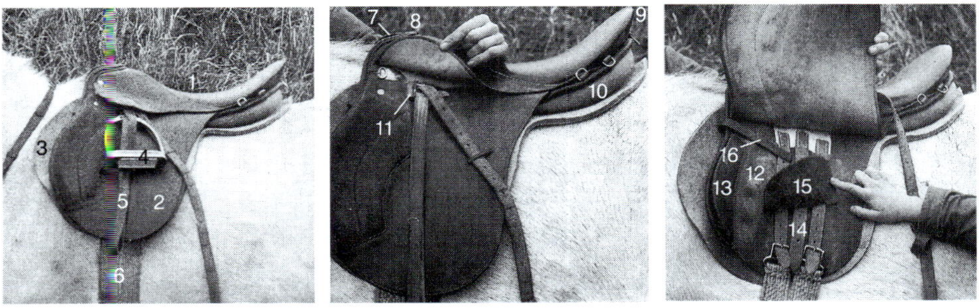

Teile des Sattels (Vielseitigkeitssattel):
1 Sitzfläche
2 Sattelblatt
3 Satteldecke
4 Steigbügel mit Gummieinlage
5 Steigbügelriemen
6 Schnurengurt
7 Sattelkammer
8 Vorderzwiesel
9 Hinterzwiesel (Sattelkranz)
10 Sattelpolster
11 Schloss mit Steigbügelriemen
12 Trachtenblatt
13 Kniepausche
14 Drei Strippen für Sattelgurt
15 Deckleder für Sattelgurtschnallen
16 Halteriemen für Satteldecke

den sollte, schwang er sich zunächst auf den blanken Pferderücken. Das Motiv für die Erfindung des Sattels war vermutlich nicht der Reiter, sondern die Gepäckbeförderung, denn auf blankem Pferderücken ließ sich nur wenig Gepäck befestigen, das zudem ständig verrutschte. Auf einem Tragsattelgestell hingegen konnten größere Mengen Waren und Hausrat unverrückbar fixiert werden.

Der Ursattel ist eine Erfindung innerasiatischer Nomaden, die Rentiere züchteten und sie auch (vor der Domestikation des Pferdes) zum Reiten benutzten. Der Tragsattel war aus Holz gefertigt und bestand aus zwei dem Rentierrücken etwas seitlich aufliegenden, parallel laufenden Sattelbrettern, die vorn und hinten durch je ein Holzkreuz verbunden waren. Als man den Sattel auf das Pferd übertrug und seine Nützlichkeit auch für den Reiter entdeckte, wurde er ständig fortentwickelt und komfortabler gestaltet. Dieser östliche Holzsattel bestand aus zwei dem Pferderücken aufliegenden Sattelbrettern, die vorn und hinten durch je einen Sattelbogen verbunden waren. Zwischen den Sattelbögen wurde ein Sitzleder gespannt, auf das für den Komfort des Reiters Kissen und Fell gelegt wurden. An den Sattelbrettern befestigte man Riemen für die eisernen Steigbügel und den Bauchgurt. Unter dem Sattel lag, zur Schonung des Pferderückens, eine Filzdecke oder ein Schaffell mit der Haarseite nach unten. Das Verrutschen des Sattels verhinderten Brustriemen und Schweifriemen oder Hinterzeug.

Das Konstruktionsprinzip hat sich für all jene Sättel bis heute nicht geändert, die tagelanger Dauerbenutzung unterliegen (z. B. Mongolensattel, Gardiansattel, Cowboysattel). Die langen und breiten Sattelbretter oder Trachten verteilen den Druck des Reitergewichtes auf eine große Fläche und schonen damit den Pferderücken. Beim modernen, kurzen Sportsattel hingegen wirkt der Druck nur auf eine kurze Fläche und belastet dadurch den Pferderücken erheblich stärker, was jedoch beabsichtigt ist, um punktuelle Gewichtseinwirkung zu erhöhen. Das Skelett des modernen Sportsattels besteht aus dem Sattelbaum aus Metall mit Holz oder Kunststoff, der in seiner Form sowohl dem Pferderücken als auch dem Reitergesäß nachempfunden ist. Die Sattelkammer, eine Aufwölbung oder Aussparung am Vorderzwiesel, muss dem Widerrist ausreichend Raum geben und darf ihn niemals berühren. Dieser Tunnel über der Wirbelsäule

Moderne Sattelformen:
1 Vielseitigkeitssattel
2 Dressursattel
3 Töltsattel für Islandpferde
4 Vielseitigkeitssattel mit langen Trachten für Dauerritte
5 Springsattel
6 Ponysattel mit langen Trachten und Schweifriemen

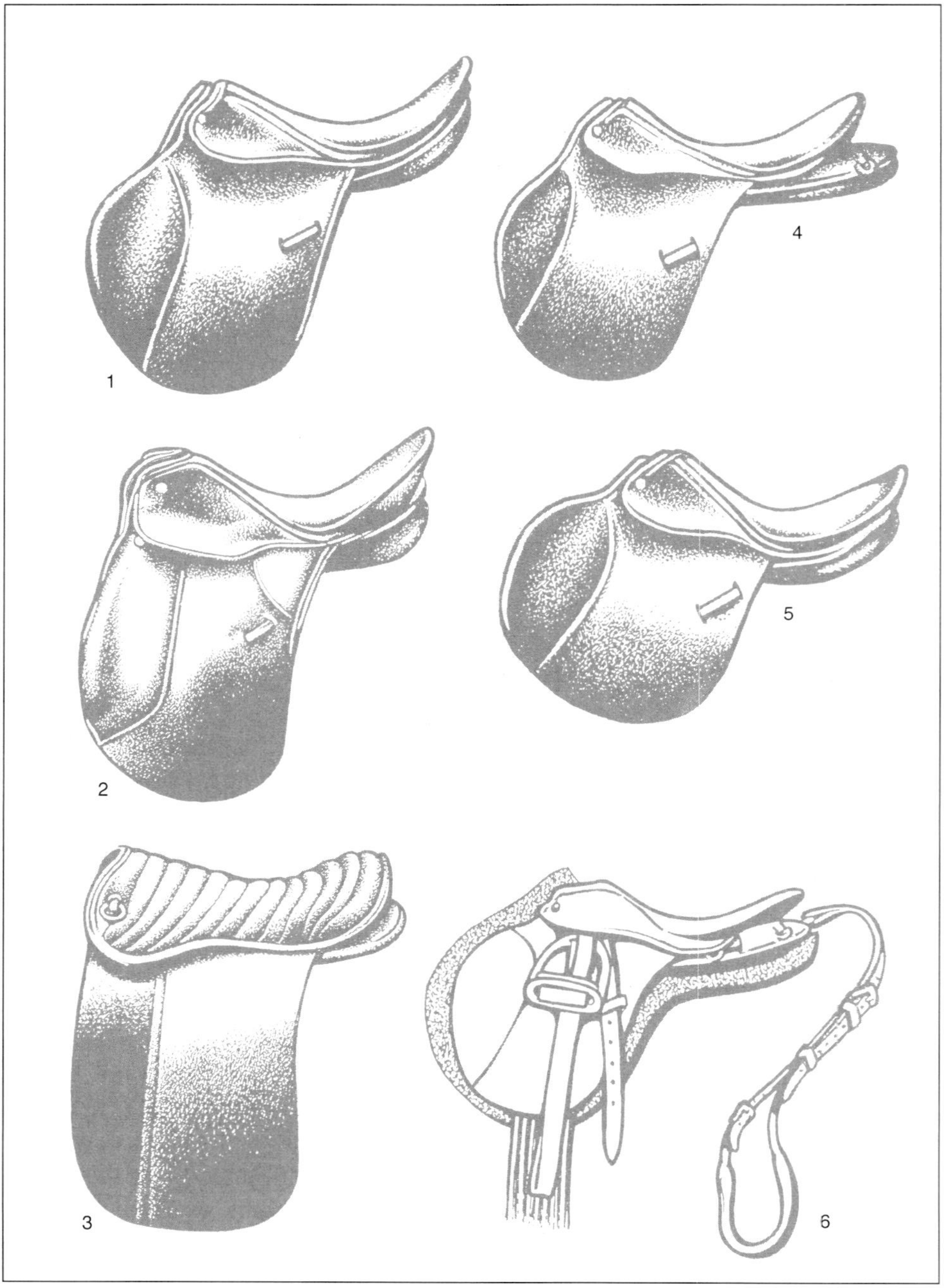

Spezielle Sattelformen:
1 Damensattel von links (Aufstiegsseite) und
2 von rechts, der schräge Riemen (Balance-Gurt) ist ein zusätzlicher Sattelgurt, das untere Sattelhorn ist verstellbar
3 Rennsattel mit Bleidecke für Gewichtsausgleich (Täschchen für Bleigewichte) und zwei Sattelgurten
4 Spanischer Vaquerosattel
5 Westernsattel

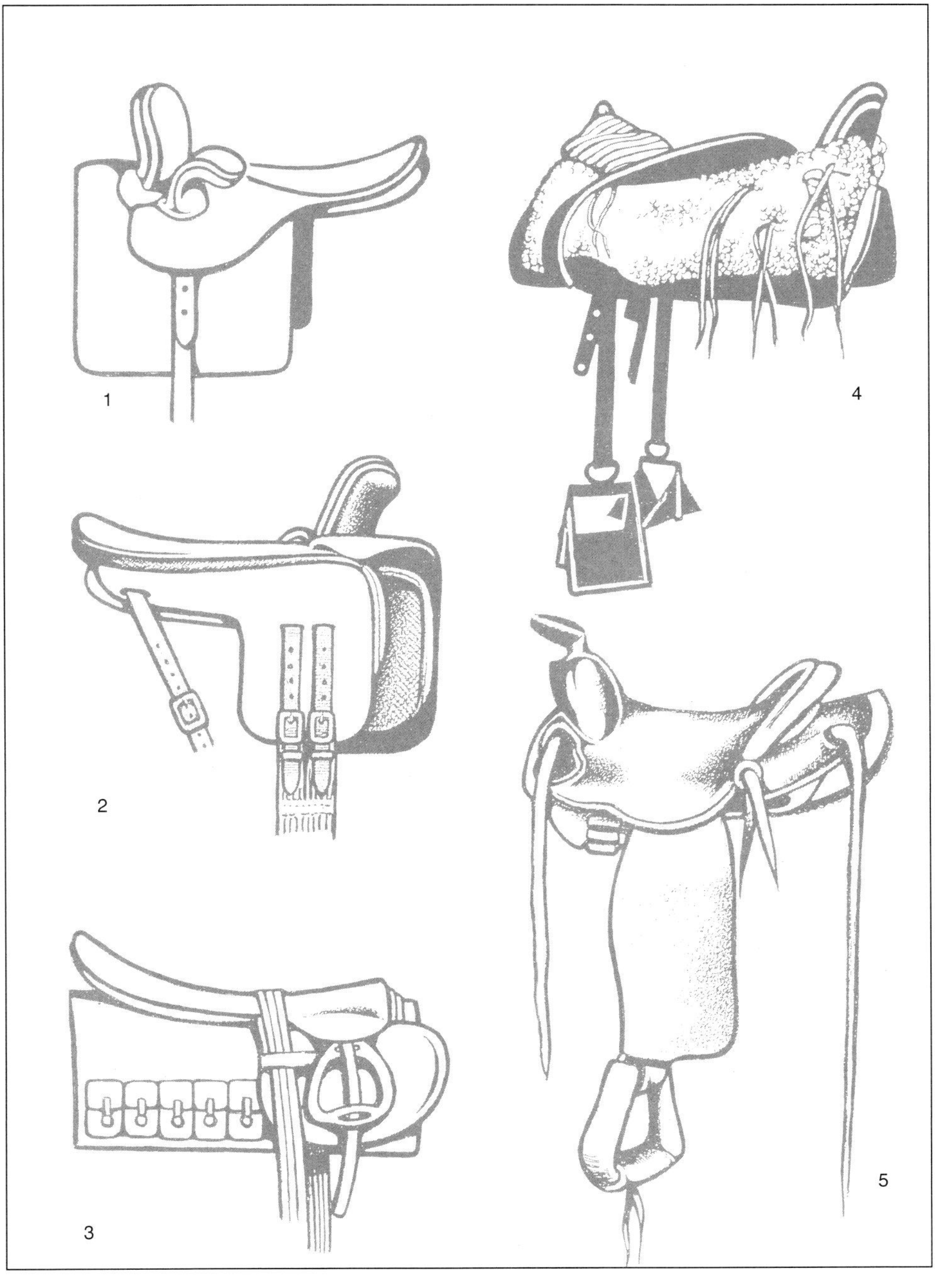

des Pferdes zieht sich durch die gesamte Länge des Sattels bis zum Hinterzwiesel oder Sattelkranz und wird beiderseits durch die auf dem Pferderücken liegenden Trachten oder Polster begrenzt. Der tiefste Punkt des Sattels liegt in der Mitte der mit Leder überzogenen Sitzfläche. Beiderseits des Sattelbaumes sind die Trachtenblätter mit mehr oder weniger starken Kniepauschen befestigt, die das Pferd vor Druck durch die Schnallen des Sattelgurtes schützen, der jeweils in zwei der drei vorhandenen Strippen eingeschnallt ist. Darüber liegt das Sattelblatt, auf dem das Reiterknie ruht. Vorn, zu beiden Seiten des Sattelbaumes, werden die Steigbügelriemen in Schlösser eingehakt, die sich bei evtl. Stürzen nach hinten öffnen und die Bügelriemen frei geben. Die Bügel sollen groß und schwer sein, damit der Fuß nicht hängen bleibt. Zum Sportreiten werden vornehmlich verschiedene Satteltypen verwendet (siehe auch Abb. S. 290):

☐ Der Vielseitigkeitssattel mit tiefer Sitzfläche und flachen Kniepauschen, die nur wenig nach vorn geschoben sind.

☐ Der Dressursattel mit flacher Sitzfläche und nahezu ohne Pauschen. Das Sattelblatt verläuft fast senkrecht nach unten, der gestreckten Beinlage des Dressurreiters entsprechend.

☐ Der Springsattel mit stark gepolsterten, weit nach vorn geschobenen Pauschen und flacher Sitzfläche, speziell zum Hochspringen konzipiert.

Eine korrekte reiterliche Einwirkung ist nur möglich, wenn der Sattel auf den Pferderücken passt und an der richtigen Stelle liegt. Das Verpassen geschieht ohne Filzdecke, damit genau festgestellt werden kann, ob er an allen Stellen gleichmäßig aufliegt, ob sich der tiefste Punkt in der Mitte der Sitzfläche befindet und ob die Sattelkammer den Widerrist nicht berührt. Der Sattel ruht in der Mitte des Pferderückens; liegt er zu weit vorn, so sind die Schultern eingeengt, und die Vorhand ist zu stark belastet; liegt er zu weit hinten, so hat das Pferd Rückenschwierigkeiten.

Die Satteldecke dient als Sattelunterlage zur Schonung des Pferderückens. Sie muss in der Form des Sattels geschnitten und dessen Rundungen durch vorhergehende Pressung angepasst sein, so dass die Decke bequem in die Sattelkammer gezogen werden kann und auch diese Form beibehält. Wird vorwiegend aus Filz, aber auch aus Schaffell, Stoff oder Kunststoff gefertigt. Wichtig sind Atmungsfähigkeit und Aufsaugekraft des Materials, die mit der Schaffelldecke am ehesten gewährleistet sind.

Der Sattelgurt verläuft um die Brust des Pferdes und wird zu beiden Seiten des Sattels unter dem Sattelblatt in die Strippen eingeschnallt, um den Sattel unverrückbar und fest in der Sattellage zu fixieren. Die gebräuchlichste Form ist der Schnurengurt, der zweckmäßigerweise noch mit einem Schaffellüberzug versehen wird, so dass Hauteinklemmungen und Abschürfungen vermieden werden. Er soll eine Handbreit vom Ellbogenhöcker entfernt liegen. Weniger zu empfehlen sind Gurte aus Leder oder Leinen.

Bei Verwendung von Satteltaschen ist darauf zu achten, dass diese entweder auf einer extra großen Satteldecke aufliegen oder, wenn sie das Fell direkt berühren, eine glatte Unterseite besitzen, damit die Haut in der Gangbewegung nicht über Gebühr gescheuert wird.

Die Steigbügel, bewegliche Fußstützen des Reiters, die anfangs als lederne Schlaufen am Sattelgurt den Füßen festeren Halt gewährten, sind wahrscheinlich eine Erfindung des Reitervolkes der Skythen, wie Gräberfunde aus dem 3. Jh. v. Chr. beweisen. Die Erfindung des Bügels war ein Epoche machender Fortschritt, weil er dem ständig zu Pferd sitzenden Reiternomaden eine große körperliche Erleichterung verschaffte und dem reitenden Kämpfer wesentlich mehr Festigkeit im Sattel verlieh. Der Bügel wurde, im Laufe der Jahrhunderte und an den verschiedensten Orten, vorwiegend aus Metall gefertigt. Die einfache Bügelform, wie sie auch heute noch im modernen Sport verwendet wird, stammt aus

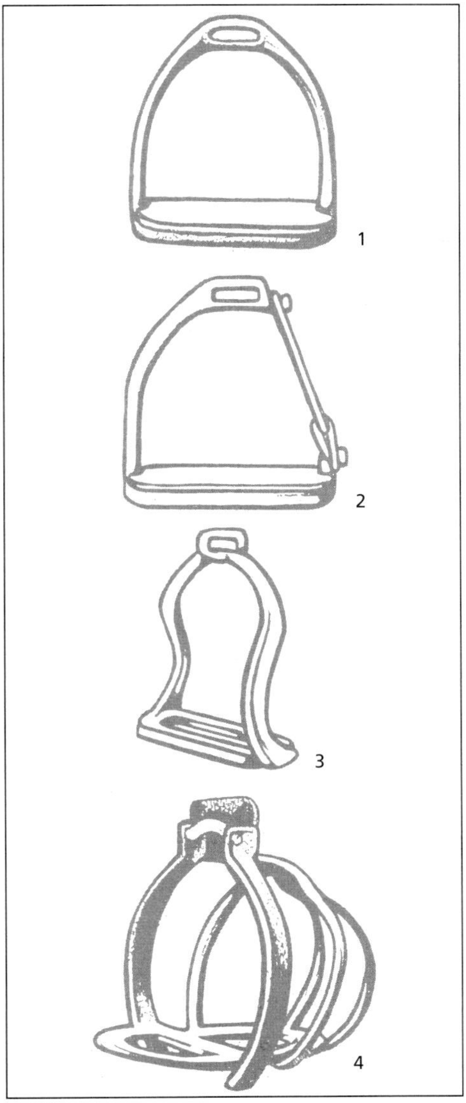

Steigbügel:
1 Sport-Steigbügel mit Gummieinlage gegen Verrutschen
2 Sicherheitssteigbügel: das Gummiband löst sich beim Sturz und gibt den Fuß frei
3 Sicherheitssteigbügel mit ausgebuchteten Schenkeln, die ein Festhängen des Fußes verhindern
4 Camarguesteigbügel: ein Hängenbleiben des Fußes ist ausgeschlossen, besonders empfehlenswert im Gelände für Kinder, Anfänger, betagte Reiter und für den Damensattel

Asien. Die kastenförmige, von der Seite dreieckige oder schuhähnliche Form ist eine spätere arabisch-spanische Variante, aus der sich dann die mexikanisch-amerikanische Form entwickelte. Der moderne Sportbügel soll möglichst groß und schwer sein, damit der Reiter im Fall eines Sturzes nicht darin hängen bleibt. Eine geriffelte Gummieinlage auf dem Bügelsteg gibt dem Fuß eine bessere Haftung. Beim Dressurreiten ruht der federnde Fuß des Reiters mit dem Fußballen auf dem Bügelsteg, beim Springen und Geländereiten wird der Fuß weiter hindurchgesteckt. Verschiedene Formen von Sicherheitssteigbügeln sollen ein Hängenbleiben beim Sturz verhindern.

Das Auflegen des Sattels soll absolut ruhig und langsam und immer in der gleichen Reihenfolge der Handhabung erfolgen. Man sattelt allgemein von der linken Seite des Pferdes. Der Sattel wird vorsichtig auf den Widerrist gelegt und langsam mit dem Haarstrich nach hinten in die Sattellage geschoben, bis der Tiefpunkt erreicht ist (Abb. S. 294). Gelingt dies nicht sogleich, muss der Vorgang wiederholt werden. Wenn der Sattel hin- und hergerückt wird, so dass die Fellhaare aus ihrer natürlichen Wuchsrichtung geraten, können Druckstellen entstehen. Die Satteldecke wird nun in die Sattelkammer hochgezogen, damit sie den Widerrist nicht berührt und scheuert. Der Sattelgurt wird zunächst in das erste Loch der Strippe geschnallt und dann ganz allmählich fester angezogen, um das Zwangsgefühl der plötzlichen Einengung zu vermeiden. Der Gurt muss eine Handbreit vom Ellbogenhöcker entfernt liegen. Bei Verwendung eines Schweifriemens wird zuerst die Schlaufe um die Schweifrübe gelegt und dann der Riemen am Sattel in der erforderlichen Länge befestigt. Vor dem Absatteln ist zuerst der Schweifriemen zu lösen.

Das Prinzip des Damensattels mit Seitsitz ist seit dem Mittelalter bekannt. Der moderne Damensattel, heute freilich wenig gebräuchlich, besitzt eine flache Sitzfläche mit zwei gebogenen Hörnern, die den Beinen der Reiterin festen Halt

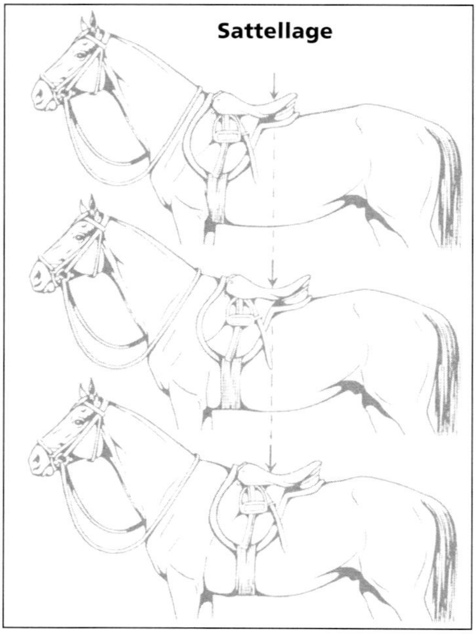

Der Tiefpunkt der Sattelsitzfläche muss mit dem des Pferderückens übereinstimmen *(Mitte)*. Liegt der Sattel zu weit vorn, belastet das Reitergewicht die Vorhand zu stark und die Ellbogen werden durch den Sattelgurt eingeengt *(oben)*. Liegt er zu weit hinten, so stimmt der Schwerpunkt des Pferdes mit dem des Reiters nicht mehr überein und die Rückentätigkeit ist gestört *(unten)*.

geben. Über dem oberen, festen Horn liegt der rechte Oberschenkel, unter dem unteren, verstellbaren Horn der linke, nur der linke Fuß ruht in einem Steigbügel, der stets ein Sicherheitssteigbügel sein soll. Das linke Sattelblatt ist erheblich länger und dient im vorderen Bereich als Unterlage für den rechten Unterschenkel. Der Damensattel wird mit zwei Gurten fixiert.

Der Cowboysattel, ursprünglich ein arabisch-spanisches Konstruktionsprinzip, das im 16. Jh. mit den Pferden der spanischen Eroberer nach Lateinamerika importiert wurde, ist ein Gebrauchs- und Arbeitssattel für den Rinderhirten und deshalb entsprechend robust und gewichtig. Die langen, breiten Trachten sind zur Schonung des Pferderückens konzipiert. Der hohe Sattelknauf dient zur Befestigung des Lassoendes, wenn ein gefangenes Kalb sich gegen die Schlinge wehrt. Ein zweiter, weiter hinten geschnallter, lockerer Sattelgurt verhindert dabei ein Nachvornkippen des Sattels, während das Pferd sich mit allen Vieren gegen das gestraffte Seil stemmt. Der hohe Hinterzwiesel sichert den festen Sitz des Reiters. Die Steigbügel sind aus Holz gefertigt und mit Leder überzogen. Der Cowboysattel eignet sich vorzüglich zum Wanderreiten.

Der Rennsattel für Flachrennen ist nur mehr die flache Andeutung eines Sattels, auf dessen Sattelblättern der Jockey kniet, um den Pferderücken im Renngalopp völlig zu entlasten. Die Sattelfläche erfüllt kaum eine Sitzfunktion. (Abb. der speziellen Sattelformen siehe S. 291.)

Säugeperiode Die für die Entwicklung überaus wichtige Muttermilch sollte dem Fohlen möglichst lange zur Verfügung stehen, mindestens jedoch 6 Monate. Erwartet die Stute kein neues Fohlen, sollte sie möglichst bis zum nächsten Frühjahr säugen. Erwartet sie eines, so muss das Saugfohlen nach dem 6. Monat abgesetzt werden, um die Kräfte der Stute zu schonen.

Saugfohlen Das neu geborene und von der Mutter trockengeleckte Fohlen versucht sogleich aufzustehen und an das Euter zu gelangen. Man sollte zunächst jede Hilfeleistung unterlassen, um den natürlichen Ablauf nicht zu stören. Unbedingt wichtig für das Fohlen ist die erste Milch der Stute, die Kolostralmilch. Sie hat medizinische Wirkung, indem sie das Neugeborene vor krankheitserregenden Bakterien schützt, Magen und Darm auf die kommende Tätigkeit vorbereitet und für den Abgang des Darmpechs sorgt. Bei Komplikationen ist unbedingt nach Anweisung des Tierarztes zu handeln. Nach einigen Wochen bereits beginnt das Fohlen, neben der Muttermilch Gras, Heu oder Hafer zu naschen. Nach sechs Monaten werden Saugfohlen üblicherweise von der Mutter getrennt (Absetzer). Sie können sich dann ohne Muttermilch von normalem Futter ernähren, und die Kräfte der Stute werden geschont, da sie meist schon das nächste Fohlen erwartet.

Schabracke Meist größere, farbige, durch Stickereien eingefasste und mit Emblemen versehene Satteldecke für festliche Anlässe. Als schlichte, zweckmäßige Unterlage (mit Funktion einer echten Satteldecke) auch für Wanderritte als gleichzeitige Unterlage für Satteltaschen geeignet, damit diese nicht an den Flanken scheuern.

Schale Knochenauftreibung an Fessel, Kron- oder Hufbein. Entsteht durch Überbeanspruchung der Gelenke und somit der Ansatzstellen von Sehnen und Bändern. Die Entzündung verursacht Knochenneubildungen, die die Beweglichkeit der Sehnen und Bänder beeinträchtigen und zur Lahmheit führen. Heilungsaussicht im Frühstadium.

Schecke →*Farben des Haarkleides,* →*Pinto.*

Schenkelgänger Bezeichnung für falsch gerittenes Reitpferd mit verkrampftem, nicht entspanntem Rücken, das den Reiter in der Gangbewegung (besonders im Trab spürbar) hart aus dem Sattel stößt. Keine →*Durchlässigkeit* und →*Losgelassenheit.*

Schenkelhilfen →*Hilfen.*

Schenkelweichen Das Pferd geht auf zwei Hufschlägen in starker Schrägstellung, die Beine treten über- und voreinander. Eine Längsbiegung der Wirbelsäule ist kaum vorhanden, der Kopf ist etwas in die von der Bewegungsrichtung abgekehrten Seite gewendet. »Schenkelweichen innen« heißt, das Pferd geht mit den Vorderhufen auf dem zweiten, inneren Hufschlag, die Vorhand zeigt schräg vorwärts zur Mittellinie der Bahn. »Schenkelweichen außen« heißt, das Pferd geht mit den Hinterhufen auf dem zweiten, inneren Hufschlag, die Hinterhand zeigt schräg rückwärts zur Mittellinie der Bahn. Schenkelweichen sollte ausschließlich im Schritt, nur kurzzeitig und nur auf der Geraden oder dem Zirkel, nicht aber durch Ecken geritten werden. Es hat nur geringe lösende Wirkung und vermag ein Pferd nicht zu versammeln oder die Hankenbeugung zu fördern. Es kann der Verfeinerung der Hilfengebung des jungen Reiters dienen und, da es nicht sehr anstrengt, im Pferd das Vertrauen zu den seitwärts treibenden Hilfen wecken. Gleichgewicht, Takt und Schwung gehen aber meist verloren. Außerdem lernt das Pferd auf den äußeren Schenkel auszuweichen, was sonst keineswegs erwünscht ist. Da Schenkelweichen für die Ausbildung des Pferdes kaum förderlich ist, wird es in der Klassischen Reitkunst als wertlos abgelehnt. Schenkelweichen zählt nicht zu den →*Seitengängen,* kann aber vielleicht als Vorbereitung auf diese gelten.

Schere Doppellenkstange des Einspännerwagens, in die das Pferd eingespannt ist. Die Scherbäume können bei vierrädrigen Wagen am Ansatzpunkt gelenkig sein und bei Nichtgebrauch nach aufwärts gestellt werden. Bei zweirädrigen Wagen ist die Gabel stets starr und unbeweglich. →*Wagentypen für Gespannpferde.*

scheren Kürzen des Winterhaares im Herbst bei Stallpferden (Rumpf und Hals) durch eine Haarschneidemaschine, um langes Nachschwitzen im Stall zu verhindern. Das Pferd muss dann besonders sorgfältig vor Erkältung geschützt werden. Im jeweils darauf folgenden Jahr pflegt das Haar auf den geschorenen Partien stärker zu wachsen.

scheuen Erschrecken des Pferdes vor mannigfachen Gegenständen, Bewegungen oder Gerüchen, häufig mit anschließender Fluchtreaktion. Eigenschaft aus dem ursprünglichen Wildleben, die im →*Erbgedächtnis* erhalten blieb. Sofortige Flucht, ohne die Gefahr zunächst erkannt zu haben, verhieß Rettung; Zögern und Verharren konnten den Tod bedeuten. Scheuen ist generell keine Widersetzlichkeit, sondern von der Natur programmiertes Verhalten. Eine Bestrafung ist unsinnig und vergrößert die Angst. Vertrauen zum Menschen, gütliches Zureden, Riechenlassen am Gegenstand der Furcht und Gewöhnung an die harmlose Ursache schaffen Abhilfe. Mitunter können auch Sehfehler die Ursache sein. Ruhiges, überlegenes Verhalten des Reiters und die Gesellschaft eines gelassenen, erfahrenen Führpferdes übertragen sich in beruhigender Weise auf das furchtsame Pferd.

scheuern an Pfählen oder Bäumen ist eine natürliche Hautpflegehandlung des Pferdes, die man keinesfalls verhindern sollte. Übermäßiges, häufiges und langzeitiges Scheuern am Schweif oder anderen Körperstellen könnten auf Wurmbefall im Darm oder auf Hauterkrankungen schließen lassen.

Scheuklappen Lederscheiben, die hinter den Augen des Pferdes am Backenstück befestigt sind und die Sicht nach hinten verwehren. Hauptsächlich für Wagenpferde im Zwei- und Mehrgespann gebräuchlich, weil im Temperament unterschiedliche Pferde verschieden auf die treibenden Hilfen der Peitsche reagieren. Da die Pferde auf diese Weise die Peitsche nicht sehen können, ist es dem Fahrer möglich, jedem Pferd die ihm gemäße Peitschenhilfe zu geben, ohne dass sich das andere Pferd erschreckt. Scheuklappen sollen auch das Erschrecken und Scheuen durch äußere Einflüsse verhindern. →*Geschirr des Gespannpferdes.*

Schiefe →*Längsbiegung.*

schildern Drückt eine gewisse Ruhestellung des Pferdes aus. Entlastung einer Hintergliedmaße durch Aufstellung des Hufes nur mit der Zehenspitze. Die andere Hintergliedmaße übernimmt dabei vermehrt das Gewicht.

Schimmel →*Farben des Haarkleides.*

Schläger Durch menschliches Fehlverhalten verdorbenes Pferd, das gewohnheitsmäßig nach Menschen und Pferden ausschlägt. Muss auf Veranstaltungen wie Turnieren, Reitjagden etc. an der Schweifrübe durch eine rote Schleife gekennzeichnet sein und dadurch gut sichtbar auf seine gefährliche Eigenschaft aufmerksam machen.

Schlappohren Tief angesetzte, meist lange Ohren, die auch im gespitzten Zustand mehr zur Waagerechten als zur Senkrechten tendieren. Mitunter zu beobachten bei →*Arabischem* und →*Englischem Vollblut,* →*Anglo-Araber,* →*Trakehner* u. a.

Schlappohren einer Shagya-Stute.

Schlauchgeräusch Vermutlich eine Verkrampfung der inneren Geschlechtsorgane sowohl beim Hengst als auch beim Wallach, die vornehmlich im Trab ein rhythmisch-knarrendes Geräusch erzeugt.

Schlaufzügel Zählen zu jenen höchst fragwürdigen →*Hilfszügeln,* deren unangemessene Bedienung leicht in Tierquälerei ausarten kann. Das umstrittene Erbe des Herzogs von →*New*

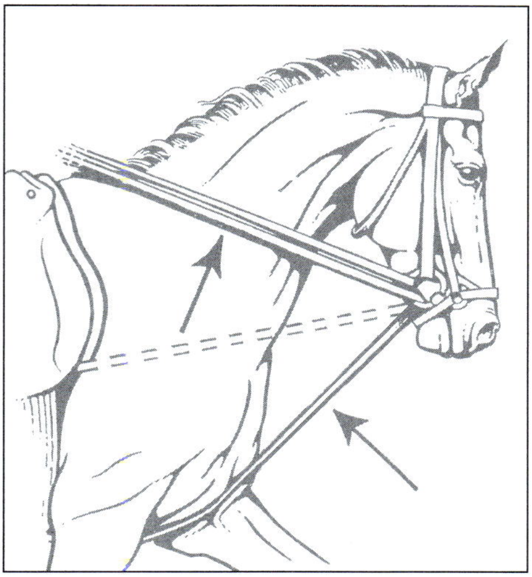

Oben: Schlaufzügel: Korrekte Verschnallung (Pfeil) ermöglicht die Dehnungshaltung, eine Verschnallung beiderseits am Sattel (gestrichelt) anstatt unter der Brust verstärkt die Zwangswirkung.

Rechts: Longieren mit Schlaufzügel und Kappzaum: Das Pferd kann die Halsstreckung selbst regulieren, sehr empfehlenswert.

Unten: Missbrauch des Schlaufzügels: Der Pferdekopf ist gewaltsam hinter die Senkrechte gezogen, die Hintergliedmaßen setzen nicht unter den Rumpf, das Pferd »läuft in den Boden«.

castle, der seine angebliche Erfindung mit Brachialgewalt handhabte, wurde und wird von fairen sowie kundigen Fachleuten entweder abgelehnt oder nur ausnahmsweise in schwierigen Fällen und in absolut fähiger Reiterhand akzeptiert. Schlaufzügel bestehen aus zwei 275 cm langen Riemen, die vom Sattelgurt unter der Brust des Pferdes zwischen den Vorderbeinen hindurch aufwärts von innen nach außen durch die Trensenringe in die Zügelhand führen. Um den Reibungswiderstand bei Streckbewegungen des Pferdekopfes gering zu halten, müssen die Riemen mit ihren glatten Seiten in den Trensenringen hin- und hergleiten. Schlaufzügel sollen Pferde mit schwacher, verhärteter oder anatomisch ungünstiger Rücken- und Halsmuskulatur ohne Gewaltanwendung (!) zu losgelas-

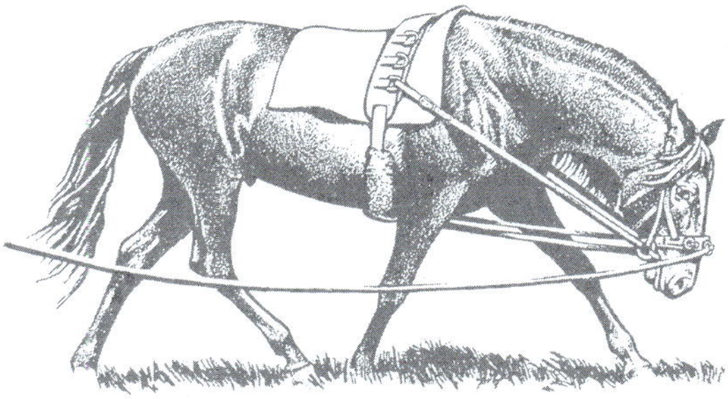

sener Dehnung und Streckung nach vorwärts-abwärts verlocken und damit eine Stabilisierung des durchlaufenden Spannungsbogens von der untergesetzten Hinterhand bis zum kauenden Pferdemaul bewirken. Als Gegenkraft zu der etwas verstärkten Schlaufzügeleinwirkung müssen Schub und →*Versammlung* aus der Hinterhand durch vortreibende Hilfen besonders energisch erfolgen, um ein Überwiegen der einfangenden Zügelwirkung zu vermeiden, die immer nur beträchtlich schwächer sein darf als die vortreibenden Hilfen. Das seitliche Einschnallen der Schlaufzügelenden unter dem Reiterknie, etwa zur Erzielung einer stärkeren →*Beizäumung,* ist abzulehnen, weil es den

Streckvorgang in die Tiefe erschwert. Schlaufzügel dürfen immer nur so schwach wie möglich, grundsätzlich kurz befristet, stets nur jeweils wenige Minuten und nur einseitig im Wechsel als behutsame Unterstützung der normalen Zügelhilfen eingesetzt werden. Sobald die zwanglose Streckung vorwärts-abwärts erreicht ist, müssen die Schlaufzügel wieder entfallen. Bei gleichseitiger zwingender Anwendung kriecht das Pferd hinter den Zügel und entzieht sich durchgehender Versammlung.
Ständiger Gebrauch der Schlaufzügel quält und verdirbt ein Pferd nachhaltig, schadet ihm physisch und psychisch und fordert möglicherweise dauernde verzweifelte Widersetzlichkeit heraus. Zum →*Longieren* indes können Schlaufzügel rückhaltlos empfohlen werden, weil sie jederzeit zwanglose und weite Halsstreckung und Anlehnung ermöglichen. →*Köhlerzügel,* →*Longieren.*

Schleppjagd →*Reitjagd.*

Schleswiger Kaltblut Ursprünglich bodenständig in Nordschleswig. Bewegliche Zugpferdrasse von etwa 155 cm Stockmaß Widerristhöhe. Da nur noch etwa 160 Zuchttiere existieren und kaum Nachfrage nach Arbeitspferden besteht, ist die Rasse vom Aussterben bedroht.

Schleswiger Kaltblut.

Schluss Übergang des Rückens in die Kruppe. Ein guter Schluss, der harmonische (geschlossene) Übergang einer breiten, kurzen Lendenpartie in die Beckenpartie, zeugt von einer stabilen Verbindung der Hintergliedmaßen zum Rücken, die für die Schubkraft wichtig ist. Die Rückenwirbelsäule soll in der Oberlinie gerade, ohne Einsenkung oder Absatz in das Kreuzbein verlaufen, und die Hüftknochen sollen nicht hervortreten.

Schnauben des Pferdes beim Reiten oder im Stall hat meist die lösende Funktion, Schleim oder Staub aus den Nasengängen zu entleeren. Man ist geneigt, diesen Laut mit »Sichwohlfühlen« zu umschreiben. Das Schreckschnauben eines Tieres in der Wildherde hingegen ist ein akustisch geäußertes plötzliches Erschrecken, das auch alle anderen Pferde warnt und sofortige Flucht zur Folge hat.

Schnitzeljagd →*Reitjagd.*

Schnurengurt Sattelgurt mit breiter Auflagefläche aus Textilschnüren, die einen relativ festen Halt gegen Verrutschen gewährleisten, da jede Schnur einzeln im Haarstrich festliegt. Nachteil: Die einzelnen Schnüre können im angezogenen Zustand eine unregelmäßige Länge haben und bei starkem Schwitzen des Pferdes Haut und Haare einklemmen, so dass Druck- und Scheuerstellen entstehen. Ein Überzug aus Schaffell ist zweckmäßig. →*Sattlung.*

Schritt →*Gangarten.*

Schrittpferd Bezeichnung für den massigen Zugpferdtyp der Kaltblutrassen.

Schulen auf der Erde Lektionen der →*Hohen Schule* in Schulschritt, Schultrab, Schulgalopp, Piaffe und Passage in zahlreichen →*Hufschlagfiguren* und Wendungen. Für diese Übungen gebraucht das Pferd alle 4 Beine, es erhebt sich zum Beispiel nicht auf die Hinterhand wie in der →*Levade.* →*Schulen über der Erde.*

Schulen über der Erde Lektionen der →*Hohen Schule,* bei denen entweder 2 oder alle 4 Beine des Pferdes vom Boden abheben. Zu ihnen zählen: →*Pesade,* →*Levade,* →*Mezair* (jeweils die Vorderbeine erhoben) und die Schulsprünge →*Kurbette,* →*Lançade,* →*Kruppade,* →*Ballotade* und →*Kapriole* (alle Beine heben ab). Die Lektionen werden sowohl an der Hand als unter dem Reiter gezeigt und können nur von besonders befähigten und im Körperbau geeigneten Pferden ausgeführt werden.

Schulgangarten →*Versammelte Gangarten.*

Schulpferd Ein im Sinne der →*Klassischen Reitkunst* ausgebildetes Reitpferd, das Lektionen der →*Hohen Schule* beherrscht. Häufig werden irreführenderweise auch solche Pferde als Schulpferde bezeichnet, die in Reitinstituten Anfängern und fortgeschrittenen Reitern als Ausbildungspferde dienen.

Schulter Besondes für Reitpferde sollte sie möglichst schräg liegen und lang und gut bemuskelt sein. Zusammen mit einem ausgeprägten Widerrist ergibt sie eine stabile Sattellage und weit ausgreifende Gangbewegungen. Eine kurze, steile Schulter begrenzt den Raumgriff auf kurze, harte Tritte. Jedoch muss die Schulter auch im Zusammenhang mit der Winkelung von Ober- und Unterarm gesehen werden.
Faustregel: Lange Schulter, Ober- und Unterarmknochen möglichst schräg zueinander gelagert = weiter Raumgriff. Kurze Schulter, Ober- und Unterarmknochen steil zueinander gelagert = geringer Raumgriff.

Schulterfreiheit Naturgegebener weiter Raumgriff der Vordergliedmaßen nach vorn heraus, der durch lang geformte und weitgehend schräg zueinander gelagerte Schulter- und Oberarmknochen ermöglicht wird und durch reiterliche Gymnastizierung noch gesteigert werden kann.

Schulterherein Erfindung von →*Guérinière.* Seitengang auf 2 Hufschlägen. Die Wirbelsäule des Pferdes erfährt eine Längsbiegung nach innen, es ist um den inneren Schenkel gebogen. Die Hinterhand geht geradeaus auf dem äußeren Hufschlag, die Vorhand wendet sich zur Bahnmitte und befindet sich auf dem zweiten, inneren Hufschlag, so dass zunächst der äußere Vorderhuf und der innere Hinterhuf in dieselbe Spur treten (insgesamt drei Hufspuren). Schulterherein hat den Zweck, die natürliche Schiefe zu korrigieren und eine stärkere Gymnastizierung und Biegsamkeit für die erhöhte →*Versammlung* des Pferdes zu erreichen. Das Maß der Längsbiegung wird durch den Grad der Versammlung bestimmt. Der innere Vorderhuf tritt nach vorn seitwärts über den äußeren Vorderhuf, während der innere Hinterhuf sich unter den Schwerpunkt setzt. Meisterliches Können, ein absolut gefestigter Sitz des Reiters und sensi-

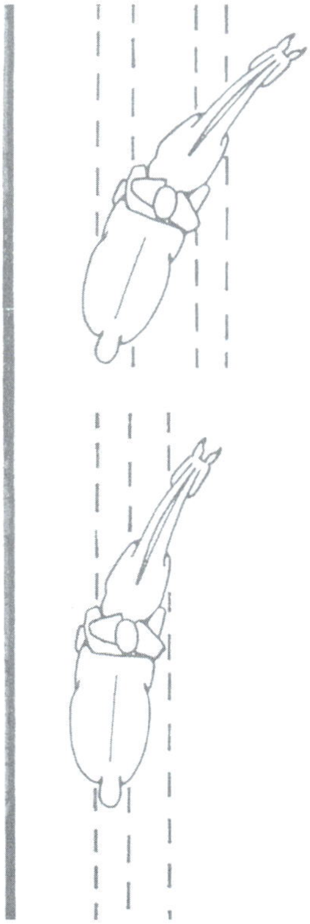

Schulterherein im vollendeten Ausbildungsstadium: Das Höchstmaß der Längsbiegung ist erreicht, die Einwärtsstellung beträgt ca. 45°, das Pferd schreitet auf 4 Hufspuren.

Schulterherein am Anfang der Ausbildung: Die Einwärtsbiegung ist geringer, das Pferd geht auf 3 Hufspuren, das diagonale Hufpaar (rechter Hinterhuf – linker Vorderhuf) tritt in dieselbe Spur. Schwarze Linie = Bande.

bles Feingefühl für die gleichmäßige Gewichtsverteilung in Gangrichtung sind Voraussetzung für den Erfolg. Unvermögen und falsche Hilfen rufen Beinschäden und negative Reaktionen des Pferdes hervor. Der Reiter blickt in Gangrichtung, Becken und Schulter stehen parallel zu Becken und Schulter des Pferdes, d. h., sein Unterleib zeigt geradeaus in Gangrichtung und seine Schultern weisen, wie die des Pferdes, zur Bahnmitte. Der innere Schenkel drückt das Pferd seitwärts, der äußere treibt vorwärts und verhindert das Ausweichen der Hinterhand. Der innere Zügel erhält die Biegung und den Grad der Einwärtsstellung, die mit zunehmender Versammlung noch bis annähernd 45° verstärkt werden kann, so dass dann 4 Hufspuren entstehen. Die vorbildliche Zusammenwirkung aller Hilfen ist unerlässlich, um die notwendige Schulterfreiheit des Pferdes zu erreichen. Schulterherein wird im Schritt, Trab und Galopp (→*Plié*) geritten, die Gangbewegung soll stets lebhaft, aber nicht übereilt sein. Schulterherein rechts wird auf der rechten Hand und Schulterherein links auf der linken Hand geritten. Die Beherrschung dieser Lektion ist Voraussetzung für die Erlernung der anderen →*Seitengänge.*

Schulterherein-Galopp →*Plié.*

Schulterkreuz →*Abzeichen.*

schwammig Gegenteil von →*trocken.* Unausgeprägte äußere Muskelstruktur, die durch zu reichliche →*Fütterung* und mangelndes Training von Fettschichten überlagert ist. Tritt bei jungen untrainierten Pferden auf (»Kälberfett«) und kann durch kaltblütigen Bluteinfluss bedingt sein. Zu massige Kaltblutpferde gelten ebenso als schwammig.

Schwarzwälder Fuchs Leichte Kaltblutrasse, bodenständig in Baden-Württemberg. Das kompakte Gebirgspferd ging aus einer Vermischung des →*Norikers* mit dem bodenständigen Arbeitspferd des Schwarzwaldes hervor. Widerristhöhe 145–150 cm Stockmaß, meist Füchse in allen Schattierungen mit hellerem Langhaar. Findet noch Verwendung als Arbeitspferd im Bergwald und als Freizeitpferd vor der Kutsche. →*Süddeutsches Kaltblut.*

Schwebephase Moment der Schwebe in der Gangbewegung (Trab, Galopp, Rennpass und im Sprung). →*Gangarten.*

Schweif Langhaar auf der Schweifrübe, das bis zur Erde reichen kann. Der lange Schweif ermöglicht eine wirksame Abwehr lästiger Insekten im Sommer. Die bei den nordischen Rassen kürzeren, dachförmig auf der Schweifwurzel angeordneten Haare leiten das Regenwasser ab und schützen die empfindliche Analregion vor Nässe und Kälte (→*Haarkleid*).

Schweifbandage Auch als Ledermanschette gebräuchlich. Schützt den Schweif während des Transportes im Kfz-Anhänger gegen Abscheuern. Wird aber auch für das Polopferd und für Schulpferde während der Schulsprünge verwendet, damit sich der Schweif nicht verfängt.

Schweifmetze Schlinge am Schweifriemen des Gespannpferdes, die um die Schweifrübe herum verläuft. Sie sollte dick und gut gepolstert sein, um Scheuerstellen zu vermeiden.

Schweifmuskeloperation Korrekturmaßnahme zum Geraderichten schiefer Schweifhaltung aus optischen Gründen bei konstitutionell fehlerhaften oder reiterlich geschädigten Pferden, die bestehende, meist verborgene Mängel in betrügerischer Absicht vertuschen soll. Der Muskel auf der schiefen Seite der Schweifrübe wird durchtrennt, um die Verspannung zu lösen und den Schweif gerade zu richten. In den USA wird Show-Pferden (→*American Saddlebred Horse,* →*Tennessee Walking Horse*) in modischer Verirrung der untere Schwanzmuskel durchtrennt, um die Schweifrübe mit zusätzlicher mechanischer Stütze in aufrechte Stellung zu bringen (Set tail).

Schweifriemen Hindert den Sattel am Verrutschen nach vorn (bei sehr niedrigem Widerrist). Die Schlaufe muss weich, dick und gut gepolstert sein, um Scheuerstellen an der Schweifrübe zu vermeiden. →*Sattlung,* →*Geschirr des Gespannpferdes.*

Schweike Kleines ostpreußisches Landpferd, vermutlich ein →*Tarpan*-Abkömmling, Vorfahr des →*Trakehners.*

Schweißmesser Dient zum Abziehen des sehr nass geschwitzten Felles. In verschiedenen Ausführungen erhältlich.

Schweizer Warmblut Eine bodenständige Warmblutzucht hat es in der Schweiz nicht gegeben, obwohl das kleine Klostergestüt Einsiedeln auf eine tausendjährige Geschichte zurückblickt. Der kleine Bestand an Einsiedler Warmblutpferden basiert auf importierten Warmblütern aus Frankreich, England und Deutschland, wobei der Einfluss des Anglo-Normänners überwiegt. Die Warmblutzucht im Eidgenössischen Staatsgestüt Avenches (mittlerweise privatisiert) orientiert sich am →*Deutschen Reitpferd* und am →*Französischen Reitpferd,* die Zuchtgrundlage bilden vornehmlich →*Trakehner,* Anglo-Normänner und →*Hannoveraner.*

Schweizer Warmblut.

Schwemme Gewässer mit flachem Einstieg zum Baden des Pferdes. Sollte biologisch sauber sein und im Sommer häufig aufgesucht werden zum Wohlergehen des Pferdes und zum Abbau möglicher Wasserscheu.

schwimmen brauchen Pferde nicht zu erlernen, sie können es, sobald sie im Wasser den Boden unter den Füßen verlieren. Dabei sind sie ängstlich besorgt, Ohren, Nüstern und Maul hoch oben zu halten, damit kein Wasser eindringen kann. Da ein Pferd aufgrund der Konstruktion seines Kehlkopfes nicht zu erbrechen vermag, ist die Erstickungsgefahr groß. Wasser in den Ohren führt zu Gleichgewichtsstörungen. Die Schwimmbewegung gleicht der Fußfolge im Trab. Der Reiter muss sogleich aus dem Sattel gleiten, damit sich das Pferd nicht nach hinten überschlägt. Er schwimmt seitlich nebenher und hält sich mit der rechen Hand in der Mähne, am Halsriemen oder am Sattel fest und korrigiert die Richtung mit der linken Hand durch leichte Zügelhilfen. Schwimmen ist für Pferde ein vorzügliches allgemeines Konditionstraining und dient speziell zur Kräftigung geschädigter Gliedmaßen ohne Belastung.

Schwung Energisches, förderndes und schwebendes Ausgreifen des losgelassenen und durchlässigen Pferdes. Die Gliedmaßen schwingen und fußen in gleichmäßigem Takt, der sich wölbende Rücken federt gelöst mit, Schub- und Tragkraft entwickeln sich kraftvoll aus der Hinterhand, und die Vordergliedmaßen greifen frei aus der Schulter nach vorn heraus. Alle Gelenke wirken federnd im Einklang zusammen, der schwungvolle Bewegungsablauf bietet sich dem Reiter gewissermaßen an, so dass er seine Hilfen sparsamer dosieren und verfeinern kann. Der

Schwung ist naturgemäß nur im Trab und Galopp und besonders in ausgeprägten Schwebephasen erkennbar.

Sehnenschaden Entsteht durch Überdehnung der Sehne, wobei einzelne Fasern zerreißen. Als Folge der nunmehr einsetzenden starken Durchblutung wird die Sehne fühlbar wärmer und dicker. Schmerzreaktion auf Fingerdruck. Im fortgeschrittenen Stadium lahmt das Pferd. Die Überdehnung entsteht langsam über Stunden oder Tage. Erwärmung und Schwellung sind nach einigen Stunden fühlbar. Nach einer Sehnenzerrung lahmt das Pferd sofort, äußerlich ist kaum eine Veränderung an den Sehnen sichtbar. Heilung evtl. möglich. Die Zerreißung der Beugesehne ist sofort durch Anschwellung des Beines und Durchtreten des Fesselgelenkes (Niederbruch) zu erkennen. Heilung kaum möglich. Ist bei leichterem Sehnenschaden Heilung in Aussicht, so kann sie bis zu einem Jahr und länger andauern. Sofortige Behandlung durch den Tierarzt.

Sehvermögen Die seitlich liegenden Augen des Pferdes haben weite Blickwinkel, um Verfolger frühzeitig bemerken zu können, im Gegensatz zu Raubtieren, deren Augen nach vorn orientiert sind und die sich um Verfolger kaum kümmern müssen. Das Pferdeauge ist besonders scharf im Erfassen von kleinsten Bewegungen auf geringe und weite Entfernung. →*Wechsel.*

Seitengänge verfolgen den Zweck, das Pferd in der Bewegung auf 2 Hufschlägen in der →*Längsbiegung* zu gymnastizieren, die Biegung der Wirbelsäule und die erhöhte Elastizität von Gelenken, Muskeln und Sehnen zu fördern. Takt und Schwung dürfen dabei nicht verloren gehen. Die Schrägstellung des Pferdes zur Bande muss unter 45° bleiben. Zu den Seitengängen zählen →*Schulterherein,* →*Travers,* →*Renvers* und →*Traversalen.* Seitengänge sind mehr oder weniger künstliche Gangbewegungen, die das

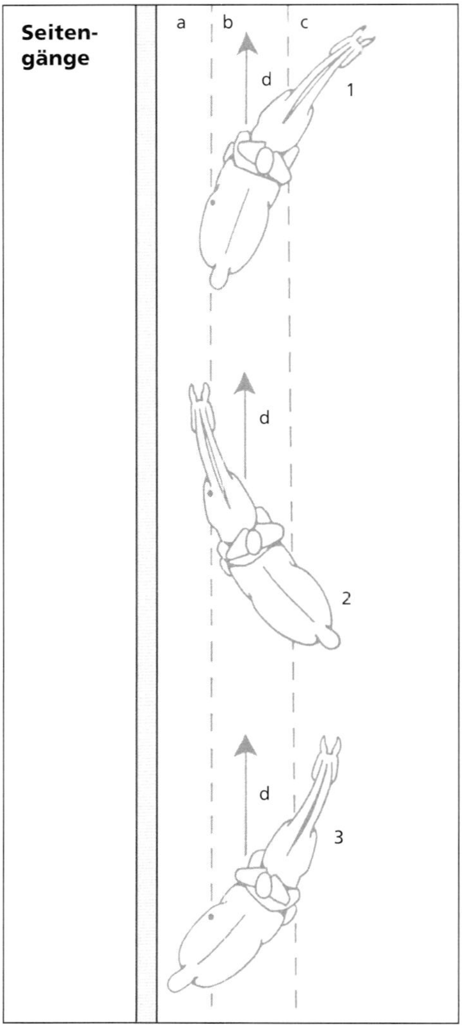

Seitengänge auf der rechten Hand (auf der linken Hand sinngemäß umgekehrt):

a) Bande (Wand) der Reitbahn
b) Äußerer Hufschlag
c) Innerer (zweiter) Hufschlag
d) Gangrichtung

1 Schulterherein. Fortgeschrittenes Stadium der Längsbiegung, in dem das Pferd infolge der stärkeren Einwärtsstellung 4 Hufspuren hinterlässt. Äußerer Vorderhuf und innerer Hinterhuf treten nicht wie im Anfangsstadium in dieselbe Hufspur, so dass nur 3 Hufspuren zu sehen sind.
2 Travers
3 Renvers

Pferd natürlicherweise kaum zeigt. Das Maß der Biegung wird stets vom Grad der →*Versammlung* bestimmt. Der Biegungsgrad des Pferdes soll so weit erfolgen, dass mindestens 3 Hufspuren zu sehen sind (die diagonalen Hufe treten auf derselben Linie). Im Höchstmaß der Biegung geht das Pferd auf 2 Hufschlägen, so dass es 4 Hufspuren hinterlässt. Seitengänge fördern das Untersetzen der Hintergliedmaßen, die Stabilisierung des Gleichgewichtes unter dem Reiter und die →*Selbsthaltung* des Pferdes. Seitenganglektionen werden vorwiegend im Schritt und Trab, Traversalen und Schulterherein (Plié) auch im Galopp geritten, sie sind vorbereitende Übungen für den Dressursport und die Lektionen der →*Hohen Schule.*

Seitsitz → *Damensitz.*

Selbsthaltung des Pferdes ist der Traum des Dressurreiters. Das Pferd geht versammelt und durchlässig im vollendeten →*Gleichgewicht* in selbsttragender →*Aufrichtung* unter Verzicht auf →*Anlehnung* am leicht durchhängenden Zügel. Es empfängt die unsichtbare Hilfengebung nur noch als Impulse aus dem Sitz des Reiters und arbeitet nahezu selbsttätig mit. Ziel und Vollendung jahrelanger reiterlicher Mühen sind erreicht. Es gibt Pferde, die Voraussetzungen für ausgewogenes Gleichgewicht und Selbsthaltung von Natur aus im Körperbau anbieten, sie sind »Reitpferd schon im Mutterleib«. Barockpferdtypen zeigen die Veranlagung zur Selbsthaltung häufiger als andere Rassen.

Selbsttränke Dem Pferdemaul angepasstes Zapfbecken, dessen gleichmäßig temperierte Wasserzufuhr das Pferd durch Druck mit der Oberlippe auf einen Innenhebel automatisch in Gang setzt und durch Loslassen wieder stoppt, so dass es nach Belieben jederzeit seinen Durst löschen kann. Die Selbsttränke erspart beträchtlichen Arbeitsaufwand, regelt das natürliche Bedürfnis des Pferdes und sollte in keinem Stall fehlen. Das Becken wird von der Futterkrippe entfernt installiert, damit das Futter nicht vermanscht und die Tränke nicht verstopft werden kann, zudem muss sie gegen Frost geschützt sein. Für stark erhitzte Pferde nach der Arbeit wird der Wasserhahn kurzzeitig zugedreht. Die Tränke muss stets peinlich sauber gehalten werden. Das junge Pferd gewöhnt sich in wenigen Tagen an den Mechanismus. Man füttert reichlich Heu, damit der Durst größer wird, betätigt von Hand den Tränkhebel und plätschert mit Wasser, um es heranzulocken. Um die Wasserzufuhr verständlich zu machen, wiederholt man den Druck auf den Wasserhebel mit der Hand so oft, bis das Pferd die Tränke annimmt und den Hebel niederdrückt. →*Fütterung.*

Sellette (franz.) Sättelchen. Teil des Geschirrs für das Gespannpferd im Einspänner, der quer über dem Rücken liegt und das Gewicht der Gabel (vornehmlich bei zweirädrigen Wagen) trägt. →*Geschirr des Gespannpferdes.*

Senkrücken →*Körperformen.*

Sexualverhalten →*Verhaltensweisen.*

Shagya Ungarische Halbblutrasse, Stammvater der Zucht war der gleichnamige Arabische Vollbluthengst, der 1837 im ungarischen Staatsgestüt Bábolna aufgestellt wurde und sich über einheimische Stuten stark vererbte. Später dehnte sich die Zucht auch auf Polen, Rumänien und die ehemalige Tschechoslowakei aus. Die Widerristhöhe beträgt um 155 cm Stockmaß, Fellfarbe ausschließlich Schimmel. Das Erscheinungsbild des leichten und eleganten Reit- und Kutschpferdes zeigt starke Merkmale des →*Arabischen Vollbluts.*

Shetlandpony Bodenständig auf den Shetlandinseln im Nordosten Schottlands seit Beginn unserer Zeitrechnung. Mit einer Widerristhöhe von 95–112 cm Stockmaß die kleinste naturgewachsene Pferderasse der Erde, Zwergwuchs durch karge Lebensbedingungen auf kleinen Inseln. Aufzucht in wild lebenden Herden, urwüchsige →*Primitivrasse.* Üppiges Langhaar, dichtes doppelschichtiges Winterfell. Alle Fellfarben vertreten. Kompaktes, kräftiges und kurzbeiniges Pferdchen von enormer Ausdauer und Härte. Sehr genügsam und widerstandsfähig, intelligent und eigenwillig. Lebenserwartung bis zu 30 Jahre. In vielen Ländern beliebtes Kutschpferd und Kinderreitpony.

Shire-Horse Englische Kaltblutrasse, bodenständig in Großbritannien. Mit maximal 185 cm Stockmaß Widerristhöhe die größte erzüchtete Pferderasse der Welt. Berichte über Vorfahren des gewaltigen Kaltblüters sind bereits aus der Römerzeit bekannt. Im Mittelalter diente der Shire dem gepanzerten Ritter als tragfähiges Streitross. Das Erscheinungsbild ist trotz außergewöhnlicher Körpergröße sehr harmonisch. Braune mit großen weißen Abzeichen an Kopf und Gliedmaßen überwiegen, doch auch Rappen und Schimmel sind nicht selten. Auffällig ist starker Kötenbehang. Die Rasse wird heute überwiegend aus Liebhaberei für Show-Zwecke gezüchtet.

Shire-Horse.

Sicherheitssteigbügel →*Sattlung.*

Sielengeschirr →*Geschirr des Gespannpferdes.*

Sitz des Reiters Das Fundament des dressurreiterlichen Sitzes ist zunächst die Körperpartie vom Becken bis zum Knie, aus der sich die übrige Körperhaltung aufbaut. Da die individuellen anatomischen Gegebenheiten von Reiter und Pferd stets verschieden sind, kann kein reiterlicher Sitz dem anderen vollkommen gleichen, er kann aber dennoch jeweils völlig korrekt sein. Einen jungen Reiter ohne Rücksicht auf diese Unterschiede in ein vorgegebenes Haltungsschema pressen zu wollen (Haltung ist nicht Sitz) führt zur Verkrampfung.

Der unverkrampfte, losgelassene Sitz geht zunächst vom naturgegebenen Körperbau des Reiters aus, dessen Haltung mit zunehmender Übung nötigenfalls erforderliche Korrekturen erfahren kann. Im korrekten Sitz nimmt der Körper eine gerade, entspannte Haltung ein, das Körpergewicht ruht auf den vorn liegenden, »ungepolsterten« Sitzbeinhöckern des Beckens (nicht auf den etwas weiter hinten liegenden »polsterartigen« Sitzmuskeln). Dadurch werden die Auflagefläche des Beckens breiter, das Gleichgewicht stabiler, das Mitwiegen im Bewegungsrhythmus synchroner und die Druckwirkung der Sitzbeinknochen gezielter und genauer. Das stabile Fundament der Beckenhaltung ermöglicht eine ausgewogene Balance über dem Schwerpunkt, das Spannen und Entspannen der Kreuzmuskulatur im erforderlichen Augenblick, die kaum sichtbare Gewichtsverlagerung des Körpers nach vorn oder hinten (bei unveränderter Beckenstellung)

Oben: Gerader, schwerpunktrichtig ausbalancierter Sitz, sitzunabhängige Zügelführung.
Mitte: Rückwärts geneigter Oberkörper, der Reiter sitzt nicht in Schwerpunkt und Gleichgewicht.
Unten: Vorgeneigter Oberkörper, die Vorhand ist stärker belastet, es findet keine Sitzeinwirkung statt.

und einseitige Belastung des rechten oder linken Sitzbeinknochens (ohne Seitwärtsneigung des Körpers). Der »Stuhlsitz« auf den hinteren Gesäßmuskeln mit rückwärts gekipptem oberen Beckenrand und rundem Rücken sowie der »Spaltsitz« mit Hohlkreuz, wobei das Körpergewicht auf den Innenseiten der gestreckten Oberschenkel ruht, verhindern exakte Hilfengebung und stören das Pferd im Rücken. Die Oberschenkel liegen flach und ungezwungen mit ihrer Innenseite am Sattelblatt, ebenso die Knie, die mit der Kniescheibe nach vorn (nicht seitwärts) zeigen. Die gesamte Unterkörperpartie vom Becken bis zum Knie liegt wie festgesaugt, aber zwanglos in natürlicher Lage am Sattel und ist zusammen mit den Unterschenkeln gewissermaßen Teil des Pferdes, der dessen Gangbewegungen nachvollzieht, unterstützt und antreibt. Die Unterschenkel hängen locker und beweglich aus den Knien herab, jederzeit bereit zur ansaugenden Hilfengebung. Die flache Wade hat leichte Fühlung mit dem Pferdeleib. Die Fußballen belasten die Steigbügel, so dass die Absätze die tiefsten Punkte des Reiters bilden. Die übliche Forderung, dass die Ferse im Lot von Schultergelenk und Hüfte zu liegen habe, ist nicht immer zutreffend und kann den passgerechten Sitz beeinträchtigen. Die jeweiligen Winkelungen von Ober- und Unterschenkel werden vom Körperbau des Reiters bestimmt. Die nicht nachlassende Tendenz zum tiefen Knie und tiefen Absatz vermittelt das Gefühl des tiefen Sitzes im Pferd und intensiviert die Hilfengebung.

Aus der geraden Position des Beckens baut sich die Haltung des Oberkörpers auf, der wie eine Jonglierstange stets die Senkrechte beibehält und seinen Schwerpunkt mit dem des Pferdes deckt. Die Lendenpartie, Übergang vom unbewegten Oberkörper zur Beckenpartie, funktioniert wie ein Gelenk, das dem Unterkörper des Reiters die synchrone Bewegung mit dem Pferdekörper erlaubt. Der Kopf wird aufrecht getragen, der Blick geht über die Pferdeohren hinweg, um die gerade Haltung des Oberkörpers zu stabilisieren. Die fallenden Schultern sind leicht zurückgenommen, und die Brust ist leicht vorgewölbt. Die Oberarme hängen senkrecht herab und liegen lose an den Hüften. Unterarme und Handrücken bilden eine gerade Linie, um den Handgelenken jederzeit die erforderliche Beweglichkeit für die Zügelführung zu erhalten. Die Zügelfäuste sind locker geschlossen und befinden sich etwa eine Handbreit über dem Widerrist in angemessenem Abstand zueinander vor der Mitte des Leibes.

Der ausbalancierte, losgelassene Sitz erlaubt eine von der körperlichen Einwirkung unabhängige →*Zügelführung,* die das Pferd niemals durch Körperreaktionen im Maul stört und feinste Nuancen erlaubt. Hauptfehler des Dressur- oder Schulsitzes sind der →*Stuhlsitz* (hochgezogene Oberschenkel und Knie), →*offene Knie* (verdrehte Oberschenkel, Kniescheiben zeigen auswärts), der nach vorn geneigte →*Spaltsitz* (hohles Kreuz mit vornüber gekipptem Becken), Einknicken der Hüfte zu einer Seite hin (ungleicher Schwerpunkt) sowie krummer Rücken mit hängenden Kopf (Schwerpunktverlagerung nach vorn). Sitzfehler ziehen Haltungsfehler nach sich und mindern und verfälschen die korrekte Hilfengebung. Der Schulsitz ist die universelle Grundlage aller reiterlichen Einwirkung, spezielle Sitzarten zur Entlastung des Pferderückens sind der →*Springsitz,* der →*leichte Sitz* und der → *Rennsitz*, bei dem der Jockey im Sattel kniet, um die Galoppbewegung im Pferderücken so wenig wie möglich zu stören.

Skelett →*Anatomie.*

Skijoering Wintersportart aus den nordischen Ländern, wobei ein Pferd mit Reiter einen Skiläufer zieht; kann aber auch ohne Reiter ausgeübt werden. Das Pferd trägt ein leichtes Sielengeschirr, dessen Stränge durch ein Querholz verbunden sind, an dem der Skiläufer sich festhält. Die Fahrleinen (Zügel) müssen etwas länger sein als die Stränge, damit man im Bedarfsfall nachgeben kann. Das Pferd muss absolut gehorsam auf Kommandos sofort reagieren, damit Notsituationen gemeistert werden können.

Smegma Eingetrocknetes, verkästes Sekret unter der Vorhaut (Praeputium) des Penis. Besonders stark und häufig beim Wallach.

Solutrépferd Eiszeitliche Wildpferdform, benannt nach dem Dorf Solutré in Burgund, Ostfrankreich. Oberhalb des Weindorfes erhebt sich eine steile Felsnase, die eiszeitlichen Jägerhorden über Jahrtausende als natürliche Wildfalle diente. Sie trieben Herden jahreszeitlich wandernder Wildpferde über den flachen Anstieg zur Steilkante des Felsens hinauf, wo sich die Tiere in panischer Angst gegenseitig in den Abgrund stießen. Am Fuß der Steilwand fand man in Grabungsschichten tausende von Wildpferdskeletten, unter denen man eine kleinere, leichte Form von etwa 130 cm Stockmaß und eine größere knochenstärkere von etwa 142 cm Durchschnittshöhe herausfand, die eiszeitlichen Ponytypen nördlicher Klimazonen gleichen (→*Evolution*). Nach diesem Fundort bezeichnet man in der Forschung eine von 20 000–18 000 v. Chr. datierte Grabungsschicht als wissenschaftliches Zeitalter des Solutréen.

Der Felsen von Solutré, Frankreich. Die Wildpferde wurden von rechts den Hang hinauf nach oben getrieben. Die Jäger versperrten den Tieren den Rückweg und drängten sie durch Panikmache über die Steilkante in den Abgrund, wo sie in 80 m Tiefe den Tod fanden. Zwischen Felshang und vorderem Wäldchen liegt die bedeutendste Fundstätte der Skelette eiszeitlicher Wildpferde.

Sommerekzem Starker Juckreiz vornehmlich auf Mähnenkamm, Kruppe, Schweifansatz und unter dem Bauch des Pferdes während des sommerlichen Weideganges. Befallen sind meist nördliche Robustpferdrassen, vor allem importierte Islandpferde. Das durch den Juckreiz hervorgerufene Scheuern an Gegenständen führt zu großen blutenden Wunden. Die Ursachen sind vermutlich Klimaumstellung, zu reichhaltiges Futter und Empfindlichkeit gegen Insekten. Bislang entwickelte Behandlungspräparate lindern das Übel, führen jedoch nicht zur endgültigen Heilung, weil die Krankheit nicht restlos erforscht ist. Erfolgversprechend kann eine Umsiedlung des Tieres in hohe Gebirgslagen oder an den Meeresstrand sein oder auch Stallhaltung mit Heufütterung statt Weidegang. Von einer Behandlung mit Cortison-Injektionen ist abzuraten, weil die Nebenwirkungen für das Pferd gefährlich sein können.

Sorraiapferd In Portugal bis ins 19. Jh. in der unbewohnten Schwemmlandebene des Sorraiaflusses (Provinz Alto Alentejo) wild lebender, urtümlicher Pferdetyp, dessen eiszeitlicher, echter Wildpferd-Vorläufer auch im spanischen Guadalquivir-Delta (Marismeno = Sumpfpferd) bodenständig war. Stellt in gewisser Weise die kleinere, natürlich gewachsene Wildpferdform von →*Andalusier* und →*Lusitano* dar, deren Vorfahr er ist. Echtes Pferde-Exterieur, keine Ponymerkmale der Bergponys in den Pyrenäen und Nordportugals (→*Garranos*), geprägt durch das Südklima der Wüstensteppe. Widerristhöhe 140 bis 150 cm Stockmaß, Fellfarben Falb und Grau mit dunklem Langhaar, Aalstrich und zebroider Streifung an den Gliedmaßen und zuweilen auch am Körper (→*Abzeichen,* dunkle). Naturgewachsenes »Reitpferdmodell«, langer, schmaler Rammskopf (oft dunkel gefärbt), langlinige Körperformen und schwingende, fördernde Gangbewegungen. Wird heute in gezüchteter Form als Hirtenpferd für Kampfstiere und Hausrinder sowie in der Landwirtschaft verwendet. Columbus und andere spanische und portugiesische Eroberer exportierten ihrer konstitutionellen Härte wegen vornehmlich Sorraiapferde nach Lateinamerika, die Stammväter der dortigen Töltrassen (→*Gangpferde*) und des argentinischen →*Criollos* wurden, der freilich starke Einmischungen von Garranos, der galizischen Ponyrasse, erfuhr. →*Evolution* (Rammskopfpferd).

Sorraiapferd.

Sozialverhalten →*Verhaltensweisen.*

Spade-bit (engl.) Kalifornische Kandare mit zusätzlichen Rollen, Plättchen und Stangen aus Kupfer zur Anregung der Maultätigkeit, oft reich verziert. Wird von kalifornischen →*Reins-men* verwendet. Eine Zäumung, die ein Pferd ohne →*Anlehnung* durch Eigengewicht und Kauanreiz beizäumt. →*Amerikanische Reitweise,* →*Zäumung.*

Spade-bit.

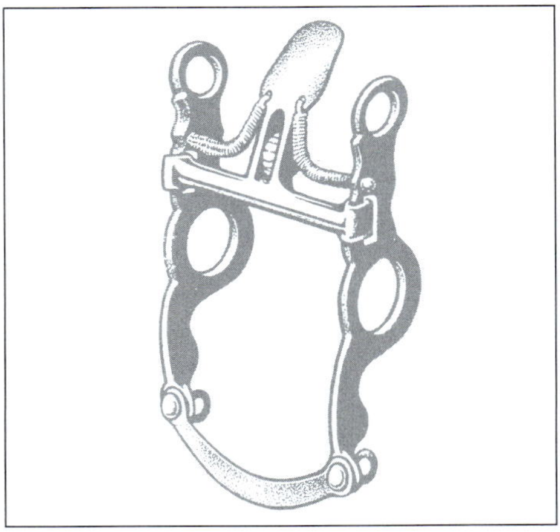

Spaltkruppe Längsfurche durch die Mitte der Kruppe. Rassemerkmal des Kaltblüters und einiger schwerer Warmblut- und Ponyrassen.

Spaltsitz Starrer Sitz des Reiters mit gerade gestrecker, senkrechter Beinhaltung, der keine treibende Eigenwirkung des Gesäßes erlaubt und unelastisch hart auf den Pferderücken wirkt. War bis zum Beginn des 17. Jh. üblich und erforderte aufgrund der geringen Einwirkungsmöglichkeit heftige Sporenarbeit. →*Sitz des Reiters.*

Spanische Reitschule Wien, gegr. 1572 unter der Bezeichnung »Spanischer Reitstall«. Zunächst wurde auf offenem Platz geritten, da das Geld für den Bau einer Halle fehlte. Man bevorzugte in Anlehnung an die →*Neapolitanische Reitschule* spanische Pferde, die sich für den gewünschten Dressurzweck am besten eigneten und damals in ganz Europa äußerst beliebt waren. Der berühmte Barockbau von Fischer von Erlach, der in fünfjähriger Bauzeit unter Kaiser Karl VI. errichtet und im Jahre 1735 eingeweiht wurde, diente im Laufe der Zeit als Treffpunkt glanzvoller Reiterfeste und ist bis heute die einzigartige Pflegestätte der →*Hohen Schule* im Sinne der →*Klassischen Reitkunst.* Noch immer gelten, wenn man von einigen zeitbedingten Änderungen absieht, die Grundsätze des Reitmeisters →*Guérinière.* Die Aufgabenstellung der staatlichen Schule lautet:

1. Erhaltung der Klassischen Reitkunst in ihrer höchsten Vollendung.
2. Methodische Ausbildung von Schulreitern und Schulpferden als Nachwuchs der Schule im gleichen Sinne.
3. Erprobung der speziell für die Schule gezüchteten Lipizzanerpferde für Reit- und Zuchtzwecke.

Das Stammpersonal der Spanischen Reitschule in Wien besteht aus dem Direktor, der auch das Bundesgestüt Piber (Lipizzanerzucht) in Köflach leitet, aus dem Ersten Oberbereiter, 2 Oberbereitern, 5 Bereitern, 5 Bereiteranwärtern und 6 Eleven. Reitlehrgänge für Fremdreiter finden nicht statt. In den Stallungen stehen etwa 50 bis 60 eigens für die Schule im Gestüt Piber gezüchtete Lipizzanerschimmel, von denen etwa ein Drittel vollendet ausgebildet ist. Sehr selten wird ein brauner Lipizzaner geboren und in Ausbildung genommen. Alljährlich werden die 3½-jährigen Junghengste auf ihre Fähigkeiten geprüft, die geeigneten verbleiben in der Schule und erfahren eine mehrjährige, sorgfältige und intensive Ausbildung, die übrigen werden verkauft. Die Ausbildung umfasst die Schulen auf der Erde und die Schulen über der Erde mit den speziellen Schulsprüngen. Das Endziel ist der Gesamtkomplex der Hohen Schule, in der nicht mehr verlangt wird, als das Pferd aufgrund seiner natürlichen Veranlagung anbietet. Geländereiten und Springreiten stehen nicht auf dem Programm. Höhepunkt der reiterlichen Vorführungen der Spanischen Reitschule ist die große Schulquadrille mit acht Reitern, die vom Ersten Oberbereiter angeführt wird. →*Lipizzaner.*

Spanische Reitschule.

Spanische Reitweise Dieser Reitmethode kommt – historisch gesehen – fundamentale Bedeutung zu, weil sie als Ursprung des →*Dressurreitens* und der klassischen Reitweise zu betrachten ist. Der Pferdetyp bestimmt stets die Reitweise. Die dressurmäßige Reitmethode wurde möglich, weil der Körperbau des autochthonen, bodenständigen Pferdetyps in Iberien (→*Sorraiapferd,* →*Evolution:* Rammskopfpferd) mit seinem naturgewachsenen »Reitpferdmodell« die →*Versammlung* anbot. Das Reitervolk der Keltiberer, denen überragende züchterische und reiterliche Talente nachgesagt werden, wussten die reiterlichen Vorteile des iberischen Pferdetyps schon im 1. Jahrtausend v. Chr. zu nutzen, indem sie »versammelt« ritten und deshalb im Reiterkampf ihre Pferde vollendet beherrschten. Da sich die Iberer aufgrund ihrer überlegenen Kampfkraft als nahezu unschlagbar erwiesen, gelang es den Römern, ihre gefürchteten Gegner als Söldner zu gewinnen.

Im 16. und 17. Jh. erreichten das Zuchtgeschehen des iberischen Pferdes und die iberische Reitweise ihren Höhepunkt. Die Fürstenhöfe Europas veredelten ihre Zuchten mit iberischen Pferden. Über die →*Neapolitanische Reitschule* und französische Reitmeister (→*Pluvinel,* →*Guérinière*) verbreitete sich die klassische Reitweise über ganz Europa. Die spanische Reitweise wurzelt ursprünglich im Reiterkampf Mann gegen Mann, in der Lanzenjagd auf den wilden Stier, in der Gebrauchsreiterei des berittenen Rinderhirten und im →*Stierkampf zu Pferd,* in dem die Lektionen vor todbringenden Hörnern auf die Spitze getrieben werden. In diesen Disziplinen sind Wendigkeit, Schnelligkeit und sofortiges Reaktionsvermögen unbedingte Notwendigkeit, die nur der iberische Pferdetyp erfüllen konnte.

Passage freihändig, Lektion des Stierkämpfers zu Pferd: Die Zügel sind am Gürtel eingehakt, die Zügelhände halten die Banderillas (Stäbe).

Die Grundelemente der spanischen Reitweise und der →*Klassischen Reitkunst* sind weitgehend die gleichen. In Österreich (Spanische Reitschule, Wien) und Frankreich (Cadre Noir, Saumur) entwickelten sich national geprägte Varianten der Ausübung. In Wien legt man großen Wert auf perfekte Ausformung der Lektionen, in der →*Königlich-Andalusischen Reitschule* in Jerez indes haben eher fließende Melodik der Gesamtdarbietung, Freude an folkloristischer Selbstdarstellung und die Intuition des künstlerischen Augenblicks Vorrang, wobei die perfekte Einzellektion weniger im Vordergrund steht. In unserer Zeit sind die Reitinstitute in Jerez, Lissabon, Wien und Saumur bestrebt, die ursprünglich iberische Reitweise in verfeinerter oder variierter Form (Saumur) und mit höchstem Anspruch als europäisches Kulturgut der Reitgeschichte zu bewahren.

Die Gebrauchsreiterei (Doma Vaquera) der Kampfstier- und Rinderhirten kann als profane handwerkliche Grundlage des Dressurreitens betrachtet werden. Die vollendete Ausformung der Lektionen in der Hohen Schule (Doma Alta) wird als zweckfreie Kunstform in der Königlich-Andalusischen Reitschule mit höchstem reiterlichem Anspruch gepflegt. Auf gleichem Niveau bewegt sich das reiterliche Können des Stierkämpfers zu Pferd, dessen Manöver jedoch zweckbestimmt und vom Verhalten des Stieres beeinflusst sind und daher eher als Kunsthandwerk eingestuft werden müssen.

Spanischer Schritt Zur Lektion ausgeformte Bewegung aus dem natürlichen Aggressionsverhalten des Hengstes. Scharren und Aufstampfen mit dem Vorderhuf bedeutet Aufforderung zum Kampf. Die ausgeformte Lektion ist Vorübung zur Passage, um Schulterfreiheit und hohes Ausgreifen zu gymnastizieren. Die Diagonale von Vorder- und Hintergliedmaße muss gleichmäßig und synchron aus dem Rücken heraus nach vorn schwingen, die Hintergliedmaße darf nicht nachschleppen, die Zügelhilfen beschränken sich auf ein Mindestmaß oder treten möglichst gar nicht in Aktion, das Pferd schreitet nahezu selbsttätig. Fehlerhaft sind wechselseitiges, taktgleiches Riegeln der Zügelhand, das den Pferdekopf hinter die Senkrechte zwingt, und Nachschleppen der Hintergliedmaßen, die einen Mangel an Versammlung verraten.

Oben: Hufscharren, Aufforderung zum Kampf: Natürliches Aggressionsverhalten des Hengstes.
Unten: Spanischer Schritt: Ausgeformte reiterliche Lektion, die die Schulterfreiheit gymnastiziert.

Spannungsbogen Energielinie der Versammlung im Gleichgewicht, die das gesamte Pferd vom Unterkiefer über Genick, Hals, Rücken und Kruppe bis in die Hintergliedmaßen durchzieht. Das insgesamt gerundete, in den Hanken leicht gebeugte Pferd gleicht einer elastisch wiegenden Stahlfeder. Der Pferderücken ist von der Natur nicht für eine Belastung vorgesehen, jahrelange Gymnastizierung stärkt die Rückenmuskulatur und bewahrt den Tragapparat vor Verschleißschäden unter der Reiterlast. Die Schubkraft der Hinterhand kann nur über einen entspannt schwingenden und elastisch federnden Rücken eine schwungvolle und taktreine Gangfolge entwickeln.

Ohne Rückenbelastung wird die Wirbelsäule des Pferdes von Muskeln und Bändern in ihrer natürlich gewachsenen Position gehalten, die Wirbel reihen sich harmonisch aneinander. Unter dem Reitergewicht biegt sich die Wirbelsäule nach unten durch, die Knorpelscheiben zwischen den Wirbeln werden an ihrer Oberseite zusammengedrückt, die gelenkigen Wirbelverbindungen werden gezerrt, die Spitzen der Dornfortsätze kommen sich näher, Muskeln und Bänder, die der Wirbelsäule elastische Stabilität verleihen, werden je nach Funktion gedehnt oder gestaucht, gezerrt oder gestrafft. Das »Durchhängen« der Wirbelsäule verstärkt sich, wenn das Pferd den Kopf anhebt, und wird

Oben: Wirbelsäule des Pferdes ohne Belastung.
a Schulterblatt
b Becken
c Rippen

Unten: Stark belastete Wirbelsäule mit schwacher, untrainierter Muskulatur; auf Dauer können Reibungsschmerz und Verknöcherung entstehen.

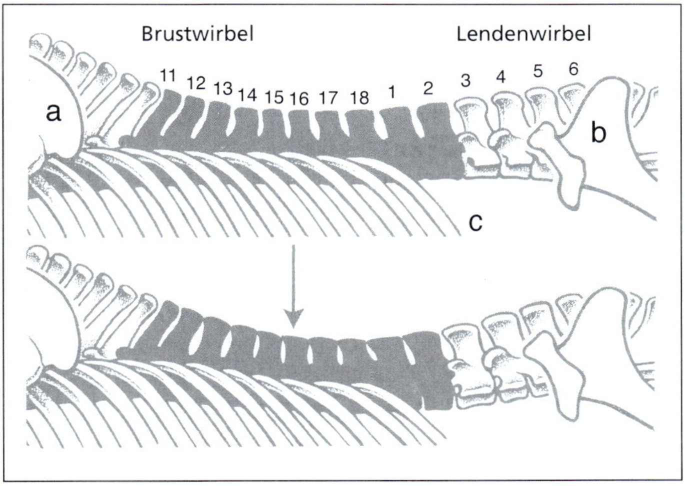

äußerst schmerzhaft, wenn ein ungeübter Reiter während des Ganges mit dem Gesäß auf den Pferderücken einhämmert. Bei mangelnder Gymnastizierung der Rückenmuskulatur und Fehlen des Spannungsbogens bilden sich auf Dauer entzündliche Prozesse, die Spitzen der Dornfortsätze berühren und reiben sich schmerzhaft, die gelenkigen Wirbelverbindungen entzünden sich, die Zwischenwirbelscheiben verschleißen einseitig oben, die Wirbelsäule versteift sich als Folge von Knochenauftreibungen und Verknöcherungen unter qualvollem Dauerschmerz, der Pferderücken kann nicht mehr elastisch schwingen. Die Gefahr von Verschleißschäden droht vermehrt, wenn das junge Pferd zu früh überfordert wird. Rückenschmerzen des Pferdes können sich in allgemeiner Verkrampfung, im Nachschleppen der Hintergliedmaßen, in unkontrolliertem Vorwärtsdrang, in Sattelzwang, in häufigem Wechsel der Gangarten und in Widersetzlichkeiten äußern.

Um dem kraftlosen Durchhängen oder dem Verkrampfen der Wirbelsäule entgegenzuwirken, müssen Spannungsbogen, Rücken- und Bauchmuskulatur des Pferdes gymnastiziert und gestärkt werden. Ständiger Wechsel von Spannung und Entspannung, lebenslang geübt, kräftigt die Rückenmuskulatur, so dass diese fähig ist, die Wirbelsäule unter dem Reitergewicht »anzuheben« und in ihrer natürlichen Position zu halten. Mit zunehmender Gymnastizierung schwellen die Rückenmuskeln beiderseits des Rückgrats an, so dass sich über den Dornfortsätzen eine Längsrinne bildet. Eine Wirbelsäule, die als scharfer Grat aus dem Pferderücken herausragt, verrät absoluten Mangel an Gymnastizierung der Rückenmuskulatur.

<u>Maßnahmen zur Gymnastizierung des gesamten Tragapparates</u>:

☐ Arbeit an der Hand ohne Reiter, um touchierend das Untersetzen der Hinterhand zu üben und den Spannungsbogen ohne Rückenbelastung zu erzeugen.

☐ Dehnungshaltung unter dem Reiter, um den Spannungsbogen in weitester Streckung zu dehnen und den Rücken aufzuwölben. Der Reiter nimmt den Entlastungssitz ein, die Rückenmuskulatur spannt sich und »hebt die Wirbelsäule«.

☐ Spannungsübung »die Bergziege auf den Gipfel stellen« nach →*François Baucher,* die ebenfalls weiteste Dehnung des Spannungsbogens und Aufwölbung des Rückens ermöglicht und gleichzeitig die Balance des Pferdes fördert.

☐ In fortgeschrittenem Dressurstadium Versammlung mit Hankenbeuge, die die Krönung der Gymnastizierung darstellt. Der Spannungs-

Oben: Dehnungshaltung im Trab.
Mitte: Spannungsbogen der Versammlung.
Unten: Entspannte Wirbelsäule im Tölt.

»Die Bergziege auf den Gipfel stellen«: Dehnungshaltung im Stand.

bogen verdichtet sich zu einer federnden Energielinie, die das ganze Pferd durchzieht, der Pferderücken wölbt sich und hebt die Wirbelsäule an, das Pferd rundet sich in der Piaffe zu einer elastisch wiegenden Stahlfeder. Die Beizäumung verharrt vor der Senkrechten und darf nicht erzwungen werden, damit die Kopf-Hals-Partie als Balancierstange die Gleichgewichtsfindung des Pferdes unterstützen kann.

☐ Begleitende Übungen in den Seitengängen, um die seitliche Längsbiegung zu gymnastizieren.

Für das Töltpferd – ganz gleich welcher Rasse – sind Arbeit an der Hand, Dehnungshaltung, Bergziege und Seitengänge von fundamentaler Bedeutung. Im Trab fußen die diagonalen Gliedmaßen gleichzeitig auf, dabei spannt sich die Rückenmuskulatur und wölbt den Rücken auf, so dass in stetem Wechsel der fußenden Diagonalen eine stabile, tragende Spannungsbrücke entsteht, die den Reiter rhythmisch hochwirft und wieder einsitzen lässt. Im Tölt hingegen fußt jede Gliedmaße in Einzelaktion auf, die Rückenmuskulatur kann sich nicht spannen, die Wirbelsäule hängt gleichmäßig durch, der Reiter wird nicht oder kaum geworfen.

Rodrigo Pessoa, Brasilien, auf dem Holsteiner »Lianos«. Gewinner der Weltmeisterschaft bei den Weltreiterspielen 1998 in Rom. Durch seinen feinen, pferdefreundlichen Reitstil bereitet es ihm keine Schwierigkeiten, sich auf völlig verschiedenen Pferdetypen in internationalen Springprüfungen erfolgreich zu placieren.

Gardian beim Aussondern eines Stieres aus der Herde; das Camarguepferd arbeitet selbsttätig mit (Cow-sense).

Trittsicherheit und Ausdauer des Camarguepferdes im trügerischen Sumpfgelände seiner Heimat sind ohnegleichen.

Tandem-Gespann im Kumtgeschirr vor einachsigem Tandem-Cart (Hannoveraner).

Vierergespann im Kumtgeschirr vor Break (Hannoveraner).

Zehnergespann im Kumtgeschirr vor Mail-Coach (Hannoveraner).

Fünfergespann im Sielengeschirr vor Break (Haflinger).

Die Foxhounds des Bayern-Packs in Aktion anlässlich einer Schleppjagd im Englischen Garten in München.

Gestütsparade in Schwaiganger: Dressurquadrille der Staatshengste.

Spanische Stierkämpfer zu Pferd (Rejoneadores) beim Eintritt in die Arena. Passage im Gleichschritt beider Pferde.

Der Rejoneador reizt den Stier durch scheinbare Flucht zum Angriff (Stierkampf zu Pferd).

Oben: Cadre Noir, Frankreichs Reiter-Elite in der Dressur-Quadrille (Reprise de manège) in historischen Uniformen.

Das Pferd des Ecuyer en chef ist besonders prächtig gezäumt (Dressurkandare mit Unterlegtrense).

Klassische Dressur. Seltener schwarzer Lipizzaner in der Passage unter Richard Hinrichs.

Dülmenerpferde: Eintreiben der Herde in die Arena zum alljährlichen Herausfangen der einjährigen Hengste mit anschließender Versteigerung.

Der Herdentrieb der Camarguepferde ist unverfälscht stark ausgeprägt, wie synchron gesteuert reagiert die Gruppe auf die treibenden Manöver des berittenen Hirten (Verhaltensweisen).

Sportdressur. Isabell Werth auf »Gigolo«. Mehrfache Olympiasiegerin und Weltmeisterin im Dressurreiten 1998 in der Piaffe.

Unten links:
Klassische Dressur. Lippizianer in der Piaffe unter Susanne Ebert.

Unten rechts:
Spanische Reitweise. Cartujano-Hengst unter Ellen Graepel im versammelten Galopp, Einsprung in die Pirouette.

Gehobene Kopfhaltung des Pferdes und Reitergewicht fördern zusätzlich das Durchhängen der Wirbelsäule. Es erfolgt keine zwischenzeitliche Anspannung und Aufwölbung des Pferderückens wie im Trab, vielmehr bildet sich eine konstante »Hängebrücke«. Um einseitigen Verschleißerscheinungen vorzubeugen, muss ein Ausgleich durch die erwähnten Übungen geschaffen werden. Die Kopf-Hals-Haltung darf im Tölt niemals eingeengt werden, damit die »Balancierstange« das Gleichgewicht ungestört ausloten kann. →*Dehnungshaltung*, →*Gangarten* (Tölt), →*Hankenbeuge*, →*Längsbiegung*, →*Lektionen an der Hand*, →*Seitengänge*, →*Versammlung*.

Spat Schmerzhafte, entzündliche Knochenauflagerung durch Verknöcherung von Gelenkspalten an der Innenseite des Sprunggelenkes. Lahmheit während der ersten Schritte nach der Stallruhe, die sich jedoch schnell verlieren kann. Heilung nicht möglich. Behandlung zur Beseitigung von Schmerzursache und Lahmheit: Beschleunigung des Verknöcherungsprozesses, um die Entzündung zum Stillstand zu bringen. →*Orthopädischer Beschlag*. Spat kann möglicherweise mit der →*Beugeprobe* festgestellt werden: Hintergliedmaße bei starker Beugung 1 Minute lang anheben, plötzlich loslassen und das Pferd sofort antraben. Lahmt es stark, besteht Verdacht auf Spat. Entzündung an der Außenseite des Sprunggelenks →*Rehbein*.

Spielverhalten Alle Spielhandlungen des Fohlens sind grundsätzlich Vorübungen für das spätere Ernstverhalten. Die ersten Lebenstage verbringt es in unmittelbarer Nähe der Mutter, es weicht nicht von ihrer Seite, und die Stute reagiert äußerst feindlich auf die Annäherung von Artgenossen. In diesen Tagen nimmt das Fohlen die Wesenheit der Mutter in sich auf. Wenn die →*Prägephase* vorüber ist, wird es unter vielen Herdengenossen immer wieder zu ihr zurückfinden. Sodann beginnt es, sich mit den anderen Herdenmitgliedern durch Laufspiele (Verfolgen und Verfolgtwerden) und Körperkontaktspiele (Fortpflanzungsverhalten, Hengstkampf, Hautpflege etc.) bekannt zu machen. Es wird kaum allein, sondern fast immer mit einem Partner gespielt, wobei gleichaltrige meist bevorzugt werden. Fohlen, die in engem Kontakt mit Mensch und Hund leben, nehmen zuweilen auch diese als Spielpartner an. Nur dürfte das robuste Pferdespiel für den Menschen reichlich schmerzhaft sein. Ältere Pferde und besonders auch Stuten sind dem Spielalter entwachsen. →*Verhaltensweisen*.

Spielwaage →*Ortscheit*.

Sporen dienen zur Verfeinerung der *Hilfen* des Unterschenkels gleich hinter dem Gurt, nicht aber grober Gewaltanwendung. Wer sie zum primitiven Treiben oder gar zum Strafen benutzt, missversteht ihren Sinn. Sporen sollen in feiner Dosierung die versammelnden Hilfen unterstützen, ihr Gebrauch verlangt Feingefühl und Übung. Der fortgeschrittene Anfänger, vorausgesetzt, er beherrscht bereits die Lage seiner Unterschenkel, sollte Sporen zunächst über die Halbschuhe auf die bestrumpften Fersen schnallen, um so das nötige Feingefühl für den Sporendruck zu erlangen. Die Sporenhilfe darf nur einseitig wechselnd, immer im Einklang mit der gerade vortretenden Hintergliedmaße und der kleinen Parade, als Druck (nicht Stich!) gegeben werden, damit das Pferd ihren Sinn, nämlich das vermehrte Untersetzen der Hinterhand versteht und auch befolgen kann. Keilt das Pferd nach der Sporenhilfe aus, so war sie nicht kurz und energisch genug oder an der falschen Stelle placiert oder im falschen Moment gegeben. Die bestgeeigneten Sporen haben einen langen Hals und eine stumpfe Spitze oder Kante, sie geben die präziseste Wirkung. Stumpfe Sporen (mit Kugel am Ende) sind nutzlose Attrappen. Sporen mit Rädchen können zu Marterwerkzeugen ausarten. Ob Sporen am Absatz oder oberhalb der Ferse getragen werden, richtet sich nach Größe und Körperbau von Reiter und Pferd. Sporen sollten stets nur dem fortgeschrittenen Reiter vorbehalten bleiben, der die Sporenhilfe ganz gezielt einsetzt.

Sprengwaage →*Ortscheit.*

Springgarten Anlage mit Hindernissen zur Ausbildung von Springpferden. →*Couloir.*

Springreiten Die Konstruktion des Pferdeskeletts war ursprünglich von der Natur weder für das Reitergewicht noch für größere Sprünge und diese schon gar nicht mit zusätzlicher Belastung vorgesehen. Springen geht wider die Urnatur des Pferdes. Verhaltensforscher demonstrierten zum Beispiel, dass der Leithengst einer wild lebenden Herde eine rossige Stute vor Augen, den kurzen Weg mit Sprung über einen dazwischenliegenden Wassergraben meidet und trotz seines allgewaltigen Urtriebes einen längeren Umweg ohne Sprung bevorzugt, um zu ihr zu gelangen. Pferde springen generell nur aus Not oder unter Zwang. Ihrem von den wilden Urahnen überkommenen Erbgedächtnis folgend wählen sie stets, lässt man sie frei gewähren, den bequemsten, sichersten und weiträumig überschaubaren Weg, um Feinde rechtzeitig erkennen zu können. Im Wildleben werden Hindernisse jeder Art und unübersichtliche Plätze aus Sicherheitsgründen immer gemieden.

Während der bald 5000-jährigen →*Domestikation* akzeptierte der Mensch die Abneigung des Pferdes gegen das Springen, in historischen Überlieferungen finden sich keine Hinweise auf die Notwendigkeit oder Durchführung von Springausbildungen, wohl aber auf das Reiten und Fahren. Wenn heute das »Sportinstrument« Pferd veranlasst werden kann, über 2 m hohe Hindernisse im Parcours zu überwinden, ist dies kein Gegenargument. Durch systematische Zuchtwahl, kontinuierliche Ausbildung und vor allem durch die Angst vor dem »Raubtier auf dem Rücken« werden Springwunder produziert, die dem Zwang gehorchend das Verlangte tun. In die Freiheit des Wildlebens entlassen würden sie sehr rasch ihrem Erbgedächtnis folgen und freiwillig ohne zwingenden Grund keinen Sprung wagen.

Die Anfänge des Springsports, der sich vermutlich allmählich aus der →*Reitjagd* entwickelte, liegen im 19. Jh. Der Verlauf einer Reitjagd mit Meute hinter lebendem Wild war nicht vorhersehbar. Der Kurs der Geländestrecke und die Dauer der Jagd wurde vom Wild bestimmt. Vergnügen und Erlebnis lagen bei den Teilnehmern, die zum ewigen Ärger des zuschauenden Publikums sehr bald am Horizont verschwunden waren. Um auch diesem etwas zu bieten, veranstaltete man Point-to-Point-Rennen querfeldein mit festgelegtem Start und Ziel, wobei die Wahl des Weges jedem Teilnehmer überlassen blieb, so dass er auch jedes im Gelände auftauchende natürliche Hindernis umreiten konnte. Als Start- und Zielmarkierung dienten häufig weithin sichtbare Kirchturmspitzen, die der Anlass für die spätere Bezeichnung →*Steeple Chase* wurden. Um die Rennen für das Publikum überschaubarer zu machen, verlegte man sie in Ovalbahnen, die mit imitierten natürlichen Hindernissen angereichert wurden. Mit der Entwicklung des Springsports konzentrierte man das Geschehen auf kleinere, künstlich angelegte Plätze und kommerzialisierte die Veranstaltungen zu gesellschaftlichen Ereignissen bis hin zu den perfektionierten Hochleistungsspringen der Gegenwart.

Der italienische Kavallerieoffizier →*Caprilli* gilt als Vater des modernen Springstils. Der Verfechter des →*Campagnereitens,* einer leichten, pferdeschonenden Reitweise im leichten Sitz, den er auch etwas vornüber geneigt im Springen anwendete, verfolgte allerdings eine ganz andere Absicht. Seine →*Italienische Reitmethode* sollte dem allzu schnellen Verschleiß der Kavalleripferde entgegenwirken. Der heute übliche, weit vornüber geneigte Springsitz, der den Pferderücken nicht mehr behindert, entwickelte sich erst in den 1920er Jahren aus dieser Methode.

Der Springsport zählt zu den publikumswirksamsten Reitsportarten, wenngleich auf diesem Gebiet selten »große Reitkunst« gezeigt wird – auf Kosten des Pferdes. Die systematische Auswertung der Turnierergebnisse gibt der Pferdezucht die Richtlinien für die Zuchtwahl zur Produktion immer neuer »Springwunder«. Das Leid der Pferde im Parcours ist eine Folge der ständig zunehmenden Kommerzialisierung und wird vornehmlich von zwei Faktoren bestimmt: Die Ausschreibung hoher Geldpreise verleitet viele Reiter, an mangelhaft ausgebildete Pferde zu früh zu hohe Anforderungen zu stellen, und die Zeitwertung verführt zu rücksichtsloser Behandlung des Pferdes im Parcours, um Zehntelsekunden herauszuschinden. Die ausschließliche Verleihung von Ehrenpreisen und die Wertung nur des korrekten Springstils ohne Zeitmessung könnte dem Pferd manche Qual ersparen und die Sitten im Parcours verbessern helfen. Tierärzte wissen von der frühzeitigen hohen Verschleißrate unter Springpferden zu berichten.

Turniersportliche Springprüfungen im →*Parcours* werden nach den Richtlinien der →*FN* in Einzeldurchgängen ausgetragen und in verschiedenen Schwierigkeitsgraden bewertet:

☐ Klasse E, Eingangsstufe, 6–10 Hindernisse bis 1 m Höhe.

☐ Klasse A, Anfänger, 6–12 Hindernisse bis 1,10 m Höhe.

☐ Klasse L, leicht, 8–14 Hindernisse bis 1,20 m Höhe.

☐ Klasse M, mittelschwer, 12–18 Hindernisse bis 1,40 m Höhe, Gräben bis 4 m breit.

☐ Klasse Ma, 12–20 Hindernisse bis 1,50 m Höhe, Gräben bis 4,50 m breit.

☐ Klasse Sa, schwer, langer Parcours, 13–20 Hindernisse bis 1,60 m Höhe, Gräben bis 5 m breit, mit Hinderniskombinationen von Doppelt- und Dreifachsprüngen.

☐ Klasse Sb, schwer, kurzer Parcours, 6–8 Hindernisse bis 1,60 m Höhe, Gräben 5 m breit.

Die Länge eines Parcours in Metern ergibt sich aus der Zahl der Hindernisse mal 60. Die Wer-

Franke Sloothaak auf dem Holsteiner Schimmel »Calvaro« im Finale der Weltmeisterschaft in Rom 1998. Vorbildliche Sprungphase, die Schwerpunkte beider Partner decken sich.

tung erfolgt meist nach Fehlerpunkten und Zeit oder nach in Zeit umgerechneten Springfehlern. Fehler in Standardprüfungen (Klassen A, L, M, S) werden folgendermaßen bewertet:

- ☐ Erstes Verweigern eines Hindernisses 3 Fehlerpunkte,
- ☐ zweites Verweigern 6 Punkte,
- ☐ Werfen eines Hindernisses oder Tritt in den Wassergraben 4 Punkte,
- ☐ Sturz von Reiter und Pferd 8 Punkte,
- ☐ nach dem dritten Verweigern, dem Einschlagen einer falschen Reihenfolge der Hindernisse, dem Auslassen eines Hindernisses und bei Überschreiten der Höchstzeit erfolgt Ausschluss aus der Prüfung.

Bei Punktgleichheit zweier oder mehrerer Teilnehmer im Sa-Springen werden ein bis zwei, im Sb-Springen (Mächtigkeitsspringen) bis zu 5 Stechen zur Ermittlung des Siegers wiederholt. Im Stechen durchreiten die erstplacierten Reiter einen meist verkürzten Parcours mit erhöhten und verbreiterten Hindernissen. Sa-Stechen erfolgen mit, Sb-Stechen ohne Zeitwertung. Springsport übt auf die Mehrzahl der Zuschauer große Anziehungskraft aus.

Springsattel Spezialsattel für den Springsport mit kurzen, weit nach vorn geschwungenen Sattelblättern und stark aufgepolsterten Kniepauschen (oft auch Wadenpauschen), die der höheren Knielage des Reiters im leichten Sitz beim Springen festen Halt gewähren. →*Sattlung.*

Springsitz Etwa seit den 1920er Jahren im Parcours als Folgeentwicklung der Methode von →*Caprilli* üblich. Um die weite Körperstreckung (→*Bascule*) des Pferdes über dem Hindernis nicht zu behindern und die Rasanz im Ablauf des Sprungs zu erhalten, muss der Reiter in der Bewegung mitgehen können. Sein Schwerpunkt soll mit dem des Pferdes stets übereinstimmen. Die Bügel sind kurz geschnallt. Bei festem Knieschluss hebt der Reiter sein Gesäß aus dem Sattel, der Oberkörper neigt sich nach vorn und liegt nahezu parallel zum Pferderücken. Die Zügelhand geht so weit vor, wie es die Kopf-Hals-Streckung erfordert. Etwa bis zum Ersten Weltkrieg wurde generell mit nach hinten geneigtem Oberkörper und gestreckten Beinen gesprungen; ein Sitz, der das Pferd im Sprung behinderte, aber dem Reiter mehr Sturzsicherheit verlieh.

Links: Springsitz zur Zeit des ausgehenden 19. und Beginn des 20. Jahrhunderts.
Rechts: Moderner Springsitz.

Sprinter →*Flieger.*

Sprung Begriff für die Begattung in der Pferdezucht. Der freie Herdensprung vollzieht sich ohne den direkten Eingriff des Menschen, in mehrfacher Wiederholung wird das gesamte natürliche Verhaltensritual von Hengst und Stute während der →*Rosse* durchgespielt. Natürlicher →*Deckakt,* der in der Regel die höchste Befruchtungsrate erzielt. Beim Sprung an der Hand wird der Hengst an Zügel oder Longe gehalten und die Stute bei Anzeichen von Widersetzlichkeit mitunter an ihren Hintergliedmaßen gegen Auskeilen gefesselt. Hier bestimmt der Mensch mehr oder weniger den Zeitpunkt und die Anzahl der Sprünge nach Einschätzung der Rosse.
Die Befruchtungsrate der widernatürlichen →*Paarung* ist erheblich geringer, da das vorbereitende natürliche Paarungsverhalten weitgehend entfällt und der Eisprung nicht genau ermittelt werden kann, den der Hengst in der freien Herde stets genau trifft. In der Zucht von »Leistungspferden« wird mit zunehmender Häufigkeit die künstliche Besamung der Stute vollzogen. Die für den Menschen kommerziell nutzbringende Maßnahme betrügt das sensible Lebewesen Pferd (Hengst wie Stute) um das naturgegebene und psychisch notwendige Sexualverhalten.

Sprung über ein Hindernis ist ein verlängerter Galoppsprung im Viertakt, der eine noch höhere und weitere Rumpfstreckung zeigt als der Renngalopp. Das diagonale Beinpaar fußt in weitem Abstand nacheinander auf, dazwischen liegt das Hindernis.

Sprungzügel Geteilter, mechanisch wirkender Hilfszügel, der das Hochnehmen des Pferdekopfes begrenzt. →*Martingal.*

Staatsgestüt →*Haupt-* oder *Landgestüt* im Besitz des Staates unter der Leitung eines →*Landstallmeisters,* von dem meist die richtungweisenden Impulse für die betreffende Landespferdezucht oder eine bestimmte Rasse ausgehen.

Stallapotheke Nach Anweisung des Tierarztes zusammengestellte Auswahl von Verbandstoffen, Medikamenten und Hilfsmitteln für die erste Hilfe oder zur Behandlung geringfügiger Verletzungen und Erkrankungen, die auch der medizinische Laie vornehmen kann und darf. Die Stallapotheke soll keinesfalls zu dilettantischem Herumdoktern verführen, in Zweifelsfällen ist stets der Tierarzt zu rufen. Arzneien und Hilfsmittel werden in einem sauberen, deutlich gekennzeichneten Schränkchen aufbewahrt. Verderbliche Medikamente müssen vor ihrem Verfall durch frische ersetzt werden. Eine hinreichend ausgerüstete Stallapotheke sollte folgende Mittel enthalten: Watte in breiten Lagen, breite Mullbinden, elastische Mehrzweckbinden in verschiedenen Breiten, breites Isolierband, Bindfaden und Sackleinen für Verbände vor allem an den Gliedmaßen; Desinfektionsmittel zum Reinigen von Wunden und Entzündungen wie Jodtinktur, Rivanoltabletten, Entozonsalbe, Sulfonamidpuder, Antibiotikumspray etc.; Huffett, Lorbeeröl, Holzteer, Hufkitt für die Hufbehandlung; Entwurmungsmittel; Insektenabwehrmittel; Heilerde für Gliedmaßenverbände; Verbandschere, Fieberthermometer, →*Hufzange,* Kneifzange, Hufmesser, →*Nasenbremse* als Hilfsmittel.

Stalldrang Ungeduldige, übereilte Gangart des Pferdes auf dem Heimweg im Gelände, um möglichst rasch zurück zum heimatlichen Stall zu gelangen. Entspricht dem gewohnheitsmäßigen, natürlichen Drang, schnell wieder in der vertrauten Umgebung und am Futterplatz zu sein. Allmähliche Abhilfe durch abwechslungsreiche und unterschiedliche Wahl des Heimweges, Umwege in ruhiger Gangart, Haltepausen und andere Ablenkungsmanöver.

stallen →*harnen.*

Stallfarben Dress und Kappe von Galopprennreiter und Trabrennfahrer haben eine bestimmte Farbe und auch bestimmte Abzeichen, die von der Rennbehörde registriert sein müssen. Sie sind eine Art Wappenzeichen des Stalleigentümers und sollen bei Wettbewerben für jedermann weithin erkennbar sein. Die Farbengebung wurde 1763 in Newmarket eingeführt und ist heute international vorgeschrieben. Stallfarben können für 3 Jahre oder auf Lebenszeit des Besitzers eingetragen sein.

Stallhalfter Gebissloser Kopfzaum aus starkem Leder oder Nylon zum Führen und Anbinden des Pferdes auf Transporten, beim Putzen etc. Darf die Kehle nicht einengen und muss der Größe und individuellen Form des Kopfes locker angepasst sein. Der Anbinderiemen oder Strick ist möglichst mit einem →*Panikhaken* zu versehen. Im Auslauf und auf der Weide sollte man das →*Halfter* abnehmen, damit das Pferd nirgendwo hängen bleiben kann.

Stallhaltung →*Haltung des Pferdes.*

Stallmut Bewegungsdrang des Stallpferdes nach dem Verlassen des Stalles. Trifft zu für viele Pferde, die bei guter Fütterung nur eine Stunde täglich gearbeitet werden und 23 Stunden im engen Stall stehen. Eine Haltung, die dem Naturell des Pferdes grundsätzlich widerspricht. Bei Pferden, die im →*Offenstall* mit Freiauslauf gehalten werden, die sich also nach Belieben bewegen können, tritt diese Überschussreaktion zu Beginn der Arbeit nicht auf. Abhilfe bei Stallpferden durch täglichen, mehrstündigen Aufenthalt im Auslauf oder durch →*Longieren* vor dem Reiten oder durch häufiges Mitführen als Handpferd beim Ausritt.

Stalluntugenden Verhaltensstörungen und psychische Erkrankungen durch Vereinsamung und Langeweile in der Stallhaltung, z. B. →*Koppen,* →*Weben.* →*Untugend.*

Stammbuch Auch Stutbuch. Register für die Zucht einer bestimmten Pferderasse, in dem alle Zuchtstuten verzeichnet sind, die die gewünschten Voraussetzungen für das Zuchtziel erfüllen. Qualitätsunterschiede werden durch Hauptstammbuch, Stammbuch und Vorbuch differenziert. →*Abstammungspapier.*

Start (fliegender) Die Pferde sind bereits vor der Startlinie in Bewegung und überschreiten sie im vollen Lauf.

Start (stehender) Die Pferde starten aus dem Stand auf der Startlinie.

Startauto Wird für den fliegenden Start im →*Trabrennen* verwendet, wenn alle Renngespanne ohne Vorgabe auf der gleichen Linie starten. Die Pferde stehen hinter einem breiten, an der Hinterseite des Autos befestigten Klappgatter und laufen nach dem Anfahren hinter diesem in kurzem Abstand nebeneinander her. Sobald die Startlinie erreicht ist, fährt das Auto plötzlich sehr viel schneller und entschwindet, so dass die Sulkyfahrer die volle Renngeschwindigkeit ausfahren können.

Startband Gummistrippe, die für den Start zum Hindernisrennen oder →*Trabrennen* (Bänderstart) quer über die Bahn gespannt wird. Sobald die Pferde auf ihren Startpunkten stehen, schnellt das Band zur Seite und der Start ist freigegeben. →*Galopprennen.*

Startboxen Fahrbares Gestell mit zahlreichen, schmalen Boxen mit vorderen und hinteren Klapptüren für den Start im Flachrennen. Sobald die Pferde in den Boxen stehen und der Start freigegeben ist, springen die vorderen Türen durch Auslösung eines elektrischen Impulses auf, und die Pferde schnellen hervor.

Start aus Startboxen beim →*Galopprennen.*

Starter Funktionär, der im Renn- und Reitsport das Startzeichen gibt.

Startmaschine →*Startboxen.*

Stätigkeit Widersetzlichkeit des Pferdes beim Reiten (z. B. Steigen, Bocken) oder Fahren (z. B. Kleben, Durchgehen) ohne direkt erkennbare Ursache. Fast immer eine psychische Störung als Folge falscher Behandlung in früherer Zeit.

Steeple Chase (engl.) »Kirchturmspitzenjagd«, so genannt nach Jagdrennen, die von Kirche zu Kirche (wobei die Kirchturmspitzen als Richtungsorientierung dienten) seit Ende des 18. Jh. in England veranstaltet wurden. Heute gängiger Begriff für Jagdrennen.

Steepler (engl.) Ausdauerndes Rennpferd über lange Distanzen und schwere Sprünge, also besonders geeignet für Jagdrennen (Steeple Chase). →*Galopprennen.*

Steher Rennpferd mit großem Stehvermögen (Ausdauer), das einen Renngalopp über die Distanz von 2400 m und länger durchhalten und in bestimmten Situationen evtl. noch steigern kann. →*Galopprennen.*

Steherprüfungen →*Galopprennen.*

Stehtag Überflüssiger und eher schädlicher Ruhetag des Stallpferdes, das ohnehin 23 Stunden täglich im Stall verbringt. An diesem Tag wären frische Luft im Auslauf oder Weidegang angemessen, wo das Pferd sich nach Gutdünken bewegen kann. Zur Vorbeugung gegen Verdauungsstörungen sollte man die Kraftfutterration kürzen. Eine gute Lösunge wäre auch ein ausgedehnter Spaziergang an der Hand mit Naschen an Kräutern und Gräsern oder unter dem Sattel im Bummelschritt ohne Leistungsforderung in freier Natur. Diese Regel gilt für Pferde, die nicht ständig schwer arbeiten müssen und täglich nur etwa 1 Stunde geritten werden. →*Haltung des Pferdes.*

Steigbügel →*Sattlung.*

Steigegebiss Ring- bis herzförmiges Mundstück aus Metall, das dem Pferd derart ins Maul geschoben wird, dass es Unterkiefer und Zunge umfasst. Soll das →*Steigen* und das damit verbundene Hochwerfen des Kopfes verhindern. Ein Zwangsmittel, das für reiterlichen Gebrauch (hier wird das Gebiss durch ein feststehendes →*Martingal* arretiert) strikt abzulehnen ist, weil Zunge und Unterkiefer gequetscht werden. Der Schmerz kann das ohnehin bereits verdorbene Pferd (sonst würde man auf das Steigegebiss verzichten) vollends in Panik bringen und die →*»Untugend«* nur noch verschlimmern. Wird heute vorwiegend mit einem Führzügel zum Führen verwendet, z. B. für Vollblüter auf der Rennbahn, ungeduldige Hengste u. a.

Steigen Das Pferd hebt die Vorhand und steht auf den gestreckten Hinterbeinen, ein natürliches Spiel- und Kampfverhalten des Hengstes. Vom Reiter nicht gewolltes Steigen des Pferdes hingegen ist fast immer die Folge falscher Hilfengebung und als Ausdruck der Verzweiflung anzusehen, weil Schmerzen entstanden sind oder aber die Absicht des Reiters nicht verstanden wird. Kann aber auch Widersetzlichkeit oder

Übermut oder Angst sein. Brutale Reiterfäuste und andere Zwänge können das Pferd zu gewohnheitsmäßigem Steigen veranlassen. Abhilfe schafft energisches Vorwärtsreiten in die Gangbewegung zur Kreisform (Volte), in der das Pferd nicht zum Steigen ansetzen kann, das nur aus dem Stand möglich ist.

Oben links: Natürliches Steigen des Hengstes zum Angriff.
Oben rechts: Dressurmäßiges Steigen unter reiterlicher Kontrolle: Courbette des Cadre Noir.

Unten: Andressiertes Steigen auf Kommando (Connemarapony, Zuchthengst) auf der Pony Show in Clifden, Connemara.

Steinbrecht Gustav (1808 bis 1905). Leiter einer privaten Reitschule in Berlin, Verfasser der im Jahre 1885 erschienenen Reitlehre »Gymnasium des Pferdes«, hervorragender Schulreiter und Ausbilder. Sein Standardwerk über das Dressurreiten ist bis heute modern geblieben. Wegbereiter der modernen Dressurauffassung. →*Hippologe.*

Stellung Übergeordneter Begriff für die gleichmäßige seitliche Biegung der gesamten Wirbelsäule des Pferdes (nicht der Halswirbelsäule allein), die sich »um den Schenkel biegt« und der jeweils geforderten Lektion sowie dem korrekten Auffußen der Gliedmaßenpaare optimal angemessen ist und einem sauberen, klaren Ablauf der Gangbewegung Vorschub leistet. →*Längsbiegung.*

Stichelhaar Geringer Anteil weißen Haares im überwiegend farbigen Fell des Pferdes. Tritt auf beim Schimmel im Jugendalter mit zunehmender Tendenz zur Weißfärbung, im farbigen Fell im Greisenalter sowie lebenslang mit mehr oder weniger weißem Haaranteil beim Schwarz-, Braun- und Rotschimmel. →*Altersbestimmung,* →*Farben des Haarkleides.*

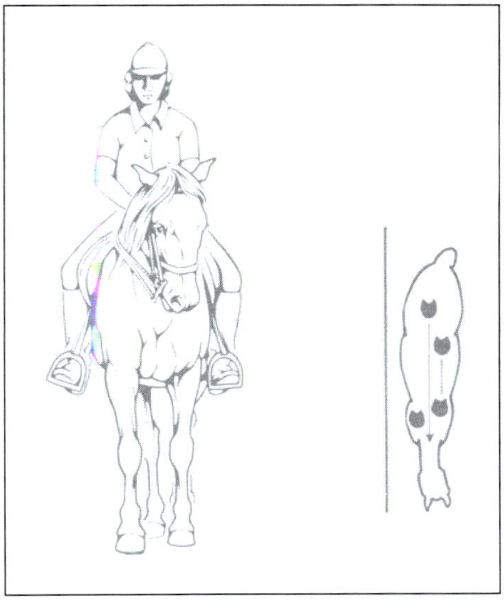

Korrekte Stellung (hier auf der linken Hand) drückt sich in der gleichmäßig durchgehenden Biegung durch Ganasche, Rückenwirbelsäule und Lende aus, so dass auch die Kruppe leicht nach innen gebogen ist und der äußere Hinterhuf leicht einwärts zwischen die Spuren der Vorderhufe tritt. Von vorn gesehen ist die äußere Hintergliedmaße zwischen den Vordergliedmaßen sichtbar.

Stierkampf zu Pferd (span. rejoneo, von rejon = Lanze) Der Stierkämpfer zu Pferd wird in Spanien Rejoneador oder Caballero en plaza genannt. Bereits Jahrhunderte v. Chr. jagten die alten Iberer, als geschickte Reiter bekannt und gefürchtet, vom Pferderücken aus mit dem Handspeer den Ur in der Wildnis. Als die Römer Spanien beherrschten, trat Cäsar als Lanzenreiter in den Arenen von Sevilla und Cadiz gegen den wilden Stier an. Die Beliebtheit des Stierjagens zu Pferd auf der iberischen Halbinsel steigerte sich zur Zeit der Westgoten und während der Herrschaft der Mauren. Karl der Große (742 bis 814) und Cid Campeador (1050–1099) sollen dem Ur noch in der Wildnis nachgestellt haben. Im Mittelalter verlegte sich der berittene Stierkampf als festliches Spektakel auf die Marktplätze der Städte, weil der wilde Stier zu dieser Zeit in Iberien bereits ausgerottet war und gezüchtete Stiere an seine Stelle traten. Zu Beginn des 18. Jh. verurteilte Philipp V. den Reiterkampf, der von den herrschenden Schichten ausgeübt wurde, als roh und unfein. Das Interesse des Adels erlosch. Gegen Ende des 18. Jh. wurde der Rejoneo vom Stierkampf zu Fuß (Corrida) als Spektakel des Volkes abgelöst. Erst wieder 1923 gewann der berittene Stierkampf erneut an Beliebtheit, der kein tragisches Ritual wie die Corrida ist, sondern ein sportliches Kampfspiel, in dem der Reiter Können und Geschicklichkeit vor drohenden Stierhörnern demonstriert. In Spanien endet der Kampf mit dem Tod des Stieres, der mit blanken, aber abgestumpften Hörnern kämpft, in der Arena. In Portugal sind die Hörner zusätzlich durch dicke, übergeschobene Lederfutterale entschärft, und der Stier wird nicht in der Arena, sondern im Schlachthaus getötet.

Durch Angriffsgebaren des Hengstes reizt der Rejoneador den Stier zum Angriff.

Das reiterliche Können profilierter Rejoneadores nimmt im Sinne der klassischen Reitkunst höchsten Rang ein und ist dem Anspruch der Spanischen Reitschule oder dem des Cadre Noir vergleichbar. Der Stierkampf zu Pferd gliedert sich in drei Abschnitte, für die jeweils das Pferd gewechselt wird. Im ersten Abschnitt sticht der Reiter 3 Harpunen, deren Schäfte abbrechen, in den Nackenwulst des Stieres. Im zweiten Abschnitt setzt er in gewagten Manövern die Banderillas in den Widerrist, und im dritten Abschnitt wird der Stier mit der rasiermesserscharfen Handlanze durch Stich in den Nacken getötet. Den größten Applaus erhält der Reiter, der millimetergenau am Stier vorbeigaloppierend und sich weit herausbeugend seine Pfeile am wagemutigsten und geschicktesten placiert. Das geschieht, indem er entweder quer zur Richtung des mit gesenkten Hörnern angreifenden Stieres vorbeispurtet oder aber, und dies ist die höhere Leistung, direkt auf den Stier zureitet und ihm im letzten Moment geringfügig seitwärts ausweicht, so dass beide Kontrahenten hautnah aneinander vorbeischießen.

Für die absolute Übereinstimmung von Reiter und Pferd ist eine langfristige Ausbildung erforderlich. Die Wertung eines Rejoneadors in der Arena erfolgt nicht durch ein Richterkollegium, sondern durch den Stier, der töten will, und durch ein sensationslüsternes Publikum. Der Reiter führt die Zügel mit der linken und hält eine Banderilla in der rechten Hand. Besonders Waghalsige haken die Zügel am Gürtel ein und setzen beidhändig 2 Banderillas zu gleicher Zeit, das Pferd nur mit Gewichts- und Schenkelhilfen steuernd. Das reiterliche Können und die für den Stierkampf erforderlichen Lektionen des Pferdes erfüllen weitgehend die Anforderungen der →*Hohen Schule:* →*Seitengänge,* →*Pirouette,* →*Passage* u. a. m. Für den Stierkampf verwendet man edle →*Andalusier*-Hengste, die eine sorgfältige Ausbildung erfahren, die allerdings mit einem recht scharfen Kappzaum beginnt, der das Nasenbein oftmals blutig malträtiert. Später wird das Pferd auf blanke Kandare geritten. Wenn es die Figuren der Hohen Schule (z. T. in abgewandelter Form) beherrscht, folgen die Übungen für die Begegnung mit dem Stier. Zunächst wird mit einer Stierattrappe und dann mit einem zahmen Stier geprobt, der auf jedes Kommando reagiert und nicht ernstlich angreift. Weiterhin folgen Übungen mit Kühen und Jungstieren, bis alle Lektionen eine gewisse Perfektion erreicht haben. Erst dann folgt die Begegnung in der Arena mit dem gefährlichen Stier, bei der der Reiter sein Leben und das seines Pferdes aufs Spiel setzt. Im Gegensatz zur Corrida indes ist Rejoneo für den Mann weniger gefährlich, weil das Angriffsziel des Stieres die Bewegungen des Pferdes sind.

Stockmaß Höhe des Pferdes vom Boden bis zum Widerrist, gemessen mit einem parallel zum Vorderbein lotrecht stehenden Stock mit einem in der Höhe verstellbaren, waagerechten Arm, der die direkte Höhe anzeigt. Dem ungenauen →*Bandmaß* vorzuziehen. →*Widerristhöhe.*

Stollbeule Durch Quetschung beim Liegen mit untergeschlagenen, eisenbeschlagenen Hufen hervorgerufene Flüssigkeitsbeule am Ellbogenhöcker.

Stollbeule, hervorgerufen durch Quetschungen des Hufeisens beim Liegen.

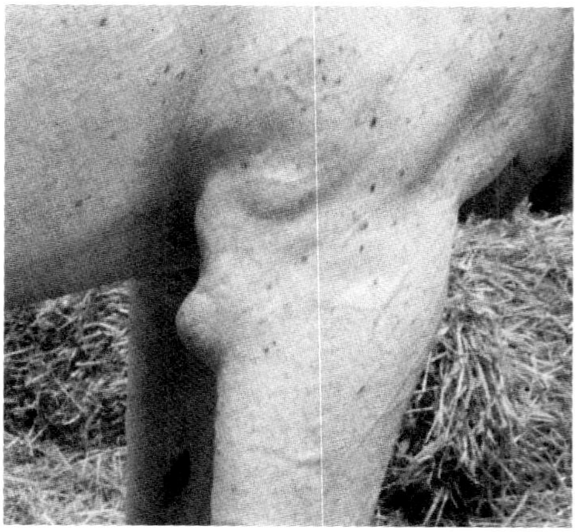

Stollen In die Schenkelenden des Hufeisens einschraubbare, etwa haselnussgroße, meist viereckige Eisenbolzen (Schraubstollen) von verschiedener Form und mit mehr oder minder scharfen Kanten, die das Ausgleiten auf schlüpfrigem oder glattem Boden verhindern sollen. Für schwere Arbeitspferde sind die Stollen an die Hufeisenschenkel in den meisten Fällen fest angeschmiedet. Zur Vermeidung von Eigenverletzungen sollten Schraubstollen nur so lange wie unbedingt erforderlich eingeschraubt werden.

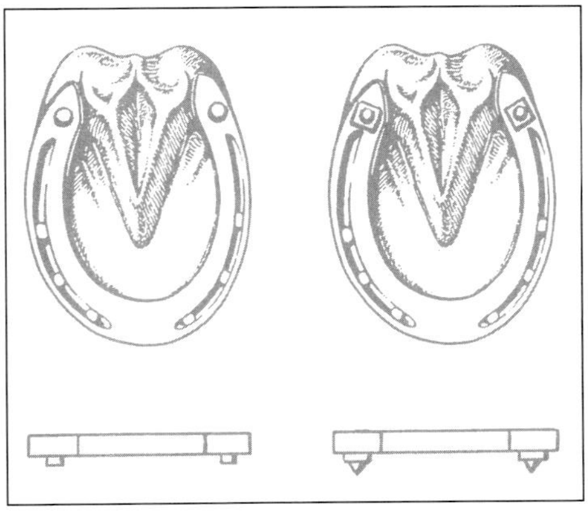

Runde und spitze Schraubstollen, die wahlweise für verschiedene Bodenstrukturen von Nutzen sind.

Unten links: Stoßzügel (ein Ausbindezügel), der zu den Trensenringen führt.
Unten rechts: Stoßzügel, der zum Nasenriemen führt, in der Gebrauchsreiterei üblich.

Stoßzügel Ein vom Verbindungssteg der Trensenringe abwärts zwischen Vorderbeinen des Pferdes hindurch zum Sattelgurt verlaufender →*Ausbindezügel,* der das Aufwerfen des Pferdekopfes begrenzt. Diese Anwendung nur eines Ausbindezügels, der ebenso lang verschnallt wird wie 2 Ausbinder, hat sich für den Anfängerunterricht auf ausgebildeten Pferden bewährt, weil er im Gegensatz zu beidseitig eingeschnallten Ausbindezügeln die seitliche Biegung des Pferdekopfes weniger einengt und die Auswirkung übender Zügelhilfen für die unerfahrene Reiterhand deutlicher spürbar macht, dennoch aber ein Hochwerfen des Kopfes verhindert und das Pferd ruhig hält. In der Gebrauchsreiterei berittener Rinderhirten (z. B. Camargue und Andalusien) und auch im →*Polo*spiel war und ist der Stoßzügel, an Nasenriemen oder Kappzaum unterhalb des Unterkiefers befestigt, seit langer Zeit als vorbeugendes Mittel gegen störendes Hochschlagen des Pferdekopfes in riskanten Manövern gebräuchlich. →*Hilfszügel.*

strahlen →*harnen.*

Strahlfäule Der Hornstrahl im Huf erfüllt eine wesentlich tragende Funktion. Er darf nie durch Beschneiden verändert werden. Wird er durch Fäulnis beschädigt, soll der Fäulnisherd vom Fachmann vorsichtig mit dem Messer entfernt werden. Vorbeugende Behandlung: sauberer

trockener Stallboden, Huf täglich mit einem Hufräumer säubern und mehrmals wöchentlich mit Wurzelbürste und Wasser auswaschen und gelegentlich mit Holzteer einstreichen. Die übel riechende und zerstörende Fäulnis des Hufstrahles wird nach Anweisung des Tierarztes mit Jodtinktur und Kupfervitriollösung (nicht mit Holzteer) behandelt.

Strangbürste Brettchen mit harten Borsten, das an die Innenseite des äußeren Stranges (Borsten zum Fell) geschnallt wird und durch die harte Reibung das Pferd vom Abdeichseln abhalten soll. Darf höchstens 10–15 Minuten benutzt werden, weil sich sonst das Fell abscheuert. Dieselbe Wirkung ist durch einen auf einen Lederriemen genieteten, spitz zulaufenden Holzknopf zu erzielen, der auf gleiche Weise angebracht wird. →*Fahren mit Gespannpferden.*

streichen Berühren des gegenüberliegenden Beines mit der Hufkante während des Ganges. Besonders durch beschlagene Hufe können erhebliche Verletzungen entstehen (→*Überbein* etc.). Abhilfe durch gepolsterte, lederne Streichkappe, die über das Fesselgelenk geschnallt wird. →*Gamaschen.*

Striegel Putzinstrument aus Gummi oder Plastik (nicht aus Metall) zum Säubern der Kardätsche und zum vorsichtigen Aufrauen stark verschmutzten und verkrusteten Felles auf bemuskelten Körperpartien (nicht auf Knochenpunkten). Sehr nützlich auch für beschleunigtes Auskämmen des ausfallenden, groben Winterhaares bei Robustpferden im Frühjahr durch behutsames Striegeln. →*Pflege des Pferdes.*

Stroh Dient als Einstreu und ergänzend zum →*Heu* als Raufutter zur Erhaltung gesunder Darmtätigkeit. Als Futterstroh ist Hafer- und Weizenstroh, für die Einstreu Roggenstroh am besten geeignet. Gerstenstroh ist ungeeignet, weil das liegende Pferd sich durch die langen Grannen leicht Augenverletzungen zuziehen kann. Die tägliche Menge Futterstroh sollte 3 kg nicht überschreiten, weil ein zu hoher Anteil Verstopfung verursachen kann. →*Fütterung.*

strotzende Kandare Bezeichnet die bei angenommenem Zügel zu steile Stellung des Hebelanzuges, der dann nahezu parallel zur Maulspalte liegt. Die Kinnkette ist zu kurz eingehakt, zu harte Wirkung. →*Zäumung.*

Links: Normalstellung der Kandare, 40–45° zur Maulspalte.
Rechts: Zu geringer Neigungswinkel (etwa 15°), keine feine Dosierung der Zügelhilfen.

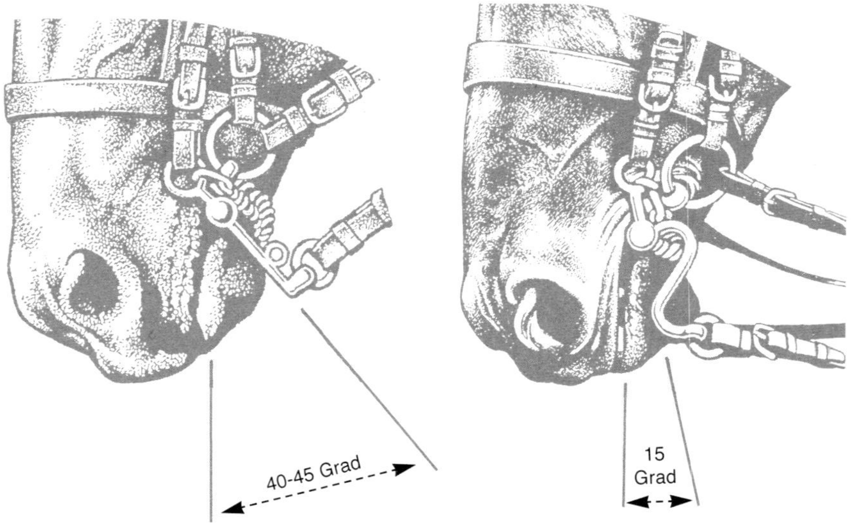

Stuhlsitz Sitzfehler des Reiters bei zu kurzen Bügeln. Der Reiter kann nicht oder nur falsch auf das Pferd einwirken. Oberschenkel und Knie sind zur Waagerechten hin hochgezogen. Der Sitz hat wenig Festigkeit. →*Sitz des Reiters.*

Sturzfeder Auch Sattelschloss genannt. Schließbare Haken am Sattelbaum, an denen die Bügelriemen aufgehängt sind. Da der Verschluss oft sehr fest sitzt, sollte er stets geöffnet bleiben, damit bei einem Sturz des Reiters und Hängenbleiben im Steigbügel der Bügelriemen sich sofort lösen kann.

Stute Weibliches Pferd, kleiner, zierlicher und feinknochiger im Körperbau, und sensibler, empfindlicher und launischer im Verhalten als das männliche Pferd. Nach dem Leithengst ist die Leitstute das ranghöchste Tier in der Herde.

Stützbein Die in der Gangbewegung auffußende Gliedmaße. →*Gangarten,* → *Lahmheit.*

Süddeutsches Kaltblut Bodenständig in Bayern und Baden-Württemberg. Zusammenfassender Begriff für die kaltblütigen Gebirgspferde norischer Herkunft, deren Vorfahren in den Alpenregionen Bayerns und Österreichs seit dem Mittelalter bodenständig waren. →*Noriker,* →*Schwarzwälder Fuchs.*

Suffolk-Punch Bodenständige Kaltblutrasse in Suffolk, Ostengland. Das Zuchtgeschehen führt auf einen um 1765 geborenen Fuchshengst zurück, der als Stammvater der Rasse gilt. Einkreuzungen fremdrassiger Hengste hinterließen keinen nachhaltigen Einfluss, seit Ende des 19. Jh. wird Reinzucht betrieben. Die Widerristhöhe des massigen, abgerundeten, doch sehr gehfreudigen Kaltblüters schwankt um 160 cm Stockmaß; ausschließlich Fuchsfarbe in vielen Schattierungen, keine Abzeichen, kein Kötenbehang.

Sulky Einspänniger, zweirädriger, leichter, gummibereifter Rennwagen für Trabrennpferde. Leichter als der →*Longshaft.* Eine Zwischenkonstruktion ist die Sulkette, die Konstruktionsmerkmale beider Rennwagen vereinigt. Der Sulky hat eine leicht schiebende Wirkung und verlangt weniger Zugkraft als der Longshaft. Der Fahrer sitzt ein wenig hinter der Achse, so dass die Scherbäume nach oben drücken.

T

Taki →*Mongolenpony.*

Takt Korrektes Gleichmaß in Abfolge und Länge der Schritte, Tritte oder Sprünge der entsprechenden Gangart, das unabhängig vom jeweiligen Tempo erhalten bleibt. Im Schritt muss ein gleichmäßiger Viertakt, im Trab ein gleichmäßiger Zweitakt und im Galopp ein gleichmäßiger Dreitakt mit gleich langen Zwischenpausen beim Aufsetzen der Hufe zu hören sein. Im Galopp liegen zwischen jedem Dreitakt noch die längeren Pausen der jeweiligen Schwebephase. Taktfehler im Schritt entstehen, wenn das Pferd mit einer Vorder- oder einer Hintergliedmaße weiter vortritt als mit der anderen, oder ein gleichseitiges Beinpaar nahezu gleichzeitig aufsetzt (Annäherung an den Passgang); im Trab, wenn eine Gliedmaße eines diagonalen Beinpaares früher oder später auffußt (möglicherweise Lahmheit); im Galopp, wenn das diagonale Beinpaar nicht gleichzeitig, sondern kurz nacheinander auffußt (Viertaktgalopp). In der →*Piaffe* macht sich ein ungleicher Takt bemerkbar, wenn ein diagonales Beinpaar schneller auffußt als das andere. Das Wiederfinden des Gleichgewichtes unter dem Reiter und Losgelassenheit in freien Gangbewegungen am langen Zügel bilden die erste Ausbildungsphase des jungen Pferdes, aus der sich der klare, gleichmäßige Takt der Gangbewegung entwickelt. →*Ausbildung des Pferdes.*

Tandem Anspannungsart für 2 Gespannpferde vor dem zweirädrigen Wagen. Das Vorderpferd geht vor dem Gabelpferd, beide Pferde gehen also voreinander. Die Lenkung erfolgt vom Kutschbock aus mit vier Leinen. Die Zugvorrichtung des Vorderpferdes ist vor der Brust am Geschirr (Kumt) des Gabelpferdes befestigt. Das Vorderpferd kann aber auch an langen Zugsträngen gehen, die an der Zugvorrichtung des Gabelpferdes in Höhe des Bauchgurtes befestigt sind. Das Vorderpferd geht meist im Sielengeschirr. →*Anspannung des Wagenpferdes.*

Tarpan (Equus caballus gmelini Antonius) Der Lebensraum des gegen Ende des 19. Jh. endgültig ausgerotteten europäischen Wildpferdes erstreckte sich in historischer Zeit über das nördliche Polen, Mittel- und Südrussland. Im Süden lebte eine graufalbe Steppenform, im Norden eine mausgraue Waldvariante. Die letzte Tarpanstute soll 1876 in der Ukraine erlegt worden sein. Da Tarpanhengste die frei lebenden Hauspferdherden der Bauern häufig heimsuchten, deren Hengste töteten und die Stuten entführ-

Rückgezüchtete polnische Tarpane.

ten, wurde das Wildpferd gnadenlos verfolgt. Das Erscheinungsbild des Tarpans (russische Bezeichnung) war durch Stehmähne (?), Aalstrich bis zur Schweifwurzel und zebroide Streifung der abwärts dunkel gefärbten Gliedmaßen gekennzeichnet (→*Abzeichen,* dunkle). Der Körperbau war größer, feinknochiger und schmaler als der des →*Przewalskipferdes,* das sich durch groben Knochenbau und massige Statur auszeichnet. Wissenschaftliche Daten sind kaum überliefert, weil viele Equidenforscher des 18. und 19. Jh. der Annahme folgten, dass man es aufgrund der regional häufig erfolgten Vermischungen mit Hauspferden nicht mit einem echten Wildpferd zu tun habe und deshalb wissenschaftliche Nachforschungen unterblieben.

Tasthaare Um Maul und Nüstern herum einzeln wachsende lange, elastische und starke Haare, die beim Beriechen von Lebewesen, Gegenständen und Futter aus nächster Nähe eine sehr wichtige Tastfunktion ausüben. Sie dürfen niemals abgeschnitten werden.

Tattersall Heute allgemeiner Begriff für Reitinstitute mit Verleihpferden. So benannt nach dem Engländer Richard Tattersall, der Ende des 18. Jh. eine Verkaufsfirma für Reit- und Rennpferde gründete und die Verkaufspferde auf speziellen öffentlichen Veranstaltungen dem Publikum vorstellte. Die Firma besteht noch heute in Newmarket und ist bekannt vor allem für ihre Vollblut-Versteigerungen.

Tattersallpferde Ausgebildete Reitpferde eines Reitinstitutes (Tattersall), die gegen Entgelt an Reitschüler für den Reitunterricht ausgeliehen werden.

Temperament Naturgegebene Veranlagung des Pferdes, deren Skala je nach Pferdetyp von feurig, nervös und leicht erregbar bis phlegmatisch, gelassen und schwerfällig reicht. Die Extreme drücken sich in den Begriffen →*Vollblut* und →*Kaltblut* aus, Mischrassen zeigen vielfältige Varianten zur einen oder anderen Seite hin, die nicht immer sogleich erkennbar sind.

Temperatur →*Fieber.*

Temperaturmessung →*PAT-Werte.*

Tennesse Walking Horse Heimat USA, Mischzucht aus verschiedenen Rassen, wie →*Englisches Vollblut,* →*American Saddlebred Horse,* →*American Standard Bred* und anderen. Systematisches Zuchtgeschehen seit Mitte des 20. Jh., nicht einheitlich im Typ, da das vorrangige Zuchtziel auf spezialisiertes Gangvermögen ausgerichtet ist. Angestrebt sind zwei Töltvarianten: Flat Food Walk, ein langsamer, flacher,

Tennessee Walking Horse.

beinahe im Schritt-Tempo gleitender Tölt, und Running Walk, ein zum stärkeren Trabtempo gesteigerter Tölt, beide im Wechsel von Dreibeinstütze zu Zweibeinstütze. Erwünscht ist zudem ein ruhiger, für den Reiter bequem abrollender Galopp (Canter), Trab genießt keinen Stellenwert. →*Gangarten* (Tölt, Passgang), →*Gangpferde.*

Terre à terre Galopp in 2 Tempi auf 2 Hufschlägen, wird aus dem →*Traversgalopp* entwickelt. Künstliche, vom Menschen geforderte

Gangart, die das Pferd natürlicherweise nicht zeigt. Da nur wenige Pferde zu dieser schwierigen Übung fähig sind, ist sie selten zu sehen. Lektion der →*Hohen Schule.*

Tetanus →*Wundstarrkrampf.*

Tête (franz. Kopf) oder Têtenreiter. Erfahrener Anfangsreiter einer Abteilung in der Reitbahn, der Kommandos und Hufschlagfiguren kennt, für die genauen Tempi sorgt und die Abstände unerfahrener Anfänger möglicherweise durch Korrektur der Bahnfiguren und Tempoausgleich beeinflusst.

Therapeutisches Reiten Behandlungs- und Heilungsmethode für verhaltensgestörte, psychisch kranke, körperbehinderte und haltungsgeschädigte junge und ältere Patienten, die Körper, Geist und Seele gleichermaßen anspricht, den Kranken zu aktiver Mitarbeit motiviert und ihm Selbstvertrauen einflößt. Die Hippotherapie wirkt über den animalischen Kontakt der Körperwärme und das Muskelspiel des Bewegungsablaufes auf ungesatteltem Pferd und beeinflusst je nach Krankheitsart und -grad Psyche und Körper des Patienten, wird als Krankengymnastik praktiziert oder ist bereits als allmählicher Übergang zu reiterlicher Ausbildung zu verstehen. Das Pferd wird entweder von einer Person geführt und der Patient von einer zweiten gehalten, oder das Pferd läuft an der Longe auf dem Zirkel oder frei in der Abteilung.
Therapeutisches Reiten findet grundsätzlich nach Anweisung und unter Kontrolle geschulten Personals statt (Reitlehrer, Krankengymnastin, Arzt). Das verwendete Pferd sollte nicht zu groß und von barocker, gut bemuskelter Form sein, einen gleichmäßigen, ruhigen Bewegungsablauf, einen fleißigen Schritt und einen weichen, gut auszusitzenden Trab haben. Charakter und Temperament müssen lammfromm, gutmütig, ausgeglichen sowie ohne jede Scheu und Ängstlichkeit oder Widersetzlichkeit sein, so dass höchstmögliche Sicherheit und Unfallfreiheit gegeben ist.

Thoroughbred (engl., wörtlich »durchgezüchtet«). Vollblut. →*Englisches Vollblut.*

Tiefe Rumpfhöhe oder Brustumfang des Pferdes vom Widerrist bis zur Unterbrust (in der Position des Sattelgurtes rundherum gemessen). Ein tiefer, breiter und langer Brustraum, der kräftig entwickelten Organen, vor allem Herz und Lungen, viel Platz bietet, ist eine Gewähr für Leistungsfähigkeit und Ausdauer. In vielen Zuchten gilt das Idealmaß des tiefgebauten Pferdes: die Höhenmaße Widerrist–Brustbein und Brustbein–Boden stimmen überein.

Tiefgebautes Pferd.

Tierschutzgesetz Der Tierschutz erstreckt sich grundsätzlich auf alle Bereiche um das Pferd, nämlich Haltung, Pflege, Fütterung, Erziehung und Nutzung. Das Pferd ist der Willkür des Menschen auf Gedeih und Verderb ausgeliefert. Mit dessen Besitz übernimmt dieser automatisch die Verantwortung für Gesundheit und Wohlergehen in artgemäßer und verhaltensgerechter Weise, die gründliche und spezielle Kenntnisse verlangt. Professionelle, bewusst gewollte Tierquälerei im Sinne kommerzieller Ausbeutung wird noch übertroffen von laienhaftem Unverständnis, wie reiterlicher Unfähigkeit und Geltungsbedürfnis im Sattel, Mangel an Kenntnissen in artgerechter Pferdehaltung und falsch verstandener Robusthaltung sowie Unkenntnis des Pferdeverhaltens, die dem Pferd dauerhaft zu schaffen machen. Das Tierschutzgesetz soll das Los des Pferdes erleichtern helfen und kann nur wirksam sein, wenn der Pferdefreund sich ehrlich um sachgerechtes Wissen sowie körperliches und seelisches Wohlbefinden seines Pferdes bemüht. Als Tierquälerei sind beispielsweise folgende Missstände zu werten:

☐ Schlagen und Treten, Futter- und Wasserentzug als Erziehungsmethode;

☐ unsachgemäße Stallhaltung wie dunkle, enge, muffige und zugige Ställe, Mangel an Bewegung und Frischluft für das Pferd;

☐ falsch sitzende und fehlerhafte Zäumung, Sattlung, Aufschirrung und Anspannung, die Verletzungen verursachen, Elektroschockgeräte;

☐ Riemenschnürung der Zunge bei Zungenstreckern, sägeartige Mundstücke, scharfe und dünne Trensen, Kandaren und andere Gebisse mit ausgeleierten Ringen und Hebeln, scharfe Schnallung von Fahrkandaren;

☐ Missbrauch von Schlauf- und Aufsatzzügeln;

☐ rohe und brutale Ausbildungsmethoden wie Barren, Blistern, blutiges Spornieren, Anlegen der polnischen Bremse, Doping;

☐ mangelhafte Hufpflege und falscher Beschlag;

☐ gedankenlose Überanstrengung des Pferdes bei ungenügendem Training und vieles andere mehr.

In der Neufassung des Tierschutzgesetzes von 1998, die das Pferd von der »Sache« zum »Mitgeschöpf« erklärt, sind folgende Paragraphen für das Pferd von vorrangiger Bedeutung:

Tierhaltung

§ 2

Wer ein Tier hält, betreut oder zu betreuen hat,

1. muss über fundierte Sachkenntnisse und Fähigkeiten verfügen,
2. muss das Tier seiner Art und seinen Bedürfnissen entsprechend angemessen ernähren, pflegen und verhaltensgerecht unterbringen,
3. darf die Möglichkeit des Tiers zu artgemäßer Bewegung nicht so einschränken, dass ihm Schmerzen oder vermeidbare Leiden oder Schäden zugefügt werden.
4. Angemessene Bewegung, Auslauf, Frischluft und Sozialkontakte sind grundlegende Erfordernisse.

§ 3

Für Leistungsforderungen, medizinische Eingriffe und Manipulationen am Tier wurden genauere Vorschriften erlassen. Es ist verboten,

1. einem Tier außer in Notfällen Leistungen abzuverlangen, denen es wegen seines Zustandes offensichtlich nicht gewachsen ist oder die offensichtlich seine Kräfte übersteigen,
2. ein gebrechliches, krankes, abgetriebenes oder altes, im Haus, Betrieb oder sonst in Obhut des Menschen gehaltenes Tier, für das ein Weiterleben mit nicht behebbaren Schmerzen oder Leiden verbunden ist, zu einem anderen Zweck als zur unverzüglichen schmerzlosen Tötung zu veräußern oder zu erwerben; ...
5. ein Tier auszubilden, sofern damit erhebliche Schmerzen, Leiden oder Schäden für das Tier verbunden sind,
6. ein Tier zu einer Filmaufnahme, Schaustellung, Werbung oder ähnlichen Veranstaltung heranzuziehen, sofern damit Schmerzen, Leiden oder Schäden für das Tier verbunden sind,

..

10. einem Tier Futter darzureichen, das dem Tier erhebliche Schmerzen, Leiden oder Schäden bereitet,
11. an einem Tier bei sportlichen Wettkämpfen oder ähnlichen Veranstaltungen Dopingmittel anzuwenden.

Eingriffe an Tieren

§ 5

(1) An einem Wirbeltier darf ohne Betäubung ein mit Schmerzen verbundener Eingriff nicht vorgenommen werden. Die Betäubung eines warmblütigen Wirbeltieres ist von einem Tierarzt vorzunehmen. Für die Betäubung mit Betäubungspatronen kann die zuständige Behörde Ausnahmen von Satz 2 zulassen, sofern ein berechtigter Grund nachgewiesen wird.
(2) Eine Betäubung ist nicht erforderlich,
1. wenn bei vergleichbaren Eingriffen am Menschen eine Betäubung in der Regel unterbleibt,
2. wenn die Betäubung im Einzelfall nach tierärztlichem Urteil nicht durchführbar erscheint.

§ 6

Pferde mit gravierenden medizinischen Eingriffen (z. B. Neurektomie) müssen für Nachkäufer entsprechend gekennzeichnet werden.

Zucht von Tieren, Handel mit Tieren

§ 11

Wer gewerbsmäßig mit Wirbeltieren außer landwirtschaftlichen Nutztieren handelt oder gewerbsmäßig einen Reit- oder Fahrbetrieb unterhält, bedarf der Erlaubnis der zuständigen Behörde.

§ 11 c

Ohne Einwilligung der Erziehungsberechtigten dürfen warmblütige Tiere an Kinder oder Jugendliche bis zum vollendeten 16. Lebensjahr nicht abgegeben werden.

§ 16

Pferdehaltungen unterliegen grundsätzlich der Aufsicht der zuständigen Behörde.

Straf- und Bußgeldvorschriften

§ 17

Mit Freiheitsstrafe bis zu zwei Jahren oder mit Geldstrafe wird bestraft, wer
1. ein Wirbeltier ohne vernünftigen Grund tötet oder
2. einem Wirbeltier
   a) aus Roheit erhebliche Schmerzen oder Leiden oder
   b) länger anhaltende oder sich wiederholende erhebliche Schmerzen oder Leiden zufügt.

Die neuen Tierschutzbestimmungen, die mit Rücksicht auf die EU eher halbherzig gefasst wurden, können für den Bereich des Pferdesports aus ethischer Sicht noch immer nicht als ausreichend bezeichnet werden.

<u>Auskünfte</u> über pferdegerechten Tierschutz geben:
☐ Tierärztliche Vereinigung für Tierschutz e.V., Schweinfurt;
☐ Deutsche Veterinärmedizinische Gesellschaft FN, Warendorf;
☐ Arbeitsgruppe Tierschutz und Pferdesport, Bonn.

Tigerschecke →*Farben des Haarkleides*, →*Appaloosa*.

Tod des Pferdes Sehr alte, weitgehend unvermischte Pferderassen, die die Erbanlagen ihrer Urahnen dominant vererben, können unter günstigen artgemäßen und verhaltensgerechten Lebensbedingungen ein natürliches Lebensalter zwischen 30 und 40 Jahren erreichen (z. B. britische Ponyrassen, Islandpferd, Camarguepferd, Arabisches Vollblut u. a.). Das natürliche Lebensalter großwüchsiger Mischrassen endet meist zwischen 20 und 30 Jahren (z. B. Warmblutpferde, Vollblut, Kladruber, Lipizzaner u. a.). Kaltblutpferde werden um 20 Jahre alt. In Ausnahmefällen sind Pferde 43 (Arabisches Vollblut) und 54 Jahre alt geworden (Islandpferd). Im Dienst des Menschen ist es dem Pferd freilich nur selten vergönnt, seine natürliche Lebenszeit auszuleben, weil die Gewährung des »Gnadenbrots« bis zum Lebensende Kosten ohne Nutzwert verursacht. Aufgrund hoher Verschleißraten im Renn- und Springsport erreichen Leistungspferde nur mehr ein Durchschnittsalter von 7–9 Jahren. Zuchttiere, die zumeist eine schonendere Behandlung erfahren, können oft ihr natürliches Lebensalter erreichen. Schlachtpferde enden häufig schon im Fohlen- und Jünglingsalter. Schmerzfreie Tötung ist per Gesetz durch den Bolzenschuss des Schlachters (nach gründlicher Ausblutung bleibt der Nahrungswert erhalten) oder durch einschläfernde Injektion des Tierarztes gegeben (als Nahrungsmittel oder Tierfutter nicht zu verwenden).

Pferdefreunde, die weder Mühen noch Kosten scheuen, schenken ihrem vierbeinigen Gefährten, der ihnen treu gedient hat, einen artgemäßen, verhaltensgerechten und geruhsamen Lebensabend, falls er noch gesund, aber nicht mehr arbeitsfähig ist. Der Begriff »Gnadenbrot« dürfte fehl am Platz sein; das Pferd, das dem Menschen, oft unter Dulderqualen, willig gedient hat, besitzt zumindest ein moralisches Recht auf Altersfürsorge. Das Siechtum unheilbar kranker Pferde sollte im Sinne des Tierschutzes ohne Sentimentalität durch Tötung schnellstens beendet werden.

Im Wildleben vermochte das Pferd sein natürliches Lebensalter kaum durchzustehen. Wenn es nicht vorzeitig durch Raubtiere, Unfälle, Erkrankungen oder harte Witterungsbedingungen sein Leben verlor, erwartete es selbst bei günstigsten Lebensumständen und üppigstem Nahrungsangebot ein allmähliches Verhungern, weil die bis auf Stummel abgewetzten Mahlzähne ihren Dienst versagten oder ausfielen und die zum Pinzettengebiss abgeflachten Schneidezähne das Grasrupfen verhinderten. →*Altersbestimmung*, →*Alterserscheinungen.*

Tölt →*Gangarten.*

Torfstreu →*Einstreu*, →*Haltung des Pferdes.*

Totalisator Wettsystem für Galopp- und Trabrennen. Die eingezahlte Wettsumme wird nach Abzug eines Satzes von etwa 20% unter den Gewinnern aufgeteilt.

Totes Gewicht Bleigewichte in der Gewichtsdecke des Rennsattels, um bei Untergewicht des Jockeys das vorgeschriebene Mindest-Gesamtgewicht zu erreichen. Der Ballast hat Nachteile, weil er unbeweglich am Rücken liegt, im Gegensatz zum Reiter selbst, der sein Gewicht durch bestimmte Bewegungen »leichter machen kann«. →*Gewichtsausgleich, Gewichtsdecke.*

Totes Rennen Begriff im Pferderennen: Zwei oder mehrere Pferde laufen genau nebeneinander durchs Ziel, so dass sie denselben Platz belegen.

Trab →*Gangarten.*

Traber Allgemeine Bezeichnung für speziell gezüchtete Pferde, die ihre Aufgaben vorwiegend in der →*Gangart* Trab ausführen. Man unterscheidet das akzentuiert trabende Pferd in dressurmäßiger Aufrichtung vor der Kutsche für Sport und Freizeit, und den Renntraber mit flachen Gangbewegungen, der vor dem →*Sulky* nahezu die Geschwindigkeit des gestreckten Galopps entwickelt und wie das Vollblutrennpferd nach Rennleistung selektiert wird. Mittlerweile hat sich die Renntraberzucht weitgehend international entfaltet und teilweise vermischt, dennoch bestehen je nach Herkunftsland gewisse rassische Unterschiede. →*Hackney*, →*Friese*, →*American Standard Bred*, →*Europäischer Standard Traber*, →*Französischer Traber*, →*Orlow Traber*, →*Nordschwedisches Pferd.*

Trabrennen Leistungsprüfungen in der Traberzucht mit Distanzen zwischen 1100 und

Trabrennen.

4200 m. Die ersten Trabrennen gehen auf den russischen Grafen Orlow um 1775 zurück, der für die von ihm begründete und nach ihm benannte Traberzucht (→*Orlow-Traber*) bereits damals bestimmte Leistungsprüfungen aufstellte. In Nordamerika entwickelte sich der Trabersport um 1818, wo bis heute Trab- und Passgangrennen gesondert gelaufen werden. In Deutschland wurden die ersten offiziellen Trabrennen im Sinne von Zuchtprüfungen um 1877 durchgeführt. 1892 fand in Berlin das erste →*Deutsche Traberderby* statt.

Die Vereinigungen der Bundesländer für Traberzucht und Trabrennsport (Rennvereine, Züchter- und Besitzervereine, Vereinigungen der Trainer und Amateurfahrer) in Deutschland sind im Hauptverband für Traberzucht und Rennen e.V. zusammengeschlossen (Sitz Kaarst bei Düsseldorf). Der Zuchtbetrieb wird über die Zuchtordnung, das Renngeschehen über die Trabrennordnung geregelt. Teilnahmeberechtigt an den Rennen sind nur Traber mit nachgewiesener Abstammung, die beim Hauptverband für Traberzucht und Rennen eingetragen sind. Man unterscheidet Rennbahnen der Klasse A mit ganzjährigem Rennbetrieb, auf denen meist nur 2- bis 7-jährige Stuten, 2- bis 10-jährige Hengste und inländische Wallache zugelassen sind, Rennbahnen der Klasse B von geringerer Größe mit saisonalen Veranstaltungen und Bahnen der Klasse C mit gelegentlich veranstalteten Rennen. Die vorgeschriebene Rennstrecke darf nur im Renntrab zurückgelegt werden, zu oft oder zu lange galoppierende oder unrein gehende Pferde (→*Passgang,* Dreischlag) werden disqualifiziert. Die Traber sind vor einen zweirädrigen Rennwagen, →*Sulky* oder →*Longshaft,* gespannt, auf dem der Fahrer sitzt und dessen Körpergewicht im Gegensatz zum →*Galopprennen* nicht berücksichtigt wird. Die Rennen werden von der Rennleitung und den Richtern überwacht. Eventuelle Verstöße der Fahrer werden durch Geldbußen, Berufssperre oder Lizenzentzug geahndet. An öffentlichen Rennen können Trainer mit Lizenz und Berufsfahrer in verschiedenen Ausbildungsstadien teilnehmen, sowie Amateure (mit eigenem Pferd) in eigens dafür ausgeschriebenen Rennen. Außerdem werden nichtöffentliche Rennen mit Laienfahrern ohne Geldpreise veranstaltet. Der Totalisatorbetrieb

1 Trab ist die zwingend vorgeschriebene Gangart.
2–4 Umspringen in Passgang, Galopp und Dreischlag (Kreuzgalopp) während des Rennens führt zur Disqualifikation. In den USA werden Passgangrennen als gesonderte Disziplin für Passgänger gelaufen.

für die Rennwette gleicht weitgehend dem des Galopprennens.

Im Trabrennen wird die für die gesamte Rennstrecke benötigte Zeit gemessen und daraus die Durchschnittszeit je Kilometer ermittelt (Kilometerrekord). Vor der Teilnahme am ersten Rennen muss ein Traber einen bestimmten Mindestkilometerrekord nachweisen. Der fliegende Start (alle Teilnehmer starten von derselben Linie ohne Vorgabe für einige) erfolgt durch das →*Startauto,* beim Bänder-Start starten die Teilnehmer von verschiedenen Startpunkten, weil für einige entweder Vorgaben oder Zulagen vorgeschrieben sind (→*Ausgleich*). Sieger und Placierte erhalten Geldpreise und die Züchter eine Züchterprämie. In der Schweiz verwendet man im schneereichen Winter für Trabrennen leichte Rennschlitten statt der gummibereiften Rennwagen. In Frankreich gibt es auch Trabrennen mit Reiter ohne →*Sulky.*

Die Trabrennbahn ist die Anlage für die Veranstaltung von Trabrennen in Form von meist zwei parallelen Geraden, die an beiden Enden durch je einen Halbbogen miteinander verbunden sind. Die Fahrbahndecke besteht meist aus natürlichem, aber festem und ebenem Boden, wie festgestampfter Schlacke o. ä. Zahlreiche Bahnen sind mit einer Flutlichtanlage ausgestattet, weil die Rennen häufig auch in den Abendstunden durchgeführt werden. Die Bahnlänge liegt meist zwischen 800 und 1200 m. Die weitaus größte Anzahl der Trabrennen in Deutschland wird auf den Trabrennbahnen in Berlin-Karlshorst, Berlin-Mariendorf, Dinsklaken, Elmshorn, Gelsenkirchen, Hamburg, Mönchengladbach, Mühldorf, München-Daglfing, München-Riem, Pfaffenhofen, Recklinghausen und Straubing gelaufen.

Trabrennordnung (TRO) Verbindlicher Richtlinienkatalog für den Trabrennsport in Deutschland, herausgegeben vom Hauptverband für Traberzucht und Rennen e.V., in Anlehnung an die Rennordnungen vieler Länder Europas. →*Trabrennen.*

Trachtensattel Prinzip des →*Bocksattels,* die beidseitigen langen und breiten Auflageflächen (Trachten) des Sattels, die einen durchgehenden Zwischenraum (Tunnel) über dem Rückgrat des Pferderückens frei lassen, verteilen die Last des Reitergewichtes auf eine große Fäche des Pferderückens und sind durch ihre entlastende Funktion besonders für Dauerritte geeignet. Sättel der Gebrauchsreiterei (Militär, Cowboy, Vaquero, Gardian usw.) waren und sind nach diesem Prinzip konstruiert. Für den Turniersport weniger geeignet, weil die punktuelle Wirkung der Gesäßhilfen geringer ist und Vorder- und Hinterzwiesel meist hoch gebaut sind. →*Pritschensattel,* →*Sattlung.*

Trächtigkeit Entwicklung des Fohlens im Mutterleib von der Befruchtung der Eizelle bis zur Geburt. Die Trächtigkeitsdauer ist je nach Rasseveranlagung und Haltungsbedingungen geringen Schwankungen unterworfen und beträgt durchschnittlich 11 Monate, wobei der Spielraum zwischen 310 und 360 Tagen liegen kann. Sehr günstige Haltungsbedingungen können die Tragezeit verkürzen. Frühreife Kaltblüter tragen 320–330 Tage, der spätreife →*Kladruber* mit extrem langer Tragezeit benötigt etwa 345 Tage. Hengstfohlen werden durchschnittlich 2 Tage später geboren als Stutfohlen.

Trächtigkeitsuntersuchungen (durch den Tierarzt). Drei Möglichkeiten:

1. Manuelles Abtasten der Gebärmutter vom Mastdarm aus in der Zeit von der 3. Woche bis zum 3. Monat nach der Befruchtung.
2. Blutuntersuchung zwischen dem 45. und 120. Tag der Tragezeit.
3. In späterer Zeit Untersuchung des Morgenharns, in dem die Trächtigkeitshormone nachgewiesen werden können.

Trainer Ausbilder von Galopp- und Trabrennpferden sowie Berufsrennreitern und -fahrern, verantwortliche Person für einen Rennstall. Qualifikation durch vorgeschriebene Lizenz des →*Direktoriums für Vollblutzucht und Rennen* sowie des Hauptverbandes für Traberzucht und Rennen.

Trakehner Bundesweite Warmblutzucht, bis 1945 bodenständig in Ostpreußen. Zuchtziel: Deutsches Reitpferd für Sport und Freizeit. Die bodenständige Pferdezucht in Ostpreußen hat eine über tausendjährige Geschichte. Sie basiert auf der alten Landrasse der Schweiken, einem bäuerlichen Kleinpferd, das vermutlich vom →*Tarpan* abstammt. Preußenkönig Friedrich Wilhelm I. gründete 1732 das spätere Hauptgestüt Trakehnen, das die Landgestüte mit

Der ostpreußische Hengst »Julmond«, geb. 1938, v. Julianus, verkörperte den Vorkriegstyp des Trakehners. Er kam mit dem großen Treck kurz vor Kriegsende in den Westen und war Landbeschäler in Warendorf und Marbach bis 1965.

Siegerhengst der Trakehner-Körung 1998, »Monteverdi«, v. Partout u. d. St. Pr. u. Pr. St. Miami v. Matador, im modernen Reitpferdetyp. Der Vater des Siegerhengstes, »Partout«, brilliert im Sport als überzeugendes Dressurpferd auf höchstem Niveau.

Beschälern belieferte. Der Ausbau einer breiten Landeszucht sollte die ständige Versorgung des Heeres mit Remonten sichern. Bis zu Anfang des 19. Jh. wurden zur Veredlung des leichten Husarenpferdes vor allem orientalische Hengste eingesetzt, anschließend überwog der Anteil englischer Vollblüter. Das vollblütige Element wurde so gravierend, dass der Trakehner, obgleich als Warmblut bezeichnet, in Erscheinungsbild und Eigenschaften oftmals dem →*Anglo-Araber* nahezu gleichkommt. Vor dem Zweiten Weltkrieg war Ostpreußen mit etwa 40 000 Mutterstuten das größte geschlossene Zuchtgebiet Deutschlands. Bei Kriegsende gelangten nur etwa 1000 Zuchttiere nach Westdeutschland. Da die Pferde in Trecks marschierten, glich die Flucht einer äußerst harten Leistungsprüfung. Aus diesem Restbestand, zu dem erstklassige Beschäler zählten, konnte sich nach dem Krieg in der Bundesrepublik Deutschland eine neue Trakehner Zucht aufbauen, die sowohl als eigenständige Rasse als auch im Veredlerbereich ihren festen Platz im deutschen Zuchtgeschehen behauptet. Die Widerristhöhe des edelsten und elegantesten deutschen Warmblutpferdes beträgt 160–165 cm Stockmaß, in den Fellfarben überwiegen Füchse, Braune und Rappen. Die Trakehner Zucht hat vor allem bedeutende Dressurpferde hervorgebracht.

Tränken des Pferdes. Grundsätzlich sollte, ob in Stall- oder Freihaltung, sauberes, frisches Wasser in beliebiger Menge (im Stall nicht unter 10°C) und jederzeit zur Verfügung stehen. Eine →*Selbsttränke* mit Abstellhahn erfüllt in optimaler Weise ihren Zweck. Für die Freihaltung ist ein großer Bottich, freilich mit mehr Arbeitsaufwand, angemessen. Das Trinkwasser muss täglich erneuert werden. Bachläufe und Gewässer sind zuvor auf absolute Reinheit zu prüfen. Stark erhitzte Pferde hindere man bis zur Abkühlung am Saufen. Selbsttränke und Bottich sind täglich zu reinigen. →*Fütterung.*

Transport Pferde dürfen, aus Gründen der Verkehrssicherheit und zum eigenen Wohlergehen, nur in geeigneten Fahrzeugen transportiert werden. →*Pferdetransport.*

Travers (franz.), bedeutet »Quere«. Seitengang auf 2 Hufschlägen. Die Vorhand ist in Bewegungsrichtung auf dem äußeren Hufschlag geradeaus gestellt, während die Hinterhand, um den inneren Schenkel gebogen, sich leicht zur Bahnmitte wendet und auf dem inneren Hufschlag geht. Das Maß der Längsbiegung wird durch den Grad der →*Versammlung* bestimmt. Die äußeren Hufe treten vor die inneren. Der treibende innere Schenkel erhält die Rippenbiegung und veranlasst den inneren Hinterhuf zu weitem Vortreten, der verwahrende äußere Schenkel führt die Hinterhand und bewirkt die Seitenstellung. Der innere Zügel führt die Vorhand und erhält die Biegung. Schulter und Becken des Reiters sollen parallel zu Schulter und Becken des Pferdes stehen. Alle Hilfen müssen fein aufeinander abgestimmt sein. Zunächst soll der äußere Hinterhuf in die Spur des inneren Vorderhufes treten, später kann die Biegung der Querstellung von 45° angenähert werden, so dass 4 Hufspuren entstehen. Travers wird im Schritt, Trab und Galopp (→*Traversgalopp*) ausgeführt. Travers rechts wird auf der rechten Hand und Travers links auf der linken Hand geritten. →*Seitengänge.*

Traversalen (franz.), bedeutet »durchqueren«. Schrägverschiebungen des Pferdes auf 2 Hufschlägen mit geringer →*Längsbiegung* in Gangrichtung. Die Vorhand kann der Hinterhand anfangs etwas vorausgehen. Das Pferd bewegt sich vorwärts-seitwärts, so dass es sich parallel zur Bande seitlich verschiebt. Traversalen rechts und links sind ein Prüfstein für die gleichmäßige Durchbildung des Pferdes auf beiden Seiten. Sie werden im Schritt, Trab, Galopp und in der →*Passage* geritten.

Traversgalopp Galopp auf 2 Hufschlägen. Hilfengebung und Einstellung wie im Schritt und Trab, jedoch im Rhythmus des Galopps. →*Tavers.*

Trense →*Zäumung.*

trocken Bezeichnung für deutlich hervortretende, markante Knochenkonturen, Sehnen- und Muskelstränge unter straff anliegender Haut ohne zwischenliegende Fettpolster. Charakterisiert vornehmlich die Beschaffenheit von Kopf und Gliedmaßen. Vollblutaraber und durchtrainierte Vollblüter, unter deren dünner Haut sich alle Details abzeichnen, sind bereits aufgrund ihrer angeborenen Konstitution weitgehend als trocken zu bezeichnen. Auch ältere Pferde, die zunehmend Fettpolster unter der Haut verlieren, werden markanter und mithin trockener in der Struktur jener Körperpartien, wo Knochenteile dicht unter der Haut liegen. Unausgeprägte, fettgepolsterte Körperpartien, die klare Konturen vermissen lassen und untypisch sind, nennt man schwammig. →*Altersbestimmung* (äußeres Erscheinungsbild).

Trockengrün Nach Heißlufttrocknung in Würfelform gepresstes Konzentrat von Grünfutter. Ersetzt nicht die normale Heufütterung, die den Darmhaushalt reguliert. Natürliches Ballastfutter zur Erhaltung des Darmvolumens ist unerlässlich.

Troika →*Russische Anspannung* für 3 Gespannpferde vor dem leichten Wagen oder dem Schlitten. Rechts und links neben dem Gabelpferd (Traber) mit der →*Duga* gehen die beiden Beipferde (Galoppierer). Der Traber geht im Kumt- und die Galoppierer im Sielengeschirr. Typisch sind die nach außen gestellten Köpfe der letzteren. →*Anspannung des Wagenpferdes.*

Tupferprobe Entnahme von Scheidensekret zur Prüfung auf infektiöse Krankheitserreger durch den Tierarzt. Am günstigsten während der →*Rosse.*

Turf (engl.), Rasen. Begriff für Rennbahn und im weiteren Sinn für den gesamten Galoppsport.

Turkmenenpferd Sehr alte, wenig einheitliche, großwüchsige Pferderasse in Turkmenien und Nordiran. Nachfahr des eiszeitlichen Rammskopfpferdes (→*Evolution*), Ausgangsrasse des →*Achal-Tekkiners* und anderer regionaler Rassen. Schon vor 2000 Jahren von den Chinesen, die nur Pferde in Ponygröße besaßen, als »Himmelspferd« hoch geschätzt. Vollblütiges,

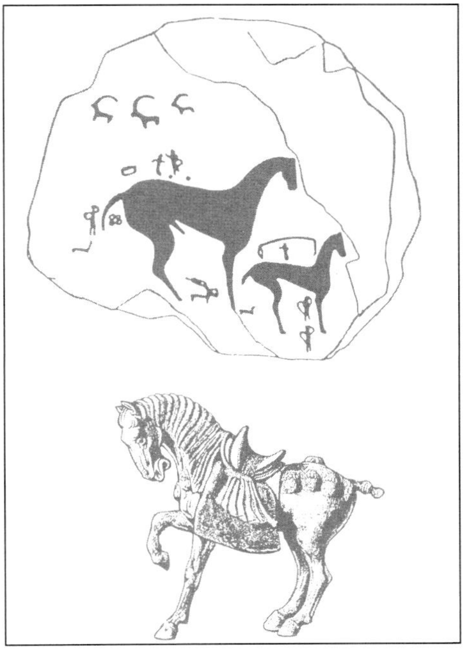

Oben: Turkmenenpferd: nacheiszeitliche Felsenzeichnung (Ferghana, Afghanistan). *Unten:* Mittelalterliche Terrakotte des Turkmenenpferdes aus China (Himmelspferd).

feinknochiges Renn- und Reitpferd, das für zahlreiche russische und persische Pferderassen als Veredler Verwendung findet.

»Byerley's Turk«, ein Turkmenenhengst, und »Darley's Arabian«, Sohn eines Turkmenenhengstes und einer arabischen Vollblutstute im Muniqi-Typ (der wiederum Turkmenenblut führt), waren neben einem Berberhengst (»Godolphin Barbe«) aus Marokko die Stammväter des →*Englischen Vollbluts.*

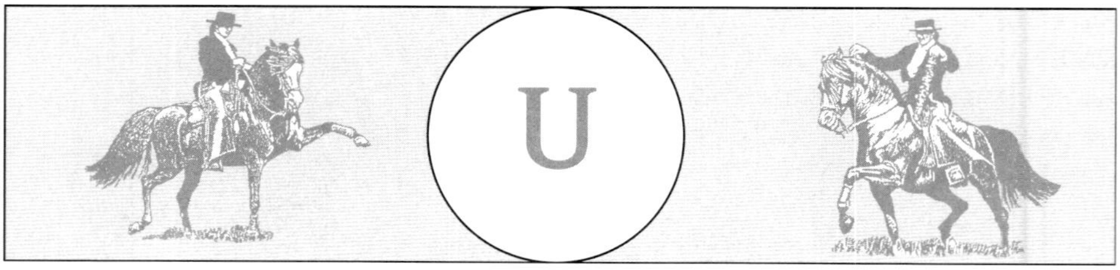

überbaut Der höchste Punkt der Kruppe liegt infolge zu langer Hintergliedmaßen höher als der höchste Punkt des Widerristes. Die →*Vorhand* ist stärker belastet und das Pferd neigt zum →*Greifen.* Ungünstig für Dressurpferde, weil das Gleichgewicht und die Taktklarheit der Gänge beeinträchtigt sind. In der Wachstumsperiode des Pferdes muss eine höhere Kruppe zunächst kein Fehler sein, da der Körper in ungleichmäßigen Schüben wächst und sich in der Regel erst zum Ende des Wachstums wieder harmonisch ausgleicht. →*Körperformen.*

Überbaute Kruppe.

Überbein Knochenauftreibung vornehmlich am Röhrbein der Vordergliedmaße. Entsteht meist durch Anschlagen des Hufes an die Innenseite des gegenüberliegenden Beines mit nachfolgender Entzündung der Knochenhaut. Das seitlich am Röhrbein sitzende Überbein ist meist nur Schönheitsfehler, während das am hinteren Rand des Griffelbeines sitzende Überbein zu chronischer Lahmheit führen kann, weil es die Sehne (Fesselträger) behindert. Das tiefe Überbein, an der Rückseite der Röhre unten, entsteht häufig bei Überanstrengung des jungen Pferdes. Heilungsaussicht im frühen, noch schmerzhaften Stadium.

Übergänge nennt der Reiter die Wechsel von einer Gangart in eine andere (z. B. vom Schritt zum Trab) oder zum Halten, oder auch die Änderung der Geschwindigkeit innerhalb einer Gangart, etwa vom Arbeitstrab zum Mitteltrab (→*Tempowechsel*). Übergänge verraten, ob das Pferd versammelt und durchlässig ist und der Reiter die Hilfengebung beherrscht. Die Wechsel sollen schwungvoll, geschmeidig und kraftvoll aus der Hinterhand erfolgen, das ausgebildete Pferd muss direkt und exakt reagieren, das junge Pferd darf die Übergänge zunächst noch fließend vollziehen, bis die Hinterhand vermehrt untergesetzt ist. Die dominierende reiterliche Hilfe drückt sich in der treibenden Kreuzeinwirkung, nicht in der →*Zügelführung* aus.

Übergurt Aus Sicherheitsgründen zusätzlich zum eigentlichen Sattelgurt verwendeter zweiter Gurt, der separat über den Sattelgurt und der Sitzfläche des Sattels ganz um den Pferderumpf herum verläuft. Vorwiegend im Galoppsport gebräuchlich.

überköten Als Folge einer Verstauchung von Kron- und Fesselgelenk der Hintergliedmaße federt letzteres während des Auffußens nicht nach hinten durch. Die Achse Fessel-Huf bildet keine gerade Linie, sondern knickt nach vorn durch, so dass die Fessel senkrecht oder gar nach vorn übergeneigt bleibt. Manchmal ist dabei auch ein knackendes Geräusch zu hören.

Umlaufriemen Breiter, um die Hinterbacken des Wagenpferdes laufender Riemen des Hintergeschirrs, mit dem das Fahrzeug verlangsamt und gebremst werden kann. →*Geschirr des Gespannpferdes.*

umsitzen Wechseln der auffußenden Hintergliedmaße beim →*Leichttraben,* um Rücken und Gelenke des Pferdes nicht übermäßig einseitig zu belasten. Der Reiter sitzt zwischendurch eine ungerade Zahl von Trabtritten aus und trabt dann auf dem anderen Hinterfuß weiter. In der Reitbahn trabt man stets auf dem inneren Hinterfuß, auf Ausritten wechselt man jeweils nach höchstens 200 Metern.

Ungarische Anspannung Die wesentlichen Merkmale dieses Fahrstils mit Wagenpferden sind: Temperamentvolle Pferde im Juckertyp mit Schnelligkeit im Gangvermögen. Gleichmäßigkeit der Farbe nicht erforderlich. Schwarzes Sielengeschirr (Brustblattgeschirr) mit →*Schalanken.* Ungarische, zusammengeschnallte Fahrleinen, Juckertrense und lederne Aufhalter. →*Anspannung des Wagenpferdes.* →*Geschirr des Gespannpferdes.*

Unterlegenheitsgebärde Instinktive Schutzreaktion des Fohlens bei Annäherung älterer Artgenossen, die deren Aggressionsabsichten sofort stoppt. Wird bis zur Geschlechtsreife vollführt und ist manchmal sogar noch bei der ersten Begattung junger Stuten zu beobachten. Bei der Unterlegenheitsgebärde streckt das Fohlen Kopf und Hals waagerecht, stellt die Ohren zur Seite mit der Öffnung nach unten, zieht die Mundwinkel nach oben und kaut mit offenem Maul. →*Verhaltensweisen.*

Unterlegenheitsgebärde eines Jährlings gegenüber dem freundlich gesinnten Herdenchef.

Unterlegtrense Trense mit sehr dünnem (gebrochenem) Mundstück, die zusätzlich zur Dressurkandare beim Dressurreiten, im Turniersport und den Zentren der klassischen Reitkunst für die Führung mit 4 Zügeln (je 2 für Trense und Kandare) benutzt wird. Das Trensenmundstück muss oberhalb der Kandarenmundstange im Pferdemaul liegen. →*Zäumung.*

Untugend Aus menschlicher Sicht fehlerhaftes oder bösartiges Verhalten des Pferdes. Die Ursachen sind vornehmlich Unkenntnis und Missverstehen der Pferdenatur, also der natürlichen, angeborenen Verhaltensweisen, mitunter aber auch falsche und brutale Behandlung des Pferdes, das sich in seiner Verzweiflung durch passive oder aktive Abwehrreaktionen zu schützen und zu wehren sucht. Die Reaktionen auf gute oder schlechte Erfahrungen, die das Pferd in seinem Leben macht, bezeichnet man als erworbenes Verhalten. Bösartigkeit ist kaum einem Pferd angeboren, sie wird fast immer erst durch den Menschen erzeugt, der das Tier in seine Dienste zwingt, ohne seine Wesenheit ausreichend zu berücksichtigen.

Sog. Stalluntugenden entstehen aus Bewegungsmangel, Langeweile, Kontaktarmut und seelischer Vereinsamung des Herdentieres in der Einzelhaft geschlossener, oft düsterer Boxen. Sie äußern sich in wahllosem Benagen von Gegenständen, →*Koppen* und →*Weben,* oder auch in teilnahmslosem oder ungebärdigem Verhalten, das sich scheinbar grundlos entwickelt. Aggressivität entwickelt sich durch zu dichte und enge Aufstallung einander unsympathischer Pferde, durch Necken und ständiges, unbegründetes Füttern mit Leckerbissen, das Futterneid hervorrufen kann, und durch rohe Behandlung, etwa beim Reiten oder Beschlagen. Widersetzlichkeiten unter dem Reiter können durch unpassende, schmerzende Sattlung und Zäumung, durch Leistungsüberforderung, falsche und grobe Hilfengebung (Schmerzen in Maul und Rücken) oder durch körperliche Schwächen des Pferdes entstehen, die sich durch →*Bocken,* →*Pullen,* →*Sattelzwang,* →*Steigen* und andere Verzweiflungsäußerungen bemerkbar machen. →*Kleben* ist keine Untugend, sondern das natürliche Kontaktbedürfnis des Herdentieres zum Artgenossen. →*Scheuen* und Durchgehen in Panik entsprechen dem angeborenen Fluchtverhalten im Wildleben, wo nur der sofortige »blinde« Fluchtsprung, ohne genaue Ortung des lauernden Raubtieres oder einer anderen unerkannten Gefahr, Rettung und Überleben verhieß.

Die Ursachen für Untugenden sind immer zuerst in der Behandlung des Menschen, in der Haltung und im Gesundheitszustand des Pferdes zu suchen, ehe man seine Charakterveranlagung verantwortlich macht. Als Folge vielfältiger Zuchtvermischungen, durch unzureichenden Blutanschluss und einseitige Zuchtwahl, die nur bestimmte Leistungskriterien herausfiltert und die Charakterveranlagung unberücksichtigt lässt, entstehen mitunter Individuen, die aufgrund des durcheinander gewürfelten Erbgutes im Verhalten und im Charakter unausgeglichen und schwierig im Umgang sind. Sie bedürfen besonders verständiger und kenntnisreicher Behandlung, denn nicht sie selbst, sondern wiederum der Mensch ist durch seine eigenwillige Zuchtwahl für ihre missliche Veranlagung verantwortlich. Extreme Beispiele sind die Bastarde zwischen Pferd und Esel mit ihrem oft schwierigen Charakter, der ebenso bei Verkreuzung sehr verschiedener Pferderassen auftreten und durch verhaltensgerechte und einfühlsame Behandlung weitgehend ausgeglichen werden kann. →*Verhaltensweisen.*

Urinprobe Dient zur tierärztlichen Diagnose bei Verdacht betrügerischen Aufputschens des Pferdes durch Rauschmittel. →*Doping.*

Urwildpferd →*Evolution.*

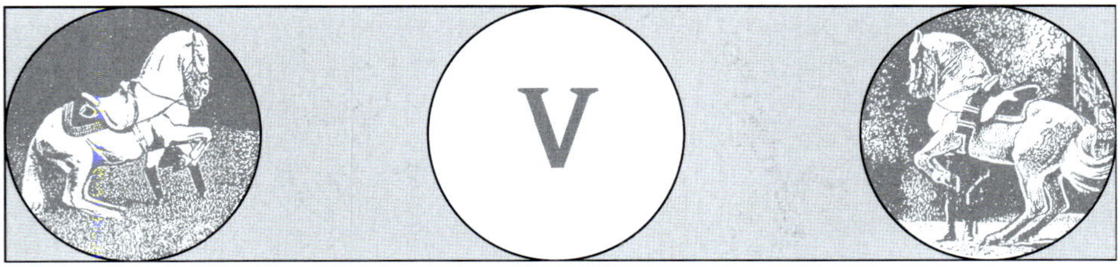

V

Vaquero Berittener Rinderhirt in Spanien und Lateinamerika, der sowohl Hausrinder als auch Kampfstiere hütet. Letztere setzen wegen ihrer unberechenbaren Angriffslust beträchtliches reiterliches Können in dressurmäßigem Sinn voraus. Der Vaquero ist die ursprünglich spanische Variante zum argentinischen →*Gaucho,* nordamerikanischen →*Cowboy,* französischen →*Gardian* und ungarischen →*Csikos.*

Ventre à terre (franz.), bedeutet »Bauch am Boden« und soll die höchste Galoppgeschwindigkeit versinnbildlichen. Durch die extrem weite Streckung von Rumpf und Gliedmaßen im Renngalopp wird das Pferd niedriger, und der Bauch nähert sich der Erde.

Verdauungstyp Pferdetyp nördlicher Klimazonen, der sich im Wildleben an das karge Nahrungsangebot nordischer Vegetation anpasste, das vorwiegend aus ballastreichem und nährstoffarmem Futter bestand, von dem große Mengen aufgenommen werden mussten, um überleben zu können. Ein kräftig entwickeltes Gebiss sorgte für ausreichende Aufschließung der hartfaserigen Pflanzen, ein großvolumiger Verdauungstrakt für restlose Ausnutzung des geringen Nährstoffgehaltes. Rezente Pferde mit diesem Erbe sind sog. gute Futterverwerter mit einer natürlichen Anlage zum Heu- oder Grasbauch. Zu ihnen zählen die Kaltblutrassen und urtümliche Ponyrassen, wie →*Shetlandpony,* →*Islandpferd* und andere. Als gegensätzlichen Atmungstyp bezeichnet man die vergleichsweise zierlichen und schlanken vollblütigen Rassen, deren Erbe durch südliche Klimazonen geprägt wurde. Das eher zierliche Gebiss und geringeres Darmvolumen waren an weiches, gehaltvolles Futter angepasst, von dem geringere Mengen aufgenommen wurden.

Veredler Mehr oder weniger vollblütiger Zuchthengst (Araber, Vollblüter, Anglo-Araber, Trakehner etc.), durch dessen Bluteinmischung eine meist weniger edle und schwerere Pferderasse, im Exterieur feingliedriger und im Temperament lebhafter, herausgezüchtet werden soll.

verfohlen Nicht lebensfähige Frühgeburt, die zu jedem Zeitpunkt der Trächtigkeit vorkommen kann. Die Ursachen sind vielfältig: Eindringen infektiöser Bakterien in die Gebärmutter durch mangelhaft schließende Schamlippen, Infektion durch den Penis des Hengstes während des Deckaktes, Futtervergiftungen sowie unzureichende Vitamin- und Mineralstoffversorgung, Giftpflanzen, Überanstrengung, Stürze, Schläge gegen den Leib und fiebrige Erkrankungen. Im Gegensatz zu den erwähnten Ursachen ist das seuchenhafte Verfohlen hoch ansteckend, dessen Erreger über die Schleimhäute der Atmungswege übertragen werden. Auch können die Viren über die Scheidenschleimhaut in die Gebärmutter eindringen. Das seuchenhafte Verfohlen erfolgt nur in den letzten Trächtigkeitsmonaten ohne jedes Vorzeichen, und das Fohlen ist nicht oder nur für kurze Zeit lebensfähig.

Vergiftungen bei Stallpferden können durch Aufnahme von Giftpflanzen während eines Ausrittes oder dgl. entstehen. Im Verlauf der →*Domestikation* haben sie den sicheren Abwehrinstinkt ihrer wilden Vorfahren gegen schädliche Pflanzen verloren. Bei frei lebenden Robustpferden, die Giftpflanzen meiden, können Vergiftungsschäden durch Holzimprägnierungsmittel oder andere Chemikalien auftreten. Die Vergiftungserscheinungen sind vielfältig: auffällige Unruhe, Darmstörungen, Abmagerung, Schluckbeschwerden, Speichelfluss, Veränderungen der Nasenschleimhaut, Kolik, Hinterhandlähmung, Schwanken und Hufrehe. Vergiftete Pferde zeigen sich ganz allgemein überempfindlich. Nicht füttern, sofort den Tierarzt verständigen.

Verhaltensforschung (Ethologie) Auf die Equiden bezogen ein relativ junger Wissenschaftszweig. Der Zoologe Otto Antonius (†1945) untersuchte als erster Wissenschaftler das Verhalten der Einhufer mit wissenschaftlicher Systematik. Mittlerweile haben zahlreiche Forscher jüngerer Generationen das Wissensgebiet erheblich erweitert.

Verhaltensweisen Reaktionen auf Umwelt, Artgenossen und fremdartliche Lebewesen. Sie

Frei lebende Islandpferde in ihrer Heimat. Langsamen Schrittes sind sie fortwährend mit der Nahrungsaufnahme beschäftigt.

Dülmenerpferde an der Tränke: Das Wasser wird mit seitlich geschlossenen Lippen aufgesogen.

gründen auf ererbten Verhaltensnormen, auf körperlichen Bedürfnissen und auf Sinnesreizen durch äußere Einflüsse, die durch ständige Wiederholungen zu Erfahrungen reifen und das Gesamtverhalten des Individuums bestimmen. Man unterscheidet das angeborene, natürliche, instinktive Verhalten aus dem ursprünglichen Wildleben, das im Erbgedächtnis gespeichert ist und nicht erlernt werden muss, und das erworbene, im Verlauf eines Lebens durch äußere Einflüsse hinzugelernte Verhalten.
Zum Verständnis der Wesenheit des Pferdes ist zunächst die gründliche Kenntnis seines natürlichen Wildverhaltens erforderlich, wenn eine harmonische, auch für das Pferd gedeihliche Partnerschaft zwischen Mensch und Tier geschaffen werden soll. Das Leben von ganzjährig im offenen Laufstall mit weiträumigem Auslauf und Weidegang gehaltenen Robustpferden gleicht noch annähernd den Bedingungen des Wildlebens, wenngleich das Territorium eng begrenzt ist, die Geländestruktur nach Bedürfnis nicht frei gewählt werden kann und der Mensch Eingriffe vornimmt, die das ursprüngliche Verhalten erheblich stören. Stallpferde hingegen führen ein ihnen aufgezwungenes Dasein, das in allen Bedingungen ihren natürlichen Bedürfnis-

sen widerspricht. Leben, Verhalten und Körperkonstitution des Wildpferdes waren von den Einflüssen der Umwelt geprägt. Nahrungs- und Wasservorkommen, Hitze und Kälte, Trockenheit und Niederschläge sowie der Einfluss des Windes bestimmten den jahres- und tageszeitlichen Lebensrhythmus, den das Wildpferd pedantisch einhielt und der es zum Gewohnheitstier werden ließ. Ganzjährig gleich bleibender Pflanzen- und Wasserreichtum einer Region begrenzten Aktionsräume und Wandertrieb und veranlassten die Wildpferde zu relativer Standorttreue, da jederzeit das Überleben gesichert war. Starke Klimaschwankungen mit Nahrungsmangel hingegen zwangen zu jahreszeitlichen Fernwanderungen in futterreichere Gebiete. Standorttreue, begrenzte Ortswechsel und Fernwechsel waren somit grundsätzlich von den jeweils herrschenden ökologischen Bedingungen abhängig.

Wildpferde waren, abgesehen von den nötigen Ruhepausen, ständig in Bewegung und mit der Nahrungsaufnahme beschäftigt. Die Grundgangart beim Grasen und bei Standortwechseln war der geruhsame Schritt, schnellere Gangarten waren eher Ausnahmesituationen vorbehalten. Gern wählten Wildpferde jeweils dieselben Wege und Orte zu denselben Zeiten, wenn sie auf Dauer als sicher empfunden wurden. Stets wurden dieselben ausgetretenen Pfade in Zickzack- oder Schlangenlinie begangen, weil auf diese Weise allen Herdenmitgliedern im Verbund die Übersicht nach allen Seiten möglich war und Raubtiere nicht unbemerkt anschleichen konnten. Dringliche Lebensbedürfnisse des Wildpferdes waren mithin freie Bewegung, fortlaufende Nahrungsaufnahme und waches Interesse an der Umwelt zur Sicherung des eigenen Lebens, die sich bis heute als starkes Erbgut im Hauspferd erhalten haben. Einem Stallpferd indes, dem häufig genug nur noch der Gang durch die Stallgasse in die Reitbahn gestattet ist, bleibt die Befriedigung dieser fundamentalen Bedürfnisse weitgehend verwehrt.

Die Futteraufnahme des wild lebenden Pferdes dauert täglich etwa 12 Stunden mit dazwischen liegender Mittagsruhe, Nachtruhe und kürzeren Pausen; dabei wird eine Vielfalt von Gräsern, Kräutern und Blättern aufgenommen, die nicht nur der Ernährung dienen, sondern auch verdauungsregelnde und medizinische Wirkung haben. Die Hauptweidezeiten liegen in den Vormittags-, Nachmittags- und Abendstunden. Wenn möglich trinken Pferde mehrmals am Tag, sie harnen etwa 3- bis 4-mal täglich und koten alle 3 Stunden an bestimmten Stellen. Sie ruhen vorzugsweise über die Mittagszeit und um Mitternacht, wobei sie mit untergeschlagenen Gliedmaßen am Boden sitzen oder im Tiefschlaf ausgestreckt auf der Seite liegen. Einige stehende Wachtposten sichern stets die Herde. Zu anderen Tageszeiten stehen sie dösend dicht beieinander, Kopf an Schweif, um sich gegenseitig die Insekten fortzuwedeln. Tiefschlaf erfolgt meist nur kurzzeitig, während das mehr oder weniger halbwache Schlafdösen im Stehen und Sitzen häufiger ist, weil es im Fall plötzlicher Gefahr schnelle Flucht ermöglicht.

Das Sozialverhalten des wild lebenden Pferdes wird durch die Gemeinschaft mit den Artgenossen bestimmt. Einzeltiere waren in der Wildnis meist dem Untergang geweiht. Das starke Anschlussbedürfnis, der Herdentrieb, verhalf zum Überleben, weil eine Vielzahl von Individuen rascher Gefahren wahrnimmt und verteidigungsfähiger ist. Der Kern einer Herdengemeinschaft ist der Familienverband, bestehend aus der Altstute mit ihrem weiblichen Nachwuchs mehrerer Jahrgänge, während die Junghengste frühzeitig Junggesellengemeinschaften bilden oder abwandern. Ein Herdenverband kann aus einer oder mehreren Familien bestehen, denen jeweils der ranghöchste Leithengst vorsteht. Die Struktur der Herde ist von einer strengen Rangordnung unter Einzeltieren und Familien geprägt. Sie ergibt sich aus der unterschiedlichen psychischen und physischen Kraft, Intelligenz, Erfahrung und dem Alter des Einzeltieres. Jungtiere werden zunächst in den Rang der Mutter oder Familie hineingeboren und müssen sich später einen angestrebten Rang selbst erkämpfen oder absteigen.

Der Leithengst ist absoluter Herrscher des Verbandes. Er betrachtet seine Herde als sein Eigentum, verteidigt sie mutig gegen Nebenbuhler und Feinde und kann ein gefährlicher Gegner sein. Er hält sich meist abseits unter dem Wind und zieht am Schluss des Rudels, um Feinde abzuschirmen und seine Tiere besser übersehen zu können. Seine Befehle, denen er wenn nötig auf raue Weise Nachdruck verleiht, werden ausnahmslos sogleich befolgt. Leitstute ist die ranghöchste Altstute des Verbandes. Sie bestimmt, unter Berücksichtigung von Gefahren und Futtervorkommen, den Weg der Herde und zieht meist voran. Sie ist äußerst vorsichtig, misstrauisch und wachsam und kaum zu überlisten. Sie fühlt sich für die Sicherheit der Herde verantwortlich und ist eine mutige und ausdauernde Kämpferin. Auch ihre Anordnungen werden, den Leithengst ausgenommen, streng befolgt. Ranghöhere Tiere haben grundsätzlich das Vorrecht vor rangniederen, sowohl in Angriff und Verteidigung als auch auf dem Wechsel hintereinander im Gänsemarsch. Sie genießen Privilegien bei der Wahl bevorzugter Plätze und an der Tränke. Rangniedere Tiere akzeptieren ihren Rang und fühlen sich im Schutz der stärkeren geborgen. Demgemäß muss der Erzieher eines Pferdes durch verhaltensgerechten Umgang stets die Stellung des ranghöchsten Artgenossen einnehmen, der die Leitlinie vorgibt und vertrauensvollen Schutz gewährt.

Stimmungsübertragung ist ein Nachahmungstrieb des Herdentieres; sobald ein Tier eine bestimmte Handlung vollführt, fühlen sich die übrigen animiert, meist nach Rangfolge sogleich das Gleiche zu tun (gähnen, wälzen, koten etc.). Die Herdenmitglieder wahren in der Regel untereinander eine gewisse Individualdistanz, die bei einander unsympathischen Individuen größer, bei einander sympathischen geringer

Oben: Flehmen; Reaktion auf ungewöhnliche Duftstoffe. Die Oberlippe wird angehoben, die Zähne sind geschlossen, häufig auch die Augen.
Mitte: Wiehern; Maul und Nüstern sind geöffnet, die Ohren sind in Ruf- und Blickrichtung gespitzt.
Unten: Gähnen; Maul und Gebiss sind weit geöffnet, die Augen geschlossen, die Ohren seitlich gestellt.

oder ganz aufgehoben sein kann. Wird der Abstand nicht respektiert, folgt als Reaktion je nach den Umständen →*Drohmimik,* Angriff oder Flucht. Das Begrüßungsgesicht ist Ausdruck freundlicher Gesinnung bei Begegnung zweier Pferde. Die Ohren sind aufmerksam nach vorn gestellt, und Nüster an Nüster zieht man die Atemluft des anderen tief ein, um zu prüfen, ob man sich »riechen« kann. Die soziale Hautpflege, das gegenseitige Fellkraulen an bestimmten Körperstellen, drückt meist Zuneigung aus und kann auch sexuellen Charakter haben. Fellknabbern am Arm des Menschen wird von diesem oft missverstanden, weil es für sein Empfinden nicht ganz schmerzlos abläuft. Es drückt jedoch Zutrauen aus und darf nicht aggressiv abgewehrt werden.

Das Drohgesicht ist Warnung mit Abwehrreaktion gegen Artgenossen und andere Lebewesen, die zu nahe kommen, es kann auch Futterneid ausdrücken und Angriffslust ankündigen. Die Ohren liegen dabei flach nach hinten, die Nüstern sind schmal nach oben gezogen und bilden oberhalb kleine Falten, häufig ist das Weiße im Auge zu sehen.

Das Sexualverhalten ist im Wildleben nur auf eine kurze Zeit beschränkt. Hengste sind ganzjährig paarungsbereit, Stuten nur während der Hochrosse nach ausgedehntem Paarungsvorspiel, das unter häufigem Abwehrquieken mehrere Tage andauern kann. Diese Vorbereitungsphase stimmt Hengst und Stute auf den günstigsten Befruchtungszeitpunkt ein. Hengste beriechen ständig die Ausscheidungen ihrer Stuten. Danach →*flehmen* sie und markieren die Stelle zum Zeichen ihres Besitzes ebenfalls mit Harn oder Kot. Begegnen sich zwei Hengste in Gegenwart einer Stute, die zudem vielleicht rossig ist, so kommt es zu ernsthaftem Hengstkampf, der gefährliche Ausmaße annehmen kann, wenn der Schwächere sich nicht rechtzeitig ergibt oder entkommt. Der rossigen Stute zeigt der Hengst sein Imponiergebaren. Er nähert sich mit weit ausholenden, erhabenen Trabritten, der Kopf wird entweder hoch erhoben oder die gesamte Kopf-Hals-Partie in schönem Bogen »beigezäumt« getragen, um einen imposanten Eindruck zu erzielen. Häufig ist helles oder grunzendes Wiehern zu hören. Imponiergebaren wird auch gezeigt, wenn kampfbereite Hengste aufeinander zutraben. Der Hengst treibt die rossige Stute spielerisch vor sich her, und wenn sie paarungsbereit ist, beschnuppern sich beide zärtlich an Nüstern und Genitalien und kraulen sich gegenseitig das Fell. Der Hengst flehmt dabei häufig. Schließlich wendet sie ihm ihr Hinterteil zu und dreht den Schweif zur Seite als Aufforderung zur Paarung. Der Hengst reitet von hinten auf, umklammert mit den Vordergliedmaßen den Brustkorb der Stute, beißt sich in ihrem Mähnenkamm fest, vollführt wenige Ejakulationsstöße, sinkt erschöpft von der Stute herab und flehmt abermals. Der Deckakt findet meist abends oder nachts statt.

Drohgesicht bei Unterschreitung der Individualdistanz (Przewalskipferde).

Sogleich nach der Geburt setzt die →*Prägephase* des Fohlens ein, die Bindung an die Mutter bleibt, anfangs sehr eng und später lockerer, oft bis zur Geschlechtsreife und darüber hinaus bestehen. Junghengste lösen sich früher als Jungstuten. Die →*Unterlegenheitsgebärde* (auch De-

1

2

3

4

5

6

7

Die natürlichen Phasen des Hengstkampfes (Lipizzaner Junghengste auf der Alm) erfahren in den Lektionen der →*Hohen Schule* ihre vollendete Ausformung. Vergleichende Bewegungsmomente:

1–2 Schlag- und Beißkampf im Steigen, wobei der Rivale links auf den Hinterbeinen vorwärts hüpft, ohne zwischendurch vorn aufzufußen (→*Kurbette*).

3 Zwei Hengste drehen sich umeinander, um eine günstige Angriffsposition zu erlangen, bis das Tier links traversierend ausschert (→*Taversale*).

4 Verteidigendes Ausschlagen mit der Hinterhand im Hochsprung, der rechte Hengst setzt gerade wieder mit den Vorderhufen auf (→*Kapriole*).

5 Fluchtsprung, um dem Biss des (verdeckten) weißen Leithengstes zu entgehen (→*Lancade*).

6 Souverän, überlegen und gelassen drängt der Leithengst (mit Halsglocke) in starker →*Hankenbeugung* den aufmüpfigen Junghengst vom Platz (Ansatz zur →*Levade*).

7 Die Hengste gehen in die »Knie«, um Bisse des Gegners in die Vordergliedmaßen zu verhindern.

mutsmimik) schützt Fohlen und Jungtiere vor Aggressionen erwachsener Tiere. Fohlen sind äußerst neugierig, fremde Lebewesen und Dinge werden eingehend beäugt, berochen und beknabbert, um den Erfahrungsschatz zu erweitern. Das Verhalten der Mutter bildet grundsätzlich die Richtlinie, auf die es sich immer wieder zurückzieht. Das →*Spielverhalten* des Fohlens ist Vorübung für die spätere Lebensweise. Hengstfohlen proben späteres Verhalten frühzeitig durch harmloses Aufreiten und spielerisches Steigen, Beißen und Niederzwingen des Gegners mit den Vorderhufen. Der Rivalenkampf zweier Hengste um eine Stute oder Herde wird nach bestimmten Regeln ausgefochten. Diese Auseinandersetzung kann mit Imponiergebaren oder Drohgebärden beginnen. Die Gegner heben die Vorhand, schlagen mit ihren Vorderhufen aufeinander ein und versuchen sich gegenseitig durch Bisse in Hals und Widerrist niederzuzwingen, oder sie gehen in die »Knie«, um gegenseitige Bisse in die Vordergliedmaßen zu verhindern. Dazwischen kreisen sie umeinander, um günstige Beiß- und Schlagpositionen zu erlangen. Angriffe werden mit Zähnen und Vorderhufen vorgenommen, Verteidigungsschläge mit den Hinterhufen ausgeteilt. Von wütenden Grunzschreien begleitet kann der Kampf längere Zeit andauern, bis der schließlich Unterlegene sich den Beißgriffen des Stärkeren entzieht und mit Biss- und Platzwunden das Weite sucht. Zahlreiche natürliche Kampfmanöver des Hengstes werden in den Lektionen der →*Hohen Schule* dressurmäßig perfektioniert und gesteigert.

Die naturgegebene Waffe zur Arterhaltung des Wildpferdes war vor allem die Flucht, um nachstellenden Raubtieren zu entkommen. Die für den Geradeauslauf spezialisierte Gangmechanik verhalf dem scheuen Fluchttier zu großer Schnelligkeit. Wenn es sich in die Enge getrieben fühlte oder keine Fluchtmöglichkeit bestand, setzte es sich mit Hufen und Zähnen heftig zur Wehr. Geordnetes Ausweichen ohne unmittelbare Bedrohung entfernt ausgemachter Feinde erfolgte unter Führung der Leitstute nach Rangordnung im Gänsemarsch in aller Ruhe als gelassene Form der Flucht. Der Hengst sicherte die Herde abschirmend am Schluss. Panikartige Flucht, ausgelöst durch plötzliches Schreckschnauben einiger, ergriff alle Tiere gleichzeitig in ungeordneter Reihenfolge, ohne die Gefahr genau ausgemacht und erkannt zu haben. Die kopflose Vorsichtsmaßnahme sicherte das Überleben, zögerndes und unentschlossenes Verharren und Ausspähen hätte anschleichenden Raubtieren zur Beute verhelfen können. Auch das Hauspferd kann in kopflose Panik geraten, wenn es plötzlich mit unbekannten Dingen oder Ereignissen konfrontiert wird.

Resultierend aus dem Wildverhalten, das noch immer im Erbe unserer Hauspferde schlummert, erfordert die Pferdehaltung bestimmte Regeln in Behandlung und Umgang, die nicht nur Wohlbefinden und Gesundheit des Pferdes sichern helfen, sondern auch eine harmonische Partnerschaft gewährleisten und das Vertrauen des Pferdes in den Menschen festigen.

Das Pferd ist ein ängstliches Fluchttier. Durch verhaltens- und sachgerechte Behandlung, die Zwang und Gewalt ausschließt, schafft der Mensch eine psychisch entspannte Vertrauensbasis, die das Furchtempfinden ausräumt und überzeugend beweist, dass es nichts zu fürchten gibt. Loben und Belohnen, spielerisches Kennenlernen aller neuen und unbekannten Dinge sowie entsprechende Aufgaben erziehen das Pferd zu Gelassenheit und Furchtlosigkeit.

Als »Nasentier« hat es das dringende Bedürfnis, Lebewesen und Dinge, mit denen es konfrontiert wird, zuerst und immer wieder zu beschnuppern, um sie auch über den Geruchssinn aufzunehmen und mit ihnen vertraut zu werden. Die Befriedigung derartiger spezifischer Bedürfnisse und die menschliche Stimme sind fundamentale Erziehungsmittel zum Gehorsam, die gröbere Mittel meist überflüssig machen.

Als Herdentier bedarf das Pferd gegen seelische Verkümmerung der Gesellschaft seiner Artgenossen. Wird es allein gehalten, braucht es ständig menschliche Zuwendung oder Hunde, Ziegen, Schafe etc. als Ersatz-Artgenossen. Abgeschirmte Einzelhaft in Stallboxen ohne Sicht- und Hautkontakt leisten seelischer Vereinsamung und Abstumpfung sowie der Entwicklung von Stalluntugenden Vorschub (Weben, Koppen etc.).

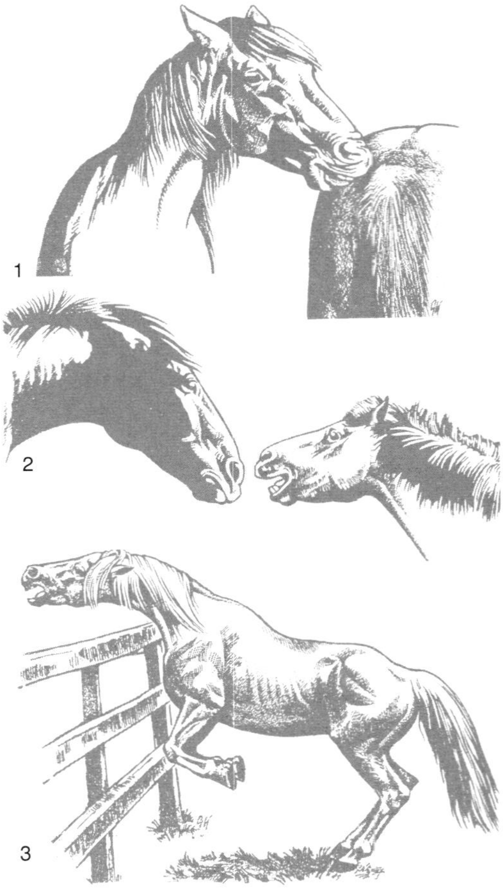

Oben: Soziale Fellpflege befreundeter Artgenossen.
Mitte: Unterlegenheitsgebärde des Fohlens gegenüber erwachsenen Pferden, die deren Aggressionsbereitschaft abbaut.
Unten: Beißangriff des Hengstes.

Als Rangordnungstier ist das Pferd auf Unterordnung, auf Respektierung des Leittieres programmiert. Der Mensch kann nur dann als »Artgenosse« und »Leittier« überzeugen, wenn er überlegen, verhaltensgerecht und folgerichtig im Sinne des Pferdeverhaltens Richtlinien vorgibt, die ein Pferd zu verstehen vermag und gern befolgt. Das Vertrauen in das Leittier Mensch darf niemals durch Unbeherrschtheiten enttäuscht werden, Zwang und Brutalität zerstören jede Vertrauensbasis und verderben den Charakter des Pferdes.

Als Gewohnheitstier liebt das Pferd geregelte Tages- und Jahresabläufe, die sich nach Möglichkeit an der Natur, an den Örtlichkeiten und an der Witterung orientieren. An lieb gewordenen Gewohnheiten hält es gern fest. Die Befolgung der gleichen Verrichtungen an denselben Orten zu denselben Zeiten, deren Art und Umfang ständig durch neue Gegebenheiten erweitert wird (Pflege, Fütterung, Auslauf, Erkundung neuen Geländes etc.), erzieht ein gelassenes, furchtloses und aufmerksames Pferd, das Beziehung zur Umwelt hat und weitgehend gefeit ist gegen panikartige, unfallträchtige Reaktionen.

Als Lauftier hat das Pferd das grundlegende Bedürfnis, seinen Bewegungsdrang täglich ausgiebig zu befriedigen. 23 Stunden Stallaufenthalt und 1 Stunde Reiten am Tag sind absolut unzureichend. Freie Bewegung nach eigenem Willen in frischer Luft im Auslauf und auf der Weide, Spazierengehen am Halfter oder Spazierenreiten sollten jedem Stallpferd mehrere Stunden täglich gegönnt sein. Der herkömmliche sog. Stehtag, der ganztägige Aufenthalt des Pferdes im Stall ohne Bewegung, dient nur der Bequemlichkeit des Menschen und schadet der Gesundheit des Pferdes.

Das Pferd vermag aufgrund seines relativ kleinen Magens jeweils nur geringe Futtermengen aufzunehmen. Als Dauerfresser mit kontinuierlicher Futteraufnahme sind ihm für geregelte Verdauungstätigkeit 6 kleinere Tagesrationen zuträglicher als 3 größere Rationen. Es benötigt grundsätzlich ausreichend Ballastfutter (Raufutter), Wasser nach freier Wahl, ggf. Kraftfutter und als Abwechslung kleine Zusatzgaben (Möhren, dunkles, trockenes Brot etc.), um gesund zu bleiben. Zuckerwürfel als Leckerbissen sind zu verbannen.

vernageln Fehlerhaftes Einschlagen des Hufnagels, der die Huflederhaut tangiert oder verletzt. Die Folge ist oftmals eine Stützbeinlahmheit, die bei Verletzung der Huflederhaut sofort (Wegzucken der Gliedmaße beim Nageleinschlag) und in anderen Fällen auch erst später auftreten kann. Sofortiges Herausziehen des Nagels und Behandlung des Stichkanals mit Jodtinktur ist zur Verhütung einer Entzündung unbedingt erforderlich. Baldmögliche Behandlung durch den Tierarzt ist anzuraten, um einer oft langwierigen Verschlimmerung vorzubeugen. →*Hufbeschlag.*

Versammelte Gangarten oder auch Schulgangarten genannt. Gemeinsame fundamentale Merkmale der versammelten Grundgangarten Schritt, Trab und Galopp sind

□ die in den Hanken stärker gebeugten Hintergliedmaßen, die weit nach vorn unter den Pferderumpf untersetzen und vermehrt Gewicht übernehmen, wodurch die Kruppe niedriger und die Vorhand entlastet wird,

□ die deutlich sichtbare relative →*Aufrichtung* der beigezäumten Kopf-Hals-Partie, wobei der Hals sich in seiner Länge nicht zusammenschieben und kürzer werden darf,

□ und die höhere, erhabene →*Aktion* besonders der Vordergliedmaßen nach vorn-oben heraus, die indes weniger Raumgriff zeigen.

Die gesamte Silhouette des Pferdes erscheint von hinten nach vorn zusammengeschoben, die Waagerechte des Pferderumpfes verändert sich nach vorwärts-aufwärts. Die Gangbewegungen erscheinen geringfügig zeitlupenartig verlangsamt, Gleichmaß, Schwung und Lebhaftigkeit bleiben jedoch voll erhalten. Im sauberen Viertakt des Schrittes setzen die Hinterhufe etwa eine Huflänge hinter den Spuren der Vorderhufe auf (im natürlichen, freien Schritt treten sie darüber hinaus). Im Trab darf das Pferd nicht eiliger werden und nicht die Hinterbeine nachschleppen, das energische Gleichmaß und der klare Zweitakt der Tritte müssen erhalten bleiben. Mängel im Galopp sind schleppender Dreitakt oder gar Viertakt und ungenügend gesenkte Kruppe, die die erforderliche Hankenbeugung vermissen lässt. Die Sprünge müssen energisch und kraftvoll im klaren Dreitakt nach vorn herauskommen. Da korrekt gerittene Schulgangarten für das Pferd eine erhebliche Anstrengung bedeuten, sollten sie stets nur kurzzeitig ausgeübt und mit freieren Tempi abgewechselt werden. Die versammelten Gangarten zeichnen sich durch die langsamsten Tempi und die kürzesten, jedoch erhabensten Schritt-, Tritt- und Sprungfolgen aus. →*Versammlung.*

Versammlung Höchste allgemeine, unspezialisierte Ausbildungsstufe des Dressurpferdes, die zunächst den fundamentalen Zweck verfolgt, den anatomischen Tragapparat des Pferdes für die Aufnahme des Reitergewichtes zu trainieren und zu festigen, so dass auf Dauer keine Schäden im Organismus auftreten. Das gewissermaßen als Nebeneffekt sich ergebende abgerundete, kraftvoll-stolze Erscheinungsbild des Pferdes findet seine höchste ästhetische Ausprägung in der Kunstform der →*Hohen Schule.* Versammlung ist nur möglich, wenn das Pferd aufgrund seines Körperbaues grundsätzlich die Voraussetzungen dafür anbietet. Ein ungeeignetes Pferd mit tief angesetztem Genick und unausgekehlten Ganaschen, Hirschhals und tiefem Aufsatz, waagerechter Kruppe und steilen Hintergliedmaßen in die Versammlung zwingen zu wollen wäre Tierquälerei und zum Scheitern verurteilt. Versammlung darf nur ganz allmählich trainiert und gymnastiziert und von Ausbildungsstufe zu Ausbildungsstufe gesteigert werden. Der Grad einer Versammlung hängt also stets vom Körperbau, von der Ausbildungsstufe und der jeweiligen

1

2

3

4

1 Dehnungshaltung in weitester Streckung, keine Versammlung
2 Behutsam einsetzende reiterliche Einwirkung; natürliche (Arbeits)haltung, kein Untersetzen der Hinterhand; Vorbereitung zur Versammlung
3 Versammlung in der Passage; Untersetzen der Hinterhand, Aufrichtung der Vorhand
4 Piaffe, höchste Stufe der Versammlung; die Hintergliedmaßen setzen weit nach vorn unter den Rumpf und nehmen vermehrt Gewicht auf, das Pferd rundet sich und erscheint kürzer

Aufgabenstellung ab; die höchste durchgebildete Form von Versammlung äußert sich in den Lektionen der Hohen Schule. Zu frühe und hohe Forderungen bereiten dem Pferd Schmerzen und rufen Widersetzlichkeit aus Verzweiflung hervor.

Der wesentliche Aspekt der Versammlung besteht darin, das Pferd durch Kreuz- und Schenkelhilfen zu veranlassen, mit untergesetzten, in den Hanken gebeugten Hintergliedmaßen vermehrt das Reitergewicht aufzunehmen und damit die schwächere Vorhand zu entlasten. Dabei senkt sich die Kruppe deutlich sichtbar, während die Vorhand aufgerichteter erscheint. Der aus dem Krafthebel der Hinterhand nach vorwärts-aufwärts erzeugte Schub wird durch behutsame Zügelhilfen eingefangen, so dass im Tragapparat des Pferdes, vom Maul über die Wirbelsäule bis in die Hinterhufe, ein durchlaufender, elastischer →*Spannungsbogen* entsteht, auf dessen federnder Brücke zwischen Vor- und Hinterhand der Reiter harmonisch in den Bewegungsrhythmus einbezogen mitschwingt. Diese durch den Pferdekörper verlaufende Energielinie befähigt das Pferd zu vertikaler und horizontaler Biegung der Wirbelsäule.

Versammlung bewirkt in den ruhigen Tempi eine stolze Erhabenheit der Gangbewegung, in den verstärkten Tempi gesteigerte bis höchste Schwungentfaltung und Raumangriff bis an die Grenze des Möglichen, wobei der Rahmen des Pferdes sich, immer innerhalb der Versammlung, naturgemäß durch Streckung erweitern muss. Vollendete Versammlung ist ein Prozess jahrelanger Gymnastizierung und trainierten Muskelwachstums, der dem Pferd schließlich sicheres Gleichgewicht in der Bewegung mit dem Reitergewicht und eine kraftvolle, muskulöse Erscheinungsform verleiht. Diesem Ziel gehen verschiedene, teilweise ineinander übergreifende und parallel laufende Ausbildungsabschnitte voraus, die sich der Veranlagung des Pferdes entsprechend mit zunehmender Versammlung folgerichtig aufbauen:

- ☐ Erziehung zur →*Losgelassenheit,* psychische und physische Entspannung des Pferdes;
- ☐ Gymnastizierung zu →*Durchlässigkeit* und →*Anlehnung,* die das Pferd willig, gehorsam und geschmeidig auf reiterliche Hilfen reagieren lassen;
- ☐ Festigung von →*Takt* und →*Schwung* des Ganges, um in der Bewegung das Gleichgewicht auszubalancieren;
- ☐ Ausschalten der natürlichen Schiefe, Geraderichten und →*Längsbiegung* der Wirbelsäule;
- ☐ Ausformung der Kopf-Hals-Partie in →*Aufrichtung* und →*Beizäumung,* die sich aus der →*Hankenbeugung* ergeben.

Ein Pferd geht in Versammlung, wenn es im Einklang mit dem Reiter sich in jeder Situation im Gleichgewicht befindet, wenn die weit untergesetzte Hinterhand in gymnastizierter Hankenbeugung die Hauptlast trägt, die relative Aufrichtung und Beizäumung erreicht ist (aktive, durch Zügelhilfen forcierte Aufrichtung ist immer problematisch, da sie bei ungenügenden vortreibenden Hilfen zum Wegdrücken des Rückens führt) und die Wirbelsäule sowohl horizontal als auch vertikal entspannt biegsam ist. Die erwähnten Merkmale müssen nahtlos und harmonisch zusammenklingen und ständig neu erarbeitet und gymnastiziert werden. Das Pferd muss auf jede reiterliche Hilfe weich, elastisch und willig reagieren und fähig sein, auch schwierige Übungen auszuführen. Die in diesem Sinne höchste Steigerung ist das vollendet gerittene →*Schulpferd,* das in äußerster Versammlung die Lektionen der →*Hohen Schule* beherrscht. →*Spannungsbogen.*

Versicherung Pferde können üblicherweise in verschiedener Hinsicht versichert werden. Die Haftpflichtversicherung reguliert Schadensfälle, die ein Pferd daheim und anderenorts anrichten kann; die Tierlebensversicherung ersetzt den vereinbarten Wert des Pferdes bei Tod oder Untauglichkeit. Die Haftpflichtversicherung ist unbedingt zu empfehlen.

Verwerfen (im Genick). Fehler in der Zügelführung. Das Pferd stellt den Kopf schief mit der unteren Partie nach innen, z. B. in der Wendung, weil der Reiter den inneren Zügel annimmt, ohne den äußeren Zügel um die gleiche Strecke nachzugeben. In der →*Längsbiegung* wirkt der äußere Zügel dann vermehrt verhaltend und das Pferd versucht, dem Druck durch seitliche Verschiebung des Unterkiefers zu entgehen. Der äußere Zügel muss daher in der Wendung so weit nachgeben, wie der innere angenommen wird, so dass die gleichmäßige →*Anlehnung* erhalten bleibt. Auch junge Pferde, deren Genick und Ganaschen noch nicht hinreichend gymnastiziert sind, versuchen oftmals dem Zügel auf diese Weise auszuweichen. Abhilfe schafft häufiger Wechsel zwischen Geraderichten und Längsbiegen (Reiten in →*Stellung*), der die Genickpartie gymnastiziert.

Verziehen von Mähne und Schweif. Eine bei im Stall gehaltenen Sportpferden beliebte Schönheitskorrektur des natürlichen Langhaarwuchses. Die Mähne wird etwa eine Handbreit lang, möglichst dünn und einseitig fallend gewünscht, deshalb werden die zu langen Haare, immer einige zugleich, nach und nach ausgezogen. Die gleiche Prozedur wird angewendet, um eine schmal erscheinende Schweifrübe zu erzielen, indem man die unteren seitlichen Haare an der Schweifwurzel auszieht. Das Verziehen wird mit einem Reißmähnenkamm vorgenommen. Die Schweifhaare dürfen nicht abgeschnitten werden, da die nachwachsenden Borsten an den Hinderbacken anfangs störenden Juckreiz verursachen. Den →*Kötenbehang* sollte man niemals scheren oder beschneiden, da er die Fesselbeuge sowohl gegen Verletzungen als auch gegen Feuchtigkeit und Entzündungen schützt. Langhaar und Kötenbehang von Robustpferden, die überwiegend im Freien leben, dürfen keinesfalls manipuliert werden, da sie einen wichtigen Wetterschutz bilden. Eine natürliche, pferdefreundliche Form des Frisierens von Mähne und Schweif ist das Einflechten, das den natürlichen Wuchs des Langhaares nicht beeinträchtigt. →*Haarkleid.*

Verziehen *(oben)* und Einflechten der Mähne *(unten)*.

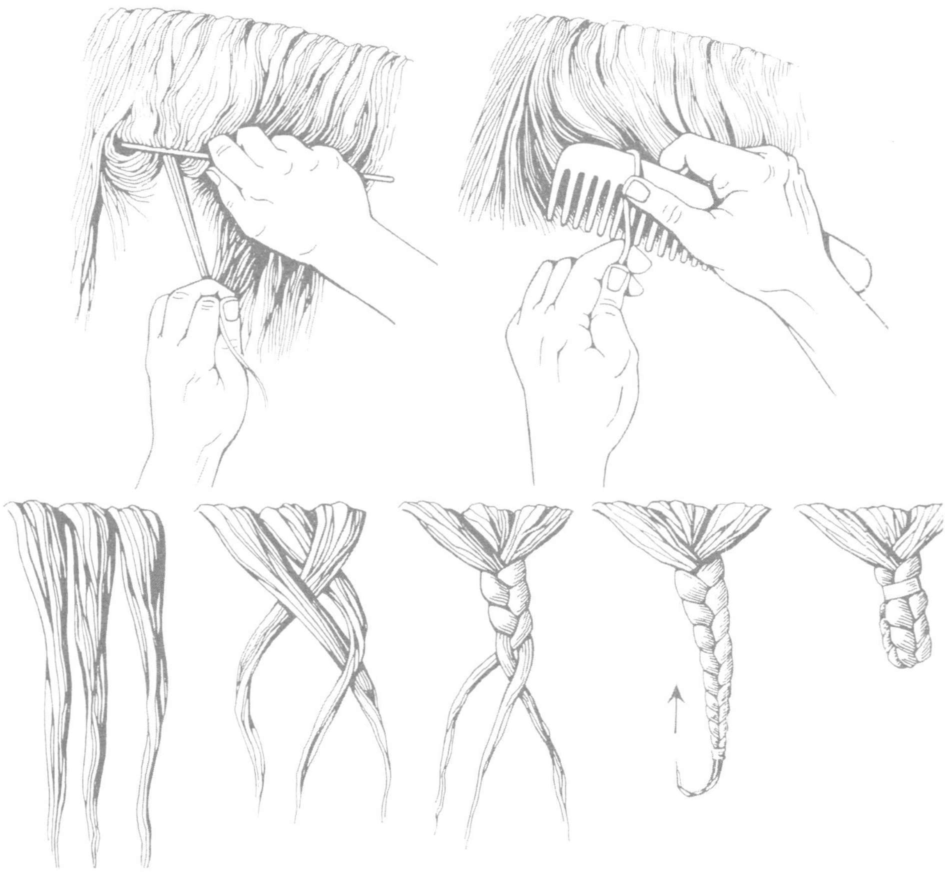

Links: Bei Robustpferden, die vornehmlich im Freien leben, darf die Schweifglocke niemals verzogen oder beschnitten werden, da sie die Analregion vor Nässe schützt.
Rechts: Abfolge des Schweifeinflechtens, das dem Verziehen und dem Beschneiden vorzuziehen ist.

Verzogene Mähne.

Eingeflochtene Mähne.

Vielseitigkeitssattel Kombinationsform von Dressur- und Springsattel, die sich für nahezu alle Reitdisziplinen eignet. Die Kniepauschen sind nicht so weit vorgebaut wie beim →*Springsattel,* so dass sie auch dem Knie des gestreckteren Beines Halt geben. Andererseits ist die Form der Sitzfläche tiefer herausgearbeitet als die des flachen →*Dressursattels.* →*Sattlung.*

Viertaktgalopp →*Gangarten.*

Vollblut Bezeichnet nicht einen außergewöhnlich hohen Anteil der Blutmenge, sondern das durchschnittlich feurige Temperament graziler, schnellfüßiger Trab- und Galopppferde im Sinne von leicht erregbar und hoch sensibel. Ursprung und Inbegriff aller Vollblutpferde ist das →*Arabi-*

Das vom Menschen als edel empfundene Erscheinungsbild des vollblütigen Pferdes. Auf dem Foto »Star Appeal«, db. H. gez. 1970 v. Appiani II-Sterna. Züchter: Gestüt Röttgen. Zunächst in Großbritannien gelaufen, ehe er im Besitz von W. Zeitelhack als erstes in der Bundesrepublik Deutschland trainierte Pferd Europas größtes Rennen, den Prix de l'Arc de Triomphe, gewann.

sche Vollblut, eine über 1500 Jahre alte bodenständige Zuchtrasse der heißen südlichen Wüstenregion, über deren ursprüngliche Herkunft bislang nur Vermutungen angestellt werden konnten, da fossile Knochenfunde noch nicht gefunden wurden, die genauere Hinweise erlauben.

Zwei weitere Vollblutrassen der Gegenwart, das →*Englische Vollblut* und der →*Anglo-Araber,* sind ursprünglich aus Vermischungen des Arabers mit anderen Rassen entstanden, durch systematische Zuchtwahl kristallisierte sich schließlich ihr Vollblutcharaker heraus. Hervorstechende Merkmale des Vollblutpferdes sind: Leichtes Kaliber; zierliches Knochengerüst; elegantes, graziles Erscheinungsbild; trocken und markant ausgebildete Kopfformen und Gliedmaßen; meist hoher Widerrist; dünne, glatte Behaarung, kein Kötenbehang; kleine Hufe. Charakteristisch für die Gangmechanik sind flinke, flüchtige Bewegungen und eine große Wendigkeit.

Dem Vollblut ebenbürtig, jedoch nicht als solches bezeichnet, sind einige weitere vollblütige, bodenständige Rassen der südlichen Klimazone, wie beispielsweise →*Achal-Tekkiner,* →*Andalusier* und →*Berber,* die jedoch nicht, mit Ausnahme vielleicht des Achal-Tekkinger Rennpferdes, für den Leistungssport gezüchtet werden. Pferde mit mehr oder weniger vollblütigem Erscheinungsbild verkörpern den Inbegriff des Pferdeadels, zu allen Zeiten erfuhren sie die höchste ideelle Wertschätzung des Menschen. Vollblutpferde und diesen nahe stehende Rassen werden vornehmlich im Rennen, im Leistungssport und als elegante, repräsentative Reit- und Kutschpferde eingesetzt. →*Warmblut,* →*Halbblut,* →*Kaltblut,* →*Pony.*

Vollblutzucht Das →*Englische Vollblut* ist eine nach der Vorstellung des Menschen künstlich geschaffene Zuchtrasse, die seit mehr als 250 Jahren konsequent nach dem Leistungsmaßstab von Schnelligkeit und Ausdauer gezüchtet wird.

Jedes Vollblutpferd muss im englischen →*General Stud Book* oder in einem von diesem anerkannten ausländischen Gestütbuch verzeichnet sein, so dass seine Ahnenreihe lückenlos bis zu den drei berühmten Stammvätern der Zucht zurückzuverfolgen ist. Die Anfänge der Vollblutzucht liegen zwischen 1650 und 1750 in England. Bereits zu dieser Zeit hatten englische Pferdezüchter eine hoch entwickelte, bodenständige Rasse geschaffen, die aus Vermischungen von →*Exmoorpony* und anderen einheimischen Rassen mit orientalischen Pferden entstanden war. Stuten dieser Landrasse und 3 orientalische Hengste, die von englischen Offizieren und Edelleuten um die Wende des 17. zum 18. Jh. von Übersee- und Kontinentalreisen mit in die Heimat gebracht wurden, bildeten die Grundlage der Zucht. Die Stammhengste sind unter den Namen ihrer englischen Besitzer sowie Importeure in die Geschichte der Vollblutzucht eingegangen und wirkten in folgenden Zeiträumen als Deckhengste in ihrer neuen Heimat:

»Borgia« vom Gestüt Ammerland gewann 1997 das Deutsche Derby, was seit 1955 keiner Stute mehr gelungen war. Die klassisch gezogene Stute, die in vielerlei Hinsicht ihrer ebenfalls sehr erfolgreichen Mutter »Britannia« ähnelt, befindet sich seit 1998 in der Zucht.

- »Byerley's Turk«, etwa 1689–1705
- »Darley's Arabian«, etwa 1706–1725
- »Godolphin Barbe«, etwa 1734–1753

Die Nachkommen wurden durch das in der zweiten Hälfte des 18. und zu Beginn des 19. Jh. geschaffene, bis heute nur unwesentlich veränderte Rennsystem geprüft und bei Eignung wieder zur Zucht verwendet. Ihre Rennleistungen wurden von einem Statistiker namens Weatherby erfasst, der die Ergebnisse seit dem Jahre 1727 in Form eines Rennkalenders (Racing calendar) veröffentlichte.

Um den Turf, wie das Rennwesen in aller Welt auch genannt wird, einer korrekten Kontrolle zu unterwerfen, haben die eifrigsten Anhänger des Rennsports unter der Leitung Weatherby's alle Pferde erfasst, die aus den Paarungen der 3 Stammväter mit englischen Stuten zweifelsfrei hervorgegangen waren. Diese Pferde und ihre eindeutigen Nachkommen sowie deren Nachkommen aus Paarungen mit anderen eindeutigen Nachkommen desselben Ursprungs wurden im englischen Gestütbuch (General Stud Book) im Jahre 1793 vom Sohn Weatherby's erstmals veröffentlicht. Die Familie Weatherby führt den englischen Rennkalender und das General Stutbuch bis zum heutigen Tage. Auf diese Weise wurden die 3 Hengstlinien und die 74 Stutenfamilien manifestiert, auf denen das Englische Vollblut heute aufbaut. Die Abkömmlinge dieser Hengste und Stuten wurden immer untereinander gepaart und in alle Welt exportiert, sie sind die Basis der überwiegend im 19. Jh. gegründeten Vollblutzuchten anderer Länder.

Die deutsche Vollblutzucht begann zunächst in Mecklenburg und Ostpreußen, die ersten Rennen fanden im Jahre 1822 in Bad Doberan (Mecklenburg) statt. Das Interesse weitete sich aus, und sehr bald wurden neue Rennbahnen angelegt: 1829 in Berlin, 1832 in Breslau, 1835 in Hamburg und Königsberg, 1844 in Düsseldorf und 1858 in Baden-Baden. In den einzelnen Ländern bildeten sich Dachorganisationen, in Deutschland der »Union Club«, nach dem Ersten Weltkrieg die »Oberste Behörde für Vollblutzucht und Rennen« und nach dem Zweiten Weltkrieg das →*Direktorium für Vollblutzucht und Rennen e.V.*, das Vollblutzucht und Rennsport überwacht sowie Gestütbuch und Rennkalender herausgibt.

In einigen Ländern, besonders in den USA und Argentinien, wurden die ersten eingeführten Vollblüter nicht ausschließlich untereinander, sondern auch mit einheimischen, den Vollblütern im Typ ähnlichen Pferden gepaart. Deren Nachkommen sind in den Gestütbüchern der jeweiligen Länder registriert, aber vom englischen Gestütbuch zunächst nicht anerkannt worden.

Bald nach dem Zweiten Weltkrieg jedoch hat die Dachorganisation der englischen Vollblutzucht, der »Jockey Club«, durch den »Jersey Act« die heute lückenlos und zweifelsfrei auf jene Paarungen zurückzuführenden Pferde als Thoroughbred anerkannt und in das General Stud Book aufgenommen. Für die Pferde eines jeden Jahrgangs sind fünf sog. Klassische Rennen ausgeschrieben, in denen die jeweils Dreijährigen stets zur selben Jahreszeit über dieselbe Strecke auf derselben Bahn laufen und in denen sie immer dasselbe Gewicht tragen. Die Namen dieser in England begründeten Rennen sind:

☐ »1000 Guineas Stakes«: Nur für Stuten, Distanz 1609 m, jeweils im April in Newmarket, seit 1814.

☐ »2000 Guineas Stakes«: Für Hengste und Stuten, Distanz 1609 m, jeweils im April in Newmarket, seit 1809.

☐ »Derby Stakes«: Für Hengste und Stuten, Distanz 2314 m, jeweils im Juni in Epsom, seit 1780.

☐ »Oaks Stakes«: Nur für Stuten, Distanz 2413 m, jeweils im Juni in Epsom, seit 1779.

☐ »St. Leger Stakes«: Für Hengste und Stuten, Distanz 2935 m, jeweils im September in Doncaster, seit 1776.

In Deutschland tragen die gleichen Rennen veränderte Bezeichnungen, sie wurden außer dem Deutschen Derby bis zum Zweiten Weltkrieg alle in Berlin-Hoppegarten gelaufen:

☐ »Schwarzgold-Rennen«: Nur für Stuten, Distanz 1600 m, jeweils im Mai in Düsseldorf, seit 1941. Von 1919 bis 1941 unter der Bezeichnung »Kisasszony-Rennen« bekannt.

☐ »Henckel-Rennen«: Für Hengste und Stuten, Distanz 1600 m, jeweils im Mai in Gelsenkirchen, seit 1842.

☐ »Preis der Diana«: Nur für Stuten, Distanz 2100 m, jeweils im Juni in Mühlheim/Ruhr, seit 1857.

☐ »Deutsches Derby«: Für Hengste und Stuten, Distanz 2400 m, jeweils im Juli in Hamburg, seit 1869.

☐ »Deutsches St. Leger«: Für Hengste und Stuten, Distanz 2800 m, jeweils im September in Dortmund, seit 1881.

Dieser Kern wird ergänzt durch ein ausgewogenes Programm von Rennen für zweijährige, zweijährige und ältere, dreijährige, dreijährige und ältere sowie vierjährige und ältere Pferde, in denen die Altersunterschiede durch Gewichtsvorgaben ausgeglichen werden, z. B. tragen Dreijährige 55 kg, Ältere 60 kg Gewicht. Die Rennen gelten als Leistungsprüfung für die Zucht und dienen dem Züchter als Kriterium für die Auslese der härtesten, schnellsten und ausdauerndsten Tiere. Pferde, die diese Eigenschaften in hohem Maße in sich vereinen, sind in der Regel mittelgroß bis klein und von meist korrektem Exterieur. Das beste Pferd in diesem Sinne, das nach dem Zweiten Weltkrieg aus der deutschen Vollblutzucht hervorging, ist der Rapphengst »Orsini« (von Ticino-Oranien), Stockmaß 161 cm, gezogen 1954 vom Gestüt Erlenhof. Der Hengst gewann als Zweijähriger, Dreijähriger, Vierjähriger und Fünfjähriger 14 größte Rennen in mehreren Ländern auf steinhartem wie auch auf knietiefem Boden über Distanzen von 1000 m bis 2400 m.

In der Geschichte der internationalen Vollblutzucht ist das angestrebte Zuchtziel bislang vielleicht nie vollkommen erreicht worden. Von den Spitzenpferden des 20. Jh. hat vor allem der italienische Hengst »Ribot« (von Tenerani-Romanella), gezogen 1952 von F. Tesio, bewiesen, dass er dem Zuchtziel zumindest sehr nahe gekommen ist. Wenn auch sein aggressives Verhalten Menschen gegenüber Schwierigkeiten bereitete, so erfüllte er doch alle anderen gewünschten Eigenschaften. Er verkörperte die absolute Leithengst-Persönlichkeit. »Ribot« lief zweijährig, dreijährig und vierjährig, insgesamt 16-mal, ohne je geschlagen zu werden. Er gewann die bedeutendsten und höchstdotierten Rennen der Welt.

Die Vollblutzucht ist nunmehr über die ganze Welt verbreitet, deshalb bevorzugt man heute

die internationale Bezeichnung »Vollblut« gegenüber dem früheren nationalen Begriff *»Englisches Vollblut«* (engl. Thoroughbred). Die 4 führenden vollblutzüchtenden Länder der Welt sind Großbritannien, die USA, Frankreich und Irland. Das Vollblutpferd zeichnet sich durch Härte, Schnelligkeit, Ausdauer, Intelligenz, Geschmeidigkeit in der Bewegung und einen gewissen Adel aus. Es wurde deshalb in allen Ländern, in denen Zuchten bestehen, zur Veredelung einheimischer Pferde hinzugezogen. In Deutschland existieren etwa 750 private Vollblutzuchten, einige davon sind größere Gestüte. Die meisten Züchter aber besitzen nur wenige Mutterstuten.
Die Vollblutzucht hat in vielen Ländern beträchtliche wirtschaftliche Bedeutung. In Deutschland werden am Totalisator der 13 Galopprennbahnen Millionenbeträge umgesetzt. Der Handel mit Pferden ist ebenfalls von bedeutendem Umfang, vor allem in Großbritannien, den USA, Frankreich und Irland. Der Spitzenhengst der Welt erreichte in den letzten Jahrgängen oft einen Wert von 20 Mio. DM, wenn er von der Rennbahn abtrat und als Deckhengst aufgestellt wurde. Das Deckgeld für die Hengste beträgt bis zu 50 000 DM pro Stute. Dementsprechend hoch sind die Preise für Jährlinge, zweijährige und ältere Pferde mit und ohne Training auf den Auktionen in Newmarket (England), Keeneland (Kentucky), Deauville (Frankreich) und Dublin (Irland). Hier werden Preise von 1 Mio. DM für ein Pferd oft überschritten. →*Galopprennen.*

Volte Kreis von 6 m Durchmesser, Hufschlagfigur in der Reitbahn. In der Volte zeigt das Pferd das Höchstmaß an →*Längsbiegung,* Vorder- und Hinterhufe spuren auf einem (gebogenen) Hufschlag. Das Pferd ist um den inneren Schenkel gebogen, der äußere Schenkel bewahrt die Hinterhand vor dem Ausfallen. Der Kreisbogen darf größer, sollte aber nicht kleiner sein, weil das Biegungsvermögen des Pferdes überfordert und das Gangtempo beeinträchtigt werden. Volten werden im Schritt wie auch in den verkürzten Tempi von Trab und Galopp geritten und sind Übungen für die geschmeidige Längsbiegung. Fehlerhaft sind mangelnde Biegung des Pferdekörpers, so dass 2 Hufschläge entstehen, →*Verwerfen* im Genick und unkorrekte Kreisform. →*Hufschlagfiguren.*

Voltigieren ist die Ausführung gymnastisch-turnerischer Übungen am und auf dem ruhig galoppierenden Pferd für Kinder und Jugendliche in der Mannschaft. Es fördert Losgelassenheit, Geschicklichkeit, Gewandtheit, Mut und Selbstvertrauen der Heranwachsenden und vermittelt auf spielerische Weise den vom persönlichen Ehrgeiz freien Begriff des »Teamwork«. Wesentliche Voraussetzung ist das pädagogische Talent des Lehrers, der viel Geduld und Idealismus aufbringen muss. Eine Mannschaft sollte nicht mehr als 15 Kinder zählen, für Wettbewerbe sind 8 Kinder vorgeschrieben. Ein Voltigierpferd soll nicht zu groß, von barocker Form und nicht zu jung sein. Wünschenswert sind ein breiter, unempfindlicher Rücken, ruhige, gleichmäßige Galoppsprünge, viel Ausdauer, gesunde Beine und ein absolut gutmütiger Charakter. Die Ausrüstung des Pferdes besteht aus Trense mit Reithalfter, 2 Ausbindezügeln, der Longe, den Bandagen an den Vordergliedmaßen, der Longierpeitsche und dem Voltigiergurt mit 2 Griffen und Stehzügel sowie Lederschlaufe an der Mitte des Gurtes rechts außen. Die Longe wird in den linken Trensenring geschnallt, voltigiert wird auf dem Zirkel auf der linken Hand. Eine Übungsstunde sollte nicht länger als 60 Minuten dauern. Anfänger beginnen die Übungen am stehenden und schreitenden Pferd. Die Gruppe steht außerhalb des Zirkels und nur 2 oder 3 Kinder neben dem Lehrer, der sich in der Mitte des Zirkels von etwa 15 m Durchmesser um die eigene Achse dreht. Das Kind läuft vom Lehrer aus an der rechten Seite der Longe entlang auf das Pferd zu, ergreift die Griffe des Longiergurtes und

Einzel- und Doppelvoltigieren.

springt auf. Nachdem es seine Übung beendet hat, folgt das nächste.

Voltigieren ist die ungezwungene Vorstufe zur Reitausbildung für 6- bis 16-jährige, die mit Wesenheit und Bewegungsablauf des Pferdes vertraut macht und auf spielerische Weise das Gleichgewicht auf dem Pferderücken finden lässt. Die vielfältigen Übungen werden sowohl von einem Kind allein als auch von 2 und 3 Kindern gleichzeitig auf dem Pferderücken ausgeführt. Das Pferd ist zur Einstellung auf die Kreisform am inneren Ausbindezügel 2 Loch kürzer ausgebunden. Der breite Voltigiergurt muss zur Vermeidung von Widerristdruck hoch ausgekammert sein und darf nicht zu hoch gewölbte Griffe haben, die behindern könnten. Wichtig ist auch weicher Boden (Sand vermischt mit Sägemehl oder Hobelspänen), damit das Pferd in der Schräge auf dem Zirkel sicher auffußen kann und stürzende Kinder sich nicht verletzen. Das Führen der Longe gleicht dem →*Longieren.*

Vorderfußwurzelgelenk →*Anatomie* (Skelett), →*Vorderknie.*

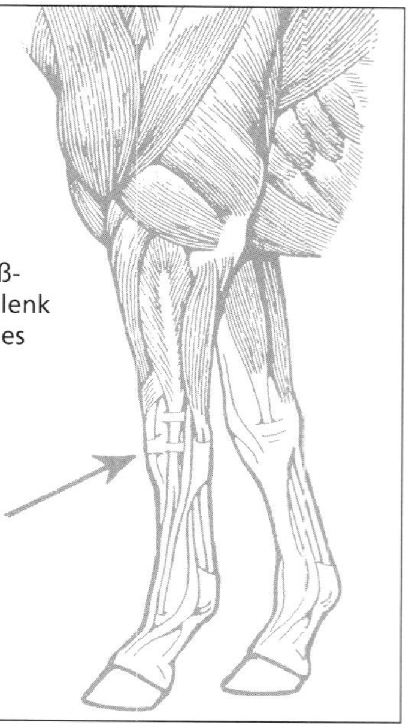

Vorderfuß-
wurzelgelenk
des Pferdes
(Pfeil)

Vorderknie Irreführende, laienhafte Bezeichnung für das Vorderfußwurzelgelenk der Vordergliedmaße des Pferdes, das dem menschlichen Handgelenk entspricht. Das Knie befindet sich an der Hintergliedmaße in Höhe der hinteren Bauchlinie. →*Anatomie* des Pferdes (Skelett).

Vorderzeug Beiderseits am Sattelgurt befestigter, gepolsterter, um die Pferdebrust verlaufender, arretierter Riemen, der bei zu hohem Widerrist verhindert, dass der Sattel nach hinten rutscht. Vornehmlich für den Gebrauch beim Springen und Geländereiten vorgesehen.

Vorderzeug.

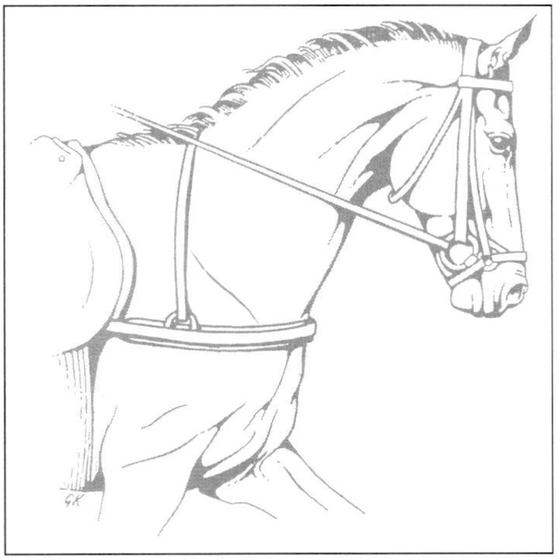

Vorgurt Hinter dem Widerrist gleich zu Beginn der Sattellage umgeschnallter Bauchgurt mit Halterungen beiderseits des Widerristes, der bei zu flachem Widerrist ein Verrutschen des Sattels nach vorn verhindert und auch vor Satteldruck schützen kann.

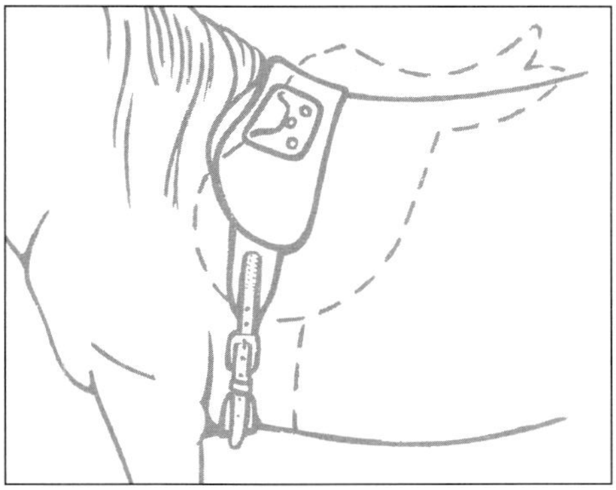

Vorgurt.

Vorhand Reiterlicher Begriff für die Körperpartien des Pferdes, die sich vor der Zügelhand des Reiters befinden, also Widerrist, Schulter, Vordergliedmaßen, Hals und Kopf. Die gesamten, hinter der Zügelhand liegenden Körperpartien, also Rumpf mit Hinterhand, gelten in reiterlichem Sinn als →*Hinterhand.* Die Formulierung »Mittelhand« für die Rumpfpartie ist daher unsinnig.

W

Waage Teil der am Pferdewagen befestigten Zugvorrichtung für das Zweiergespann. Man unterscheidet bewegliche Waagen für Lastfuhrwerke und fest stehende für Kutschen und andere leichte Wagen. →*Wagentypen für Gespannpferde.*

Waageraum Kontrollraum mit Amtsperson auf der Galopprennbahn. Der Jockey wird mit dem vorgeschriebenen Gewicht des Sattels vor und nach dem Rennen gewogen. →*Galopprennen.*

Wagenrennen Antike Übungswettkämpfe der Streitwagenlenker auf zweirädrigen Wagen, die mit 2, 3, 4 oder mehr Pferden nebeneinander bespannt waren. Die Rennen wurden in vollem Galopp ausgetragen und waren bereits lange vor Christi Geburt im Orient ein beliebter Sport. Die geschicktesten Fahrer wurden hoch geehrt. Berühmt waren die aus schriftlichen Überlieferungen bekannten römischen Wagenrennen, die meist in großen Arenen gefahren wurden. Zweigespanne nannte man Biga, Dreigespanne Triga, Viergespanne Quadriga usw. Erst mit Entwicklung und Kultivierung der Fahrkunst viele Jahrhunderte später überwog das Fahren im Trab über weite Strecken, weil hier der Nützlichkeitsgedanke und der geänderte Verwendungszweck den Ausschlag gaben. Antike Wagenrennen als Schau sind heute bisweilen auf Gestütsparaden zu sehen.

Wagentypen für Gespannpferde Man unterscheidet zwei- und vierrädrige Pferdewagen, letztere sind durch eine drehbare Vorderachse lenkbar. Der zweirädrige, auf der Stelle drehbare Karren ist wahrscheinlich aus der Zweistangenschleife entstanden, jenem primitiven Transportgerät, das die Indianer Nordamerikas noch bis in das 19. Jh. hinein benutzten. Es bestand aus 2 langen Stangen, die mittels Bauch- und Brustgurten beiderseits am Pferderumpf befestigt wurden und mit ihren Enden auf dem Boden nachschleiften. Hinter dem Pferd wurden die beiden Stangen durch aufliegende Querhölzer verbunden, auf denen die Lasten festgezurrt waren. Mit der Erfindung des Rades montierte man unter den Querhölzern eine Achse mit 2 Rädern. Die nunmehr rollende Last stellte eine beträchtliche Erleichterung für das ziehende Tier dar, das zudem erheblich schneller vorankam. Der vierrädrige Wagen, der aus dem auf Räder gestellten Schlitten entstanden sein soll, und seine Lenkbarkeit mittels drehender Vorderachse waren weitere Fortschritte. Im Verlauf von etwa vier Jahrtausenden Gespannfahren entwickelte

Prinzip der Zweistangenschleife. Mit der Erfindung des Rades setzte man den Lastbereich (Pfeil) auf eine zweirädrige Achse, damit hoben sich die hinteren Stangenenden vom Boden ab und die Last war erheblich leichter zu ziehen.

der Mensch in ständigen Verbesserungen schwere Fahrzeuge für Schwertransporte und leichte, schnelle Wagen für die Personenbeförderung. Das Automobil stellt die letzte, selbstfahrende Weiterentwicklung der bequemen und eleganten Kutsche des 19. Jh. dar. Als Wirtschaftsfaktor hat der Pferdewagen nahezu ausgedient, allein die Kutsche für den Fahrsport hat sich erhalten, dessen Verbreitung freilich hinter der des Reitsports zurückbleibt, da der Gesamtaufwand für ein Gespann den für ein Reitpferd erheblich übertrifft.

Die Konstruktion des Pferdewagens unterteilt sich in Unterbau und Aufbau. Die Fahreigenschaften werden vor allem durch die Art des Unterbaues bestimmt. Die Vorderachse ist über den Drehkranz, der für eine stabile Straßenlage möglichst groß sein soll, durch seitlichen Druck gegen die Deichsel lenkbar. Die Vorderräder sind kleiner als die Hinterräder, damit sie in Wendungen bis unter den Oberbau drehen können. Ein insgesamt möglichst großer Raddurchmesser und ausladende Federung schonen die Pferdekräfte auf schwierigem Boden. Der Wagen soll möglichst leicht gebaut (bei schwerer Zugarbeit lassen sich die Pferde nicht versammeln) und kurz sein (für engen Wendekreis). Größe und Gewicht des Wagens und Kaliber der Pferde sollen sowohl aus optischen Gründen wie auch für kräfteschonende Zugarbeit in ausgewogenem Verhältnis zueinander stehen.

Der Wagenaufbau mit oder ohne Dach, in dem sowohl Fahrer als auch Fahrgäste Platz finden, sollte besonders leicht und gut gefedert sein und feste Sitzmöglichkeiten bieten, damit eine ausgewogene Schwerpunktlage gewährleistet ist. Wirksame Bremsen sowie Laternen sind polizeilich vorgeschrieben. Die Innenausstattung des Wagens ist je nach Verwendungszweck verschieden. Der Kutschbock muss dem Sitz des Fahrers festen Halt bieten, für einen besseren Überblick über Pferde und Verkehr ist er meist mehr oder weniger erhöht angeordnet. Deichsel (für Zweiergespann vor vierrädrigem Wagen), starre Gabel (für Einergespann vor zweirädrigem Wagen) und einzeln auf- und abwärts bewegliche Scherbäume (für Einergespann vor vierrädrigem Wagen) sind die Lenkstangen des Pferdewagens, die von den Pferden in Wendungen automatisch durch Gegendruck bedient werden.

Gabel und Schere für Einspänner:
Oben: Starre, unbewegliche Gabel des zweirädrigen Wagens.
Unten: Bewegliche Scherbäume des vierrädrigen Wagens.
Beide Gabelkonstruktionen gehen in das Auf- und Abwärtsschwingen der Gangbewegung des Pferdes ein, erstere durch die Einachsigkeit, letztere durch die Gabelgelenke.

Die Zugvorrichtung für die Pferde ist an und vor der Vorderachskonstruktion befestigt. Sie besteht für Kutschen vorwiegend aus der fest stehenden Sprengwaage mit aufgesetzten Docken oder angehängten Ortscheiten; diese Konstruktion eignet sich am besten für ebene Straßen und die Ausführung exakter Wendungen. Die bewegliche Spielwaage für schwierige Wegeverhältnisse und schweren Zug war früher überwiegend in der Landwirtschaft gebräuchlich und ist für Kutschen nur bedingt geeignet auf unebenen Wegen zur Regulierung einer gleichmäßigen Zugleistung der Pferde im Zweiergespann. Die Sprengwaage soll die größte Breite des Wagens um etwa 10 cm übertreffen, damit die Deichselpferde seitlich genügend Raum finden und der Fahrer enge Durchfahrten gut abschätzen kann.

Oben: Zugvorrichtung am Pferdewagen für das Zweiergespann:

1 Waagebalken als fest montierte Sprengwaage an der Break (als bewegliche Spielwaage für schweren Zug auf holprigem Boden für gleichmäßig verteilte Zugleistung beider Pferde wäre der Balken in der Mitte über der fest stehenden Deichsel gelenkig und horizontal drehbar).
2 Mit Lederschlaufen angehängte, bewegliche Ortscheite für Sielengeschirr, die die Schulterbewegung des Pferdes nachvollziehen, an den äußeren Enden werden die Zugstränge aufgeschlauft.
3 Fest stehende Docken auf dem fest stehenden Waagebalken zum Aufschlaufen der Zugstränge nur für Kumtgeschirr (im Sielengeschirr würden sich die Pferde aufgrund der Unbeweglichkeit der Docken die Brust durchscheuern).
4 Deichsel.

Mitte: Zugvorrichtung am Wagen für die Vorderpferde im Vierergespann: Vorwaage, bestehend aus der am Deichselhaken eingehängten Spielwaage mit Vorderortscheiten.

Unten: Deichselbrille mit Leder-Aufhaltern für das Zweiergespann zum Lenken und Bremsen des Wagens durch die Pferde. Die Aufhalter verbinden die Deichsel mit Kumt oder Brustblatt.

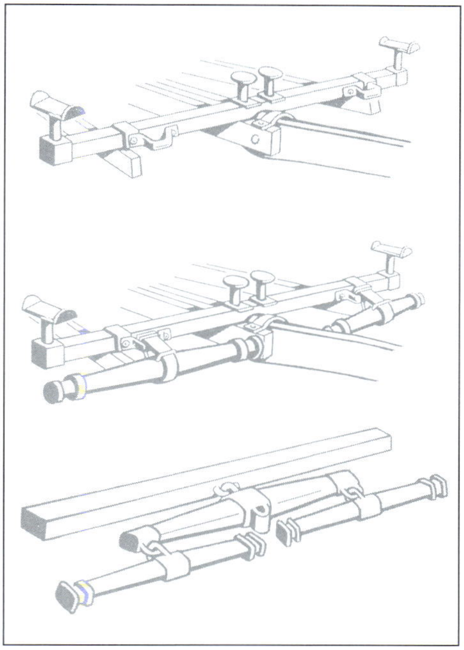

Zugvorrichtungen am Wagen:
Oben: Fest stehender Waagebalken mit festen Docken zum Einhaken der Zugstränge.
Mitte: Fest stehender Waagebalken (Sprengwaage) mit beweglichen Ortscheiten.
Unten: Bewegliche Spielwaage mit beweglichen Ortscheiten.

Die Deichselbrille am Kopf der Deichsel (Ösen zum Einschnallen der Aufhalter, die Deichsel mit Geschirr verbinden) muss drehbar sein, damit beim Stolpfern eines Pferdes das andere nicht unmittelbar behindert wird.

☐ Englische Wagen für die →*Englische Anspannung*, die vom Eigentümer selbst (Selbstfahrer) und nicht vom bediensteten Kutscher gefahren werden:

Buggy, einspännig, 4 Räder; Buggy Gig, einspännig und Tandem, 2 Räder; Dogcart, einspännig und Tandem, 2 Räder; Tilbury, einspännig und Tandem, 2 Räder; Tandem Cart, Tandem, 2 Räder; Duc, ein- und zweispännig, 4 Räder; Damen-Phaeton, ein- und zweispännig, 4 Räder; Spider-Phaeton, ein- und zweispännig; 4 Räder;

1

2

3

Pferdewagen und Kutschen aus Vergangenheit und Gegenwart (siehe auch Abb. S. 372):
1 Buggy Gig
2 Tandem-Cart
3 Spinne, leichter amerikanischer Wagentyp
4 Land-vis-à-vis
5 Pürschwagen
6 Wagonette mit Verdeck
7 Break (Einfahrwagen)
8 Char-à-bancs
9 Coupé
10 Mail Coach
11 Fürstliche Hofkutsche, 19. Jahrhundert

4

5

6

7

8

9

10

11

Für Fahrsport und Freizeit häufig verwendete Wagentypen:

1 Dog-Cart
2 Freizeitkutsche
3 Vielzweckkutsche
4 Planwagen
5 Marathonwagen
6 Freizeitkutsche
7 Jagdwagen
8 Schlitten

Stanhope-Phaeton, zweispännig, 4 Räder; Demi Mail Phaeton, zweispännig, 4 Räder; Mail Phaeton, zwei- und vierspännig, 4 Räder; Break, zwei- und vierspännig, 4 Räder; Char-à-bancs, vierspännig, 4 Räder; Park Coach Drag, vierspännig, 4 Räder.

Vom bediensteten Kutscher und nicht vom Eigentümer gefahren:

Viktoria, ein- und zweispännig, 4 Räder; Coupé, ein- und zweispännig, 4 Räder; Coupé Dorsay, ein- und zweispännig, 4 Räder; Landauer, zweispännig, 4 Räder; Omnibus, zwei- und vierspännig, 4 Räder.

☐ Ungarische Wagen für die →*Ungarische Anspannung:*

Juckerwagen, mit und ohne Verdeck, zwei- und vierspännig, 4 Räder (Sandschneider); Esterházywagen, zwei-, vier-, fünf- und siebenspännig, 4 Räder.

☐ Wagen der →*Landanspannung:*

Tonne Governesscar, einspännig, 2 Räder; Landaulet, ein- und zweispännig, 4 Räder; Vis-à-vis, zweispännig, 4 Räder; Stanhope (ohne Verdeck), zweispännig, 4 Räder; Jagdwagen, zweispännig, 4 Räder; Pürschwagen, zweispännig, 4 Räder; Landratswagen, zweispännig, 4 Räder; Wagonette, zwei- und vierspännig, 4 Räder; Land-Vis-à-vis, zwei- und vierspännig, 4 Räder; Achenbachjagdwagen, zwei- und vierspännig, 4 Räder; Vierrädriger Dogcart, zwei- und vierspännig, 4 Räder. →*Anspannung des Wagenpferdes,* →*Fahren mit Gespannpferden,* →*Geschirr des Gespannpferdes.*

Wallach Kastriertes, nicht fortpflanzungsfähiges, männliches Pferd. Vor der Geschlechtsreife kastriert (1 Jahr alt), hat der Wallach ein mehr stutenähnliches Aussehen und zeigt keinerlei geschlechtliche Aktivität. Nach der Geschlechtsreife kastriert, ist gelegentlich noch ein gewisses Hengstverhalten zu beobachten, und auch das Erscheinungsbild gleicht mehr dem eines Hengstes. Wallache werden meist größer und schmaler als Hengste und neigen zu einem gewissen Spieltrieb, sie sind jedoch infolge der fehlenden geschlechtlichen Aktivitäten meist umgänglicher als Hengste und Stuten. Der Begriff soll auf den Volksstamm der Wallachen in der Wallachei (Donauregion) zurückführen, die schon frühzeitig ihre Hengste kastrierten. Im 16. Jh. breitete sich die Unfruchtbarmachung des Hengstes auch im westlichen Europa aus. →*Kastration.*

wälzen Hautpflegehandlung des Pferdes auf Sandboden oder im Schlamm, die ganz erheblich zu seinem Wohlbefinden beiträgt und keinesfalls ständig verhindert werden darf, selbst wenn die Mühe des Putzens wiederholt werden muss.

Wandern zu Pferd Das entspannte, wettbewerbsfreie Reiten in der Natur über Tage oder Wochen vertieft durch den ständigen engen Kontakt das Verständnis für die Wesenheit des Pferdes. An einem längeren Ritt, der die Beachtung einiger Grundregeln voraussetzt, sollten mindestens 3 Reiter gleichen Ausbildungsgrades mit Pferden gleicher Kondition und annähernd gleichem Gangvermögen teilnehmen, damit ein harmonisches Marschtempo gewährleistet ist und bei Unfällen ein Reiter dem Verletzten Hilfe leisten und der andere Hilfe holen kann. Das schwächste Pferd und der ungeübteste Reiter be-

Packsattel mit beidseitig abnehmbaren Packtaschen für Handpferde auf längeren Ritten. Die Packtaschen müssen genau gleichgewichtig sein.

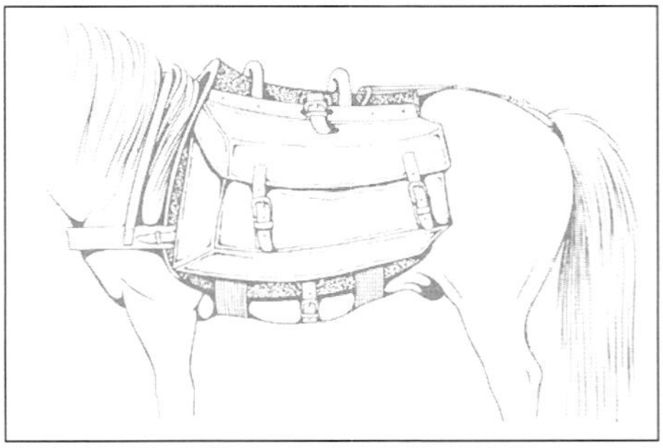

stimmen immer das Marschtempo. Die Pferde müssen mindestens 8 Tage vor dem Abritt beschlagen werden, damit sie die neuen Eisen einlaufen können. Vorab durchgeführte übungsmäßige Tagesritte erweitern den Erfahrungsschatz. Marschroute und Tagesstrecken, die verkehrsreiche Regionen meiden, werden sorgfältig geplant, angemessene Übernachtungen für Pferd und Reiter mit dem Kraftfahrzeug vorher am Ort erkundet und festgelegt. Futter und Füttern sollen möglichst der täglichen Gewohnheit entsprechen (am Ort vorsorgen oder mitnehmen).

Das Wohlergehen des Pferdes hat stets Vorrang, da es auf den Menschen angewiesen ist. Das Reisetempo muss dem Vermögen der Pferde angemessen sein. Die Hauptgangart ist Schritt, in Trabreprisen wird zur Entlastung des Pferdes leichtgetrabt und der Hinterfuß alle 200 m gewechselt. Die Ausrüstung von Pferd und Reiter muss sparsam, zweckmäßig und bequem sein. Auf Reithalfterkombinationen kann man verzichten, ein untergelegtes Anbindehalfter mit am Sattel befestigtem Strick (→*Panikhaken*) leistet gute Dienste in Ruhepausen. Der →*Trachtensattel* mit großer Auflagefläche bietet die größte Entlastung für den Pferderücken, in den Satteltaschen dürfen notwendige Utensilien nicht fehlen: Fieberthermometer, Desinfektionsmittel und Verbandstoff, vorderes und hinteres Ersatzhufeisen, Hufnägel, Hufkratzer und Kneifzange (für →*Nageltritt*). Die Fütterung erfolgt jeweils 2 Stunden vor jedem Abritt, damit die Pferde in Ruhe verdauen können. Die Hufe müssen mehrmals täglich auf Nageltritt, eingeklemmte Steinchen etc. sowie Pferdekopf und Pferderücken auf eventuelle Druck- und Scheuerstellen durch Sattel- und Zaumzeug geprüft werden.

Der Tagesritt beginnt und endet mit einer längeren Schrittstrecke. Als kraftschonender Stundenrhythmus des Marschtempos (es wird stets mit langem Zügel geritten) haben sich 40 Minuten Schritt, 15 Minuten Trab und 5 Minuten Galopp erwiesen. In viertelstündigen Verschnaufpausen (mindestens alle 2 Stunden) wird der Sattelgurt nicht gelockert, während der größten Hitze bei der Mittagsrast wird abgesattelt. Die Marschleistung nach diesem Rhythmus beträgt etwa 12 km in 1 ½ Stunden und 50 km in 6 Stunden als maximales Tagespensum. In bergigem Gelände reduziert man besser auf 35 km je Tag. Nach jeweils 3 Tagen Marsch legt man einen ganzen Ruhetag ein, der vor allem dem Wohlbefinden des Pferdes gilt. Übernachtungsställe sind vorher sorgfältig auf verletzungsfreie Beschaffenheit zu prüfen (Nägel, scharfe Kanten, Lücken etc.), das Gleiche gilt für die Umzäunungen von Weiden und Ausläufen. →*Ponytrekking.*

Warmblut Bezeichnet nicht eine bestimmte Bluttemperatur, sondern das durchschnittliche Temperament leichter bis mittelschwerer Reit- und Zugpferdrassen, die aus Verkreuzungen voll-

1 Warmblut
2 Vollblut
3 Pony
4 Kaltblut

blütiger Pferde mit Landschlägen oder Kaltblutpferden sowie aus Vermischungen untereinander hervorgegangen sind und sich allmählich als selbständige →*Rassen* gefestigt haben. Da sie verschiedenen Zuchtrichtungen entstammen, die unterschiedlichen Zwecken dienen, schwankt das Erscheinungsbild der Warmblutrassen beträchtlich zwischen den beiden Extremen →*Vollblut* und →*Kaltblut.* Mithin fallen alle Rassen, die nicht eindeutig als Vollblut, Kaltblut oder →*Pony* zu definieren sind, unter die Kategorie Warmblut. Dieser Begriff ist nur in Deutschland gebräuchlich. Im internationalen Sprachgebrauch werden Kreuzungs- und Mischzuchten als →*Halbblut* bezeichnet.

Wassertrense →*Zäumung.*

Weben Verhaltensstörung des Stallpferdes aus Bewegungsmangel, Langeweile und Vereinsamung. Das Pferd pendelt mit der Kopf-Hals-Partie hin und her und verlagert das Gewicht der Vorhand ununterbrochen von einer Vordergliedmaße auf die andere. Die stereotype Bewegung beansprucht Energie, belastet die Gelenke der Vordergliedmaßen und kann zu Dauerschäden führen. Die Ersatzhandlung wirkt ansteckend auf benachbarte Pferde und regt diese zur Nachahmung an. →*Untugend.*

Wechsel Von frei lebenden Pferden im »Gänsemarsch« ständig benutzter, ausgetretener, schmaler Pfad in vertrauter Umgebung. An den Rändern häufig Kotablagerungen zur Markierung des Territoriums. Der Wechsel verläuft in Schlangen- oder Zickzacklinie, damit die seitlich gerichteten Pferdeaugen wechselseitig auch das vor und hinter ihnen liegende Gelände überblicken können. →*Verhaltensweisen.*

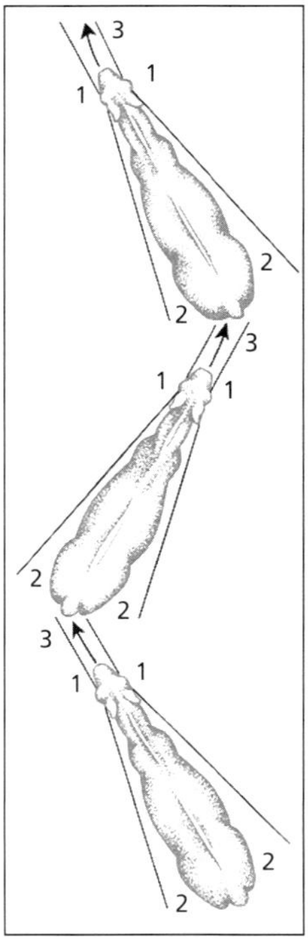

Wechselgehen wild lebender Pferde in Schlangenlinien, um stets auch das rückwärtige Gelände überblicken und die Annäherung etwaiger Feinde rechtzeitig bemerken zu können. Der Sehwinkel des nachfolgenden Pferdes übernimmt durch die entgegengesetzte Stellung den toten Blickwinkel des Vorderpferdes (Schema):
1 Blickfeld des Pferdes nach beiden Seiten
2 Toter Blickwinkel nach hinten, den das Pferd nicht übersieht
3 Toter Blickwinkel nach vorn

Weidegang Entspricht der natürlichen Nahrungsaufnahme des Pferdes. Bei mittlerer Quantität und Qualität des Graswuchses rechnet man 0,5 ha Weidefläche je Pferd ohne Zufütterung. Eine möglichst unterschiedliche Vielfalt von Gräsern, Kräutern und Blattwerk sorgt nicht nur für reine Ernährung, sondern zugleich für die medizinische Regulierung der Darmtätigkeit, die das Pferd durch bestimmte Pflanzenauswahl instinktiv vornimmt. Weidegang sollte jedem Pferd in Gesellschaft von Artgenossen oder Rindern so oft wie möglich als Gesundbrunnen zugestanden werden. Da für Sportpferde im Training ein Grasbauch unerwünscht ist, der bei ständigem Weidegang entsteht und bei hohem Leistungsanspruch die Atmung behindern kann, sollte man solchen Pferden zumindest stundenweise das Vergnügen gönnen. Für eine rationelle Ausnutzung unterteilt man die Weide mit Elektrozaun in mehrere Portionsweiden, die im Verlauf des Sommers in etwa wöchentlichem Turnus gewechselt werden. Verschmähte Geilstellen müssen gemäht werden, als trocknendes Gras werden sie am nächsten Tag gefressen. Um Geilwuchsstel-

len und der Verwurmung der Pferde entgegenzuwirken, muss der Kot regelmäßig aufgelesen werden. Bei gemeinsamem Weidegang von Pferden und Rindern ergibt sich eine gleichmäßige und schonende Abnutzung des Graswuchses, da jede Tierart andere Pflanzen bevorzugt. Außerdem wird die Entwicklung verschiedener Parasiten eingedämmt, die in der jeweils anderen Tierart keine Entfaltungsmöglichkeiten finden. Esel sind oftmals ohne äußere Anzeichen von Lungenwürmern befallen. Da sie ihre Krankheit auf Pferde übertragen, sollte man sie grundsätzlich nicht mit Pferden zusammentun. Vor jeder Weide- und Stallperiode (Frühjahr und Herbst) muss eine Wurmkur durchgeführt werden.
Steht eine Weide nicht zur Verfügung, kann täglich etwa 6–8 kg Grünfutter ohne Gefahr eines wachsenden Grasbauches zugefüttert werden. Das gemähte Grünfutter muss über Nacht kühl und ausgebreitet gelagert und spätestens am nächsten Morgen verfüttert werden, um Gärung zu vermeiden, die Kolik verursachen kann. Da Ponys und Robustpferde bei ununterbrochenem Weidegang zu übermäßigem Fettansatz neigen, bleiben sie zur Fresspause tagsüber besser im Auslauf oder Offenstall, während ihnen vom frühen Abend bis zum späten Morgen Weidegang gestattet ist. Die Umstellung von winterlicher Heufütterung auf frühjährlichen Weidegang muss allmählich erfolgen, um Verdauungsstörungen und Durchfall zu vermeiden. In den ersten Tagen begrenzt man die Aufnahme frischen Grases bei zusätzlicher Heufütterung auf höchstens eine halbe Stunde täglich, dann kann man die Weidezeiten verdoppeln und verdreifachen. Nach 2–3 Wochen ist die Umgewöhnung abgeschlossen. Bei Düngung der Weide (nur vor Beginn, nicht während des jährlichen Weideganges) ist auf Stickstoff weitgehend zu verzichten, da fette Weiden durch Eiweißüberschuss Hufrehe verursachen können. Hügelige Böden mit hohem Kalkanteil bieten die besten Pferdeweiden. Bäume und eine einfache Weidehütte schützen vor Sonnenhitze, Insektenplage und Dauerregen. Frisches, sauberes Wasser muss stets vorhanden sein. Die gefahrloseste und wirksamste Umzäunung ist ein starker Holzbalkenzaun mit Elektrodraht innen; durch Stacheldraht droht erhebliche Verletzungsgefahr besonders für unerfahrene Fohlen. →*Fütterung.*

Weidezaun Die solideste Konstruktion ist der dreireihige Holzbalkenzaun mit Pfosten aus Hartholz (Eiche, Buche etc.). Die Holzbalken (aus Kostengründen meist aus Nadelholz) sollten einen Durchmesser von mindestens 15 cm und von Pfosten zu Pfosten eine Länge von 4 m haben. Die Pfosten sollten etwa 250 cm lang sein (80 cm eingegraben und mit Holzschutz getränkt) und 160–170 cm hoch aus der Erde ragen (für Hengstweiden 2 m). Gute Dienste leisten ausgemusterte Eisenbahnschwellen und Telefonmasten. Die Höhenabstände der Holzbalken voneinander betragen etwa 50 cm, der Abstand des unteren Balkens vom Boden kann etwas größer sein (60–80 cm). Die Balken werden von innen an die Pfosten geschraubt oder genagelt. An der Innenseite des Holzzaunes verläuft in Brusthöhe der Pferde (zwischen unterem und mittlerem Balken) ein Elektrozaun, am zweckmäßigsten ist das helle, breite, gut sichtbare Elektroband. Anstelle der Holzbalken leisten ebenso gebrauchte, elastische Förderbänder, die in breite Streifen (15 cm) geschnitten sind, hervorragende Dienste. Gegebenenfalls kann der Abstand vom unteren zum mittleren Balken etwas größer sein, weil zwischen beiden höhenmäßig der Elektrozaun verläuft.

Weißisabell →*Farben des Haarkleides,* →*Albino.*

Welsh-Mountain-Pony (Sektion A). Bodenständig im Bergland von Wales in Westengland seit alter Zeit. Aufzucht in wild lebenden Herden. Seit längerer Zeit Einkreuzungen arabischen Blutes. Hübsches, kompaktes Robustpony mit oftmals arabisierter Kopfform, Widerristhöhe um 122 cm Stockmaß. Üppiges Langhaar und doppelschichtiges Winterfell. Alle Fellfarben vertreten, Scheckung unerwünscht. Temperamentvolles und ausdauerndes Reitpony für Kinder mit raumgreifendem Gang- und Springvermögen. Ausgangsrasse für die Züchtung größerer Gebrauchstypen, man unterscheidet:

☐ Welsh-Pony (Sektion B), Größe bis 137 cm Stockmaß, spezielles Reitpony mit starkem Vollblutanteil.

☐ Welsh-Pony Cob Typ (Sektion C), Größe bis 137 cm Stockmaß, kalibriges Geländepony mit Einkreuzungen edler Halbblut-Großpferde.

☐ Welsh-Cob (Sektion D), Größe 140 bis 158 cm Stockmaß, starkknochiges, kalibriges Geländereitpferd, Gewichtsträger für Erwachsene mit beträchtlichem Springvermögen, entstanden aus Verkreuzungen mit Halbblut-Großpferden.

Wendungen (des Pferdes unter dem Reiter) sind zunächst Richtungsänderungen im Gang, z. B. das Ausreiten von →*Hufschlagfiguren* in der Reitbahn wie Ecken durchreiten, Schlangenlinien, Volten, Kehrtwendungen und Pirouetten. Wendungen sind auch Umkehrungen im Stand um 180° auf Vor- und Hinterhand. Wendungen im Gang fördern die Hilfengebung des Reiters für die →*Längsbiegung,* Wendungen im Stand üben die einseitige Hilfengebung. Zur lösenden Vorhandwendung steht das Pferd parallel zur Bande und in leichter →*Stellung* zur Bande hin auf dem zweiten (inneren) Hufschlag, damit es beim Umschwenken mit dem Kopf nicht die Wand berührt. Der zur Bande weisende Schenkel liegt hinter dem Sattelgurt und treibt die Hinterhand Tritt für Tritt um die Vorhand herum, bis das Pferd die entgegengesetzte Richtung einnimmt. Es darf dabei nicht vortreten, geringes Zurückweichen ist nicht fehlerhaft. Zur versammelnden Hinterhandwendung steht das Pferd auf dem Hufschlag parallel zur Bande in leichter Stellung zur Seite der Wendung hin (Bahnmitte). Das Pferd bewegt sich mit der Vorhand im Halbkreis um den inneren Hinterhuf, beide Hinterhufe beschreiben während des taktgleichen Herumtretens einen kleinen Kreis, sie dürfen nicht auf der Stelle drehen. Der Vorwärtstrend soll erkennbar sein, das Pferd darf nicht rückwärts treten. Da es nach vollendeter Wendung den Hufschlag nicht wieder erreicht, muss es vorwärts-seitwärts auf diesen zurückgeführt werden. Vor- und Hinterhandwendung erfolgen langsam und ruhig, nach der Wendung steht das Pferd gerade und gleichmäßig auf allen 4 Beinen.

Western Horse Allgemeinbegriff für Hirtenpferde verschiedener Zuchtrichtungen in den Weststaaten der USA, die zunächst als Gebrauchspferde der →*Cowboys* und in den letzten Jahrzehnten nach züchterischer Verfeinerung als Freizeitpferde weltbekannt wurden. Vorfahren sind die →*Mustangs,* verwilderte Nachkommen jener andalusischen Pferde, die von den spanischen Eroberern im 16. Jh. nach Amerika importiert wurden. Die Spanier hatten zu jener Zeit einen völlig pferdefreien Kontinent vorgefunden. Man vermutet, dass das voreiszeitliche Ursprungsland der Pferdeentwicklung nach der Eiszeit von Klimawandel, Vulkankatastrophen oder Seuchen heimgesucht wurde, denen alle Wildpferdpopulationen zum Opfer fielen. So sind die wild lebenden Mustangs keine echten Wildpferde, sondern verwilderte spanische Hauspferde, die sich den Lebensbedingungen der Prärien und Halbwüsten angepasst hatten und zu großen Herdenverbänden anwuchsen. Die Western Horses der verschiedenen Zuchten verfügen mehr oder weniger ausgeprägt über einen angeborenen Instinkt zum schnellen Erfassen des Rinderverhaltens, den sog. →*Cow-sense,* ein überkommenes Erbe des →*Andalusiers,* der dem spanischen →*Vaquero* noch heute in mitarbeitender Weise zum Hüten der Kampfstiere dient. Diese Eigenschaft hat in den USA Wettbewerbe für Western Horses entstehen lassen, deren Leistungsprüfungen das vollendete Treiben und Einfangen von Rindern und ähnliche Disziplinen zum Inhalt haben. →*Albino*, →*Appaloosa*, →*Palomino*, →*Pinto*, →*Quarter Horse*, →*Amerikanische Reitweise.*

Westernreiten →*Amerikanische Reitweise.*

Westernsattel →*Sattlung.*

Westfale Warmblutzucht, bodenständig in Westfalen. Zuchtziel: Deutsches Reitpferd für Sport und Freizeit. Im alten Pferdeland Westfalen wurde schon zur Römerzeit verbreitet Pferdezucht betrieben. Im Verlauf der Jahrhunderte überlebten in sumpfigen, landwirtschaftlich nutzlosen Moor- und Heideenklaven wild lebende Pferde; fünf dieser Wildgestüte existierten noch bis in das 19. Jh. hinein. Als letzte Enklave hat sich bis heute der Merfelder Bruch bei Dülmen erhalten (→*Dülmenerpferde*), der weit über Westfalens Grenzen hinaus bekannt ist. Viele planlose Zuchtversuche, die bis zur Wende vom 19. zum 20. Jh. andauerten, verhinderten die Entwicklung einer einheitlichen und eigenständigen Rasse, obwohl bereits im Jahre 1826 das Landgestüt Warendorf gegründet und eine Körordnung erlassen wurde, die eine planmäßige Zucht einleiten sollten. Eine um 1900 mit Oldenburgern und Anglo-Normännern ausgerichtete Warmblutzucht endete mit dem Ersten Weltkrieg, da diese Pferde auf westfälischem Boden nicht gediehen. Die zur selben Zeit aufstrebende Kaltblutzucht hingegen erlangte bis zum Zweiten Weltkrieg weltweite Anerkennung. Nach dem Ersten Weltkrieg begann die Warmblutzucht auf der Basis des Hannoveraners mit Einmischungen von Vollblütern und Trakehnern, die sich äußerst erfolgreich entwickelte. Erscheinungsbild und Eigenschaften des Westfalen gleichen weitgehend denen des Hannoveraners. Regelmäßige Auktionen veranstaltet das Ausbildungs- und Verkaufszentrum Handorf bei Münster.

Das Westfalen benachbarte Rheinland, ursprünglich Deutschlands führendes Kaltblutzuchtgebiet, begann nach dem Niedergang der Kaltblutzucht auf der Basis von Trakehnern,

Westfälische Warmblutpferde:
Oben: »Pamina« v. Pilot zählte bei den Bundeschampionaten zu den bestprämierten Stuten Deutschlands.

Rechts: Der gekörte Hengst »Giorgio« v. Graziano-Pilot, Zukunftshoffnung des Springreiters Lars Nieberg.

Hannoveranern und Westfalen mit der Zucht des Deutschen Reitpferdes, die sich eng an das Zuchtgeschehen in Westfalen anlehnt. Beschäler des Landgestütes Warendorf hatten wesentlichen Anteil an der Entwicklung des rheinischen Warmblutpferdes, das ein eigenständiges →*Brandzeichen* trägt.

Widerristdruck Druckstelle auf dem Widerrist durch zu niedrige Sattelkammer oder stramm sitzende und scheuernde Sattelunterlagen. Kann in eine langwierige Entzündung ausarten.

Widerristformen →*Körperformen.*

Widerristhöhe International festgelegter Punkt zur Bestimmung der Körpergröße des Pferdes. Gemessen wird vom Boden bis zur höchsten knöchernen Stelle des Widerristes nach zwei Methoden: →*Stockmaß* und →*Bandmaß.* Zum einwandfreien Messen muss das Pferd gerade, in natürlicher Haltung auf ebenem Boden stehen. Hufeisen und Einschraubstollen sind evtl. zu berücksichtigen. Das Stockmaß ist vorzuziehen, weil es genauere Werte ergibt.

1 Das Stockmaß zeigt die direkte und genaue Höhe an
2 Das Bandmaß passt sich der Körperform an und misst je nach Konstitution des Pferdes 6–10 cm mehr

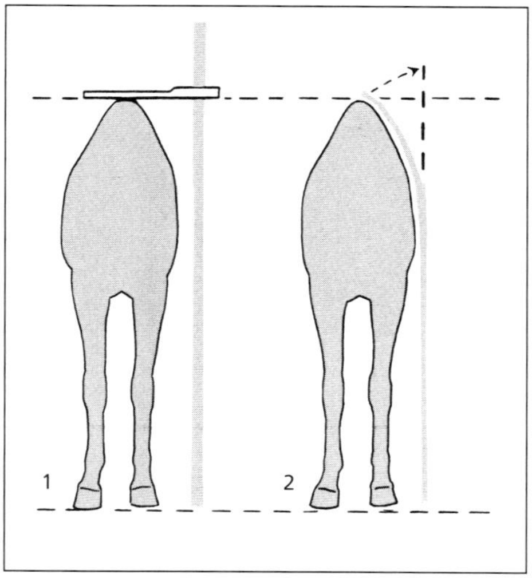

wiehern Lautäußerungen des Pferdes in verschiedenen Stimmlagen gegenüber Artgenossen und vertrauten Menschen, die in verschiedenen Situationen ausgestoßen werden: zur Begrüßung; rufend bei verlorenem Sichtkontakt; zur Fütterung; bei Aggression und Verteidigung sowie bei sexuellen Kontakten. Hengste lassen vornehmlich ein weithin klingendes, metallisches Wiehern und ein tiefes Grunzen (bei Annäherung an eine Stute) hören, Mutterstuten ein helles Quieken zur Abwehr und dunkles, leises Wiehern zum Herbeirufen des Fohlens. Weitere akustische Äußerungen sind Blubbern, Schnauben, unmelodische Angst- oder Wutlaute vielfältiger Art und Ursache.

Wielkopolska Heimat: Polen, westliche Gebiete und südliches Ostpreußen. Abstammung: nach dem Zweiten Weltkrieg aus restlichen Trakehnern und Ostpreußischem Warmblut hervorgegangen. Heute Einkreuzung von →*Englischem Vollblut* zur Erzielung eines modernen Sportpferdtyps. Erscheinungsbild: Stockmaß um 160 cm. Dem →*Trakehner* ähnlich, jedoch weniger edel im Ausdruck. Eigenschaften: moderner Reitpferdtyp, der sich auch für den Zugdienst eignet. Hauptzuchtstätte (Hengste, Stuten, Fohlenaufzucht) des masurischen Warmblutpferdes ist das polnische Gestüt Liski.

Wiener Fahrleine oder auch Ungarische Fahrleine für Wagenpferde im Zweiergespann. Besteht aus zwei durchlaufenden Leinen. In die äußere Leine ist ein Metallring eingenäht, durch den die innere Leine läuft. Das Verschnallen erfolgt durch eine bewegliche Kreuzschnalle, genannt »Frosch«, die weit nach vorn geschnallt werden kann, da sowohl auf der Außenleine als auch auf der Innenleine 20 Löcher eingestanzt sind. In Deutschland wird die Achenbach-

Kreuzleine bevorzugt. →*Fahren mit Gespannpferden.*

Wild lebende Pferde Meist urtümliche Rassen, die im Herdenverband ganzjährig im Freien leben. Sie sind allen Witterungseinflüssen ausgesetzt, suchen sich das in ihrem Lebensraum zur Verfügung stehende Futter selbst und haben weder Pflege durch den Menschen noch tierärztliche Hilfe zu erwarten. Da jedoch fast immer die Wanderwege begrenzt sind, wäre »halbwild lebend« zutreffender. Selten direkter Kontakt zum Menschen, der die Zuchtwahl (Austausch von Hengsten), das Weideareal und gelegentliche Heufütterung in Notzeiten bestimmt. Beispiele: →*Camarguepferd,* →*Connemarapony,* →*Dülmenerpferd* und →*Islandpferd.*

Wildformen des Pferdes →*Evolution,* →*Przewalskipferd,* →*Tarpan.*

Wildpferd →*Przewalskipferd,* →*Tarpan.*

Wildpferdefang Volkstümliche Bezeichnung für das alljährlich am letzten Sonnabend im Mai im Rahmen eines Volksfestes vor einer großen Zuschauermenge veranstaltete Herausfangen der einjährigen Hengstfohlen aus der wild lebenden Herde der →*Dülmenerpferde* im Merfelder Bruch, der Wildbahn des Herzogs v. Croy bei Dülmen in Westfalen. Die etwa 200-köpfige Herde wird in eine große Arena getrieben. Im Verlauf eines Nachmittags fangen kräftige Männer zu Fuß die sehr schnellen und sich heftig wehrenden etwa 35 Junghenste aus der Herde heraus, die dann sogleich mit dem Brandzeichen versehen und versteigert werden. Anschließend wird die Herde geteilt und jeder Hälfte ein Zuchthengst für die kommende Decksaison zugeteilt.

Wildpferdmerkmale →*Abzeichen.*

Winterfell →*Haarkleid.*

Wischzaum Einfacher Trensenzaum ohne Reithalfter. →*Zäumung.*

Woilach Neunfach gefaltete Decke, veraltete Form der Sattelunterlage. Umständliche Handhabung und häufig Faltenbildung, die Satteldruck zur Folge haben kann.

Wundreiten Meist bei Reitanfängern auftretende Scheuerstellen und Wundmale bis zum Bluten an Gesäß und Innenseite der Knie, verursacht durch faltige Reithosen, falsch konstruierten oder durchgerittenen Sattel, unruhigen oder falschen Sitz des Reiters u. a. m. Kaltes Wasser und heilende Salbe schaffen Abhilfe.

Wundstarrkrampf Überträger sind Tetanusbazillen, die sich im Darm des gesunden Pferdes ansiedeln, hier jedoch keinen Schaden anrichten. Werden sie aber mit dem Kot ausgeschieden, so bilden sich dauerhafte Sporen in der Bodenoberfläche, die lebensgefährliche Infektionen auslösen können, wenn sie in tief liegende, sauerstoffarme Wunden gelangen. Erkennungsmerkmale: Vorfall der Augennickhaut, Krampf der gesamten Muskulatur, dauernder Speichelfluss und sägebockartige Stellung. Heilung wenig aussichtsreich. Vorbeugende Schutzimpfung ist immer geboten.

Wurmerkrankungen Verursachen Wachstums- und Entwicklungsstörungen, sie nehmen dem Pferd die Widerstandskraft und machen es anfällig für Infektionskrankheiten. Daher ist eine ständige Bekämpfung des Wurmbefalles notwendig. Pferde werden von folgenden Parasiten befallen:

Blut- oder Palisadenwürmer (große und kleine Strongyliden), etwa 0,5–3 cm lang, die im Dickdarm leben. Die Eier werden mit dem Kot ausgeschieden und entwickeln sich in kurzer Zeit in feuchter Streu oder nassen Wiesen zu Larven, die beim Fressen aufgenommen werden. Diese können sich im Körperinnern außer in den Darm

auch in Blutgefäße, Leber und andere Organe hineinbohren und schwere Schäden anrichten.
Spulwürmer (Askariden), bis zu 40 cm lang und von gelbroter Farbe, leben im Dünndarm. Die Eier werden mit dem Kot ausgeschieden und wieder beim Fressen aufgenommen. Die ausgeschlüpfte Larve kann dann schwere Schäden in Leber, Herz und Lunge verursachen. Heilung nicht möglich, durch die Wurmkur können nur weitere Schäden vermieden werden.
Zwergfadenwürmer (Strongyloiden), bohren sich durch die Haut vornehmlich sehr junger Pferde und schädigen auf der Wanderung durch das Körperinnere die Lunge (Lungenentzündung).
Magenbremsen (Gasterophiluslarven), auch Pferdedasselfliegen genannt, die ihre Eier an den Haarspitzen ablegen und festkleben und beim Fellknabbern des Pferdes als inzwischen geschlüpfte Larven mit dem Maul aufgenommen werden. Sie saugen sich in der Magenschleimhaut fest und verursachen geschwürige Veränderungen und Verdauungsstörungen. Die Larven sind etwa 2 cm lang, fast 1 cm dick und von bräunlichroter Farbe.
Pfriemenschwänze (Oxyuren), bis 2,5 cm lang, leben im Dickdarm. Die Eier werden in schnurförmiger Anordnung um die Afterrosette abgelegt, was ein heftiges Scheuern der Schweifrübe an der Stallwand, an Bäumen o. ä. hervorruft. Aufnahme der Eier beim Fressen. Im Magen schlüpfen die Larven und können Koliken verursachen.
Die Wurmbehandlung (für jede Wurmart verschieden!) darf nur nach Anweisung des Tierarztes erfolgen, da einige Mittel gefährliche Giftstoffe enthalten. Eine sachgerechte Stall- und Weidehaltung der Pferde mit ständiger Kotbeseitigung kann dem Wurmbefall vorbeugend entgegenwirken. →*Krankheiten.*

Württemberger Warmblutzucht, bodenständig in Baden-Württemberg. Zuchtziel: Deutsches Reitpferd für Sport und Freizeit. Seit Gründung des ehemaligen Hofgestütes Marbach/Lauter im Jahre 1573, das seit 1736 auch als Landgestüt wirkt, ist Pferdezucht in Württemberg nachgewiesen, die jedoch bis Anfang des 19. Jh. einerseits durch relative Ungunst von Scholle und Klima und andererseits durch ständig wechselnde züchterische Fehlentscheidungen der Landesherren von zahlreichen Misserfolgen gezeichnet war. Erst gegen Ende des 19. Jh. erzielte man durch systematische Einmischungen von Anglo-Normännern und Trakehnern ein warmblütiges Wirtschaftspferd, das ein ausgeglichenes Zuchtergebnis lieferte. Für die Umzüchtung vom Zugpferd auf ein edles Reitpferd, die in den 1960er Jahren begann, wurden vorwiegend Trakehner-Hengste eingesetzt, von denen der Beschäler »Julmond« als Linienbegründer legendären Ruhm erwarb. Die Veredlung verlieh dem Württemberger Warmblutpferd unverkennbare Trakehner Merkmale. Die Widerristhöhe liegt um 165 cm Stockmaß, Füchse und Braune überwiegen, auch Schimmel sind nicht selten.

Siegerin des Bundeschampionats 1997 wurde die Württemberger Stute »Lettina« v. Lanthano. Auf dem Bild bei der Prüfung in Warendorf.

X

x Kennzeichen hinter dem Namen des Pferdes im →*Abstammungspapier* für →*Anglo-Araber.* Der arabische Vollblutanteil muss mindestens 25% betragen, der Rest ist Englisches Vollblut. Die Kennzeichnung ist vorwiegend in Deutschland gültig.

Xenophon (etwa 430–355 v. Chr.) .Griechischer Schriftsteller, Historiker, Philosoph, Begründer der Hippologie, Schüler des Sokrates. Verfasser der frühesten überlieferten Reitlehre der Geschichte »Peri Hippikes« (Über die Reitkunst) und »Hipparchikos« (Pflichten eines Reiterführers), die nach lebenslanger reiterlicher Erfahrung in hohem Alter niedergeschrieben wurden. Xenophon beruft sich auf einen Vorläufer namens Simon von Athen, von dem das Fragment einer Pferdebeurteilungslehre erhalten ist, das er in seine Schriften einbezieht. Diese sind offensichtlich aus der Praxis geboren und zeugen von genauer Beobachtungsgabe und fundierter Kenntnis des Pferdenaturells. Der passionierte Pferdefreund berücksichtigt Verhalten und Psyche des Pferdes, plädiert für gewaltfreie Erziehung, gibt Anweisungen zur Haltung, Fütterung und Pflege, empfiehlt eine reiterliche Ausbildung nach dem Belohnungsprinzip mit Mindeststrafen und kritisiert Missstände der griechischen Reiterei. Xenophon verlangt nur solche Leistungen, die den natürlichen Fähigkeiten des Pferdes entsprechen, und er erkennt, dass Gymnastizierung und dressurmäßige Versammlung den Tragapparat vor Belastungsschäden unter dem Reiter bewahren und die Beherrschung des Pferdes erleichtern.
Die Griechen waren kein Reitervolk. Xenophons Reitlehre verrät, dass die Angehörigen der griechischen Oberschicht, die allein sich Reitpferde leisten konnten, oftmals zwingende und brutale Reitmethoden sowie quälende Zäumungen anwendeten, um das Pferd zu unterwerfen. In diesem Umfeld erscheint es erstaunlich, dass er zu fundamentalen Erkenntnissen gelangte, die bis heute Gültigkeit besitzen. Möglicherweise hatte er, ohne dies zu erwähnen, Kenntnis von der Reitweise der Iberer, die sein Wissen entscheidend bereicherte. →*Parthenonfries.*

xx Kennzeichen für →*Englisches Vollblut* hinter dem Namen des Pferdes im →*Abstammungspapier,* vorwiegend in der Bundesrepublik Deutschland gebräuchlich.

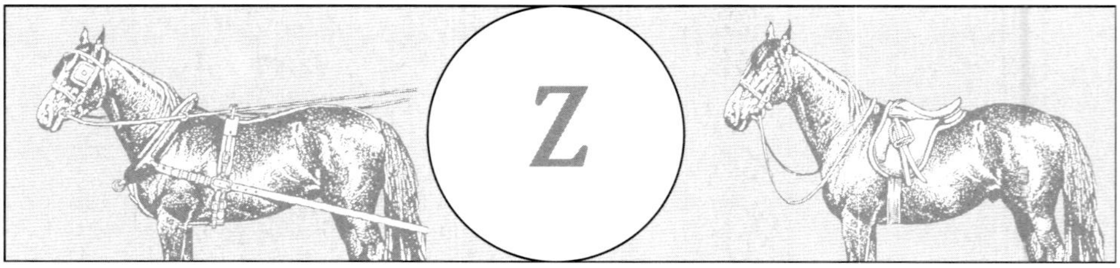

zackeln Vom Reiter ungewolltes, häufiges Antraben in abgehackten, kurzen Trabtritten mit geringem Raumgewinn während des Schrittes. Ursachen sind meist eine zu feste, fühllose, unnachgiebige Zügelhand, die das empfindliche Pferdemaul und die →*Laden* ständig malträtiert, Schmerzen im Rücken durch zu harte Gesäßeinwirkung, organische Schmerzen durch Überforderung oder auch Aufregung, Nervosität und Ehrgeiz. Ein ständig zackelndes Pferd ist eine Plage für den Reiter und die Mitreiter in einer Gruppe, weil es das gemeinsame Tempo stört und beeinträchtigt. Zackeln ist keine Widersetzlichkeit oder →*Untugend,* eine Bestrafung vergrößert die Verzweiflungsreaktion des Pferdes. Ruhe, Gelassenheit und viel Geduld, lange Schrittreprisen bergauf und bergab sowie gekonnte, angemessene reiterliche Hilfengebung können auf Dauer Abhilfe schaffen. Vor allem sollte man aber bemüht sein, die Ursachen zu ergründen, um wirksam korrigieren zu können.

Zähne →*Anatomie,* →*Altersbestimmung.*

Zahnalter →*Altersbestimmung,* →*Anatomie.*

Zahnanomalien →*Karpfengebiss,* →*Hechtgebiss.*

Zahnbehandlung Die Zähne der Urpferde waren je nach Umwelt und Nahrungsangebot entweder auf harte Gras- und Sträuchernahrung (im Norden) oder weicheres Kräuter- und Blattfutter (im Süden) eingestellt. Nicht nur die Degenerationserscheinungen durch Verkreuzungen in der →*Domestikation,* sondern auch die modernen konzentrierten Kraftfuttermittel verändern das Zahnbild rezenter Pferde. Verschiedenartige Zahnerkrankungen sind die Folge. Am häufigsten ist die Bildung von Zahnhaken, die durch ungleiche Abnutzung der Zähne und einseitige Kaubewegung entstehen (scharfe, spitze Kanten an der Außen- und der Innenseite der Mahlzähne des Unterkiefers). Sie verursachen beim Kauen Schmerzen und können zu blutigen Wunden in der Backenschleimhaut führen. Das Pferd frisst langsamer und magert ab. In der Krippe bleiben kleine, daumengroße, zusammengerollte Futterteilchen zurück, und das aufgenommene Futter fällt aus dem Maul wieder heraus. Beachtet man diese Auswirkungen nicht, kann jede Behandlung zu spät sein, und das Pferd muss verhungern. Deshalb ist es wichtig, die Zähne zweimal jährlich vom Tierarzt prüfen zu lassen. Das Abraspeln der Haken ist eine Kleinigkeit, und das Pferd frisst wieder normal. Auch beim Zahnwechsel können schmerzhafte Störungen auftreten (Doppelgebiss, Milchzähne-Ersatzzähne). →*Altersbestimmung,* →*Anatomie* (Zähne).

Zahnhaken →*Zahnbehandlung.*

Zahnwechsel →*Altersbestimmung.*

Zangen →*Anatomie* (Zähne), →*Altersbestimmung.*

Zäumung Ursprünglich zwingendes Instrument zur Lenkung und Beherrschung des Pfer-

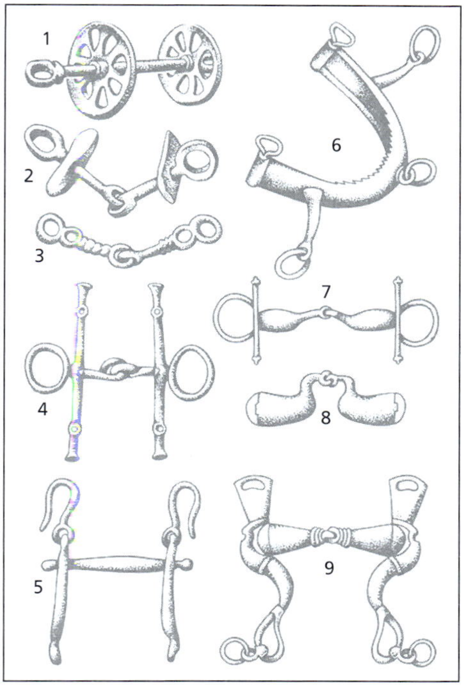

Frühe Mundstücke der Pferdezäumung:
1 Kupfertrense aus dem alten Orient, 15. Jh. v. Chr.
2 Bronzetrense mit knöchernen Knebelstangen aus Transkaukasien, 1. Jtsd. v. Chr.
3 Doppelringtrense aus Südrussland, 800–300 v. Chr.
4 Bronzetrense mit Knebeln aus dem Gräberfeld von Kalakent, 1. Jtsd. v. Chr.
5 Römische Kandare, etwa 1. Jh. v. Chr.
6 Kappzaum aus Metall mit scharfen Zacken, die auf das Nasenbein wirken, mittlerer Ring für Longe, seitliche Ringe für Zügel, um 1600
7 Trense mit Knebelstangen, um 1600
8 Gebrochene Mundstange für Kandare mit großer Zungenfreiheit, etwa dem modernen Pelham vergleichbar, um 1600
9 Polnische Kandare, um 1600

des, sowohl für den Reiter als auch für den Gespannfahrer. Schrifthistorische Überlieferungen, Gräberfunde und Bildwerke verschiedenster Art geben Aufschluss über die Entwicklung der Pferdezäumung, die nicht immer kontinuierlich, sondern manchmal parallel verlaufend oder sich zeitlich überschneidend und örtlich verschieden erfolgte. Zur Aufstellung einer lückenlosen chronologischen und örtlichen Entwicklungsfolge sind die überlieferten Daten und Funde zu gering, doch kann allgemein festgestellt werden, dass der Ursprung der Pferdezäumung in Vorderasien und im Orient liegt und bald nach der Domestikation des Pferdes einsetzt. Anfangskonstruktionen sind unbekannt, doch gilt als wahrscheinlich, dass der erste Zaum aus einem Riemen bestand, der um den Unterkiefer des Pferdes geknüpft wurde und dessen langes Ende als Zügel diente. Von Bildwerken wissen wir, dass im 3. Jahrtausend v. Chr. eine primitive Form des Kappzaumes gebräuchlich war. Man band einen Lederriemen um Ober- und Unterkiefer gleich oberhalb des Maules, der die Kaubewegung einschränkte und auf das Nasenbein drückte, ein Zwangsmittel bei nahezu geschlossenem Maul. Zur Lenkung dienten 2 Zügel. Sodann zog man dem Pferd einen geflochtenen Riemen durch das Maul (Vorläufer der Trense) und konstruierte weiterhin eine starre Mundstange aus Knochen, die an den Maulwinkeln durch knöcherne Scheiben arretiert wurden, um ein seitliches Durchrutschen bei einseitigem Zügelanzug zu verhindern. Im Orient fertigte man eine derartige Konstruktion bereits im frühen 2. Jahrtausend v. Chr. aus Metall (Bronze, Kupfer u. a.), wobei die Umschnürung des Maules aufgegeben und dadurch eine freie Kaubewegung möglich wurde. Die im Mundstück gebrochene, bewegliche Metalltrense, beiderseits mit Ringen und stabförmigen oder rechteckigen Knebeln versehen, ist nach 1000 v. Chr. weit verbreitet, in vielfältigen Varianten und teilweise figural oder andersartig reich verziert. Das Konstruktionsprinzip hat sich bis heute nicht geändert. Aus der Ring-Knebel-Trense mag sich schließlich die Kandare ergeben haben, indem man die Zügel an den unteren Enden der Knebel befestigte und so eine schärfere Zug-Hebel-Wirkung erzielte, die zudem durch eine Kinnkette noch verstärkt wurde.

Von Bildwerken und aus Reitergräbern sind zahlreiche verschiedene Zaumzeug- oder Kopfgestellkonstruktionen aus Lederriemen oder Schnüren bekannt, die das Mundstück mehr oder weniger gut im Maul fixierten. Die unterschiedlichen Konstruktionen ergaben sich sowohl aus dem Verwendungszweck (Reitpferd, Streitwagenzugpferd, Tragtier) als auch aus der gebietsweise erheblichen Verschiedenheit der Pferdetypen (äußeres Erscheinungsbild, (Temperament usw.).

Kappzaum

Die Zäumung ohne Mundstück wirkt durch Druck auf das Nasenbein des Pferdes. Das universelle Ausbildungsinstrument ist unverzichtbar beim Longieren, für die Arbeit an der Hand und für Reitanfänger auf ausgebildetem Schulpferd, um das empfindliche Pferdemaul zu schonen. Im reiterlichen Ausbildungsstadium des jungen Pferdes kann der Kappzaum mit der Trense kombiniert werden, die anfangs unbenutzt zur Gewöhnung im Pferdemaul liegt, während die Zügelhilfen vornehmlich über den Kappzaum auf das Nasenbein wirken. In gleitendem Übergang wechseln die Zügelhilfen dann allmählich auf die Trense über. Für Reitanfänger ist der Kappzaum ebenfalls von Nutzen, um die Zügelführung zu üben, ohne dem Pferdemaul durch Handfehler zu schaden. Der in Leder eingenähte Metallbügel muss genau auf die Nasenrundung passen und so hoch verschnallt sein, dass er auf dem knöchernen Bereich des Nasenbeins liegt und die Atmung nicht behindert.

Trensenzäumungen

Die Trense zeichnet sich durch ein gebrochenes Mundstück aus, das vornehmlich durch Druck auf Zunge und Unterkieferäste (Laden) des Pferdemaules wirkt. Die allseitige Beweglichkeit lässt differenzierte Abstufungen der Zügelhilfen und Lenkhilfen in den Wendungen zu. Zügelführung auf Trense erfordert ständige Fühlungnahme zwischen Reiterhand und Pferdemaul. Ein zusätzlich verschnalltes Reithalfter kann die

Links: Kappzaum mit drei Ringen für universellen Gebrauch.
Mitte: Leichter Reitkappzaum mit zwei Ringen, kombiniert mit Trensenmundstück, zwei Zügelpaare.
Rechts: Grundkonstruktion des Kappzaums für alle Zwecke:
1 Nasenbügel mit drei Ringen, in Leder eingenäht (ohne verschärfende Innenzacken)
2 Tief angenähter Ganaschenriemen, der die Backenstücke von den Augen fern hält
3 Backenstück
4 Unterpolsterungen an Genickstück, Ganaschenriemen und Kinnriemen

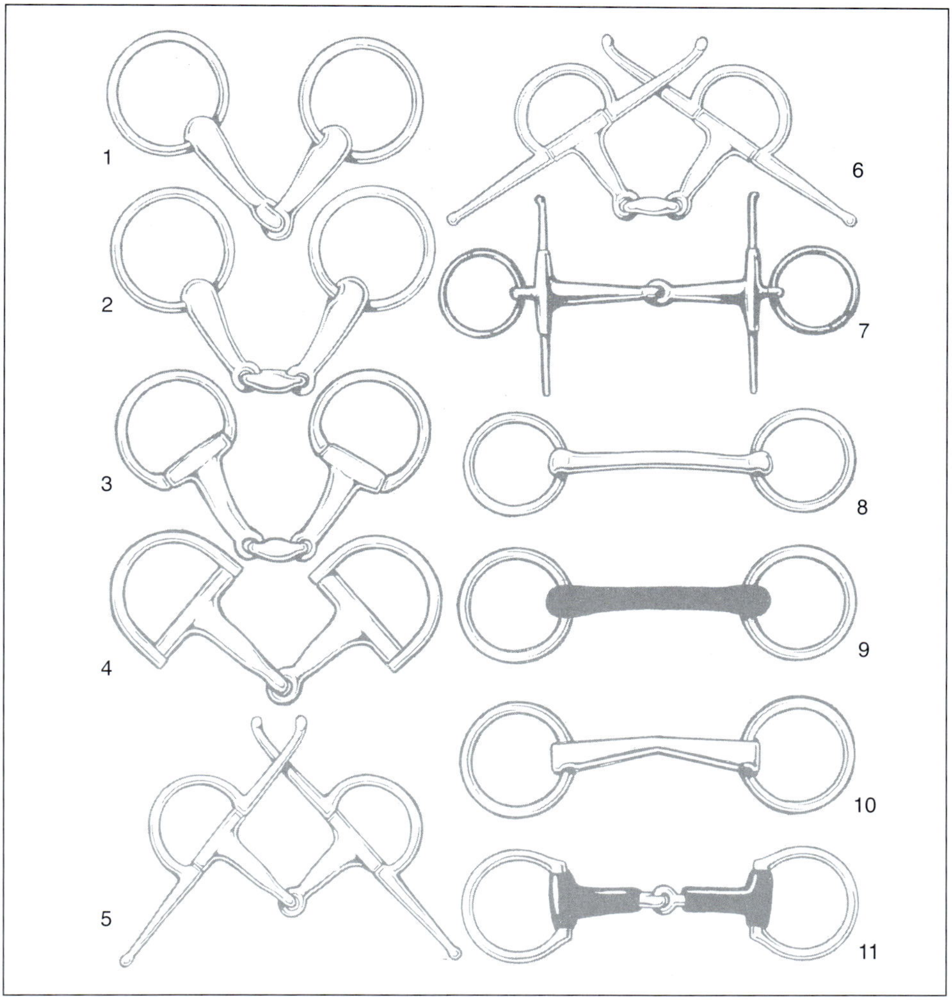

Trensenformen:
1–2 Wassertrense, einfach und doppelt gebrochen
3 Olivenkopftrense
4 Renntrense (D-Trense)
5–6 Schenkeltrense (Knebeltrense) mit Halbringen
7 Schenkeltrense mit Außenringen
8–10 Stangentrensen mit Metall-, Weichgummi- und Kunststoffmundstück. Stangentrensen eignen sich eher für die geübte Zügelhand, da sie kaum Lenkhilfen erlauben und sich bei einseitigem Zügelanzug im Pferdemaul verkanten
11 Olivenkopftrense mit Gummi- oder Kunststoffüberzug

Druckwirkung der Zügelhand verschärfen und die Kaubewegung des Pferdemaules begrenzen. Das Trensengebiss muss genau angepasst und verschnallt sein, damit sich das Pferd durch Maulschmerz nicht verspannt und widersetzt. Die Trense ist das Grundgebiss für die Ausbildung des Reitpferdes und behält auch in fortgeschrittenem Ausbildungsstadium ihren vollen Nutzen. Im Fachhandel werden zahlreiche Trensenvarianten angeboten, nicht wenige können bei grober Zügelhand Zwang ausüben oder gar den Tatbestand der Tierquälerei erfüllen. Die maulfreundlichste Trensenkonstruktion ist die

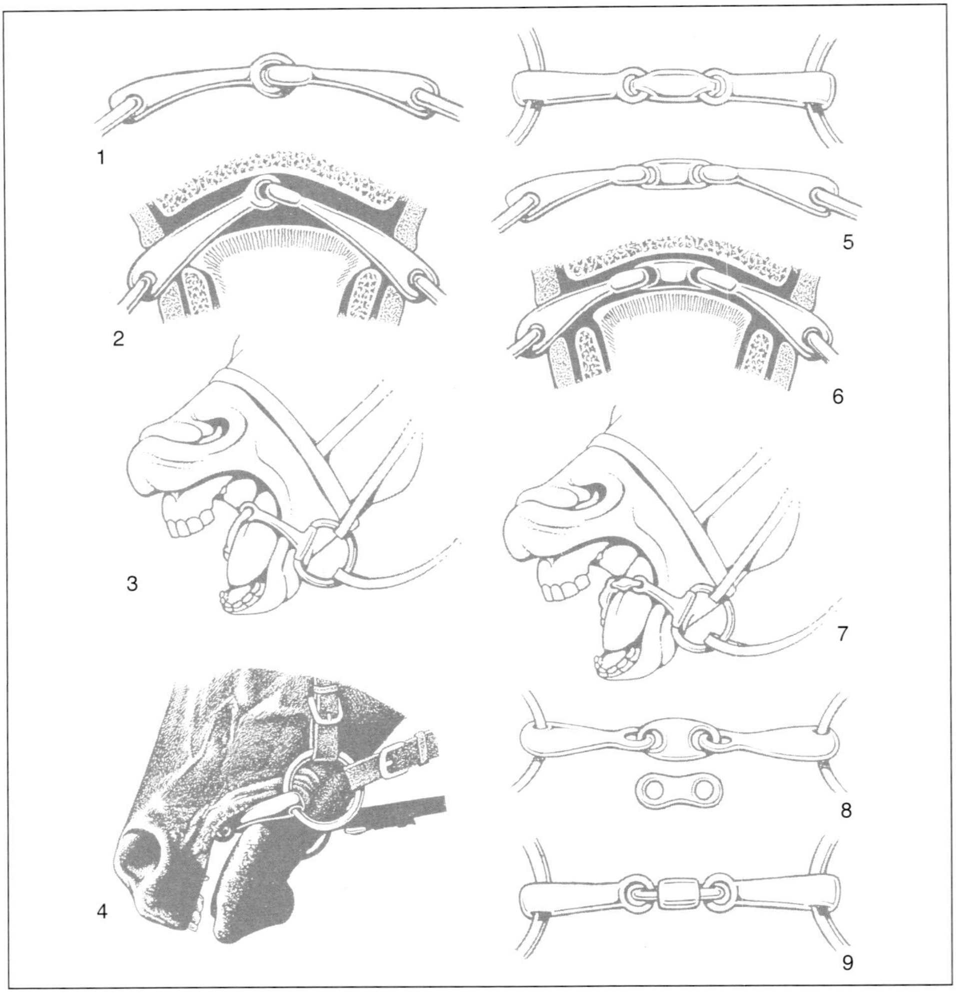

Lage der Trensenmundstücke im Pferdemaul:

1 Trense, einfach gebrochen, das dicke Mittelgelenk übt punktuellen Druck auf Zunge und Gaumen aus, der Schmerz verursachen kann

2–4 Die einfach gebrochene Trense richtet sich bei Zügelstraffung im Pferdemaul zum Dreieck auf, das Mittelgelenk stößt gegen den Gaumen, die Seitenglieder klemmen den Unterkiefer ein und drücken auf Zungenränder und Laden

5 Doppelt gebrochenes Mundstück von vorn und von unten gesehen (KK-Gebiss mit integriertem Mittelglied)

6–7 Das Mittelgelenk übt keinerlei punktuellen Druck auf Zunge und Gaumen aus und passt sich der Zungenrundung an, der Unterkiefer wird weniger eingeklemmt; maulfreundliches Mundstück

8 Scharniertrense, doppelt gebrochen, die schmalen Kanten des Mittelgliedes können schmerzhaft auf Zunge und Gaumen drücken, wenn sich das Mundstück bei Zügelanzug auf der Zunge dreht

9 Doppelt gebrochene Trense mit Kupferrolle, Kupferaroma und Zungenspiel werden vom Pferdemaul zumeist gern angenommen; maulfreundliches Mundstück

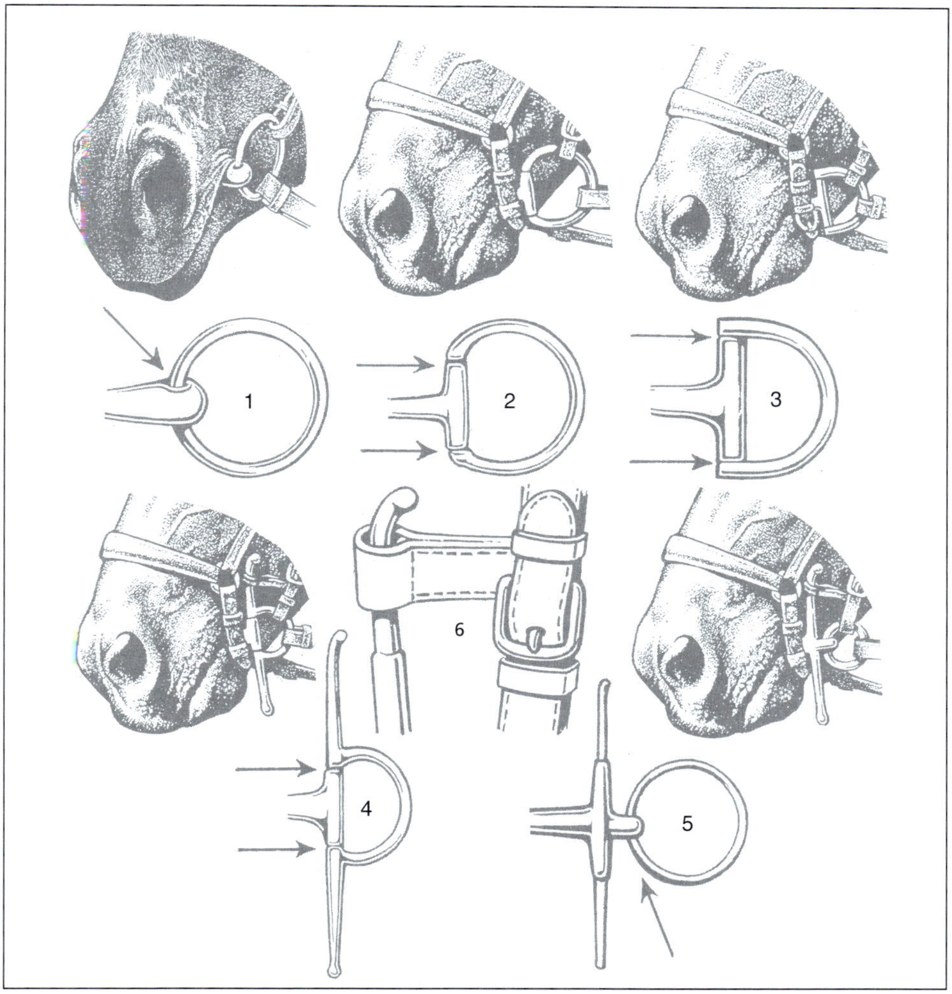

1–4 Verbindungsgelenke (Pfeile) der Trense, die allmählich ausleiern und scharfe Grate bilden, so dass die Maulwinkel verletzt werden können
5 Schenkeltrense mit Außenringen, die Maulwinkel sind optimal geschützt
6 Mit steifem, abgenähtem Ledersteg am Backenstück werden die Stäbe der Schenkeltrensen in leichter Schräge zur Maulspalte gehalten, bei Zügelstraffung kann sich das Mundstück nicht auf der Zunge drehen, die Gefahr des Zungenstreckens ist dadurch gemindert, die Stäbe geben sanfte Lenkhilfen an den Pferdelippen und verhindern das Einziehen der Trense ins Pferdemaul

Schenkeltrense, deren Stäbe seitliches Durchziehen durch das Pferdemaul und Einklemmung der Maulwinkel verhindern, deren Mundstück bei Zügelstraffung sich nicht auf der Zunge dreht und deshalb die Gefahr des »Zungenstreckens« mindert sowie ungeübten Zügelhänden mit sanfter Lenkwirkung entgegenkommt.

Reithalfter (Abb. siehe S. 390/391)
Unterschiedliche Zusatzhalfter zur Trensenzäumung verhindern das Aufsperren des Pferdemaules bei Zügelanzug, schränken die Kaubewegung ein und verleihen den Zügelhilfen

Zäumung mit Schenkeltrense und Englischem Reithalfter (geschwärzt). Das Modell mit Außenringen eignet sich eher für geübte Zügelhände, weil die beidseitig herausragenden Zügelansätze an den Seitengliedern die Zügelhilfen etwas schärfer übertragen.

Unten: Reithalfter der Trensenzäumung (geschwärzt) mit Druckpunkten (Pfeile) bei Zügelstraffung:
1 Einfacher Trensenzaum ohne Reithalfter
2 Englisches Reithalfter
3 Kombiniertes Reithalfter
4 Mexikanisches Reithalfter
5 Bügelreithalfter
6 Hannoversches Reithalfter

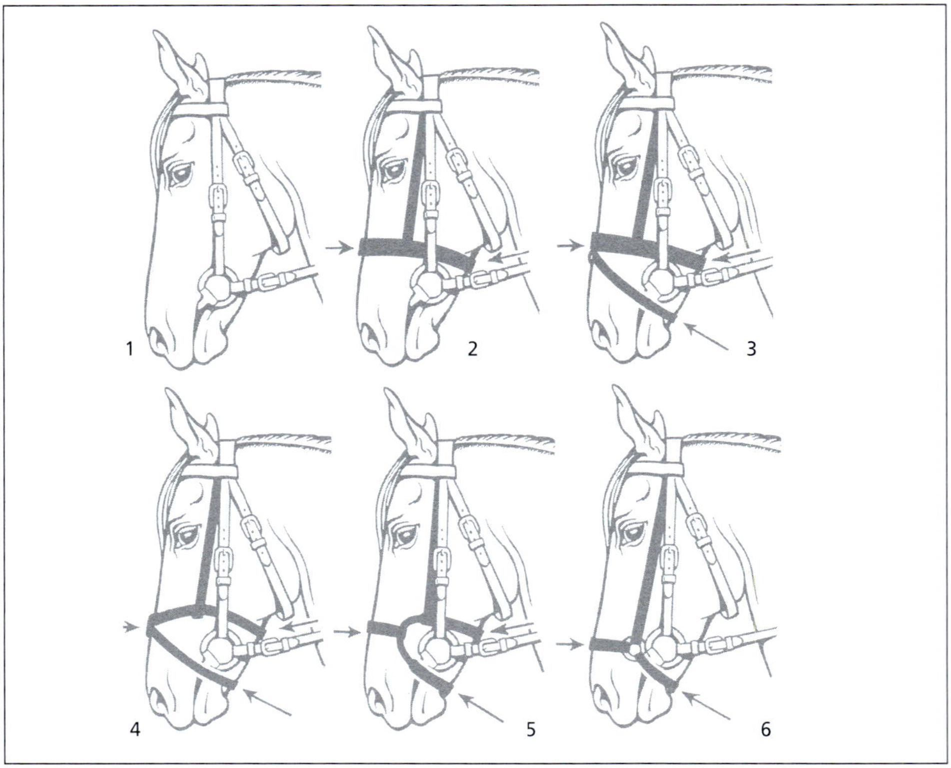

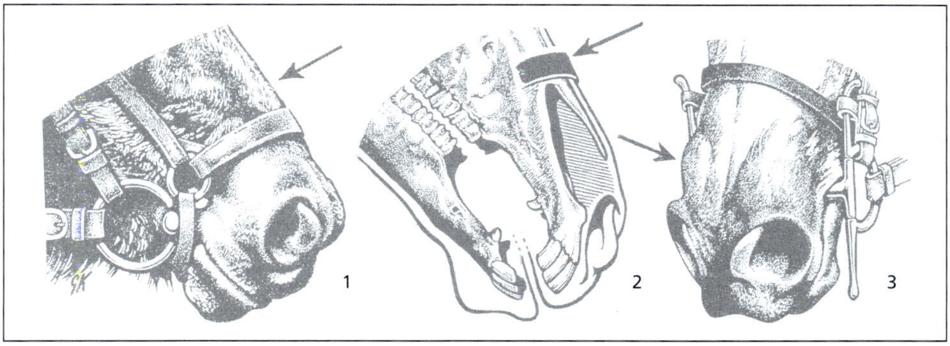

Oben: Der Nasenriemen eines Reithalfters darf die Atmung nicht behindern:

1 Pony mit Hannoverschem Reithalfter; der Nasenriemen sitzt zu tief und engt die Blähzone der Nüstern ein. Der Pfeil bezeichnet die obere Grenze der Blähzone

2 Der Nasenriemen sollte stets oben auf dem knöchernen Bereich des Nasenrückens liegen, damit die Nüsternblähung (gestrichelt) nicht eingeschnürt wird

3 Blähzone (Pfeil) bei heftiger Atmung; im Ruhezustand kann die weiche Zone mit dem Finger abgetastet werden, um die Höhenlage des Nasenriemens zu bestimmen

Unten: Trensenmundstücke, die dem Pferdemaul erheblichen Schaden zufügen können:

1 Zungenspieler, der zur Kaubewegung anregen soll; die Anhängsel können die Zunge verletzen

2 Zungenstrecker; die Löffel sollen verhindern, dass sich die Zunge über das Mundstück legt, Verletzungsgefahr

3 Doppeltrense; die asymmetrischen Knickungen der Mundstücke klemmen den Unterkiefer ein, stoßen gegen den Gaumen und quetschen die Zungenränder

4–5 Rollentrense und Kettentrense wirken bei harter Zügelführung wie Sägen im Pferdemaul

6 Aufziehtrense; bei Zügelanzug gleitet das Trensenmundstück aufwärts und reißt die Maulwinkel nach oben. Die mechanische Wirkung übt erheblichen Zwang aus.

Die Trensen 1–2 sind als schädlich und weitgehend unwirksam, 3–6 als tierquälerisch einzuordnen.

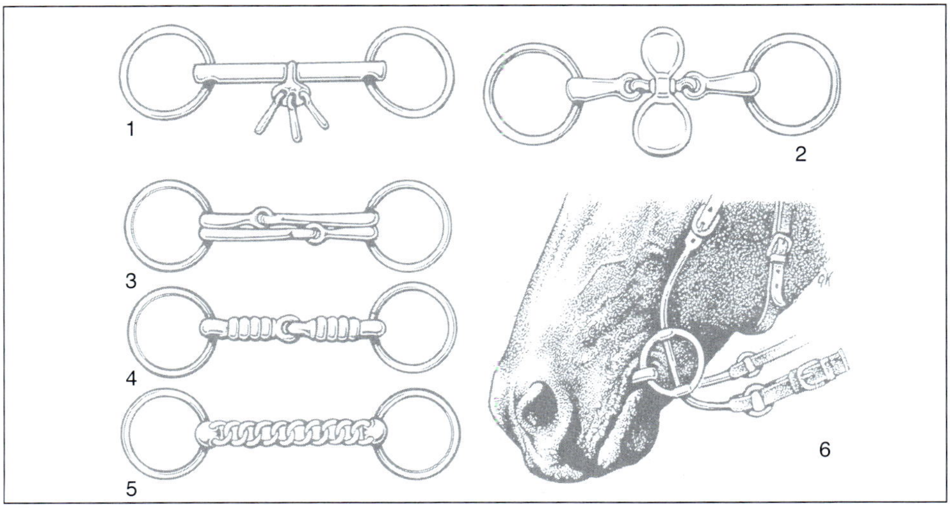

Nachdruck. Kinnriemen im Verbund mit Nasenriemen stützen den Unterkiefer gegen den Zügeldruck ab. Die Verschärfung kann bei harter Zügelhand zur Folge haben, dass die Zunge gequetscht, der Unterkiefer eingeklemmt, die Zunge zum Zungenstrecken verleitet und die Laden wund gescheuert werden. Der Nasenriemen eines jeden Reithalfters muss so hoch auf dem Nasenrücken liegen (möglichst auf dem knöchernen Bereich), dass die Atmung nicht behindert wird. Zwischen Nasenriemen und Nasenrücken bzw. Unterkiefer und Kinnriemen muss generell so viel Platz sein, dass zwei Finger bequem eingeschoben werden können.

Verwerfliche Trensen (Abb. siehe S. 391)

Die Aufziehtrense ist ein mechanisches Zwanginstrument. Die Trensenringe sind jeweils oben und unten mit einer Öse versehen, durch die rund genähte, dünne Backenstücke des Zaumes verlaufen. Unterhalb der Trensenringe sind Zügel in die Enden der Backenstücke geschnallt. Bei Zügelanzug erfährt das Pferd Druck im Genick und die Maulwinkel werden schmerzhaft hochgezogen. Zungenstrecker, Doppel-, Rollen- und Kettentrense sollte der faire Reiter ebenfalls aus seiner Sattelkammer verbannen.

Trensen mit Hebelwirkung

Gebrochene Trensenmundstücke mit angehängten Kandarenhebeln und Kinnkette scheinen die Wirkung von Trense und Kandare zu vereinen, doch der Schein trügt. Die Vorzüge der Trense – fein dosierte und differenzierte Zügelhilfen – werden vergröbert und verschärft. Der Vorzug der Kandare – präzise Zügelführung – wird aufgehoben. Die Nachteile steigern sich, die Hebelwirkung verstärkt die Klemmwirkung der einfach gebrochenen Trense auf den Unterkiefer. Die Zügelführung ist ungenau, die beweglichen Hebel können bei Ausleierung die Maulwinkel verletzen. Zügelführung mit 2 Zügelpaaren kann die nachteiligen Auswirkungen etwas mildern. Ein Zügelpaar, in die Unterbäume eingeschnallt,

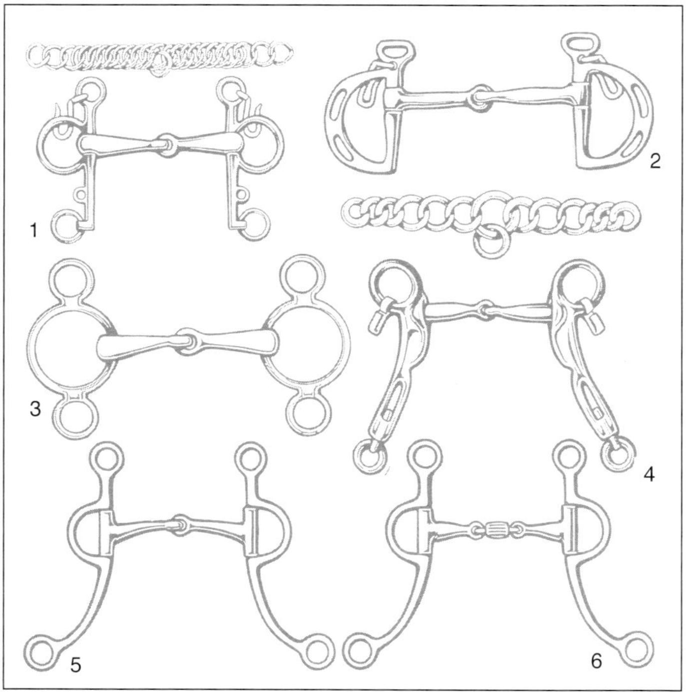

Gebrochene Trensenmundstücke mit Kinnkette und Hebelanzügen sind zumeist nicht empfehlenswert, die Bezeichnung »Kandare« ist unzutreffend:
1 Pelhamtrense
2 »Springkandare«, gebrochen
3 Wiener »Springkandare« gebrochen
4 Islandkandare (ohne Hebelwirkung)
5–6 Westernkandaren mit drehbaren Hebeln

verschärft die Nachteile, es sei denn, die Zügelführung erfolgt in der Westernreitweise, die auf Zügelanlehnung verzichtet.

Kandarenzäumungen

Zügelführung mit ungebrochener Kandarenstange setzt ein Pferd in fortgeschrittenem Ausbildungsstadium und einen erfahrenen Reiter mit einfühlsamer Zügelhand voraus, der die sitzunabhängige Zügelführung souverän beherrscht. Die starre Mundstange lässt keine Lenkhilfen zu, weil sie sich bei einseitigen Zügelhilfen im Pferdemaul verkantet und das Pferd irritiert. Das Prinzip der Kandarenzäumung beruht auf indirekter Zugwirkung, die Zügelhilfe der Reiterhand wird über den Umweg mechanischer Hebelwirkung verstärkt und auf Zunge und Laden übertragen.

Bei Zäumung auf Dressurkandare bestreitet die Unterlegtrense grundsätzlich den größten Teil der Zügelhilfen, da sie aufgrund ihrer Beweglichkeit differenzierter und auch einseitig als Lenkhilfe auf das Pferdemaul einwirken kann (Lenkhilfe bedeutet einseitige kleine Parade – nicht Herumziehen des Pferdekopfes). Zügelhilfen über die Kandare haben stets nur begleitende Funktion, sie unterstützen, ergänzen und unterstreichen die Trensenhilfen und drängen sich nicht beherrschend in den Vordergrund. Die Kandarenstange ist im Prinzip für einhändige Zügelführung geeignet, damit sie stets unverkantet im Pferdemaul liegt. Beidhändige Zügelführung erfordert einfühlsame Zügelhände, die einseitigen Zügelanzug vermeiden. Ober- und Unterbaum des Kandarenhebels müssen in einem bestimmten Längenverhältnis zueinander stehen, um ausgewogene und handgerechte Hebelwirkung zu übertragen. Das Verhältnis von Ober- zu Unterbaum der Dressurkandare soll zwischen 1 : 1,5 und 1 : 2,5 liegen, die Gesamtlänge des Kandarenhebels zwischen 10 und 15,5 cm, Bei Zügelanzug beschreiben die Unterbäume einen Neigungswinkel von 45° zur Maulspalte, wo die Blockade der Kinnkette ein-

Oben: Dressurzäumung mit Kandare, Unterlegtrense, Kinnkette und Englischem Reithalfter.
Mitte: Dressurkandarenzäumung mit Kehlriemen und separatem Reithalfter, im Turniersport üblich.
Unten: Dressurkandarenzäumung ohne Reithalfter, das durch einen Nasenriemen an den Backenstücken ersetzt wird, und ohne Kehlriemen, der ohnehin überflüssig ist, weil er bei gebotener lockerer Verschnallung keinen Halt gibt. Der Verzicht auf Leder ist angenehm für den Pferdekopf (Druck, Reibung, Schwitzen), in der klassisch-barocken Reitweise und in Spanien üblich.

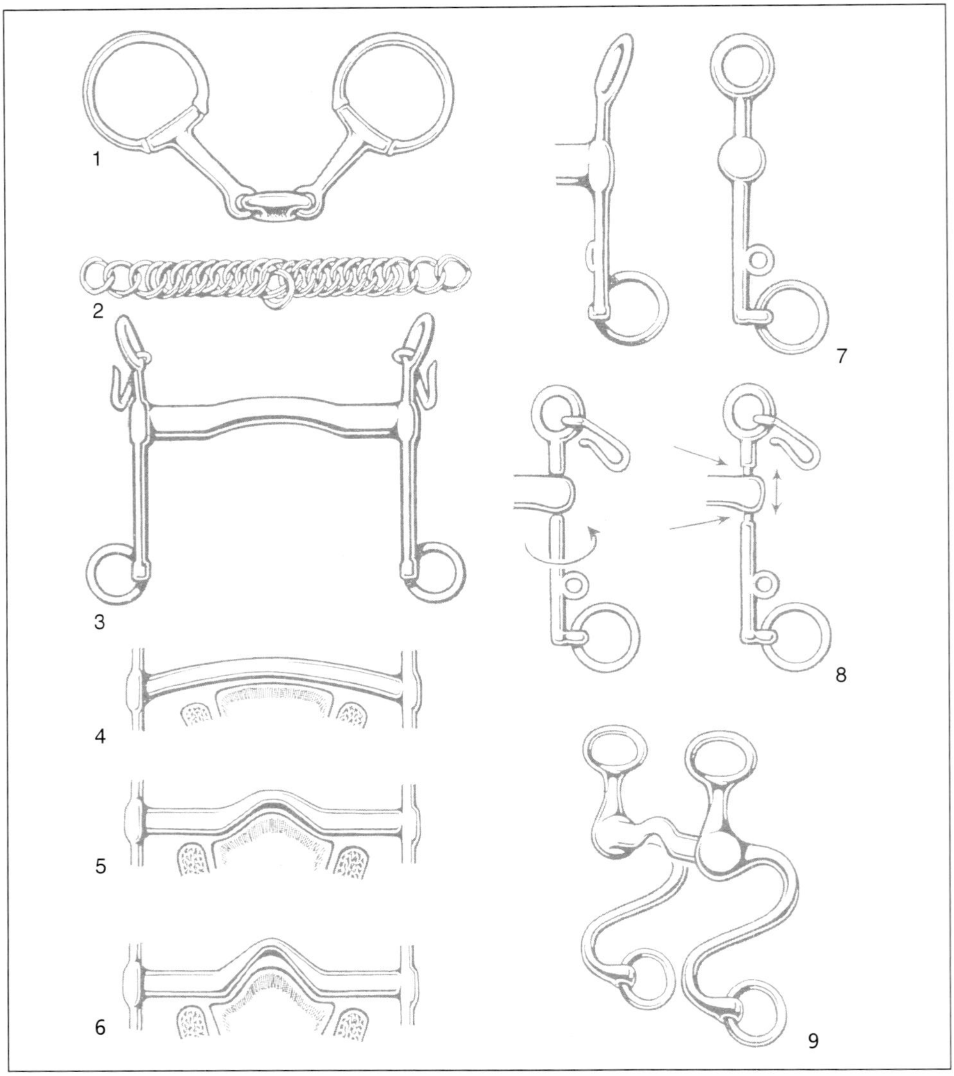

1–3 Maulfreundliche Dressurkandare: Unterlegtrense doppelt gebrochen (KK-Gebiss), eng geschlungene Kinnkette, die glatt in der Kinngrube liegt, Kandare mit fest verschweißten Hebeln und flacher, breiter Zungenfreiheit, die der Zunge ausreichend Raum lässt und nicht gegen den Gaumen stößt

4 Leicht gebogene Kandarenstange ohne Zungenfreiheit, angenehm für das Pferdemaul

5–6 Je höher und schmaler die Zungenfreiheit, desto schärfer und schmerzhafter der Druck auf Gaumen und Zungenränder

7 Fest verschweißte, unbewegliche Kandarenhebel können die Maulwinkel nicht verletzen. Die Kandarenaugen (obere Ringe) sind nach außen gebogen, um die Wange nicht zu scheuern

8 Drehbare und vertikal bewegliche Kandarenhebel können ausleiern und die Maulwinkel einklemmen

9 S-Kandaren verhindern, dass die Pferdelippen die Hebel ins Maul ziehen

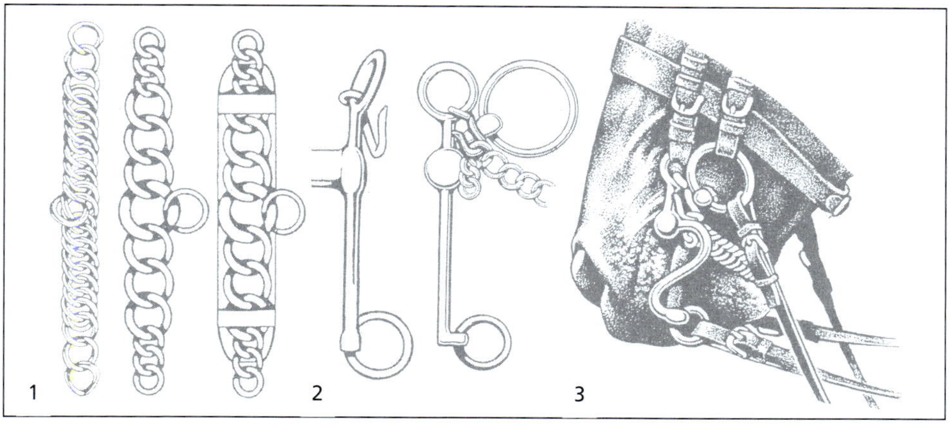

1 Eng geschlungene Kinnketten liegen glatter in der Kinngrube als weit geschlungene. Ein Leder oder Gummischutz gegen Wundscheuern muss an den Enden abgerundet sein
2 Die Kinnkettenhaken sind nach unten offen eingehängt und nach außen gebogen, damit sie sich nicht in den Trensenringen verfangen und die Spitzen sich nicht in die Maulwinkel bohren
3 Die Kinnkette muss passgenau und locker in der Kinngrube liegen und zwei Fingern Spielraum lassen

1 Pelhamkandare mit Metallstange
2 Gezäumte Pelhamkandare mit Kinnkette, zwei Zügelpaaren und Englischem Reithalfter
3 Polokandare mit Hartgummistange
4 Pelhamkandare mit einem Zügelpaar und Verbindungsriemchen; ungenaue Zügelführung, nicht empfehlenswert
5 Springkandare mit Kinnkette; geringe Hebelwirkung, geeignet zum Geländereiten
6 Wiener Springkandare; als Trense ohne Kinnkette und als Kandare mit Kinnkette zu verwenden (Zügel in untere Ringe eingeschnallt)

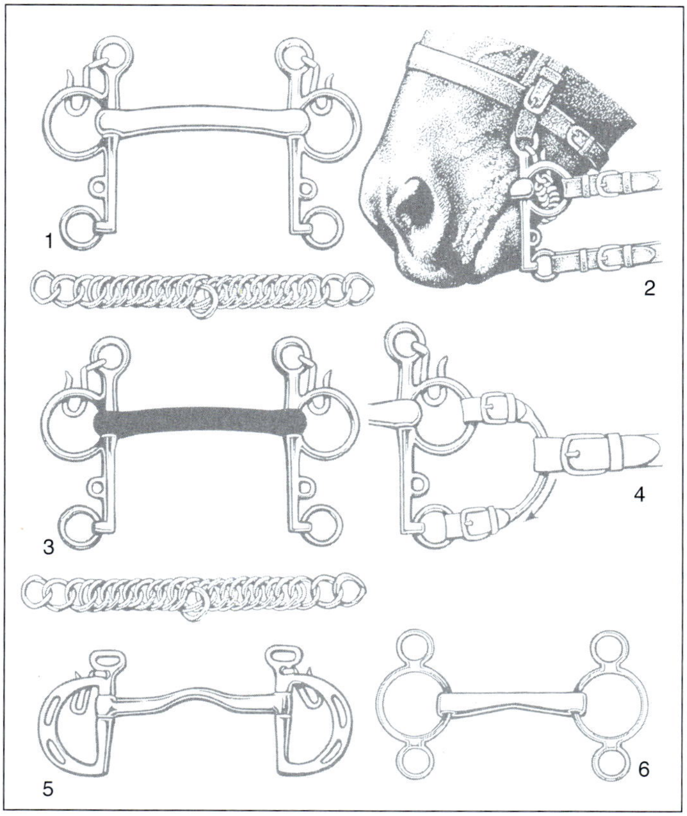

setzt. Die Dressurkandare hat vornehmlich die Aufgabe, den Spannungsbogen der Versammlung im Pferdekörper zu unterstützen.

Die Pelhamkandare (Abb. siehe S. 395) ist gewissermaßen eine Vereinfachung der zuvor beschriebenen Dressurkandare. Unterlegtrense und Kandare sind zu einer Mundstange verschmolzen, die im Pferdemaul weniger Raum einnimmt. Die Pelhamkandare wird mit 2 Zügelpaaren bedient, das obere hat Trensenwirkung, das untere die Hebelwirkung der Kandare. Die »Trensenzügel« übernehmen den größten Anteil der Zügelhilfen, während die »Kandarenzügel« nur ergänzend eingreifen. Die ungebrochene Mundstange lässt keine Lenkhilfen zu, mithin sind einseitige Zügelhilfen ausgeschlossen. Die Zügelführung ist deshalb weniger differenziert als die der Dressurkandare mit Unterlegtrense. Die Pelhamkandare kann aber als Übergangszäumung zur Kandare und für weniger geübte Zügelhände von Nutzen sein.

Für alle Kandaren und kandarenähnliche Mundstücke gilt als Faustregel, dass Konstruktionen mit feststehenden, unbeweglichen Schenkeln oder Hebelanzügen, die die Maulwinkel nicht einklemmen oder verletzen können, die eine starre, ungebrochene und leicht gebogene Mundstange mit geringer Zungenfreiheit besitzen, welche sich der Zungenwölbung genau anpasst und bei Zügelanzug nicht gegen den

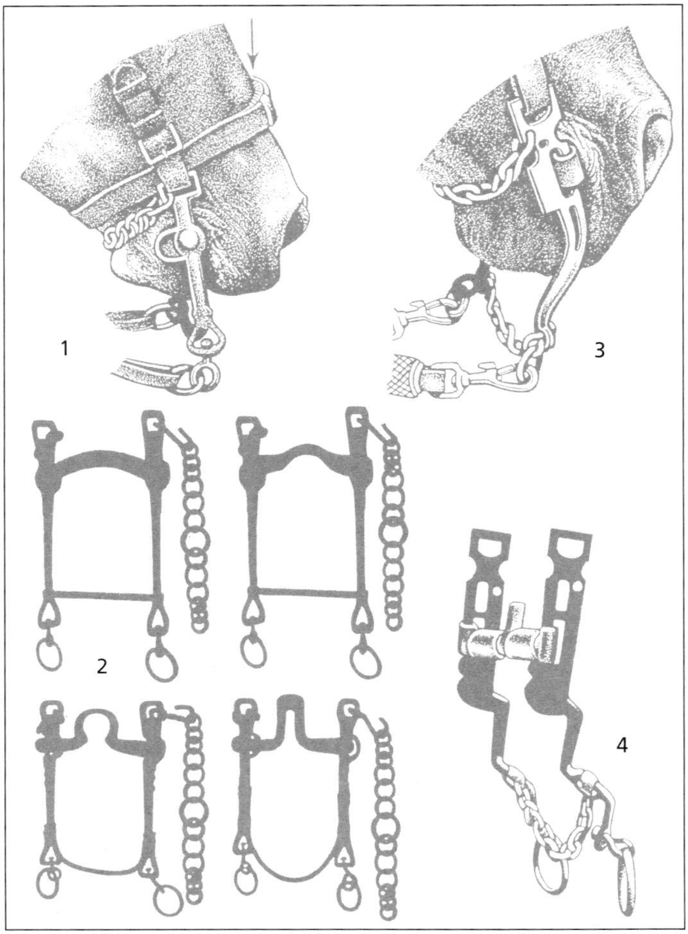

1 Spanische Kandarenzäumung mit der scharfen Serreta (gezackter Metallbügel) unter dem Nasenriemen (Pfeil), die vornehmlich von Vaqueros und Stierkämpfern zu Pferd angewendet wird. Das Marterinstrument ist hierzulande als tierquälerisch einzustufen
2 Spanische Kandarenmodelle; die Zügelringe sind beweglich, um ein feines Zügelspiel zu ermöglichen
3 Lateinamerikanisches Kandarenmodell mit beweglichen Hebelanzügen; bei harter Hügelhand droht Verletzungsgefahr des Pferdemaules
4 Lateinamerikanische Kandare; die Mundstange ist von drehbaren Rollen umkleidet und besitzt einen Zungenstreckerfortsatz in der Mitte, die beweglichen Hebelanzüge werden von einer Kette zusammengehalten

Gaumen drückt, für das Pferdemaul am verträglichsten sind. Allerdings wirken diese Kandaren, besonders solche mit kurzen Hebeln, genauer und schärfer auf das Pferdemaul ein und übertragen jeden Fehler, so dass eine erfahrene, feinfühlige Reiterhand vorausgesetzt werden muss. Konstruktionen mit beweglichen, drehbaren Schenkeln sowie gebrochener Mundstange hingegen können die Maulwinkel verletzen und quetschen und wirken grundsätzlich ungenauer auf das Pferdemaul ein.

In Spanien wird herkömmlich vorwiegend auf blanke Kandare mit Kinnkette ohne Unterlegtrense gezäumt. Im Ausbildungsstadium des Pferdes kombiniert man die Kandare mit dem Kappzaum, die Zügelführung erfolgt zunächst über die Kappzaumzügel und geht dann allmählich auf die Kandarenzügel über. Die Kappzaumzügel, die auf das Nasenbein wirken, werden beidhändig geführt. Die Kandarenzügel treten in fortgeschrittenem Stadium in Aktion, sie wirken auf Zunge und Laden und werden in einer Hand gehalten.

Lateinamerikanische Kandaren mit ungebrochener Mundstange und Kinnkette zeichnen sich durch bewegliche Kandarenhebel aus (drehbar und auf- und abschiebbar). Die Zügel werden einhändig geführt. Lose Zügelführung hat in der Töltreitweise Vorrang, die Zügel sind zumeist mit beweglichen Ösen an den Hebeln aufge-

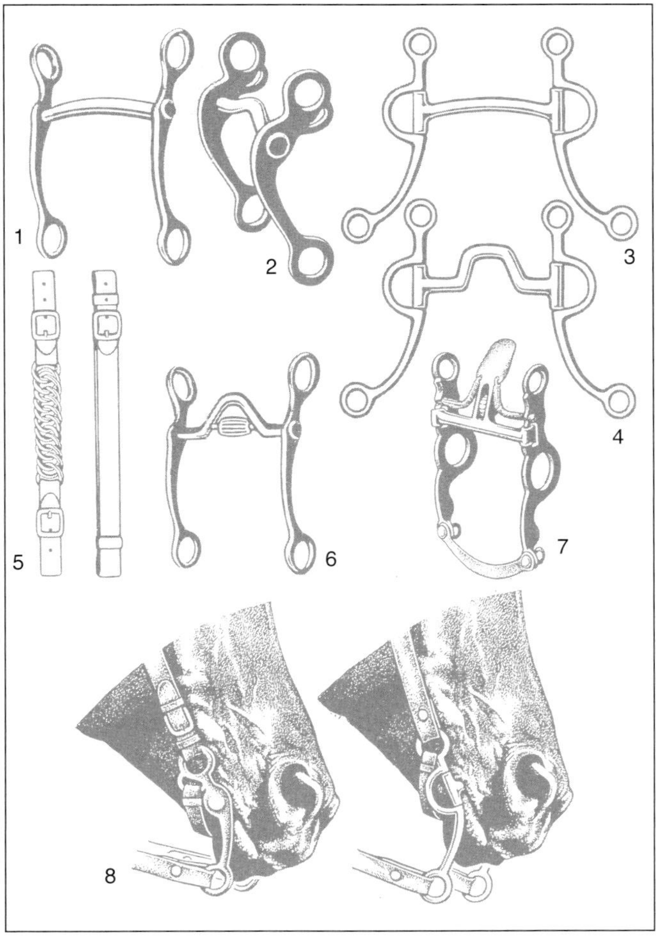

Westernkandaren:
- 1–2 Sweet-bit und Grazer-bit mit sanft gebogenen Mundstangen und fest verschweißten Hebelanzügen, maulschonend
- 3–4 Curb-bits mit drehbaren Hebelanzügen, die ausleiern können; die hohe Zungenfreiheit stößt bei Zügelstraffung gegen den Gaumen
- 5 Westernkandaren werden mit Kinnkettenriemen oder Kinnriemen verschnallt
- 6 Westernkandare mit hoher Zungenfreiheit und Kupferrolle, die zum Zungenspiel anregen soll
- 7 Spade-bit mit leicht beweglichen Schenkeln, Gaumenspaten, Kupferrolle und Spiralen
- 8 Gezäumte Westernkandaren mit festen und drehbaren Hebeln und Kinnriemen

hängt. Bei harter Zügelführung können die beweglichen Teile der Kandare dem Pferdemaul erheblichen Schaden zufügen.

Für lateinamerikanische Töltpferde ist ebenso der peruanische Bosal mit 2 Zügeln in Gebrauch. Er besteht aus einem rundgeflochtenen, rohledernen Nasenriemen, der oberhalb des Maules um Ober- und Unterkiefer gezurrt wird. Beiderseits am Nasenriemen setzen die schweren Zügel an und wirken durch Druck auf das Nasenbein. Das rohlederne Kopfgestell ist oftmals reich verziert. In Konstruktion und Anwendung ist der peruanische Bosal dem spanischen Kappzaum ähnlich. Die Zügel werden vorwiegend einseitig bedient.

1 Peruanischer Bosal: An jeder Seite des Nasenriemens ist je ein Zügel befestigt

2 Kalifornischer Bosal: Unten am Knopf der Rohlederschlinge ist die Mecate, das aus Rosshaar geflochtene, durchlaufende, 7 m lange Seil befestigt. Die obere, bis zum Widerrist und zurück umlaufende Schlinge dient als rechter und linker Zügel, das untere Seilende ist am Sattelknopf befestigt und wird bei Bedarf zum Führen des Pferdes benutzt

3 Die für das Pferd angenehme Reitweise mit kalifornischem Bosal setzt ein gut erzogenes, williges Pferd voraus. Zwingende Beherrschung durch den Reiter ist nicht möglich, deshalb sollten mit dieser Zäumung verkehrsreiche Gegenden, in denen riskante Situationen entstehen können, gemieden werden

4 Stopp des Pferdes – ganze Parade – durch kurzen Ruck mit dem Bosal

1

2

3

4

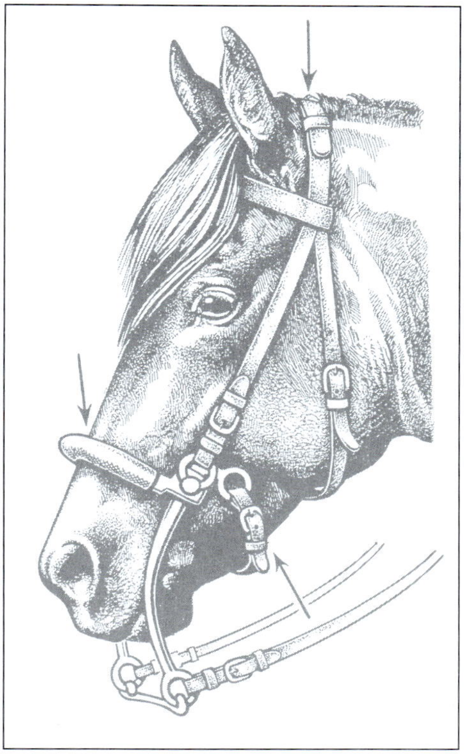

Mechanische Hackamore: gebisslose Zäumung mit starker Hebelwirkung auf Ober- und Unterkiefer und Genick (Pfeile).

Westernzäumungen (Abb. siehe S. 397)
Erfahrene Westernreiter (das Westernreiten erfreut sich auch hierzulande einer immer größeren Beliebtheit) pflegen die Zäumung individuell auf ihr Pferd abzustimmen. Die Anfangsausbildung erfolgt zunächst mit dem gebisslosen Bosal und einem massiven Trensengebiss aus Eisen (Snaffle-bit), das eine süßsaure Geschmackskomponente abgibt und das Pferdemaul zu Speichelfluss und Kautätigkeit anregt. Für den Übergang zur Kandare wird häufig ein gebrochenes Trensengebiss mit beweglichen Hebelanzügen und Kinnkette (Snaffle with shanks nach Art einer Pelhamtrense gewählt, die aufgrund der lockeren Western-Zügelführung das Pferdemaul indes wenig behelligt. Mit fortschreitender Ausbildung folgt die blanke Kandare mit Kinnriemen (Curb-bit). Snaffle-bit und Bosal werden mit beiden Händen, die Kandare einhändig bedient. Wesentliche Zügelhilfe für das ausgebildete Westernpferd ist das »Neckreining« (wörtlich Halszügeln), das Anlegen eines Zügels an die Halsseite, dem das Pferd reflektierend zur Gegenseite in die Wendung hinein ausweicht. Die maulschonende Lenkhilfe ergänzt die wenig differenzierte Kandarenführung, die keine einseitigen Zügelhilfen zulässt.

Die klassische Hackamore (manueller, kalifornischer Bosal) wurde von mexikanischen und kalifornischen berittenen Indianern seit Ende des 18. Jh. speziell für das Hüten und Treiben von Vieh verwendet. Der vom Cowboypferd verlangten schnellen Reaktion und Wendigkeit musste die präzise Zügelführung und Anwendung des Bosals angepasst sein. Der kalifornische Bosal besteht aus einer steifen, rundgeflochtenen, rohledernen Schlinge, die vorn über dem Nasenbein abgerundet ist, hinten unter dem Kinn spitz zuläuft und in einem dicken Knopf endet. Sie muss ganz locker hängen und darf Ober- und Unterkiefer nirgends einengen. Der Bosal wird durch ein einfaches »Ein-Ohr-Halfter« (One-ear-bridle), einen über das Genick laufenden Riemen mit Ohrschlaufe nach mexikanischer Art, in seiner Lage gehalten. Am Knopf des Bosals wird die 7 m lange Mecate (span., aus Rosshaar geflochtenes Seil) zu einer Zügelschlaufe gebunden, wobei das verbleibende Ende als Führ- und Anbindeseil dient. Der Schwerpunkt der Hilfengebung liegt in der Gewichtsverlagerung und im »leichten Sitz«. Der Bosal liegt lose auf der Nase, es besteht keinerlei Anlehnung an den Zügel. Die Zügelhilfen erfolgen durch Auf- und Abwärtsspiel der Schlinge, durch leichtes Zupfen am Zügel (stets einseitig) und, wenn erforderlich, durch heftigen Ruck. Zur Linkswendung beispielsweise wird das Gewicht nach links verlagert, der linke Zügel wird angenommen und der rechte leicht an den Hals gelegt. Um die Pferdenase absolut feinfühlig zu erhalten, wird im Anfangsstadium der Bosalausbildung häufig

kurzzeitig auf Trense gezäumt, bis eine gewisse Gymnastizierung der Kopf-Hals-Partie erreicht ist.
Die mechanische Hackamore (Abb. siehe S. 399) ist eine gebisslose Zäumungsart mit Zwangswirkung. Die Bezeichnung ist irreführend, da sie mit der manuellen Hackamore oder dem Bosal nichts gemein hat. Die mechanische Hackamore besteht aus einem kappzaumartigen Nasenriemen mit zwei mehr oder weniger langen Hebelanzügen und Kinnkette oder Kinnriemen. Beim Zügelanzug zeigen die Hebelanzüge ihre Wirkung: starker Druck auf das Nasenbein durch den Nasenriemen und ebenso auf den Unterkiefer von unten durch die Kinnkette. Ober- und Unterkiefer werden zusammengedrückt und die Kopf-Hals-Partie im Genick in die →*Beizäumung* gezwungen. Die Kraftübertragung der Zügelhand ist nahezu verfünffacht. Die Zäumung wird in vielfältigen Varianten (einige sogar mit Mundstange) mit sanfterer oder härterer Wirkung hergestellt. Dieses scharf und zwingend wirkende Instrument ist allenfalls für im Maul verdorbene Pferde und in sehr feinfühliger Reiterhand zu vertreten; für allgemeinen Gebrauch jedoch ist es ungeeignet, da es mehr Schaden als Nutzen stiftet.

Zaum →*Zäumung.*

Zebra Nachkomme des voreiszeitlichen, ersten Einhufers Pliohippus. Dessen Nachfahren wanderten in der Zeit von 1 Mio. bis 600 000 v. Chr. (Beginn der Eiszeit) von Nordamerika über die damalige Landbrücke der Beringstraße nach Eurasien und nach Afrika. Heimat: Afrika, Süden und Osten. Verschiedene, durch ihre Umwelt geprägte Varianten: Bergzebra, Böhmzebra, Burchellzebra, Grantzebra, Grevyzebra und Hartmannzebra. Sie unterscheiden sich durch Größe, Eigenheiten der Körperformen, Anordnung der Streifung und Verhaltensweisen. Bis zur Gegenwart ein echter Wildequide, keine Domestikation. Zähmungsversuche sind

Grant-Steppenzebra.

äußerst schwierig, aggressives Verhalten. Das Zebra greift in Notsituationen sogar Löwen und andere Raubtiere an.

Zebroid Mischling aus →*Zebra* und →*Esel* oder Zebra und Pferd. Nicht fortpflanzungsfähig. Züchterische Kreuzungspaarung, kommt im Wildleben nicht vor.

Zebroide Streifung →*Abzeichen.*

Zelter (Tölter) (?), mittelalterliche Bezeichnung für pass- und töltgehende Pferde, die ob ihres weichen, bequemen Ganges (mit einem Zelt[!]gerüst auf dem Rücken) gern als Reisepferde für Frauen ausgewählt wurden. →*Gangarten* (Tölt, Passgang).

Zentaur Griechische Sagengestalt. Auf dem Pferdekörper sitzt statt Pferdekopf und -hals ein menschlicher (männlicher) Kopf und Rumpf. Der Ursprung dieser Sagengestalt ist vermutlich bei sesshaften Völkern zu suchen, denen das Pferd als Reittier unbekannt war und die eines Tages von berittenen Nomaden hörten oder ihrer vorübergehend ansichtig wurden und Reiter und Pferd in ihrem Schrecken und Aberglauben als ganzheitliches kriegerisches Lebewesen betrachteten, wie das griechische Wort Hippokentaur besagt, das sinngemäß etwa Trugbild oder Sinnestäuschung bedeutet.

Zentaur: Griechische Sagengestalt, eine Frau raubend. Griechisches Vasenbild.

Zirkel Kreisrunde →*Hufschlagfigur* in der →*Reitbahn* von 20 m Durchmesser, mithin ein Kreis, der die Hälfte der Fläche des Dressurvierecks ausmacht (20 x 40 m).

Zucht Vor der →*Domestikation,* im Wildleben des Pferdes, besorgte allein die Natur die Zuchtauslese. Nur solche Individuen, die sich optimal den Lebensbedingungen ihrer Umwelt anpassten, vermochten zu überleben. Tiere, die den gegebenen Umweltbedingungen nicht entsprachen, waren dem Untergang geweiht. Die Zuchtwahl der Natur hatte zur Folge, dass alle Individuen einer Pferdepopulation sich glichen wie ein Ei dem anderen. Der Mensch veränderte die Zuchtwahl nach seinen Vorstellungen, die weniger das Überleben in rauer Umwelt, sondern vielmehr spezielle Gebrauchszwecke des Pferdes zum Ziel hatten. Das vom Menschen bestimmte Zuchtgeschehen ist eine systematische Auswahl von Elterntieren für die Erzeugung von Nachkommen mit bestimmter Zielsetzung. Die Anfänge züchterischen Wollens reichen zurück bis in den Beginn der Domestikation, als der Mensch versuchte, das von der Natur geschaffene Pferd nach seiner Vorstellung zu verändern. Spektakuläre Erfolge jedoch gelangen immer nur in Regionen mit für den betreffenden Pferdetyp günstigen Umweltbedingungen, die sich aus Klima, Niederschlagsmengen, Struktur und Nährstoffgehalt des Bodens zusammensetzten. Diese Voraussetzungen haben heutzutage etwas an Bedeutung verloren, da der Mensch durch Stallhaltung, spezielle Düngung und Fütterung in der Umwelt nicht vorhandene Bedingungen bis zu einem gewissen Grad künstlich ersetzen kann. Doch bleiben die Bodenverhältnisse letztlich immer von Bedeutung, da die Aufzucht des Nachwuchses auf der Weide erfolgen muss. Nur ein eindeutig konzipiertes Zuchtziel, das auf lange Sicht konsequent angesteuert wird, kann zu dem gewünschten Erfolg führen. Die besten Beispiele bieten das allein auf Leistung gezüchtete →*Englische Vollblut* oder das nach Blutlinien gezüchtete →*Arabische Vollblut.* Da eine Zuchtwahl nach ausschließlich einwandfreiem Exterieur sich in der Warmblut- und Sportpferdezucht nicht bewährt hat, bevorzugt man in zunehmendem Maße Grundregeln wie das Leistungsprinzip, die konsequente Verfolgung reiner Blutlinien sowie die Auswahl bewährter Charaktereigenschaften und eines gutartigen Temperamentes, um erbliche Charakterfehler weitgehend auszumerzen. Weiter gibt es Zuchten nach der Fellfarbe (→*Appaloosa,* →*Palomino* usw.) und mit der Zielsetzung bestimmter Eigenschaften (→*Quarter Horse* für den Herdentrieb) und viele andere.

Ein bestimmtes Zuchtziel kann durch verschiedene Methoden der Paarung erreicht werden. Reinzucht ist die Paarung von Eltern derselben Rasse; sind sie überdies verwandt, so nennt man dies Verwandtschaftszucht. Inzucht ist die Vereinigung mehr oder weniger eng verwandter Tiere und Inzestzucht die Paarung von beispielsweise Vater und Tochter oder von Geschwistern. Bei Inzucht häuft sich gleichartiges Erbgut in den Nachkommen, günstiges und ungünstiges. Deshalb können einerseits sehr gleichmäßige, durchgezüchtete und konstant vererbende Rassen mit nahezu ausschließlich gewünschten Eigenschaften entstehen, andererseits aber auch die uner-

wünschten Eigenschaften in gehäufter Form auftreten. Kreuzungszucht nennt man die Paarung verschiedenrassiger Eltern. Unter Verdrängungskreuzung versteht man die Einkreuzung ausschließlich fremdrassiger Hengste, um eine Rasse völlig zu verändern.
Die Pferdezucht in Deutschland wird nach den Richtlinien des Tierzuchtgesetzes von den Zuchtverbänden verbindlich vorgeschrieben. Die Haltung der Deckhengste obliegt den staatlichen Haupt- und Landgestüten, wird aber auch von privaten Züchtern wahrgenommen.
Die Zucht ist eine vom Menschen manipulierte Paarung und Fortpflanzung, die dem ursprünglichen Wildverhalten des Pferdes widerspricht. Nur selten noch gestattet der Mensch die freie Paarung in der halbwild lebenden Herde (z. B. Camarguepferde, Islandpferde, Dülmenerpferde), wo sich das Paarungsverhalten in seinem ursprünglichen Ritus frei entfaltet. Hier beträgt die Befruchtungsrate über 90%, weil der Hengst instinktiv den Höhepunkt der →*Rosse* erfasst und das Paarungsvorspiel voll ausgelebt werden kann. Beim →*Sprung* an der Hand hingegen (der Hengst wird an der Longe oder am Zügel gehalten) sinkt die Befruchtungsrate häufig bis auf 50% ab. Hier entfällt das vorausgehende Wechselspiel der Reize, der Hengst hat keine Gelegenheit, die Stute »kennen zu lernen« und kann den Moment der sichersten Befruchtung nicht erfassen, da nicht das Tier, sondern der Mensch den Zeitpunkt der Paarung weitgehend bestimmt. →*Paarung,* →*Deckakt.*

Zuchtgebiete in Deutschland Staatlich anerkannte sowie geförderte Pferdezuchtverbände und Staatsgestüte verteilen sich auf die einzelnen Bundesländer. Zuchtziel bodenständiger Warmblutzuchten ist das »Deutsche Reitpferd« für Sport und Freizeit, das mit traditionellen Rassen in Holstein, Mecklenburg, Hannover, Oldenburg, Westfalen, Rheinland, Hessen, Baden-Württemberg, Bayern und anderen Bundesländern mehr oder weniger einheitlich angestrebt wird. Trakehner Zucht und Zuchtverband deutscher Pferde sowie zahlreiche Spezialzuchten und importierte Pferderassen sind auf privater Grundlage bundesweit organisiert. →*Brandzeichen,* →*Gestüt.*

Zuchtpferd Im Gegensatz zum Gebrauchspferd, das ausschließlich einem bestimmten Leistungszweck dient und keine Nachkommen zeugt, soll ein Zuchtpferd dem Zuchtziel entsprechende, herausragende Kriterien aufweisen, die im Verlauf der Zuchtwahl in den Nachkommen ständig deutlicher werden und sich verbessern. Da ein Zuchthengst hunderte von Nachkommen zeugen und das Erscheinungsbild einer Rasse entscheidend prägen kann, wird er vor seinem Einsatz besonders kritisch beurteilt. Über die →*Körung* erhält er eine Deckerlaubnis und muss außerdem eine Hengstleistungsprüfung absolvieren, die ein bestimmtes Leistungsvermögen beweist. Ausgeprägte männlich-kraftvolle Körperformen, ein rassetypisches Erscheinungsbild, korrektes und kompaktes Exterieur, gutartiger und kontaktfreudiger Charakter sowie ein waches Temperament sind herausragende Eigenschaften, die einen Vererber auszeichnen sollen. Außerdem muss er durch seine Abstammung eine möglichst durchschlagende Vererbungskonstanz aufweisen.
Soweit nicht geschlechtsspezifisch bedingt, gelten ähnliche Kriterien ebenso für Zuchtstuten, die ihrer Zuchtqualität entsprechend im Zuchtverband registriert und eingestuft sind. Da eine Zuchtstute im Verlauf ihres Lebens günstigenfalls etwa 15 Fohlen hervorbringt, ist der individuelle Einfluss auf die Rasse weniger gravierend und überdeckend als der des Beschälers. Sie soll deutlich ausgeprägte mütterlich-weibliche Merkmale in Ausdruck und Charakter, großen Rahmen, angemessene Knochenstärke, weiträumiges Rumpfvolumen (für die Entwicklung des Fohlens im Mutterleib), Tiefe und ein kräftiges Fundament aufweisen.

Zuchtgebiete des Deutschen Reitpferdes und ihre Brandzeichen

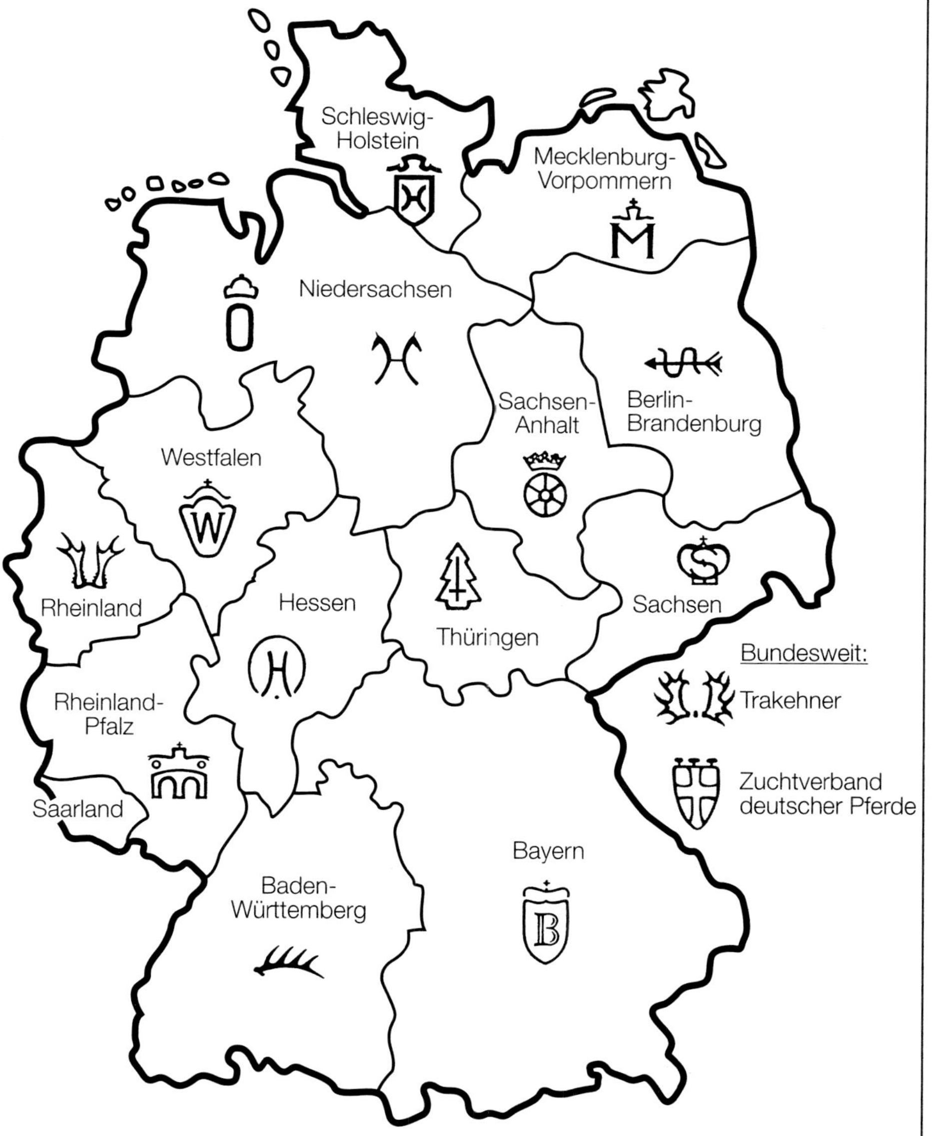

Zuchtrasse Nach menschlicher Zielvorstellung durch Vermischungen, Verkreuzungen und Selektion künstlich geschaffener Pferdetyp mit relativ gleichmäßigem Erscheinungsbild, der sich mehr oder weniger konstant weitervererbt (z. B. →*Arabisches Vollblut*). Der absolute Gegensatz ist das letzte noch lebende Wildpferd (→*Przewalskipferd*), das ausschließlich durch die Zuchtwahl der Natur geprägt ist. Obwohl nur noch in Tiergärten in menschlicher Obhut existierend, wurde es rein und unvermischt weitergezüchtet, um es als letztes Relikt ausgestorbener Wildpferdpopulationen unverfälscht zu erhalten. Eine Zwischenform zwischen beiden Extremen bilden die urtümlichen →*Primitivrassen* (z. B. →*Exmoorpony*), die mitunter zwar geringe oder stärkere Zuchtvermischungen durch den Menschen erfahren haben und zu den Hauspferden zählen, aber dennoch ihr robustes Wildpferderbe in Erscheinungsbild und Verhalten weitgehend bewahren konnten. →*Rasse.*

Zuchtreife Stadium der vollen körperlichen Entwicklung des Pferdes, das die Fortpflanzung ohne Nachteile für sich und die Nachkommen gestattet. Die Zuchtreife tritt, nach Rasse verschieden, etwa ein- bis eineinhalb Jahre nach Beginn der →*Geschlechtsreife* ein. Zu früh gedeckte Stuten bringen schwächliche Nachkommen zur Welt und stagnieren im Wachstum, Gleiches gilt für die Entwicklung zu früh beanspruchter Hengste.

Zuckerstreuer Mit Zucker oder Salz gefüllte, hohle Mundstücke von Trense oder Kandare mit kleinen Löchern. Durch den austretenden Zucker im Pferdemaul soll die Zungentätigkeit angeregt und dadurch →*Zungenstreckern* das Heraushängenlassen der Zunge aus dem Maul abgewöhnt werden.

Zügel Zwei etwa 130 cm lange Riemen, die beiderseits vom Mundstück der →*Zäumung* zur Hand des Reiters führen und an den Enden entweder zusammengeschnallt sind (europäische Reitweise) oder getrennt bleiben (→*Amerikanische Reitweise*). Zügel sind aus verschiedenen Materialien gefertigt, am günstigsten sind Textilgurtzügel ohne Lederstege, die auch bei glitschiger Nässe durch Pferdeschweiß nicht aus der Hand rutschen und im trockenen Zustand ein stufenloses Gleiten durch die Reiterhand ermöglichen, ohne das Pferdemaul zu stören, wie das mit Lederstegen der Fall ist. Lederzügel rutschen bei Nässe durch die Hand und können notwendige Paraden verhindern, zudem bedürfen sie sorgfältiger Pflege mit Öl, um nicht brüchig zu werden. Mit Gumminoppen überzogene Lederzügel bieten bei Nässe ebenso wenig Halt und sind erheblich dicker. →*Zügelführung.*

Zügelführung Die zweiteiligen Zügel sind die Verbindungsriemen von der Zäumung zur Reiterhand. Die Gesamtlänge beträgt etwa 2,60 m.

Fehlerhafte Haltung der Trensenzügel. Steife und durchgedrückte Handgelenke sowie verdeckte Zügelhände verhindern fein dosierte Zügelhilfen.

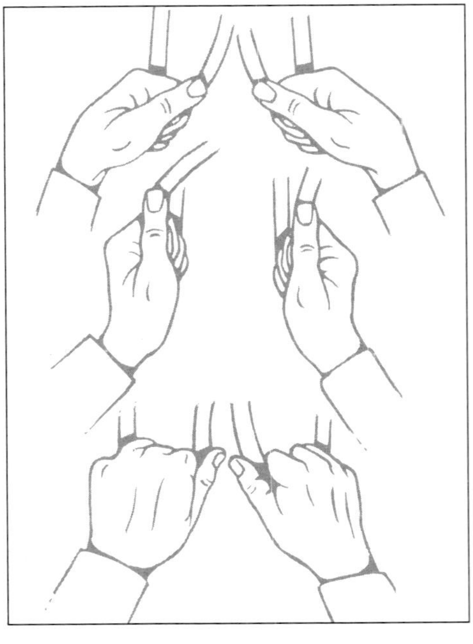

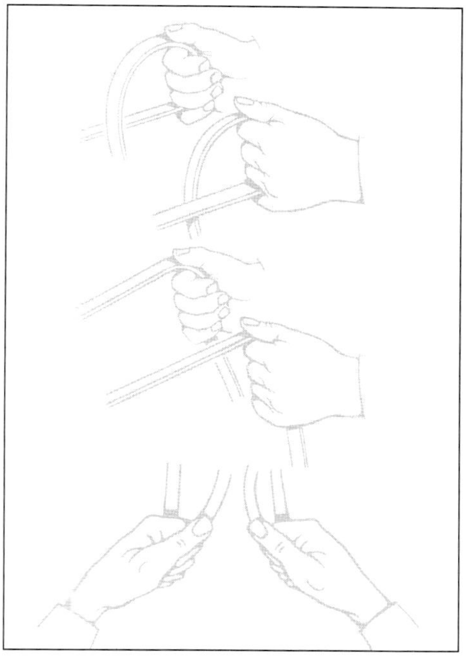

Trense mit Kappzaum kombiniert (für junge Pferde im Ausbildungsstadium und für Reitanfänger): Zwei Zügelpaare, Zügelhaltung zwei zu zwei, die Kappzaumzügel laufen zwischen kleinem Finger und Ringfinger in die Zügelhände. Die Trensenzügel werden anfangs nur wenig in Anspruch genommen.

Oben: Gebräuchliche Zügelführung auf Trense. Die Zügelhände differenzieren die Zügelhilfen durch Kippen, Anheben oder Eindrehen. Das Spiel der Ringfinger reguliert feinste Hilfen.
Mitte: Zügelführung für geübte Zügelhände: Die gehobene Position der Zügel auf den Zeigefingern betont die Aufrichtung der Kopf-Hals-Partie des Pferdes.
Unten: Die Handrücken bilden mit den Unterarmen annähernd eine gerade Linie.

Abb. unten: Zügelführung auf Kandare.
Links: Zügelhaltung drei zu eins (angefasste Trense): Der rechte Trensenzügel kann auch zwischen kleinem Finger und Ringfinger in die Zügelhand laufen. Die Kandarenzügel liegen in einer Hand, die Kandarenführung ist präzise und kandarengerecht.
Rechts: Zügelhaltung zwei zu zwei: Da die Kandarenzügel geteilt in zwei Händen liegen, sind geübte und feinfühlige Zügelhände vonnöten, damit sich das Kandarenmundstück im Pferdemaul nicht verkantet.

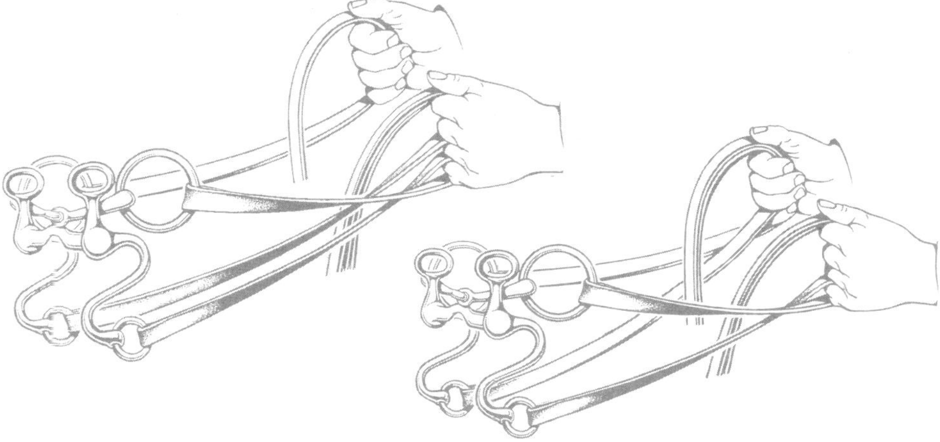

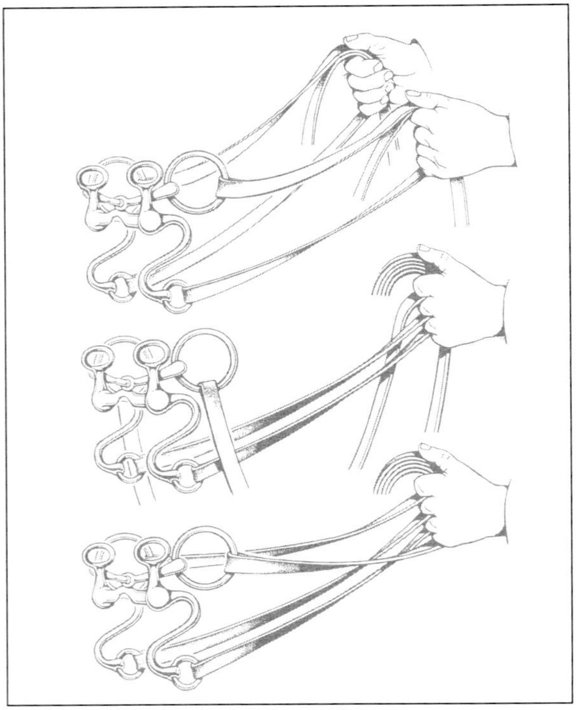

Oben: Kandarenführung nach Fillis: Die Zeigefinger regulieren die Hilfen über die Trensenzügel, die kleinen Finger bedienen die Kandarenzügel. Die Zügelhilfen können durch leichtes Kippen der Zügelhände nach oben oder unten stärker betont oder abgemildert werden.
Mitte: Angefasste Kandare: Die Trensenzügel hängen durch und sind außer Funktion. Für die geübte Reiterhand, für schwierige Lektionen und für das durchlässige Pferd, das sich selbst trägt.
Unten: Trensen- und Kandarenzügel in einer Hand: höchste Vollendung der Zügelführung.

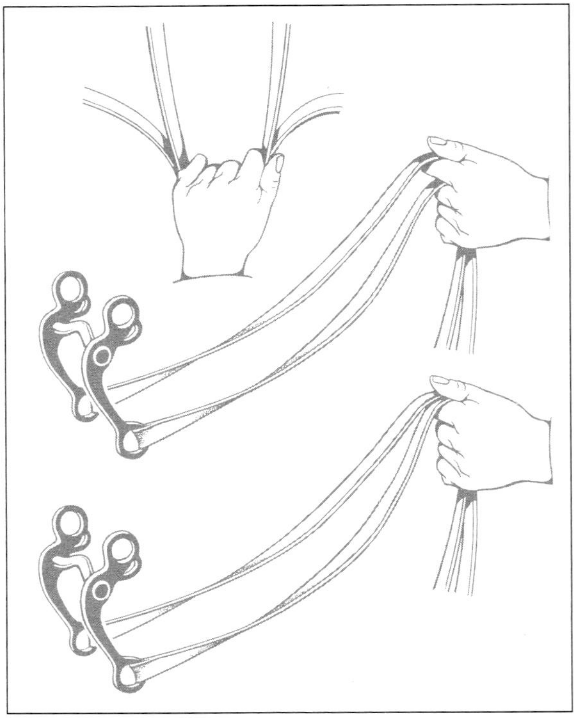

Zügelführung auf Westernkandare:
Oben: Die Zügel laufen beiderseits durch die quer gestellte Zügelhand (von oben gesehen) zum Mundstück.
Mitte: Die Zügel laufen zwischen Daumen und Zeigefinger und Zeigefinger und Mittelfinger in die Zügelhand. Die Teilung der Zügel durch einen Finger erlaubt feine Differenzierungen der Zügelhilfen.
Unten: Beide Kandarenzügel laufen zwischen Daumen und Zeigefinger in die Zügelhand, präzise und kandarengerecht für geübte Reiter.
In der Westernreitweise wird die Kandare stets einhändig bedient, damit sich das Mundstück im Pferdemaul nicht verkantet. »Neck-reining« (Halszügeln) bewirkt den Lenkeffekt, ohne das Pferdemaul zu behelligen.

Sie sind aus Textilgurt mit oder ohne Lederstegen und aus Leder mit oder ohne aufgerautem Gummiüberzug gefertigt. Am geeignetsten für den täglichen Gebrauch im Sport sind die Textilgurtzügel ohne Lederstege, weil sie einerseits bei der beabsichtigten Halsstreckung des Pferdes zum Nachgeben leicht durch die Hand gleiten, andererseits aber bei Nässe (z. B. durch Schweiß) nicht schlüpfrig werden und immer kontrolliert in der Hand liegen.

Die Zügel dienten dem Reiter in ihrer primitivsten Handhabung ursprünglich nur zur Lenkung des Pferdes. In der klassischen Reitkunst jedoch und auch in der gut gerittenen →*Amerikanischen Reitweise* haben die Zügel nur mehr die ergänzende, behutsame und sekundäre Funktion der auffangenden Hilfengebung als Folge der wesentlich stärkeren, vorwärts treibenden →*Hilfen.* Die Lenkung des Pferdes erfolgt durch Gewichtsverlagerung des Reiters. Niemals darf der Reiter durch die Zügel einen Halt suchen, sein Sitz muss stets unabhängig von der Zügelführung sein. Die Hände des Reiters nehmen eine Position ein, aus der heraus alle nachgebenden und annehmenden Zügelhilfen auf kürzeste und leichteste Weise möglich sind. Die aufrechten Fäuste stehen vor der Mitte des Leibes nebeneinander, mit einer Handbreite Abstand. Handrücken und Unterarme verlaufen in gerader Linie. Die Oberarme hängen locker und senkrecht herab und bilden mit den Unterarmen etwa einen rechten Winkel. Das Handgelenk bleibt locker und beweglich. Fehler in der Handhaltung sind die »verdeckte Zügelhand« (die Faust liegt quer, der Handrücken weist nach oben) und nach außen oder innen durchgedrückte, gebogene und versteifte Handgelenke, die sich hart und fühllos auf das Pferdemaul auswirken.

<u>Korrekte Zügelführung</u>:

☐ Das versammelte und durchlässige Pferd »steht am Zügel«, wenn es mit schön gewölbtem Hals (der höchste Punkt liegt im Genick, die Stirnlinie steht eben vor der Senkrechten) und weichkauendem, empfindsamem Maul die federnde Verbindung zur Zügelhand hält.

☐ Das Pferd »geht am langen Zügel«, wenn diese bei langer, natürlicher Halshaltung eben anstehen.

☐ Das Pferd »geht am hingegebenen Zügel«, wenn diese lose durchhängen.

<u>Fehler in der Zügelführung</u>:

☐ Das Pferd »liegt auf dem Zügel«, →*Falscher Knick.*

☐ Das Pferd »geht hinter dem Zügel«, →*Falscher Knick.*

☐ Das Pferd »geht gegen den Zügel«, wenn es mit versteiftem, vorgewölbtem Unterhals das Maul nach oben stößt.

Zügelhilfen sind verhaltend, unterstützend oder nachgebend und müssen stets durch treibende Hilfen von Gesäß und Schenkel eingeleitet werden, wenn sie in richtiger Weise wirksam sein sollen. Eine Ausnahme bilden die hingegebenen (durchhängenden) Zügel, die keine Wirkung ausüben. Zügelhilfen unterstützen →*Beizäumung* und →*Aufrichtung,* →*Stellung* und →*Längsbiegung,* →*Versammlung* und →*Tempowechsel* und wirken sich als →*Paraden* aus. Annehmende Zügelhilfen erfolgen durch Eindrehen der Handgelenke nach innen. Nachgebende Zügelhilfen werden durch Lockerung von Ring- oder kleinen Fingern oder Vorgehen der Unterarme in Richtung Pferdemaul oder durch das Durchgleiten der Zügel durch die gelockerten Zügelhände (Zügel aus der Hand ziehen lassen) ausgeführt. Durchhaltende (kurzfristig nicht nachgebende) Zügelhilfen haben leicht zwingende Wirkung und setzen einen gekonnten, gut treibenden Sitz des Reiters und →*Durchlässigkeit* des Pferdes voraus. Faustregel: Zügel sind keine Stütze (→*fünftes Bein*) für das Pferd und keine Haltegriffe für den Reiter. Das Streben des Reiters müssen der von der Zügelführung unabhängige Sitz und die nachgiebige Durchlässigkeit des Pferdes sein.

Zügelhilfen →Hilfen.

zügellahm Folge falscher →*Zügelführung* und ungleichmäßiger →*Anlehnung.* Ein Vorderbein des Pferdes tritt während der Gangbewegung weniger weit nach vorn als das andere.

Zugleistung des Pferdes vor dem Wagen. Die Leistung ist durch die Konstruktion des Wagens, die Straßenverhältnisse, die Wagenlast, Veranlagung, Eigenschaften und Kaliber der Wagenpferde, die Geschirr-Konstruktion, das geforderte Tempo und die sachgemäße Anspannung bedingt. Die Mittelwerte für schwere Zugpferde auf ebener Asphaltstraße betragen:

- ☐ Zweiergespann 1500–1800 kg,
- ☐ Vierergespann 1800–3200 kg,
- ☐ Sechsergespann 3600–4000 kg,
- ☐ Achtergespann etwa 4400 kg.

Ein Pferd zieht maximal etwa 1000 kg. →*Anspannung des Wagenpferdes,* →*Fahren mit Gespannpferden,* →*Geschirr des Gespannpferdes,* →*Wagentypen für Gespannpferde.*

Zungenfreiheit Aufwölbung in der Mitte der Mundstange der Kandare, um der Zunge etwas Raum zu geben. Ist die Zungenfreiheit zu hoch, so drückt sie beim Zügelanzug schmerzhaft gegen den Gaumen.

Zungenfreiheit einer Fahrkandare. In zu hoher Ausprägung kann sie schmerzhaft gegen den Gaumen drücken.

Ardenner Kaltblut bei der kombinierten Zugleistungsprüfung.

Zungenriemen Dünnes Riemchen, das fest um Zunge und Unterkiefer des Pferdes geschnallt wird, um zu verhindern, dass dieses die Zunge über das Gebiss legt und heraushängen lässt, was die Zügel- oder Leinenführung nachteilig beeinflussen würde. Als tierquälerisch strikt abzulehnen. →*Zungenstrecker,* →*Zungenstreckermundstück.*

Zungenstrecker Das Pferd legt die Zunge über statt unter das Mundstück der Zäumung und lässt sie seitlich aus der Maulspalte heraushängen, um sich dem Gebissdruck oder der Zügeleinwirkung zu entziehen.

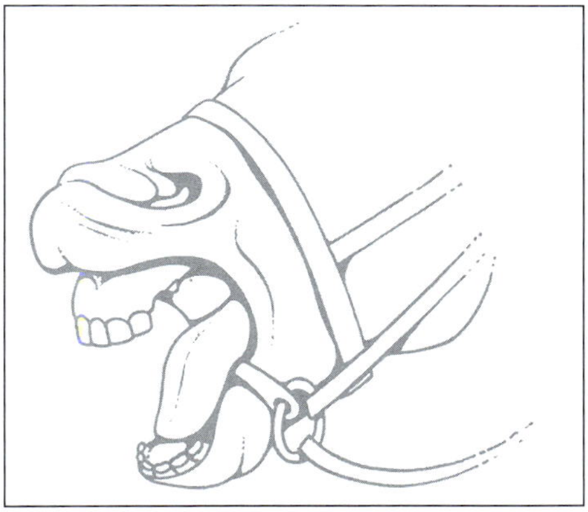

Zungenstrecker. Die Zunge liegt nicht unter, sondern über der Trense, zur Verdeutlichung bei geöffnetem Maul dargestellt.

Zungenstreckermundstück (oder -gebiss). Korrekturzäumung für →*Zungenstrecker,* also für Pferde, die ihre Zunge seitlich aus dem Maul heraushängen lassen. Besteht aus einem der Zunge aufliegenden, löffel- oder plättchenförmigen Gebilde aus Metall oder Gummi in der Mitte der Mundstange von Trense oder Kandare, das verhindern soll, dass das Pferd die Zunge hochzieht, über das Mundstück legt oder aus dem Maul heraushängen lässt. Diese Angewohnheit entsteht als Folge falscher Zäumung und fehlerhafter Zügelführung. →*Zäumung.*

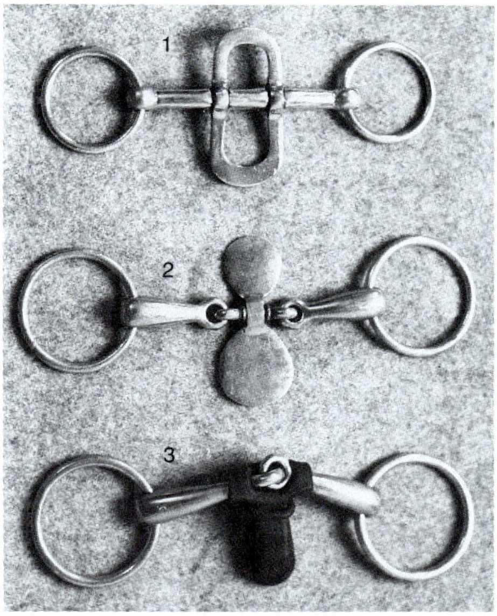

Zungenstreckermundstück:
1 Zungenstreckertrense mit ungebrochener Mundstange
2 Löffeltrense mit gebrochener Mundstange
3 Aufschiebbarer Zungenstrecker aus Gummi

zurückwiegen Kontrolle des Gesamtgewichtes von Jockey und Sattel mit Gewichtsdecke nach dem →*Galopprennen.* →*Waageraum.*

Zwanghuf Trachten zu stark einwärts gezogen, Strahl zu klein und berührt nicht den Boden. Hintere Hufpartie verliert an Tragkraft. →*Anatomie* (Huf).

Zwangstand oder Notstand. Stabiles Gerüst aus Metallrohr zur zwangsweisen Fesselung widersetzlicher Pferde, das Tierarzt und Schmied gefahrlose Untersuchungen beziehungsweise Beschläge ermöglicht.

Zweibeinstütze Gliedmaßenfolge in der Gangbewegung des Pferdes. Moment des gleichzeitigen Auffußens zweier Hufe in Schritt, Trab, Tölt, Passgang und Galopp. →*Gangarten.*

Zweibrücker Warmblut Bodenständig in Rheinland-Pfalz-Saar. Zuchtziel: Deutsches Reitpferd für Sport und Freizeit. Früheste Überlieferungen über geregelte Pferdezucht im Herzogtum Zweibrücken stammen aus dem 16. Jh. Um 1755 erfolgte die Gründung des Hofgestütes Zweibrücken. In den napoleonischen Kriegen wurde der Pferdebestand von Franzosen, in den Befreiungskriegen von Preußen und Österreichern beschlagnahmt. Letzteren fiel der berühmte Anglo-Normänner Hengst »Nonius« in die Hände, der in Österreich-Ungarn die →*Nonius-Rasse* begründete. Im Verlauf des 19. Jh. stagnierte die Zweibrücker Zucht aus Geldmangel, der einen erfolgreichen Wiederaufbau verhinderte. Ein Aufschwung erfolgte durch bayerische Finanzhilfe um 1890 und die Einrichtung des Haupt- und Landgestütes, das bis 1960 erfolgreich arbeitete. Das heutige Landgestüt Zweibrücken ist das kleinste der Bundesrepublik Deutschland. Im Dachverband Rheinland-Pfalz-Saar sind die ehemaligen Zuchtverbände Pfalz-Saar und Rheinland-Nassau zusammengeschlossen. Die Zucht basiert auf Trakehnern, Hannoveranern, Westfalen und geringer Vollblutveredlung.

Hippologische Fachbegriffe in Deutsch / Englisch / Französisch / Spanisch

A

Aalstrich / dorsal stripe / la raie de mulet / raya de mulo
Abfohlen / foaling / le poulinage / parto
absatteln / to unsaddle / desseller / desensillar
absitzen / to dismount / mettre pied à terre / desmontar
Abstammung / origin / l'origine (f.) / origen
abwerfen (den Reiter) / to throw / désarconner /derribar
abzäumen / to take the bridle off / débrider / descabestrar
Amazone / lady rider / la cavalière / amazona
Apfelschimmel / dappled-grey horse / le cheval gris pommelé / caballo tordo rodado
aufsitzen / to mount / monter / montar
aufzäumen / to bridle / brider / cabestrar
Ausbindezügel / side-rein / la rêne fixe / riendas de hatar
Ausdauer / stamina / l'endurance (f.) / persistencia
aussitzen (im Trab) / sitting trot / trotter assis / trote sentado

B

Bande / parapet / les bandes (f.) / valla
Beizäumung / position in hand / le ramener / abocina
Beschäler / stallion / l'etalon (m.) / caballo semental
beschlagen / to shoe a horse / ferrer / herrar
Blesse / stripe / la liste / cordon
bocken / bucking / les sauts de mouton (m.) / respingar
Brandzeichen / brand / la marque au fer rouge / marca de fuego
Brauner / bay horse / le cheval bai / caballo bayo

D

Damensattel / side-saddle / la selle d'amazone / montura de amazona
Deckakt / serving / la monte / cubrición
Dressurreiten / low school / la basse école / la doma
Dressursattel / dressage-saddle / la selle de dressage / silla de doma
Dressursitz / dressage seat / la position de dressage / estar bien colocado
durchgehen / to run away / prendre la main / correrse una caña
durchparieren / to halt / arrêter / cambio de aire

E

Ellbogen / elbow / le coude / codo
Esel / donkey / baudet / asno

F

Falbe / dun horse / le cheval isabelle / overo
Fessel / pastern / le paturon / cuartilla
Fliegenschimmel / fleabitten-grey horse / le cheval gris moucheté / tordo mosqueado
Fohlen / foal / le poulain / potro (Hengst), potra (Stute)
freier Schritt / free walk / les pas libre / paso largo
Fuchs / chestnut horse / le cheval alezan / alazán
füttern / to feed / nourrir / echar de comer
Futter / forage / le fourrage / el forraje (Grünfutter), prenso (Trockenfutter)

G

Galopp / canter / le galop / galope
galoppieren / to canter / galoper / galopar
Gangarten / paces, gaits / les allures (f.) / paso de andadura
Gebiss (der Zäumung) / bit / l'embouchure (f.) / bocado
Geburt / foaling / la naissance / parto
Gehorsam / obedience / l'obéissance (f.) / obediencia
Gelenk / joint / l'articulation (f.) / articulación
Genick / poll / la nuque / la nuca
gerader Kopf (Profillinie) / straight head / la tête droite / perfil recto
Gestüt / stud / haras / yeguada
Gewichtshilfen / the riders weight / l'aide de l'assiette (f.) / ayuda de asiento
Gliedmaßen / limbs / les membres (m.) / miembros
Gras / grass / l'herbe (f.) / hierba
grasen / to graze / brouter / pastar

H

Haarkleid / coat / la robe / pelo
Hafer / oats / l'avoine (f.) / avena
Halbblutpferd / part-bred, half-bred / le demi sang / media sangre
Halfter / halter / le licol / cabestro
Hals / neck / l'encolure (f.) / cuello
hartes Maul / hard mouth / la bouche dure / boca dura
Hechtkopf / dish-nosed head / la tête de brochet /perfil concavo
Hengst (allgemein) / entire horse / le cheval entier / caballo entero
Hengstdepot / stud farm / le dépôt d'étalons / deposito de sementales
Heu / hay / le foin / heno
Hinterbeine / hind-legs / les postérieurs (m.) / pata trasera
Hinterhand / hindquarters / l'arrière-main (m.) / cuarto trasero
Hohe Schule / high school / la haute école / alta escuela
Huf / hoof / le sabot / casco
Hufeisen / horseshoe / le fer à cheval / herradura
Hufschlag / track / la piste / pista

K

Kaltblutpferd / heavy horse / le cheval de trait / caballo de sangre fria
Kandarenmundstück / curb bit / le mors de bride / embocadura
Kappzaum / cavesson / le caveçon / cabezón
kastrieren / to geld / castrer / castrar
Kehlkopf / throat / la gorge / la laringe
Kehrtwendung / half-turn / la demi volte / pirueta
Kinnkette / curb chain / la gourmette / cadenilla
Knie / stifle / le grasset / rodilla
Kopf / head / la tête / cabeza
Koppel / pasture / la pâturage / dehesa
Körperbau / conformation / la conformation / constitución
Kötenbehang / feather, fetlock hair / le fanon / cerneja
Kreuzgalopp / disunited canter / le galop désuni / galope desunido
Kreuzung / crossing / le croisement / cruzamiento
Krippe / manger / la mangeoire / le pesebre
Kruppe / croup / la croupe / grupa
Kumt / collar / le collier / collera
kupieren (Schweif) / to dock / couper / troncar
Kutsche / coach / le carrosse / coche
Kutschpferd / coach-horse / le carossier / caballo de coche

L

lahmen / to walk lame / boiter / cojear
leichttraben / rising trot / trotter enlevé / trote levantado
Lektion (Arbeit) **am langen Zügel** / work in long reins / le travail aux longues rênes / trabajos en riendas largas
Lektion (Arbeit) **an der Hand** / work in hand / la travail à la main / trabajos en la mano

Linksgalopp / true canter / le galop à gauche / galope izquierdo

M

Mähne / mane / la crinière / las crines
Maul / mouth / la bouche / morro
Maulesel / mule / mulet (m.), mule (f.) / mulo
Maultier / mule / mulet (m.), mule (f.) / mulo
mausgrau / mouse-coloured / gris souris / ceniciento
Mutterstute / dam / la poulinière / yegua de vientre

N

Nasenriemen / nose-band / la muserole / serreta
Nüster / nostril / le naseau / ollar

O

Oberschenkel / thigh / la cuisse / muslo
Ohr / ear / l'oreille (f.) / oreja

P

Parade / halt / l'arrêt (m.) / parar en firme
Passgang / pace, amble / l'amble (m.) / paso de ambladura
Passgänger / pacer, ambler / l'ambleur (m.) / caballo de ambladura
Penis / penis / l'ambladura membre (m.) / pene
Pferd / horse / le cheval / caballo
Pferdekenner (-freund) / a true horseman / un homme de cheval / aficionado de caballos
Pferdepfleger / groom / le palefrenier / palafrenero
Pferdezucht / horse-breeding / élevage des chevaux / cría de caballos
Probierhengst / teaser / le souffleur / recelador

R

Rammskopf / ram-head / la tête busquée / perfil subconvexo
Rappe / black horse / le cheval noir / caballo negro
Rasse / race / la race / raza
Rechtsgalopp / canter off fore leading / le galop à droite / galope derecha
Reinzucht / pure breeding / l'élevage en race pure / pura raza
Reitbahn (-halle) / manège / le manège / picadero
reiten / to ride, to go on horseback / monter (à cheval), faire l'équitation / ir a caballo, cabalgar
Reiter / rider / le cavalier / jinete, caballero
Reiterin / lady rider / la cavalière / amazona
Reitgerte / cane / la badine / fusta
Reithose / breeches / la culotte de cheval / pantalón de montar
Reitlehrer / riding instructor / le maître d'equitation / profesor de equitación
Reitpferd / riding-horse / le cheval de selle / caballo de silla
Reitsport / equestrian sport / le sport equestre / deporte hipico
Reitstiefel / riding boot / la botte d'équitation / bota de montar
Reitturnier / horse show / le concours hippique / concurso de equitación
Reitweg / bridle-path / la piste (cavalier) / camino de herradura
Rennpferd / race-horse / le cheval de course / caballo de carreras
Rippen / ribs / les côtes (f.) / costillas
Rücken / back / le dos / espalda
Rumpf / trunk / le tronc / tronco

S

Sattel / saddle / la selle / silla, montura
Sattelkammer (Raum für Ausrüstung) / saddle-room / la sellerie / guadarnés
satteln / to saddle / seller / ensillar
Schecke / skewbald horse / le cheval pie / caballo pio
Schimmel / grey horse / le cheval gris / tordo, caballo blanco

Schmiede / farriery, forge / la forge / forja
Schritt / walk / la pas / paso
Schulterherein / shoulder in / l'épaule en dedans (f.) / espaldas adentro
Schweif / tail / la queue / cola
Skelett / skeleton / le squelette / esqueleto
Spazierenreiten / hacking / la promenade à cheval / pasear a caballo
Sporen / spurs / les éperons (m.) / espuela
spornieren / jab of the spurs / une attaque d'éperons / dar espuelas
springen / to jump / sauter / saltar
Springpferd / show jumper / le cheval d'obstacle / caballo saltador
Stall / stable / l'écurie (f.) / cuadra
Stammbaum / pedigree / le certificat d'origine / el árbol genealógico
Steigbügel / stirrup / l'étrier (m.) / estribo
steigen / to rear / se pointer, se cabrer / empinada
Stirn / forehead / le front / frente
Stockmaß / stick measure / la taille / alzada
störrisch / stubborn / rétif / respingón
Stroh / straw / la paille / paja
Stute / mare / la jument / yegua

T

Tierarzt / veterinary / vétérinaire / veterinario
Trab / trot / le trot / trote
Traber / trotter / le trotteur / trotón
Trächtigkeit / gestation / la gestation / preñez
Tränke / water-through / l'abreuvoir (m.) / abrevadero
tränken / to water / abreuver / abrevar
Trensenmundstück / snaffle bit / le filet / filete
Trensenzaum / snaffle / le bridon / bridón

U

Untugend / vice / le vice / vicio, resabio

V

Verhalten / behaviour / la conduite / conducta
Versammlung / collection / le rassemblé / reunión
Vollblut / thoroughbred / le pur sang / pura sangre
Vorfahren / ancestors / l'asendance (m.) / antepasados
Vorhand / forehand / l'avant-main (m.) / mano delantera

W

Wagenpferd / carriage-horse / le cheval d'attelage / caballo de enganche
Wallach / gelding / le hongre / caballo capón, caballo castrado
Wasser / water / l'eau (f.) / agua
weiches Maul / sensitive mouth / la bouche sensible / boca suave
Weide / pasture / le pâturage / pradera
Weißisabell (weiß geboren) / blue-eyes-cream / blanc de naissance / cremello
Widerrist / withers / le garrot / cruz
Widerristhöhe / height at withers / la taille au garrot / altura de la cruz
Widersetzlichkeit / disobedience / la resistance / resistencia

Z

zackeln / to jog instead of walk / trottiner / paso corto
Zähne / teeth / les dents (f.) / dientes
Zahnwechsel / changing the teeth / le renouvellement des dents / muda
Zaum / bridle / la bride / cabezada
Züchter / breeder / l'eleveur (m.) / criador
Zucht / breeding / l'élevage (m.) / cría
Zuchthengst / stallion / étalon / caballo semental
Zuchtwahl / breeding selection / la selection / selección
Zügel / reins / les rênes (m.) / rienda
Zugpferd / heavy cart-horse / le cheval de trait / caballo de tiro

Literaturverzeichnis

BÜRGER UDO: Vollendete Reitkunst. Verlag Paul Parey, Berlin 1982, 5. Aufl.

ENDE, HELMUT: Stallapotheke. Albert Müller Verlag, Rüschlikon-Zürich 1971

Handbuch Pferd. BLV Verlagsgesellschaft, München 1995, 5. Aufl.

HINRICHS, RICHARD: Pferde – Tänzer an leichter Hand. Edition Keno, Wedemark 1994, 2. Aufl.

KAPITZKE, GERHARD: Frankreich für Pferdefreunde. DuMont Buchverlag, Köln 1981

– Südspanien für Pferdefreunde. DuMont Buchverlag, Köln 1984

– Ponyreiten–Ponyfahren. Verlag Paul Parey, Berlin 1984, 4. Aufl.

– Barocke Pferde. Franckh-Kosmos Verlag, Stuttgart 1997

KAPITZKE, GERHARD/J. SCHELLACK: Freizeitreiten. Verlag Paul Parey, Berlin 1982

KNOPFHARDT, ALFRED: Beurteilung und Auswahl von Reitpferden. Verlag Paul Parey, Berlin 1975, 3. Aufl.

LOCH, SYLVIA: Reitkunst im Wandel, Franckh-Kosmos Verlag, Stuttgart 1995

LOESCH, CHRISTIAN VON: Jagdreiten. Nymphenburger Verlagshandlung, München 1975

LÖWE, HANS/H. MEYER: Pferdezucht und Pferdefütterung. Verlag Eugen Ulmer, Stuttgart 1979, 5. Aufl.

MACHIN GODALL, DAPHNE: Pferde der Welt. Verlag Paul Parey, Berlin 1980, 5. Aufl.

MÜSELER, WILHELM: Reitlehre. Verlag Paul Parey, Berlin 1981, 44. Aufl.

PAPE, MAX: Die Kunst des Fahrens. Franckh'sche Verlagshandlung, Stuttgart 1973, 2. Aufl.

PODHAJSKY, ALOIS: Die klassische Reitkunst, Nymphenburger Verlagshandlung, München 1988

Richtlinien für Reiten und Fahren. Band I bis V (Grundausbildung für Reiter und Pferd; Ausbildung für Fortgeschrittene; Voltigieren; Pferdehaltung; Fahren). Deutsche Reiterliche Vereinigung, Warendorf 1986

SCHÄFER, MICHAEL: Das Pferd – mein Hobby. Nymphenburger Verlagshandlung, München 1970

– Wie werde ich Pferdekenner. Nymphenburger Verlagshandlung, München 1971

– Großponys und Kleinpferde. Nymphenburger Verlagshandlung, München 1972

– Die Sprache des Pferdes. Nymphenburger Verlagshandlung, München 1974

– Welches Pferd zu welchem Zweck. Nymphenburger Verlagshandlung, München 1975

– Andalusische Pferde. Nymphenburger Verlagshandlung, München 1980

SCHIRG, BERTOLD: Die Reitkunst im Spiegel ihrer Meister. 2 Bände. Verlag Olms Presse, Hildesheim 1987

SCHUSDZIARRA, HEINRICH/V. SCHUSDZIARRA: Gymnasium des Reiters. Verlag Paul Parey, Berlin 1978

SEUNIG, WALDEMAR: Von der Koppel bis zur Kapriole. Goverts Verlag, 1980

SMITH, R. N.: Anatomie des Pferdes. Verlag Paul Parey, Berlin 1978

STENGLIN, CHRISTIAN FRHR. VON: Deutsche Pferdezucht. FN Verlag, Warendorf 1983

STRAITON, EDWARD C.: Pferdekrankheiten erkennen und behandeln. BLV Verlagsgesellschaft, München 1995, 11. Aufl.

TAVARD, CHRISTIAN-HENRY: Sattel und Zaumzeug. DuMont Buchverlag, Köln 1975

UPPENBORN, WILHELM: Pferdezucht und Pferdehaltung. Verlag Bintz-Dohany, Offenbach 1977, 6. Aufl.

WRANGEL, GRAF C. G.: Das Buch vom Pferde. 2 Bände. Verlag Olms Presse, Hildesheim, Nachdruck der Ausgabe von 1927

ZEEB, KLAUS: Pferde, dressiert von Fredy Knie, Verhaltensstudien. Hallwag Verlag, Bern 1973

ZEEB, KLAUS/H. GUTTMANN: Wildpferde in Dülmen. Hallwag Verlag, Bern 1965, 3. Aufl.